谨以此书向建构百年厦大的人们致敬

1921-2021 厦大故事

Stories of Xiamen University

主　编：章　慧　叶频青

主　审：卢咸池

编委会：陈孔立　林华水　卢葛覃

卢咸池　吴伯僖　叶频青

章　慧　钟安平　周　跃

厦门大学出版社 XIAMEN UNIVERSITY PRESS

国家一级出版社

全国百佳图书出版单位

图书在版编目(CIP)数据

厦大故事/章慧,叶频青主编.—厦门:厦门大学出版社,2022.4
ISBN 978-7-5615-8480-4

Ⅰ.①厦… Ⅱ.①章… ②叶… Ⅲ.①厦门大学—校友—回忆录 Ⅳ.①G649.285.73

中国版本图书馆 CIP 数据核字(2021)第 275279 号

出 版 人 郑文礼
责任编辑 眭 蔚 李峰伟

出版发行 厦门大学出版社
社　　址 厦门市软件园二期望海路 39 号
邮政编码 361008
总　　机 0592-2181111 0592-2181406(传真)
营销中心 0592-2184458 0592-2181365
网　　址 http://www.xmupress.com
邮　　箱 xmup@xmupress.com
印　　刷 厦门集大印刷有限公司

开本 720 mm×1 020 mm 1/16
印张 54.25
插页 4
字数 916 千字
版次 2022 年 4 月第 1 版
印次 2022 年 4 月第 1 次印刷
定价 168.00 元(上下册)

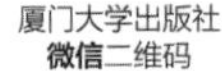

厦门大学出版社
微博二维码

百年校庆和《厦大故事》

本书主编章慧是厦门大学化学系教授，她从小生活在厦大校园里，对厦大有着特别深厚的感情。2016年她就主编了《永远的厦大孩子》，把20世纪50—60年代生活在厦大校园里的孩子们的历史记忆和对厦大的认同感具体生动地呈现出来。几年前她又策划要在校庆100周年时，主编和出版一部由老中青三代人回忆和撰写的、亲身经历或耳闻目睹的、鲜活的、"好看的"厦大故事，作为厦大人对母校的一份献礼。

她邀请我为本书写序，我曾经加以推托，后来想到我已经90岁，作为"国立时期"的学生，至今还生活在母校的已经屈指可数了，只好勉为其难。

回顾厦大百年历史，以1949年为界可以分为两个阶段，四个时期：一是私立时期(1921—1937)16年，二是国立时期(1937—1949)12年，三是改革开放之前(1949—1978)29年，四是改革开放以来(1978—2021)43年。现在私立时期的师生都已经超过100岁了，只有后人写的回忆或本人的遗作；而国立时期的师生已经90岁上下，主编为了"抢救"历史，勉力征集；1949年以后至改革开放之前收录的篇数相较略少，稍嫌欠缺。应当说，主编这本书几乎没有得到他人的帮助，主要是她个人努力的成果，她已经用尽了"洪荒之力"，不足之处只好留待《厦大故事》续编来弥补。

我早在1941年就生活在厦大校园里，1948年成为本校学生，此后70多年的厦大历史我都亲身经历过。记得1952年院系调整，厦大规模被大大压缩，把工科的电机、机械、土木、航空等系，海洋系、航海专科、政治系、法律系、教育系、俄语专业以及农学院调整到其他学校，我的许多同学、同事也调离厦大。本来整个商学院也要调整到外校，后王亚南校长只留下经济系，而把会计、统计、外贸等系变为经济系的教研组保留了下来。厦大成为只有文理两个学院的综合性大学。1959年筹办福州大学时，厦大调出将近一半的理科教师，包括著名化学家、全省理科唯一中科院学部委员和一级教授、学校副校长卢嘉锡，以及整套的图书和仪器设备，无私地支援福大。而当2000年全国院校进行合并扩大时，厦大没有合并任何院校。所以有人说，厦大“只出不进”，是全国著名大学中唯一没有通过合并扩大规模的大学。尽管如此，经过多年的努力，现在厦大已经拥有6个学部、29个学院、15个研究院的完备的学科体系，成为“211工程”“985工程”重点建设的高水平大学，入选国家公布的A类世界一流大学建设高校名单。在迎接百年校庆时，学校发出号召“弘扬嘉庚精神，奋进一流征程”，“携手描绘世界一流大学建设新的宏伟蓝图”。

百年校庆和《厦大故事》，让我想起“历史记忆”和“群体认同”这两个学术用语。“历史记忆”是指一个群体的成员在一定的历史时期内形成的对往事的记忆。“群体认同”也就是“身份认同”，是指个人把自己定位在某一个群体之中，从而产生“归属感”。不同时期有不同的历史记忆，但都会有归属感。正是不同时期厦大人的历史记忆和归属感，形成了对母校的凝聚力和认同感。这种归属感和认同感是与厦大独特的传统、气质和性格密切相关的，它体现了厦大特有的性格和精神。厦大精神不是用几个字就能表达和传承下来的，厦大曾经有过“四种精神”的说法，即爱国精神、革命精神、自强精神、科学精神，其他大学也会有这样的精神，因而无法体现厦大的特色。厦大特有的性格是在厦大人组成的知识共同体中长期积累而形成的，它可以通过厦大故事这种生动感性的方式呈现出来。不同时期有不同的厦大故事，经过历代师生的口耳相传、筛选、再创造，能够流传下来的必然是厦大人引以为傲的人物和故事，体现出厦大特有的性格，这才是厦大人归属感和认同感的源头活水。

随着新时代的到来，在践行社会主义核心价值观的进程中，厦大人必然会有新的历史记忆，有自己喜欢的新的人物和故事，体现厦大特有的性格及其深化和提升，从而形成对厦大的归属感和认同感。厦大故事是厦大的宝贵财富，希望能够依靠组织的力量，发动更多的人继续写下去，让厦大特有的性格和传统发扬光大，代代相传。

陈孔立

2020年9月18日

引　言

人们喻岁月像长河，是由于岁月流淌过那么多令人感怀的人与事，忆起总让人思绪连篇，难以平复；人们说厦大像本书，是因为只要走进厦大，就会发现她的每一石一木，每一建筑与故事，都蕴藏着生生不息的内涵，读来回味无尽。

厦大的故事是色彩纷繁的。

为了让愿意了解她的人们感知厦大，也为了满足天涯海角的“厦大人”回溯厦大的愿望，本书主编请到一部分厦大的老教授、老学长，厦大校友，校外达人，以及在厦门本岛的厦大校园、大生里、同文路和鼓浪屿，以及抗战期间的长汀等厦大宿舍区域生活过的厦大孩子，一起讲述他们知道的厦大故事。

这些故事里，有他们心中深深敬怀的老师、长辈以及他们熟识的从厦大走出的英才们的点滴往事；有为了坚持办学不惜流离颠沛不惧炮火威胁、由美丽悦目到遭战火摧残再到重建繁荣的母校今昔；有回顾教学科研备尝艰辛的心得和展现贵重实验仪器来之不易的经历；有在岁月跌宕中难忘的生活起伏、博弈命运和海外求学、立志报效祖国之深刻记忆；还有返回厦大故园、重访熟悉老建筑后留下的心迹与感触。

他们以多重视角看厦大的昔往今来，真情地写下每一个字符；他们精心收集、注解历史照片并记录时景，努力还原厦大真实原貌；他们叙述岁月长河中的厦大，史实与轶闻相互映衬，留下的真实记载有些甚至鲜为人知；他们将自己的

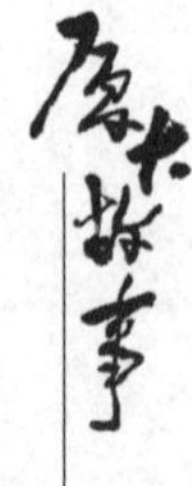

情感凝聚于文笔之下和光圈之中，作为庆贺厦大百年华诞的一份小小心意。

对于每一位厦大人来说，“厦大”已成为他们一生中不可或缺的情感烙印。由此希冀，这部由老中青三代人因缘相邀写出的、浸染厦大百年情怀的《厦大故事》，能为每一位有着厦大情结的“厦大因子”带去释怀的抚慰。

厦大这所今日巨厦涵括的，除了美丽海滨和南国风情，还有叹为观止的铸器历史。故而期待，喜欢厦大的人们通过《厦大故事》，能够一览厦大厚实的人文积淀的一角，进而对厦大自强不息的个性铸就由来，加深印象。

希望《厦大故事》是一部读了还想读的书，更是一部读不完的书。

叶频青

2019年11月12日

目　录

（上册）

怀德忆师

学海泛舟

长汀岁月

南下纪事

情深思长

1921-2021

厦大故事

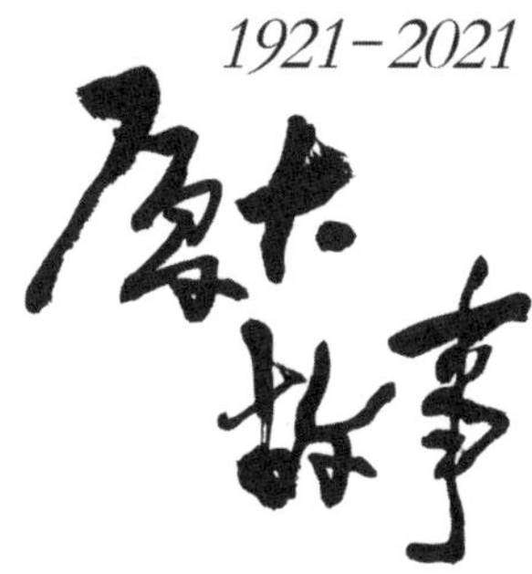

Stories of Xiamen University

怀德忆师

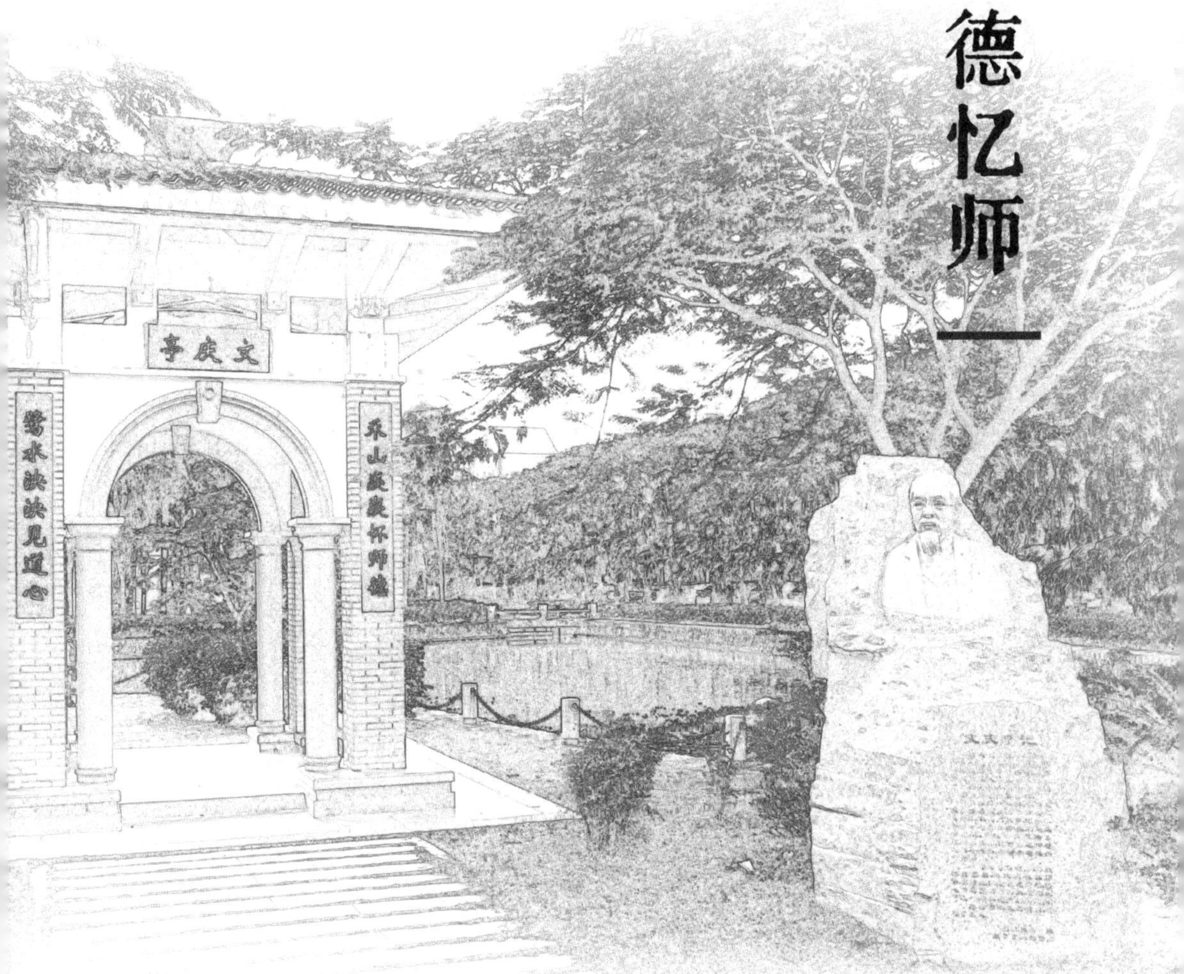

我所经历的本校四位大师的故事

陈孔立
（历史系1948级）

余生也晚，但却从1941年开始就住在厦大宿舍，至今已经79年了。记得有一次和潘懋元老师一同参加校史座谈会，我对潘老师说，我和你是同一年进入厦大的。潘老师说："是，那时你还是小孩子嘛。"是的，潘先生当年是大学生，我是小学生。正因为我很早就生活在厦大的圈子里，有幸和本校的几位大师有所接触，深受他们崇高精神的熏陶。现在我已经90岁了，我想我有责任把我所知道的大师们的故事，告诉后辈，让他们能够从中受益。

一、萨校长和蔡先生的故事

改革开放以后，由于厦大有许多海外校友，经教育部批准，1980年厦大校友会率先恢复活动。那时有很多校友从海外回来，我经常陪同蔡启端先生接待返校的校友（图1）。蔡启瑞先生担任校友总会理事长，我是理事之一，负责"出版部"，主要编辑出版《厦大校友通讯》。蔡先生对我说要准备写校史，把厦大的传统写出来。当时学校高层有人说："除了革命传统以外，还有什么传统？"那时还很少人敢于肯定国民党统治时期的大学校长。蔡先生说，萨校长出自爱国热忱而献身教育事业的精神对他影响很大，萨校长的事迹应当广为传颂。不久，他就召集陈碧玉（曾经担任过萨校长的助教，著名教育家，厦门市外国语学校创办人）、黄厚哲（遗传学家，曾任本校生物系主任）两位学长和我，共同讨论写一篇《萨本栋与厦门大学》，由我执笔，写成之后，经蔡先生审定，由他亲自拿到全国政协编的《文史资料选辑》（1984年）上发表。

图1　我陪同蔡先生会见海外归来的老校友

在这篇文章中，有这样一段话："萨校长听到化学系一位年轻助教写了一篇论文，就要这位助教去见他，虽然这位助教和他平时接触的机会不多，只见过两三次面，又不是他直接教过的学生，他还亲自帮他看论文，改论文，甚至连英文用字都加以润色。"显然，这里讲的就是萨校长和蔡先生的故事。

在纪念萨校长100周年诞辰的时候（2002年），蔡先生交代我要把"本栋精神"写出来。他说：当年他只是一名年轻教师，和萨校长接触不多，"只是悄悄地敬仰着他"。我对蔡先生说，我当年是生活在厦大校园里的一名初中学生，只是常常见到萨校长的身影，"我是把他当偶像来崇拜的"。所以我在《谈"本栋精神"》（刊登在《萨本栋博士百年诞辰纪念文集》上）一文的末尾写道："本文是奉蔡启瑞教授之命而写的。"因为这是两代科学家高尚品格的传承。

二、王校长和卢先生的故事

1950年代前期，厦大派出不少青年教师去北大、人大等校进修（图2）。我和好几位同事在人大。1954年有一天，我突然收到王亚南校长的信，原来他到了北京,前一个星期天,他借了一部汽车来人大校园,没有找到我们。所以写信给我,要我通知在人大的厦大教师这个星期天到他家里见面。接到王校长的信,我十分激动,立即把这个消息告诉同事们。其他学校来人大进修的老师听到以后,感到十分羡慕,他们说:"大校长居然来看你们这些小助教,你们这个校长真的了不起!"

图2　1954年后厦大在北京进修的教师

我们来到北京东四九条王校长的家里。那时他的公子王洛林正在高中读书,王校长让他住校,和同学们一同吃"大灶"。当时"大灶"的伙食一个月才8块钱,而我在人大研究班吃的却是"中灶",一个月15块钱。

那天中午,王校长请大家去一家湖南菜馆吃饭。当时卢嘉锡先生也在座。王校长称他"卢副教务长"。卢先生对大家说,"今天是资本家请客",原来他把"翻译和研究《资本论》的专家"简称为"资本家"。这充分显示了卢先生开朗、幽默的性格,也显示了两位大师亲密无间的情感,让我们所有的后辈都倍感温馨。

1956年王校长召开会议,讨论提升职称问题,那天参加会议的人好像不少,是在那时最大的会议场所"工会俱乐部"(建文楼的旧址)举行的。各院系领导都参加。当时我是马列主义教研室秘书,教研室主任张玉麟(时任校党委副书记)叫我参加会议。王亚南校长让各院系负责人报告情况,征求大家的意见。给我印象最深的是，化学系提出要把田昭武提升为副教授。当时各系有不少老师担任讲师多达8~9年之久，而田昭武才当了3年，有人认为“太快了”。卢先生就起来发言，他介绍了田在教学和科研方面的突出成绩，而且还说了这样一句话：“田昭武实验做得比我好。”这句话让我终生难忘。卢先生是著名的科学家、一级教授，居然讲出“比我好”这样谦逊的话，这充分体现了卢先生的胸襟和气度，以及对优秀学生和杰出人才的奖掖和关爱。

卢先生和王校长是从1946年开始相识的，那时王46岁，卢31岁。不久，王亚南就要卢嘉锡和他一起以教授代表的名义，去营救被国民党当局抓捕的两名厦大女生。1948年他们二人还同几位厦大进步教授一起，在《星光日报》上举办“教授笔谈”，反对美帝扶植日本。当国民党派兵包围校区时，“王亚南、卢嘉锡挺身而出，教育、说服学生，改变斗争形式，避免了一场流血惨案”（引自《厦门大学革命史图集》）。后来厦大地下党担心王亚南会受到迫害，就通过关系偷偷地把王亚南、郭大力两位老师送上停泊在太古码头上的轮船，离开厦门，前往香港。直到1950年政务院任命王亚南为厦大校长，王卢二位又重新共事了。王亚南的得意门生、经济学家陈可焜指出，从此，卢嘉锡成了王亚南的重要助手和支持者。在很长的时间里，他们是厦大仅有的两位一级教授。他们带领的经济学和化学是厦大最强的学科。

卢先生对王校长十分尊重，他说王校长“身如师长，宛如父兄”。所有的厦大人都尊重和怀念“王校长”和“卢先生”。厦大人为什么都用“卢先生”来称呼他呢？正如陈可焜学长所说的，“卢先生”这三个字“是厦大人从来对卢嘉锡的一个看似极普通但极具崇高敬意的称呼”。

三、卢先生、蔡先生和我

卢先生（1915—2001）和蔡先生（1914—2016）两位都是物理化学家、院士，我比他们小十五六岁，是晚辈，而且我学的是历史，本来完全不可能和他们两位有什么交集。我能与他们结缘，可能一是由于父辈的关系，先父1939年开始就在厦大工作；二是我和两位大师有些“缘分”。

早在抗日战争时期，在长汀“躲警报”（日本飞机来骚扰）时，我们经常和蔡师母在一起。

1949年卢先生家和我家都住在同文路的厦大宿舍。1952年我当选为厦门市学联主席，是学生界的代表，卢先生是文教界的代表。我们一同出席厦门市人民代表会议，同为主席团成员，还共同担任了协商委员(卢先生是副主席)。所以开会时经常在一起。

后来我和卢先生接触不多，卢先生去福州大学担任副校长，再后来又去中科院当院长，更没有机会接触了。

记得1981年校庆时卢先生回到厦大，我向他问候，他看了看说，你是陈孔生？我非常高兴，因为他把我家两代人都记住了。先父是陈贵生，我是陈孔立。

1986年卢先生又回到厦大，校领导都来接待他。当时卢先生是校友总会名誉理事长，我作为校友总会的副理事长兼秘书长向他汇报校友总会的工作。那时他的听力已经不太好，他叫我坐在他的身边。当时留下了一张宝贵的照片(图3)。

图3　1986年校庆时卢嘉锡先生回到母校

左起：黄克立、陈孔立、卢嘉锡、未力工、田昭武

后来卢先生当过全国人大常委会副委员长、全国政协副主席。1999年7月15日是我难忘的一天。那时我去泉州开会，忽然看到卢先生在很多人的陪同下走进泉州酒店，我向前叫了声“卢先生”，保卫人员马上过来阻挡，卢先生没有听见，就走向他的住处。后来，全国台联副会长苏民生出来找我，他说：你

要见卢先生吗？我带你去。进入卢先生的房间，卢先生的女公子就对我说，刚才她听到我叫“卢先生”，她想我一定是厦大的老师。

见到卢先生，我说，卢先生，我是陈孔立。他说，你不说名字我就不认得了。又说，我耳聋了，记忆力衰退。我属兔，今年84了，恐怕要见上帝了。他告诉我，今年2月18日凌晨1点，突然起来边走边叫，差一点就去见上帝了（这段话他重复了几次）。

他说，组织上很照顾，但要去哪里要由别人定，电话号码自己记不住。开会的时候，胡锦涛讲话听得到，其他人就听不清。平时不看电视，听不见。

我能理解，因为我也耳聋了，有的人说话听得到，有的人说话听不清。

卢先生问我的父母情况怎样，要我替他问候认识的人。

我问他，要不要去厦门。他说，很难说，不过恐怕去厦门也是开会。如果去，要女儿陪着。可能是最后一次了，昭武当然要见，还要看看熟人。

这是我最后一次见到卢先生，2001年他就逝世了。

后来卢先生的二公子卢咸池教授（曾任北大统战部部长、北京市台联会长）成为我的好朋友，他每次来厦大都会和我联系。他来到我的办公室，我就带他到走廊上来，我告诉他，我的办公室是距离卢先生塑像最近的地方，我每天来到办公室一定要来看看卢先生的塑像。

1980年厦门大学校友会恢复，蔡先生担任总会理事长，我担任理事，兼出版部负责人。当年留下了一张合照（图4）。1985年校友总会改选，蔡先生担任顾问，我担任副理事长兼秘书长。

1987年我担任厦门大学台湾研究所所长后，蔡先生经常打电话给我，问我有关台湾和两岸关系的一些问题。有一次他看到媒体报道，台湾一位科学家支持民进党，他打电话告诉我，这位科学家的太太回到大陆，还把家乡的泥土带回台湾。他相信这位科学家是有“中国心”的。有一次台湾“大选”开票的时候，他打电话来问我哪一个人可能当选。我当时正在看台湾电视，就把已经开票的情况向他报告，并且告诉他，我估计谁会当选。

没想到直到90多岁高龄，蔡先生仍然十分关心台湾问题。至今我女儿还记得老先生打电话谈台湾问题的事。我相信这件事如果我不说恐怕很少人会知道。

一代大师的赤子之心，日月可鉴。

图4　1980年4月6日厦大校友总会理事会与校领导合影

前排左起：金德祥、庄为玑、潘懋元（副理事长）、未力工、陈村牧（副理事长）、曾鸣、蔡启瑞（理事长）、赵源、蒋林、曾德聪、汪德耀、张松踪、陈仁栋

后排左起：黄国雄、陈诗启、吴伯僖、何永龄、黄厚哲、陈恩成、丘书院、陈克俭、周绍民、葛家澍、黄吉平、陈孔立、李强

纪念汪德耀老校长

何永龄
（法律系1944级）

1949年9月4日举行萨校长骨灰安葬礼仪，参加的人很多。大家都怀着崇仰而悲痛的心情，悼念萨校长。萨校长在全面抗战爆发之初接掌厦大，并带领师生奔赴山城长汀。在长汀的岁月里，他团结师生，将厦门大学建成为加尔各答以东的著名学府，学生增加到近千人，并不断扩大院系。他亲自教课，以身作则，那种科学治学治校的精神，永远令人怀念。

1944年9月我入厦大，初读政治学系，后转法律系。1948年毕业，1949年回校任教。当年入校就读时，因萨校长赴美讲学，汪老是代理校长，我们算是萨本栋校长执教录取的最后一批学生。1945年汪德耀先生正式任校长，我1948年毕业时，汪先生已就任校长四年。

我们这一届学生在长汀生活两年，1946年夏才迁回厦门(图1)，在厦门又生活了两年。因此，我们这个年级有校史上的特色：在长汀生活两年，厦门生活两年，刚好各一半。私立老厦大毕业生未走过长汀，在长汀入学和毕业的几届校友未来过厦门，战后在厦门入学的新生也未走过长汀，我们1948届是厦大校史上富有代表性的学生！谁都记得厦大从诞生到壮大的过程，厦大人都做出了贡献，而最有贡献的是校主陈嘉庚先生，没有他，厦大不会诞生；厦大能发展成为名大学是萨本栋校长带领师生奋斗的业绩，他们是厦大校史上的两大杰出人物。

1948年6月，我们将要离开母校，汪校长曾预告：我们举行毕业典礼时请萨校长来参加。我们满以为离开母校的前夕还能见到萨校长和亲聆他的教益。后来因为物质条件困难，不少同学先后离校，毕业典礼没有举行。萨校长也因为公务在身未能抽身前来，发了一封简电勉励我们奋斗并致亲切的谢意。6月24日下午4点，汪校长偕师母在群贤楼阅览室举行欢送1948届同学茶会，参

图1　何永龄(前左)和江西籍1948届级友晏致端(前右)、王朝瑞、易省三、舒文烈1946年于群贤楼前合影

加茶会的还有校友总会埋事长卢嘉锡教授,教师代表林砺儒、余謇、汪西林、萧贞昌等教授,及学生代表等(图2)。我们依依不舍地离开会场,取下校徽,告别了亲爱的母校,鹭江深且长……校歌永远在脑中回旋……

我读法律系一年级时和汪老有接触。1944年下半年我住在博爱斋,那时在长汀已建好东南唯一的一个大型机场,我们都在博爱斋旁边观看盟军运输机起降,汪老也在场,他拿着一副大型望远镜和我们站在一起观看飞机的起降。他问我读哪个系,我说读法律系,他说那很好,抗战胜利后国家建设必须有大量的法律人才,要以法治国……他又问我你是哪里人,我说我是江西临川人。他说,临川出人才,历史上有王安石大改革家,有汤显祖戏剧家,临川人讲话语音特殊,赵元任大师研究定为临川音系……短短的交谈,给我留下深刻的印象,汪老是细胞学大师,但他的人文学科知识非常丰富。他是中国第一位细胞学博士,1931年11月底放弃在法国的优厚待遇和优越的工作条件毅然回国。

汪老回国后任教过好几所大学。他于1941年应福建省政府邀请,到福建省战时省会永安，创办全国第一家地方性研究院——福建省研究院，任院长兼动物研究所研究员。当时路过长汀，适逢厦大建校廿周年大庆，汪老到厦大参观，会见了萨本栋校长。1943年萨校长聘请汪老为厦大理工学院生物系教授，兼理工学院院长，1944年5月12日任厦大代校长。

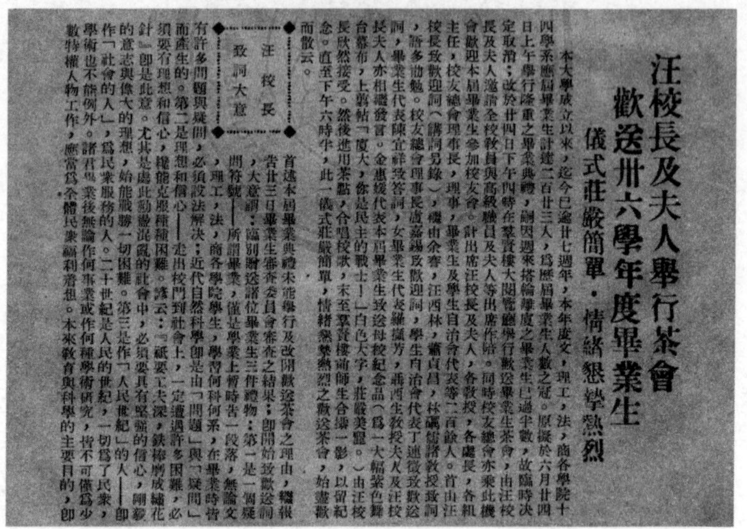

汪校長及夫人舉行茶會
歡送卅六學年度畢業生
儀式莊嚴簡單·情緒懇摯熱烈

本大學成立以來，迄今已逾廿七週年，本年度文，理工，法，商各學院十四學系應屆畢業生計達二百廿三人，爲歷屆畢業生人數之冠。原擬於六月廿四日上午舉行隆重之畢業典禮，嗣因週來搭輪離廈之畢業生已過半數，故臨時決定取消；改於廿四日下午四時在羣賢樓大閱覽廳舉行歡送畢業生茶會，由汪校長及夫人邀請全校教員與高級職員及夫人等出席作陪。同時校友總會亦乘此機會歡迎本屆畢業生參加校友會。計出席汪校長及夫人，各教授，各處長，各組主任，校友總會理事長，理事，畢業生及學生自治會代表等二百餘人。首由汪校長致歡迎詞（講詞另錄），繼由余謇，汪西林，蕭貞昌，林礪儒諸教授致詞，語多勖勉。校友總會理事長盧嘉錫致歡迎詞，學生自治會代表丁速微致歡送詞，畢業生代表陳宜祥致答詞，女畢業生代表羅攝芳，聶西生教授夫人及汪校長夫人亦相繼發言。金惠媛代表本屆畢業生致送母校紀念品（爲一大幅紫色舞台幕布，上剪帖「廈大，你是民主的戰士！」白色大字，莊嚴美觀。）由汪校長欣然接受。然後進用茶點，合唱校歌，末至羣賢樓前師生合攝一影，以留紀念。直至下午六時半，此一儀式莊嚴簡單，情緒懇摯熱烈之歡送茶會，始盡歡而散云。

汪校長
致詞大意

首述本屆畢業典禮未能舉行及改開歡送茶會之理由，繼報告廿三日畢業生審查委員會審查之結果；即開始致歡送詞，大意謂：臨別贈送諸位畢業生三件禮物：第一是一個疑問符號——所謂畢業，僅是學業上暫時告一段落，無論文，理工，法，商各學院學生，學習何科何系，在畢業時皆有許多問題與疑問，必須設法解決；近代自然科學即是由「問題」與「疑問」而產生的。第二是理想和信心——走出校門到社會上，一定遭遇許多困難，必須要有理想和信心，纔能克服種種困難。諺云：『祇要工夫深，鐵棒磨成繡花針』即是此意。尤其是處此動盪混亂的社會中，必須要具有堅强的信心，剛毅的意志與偉大的理想，始能戰勝一切困難。第三是作「人民世紀」的人——即作「社會的人」，爲民衆服務的人。二十世紀是人民的世紀，一切爲了民衆，學術也不能例外。諸君畢業後無論作何事業或作何種學術研究，皆不可僅爲少數特權人物工作，應當爲全體民衆福利着想。本來教育與科學的主要目的，即

图2　校刊1948年第3卷第7期刊载1948年6月24日汪校长伉俪举行茶会欢送毕业生的报道

1945年抗战胜利，厦大二、三、四年级学生仍留在长汀，新生则在厦门新生院上课。因当时复员工作非常艰巨，长汀到厦门，只有一条公路，而且只通到南靖的龙山镇，龙山到漳州的公路因抗战毁坏尚未修复。迁校的工作量极大，困难重重，汪老抓紧迁校工作。首先在厦门建立新生院，聘请周辨明教授为院长，在厦门设立迁校先遣机构，仅以一年时间顺利完成迁校工作。鉴于经济困难，不光图书仪器，还把当年在长汀制作的课桌椅、床铺等也运回厦门。1946年秋季，我们回到厦门，上课坐的桌椅、晚上睡的床铺都是从长汀运回来的。

在长汀的岁月，深得当地人民的支持。1946年厦大建校25周年之际，汪老提请大办庆祝校庆25周年大会，生物、化学、物理各实验室全部开放，并作科普性的表演，以感谢抗战期间长汀人民的支持。长汀民众入校参观，盛况空前，一则宣传校史，二则普及科学知识。还举办了25周年校庆作文比赛，题目为“我的厦大生活”。评审结果（图3）：第一名朱良灏，第二名陈兆璋（历史系

1946届女生)，第三名李焕明、程维民并列，第四名王贻元，第五名段镜(政治系1946届)及我并列。庆祝校庆廿五周年的主题是大学是文理工综合的学校，体现学海何洋洋，自强不息，止于至善，追求南方之强。

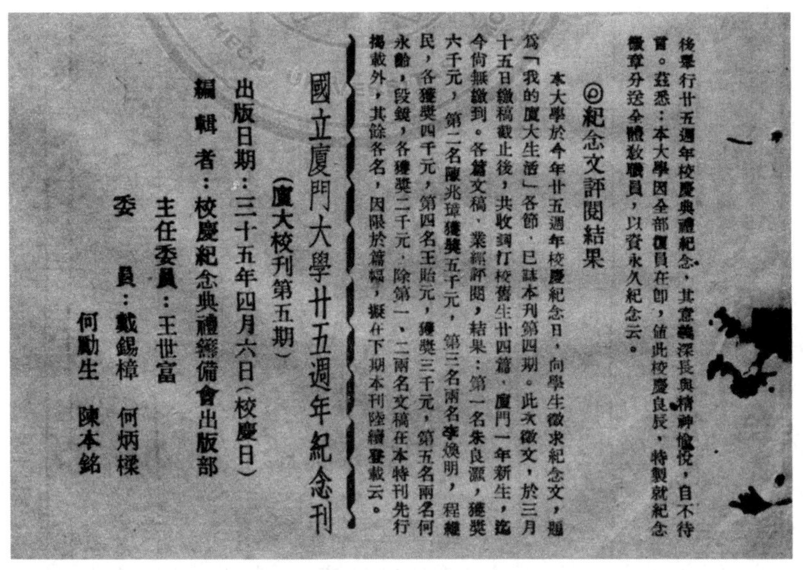

後舉行廿五週年校慶典禮紀念，其意義深長與精神愉悅，自不待言。茲悉：本大學因全部復員在卽，値此校慶良辰，特製就紀念徽章分送全體敎職員，以資永久紀念云。

◎紀念文評閱結果

本大學於今年廿五週年校慶紀念日，向學生徵求紀念文，題爲「我的廈大生活」各節，已誌本刊第四期。此次徵文，於三月十五日繳稿截止後，共收到汀校舊生廿四篇，廈門一年新生，迄今倘無繳到。各篇文稿，業經評閱，結果：第一名朱良灝，獲獎六千元，第二名陳兆璋獲獎五千元，第三名兩名李煥明，程維民，各獲獎四千元，第四名王貽元，獲獎三千元，第五名兩名何永齡，段鏡，各獲獎二千元，除第一、二兩名文稿在本特刊先行揭載外，其餘各名，因限於篇幅，擬在下期本刊陸續登載云。

國立廈門大學廿五週年紀念刊

(廈大校刊第五期)

出版日期：三十五年四月六日(校慶日)

編輯者：校慶紀念典禮籌備會出版部

主任委員：王世富

委員：戴錫樟　何炳[illegible]

何勵生　陳本銘

图3　校刊1946年第1卷第5期刊载《我的厦大生活》纪念文比赛获奖名单

厦大迁回厦门后，当时好多教授都转到南京、上海等大城市大学任教。汪老十分了解，办好大学必须有名教授，聘请名教授是头等大事。在他任内聘和增聘了一大批著名学者，有经济学系王亚南、郭大力、石兆棠等教授(他们都是马克思主义学派的经济学家)，外文学系洪琛教授，教育学系林砺儒、郭一岑教授，化学系卢嘉锡、钱人元教授，数理学系陈世昌教授，机电工程学系寿俊良教授，航空工程学系丁履德、林士谔、宋懿昌教授，法律学系陆季蕃教授、胡正谒副教授，历史学系林惠祥教授、熊德基副教授，政治学系杨东蓴教授等。群贤毕至，厦大教授阵容大大增强。

在院系方面，率先设立航空工程学系、海洋学系，将理工学院分设为理学院和工学院，原机电工程学系分设为工学院下属的机械工程学系和电机工程学系，建立外国语文学系、增设国际贸易学系，使厦大成为由理、工、文、法、商五个学院组成的全新的综合性大学。其中，文学院设中国语言文学系、外国语言文学系、历史学系、教育学系，理学院设数理、化学、生物、海洋4个学系，工学院设土木工程学系、机械工程学系、电机工程学系、航空工程学系4个学系，法学院设法律、政治、经济3个学系及司法组，商学院设银行、会计、国际贸易3个学系，形成5个学院、19个学系的综合性大学体例。

我们从以上事迹可看出汪老的治校思想。大学之大必须有多科系、文理工法商等学科相互渗透。大学之大必须有一批学术带头人，兼容各种学派。对学生而言，大学必须使学生活跃于大学海洋、创造性思维，从而追求自强不息、止于至善。汪老1992年撰写《萨本栋精神大放光芒》，其中写道："萨本栋精神宝贵之处在于教我们如何做人，归纳起来有：热爱祖国，热爱科学，勤奋好学，知识渊博，谦虚谨慎，平易近人，光明磊落，作风正派，坦荡无私，爱憎分明，严于律己，公而忘私，生命不息、奋斗不止，鞠躬尽瘁、死而后已。"

1946年4月6日厦大建校25周年之际，汪老发表《致校友书》提出兼容并包及学术思想自由的办学主张。汪老从其青年时代、留法时代以及在工作岗位上所实践的，充分体现了治校必须着眼于做人，而做人必须有爱祖国爱科学，奋斗终生，追求自强不息、止于至善的抱负。前几年，我们1948届级友聚首母校欢庆毕业45周年、50周年的两次大会上，汪老还为我们作了勉励的演讲，其中主题还是发扬德先生赛先生精神，发挥萨校长的办学精神。

汪老对学生倍加关怀，对职工有困难也是尽量帮助，工友何国忠妹妹生急病，汪老即叫司机开他的小汽车送病人入院治疗，在那个年代实在难能可贵。还有其他许多生活的例子，我自己深切感到汪老的爱护。1952年我因突然胃出血，急需抢救，当时并无血库，汪老亲自带头报名献血，他到中山医院为我输血，这种救人爱生的行为我永远记在心中。

汪老幼年时代读私塾，读四书五经，他的父亲是博物学教师，汪老受父亲的熏陶，少年时即爱好大自然爱好科学。1917年进入北京高等师范附中学习。五四运动时，他就读于附中，当时附中组织了学生自治会，主席为赵世炎，汪老任副主席，汪老积极组织罢课示威，以实际行动参加了威壮山河的五四运动，德先生、赛先生精神，爱国主义的精神支柱，武装了青年时代的汪老，他后来公费留学法国选读细胞学，立志于科学救国。回国后，就任几所大学，始终贯串严谨的科学治学思想，接任厦大校长后，他更有机会发挥科学精神，从科学高度去实现大学之理想。

在艰难的岁月里，汪老办好厦大，贯穿着大学之大，追求自强不息、止于至善，他一直赞扬萨本栋校长的办学风格，简称为本栋精神，我在几年大学学习中，深深地感受到他的科学办校精神，强调大学之大：必须有包容精神；必须有学派的自由空间；必须充分发挥科学精神，集中地去追求真理，学海无境；必须是自强不息而止于至善。他继承着五四的光辉，从爱国主义出发，本着德先生、赛先生的精神，团结教师，为办好厦大做出了应有的贡献。

解放后，汪老更积极从事科学研究和教学，为细胞学培养了许多博士硕士。他还不顾高龄，为推进厦大生物学系的教学和科学研究四处奔波。他任厦门市政协副主席、省政协常委多年，尽力表达人民群众的意见意愿，提出积极建议，为社会做出了重要贡献，深得各界人士的好评。

汪老也是位广泛结交文人名家的大师，他和法国大文学家罗曼·罗兰也有深切交往，他向罗曼·罗兰介绍鲁迅小说《阿Q正传》，他把我国女作家谢冰莹的《从军日记》翻译成法文，寄给罗曼·罗兰。1930年暑期又到瑞士拜访罗曼·罗兰，并在其家里见到圣雄甘地。1971年他在南京会见女作家丁玲，汪老与大画家徐悲鸿也有过多方面的交往。他与教育大师蔡元培也有过交往，那是在1924年，蔡元培先生往法国里昂出席会议，当时在中法大学学习的汪老充当翻译，青年时代的汪老深深地崇敬蔡元培大师的办学精神。

1945年5月间，李约瑟博士从重庆来到山城长汀，汪老以代校长身份，接待了李约瑟博士。李博士研究中国的科学技术史，汪老介绍李博士赴福建省战时省会永安与王亚南教授会面，并介绍王亚南教授翻译出版的《资本论》，还著有《中国古代经济史》。李博士通过与王教授会晤，了解很多中国科学技术发展的社会背景，李博士把厦大的成就向英国人作了广泛的介绍。1948年汪老在巴黎又与李博士再度会晤。1949年8月汪老赴英国讲学，第三次会见李博士。当时国民党政府教育部两次密令，要他将厦大贵重图书仪器运转台湾。汪老特意借赴英国讲学之机避开国民党当局的控制，使他们的企图最终落空。

汪老与多位名流交往，对他的科学办学思想有深刻的影响，正是在此种影响下，汪老坚定不移地为办好大学做出艰苦的努力。

汪老在一生中为我国的大学教育做出了许多贡献。他的办学思想即充分体现科学办大学，提倡包容精神，强调学派自由，追求大学之大，学海无限，止于至善而自强不息。

（作者为法律系教授，厦门大学法律系1944级学生）

余謇教授生平事略

蔡厚示
（中文系1945级）

余謇教授，字仲詹，江西南昌县人（图1）。1886年（清光绪十二年）农历正月初八日生于江西玉山县，1953年1月4日病逝于厦门，享年六十有七。

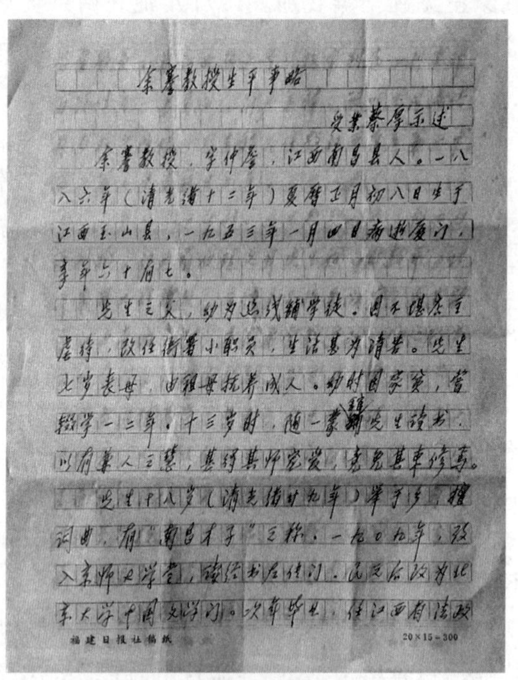
余謇教授生平事略
受业蔡厚示述
余謇教授，字仲詹，江西南昌县人。一八
八六年（清光绪十二年）夏历正月初八日生于
江西玉山县，一九五三年一月四日病逝厦门，
享年六十有七。
先生之父，幼为丝线铺学徒。因不堪店主
虐待，改任衙署小职员，生活甚为清苦。先生
七岁丧母，由祖母抚养成人。幼时因家贫，曾
辍学一二年。十三岁时，随一蒙馆先生读书，
以有兼人之慧，甚得其师宠爱，竟免其束脩焉。
先生十八岁（清光绪廿九年）举于乡，擅
词曲，有"南昌才子"之称。一九〇九年，考
入京师大学堂，读经书及传记。后又改为北
京大学中国文学门。次年毕业，任江西省法政
福建日报社稿纸 20×15－300

图1　蔡厚示遗稿手迹

先生之父，幼为丝线铺学徒，因不堪店主虐待，改任衙署小职员，生活甚为清苦。先生七岁丧母，由祖母抚养成人。幼时因家贫，曾辍学一二年。十三岁时，随一蒙馆先生读书，以有兼人之慧，甚得其师宠爱，竟免其束脩焉。

先生十八岁(清光绪二十九年)举于乡。擅长词曲,与时人胡先骕、王易、汪辟疆并称为“江西四才子”,并有“南昌才子”之称。1909年考入京师大学堂,读经书左传门。民国元年后改为北京大学中国文学门。1913年毕业后,任江西省法政学堂教员,兼江西省高等法院审判官,判案计百余件,一秉至公,有声于时。嗣以不同流俗,为当权者所忌,乃去职,任教江西省立第一中学、第二中学凡十二年。

五四运动时,先生热烈响应,创办白话刊物。江西有白话文自先生始。后数年,北洋军阀大肆搜刮,公教人员待遇微薄,先生领导江西省城公职人员开展索薪运动,组织教育公会,深为反动派所忌,号之曰“余大头”,令特务追捕甚急。某日,先生往授课,特务又追踪至,先生如厕逃脱,匿医院十余日。先生虽身处险境,而斗志未曾或馁。旋出任省城各机关学校联合会主席,主持一切游行事宜,游行时且任总指挥。其时,南昌有黎明书店,售绍介苏联革命书籍,先生涉猎颇多,思想遂日益进步。

1925年至1927年,先生任心远大学教授,兼江西省教育厅总务科长。段锡朋组织反动AB团,压制学运,欲强先生参加。先生授意其公子永年、永祚代登报声明不参加段匪组织,段匪切齿恨之。“八一”起义前夕,朱总司令任南昌市公安局局长,先生任市府秘书。朱总司令领导起义后,先生恐遭反动派毒手,乃偕长女、公子避居乡间,仍时阅读《共产党宣言》与论阶级斗争诸书。是年,以南昌不可居,乃应厦大教授聘(图2),直至逝世凡二十六年,未曾一日离岗,

图2 文学院全体师生与林文庆校长在群贤楼前合影

前排左三为余謇教授(引自1931年4月6日《厦大十周年特刊》)

历任中国文学系主任及文学院代理院长等职。

先生教学循循善诱，所授各课，无不备受同学欢迎，校内外慕之者多来旁听，讲室中无虚席，且有攀窗依户立而听之者。无论暴风骤雨，先生上课从不迟到早退，即使偶有微疾，亦必前来。先生治学极勤，真所谓废寝忘餐，老而不倦；师母置食其旁，常未之觉。无间寒暑，皆鸡鸣即起，燃烛读书。曾手抄珍本百余册，且附详批。解放前，常向同学借阅进步书籍，藏于米袋中。解放后，学习不甘落人后，接受新事物远较常人为快。每见新书，辄必自购。虽有腿疾，仍坚持参加政治学习。

先生待人接物，谦恭和蔼，但遇大节，则持正不阿。解放前夕，厦大同学发起护校运动，反对提前考试放假，使反动派军队不得侵占校舍。先生在校务会议上，力排众议，为同学执言，受全校同学一致拥护，尊之为“民主教授”。解放后，党政当局对先生均极尊重，曾特邀出席厦门市首届人民代表会议，并敦请先生出任厦大临时校务委员会主任委员。先生以体羸多病，恐贻误公事，坚持不就，遂改任校务委员。

先生对青年备极爱护，常以“老少年”自命，喜与青年教师接近。解放前，系内同学从事进步活动，先生代为掩护，以办公室供同学做阅览革命书籍之用。先生谈吐极饶风趣，全校师生无不钦其渊博，而先生绝无矜色。对群众意见，倾听不倦，对上级交付工作，审慎处理，即令普通表册，亦必亲自审阅，细为校对。

先生自奉甚薄，布衣蔬食，数十年如一日。曾有铅笔小半截，用已数年，仍不忍舍去。对党及人民政府之爱戴均出自忠诚，常谓一死不足惜，但恨未见共产主义社会到来。

先生生平治声韵文字之学，有极深之造诣。对诗经、词曲、左传、史记及韩柳诸家文字有专门研究，能发前人所未发，一洗汉宋诸儒之弊。其所编讲义有所征引，皆出诸记忆，从不东翻西拣也。对马列主义虽未有深湛之研究，然所语皆入情入理，合乎科学。

先生述而不作，遗篇有《唐宋词选注集评》《古今韵辨》《三百篇籀略》《文字学讲义》《宝瓠斋杂稿》《随笔》等，均经千锤百炼而后写成。先生弥留时，嘱将所遗书籍，悉赠学校，现存厦大中文系阅览室中。

先生之殁，诚如厦大王亚南校长所云：系厦大一大损失。然先生服务教育界三十余年，生平从学者多至数千人。其中不乏海内外名家，如虞愚、黄典诚、姚一苇等。今后在共产党及人民政府教导下，当能继续发扬先生为人民服务之精神，为振兴中华文化做更大贡献。是则先生虽死，而其实未曾死也。

附作者的毕业论文(图3)，以及余謇先生《越调小桃红》填词如下(原手抄件见图4)：

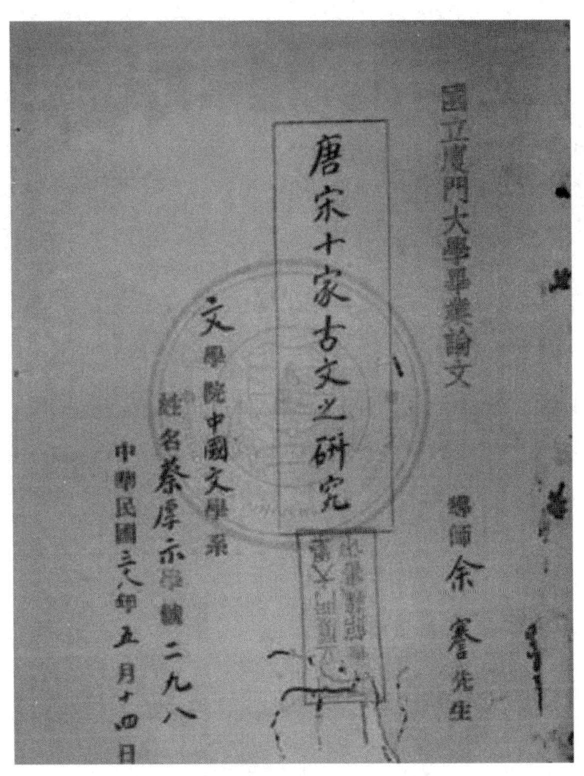
國立廈門大學畢業論文

唐宋十家古文之研究

導師 余謇先生

文學院中國文學系

姓名 蔡厚示 學號 二九八

中華民國三十八年五月十四日

图3 蔡厚示大学毕业论文封面

《越调小桃红》两首

题伯虔仁弟《鹧鸪赋笺释》 1943年冬 南昌 余謇 仲詹

数声鼓角送残年，刮耳风涛险，如此江山怎消遣？检陈篇。高情懒看英雄传。殷勤搜得，遗民一赋，惨淡费长笺。

前人心事后人宣，字里行间见。一片精诚皎如练。此书传，群儿应愧烟花贱。更谁为唱，遗山旧曲，慷慨鹧鸪天。

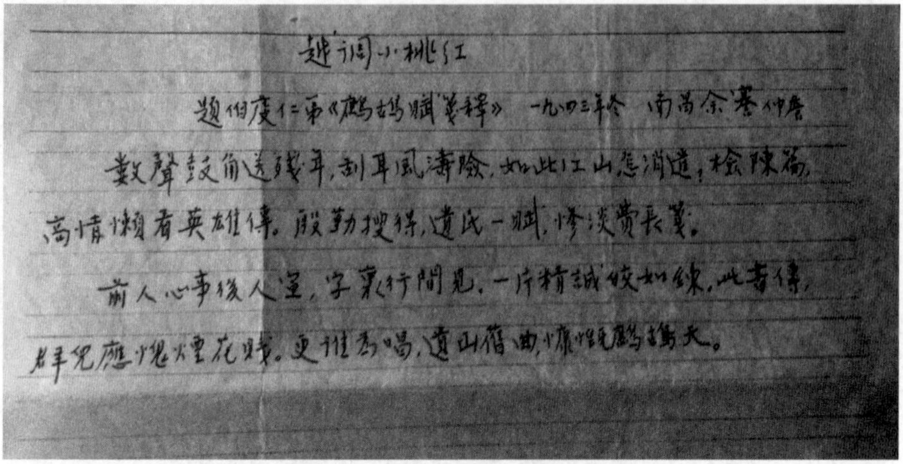

越调小桃红

题伯虔仁弟《鷓鴣賦箋釋》 一九四三年冬 南昌余謇仲詹

數聲鼓角送殘年，刮耳風濤險，如此江山怎消遣，檢陳篇，高情懶看英雄傳。殷勤搜得，遺民一賦，慘淡費長箋。

前人心事後人望，字裏行間見，一片精誠皎如練，此書傳，群兒應愧煙花賤。更誰為唱，遺山舊曲，慷慨鷓鴣天。

图4 《越调小桃红》手抄件

说明：陈孔立教授指出，此件应为后人手抄余老先生之作。因为一是余老不用钢笔写字；二是当时不用“公元”而用“民国”年号。

刘庆云教授指出，《越调小桃红》是元曲曲调。余老用此调填词来赞扬“伯虔”先生著作《鹧鸪赋笺释》。

（受业蔡厚示遗稿，林红整理录入）

名师荟萃：一张厦大老照片

钟安平

在我母亲何吉利的老相册里，保存着一张外公何励生在厦大的老照片（图1）。照片上的人我原来大都认不出来，最近我对这张照片进行研究，发现上面的人物竟然大都是当时的名师高士，值得分享给大家。

图1　1934年12月19日在厦门南普陀寺大悲殿前合影（共30人）

前排左起：①何吉利、②母亲叶月瑚、③何大仁、④（姓名不详，西装）、⑤张淑贞（张希陆夫人）、⑥张希陆（理学院院长兼数学系主任）、⑦林文庆、⑧杜佐周（教育系主任）、⑨周德芳（杜佐周夫人，厦大附设高中部教员）、⑩张涵初（陈子英夫人）、（⑪与⑫两位女士姓名不详）

中间两排左起：①辛际周（中文系教授，白衣）、②陈德恒（商法学院院长，西装）、③何励生（戴眼镜者）、④孙贵定（教育学院院长，西装）、⑤傅文楷（法律系主任）、⑥徐声金（历史社会学系主任）、⑦（姓名不详，白衣）、⑧张庆祯（法学院教授）、⑩缪篆（哲学系教授，戴墨镜者）、⑫陈子英（动物学系教授，西装）、（⑨、⑪、⑬三位女士姓名不详）、⑭李相勖（教育系教授）

后排左起：①冯定璋（银行系教授，西装）、②余謇（中文系教授）、③钟鲁斋（教育系教授，西装）、④（姓名不详，穿白衣戴眼镜）

照片下面写着“重庆弥月纪念廿三年十二月十九日”。“重庆”是我二姨何大智的小名，廿三年就是民国廿三年即1934年，十二月十九日是大智出生四十天，照片背景是厦门南普陀寺大悲殿，是外公在厦门南普陀寺香积厨为次女大智做满月酒，宴请厦大同事，宴后在香积厨旁边的大悲殿合影。

外公何励生是诗人、书法家、金石家，浙江瑞安人，1899年1月9日（农历戊戌年十一月二十八日）生于瑞安，瑞安中学毕业第一名，就读之江大学（现浙大）文科，曾任上海南洋高级商业学校学监和国文教员、国技学会出版部主任、《时事新报》编辑，1928年夏，厦大向全国延揽一批高级人才时，他经瑞安同乡、厦大国文系主任李笠教授介绍，到厦大任编译处编译员，独自主编《厦大周刊》，1930年任厦大秘书襄理，1933年起兼任厦大周刊委员会主席，干秘书工作一直到1958年退休，先后服务过四任校长。他与外婆叶月瑚1929年结婚，头两胎生了我母亲何吉利和大舅何大仁，大智是他们的第三个孩子。照片上外公站在第二排左二，着灰色长袍，戴黑框眼镜，外婆站在第一排左一，身穿旗袍，前面站着四岁半的我母亲和两岁的大舅。大智才出生四十天，放在家里由湖南籍小保姆带着没抱出来。

南普陀寺临近厦大，20世纪二三十年代就有素菜供应，厦大师生常往就餐。因为当时厦大所处位置比较偏僻，周边都是农田或乡村，师生若要去厦门市区消费，走蜂巢山上的小路不方便，一般是沿着海边走路到沙坡尾再乘小舢板去市区码头上岸，而到南普陀寺用餐最为方便。鲁迅先生在厦大任教期间，常与朋友到南普陀寺用餐。据他的日记，1926年11月13日“夜同丁山、伏园往南普陀寺观傀儡戏，食面”，1927年1月12日“晚丁山邀往南普陀寺夜餐，同坐共八人”。所以外公为次女做满月宴请同事，选在厦大附近的南普陀寺是很自然的。

厦大1921年由著名华侨领袖陈嘉庚兴办，当时是私立大学。陈嘉庚先生认为教育是立国之本，倾家兴学，将他在海外发展实业赚到的钱都用来创办厦门大学和集美学校，在厦门选择南普陀寺附近郑成功练过兵的演武操场建设厦大校舍，头两年建设了映雪、集美、同安、群贤、囊萤五座楼，第五年又建成理化楼和生物楼，即化学院、生物院。厦大创办初期规模较小，只设文、理、商、法、教育五科，每年招收本科生不到一百人，1930年改为五个学院，每年招收本科生两百多人。由于受私立经费限制，没有政府稳定的资金支持，教师和职员十分精干，教学质量和管理效率较高。校主陈嘉庚和校长林文庆非常重视教学质量，不惜重金延聘名师，所以厦大各学科领军人物均为当时国内一流人才，大都三四十岁，年富力强，具有美英留学背景，有些是从北大、清华等公立大学聘来的。仅1928年夏天，厦大就聘来二十多位高级教学人才，例如杨武之（当时名杨克纯）教授一家就是当时来厦大的，其子杨振宁在厦大附属模范小学就读一年多。外公也是与这一批教授一起到厦大工作的。因此当时国内私立大学之中，办学质量最高的是南方的厦门大学与北方的南开大学，培养许多人才，享誉全国。

当时厦大先建设博学楼、兼爱楼两座教职员宿舍，后又专门在东面白城山上建了七座两层楼条件较好的教师宿舍（图2），给这些带家眷的教授居住。当时外公外婆一家也住在那里，与他们既为同事，又是邻居，来往密切，夫人孩子之间也经常来往，家庭之间友情深厚。外公诗书功底深厚，这些教授不论何专业也都有一定的诗文功底，外公与他们以诗为友，经常以诗同乐。借次女弥月之机，外公外婆宴请他们同喜同贺，彼时高朋满座，机遇难得，便请人摄影留念，留下珍贵的瞬间。

图2　白城山教员宿舍

外公几十年后辨认这张照片，写了一张不完全的名单，附在照片旁边。从照片左边算起，前排第三、四人是理学院院长兼数学系主任张希陆教授和夫人张淑贞，第五人是林文庆校长，第六、七人是教育心理学系主任杜佐周教授和夫人周德芳，第八人是陈子英夫人张涵初；二排第一人（黑西装）是商法学院

(1934年商学院与法学院合并)院长陈德恒教授,第三人是教育学院院长孙贵定教授,第四人是法律学系主任傅文楷教授,第五人(林文庆正后,着灰色中式衫)是厦大秘书詹汝嘉,第六人(着白色中式衫)是历史社会学系主任徐声金教授,第七人(前排杜佐周身后)是法律学系张庆祯教授;右上方长袍墨镜者为中国文学系缪篆教授,其左手边是生物学系陈子英教授,陈的左手边是教育学系李相勖教授;后排若以袖手白衣者为第一,第二人是银行学系冯定璋教授,第三人是中国文学系主任余謇教授,第四人是高教研究所钟鲁斋教授。

林文庆校长亲自前来赴宴,因为他与外公私交很好。他祖籍福建海澄,居新加坡,曾任孙中山大总统的秘书兼医官,1921年被陈嘉庚先生聘为厦大第二任校长,一直当到1937年改为国立为止,为厦大的初期发展做出很大贡献。其发妻为南洋闽籍华侨领袖黄乃裳的女儿黄瑞琼,可惜婚后十年英年早逝。林校长是一位精通英语的儒学大家,十分热心研究中国古文化,曾经将屈原的《离骚》全文翻译成英文出版,还收藏大量名人字画。他与外公有共同的爱好,因而对精通书文字画的外公十分欣赏,与比他小三十多岁的外公结为忘年交,不仅经常带外公出席公务活动,还经常一同参加业余文化联谊,赠送外公多张个人照片,并专门邀请外公全家到鼓浪屿他家别墅做客。

余謇教授古文、诗词、书法,其功底深厚,与外公同声相应,同气相求,经常赋诗唱和,互赠书法。他是江西南昌人,十八岁考中举人,京师大学堂(北大前身)毕业,1927年到厦大,任教二十六年,治学极勤,老而不倦,对声韵、文学造诣很深。他曾与外公夜餐后书赠外公一诗:"野蔬家酿送人行,饮罢谈余夜有星。明朝会趁晴风便,稳澹沧波看月明。"此件书法保存至今。后来他还专门为外公出版的诗集《山居集》题词。

陈子英教授与外公私交很深。他是美国哥伦比亚大学博士,我国遗传学先驱之一,在中国最先开展现代海洋生物学研究,培养了许多杰出人才。1931年他在厦大组织成立中国第一个群众性海洋学术组织中华海产生物学会,并任该会主要负责人。1934年他又与秉志等三十人发起成立了中国动物学会。产于厦门同安刘五店海域的文昌鱼是世界上最古老的生物之一,是五亿年前脊索动物的祖先,陈子英对它进行研究,于1931年发表《中国文昌鱼一个雌雄同株标本的研究》,1932年发表中国文昌鱼第一篇分类学论文《福建南部厦门文昌鱼的历史》。当年他曾请外公吃文昌鱼,外公即席口占两首七律,其中有"坐傍秋灯啖素鱼"和"味同鲈刽列奇蔬"之句。

张希陆教授为我国奥运先驱、南开大学创办人并亲任校长张伯苓的长子。其夫人张淑贞是南开大学商学院院长张平群的胞妹，曾任天津私立普育女子小学校附属幼稚园教师。张希陆教授参加过五四运动，后来考取了庚子赔款留学资格到美国留学，回国后先到南开大学，再到厦门大学任教，长期从事数学教学和科研，与外公有同仁之谊。抗战全面爆发后他与其他几位教授离开厦大时，外公特地赋诗赠别，前半首为“客中送客别情牵，又是沧桑列眼前。著作等身堪寿世，论交异地亦奇缘”。

照片中的教授许多都是江浙人，与外公是同乡，乡情深厚。如陈子英教授是江苏吴县人，教育学心理学家杜佐周教授是浙江东阳人，会计学家陈德恒教授是浙江嘉善人，教育学家孙贵定教授是江苏无锡人，银行学家冯定璋教授是江苏武进人，缪篆教授是江苏泰州人。

说到缪篆教授，还可以多说几句。他专门为外公1932年出版的诗集《逭暑集》作序。他在厦大曾与鲁迅同事。据说他嗜书如命，在乘海船赴厦大任教途中，坐在船头专心致志地看书，浑然不觉风高浪险，家人频频惊呼，他仍不为所动。传说他还有一个奇特的习惯，读完一书，就把最重要的几页撕下来，其他扔掉，可见其记忆超人。

刘椽：中国科学和教育大厦上的一根光灿梁椽

冯大诚

刘椽（1903—1971），山东诸城人，20世纪前期著名化学家、教育家。清华大学毕业，公费留学美国伊利诺伊大学，1931年回国，后任厦门大学化学系教授、系主任、理学院院长、总务长，山东大学教授、化学系主任、总务长。1955年奉命筹建郑州大学，后被戴上了“内部右派”的帽子，撤销校长助理兼化学系主任等职务，于1971年5月20日含冤去世。卢嘉锡先生曾作文《忆恩师刘椽教授》。

我第一次听说刘椽先生的名字，是在20世纪80年代。当时，我受命编撰《山东科技史·化学卷》。邓从豪先生告诉我，刘椽先生是他当年在厦门大学学习时的老师，化学系主任。1948年邓先生来山东大学（当时在青岛），就是应当时任山东大学化学系主任的刘椽先生之邀而来的。我问邓先生现在刘先生的情况，邓先生说，刘椽先生后来调河南，已经去世了。当时，编撰科技史是依照省科技局的提纲，只要求写某人有某科技成就，不写教育，不涉及个人履历。我也就没有打破沙锅问到底，没再去问他为什么在山东大学好好的却调往没有任何像样子大学的河南，那时候也没有什么资料可查。但是，这个问题一直在我头脑里。

编撰科技史只是一个临时性的工作，交差了也就过去了。要紧的是科研和教学，特别是20世纪90年代以后，领导要论文、要项目，一天紧似一天，一年紧似一年。在年复一年的劳作中，四分之一世纪也很快过去了。最近我看到了一本《山东大学校史》，记载着山东大学差一点搬到河南去的历史。

《山东大学校史》载：“1954年高教部拟改变现有高等学校的布局，报请国务院批准，将沿海某些高等学校内迁和增加新的专业，其中有上海交通大学、上海第一医学院、山东大学等。（《中华人民共和国教育大事记》第118页）当时决定把山东大学迁往河南郑州。后来教育部经过审慎研究，决定把山东大学迁往郑州改为由山大派人去郑州筹建一所新的大学，并给以师资支援。在决定把学校迁往郑州时，学校即派总务长刘椽、总务处主任秘书董树德、总务科长于健、基建办公室技术员刘岩等26人前往郑州筹建。经过两年的努力，在1956年夏完成了主要建筑，秋季招生上课。学校从文、理各系选调一部分教师支援，这就是今天的郑州大学。”

《山东大学大事记》在时间上叙述得更详细一点：

> 1955年8月11日　中央教育部下达有关我校迁往河南省郑州市建立新校等等各项问题的通知。
>
> 1955年8月14日　刘椽、董树德赴郑州，分别任河南大学建校办事处正、副主任。
>
> 1956年2月3日　根据高教部会议精神，我校不迁河南，郑州河南大学校舍仍由我校负责建筑，以便在第二个五年计划内建成河南大学。
>
> 1956年4月13日　郑州大学筹委会在我校召开第一次会议，讨论该校筹委会地址、图书仪器采购、预算、基建等问题（按：高教部4月3日来电，通知河南大学改为郑州大学，由龚依群等组成筹委会，我校参加筹委会的有吴富恒、刘椽、董树德）。
>
> 5月27日　接高教部5月16日通知，经国务院批准山东大学不迁往河南，仍暂留青岛……。

1955年8月11日下达通知，仅过三天，8月14日，年过半百的刘椽先生就奔赴郑州。真是如卢嘉锡先生所言，“刘老师……二话没说，丢下妻小老母，搁下手头的科研项目，以筹建处主任身份奔赴郑州。从动员农民卖地搬迁，到设计校园，事无巨细，事必躬亲”。

1956年8月，郑州大学数、理、化三系面向全国招生。教职工主要来源于山东大学、东北人民大学（现在的吉林大学）、北京大学、复旦大学、武汉大学和四川大学。郑州大学化学系1957级学生周正民说：“我们化学系第一任系主任刘椽等几位老师就是从山东大学来的，所以我们系整个教学模式沿袭了山东大学的模式。”司久敏是1956年郑大招收的第一批学生，据他回忆：当时高校不收学费，学生们每个月还有4.5元的助学金，有荤有素的伙食也让农家孩子们非常满意。更让司久敏等人兴奋的是，当时郑大汇聚了国内一批著名学者：郑大首任校长嵇文甫先生不仅是当时中国科学院学部委员，也是国内著名哲学家、史学家；车得基教授是当时国内一流的化学家；化学系首任主任刘椽教授也是当时国内顶尖的化学家；物理系首任主任霍秉权教授是我国首批从事宇宙射线、高能物理和核物理研究的物理学家之一……能聆听这些大学者授课，是一件非常幸福的事。

刘椽先生看到了他努力奋斗的成果。然而正如卢嘉锡先生所说："欢庆郑大诞生的锣鼓尚余音缭绕，一场灾难悄悄地向刘老师袭来。由于一条有关高校院系调整的整改意见，老师被戴上了'内部右派'的帽子，校长助理兼化学系主任职务统统被撤销……躯体和精神的长时间折磨最终使我的恩师——一位了不起的教育家、正直磊落的爱国科学家，一病不起，于1971年5月20日含冤去世。"

在中国高等教育的这次调整之中，山东大学没有搬迁河南，然而，刘椽先生却永远留在了河南的土地上。

在抗日战争的烽火中，厦门大学西迁到福建西部大山中的长汀继续办学。时任厦门大学化学系主任的刘椽先生挑起了厦门大学化学系西迁的重任，一开始，西迁的化学教授仅他一人。他把庙宇作为教室、牢房变成化学实验室，使得厦门大学化学系在长汀的大山之中办得有声有色，后来傅鹰等重量级化学家也到厦大任职。厦大化学系在敌机的轰炸声中培育出蔡启瑞、陈国珍、邓从豪、周绍民、张存浩、朱沅等著名化学家。

1947年，刘椽先生到山东大学化学系任主任。在抗日战争中，山东大学西迁后停办，校舍成了日军军营，以后又被美军占领。战后，刘椽与刘遵宪等先生一起，恢复建设了山东大学化学系。作为山东大学的秘书长(总务长)，他参与了领导山东大学的新的复兴。从1955年起，他又参与创建了郑州大学。在中国的科学和教育史上，在三个不同历史时期，刘椽先生先后为三所大学做出了重大贡献。人们应当记住他的名字，他是中国科学和教育大厦上的一根光灿梁椽。

（冯大诚，山东大学教授，博士生导师。1964—1970年在中国科学技术大学近代化学系学习，1978—1981年为山东大学物理化学专业研究生，师从著名理论化学家、中科院院士邓从豪先生。1981年起在山东大学理论化学研究所工作。）

怀师录

——悼念郑朝宗先生

俞兆平

先生走了。在我有生以来心境最为暗淡的时日里，先生走了。师母走后，先生曾在百日之祭写下一篇令人潸然泪下的情性之文——《怀清录》。而今，我亦仿先生，为此文题曰：《怀师录》。

在先生的告别仪式上，我脑中闪现的是"功德圆满""实至名归"这8个字。"人生非金石，岂能长寿考？"若按自然规律而言，先生走时90高寿，乃人世间难得的"金石"之寿，况且先生毕生传道、授业、解惑，所哺育的弟子遍布海内外，其功卓著，其德崭然，口碑载道，众望所归。若论学术，先生著述丰赡，20世纪40年代评涉中外小说，神思通达，博辨纵横，自成一家风采；80年代，先声夺人，挟古凌今，开中西方"钱学研究"之先河。从教者、为师者，若能如此，亦不愧己一生。但先生还有一手，他与众不同的是还有一支生花妙笔，其散文承"清华"一脉，醇净绵密，情文融和，内里的功力只有品味再三，方能悟得。先生常说："理论靠勤奋，创作靠天分。"他在内心深处崇奉的更是"灵性""神思"，所以在我的心目中，先生首先是一位诗人，而后才是授业者。也正因为如此，先生才会"1957年我以言语获咎，困顿三年，幸免沉沦"（《怀旧》）。为先生策划、出版《梦痕录》一书的香港三联书店编辑梅子先生曾与我谈及两辈人文笔之距，他认为奠定先生那一辈人国学根柢的环境氛围，如家学渊源、文脉气韵等，断难追回。所以能把西洋文化与中国文化融为一体，拓出新境的，如钱锺书、宗白华、郑先生这样，恐怕吾辈永难企及。此说我甚赞同。我想，这可能就是《读书》《随笔》等杂志的编辑们一拿到先生的文稿，便爱不释手，赞叹再三，不敢妄加删动，唯恐佛头着粪的原因吧。

但是，望着灵柩中先生瘦削而安详的面容，我又不愿意相信这一切是真实的。20年的时光难道就这么匆匆地逝去？带走了先生，也带走了我们的青春！

1979年，先生与许怀中先生联合招收了8位厦大中文系首届文艺理论研究生(图1)，我也有幸忝列于内。那在鲁迅纪念馆楼上，先生诵读自译荷马史诗中《安娘曲》一诗时神采飞扬之状；先生讲解《管锥编》"心同理同，正缘物同理同"时洞瞩明察之貌，迄今仍历历在目。印象犹深的是，先生以70高龄赴京参加全国第四次文代会，回校之后，神情振奋，演讲多次，呼曰："中国的文艺复兴时代到了！"让你绝对想不到先生已是古稀之人。

图1　1982年中文系首届文艺学研究生毕业合影

前排左起：林兴宅、郑朝宗、许怀中、石文年先生

后排左起：笔者、井绪东、陈子谦、陈世雄、何开四、涂碧、陆文虎、洪永平

先生在讲课中，除了对鲁迅、钱锺书先生推崇备至之外，对宗白华先生也赞赏有加。他说："《美学散步》中《论〈世说新语〉和晋人的美》一文，乃空前绝后之作。"这是我所听到先生唯一一次用"绝响"之标准来评定一篇文章的，我觉得从中透露出先生的人生价值取向：超然澄澈、淡泊明志乃极致之美。先生一生，经战乱，遭困顿，大起大落，历尽沧桑，故而看透功名利禄，鄙视名实难副之徒。先生谈到未拿学位提前回国之原由时说："中国人研究中国文学，却要到英美去拿博士学位，岂非怪事？"或许这便是他和写《围城》的钱锺书先生成为莫逆之交的缘由之一吧。

先生对于哲义、宗教等，多取顺其自然之道。师母信佛，温良慈善，其时因住房狭小，从北村搬到西村，却不幸身染沉疴，终成不治。先生为此，曾两次对我感叹道:“若师母还住在北村,不至于此。”我知先生之意,因先生在北村的寓所,(我后来亦住于此楼)打开窗户,近旁便是一高僧之墓塔,师母虔心,必获庇佑。先生为人可贵之处,便在于此,他宽容、顺和,尊重他人的选择,而不是刚愎自用,强加于人。在对弟子学业的指导上,亦是如此。我们撰写硕士毕业论文,在选题上先生的一条原则是:依性之所近而择。我早年写诗,亦喜诗论,故先生赞同我以闻一多为研究对象,终历数年辛劳而成“正果”。

在先生执教60周年纪念之际,我写了篇散文《“梦痕”中的先生》,得到先生首肯,他笑道:“你算是踏上散文的门坎。”先生为人宽容,但对弟子学业要求却极为严格,极少赞许,以至年届半百的我听了这句稍微算是表扬的话后,竟有了点飘飘然之态。此后,不知是有意,还是无意,先生在与我交谈中多提及往事,但当时我并不在意,仅以为闲聊而已,未留下只字笔录,现在追悔不及。这些往事,我曾与数人谈及,他们均未闻之,可见有录下之必要,以便为将来系统地研究先生的生平著述(愿有这么一天)提供点线索。

先生缘何应王亚南校长之聘离英伦回国呢?此中原由在于他俩神交已久。先生说:40年代,他和王亚南校长都在上海一家进步杂志《时与文》(周刊)上发表系列论文,王校长写的是政治经济学方面的文章,先生写的则是关于中外小说的评论。俩人的政治倾向、价值取向默契合拍,人未相会,神却交应。“惺惺惜惺惺”,王亚南校长到厦大后,便遥望海天,力邀先生回国,主政中文系。

先生离英之际,因政治倾向过于鲜明,护照等被亲蒋的留学生(实为特务)偷走。先生从香港抵达广州后,深怕补办的证件手续不齐全,惹出麻烦。未料到广州后,负责此事的军代表在会见先生时,则对先生大为赞扬,高度评价先生与国民党特务斗争的勇气,肯定先生对新中国、对共产党的一片忠诚。

先生说,他回到厦大后,一下就戴上了5顶“红帽子”(我记得大概是中文系主任、厦门市文联主席、厦大工会主席,以及土改工作队队长等),没想到时乖命蹇,1957年“以言语获咎”,一夜之间变成一顶“白帽子”。在此之后漫长的20年中,先生动辄得咎,忍辱负重,历尽人间磨难,尝遍世态炎凉。对知识分子而言,精神上的摧残,尤为酷烈。先生辞世前的一年,偶尔会发生意识迷糊现象,有时竟会问及:“中文系运动搞完了没有?”闻此言,我无法抑制眼眶中的泪水,此等心灵的创伤决非你我所能感受得到的。在先生的追悼会上,我从悼词中方得知先生在1935年“一二·九”运动时,担任过清华大学学生会主席,在烽火连绵,民族危亡之际,能胜任此职定为群体中的佼佼者。遥想当年先生意气风发、挥斥方遒之英姿，与今对照，判若两人。当然，历史是不会为个体承担些什么，但对历史的是非功过，我们这一代人应做出判断。

先生还告知，《记萨本栋先生》一文中顺笔提及的在长汀与萨校长争吵的那位教师，乃现在上海某名人。此文发表后，该名人曾在《随笔》杂志上刊登两篇文章，对先生发难，颇有泄私愤之态，有失名家风范。当时，我曾问先生："弟子们要否应战？"先生阻止了。由此，也透示出先生一贯信奉的"无欲则刚，有容乃大"的人生宗旨。

人可以被客观所扭伤，但绝不可以被客观所扭曲。历尽磨难的先生从未放弃过自身的信念与追求。1978年，先生从黄山归来，写了一首七绝述怀："八闽文献久消沉，敢有豪情继严林？已分冥顽同槁木，山灵触我旧时心。"先生毕生尊重他父亲一辈的朋友严复、林纾、陈衍这几位老先生，他"生平深愿是使本省文化恢复到严复、林纾时代，居国内前列的水平"（《海夫文存》），"使落后的福建再度蜚声全国"（《记林纾》），这是先生的遗愿。我们能做到吗？能使先生安息吗？

（本文写于1998年先生仙逝之际）

［俞兆平，厦门大学中文系教授，博士生导师。曾任《厦门大学学报》（哲学社会科学版）主编、编辑部主任，福建省文学学会文艺理论研究会会长，福建省美学学会副会长，中国作家协会会员等。］

熊德基老师的厦大情谊

陈孔立

熊德基老师在厦大任教只有五年时间(1946—1951),但他对厦大却有着深厚的情谊。

熊老师1938年加入中国共产党,曾任西南联大师范学院党支部书记、总支书记等职。1946年来校担任历史系副教授,解放前曾经负责厦大党支部工作,担任中共闽西南厦门临时市委书记。他多次和王亚南、郭大力、林惠祥、罗志甫等进步教授共同发表言论,支持进步的学生运动,并且为厦门解放做了许多准备工作。我入学时,罗志甫先生担任历史系主任,后来他回忆说,他和王亚南、郭大力等教授都掩护过地下党员的工作。“我的系主任办公室即历史系学生陈淮所领导的厦大城工部的办公室。”我有一天在街上遇见罗先生,他看到我手上拿着范文澜的《中国通史简编》,就对我说,不要把这本书带到街上来。当时特务已经盯上了他,他却关心自己的学生。后来由熊老师安排,帮他撤退到香港。

熊老师解放初担任中共厦大党组书记、中共厦门市学校区委委员,厦大校务委员、副教务长、教学计划研究部主任、大课教学工作委员会主任。1951年调往福州大学(“老福大”,后改名为福建师范学院,不是今天的福州大学),担任教务长,1957年调往北京,担任中国科学院历史研究所(“文革”后属中国社会科学院)副所长。1987年11月逝世。

一

1951年熊老师离开厦大后，历史系的老同事去北京时都会和他见面。改革开放以后，熊老师曾经三次返回本校。

第一次是1978年，当时他写了《重游南普陀》："经阁禅堂似旧时，独怜潘鬓渐成丝。当年因果凭谁问，卅载悲欢只自知。"那年他65岁，他感慨地说，1946年来厦门，1978年回来已经30多年了，老革命经历了几多"悲欢"，只有他自己知道了。

第二次是1981年校庆60周年，他写了《祝厦大校庆》诗两首："学府嵯峨鹭岛边，海潮江月伴群贤。任它龙战玄黄日，不废弦歌六十年。""五洲桃李望门墙，永忆陈公与萨王。自愧当年侧讲席，妄同诸子论兴亡。"他表达了对厦大的祝福，对陈嘉庚先生和萨本栋校长、王亚南校长的敬仰与怀念，也回忆起当年与我们"论兴亡"的情景，这是战斗年代留下的历史记忆。

第三次是1984年他回来参加地下党座谈会时写的《喜晤诸旧友》："三十三年别，重逢在海隅。当时共患难，今日尽欢娱。往事何须论，天涯德不孤。鹭江春色好，相勉展宏图。"见到许多老战友，感慨万千，那时刚刚在落实政策，大家还有"不确定感"。他要我们向前看，"往事何须论"，什么曲直恩怨，过去的就让它过去吧。"相勉展宏图"，这时他71岁，还有一些雄心壮志的样子。

熊老师的诗表达了对厦大，对老同事、老战友的深情厚谊。2007年我曾经在本校1948级毕业55周年聚会时朗读这些诗篇，目的是借此引起大家共同的记忆。

二

我是本校1948级学生，但1946年就认识熊老师了。他的夫人陈可贞是本校1942级学生，毕业后留校在图书馆工作。她和我的表姐吴纫芳是同届同学，我一向称她为“可贞姐”。1947年熊先生去福州，先父陈贵生陪同他和戴锡樟教授一同游鼓山，在喝水岩留下了一张照片(图1)。

图1　1947年在福州鼓山喝水岩
左起熊德基、陈贵生、戴锡樟

1950年熊老师为我们开设“魏晋南北朝史”课程，他布置我的作业是写一篇读书笔记，读的是《洛阳伽蓝记》。当时大家正在学习“社会发展史”，强调历史的规律性。我读了《洛阳伽蓝记》，从中似乎“悟”出了一些规律。熊德基老师在我的文章上批了“将无同”三个字。我看不懂，当面请教他。他说，“将无同”出自《世说新语》，王夷甫问阮宣子老庄与孔孟的异同，答曰：将无同。这里是作疑问：莫非相同？意即，既有相同，也有不同。熊老师说的是：历史事物总是具体的，不要简单地强调它们之间的相同，轻易地发现规律。既要注意共同性，又要注意差异性。他强调不要把历史讲成干巴巴的理论，又强调要学好理论。他指出，能不能用正确的理论和方法研究历史，水平高下立见分晓。这番话让我终生受用。

我个人自从被错划为右派后，就不敢和他联系了。直到1977年，我才写信给他，从此一直有书信来往，直到他逝世前4个月。我至今保存着他给我的11封信。

在来信中有一部分内容是，熊老师要我替他问候我的父亲以及傅家麟（衣凌）、韩国磐、郑朝宗、陈在正等老师。

关于我的父亲陈贵生，熊老师说："你父亲年近八十了吧？身体健康很难得。""贵生同志在老一辈中算是长者。""1947年我指定将范文澜的《中国通史简编》（初稿一卷本）列为通史参考书，他特地来找我，说这是共产党的书。我说，大学生应该眼界宽阔，不要紧，我负责。他便未撤除。""1947年我随同他们招生人员飞到福州去玩，他不仅陪我到处参观，并讲了许多福州掌故。他为人耿直厚道，你们少年时无形受到好的身教，所以思想纯洁脱俗。可贞说他待人厚，所以这次她肯定去看他，一定要带一点礼物表表心意。""到厦后，我们会去看望你父亲和郑朝宗同志。""听说郑朝宗同志讲课很受学生欢迎，晤及时，请代问好。"

关于傅家麟先生，熊老师说："厦大历史系解放后发展了，这由傅、韩二兄培养了一批青年骨干之故，加上在正同志和你这一批中年骨干。""衣凌同志病况如何，请代致意。""我们不仅是多年同事，且因学术观点相近，交谊颇深，特别在'文革'后期，当时我是'走资派'，他到上海开会来京时，即转告我不少消息，至今我印象仍很深。"

关于韩国磐先生，熊老师说："不久前，韩国磐同志来京，曾来舍间小坐，他虽瘦弱，但善于养病，这些年还写了不少论著，其毅力真颇钦佩。""国磐同志将去日本讲学，我今天去信嘱他一定要同爱人一道去，便于照顾。能去看看实在好，但我为他的健康担心。"

关于陈诗启先生，熊老师说："历史系由陈诗启负责，很好。这位同志治学很用功（以前他寄过一本著作给我，但未通信），做人也老实、负责。他当时在新生院对我很尊敬，我也了解他是个'老实人'，故未给他'为难'过。见面时，你代我致意。"

来信中有的是他对我个人的教诲。首先，他一再强调要我做些研究工作。他说："你的基础还是比较好的，现在不过四五十岁之间，正是精力充沛的时候，备课之余，要顺便做些研究。""可从专题研究入手，在某些方面做出成绩来。""无论如何'业务'万不能丢。"其次，当他得知陈在正同志和我都在从事台湾史研究时，给予我们很高的期待。他说："你们作为所的领导，过去因革命和行政事务工作耽误了大半生，何不趁此赶写一些论文。实可在这门学术中劈开一些新路，对学术界有所启发。"20世纪80年代前期，我和邓孔昭经常陪同时任台湾研究所所长的陈在正去第一历史档案馆搜集资料，也多次去北京交道口北三条37号熊老师府上去拜望他。当他看到我们把档案编辑出版时，他说，"我发现有许多文章可做"，他要我们"不要陷身行政事务，自己争取到档案中多搜资料，及时写些东西"。他还教导我们："研究台湾史，一方面要注意它与中国整个历史的共同性，更要注意它的特殊性。"

来信中熊老师也经常谈到他自己的情况，并一再以自己的经验教训告诫我们。他说："我来京已二十多年了，原想来做研究工作，不料组织上却决定我搞行政，嗟嗟半生，一事无成。""老实说，我的经验教训太多，不希望你去搞党政工作。"尽管他长期承担行政工作，但也曾写出重要的论文，1962年在《历史研究》上发表的《〈太平经〉的作者和思想及其与黄巾和天师道的关系》就是一篇名作。我告诉他，这篇论文已经被人翻译成日文，发表在《史苑》杂志上。他很高兴，并且告诉我苏联《历史问题》杂志曾经发表过对此文的评论。1984年以后，熊老师经常提到他的健康状况，他说："我的健康情况确一年不如一年，自去年初冬到今年四月一直小病感冒，穿了六个月棉袄，烤了五个月炉子。"到了1987年7月，他说："由于去冬摔倒，整整病了四个月。我自1984年后，再没有出过门。视力大减，看报看书都要用放大镜。""我今年已74岁，大病之后，健康已大不行，不能走路，已到暮年了。"四个月之后，熊老师就逝世了。

三

来信中还有两件重要的事。一是1984年回到厦大参加"厦门大学党史座谈会"。1982年当我告诉他，厦大将举行党史座谈会邀请原来地下党的老同志前来参加。熊老师回信说："福建在感情上是我第一故乡（我在江西未做过工作，熟人已少极了），老同事、地下党同志、学生都很多，关系也好，是想去的。怎么走方便，请详细示知。""这次党史会我实在有责任参加，许多老同志三十年未见面，又想来。今日得来信，经与可贞商量，她很感谢你的关心，因她离开以后一直没机会再回去看看。这次可贞兴头十足,她坚决要陪我去。”1984年5月熊老师和夫人一同来了(图2和图3)。在5月23日举行的开幕式上,熊老师作为老同志代表发言,29日在闭幕式上也发言。会后,他来信说:“厦大的党史,在厦大开会时才写了一点,这两天加以修改删削成此稿,现寄给你,请你设法代我打印一下,送给有关同志。”

图2 1984年熊老师返校参加厦大党史座谈会,与部分历史系老战友合影
前排左起:陈国信、熊德基、朱汝安、陈淮、陈启修
后排左起:陈孔立、张永清、石益、庄炳章、陈在正

图3 1984年陈可贞学长(左三)返校

另一件事是徐世五平反问题。徐是本校1933级法律系学生,毕业后在校任教,解放前当过政治系副教授和生活指导组主任,解放后当过膳食组主任、校产科科长。1957年被定为“历史反革命”,送去劳改。熊老师去世前四个月给我来信说:“我有一事,希望帮忙。听吴伯修说,徐世五已平反了。其实我与他的关系你们是清楚的。我对他做了大量工作。所以大逮捕学生时,他不肯带队去捕。厦大被伪省府占领,我知海路封锁不能去同安,我告诉他‘我是党员’,他又惊又喜,说为什么不早告诉我?我说我怎么敢告诉你,近来看,你们科里都跑了,你仍不走,我才相信你不会出卖我。他说,如早告诉我,我可以帮你许多忙啊。我当晚睡在他海边上的房子里,次日他为我去看宿舍是否有特务来过。傍晚又送我上船(指的是当时部分地下党员奉命撤到香港)。这个人对朋友极讲友谊,从不写信。今天吴伯修来我家,说‘是你帮忙才得以平反’。”熊老师要我去看望徐世五的家属。他家曾经住在厦大国光楼,就在我家楼上,徐的家属吴瑞雪老师是双十中学教员,和我的老伴是好朋友。吴老师对熊老师表示感谢。吴老师坦然面对坎坷人生,独自抚养三个子女,教书育人,深受学生爱戴,享年102岁。

附带要讲一件事,那是解放前“厦大应变委员会”的问题。这个机构本来是为保障本校师生员工的生命财产以及生活必需,购买大米等物资,做好准备,应对当时的变局。可是因为出现在解放前夕,又有“应变”二字,以致历次政治运动中被当作“政治问题”,一再进行审查。当年由校长汪德耀担任主席,卢嘉锡先生任副主席、主持工作。解放初卢先生谈到这一问题时,说自己是主席,于是在“文革”时被造反派“穷追猛打”,要他交代这一“重大问题”。1981年卢先生调到北京中科院后,见到熊老师,谈起这件事,熊老师说:应变委员会的职务是地下党决定推举卢先生担任的,希望他运用自己的影响,团结各方人士共同保护学校,迎接解放。原来是党的安排,可是卢先生不知道,参加应变会的其他人也不知道,所以在历次政治运动中,没有人可以给他们证明,只好一再交代却无法“过关”。

我想在校庆100周年时,一定有许多校友会写出纪念文章。熊老师不是厦大毕业的,在校时间也短,可能没有多少人认识他,可是他在那个年代中,为厦大做出了不少贡献,他的一生对厦大以及老同事、老战友、老学生始终怀着浓厚的情谊。我作为他的学生,理应为他记下一笔。

作为小说家的李拓之

俞兆平

若论出小说家，厦门大学中文系比起武汉大学、南京大学、华东师大等高校来说逊色不少。有人把原因归结到福建是一个出散文家和诗人的省份。的确，我们系出了不少写散文的高手，从老系主任郑朝宗先生，到校友刘再复、张帆（笔名南帆）等，都可列入国内顶尖的高手。但小说呢？在国内文坛上拿得出手的，似乎也只有校友康洪（笔名北村）了。不过，且慢作此结论，因为我们系多年来把一位真正的写小说的大师给忘了，他，就是李拓之先生（图1）。

图1　李拓之先生

他作为小说家的地位如何呢？请听北京大学钱理群教授的评说："先谈谈李拓之和他的《焚书》是怎么'发现'的。这位有才华、有成就的作家，却长期被湮没在历史的尘埃里，没有一部文学史提到他的名字。我自己学了多年的现代文学，也根本不知道他的存在。直到八十年代末研究无名氏时，看到无名氏写的一篇文章，提到李拓之，并且认为，他的《焚书》是四十年代最好的小说之一,我当时确实大吃了一惊。"(钱理群《对话与漫游》第116页)李拓之的小说集《焚书》(图2)是中国20世纪40年代最好的小说之一!钱理群对此感到吃惊,作为厦大中文系一员的我呢,应该是羞愧,居然入学多年不懂得《焚书》的存在与价值。

第一次见识到李拓之的锋芒,是在1980年中文系召开的学术讨论会上。那时的中文系在校内还有点气冲牛斗之势,招生录取分数线在厦大属前列之阵,所以本属系一级的学术讨论会都可安排到建南大会堂举办。是时,一位中年教师刚作完关于晚唐诗论家司空图《二十四诗品》美学思想的发言,只见一位面容清癯、身材消瘦的老教师随即登上台去,拿起话筒,劈头盖脸的第一句话就是:"你给司空图穿上了中山装",而后滔滔不绝地生发开去。作为研究生在读一年多的我,顿时为之折服,也明白了不同历史语境中的美学、文学理论切忌随意揉捏、拼贴的道理。而他,则是刚刚平反不久,才回到被迫离开整整20年厦大的李拓之。看来,厄运与困顿并没有挫伤他的锐气和才智。

图2　李拓之先生的小说集《焚书》

郑朝宗先生在他编选的《李拓之作品选》(图3)一书所写的"序"中,是这样评述其个性的:"他是个脾性古怪的人,表面上彬彬有礼,而骨子里却蕴藏着一股咄咄逼人的傲气,这是有潜力而自负的知识分子的通病,不足为怪。但这种脾性终究是不祥之物,在教研组里和同事们讨论学术问题时,由于见解上的分歧,他常争得脸红耳赤,不欢而散。"也正由于此,当年在一次会上态度失常,言辞激烈,终于招来大难。

李拓之先生对于学术上的是非真伪,其较真、执着有时越出常态的边缘,1978年平反重返厦大后不久,就在香港《明报》上发表引起红学界争议的《〈红楼梦〉的瑕疵》长文,其考证之细密,结论之大胆,令人惊叹,若无苦思冥索而获得的独到见解,哪个教授敢斗胆在曹雪芹头上动土?熟悉他的一位师兄曾回忆他工作时的情景:向房内探头,竟然看不见他的身影,靠窗口那边大书桌

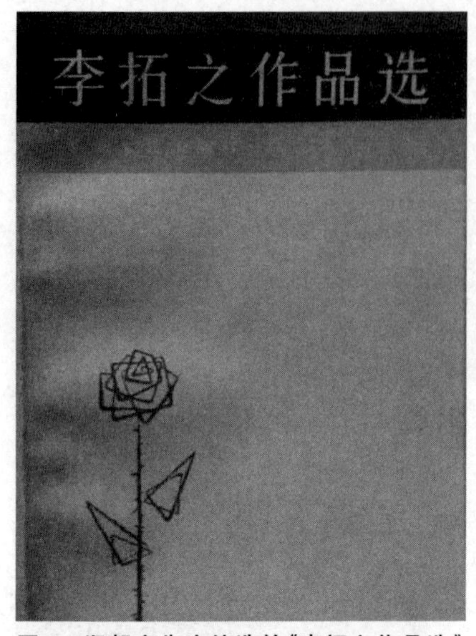

图3　郑朝宗先生编选的《李拓之作品选》

上，三面都参差垒起三四尺高的书册，仿如三面围墙。透过间隙漫出的光线，一团朦胧的暗影，竟是他伏案疾书的身形。他投入学术的程度，可用“痴迷”一词涵盖，以至于留下种种“怪行”在学生中口口相传。他曾胡乱用根绳子箍紧长裤，并声明“皮带断了，没空去接，暂用暂用”；他嗜烟，但空的烟盒却无暇清理，以致经常手忙脚乱地在满抽屉空烟盒堆中去寻索尚未开封的来招待客人；上台讲课，前排女生多次发现他上衣的衫扣错位，致使衬衫下摆高低不均；他戴手表，却不懂得看表，有次学生问他时间，他捋起袖口，露出表来，“你自己看，我不会看表”。诸如此类的故事太多了，所以李师母说，“他是一个脱离现实的人”，此言一点不假。

郑朝宗说他这种执拗的脾性，可能与他身世有关。他出生在福州一个知识分子家庭，由于是庶母所生，自幼精神便遭压抑。但他聪慧早熟，品学兼优，一生通晓英法俄及拉丁语四种外文。因其父早逝，中学毕业后就自谋生计，在报社当编辑等。他跟邓拓是同学，亦是生死之交，1979年曾写下《悼念亡友邓拓》一长文，内录“心声剩有忧先句，手译残藏劫后笺。国正需才人已往，嗟予一读一泫然”等“哭邓拓八首”的诗句。

李拓之年轻时思想激进，曾进过国民党监狱；皖南事变，国共矛盾加剧，他又被认为是“嫌疑分子”被送入集中营审讯，以无证据获释。抗战时期，他在重庆郭沫若领导的三厅从事抗日宣传工作，曾给周恩来、叶剑英、叶挺等领导人物的讲演做记录，并结识了诗人柳亚子、潘伯鹰等，常有诗作唱和。解放初期，在北京新华社工作，1953年经邓拓介绍到厦门大学任教，1957年因言获罪；1978年平反后回到厦大，1983年因病去世。他身后留下的小说、诗词及学术论文，由我的导师郑朝宗先生整理，编为《李拓之作品选》，海峡文艺出版社1987年出版。

文集中收有李拓之在20世纪40年代后期写的八篇历史小说，十分珍贵。

对其艺术水准，郑朝宗在“序言”中赞赏不已，认为“学殖丰富，笔下有功夫”。“最能显示作者的才华的是小说，共八篇（《焚书》《变法》《听水》《文身》《投暮》《惜死》《阳狂》《招魂》）。这些都取材于中国历史，有根有据，却不胶柱鼓瑟，而是变化多端，有些地方作者的想象力大得可惊。笔墨的精妙，风格的多样，也令人钦佩不已。”虽然李拓之留下的作品仅是他全部创作的很小一部分，正如郑朝宗所慨叹：“虽还不至于人琴俱亡，但剩下的琴音确实不多了。”但珍品总会透过历史的风尘而熠熠发光。

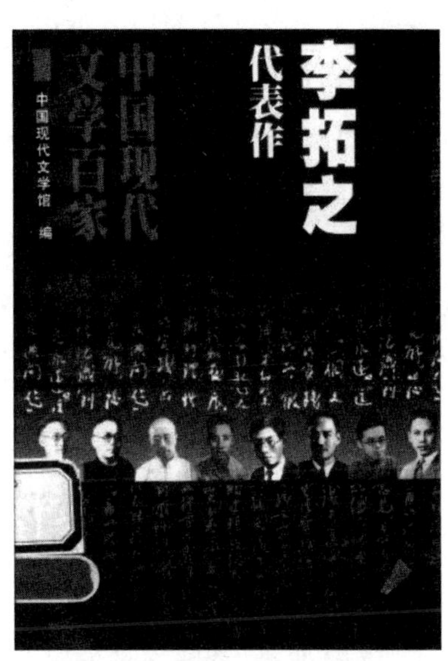

图4 《中国现代文学百家》中的李拓之代表作

对此，钱理群也有同感：“李拓之的《焚书》在1948年9月由上海南极出版社初版，直到九十年代才进入文学史家的研究视野，这期间有四十多年的时间。我们通常说作家的创作要经受时间检验，这又是很好的一例。它说明，真正具有创造性的创作，总是会得到历史的承认的，尽管可能是‘姗姗来迟’。”20世纪90年代，钱理群在北京大学给博士研究生开课，就选了其中《文身》一篇作为教材，他们师生们的发言、讨论、研究结果，辑为《对话与漫游——四十年代小说研读》一书，由上海文艺出版社出版。《焚书》也作为“经过专家学者一再筛选分析后才确定下来”的《中国现代文学百家》中的一本（图4），于2010年再版。

《文身》写什么呢？它是从《水浒传》中人物衍生、虚构而来的。一次，水浒聚义厅大摆筵席，众英雄大块吃肉大碗喝酒，好不痛快！席散之后，一丈青扈三娘被敞胸赤膊、酒后醉倒的鲁智深、阮小五、史进、燕青等好汉们壮伟的身躯及皮肤上的纹饰所吸引、所迷恋，再看到睡在自己身边的矮脚虎王英，三寸钉的身架，猥琐、丑陋，一股懑闷、怨恨之气，转化为请玉臂匠金大坚为她文身之求。银针刺处，血珠迸溅，赤裸的肢体上，文出一条青色的大蛇。一丈青却在巨痛中得到心理上的宣泄，发出“厉鬼似的绝叫”！

钱理群和他的博士生们在讨论中认为，李拓之的《焚书》是施蛰存开创的心理分析小说的继续与发展，具有鲜明的艺术个性，在中国现代心理分析小说与历史小说的发展中，做出了独特的贡献，是一个不可缺少的环节。他们倾向于这样的视角：扈三娘因与王英的畸形婚姻，被压制了本能，生命不能完满释放，遭到被窒息的危险，只好通过文身的方式以肉体疼痛来发泄欲望，并取得进入男人世界的通行证。

显然，《文身》里是有弗洛伊德"力比多"压抑与发泄的内涵，但我认为，或许还可以转换视角，从社会学、政治学的角度切入，李拓之选择梁山作为小说情节展开的环境，可能还有他的用意。这就是，批判以造反、聚义、"替天行道"这类"神圣"的话语对肉体实行专制的霸权，因一丈青是由宋江做主，强迫嫁给王矮虎的，对此，她只能以一种非常态化的举动来进行抗争。女性肉体的自主掌控与自由意志是融为一体的，任何冠冕堂皇的借口都是非人性、非道德的。若联系刘再复近年提出的"双典批判"的观点，李拓之在20世纪40年代，就已经对《水浒传》开始抨击，这是其小说令人震惊之处。看来，其师生两人心有灵犀一点通啊。

小说令人震惊的还在于其文字功力，浓丽绵密、光怪陆离，非常人所能致。如信手拈来一段："一丈青裸袒的背部和股部，如寒泉中沉浸着水晶，绿波里漾晃着玻璃一样，飘散着一层层折叠的波浪向四周伸展开去。这样迷幻的轮廓与晕惑的光影，教刺花能手的玉臂匠倏又万分技痒起来，他抖一抖手臂，舒强筋骨哔剥作响，从地上迅速爬起，更不说话，抢过呆在那里的萧让手中的画笔，就在这光波摇闪浪纹重叠的雪白帧幅上，狠狠地勾出一条缠绕弯曲的水蛇来。"

十分明显，李拓之走的是当时上海流行的"新感觉派"路数，但我觉得本篇一点也不亚于施蛰存的也是以"水浒"为题材的著名小说《石秀》。对此，钱理群赞叹道："他的文字，更要繁富、华丽：仿佛是作者的想象力过于丰富，感受到的'声光彩色太繁丽，太绚烂'，排山倒海般从笔端冲决而出。"他认为，这种小说的风格类似于"汉赋"，看似堆砌、雕琢，其实是一种繁富、华丽的美，在中国小说多元化发展中有着特殊的存在价值与意义。上一段，我翻阅陈思和《中国当代文学史教程》，看到了陈翔鹤写于20世纪60年代初的《广陵散》，甚至还猜测，是否曾受启于李拓之的《阳狂》，因为二者都是以历史小说的形式来写嵇康被杀的悲剧。因此，李拓之在中国现代小说发展史上的地位是不容忽略的。

报国志　母校情

卢咸池　章　慧　卢葛覃

1945年12月6日，卢嘉锡结束欧美留学生活，抵达上海，回到了阔别多年的祖国。

“原子弹研制者”传闻的风波

卢嘉锡没想到，他尚未回到国内，就已经被卷入一则传闻之中。

1945年8月6日和9日，二战的最后关头，美国在日本广岛和长崎先后投下两颗原子弹，几乎完全摧毁了这两座城市。原子弹以其空前的杀伤力成为当年最恐怖的武器，“原子弹”“原子”也成为国人心中最神秘的词语，刚传入国内的“圆珠笔”竟以其谐音被称作“原子笔”而在市面上畅销。参与原子弹研制者自然成为人们心目中的偶像，卢嘉锡无意中成为国内媒体传闻中的“主角”之一。刚到上海，朋友就送他一份载有《卢嘉锡参加研制原子弹》消息的重庆报纸。厦门报上也刊登着同样的消息。母校厦门大学当然更以此为荣，1945年9月编印的《厦大通讯》第7卷第1期以《报载卢嘉锡校友参加原子弹工作》大字标题刊登了这一传闻。

不过要说关于卢嘉锡曾参与原子弹研制的传闻是“凭空捏造”，倒也不尽然。因为卢嘉锡在英国的博士论文就是《人工放射性研究》，他是中国最早的核化学家之一；而且他在美国参加过战时国防科研，虽是密级较低的燃烧与爆炸研究，但仍属机密，不得公开宣扬，所以他只能含糊地对国内友人说自己正在“研究特别性质问题”。在“言必称原子弹”的日子里，将在美国国防研究部门“研究特别性质问题”的核科学家认定为就是参与原子弹研制者，确似“顺理成章”。

卢嘉锡对报上的传闻虽然一再否认，无奈百口难辩。不过以其化学、物理和核科学学识，他对原子弹确也有相当的了解。于是，他在上海、厦门、长汀等地先后做了多场科普报告，讲述原子弹的基本原理和主要构造，同时借以出面澄清报上的不实传闻。报告广受欢迎。厦门大学校长汪德耀亲自主持在厦门的首场报告，《厦大校刊》载《卢嘉锡博士在校演讲原子弹》报道中称“一般听众甚感兴奋”，厦大化学学会会刊《化学通讯》第7期刊登了1946年3月31日他在厦大长汀校区的演讲《原子弹的研究和制造》。

“原子弹研制者”的传闻，很久以后才慢慢淡去。

两校争聘，三地奔忙

“原子弹研制者”的传闻音犹在耳，卢嘉锡又身陷厦门大学和浙江大学人才争夺战之中。

留学欧美期间，卢嘉锡与母校的联系始终未断。1944年，萨本栋校长致信卢嘉锡，希望他回国后到母校任教。化学系系主任刘椽教授也给他发来意味深长的电报：“Welcome! Position open anytime. Letter following. Chuan Liu。”（欢迎！岗位随时开放。信后附。刘椽）这年夏天，萨校长到美国讲学，卢嘉锡特意前往拜访。可是，就在1945年春卢嘉锡开始筹划回国之时，萨本栋因病辞去厦大校长职务，刘椽教授也离开了厦大。

国内其他大学也向卢嘉锡伸出了橄榄枝。1945年夏天，卢嘉锡收到浙江大学理学院院长胡刚复的电报，邀请他到浙大任教授兼化学系系主任，请他同意后立即复电，并预付了回电费用。面对厦大人事变更，卢嘉锡心里没底，他回电应允了浙大情真意切的邀请。

卢嘉锡抵达上海后，正在上海协调浙江大学迁回杭州事宜的胡刚复院长立即约见他并颁发了聘书。于是卢嘉锡发电报，要妻子带儿子从厦门来上海会合，同赴杭州。

但妻子一个人带着孩子长途跋涉搬家本非易事，再加赴沪船票难求，卢嘉锡等待不及。他办完回国手续，于1946年1月4日匆匆返抵厦门。

一别8年多，妻子带着孩子在沦陷区和福建内地四处漂泊，含辛茹苦地带大了孩子、望穿了双眼。离别时，孩子才半岁，现在已经读小学了。离家时，母亲还健在，现在母亲已离世将近5年，是妻子代替远在异国的丈夫为老人尽孝送终。相聚的时刻，卢嘉锡望着久别的爱妻，喜悦与愧疚的心情交织在一起。

卢嘉锡记挂着母校，前往探访老师和昔日同窗。不想，新任校长汪德耀亲自出马找他谈话，恳切地希望他能留在厦大任教。在厦亲友也纷纷劝说卢嘉锡留下。而浙江大学迁返杭州，教学亟待上马，他们以竺可桢校长的名义接连来电，要卢嘉锡"尽速来杭"。

对卢嘉锡来说，自己已接受浙江大学聘书，如果对浙大毁约，于"义"说不过去；而厦门大学是母校，师友俱在，如果硬着心肠拒绝厦大，于"情"难以割舍。他一时"情""义"两难。后来经国民政府教育部出面调解，卢嘉锡同时接受两校聘任，常驻厦门，每两年在厦大讲三学期课、在浙大讲一学期课，两校的争执表面上才得以平息。

从1946年春天起，3年多的时间里，卢嘉锡在厦门大学与浙江大学之间几度来回。说是"两校"，实际是"三地"。因为厦大部分校舍在抗战期间遭日寇损毁，幸存的校舍战后又被国民政府充作日军战俘营，到1946年夏才全部归还。结果，厦大的老学生只能在长汀校区再待一年，而一年级新生1945年底起在新生院厦门鼓浪屿慈勤校舍开课。

卢嘉锡同时为厦门、长汀两地的学生开设了"普通化学""物理化学""量子化学"等多门课程。1946年2月，他在鼓浪屿为化学系等新生开讲"普通化学"，紧接着又赶往长汀为高年级授课。4月长汀校区举行厦大25周年校庆活动，他作为校友代表在庆典会上献词，还当选为厦门大学校友总会理事长。同时，他指导厦大化学学会会刊《化学通讯》复刊并为复刊号写了序言。回想1933年，他参与创建厦大化学学会并任会长，10多年过去了，当年的学生已经留学归国，成为教授、系主任，卢嘉锡心中无限感慨。

1946年暑假，厦大长汀校区师生全部迁回厦门。11月底，卢嘉锡第一次赴浙江大学讲课。对此，1946年12月31日编印的《厦大校刊》第1卷第8期以《化学系主任卢嘉锡先生赴国立浙大讲学》为题报道称：

本校化学系主任卢嘉锡先生，近应国立浙江大学之邀请，前往该校讲学，卢主任已于11月30日搭机飞沪转杭，讲学三月，约明年3月初仍返本校任教。化学系系务暂由方锡畴先生代理；“理论化学”及“高等无机化学”由蔡启瑞先生代课云。

不过，其中所言卢嘉锡“应邀”前往浙大“讲学”并不完全准确。因为他是两校“双聘”，他这是根据聘任的要求前往浙大授课。至于说“讲学三月”，是因为这年夏天浙江大学刚从贵州回迁完毕，秋季开学晚，整个学期仅有三个多月。其实当时，浙江大学在开学之前也发出通知：新任化学系主任卢嘉锡教授即将到任，并在本学期正式开课；1947年2月编印的“国立浙江大学三十五(1946年——编者注)学年教员名册”在“专任或兼任，及所兼职务”一栏中卢嘉锡名下明确写作“专任，兼化学系主任”，与厦门大学的说法针锋相对。关于这一点，卢嘉锡在1948年秋第二次到浙大任课期间写给恩师鲍林教授的信中自称是“根据厦门大学和浙江大学的双边协定来到杭州”，并称自己当初是被自己的母校“粘住(to become ‘stuck’)不得脱身”，应当说是比较客观的。

1947年2月，卢嘉锡在浙大第一次授课结束(图1)。离开浙大前，化学系

图1　1947年春，卢嘉锡在浙江大学首次授课结束返厦前，与化学系部分师生在浙大阳明馆前合影

前左四为卢嘉锡，左五为杨士林(20世纪80年代曾任浙大校长)

学生会写信挽留,140多名师生,包括当时的代理校长郑晓沧教授都在信上签了名。卢嘉锡还是谢绝了挽留,并且谢辞了所兼化学系系主任的职务。

卢嘉锡同时受聘于厦大、浙大,几年间连续往返于闽、浙两省之间,经受了不少车旅之劳。但是今天回首反思,对于战后急需人才的两所大学来说,化学专业发展因此都得到了卢嘉锡的引领,学生也都能得到名师指导,也可算是“双赢”了。

艰难的重任

离开美国前,卢嘉锡对回国后必将面临的困难已经有了思想准备。可如今身临其境,比他想象的难得多。

当时,厦门大学条件艰难。首先,教室、实验室就遇到了难题。化学院抗战期间遭日军炸毁。战后,学校把囊萤楼改作理化实验室,新生上实验课时要从鼓浪屿乘船过海来校本部。其次,经战乱搬迁,化学系的图书资料、仪器设备损毁严重,保存下来的仪器陈旧、药品匮乏。再则,抗战期间不少教授离开厦大,化学系师资薄弱,尤其缺乏名师……卢嘉锡肩负重担,为重振化学系呕心沥血。

卢嘉锡抱着“科学救国”的理念回国,但当时国内研究条件一片空白,他只能全身心投入教学。他带来了最新的科学知识,先后主讲过“物理化学”“高等无机化学”“结构化学”“统计热力学”“量子化学”“X射线晶体学”等10多门课程。但凡他讲课,课堂总是爆满,听课的不仅有化学系学生,也有外系学生;不光是助教、讲师,甚至有的资深教授也来旁听。他讲课之所以备受欢迎,不仅在于其口才和授课技巧,还因为他通过对科学理论的深入理解和融会贯通,将这些新开设的、内容深奥的课程讲授得深入浅出,使听课者耳目一新。有人说,卢嘉锡讲课继承了萨格登的清楚明白、鲍林的启发性以及古根海姆的深入性;加以语言生动活泼,妙语惊人,他成为学校最受欢迎的教授之一。许多当年的学生说,卢先生讲课能化抽象为形象、化艰深为平易、化枯燥为风趣,且入木三分,让听者如沐春风、如入胜境。

1947年化学系毕业生张永巽回忆说:1945年秋季我们升入大三,觉得“物理化学”很难。卢嘉锡老师该年年底回国,翌年初就接手这门课,全面重新讲授，我们有幸成为卢老师回国后的第一批学生，“物理化学”一反成为大家最喜爱的课程。卢老师上课既无讲稿，亦无教本，一张小纸条记着些提要，就能滔滔不绝讲上几节课。卢老师讲课时，把有关专题的不同材料融汇在一起，取长补短，讲解系统、生动，为我们奠定了坚实的基础。卢老师的课堂讲授博采众长、深入浅出、形象生动，使不同悟性的人均获丰收，让每个听课者都感觉轻松、活跃，充分体验科学性与艺术性相统一的审美享受。这种美的享受有如阅读文学巨著、欣赏字画佳作，我们被带进一种不能自拔的科学情结中。大家都深深地钦佩卢老师学识渊博、才华横溢。1948年化学系毕业生陈文侃则说，当年讲台上的卢先生在我们每个学生心目中留下的印象是：洪亮的声音、略带闽南口音的普通话和一口流利的英语、满黑板漂亮工整的中英文板书、引人入胜的讲授，深受学生欢迎。

1948年11月，卢嘉锡在从浙江大学写给鲍林教授的信中亦曾如此描述当时的情况：“我在这里讲授‘物理化学’和‘量子化学导论’。‘物理化学’的班很大，有70个左右的化学系和化工系学生，30来个化学、化工和其他系的青年教师，他们来听课是为了弄清楚相关的概念和知识，并更好地理解其中的原理。我的量子化学课程……选修这门课的多数是青年教师和研究生。”从学生选修、青年教师旁听卢嘉锡主讲课程的踊跃程度，由此可见一斑。

为了弥补图书资料严重短缺、新书极端缺乏，卢嘉锡把自己从国外带回来的许多专业书籍交给学生管理，创立了化学系小图书室，每天下午和晚上开放阅览。这对求知若渴的学生们来说真是雪中送炭。而且只要有时间，卢嘉锡就到图书室来为学生答疑。不会做的习题、未弄通的知识点，都成为大家请教的内容，他则是有求必应，有问必答。

为解燃眉之急，卢嘉锡曾亲赴台湾采购化学药品。他还想方设法解决仪器设备和教具缺乏的困难。讲授“结构化学”时，为了增强学生的立体空间感，他带着学生自制球棒分子结构立体模型，以球代表原子，棒代表原子间的价键并作为球与球之间的连接和支撑。一开始用面粉和水捏成球，可当时鼠患严重，风干的面粉球成了鼠食。于是改用黏土做球，再用铁丝做棒支撑起来。这种立体模型十分直观逼真，有助于学生了解分子结构，曾经拿到学校校庆展览会上展出。制作结构模型当教具的做法一直延续到20世纪50年代。

卢嘉锡清醒地知道，诸多的专业课程不能仅靠自己一个人承担，他致力于扩充师资、延聘名师。听说在遵义军医大任教的方锡畴教授正在厦门探亲，他连忙登门拜访。方教授是卢嘉锡早年的老师,抗战期间离开厦大去了内地。如今师生重逢,看到当年的学生已经成长起来,而且一片诚意、求贤若渴,方锡畴终于返回厦大任教。后来在卢嘉锡赴浙大任课期间,方教授曾主持化学系系务。

卢嘉锡又了解到原籍厦门、当时正在印度任教的有机化工专家吴思敏教授有心回国,立即请他来校任教。身在美国加州理工学院的钱人元博士也有回国的意向,卢嘉锡知道他对新事物很敏感,立刻向他发出邀请,钱人元到厦大后又开出几门新课程。

卢嘉锡还以系主任身份邀请汪德耀校长的胞弟汪德昭博士和中央研究院医学研究所王应睐教授来校做原子能和生物化学学术讲座,力图使学生接触到当时的科学前沿。

卢嘉锡常说:"一个老师若培养不出几个超过自己的学生,这个老师就没有尽到职责。"他十分重视培养年轻教师和优秀学生,以促进人才成长。

1946年夏,周绍民担任了卢嘉锡的助教。他回忆说,当时他的工作主要是批改学生作业和带学生做实验。卢先(一直到今天,所有人都还称卢嘉锡教授为"卢先")要求他每天到位、跟学生一起听课,并在课后先把卢先给学生布置的作业做一遍,经卢先阅批后,才允许他开始批改学生交来的作业。有时一道题有多种解法,卢先还会亲自在习题边上把多种解法注上。周绍民说,他在卢先身边工作了几年,真是受益匪浅(图2),他一直将那些作业本视为珍宝,可惜"文革"中全部散失了。

图2 1991年4月,厦门大学70周年校庆期间卢嘉锡与周绍民在一起

同时，卢嘉锡积极联系，推荐青年教师出国深造，期望他们能够得到研究生阶段的全面训练，了解最新科学进展、进一步养成研究技能，学成归来后能组成中国自己的物理化学研究团队。当时化学系百废待兴，而这些青年教师多是卢嘉锡的左膀右臂，如果他们离开，必定增加其他教师特别是自己的教学负担。可是为了化学系的明天，卢嘉锡还是尽力把他们推荐出去。1947年初到1948年夏天，厦大化学系青年教师蔡启瑞、陈国珍、李法西分别前往英美留学。他们学成回国后，都成为化学系的骨干教师，分别在催化、分析化学、海洋化学等方面做出了成绩。即使到了1948年底，国内形势极度恶化，卢嘉锡仍然写信推荐多位厦大、浙大化学系的优秀青年教师出国留学。只是后来时局急剧变化，他们多数人未及成行。

卢嘉锡治学严谨，育才有方，他十分看重成绩优秀的学生，非常喜欢学习勤奋的学生，同时真心关心帮助贫困学生。

朱沅学生时代就聪明勤奋、成绩优异，还曾与卢嘉锡合作发表过论文。1948年夏，朱沅从厦大化学系毕业后留校当助教，这年冬天卢嘉锡就推荐她出国深造，在推荐信中对她赞许有加。

1946年暑期，厦大从长汀整体复员迁回厦门。三年级学生张永巽随迁到厦门，但学校女生宿舍还没安排好，卢嘉锡就让她在化学系办公室旁边的小房间暂住，还安排她做一些与学习相关的杂务，既减轻了生活负担，又得到实践锻炼。这年初冬张永巽生病发高烧，卢嘉锡又把她接到自己家里养病，并让正在坐月子的妻子帮助照料，直到她病愈返校。潘容华1946年考进厦大，家中困难，卢嘉锡就介绍他刻钢板、在校车上卖票、到校友中学任教，使他得以完成学业，毕业后留校任教。

冲破黑暗，迎来黎明

内战期间，国民党统治区经济崩溃，物价飞涨，民不聊生。那时的薪金都以实物的数量来计算，教授薪俸讲的是每月“多少斤大米”，发薪时再按当天米价折成现金发放。卢嘉锡在浙大任课时，每月的薪水除了日常生活开销所需外，剩余的钱学着别人买一些金华火腿，以此来“保值”。可是没等课程结束，库房里存放的火腿有的已经被老鼠啃坏了！在厦门，同事们一领到薪水，马上跑出去买米、买油盐酱醋、买柴火，剩下的钱就买一切可以“保值”的东西。可是卢嘉锡却死守着要办完一天的公事，晚上才回家。等第二天妻子拿着头一天领到的薪水上街买东西时，物价已经又涨上去一大截了。因此他家的日子也过得十分艰辛。最艰难的一次，妻子只能将一对结婚戒指拿去换回几袋大米。卢嘉锡晚年对此仍痛心疾首：“那上面刻着我们两人的名字呀！可是结婚时自己并不富裕，那对戒指很小，换回的大米也吃不了几天。”

学生的生活更艰难，伙食陷入困境：由“两干一稀”变为“两稀一干”，再到后来连三顿稀饭都维持不了，更谈不上什么鱼肉菜蔬了。国民党政府不断压缩教育经费，减少公费名额，再加物价飞涨，致使清寒学子望校门兴叹，有的新生无力入学，还有的在校学生被迫辍学。为了帮助贫困学生渡过难关，厦门大学成立“助学运动委员会”，采取各种方式筹募助学金。1947年10月9日，卢嘉锡在《江声报》的《助学运动特刊》上发表《我预祝助学运动成功》，呼吁各界人士学习陈嘉庚先生倾资办学的精神，省下一点开销来资助清寒的学生。他还以厦大校友总会理事长的名义发动校友捐款。

二战后，美军占领了日本。但他们非但不彻底清算日本侵略罪行，反而大力扶植日本军国主义，从而引起曾遭日本祸害的各国人民的愤怒。1948年5月30日，王亚南等多位厦大教授在《星光日报》上发表《反对美帝扶日教授笔谈》。卢嘉锡在《笔谈》头一句话就是“美国会扶植日本，这是我在离开美国以前便想象得到它的可能性的——现在美国是公开扶植日本了”，激愤之情跃然纸上。他强烈呼吁：国人当自强！

1948年秋天，卢嘉锡再次到浙江大学讲课。这年11月，他致信鲍林教授，以自身境遇揭露国民党政权对民众的巧取豪夺：他7月拿到的月薪“高”达1亿法币，但按其购买力只不过相当于15美元！8月起国民党当局发行金圆券代替法币，规定百姓手持法币及全部外币和金条、银锭必须到官办银行按官价兑换成金圆券。这样一进一出，让百姓个人的钱财再缩水一半。他痛述中国国内的生活条件“实在难以想象有什么比这更糟的”，“所有商品——不论是生活用品还是其他东西——很快就从市场上‘消失’了，——没有大米、没有谷类食物，没有花生，什么东西都没有”！他说，即使像他这样的“高收入者”，也无法以金圆券120元左右的月薪买到15磅大米，而常人每月仅大米就需要大约30磅。他已经多日不见荤食，平日身体所需的脂肪油水都只能来自煮青菜和米饭，自

党无法再坚持更长时间。他对国民党集团的倒行逆施，已是忍无可忍了。

1948年秋天起，人民解放战争——辽沈、淮海、平津三大战役依次打响，国民党统治摇摇欲坠。当时一些名牌大学都是著名的“民主堡垒”，学生中进步势力很强，不少教授也同情、支持学生运动。卢嘉锡在浙大授课期间，就曾和朋友一起在深夜偷听解放区电台广播，知道人民解放军正节节胜利。地下党还发来信件，希望他“尽快返回原籍，坚守岗位、迎接解放”。于是，他加快进度，提前授完课程，然后托称家人担心他的个人安全，于当年年底回到厦门。在上海候船之时，他再次致信告诉恩师：尽管他11、12月份工资已经涨到金圆券800元，可是到上海却发现，上海飞厦门的机票要金圆券2730元，轮船头等舱也要金圆券1680元！悲愤的心情溢于言表。

作为一个有良知、有正义感的爱国知识分子，卢嘉锡把国家的希望寄托在中国共产党身上。1949年2月，他在给鲍林教授的信中坚定地表示：尽管“局势确实不堪想象”，但“我仍然保持着乐观的情绪，而且还会继续保持下去”；他大胆地喊出“国民党的统治已接近最后的日子了！”并表示“我相信这种说法：黎明之前是最黑暗的时候”，“我们大家唯一的期望就是黎明早些到来”。

1949年5月，旅居新加坡的著名华侨领袖、厦大老校主陈嘉庚宣布，他应毛泽东主席邀请，将回国参加新政协筹备会议。时任厦大校友总会理事长的卢嘉锡立即以校友总会名义致信，欢迎校主回国参加新政协时顺道到厦门大学视察。这封信刊登在校友总会的《厦大通讯》上，实际上是向海内外昭示了厦大师生拥护新政协召开的共同心愿。这无疑触怒了国民党反动派。时任国民党厦门大学党部书记长黄克立与卢嘉锡私交不错，他偷偷告诉卢嘉锡：国民党黑名单上有你的名字，“赶紧跑香港躲躲吧”。卢嘉锡何尝不知道自己的处境危险呢？可自己在厦门人人都认识，要想避过特务的耳目出走，谈何容易？再加上妻子正怀孕，他更不能走。为了避免一旦发生不测让特务们找到更多加罪的“证据”，卢嘉锡表面上白天照常工作，待深夜妻子入睡后，他偷偷地将在美国从事燃烧爆炸研究的工作笔记全部销毁。

1949年初，南撤到厦门的国民党海军军官学校从厦门大学聘了一批任课教员，卢嘉锡也在内。夏天，海军军官学校准备再撤往台湾，并要受聘的厦大教授一起去台湾，还送来了船票。教授们都设法找借口推托。卢嘉锡被逼得没办法，只能让大儿子嵩岳拿着船票跟大人装模作样上船走了一圈。然后他跟海军军官学校说：“不行，船舱太小，只有3张铺位，我们一家6口人睡不下，行李更没法装。再说我妻子平日晕车，现在又正怀孕，船太小，受不了海上颠簸。等有大船再说吧！”就这样一直拖延到海军军官学校等候不及全部撤走。

1949年5月，国民党当局强迫厦大提前“停课放假”。当年夏天，厦门大学成立“应变委员会”，旨在“时局艰危时期保存学校文物，策划员工及学生的生活与安全”。委员会主席是汪德耀校长，卢嘉锡以教授会代表、校友总会理事长的名义任副主席。汪校长公务繁忙，又正准备去英国讲学，应变会的日常工作实际上主要由卢嘉锡主持。他安排师生在校区巡逻以防坏人趁火打劫，并发动劳师助学活动，设法组织给困境中的厦大教工、家属买米送菜，资助困难学生。多年后，卢嘉锡才知道，厦大应变委员会这些巡逻、互助的行动，实际上是地下党组织发动群众进行的护校斗争的一部分；而他出任应变会副主席，也是地下党决定推举的，就是希望他运用自己的影响，联络、带领各方面人士保护好学校，迎接解放。

同时，卢嘉锡仍没有忘记“科学救国”。他带领校友总会先后创办了厦友补习学校和厦大校友中学，亲任补习学校校长，又任校友中学校董会当然董事，并推荐老友林鹤龄出任校长。

出于知识分子的正义感，卢嘉锡还不顾自身安危，以各种方法掩护、救助地下党员和进步人士。有的人“在外面站不住脚”，他让他们到化学系器材室做临时工，以便拥有合法身份；有学生因参加爱国运动遭拘捕，他带着朋友找关系，设法保释营救；为应对国民党搜捕，他让有的进步青年躲藏在自己家里。当时学校工友中有3位地下党员先后被捕牺牲，化学系工友朱木水也上了国民党的黑名单。卢嘉锡虽然不确知朱木水是地下党员，但坚信他是好人，于是立即设法通知他躲避，后来又资助他前往香港，避过了国民党特务的抓捕。

1949年10月15日傍晚，卢嘉锡的堂弟卢万金在轮渡码头边上的饭店里举行婚礼，卢嘉锡作为“五哥”担任主婚人。新人及其家属、宾客入座，证婚人刚讲完话，突然远处传来枪炮声，而且越趋激烈。卢嘉锡意识到：解放军开始攻打厦门了！他马上宣布婚礼结束，安排主人、宾客迅速离席。回到同文路厦大宿舍，已经怀孕8个多月的妻子突然阵阵腹痛。卢嘉锡也不由得紧张起来：枪炮声中全城戒严，街上空无一人，妻子一旦临产，怎么送她上医院呀！幸好，腹痛可能只是枪炮声惊吓所致，经卢嘉锡尽力照顾安抚，妻子的腹痛逐步减轻，他才松了一口气。

可能是卢嘉锡在厦门的声望使国民党特务不得不有所顾忌，也可能是解放军挺进神速使他们未及下手，卢嘉锡终于度过了黎明前最黑暗的时刻而安然无恙。

1949年10月17日，厦门全岛解放。10月20日，人民解放军厦门军管会主任叶飞发布“教字第一号令”，派军代表吴强、萧枫等接管厦门大学。就在同一天，刚到任的厦门市委书记林一心在千头万绪中约请卢嘉锡长谈，征求他对厦大学生复课和学校发展的意见和建议。而差点在炮火声中提前降临的大女儿，10多天后也终于平安出生。

解放后，厦门大学进入新的发展时期。老生于12月21日复课，新生则于1950年1月16日开学。1950年5月，中央人民政府任命王亚南为解放后厦门大学首任校长。7月12日，厦门大学举行新老校长交接仪式，新任校长王亚南、卸任校长汪德耀和军代表萧枫都在仪式上讲了话。卢嘉锡和全校师生员工300多人一起参加了活动仪式。此时的厦门大学设文、理、工、法、商5个学院，理学院下设数理、化学、生物、海洋4个系。卢嘉锡任理学院院长，兼任化学系系主任、化学研究所所长，并兼代数理系系主任。

率领理、工两院内迁龙岩办学

1950年夏，朝鲜战争爆发，美国海军第七舰队进入台湾海峡，台湾国民党残余势力借机叫嚣“反攻大陆”，局势骤然紧张，厦门屡遭空袭，厦大教学工作频受干扰。空袭警报一响，师生们就得紧急进入防空壕。文科院系尚能应对，而理工院系仪器设备多，又无法随时搬动，遭到轰炸扫射怎么办？为了保证师生人身财产安全和教学秩序正常进行，上级决定厦大理、工两学院暂时迁到闽西龙岩。

内迁的艰难困苦对厦大师生来说并不陌生。抗战期间，厦大师生在萨本栋校长组织率领下内迁闽西长汀，将厦大建成“加尔各答以东最完备的大学”。卢嘉锡其时正在欧美留学，没有经历战乱中迁校的艰难。但他始终关注着在战火中艰难生存的母校，深受师生们在艰苦环境中高昂士气的激励。1946年初他回国后即到长汀任课，与师生们共同度过了在长汀最后的半年时光，并在当年暑假期间组织将化学系迁回厦门。

当时，学校理、工两学院内迁龙岩组织工作的重担落到了35岁的理学院院长卢嘉锡的肩上。学校决定由他带领两学院师生转移。

卢嘉锡与教务长章振乾、工学院代院长朱家炘等先行赴龙岩实地踏勘，选定城郊溪南和城外的白土乡为迁驻地点。工学院大型设备较多，搬迁到溪南一家闲置的医院，而理学院则在白土乡筹借民房办学。内迁工作得到龙岩地区行署专员伍洪祥的高度重视和支持，老区群众的觉悟也高，这是有利的方面。但1951年山城龙岩的条件并不比抗战年代的长汀好，数百名师生和家眷开进去，当地能腾出多少房子供作教室、实验室和宿舍？如何保证正常教学秩序？内迁工作仍面临着许多困难。

卢嘉锡在踏勘时，就细致考虑了大队人马到来可能遇到的各种问题，尽力解决在先。他生性平易近人，待人友善，办事灵活，与他接触的人都乐意帮忙。特别是他在这里又找到了一个好帮手。白土溪兜中学(后改称东肖中学)教师林硕田早年毕业于厦大化学系，后到妻子张尚莲的故乡龙岩任教多年，对当地情况了如指掌，且深受村民敬重。林硕田一直期望能为母校出力，卢嘉锡把他请到身边。于是，民房租借修缮、借用溪兜中学校舍、安定教学生活秩序等，他都尽力而为，协助卢嘉锡把各项事务安排得井井有条。

1951年3月间，两院师生及家眷分批向龙岩进发。先乘汽船离厦，在漳州上岸后，仪器和行李用汽车运送，教授和家属乘车，其余师生则徒步行军。300里的长途跋涉，非常辛苦劳累，许多人脚上磨起了泡，路上吃住都不方便。特别是最后一批学生在路上头三天遭遇滂沱大雨，不少人浑身湿透，在初春的寒风中冷得发抖。但师生们依然充满乐观精神，行军时歌声此起彼伏，还沿途向群众作抗美援朝宣传。

抵达龙岩时，师生们看到，老百姓为厦大腾出的都是当地较好的房子，教室、实验室、办公室、宿舍均已准备就绪，教授住房也都按年龄、身体状况和家庭人口精心安排妥当。理、工两院按原定计划于4月1日复课。

卢嘉锡知道，按期复课只是内迁工作成功的第一步，还必须安排好学生生活、让教学秩序走上正轨，保证广大学生在这个特殊时期、特殊环境中健康成长。

刚到龙岩时，正值初春，又遇倒春寒，阴雨绵绵，寒气袭人。沿海学生不适应山区农村生活，再加条件艰苦，女生中病号很多。男生食宿距离远，三餐都要走一段田间泥泞小路，经常有人摔倒，甚至有学生掉进路边的粪坑里。个别学生情绪波动。卢嘉锡听说后，马上赶到学生住处慰问，听取意见，立即组织人员修整道路，还与当地协商调整和修缮学生宿舍，并优先为女生提供热水，从而很快稳定了学生情绪。卢嘉锡还支持经济困难的学生到附近中小学兼课。有的学生大学课程与中小学兼课时间发生冲突，他为此设法调整课程表，尽量让他们能够学习、兼课两不误。

在龙岩期间，卢嘉锡负责理、工两院教学行政管理工作，经常奔走于两院所在的龙岩县城、白土两地和厦门的校本部之间。他不仅管理事务井然有序，还坚持承担教学任务。

白土与城关相隔10余里，全是蜿蜒起伏的山路。农村没有公共汽车，卢嘉锡往返两地只能搭乘载客自行车。不过，别人搭车收5000块(旧人民币，相当于现在的人民币5毛钱)，他因为“胖”，得6000块，他从不还价。上车之后，他一手抓住后架，一手拿着书，不时地浏览几行，利用这星星点点的时间来备课。

艰苦的环境对人是一种锻炼和考验，而对于品格与才能卓越者来说，也是脱颖而出的机会。卢嘉锡的组织管理才干和工作成效得到各方充分肯定。当时厦门大学校长及正副教务长都是文科教授，为了加强对理、工学院的领导，教育部根据学校提议，于1951年12月任命卢嘉锡为副教务长。

1952年初，随着朝鲜战争维持在三八线上，台湾海峡局势有所缓和，厦门海防也日益巩固，当年2月，理、工两院师生奉命离开龙岩返回厦门。卢嘉锡没有忘记当初为理、工两院迁龙岩出了大力的林硕田，根据他的意愿积极推荐，将他调到厦大化学系任教。

卢嘉锡和厦大理、工两院的师生们离开了龙岩，但他们与龙岩人民结下的深厚友情(图3)、留给老区人民的印象和影响却一直延续至今。

图3　1994年10月，卢嘉锡率农工党中央闽西考察团到龙岩调研，特意来到当年白土乡龙泉村的旧居，在昔日卧室前喜会老房东林淑珍(右)

感恩校主关怀　传承嘉庚精神

厦门大学是著名华侨领袖陈嘉庚先生于1921年倾资创办的，即使后来厦大改为国立，但一直到解放后，陈嘉庚先生仍为学校的建设和发展倾注了大量心血、捐助了巨额资金。作为私立时期厦大的学生、公立时期的教授，卢嘉锡对陈嘉庚先生都充满崇敬、仰慕之情，始终尊称陈嘉庚先生为“校主”。

1937年卢嘉锡考取庚款公费生出国留学途停新加坡时，曾经友人引见，首次谒见了正在新加坡的陈嘉庚先生。新中国成立之初，陈嘉庚先生毅然正式回国定居，并应厦门大学师生之邀到学校视察。《厦大通讯》特意在1949年12月25日出版《欢迎陈嘉庚先生专号》。卢嘉锡以1934年毕业生的身份在专号上撰文，回顾了他当年出国留学途中前往新加坡拜见校主的情形，表示要学习嘉庚先生“坦白的作风、热诚的个性、一劳永劳的精神和止于至善的人格”，并期望嘉庚先生“给我们校友一个如何辅助母校发展的明确的指示”。陈嘉庚先生到校视察时，卢嘉锡以校友总会理事长名义，与代理校长陈朝璧教授等一起参与接待(图4)。

图4　1950年初陈嘉庚先生(左六)到厦大视察，卢嘉锡(右一)与代理校长陈朝璧教授(左三)等共同接待

解放后，陈嘉庚先生积极呼吁，号召海外华侨捐款支持厦大发展。为此，王亚南校长多次面晤嘉庚先生，商讨扩建厦大校舍和学校发展的各项事宜。可是嘉庚先生不会讲普通话，而王亚南校长听不懂闽南话，于是王校长便要时任理学院院长、副教务长的卢嘉锡陪同当翻译。到后来，王校长觉得卢嘉锡完全能理解学校意图，就让他代表自己与嘉庚先生直接联系。此后，卢嘉锡面见校主的机会就更多了。

卢嘉锡在家经常对子女盛赞陈嘉庚先生当年倾资兴学的壮举。他说，校主虽一度富甲南洋，却一向生活俭朴，家中平日吃的是"番薯糜"(红薯加少量米熬成的粥)加"菜脯"(萝卜干)。他倾尽家产，兴办了集美师范、航海、水产等专科学校和中学、小学、幼儿园(后合称"集美学村")，又创办了厦门大学。卢嘉锡还说，20世纪二三十年代，东南亚经济危机、橡胶业萧条，嘉庚先生的海外产业倒闭，个人无力再支持厦门大学的办学费用，他把厦大捐给国家，改称"国立厦门大学"。嘉庚先生以自己爱国、兴学的崇高品德，赢得东南亚广大华侨的敬重，成为著名的华侨领袖。抗战期间，他奔走于东南亚及国内重庆、延安等地，宣传、支持抗日；他募集了巨额华侨捐款支持国内抗战，并组织南侨机工3000余人回国参战。解放后，他又以自己的影响，号召海外华侨捐款支援祖国社会主义建设。卢嘉锡几次带着儿女们来到海滨大会堂、物理馆、化学馆、生物馆、图书馆的建设工地，告诉他们，这个浩大工程的全部建设资金，都是嘉庚先生发动海外华侨捐助的。

1991年4月，卢嘉锡参加厦大70周年校庆活动，他在校庆大会上特意以《继续弘扬嘉庚精神，力争办成南强学府》为题讲话，把自己心目中的嘉庚精神归结为"倾资办学，爱国爱乡""尊重知识、尊重人才""明辨是非，不图虚名"并加以阐述。大力学习、宣传、弘扬嘉庚精神并且身体力行，在卢嘉锡一生中贯穿始终。

为建设高水平大学殚精竭虑

解放后，厦门大学健步发展。1950年春季，厦大化学系有卢嘉锡、方锡畴、吴思敏、钱人元、陈允敦等5位教授和5名助教，开设了定性分析、理论化学、普通化学甲、普通化学乙、普通化学丙(实验)、有机化学、有机分析、高等有机化学、工业化学、纤维素工业、可塑物工业、工业化学计算、地质学等课程,全系学生50名。此后10年,学生数增加到五六百人,最多时达650名,约占全校学生总数的六分之一。卢嘉锡创建的结构化学专业和陈国珍创建的分析化学专业,在全国高校中长期处于领先地位,知名度很高。20世纪五六十年代,化学系卢嘉锡、蔡启瑞、陈国珍、吴思敏、方锡畴、陈允敦等教授和顾学民、周绍民等名师,组成了实力强大的师资阵容。此时厦大化学系名师荟萃,又为培养高层次人才奠定了基础。

卢嘉锡清醒地认识到,与国家经济建设高潮相伴随,科学技术大发展的时期也将到来,为此需要一批掌握高新科技知识、经过良好科研训练的研究工作者。1950年,卢嘉锡在国内高校中首先创办了以结构化学为主的化学研究所并担任所长,同时在国内首次招收了郑作光、胡玉才两名物理化学研究生,1951年又招收了张乾二与卢宗兰两名结构化学研究生。他是解放后我国高校研究生教育的先行者之一。此后,厦大化学系除结构化学研究生,还相继招收了催化、电化学等方向的研究生。截至1966年,厦大培养的63名研究生中,化学系有41名,占了将近三分之二。

1953年,我国开始第一个五年计划,国家科学教育发展也迎来了一波热潮。这年秋天,卢嘉锡在全国范围招收了教育部委托培养的第一批研究生,其中有胡盛志、李宋贤、林景臻等(图5)。跟研究生一起学习的还有山东大学张

图5　1956年10月,卢嘉锡与1956届研究生在新落成的化学馆前合影

后左起:陈元柱、卢嘉锡、胡盛志;前左起:林景臻、庄启星、李宋贤

克从、四川大学吴守玉和武汉大学魏克全等来自全国各地的进修教师。

卢嘉锡十分重视教学和科研的双向提升，以科研促进教学，以教学巩固科研成果。他对研究生们说：我们是要搞科研的，还经常跟身边人强调：搞教学的一定要搞科研。在他的带领下，厦大化学系形成了一个传统：努力搞好教学，同时把科研搞上去。

卢嘉锡一人为研究生讲授多门课程，其中"物质结构""统计热力学""现代晶体学"等都是他在国内率先开设的。当时，单晶结构测定主要基于模型法和重原子法，而直接法还处于萌芽初期。但是卢嘉锡在课堂上就给研究生讲授了这一新技术。今天，直接法已被视为常规的结构分析方法，人们不得不惊叹卢先生的高瞻远瞩。

卢嘉锡身兼行政、社会工作数职，只能夜间备课，白天讲课，但他讲的每节课内容都十分充实、精彩。下课后他从不一走了事，还要布置作业，安排实习与辅导。此外，还有一系列的教学工作和科研实践活动，他都事必躬亲。

研究生们白天听课、做作业或带实验，晚上挑灯夜读。当时厦门交通十分不便，外地学生寒暑假也难以回家。于是，过年时，卢嘉锡便把他们请到家里，品尝卢师母自制的年糕；中秋节，他带大家到南普陀吃炒米粉。在卢先生身边，学生们都有家的感觉。

卢嘉锡功底深厚，不仅具有扎实的理论基础，又十分重视实验技术，是一位"能文能武"、多才多艺的大师。当年他在国外用X射线衍射仪解析晶体结构，做了大量出色的科研工作。但新中国成立之初，学校还没有资金，也没有条件配置这些大型仪器，卢嘉锡便亲自指导厦大仪器厂自制测量晶体面间角用的双圈量角器等，教学生使用它们来观察单晶样品。由于没有X射线衍射仪，无法观察晶体的微观结构，卢嘉锡就教学生如何用偏光显微镜鉴定该晶体究竟是单晶的还是多晶的，使研究生得到了很好的技能训练，不仅提高了学生们对晶体衍射实验的浓厚兴趣，也为他们后来的科学研究打下了良好基础。

卢嘉锡不仅悉心指导研究生掌握高新科技知识，还以全局观念和炽热的爱国心教育和引导身边师生。1956年初，蔡启瑞教授克服重重困难回到厦大。为了支持他开展教学科研，卢嘉锡特意将自己的两名研究生调整给他指导。

1954年底，卢嘉锡经过努力为厦大争取到两台X光机。虽然化学系是自己的"老巢"，但他从整个理科发展的角度考虑，大气地说，物理系也很需要，送了一台给物理系。留下的一台X光机使化学系具备了做X射线衍射实验的初步条件。但做衍射实验还需要各种类型的衍射照相机和其他辅助设备，卢嘉锡便亲自指导厦大仪器厂造出粉末衍射照相机、劳埃照相机、转动和摆动照相机、载晶器等，并跟学生一起操作自制仪器，探索如何改进以提高精度。为了改善学校教学科研条件，卢嘉锡费尽了心血。

卢嘉锡还支持青年教师到新开发的地区去开创事业。江培萱原是卢嘉锡的研究助理(图6)，1958年，卢嘉锡把他推荐到新兴工业城市三明的化工厂工作，并指导他解决技术难题。后来，江培萱成长为三明化工总厂总工程师，还被评为全国劳动模范，并当选为全国人大代表。

图6　同为厦大教师的20世纪30年代省立厦门中学师生，热情接待从新加坡回国观光的省中老校长庄奎章

左起：江培萱(当年为初中学生)、庄奎章、卢嘉锡(当年为兼课教师)、何恩典(当年为高中学生)

参加制定国家科学远景规划

1955年夏，卢嘉锡被聘为中国科学院第一批数理化学部委员。1956年，他又被教育部聘为全国首批一级教授。同年，党中央发出“向科学进军”的号召，并于4—6月在北京召开制定国家十二年(1956—1967)科学发展远景规划会议。这是新中国成立以来首次制定科学远景规划。会议历时两个多月，几百位代表济济一堂，规模空前，意义重大、影响深远。卢嘉锡有幸参加这次会议，其间有一件事令他终生难忘。

会议期间，周总理在听取有关制定规划情况汇报时，在充分肯定按“任务规划”所提出重点课题的同时，郑重地指出：要发展科学，单纯从任务出发是不够的，还应当从学科自身出发。他建议，数学、物理、化学等学科组，都能提出一个好的中心课题。对此，卢嘉锡既兴奋又惊讶：总理并不是搞自然科学的，但他对发展科学的事却说得那么切中肯綮！看来，管理国家大事的周总理，对科学管理也在行！

卢嘉锡由此更坚定了自己的理念：“从学科出发，认真制定好科学规划。”根据自己的学识和经历，他认为，搞学科规划一定要切合现代科学自身的规律和发展趋势。他还认为，在基础化学方面，在相当程度上起主导作用并深刻影响多个分支学科和研究领域的是基于结构化学的一个基本观点，即物质的微观结构决定其宏观性能。

化学组的会议代表基本上都是学部委员，而且多是德高望重的老一辈化学家，组长是数理化学部副主任(后为化学部主任)、南开大学校长杨石先教授，刚入不惑之年的卢嘉锡和唐敖庆在组内最年轻。杨石先在化学界很有威望，他很器重卢嘉锡和唐敖庆，视二人为自己的左膀右臂。规划会议最后还要写出本学科远景规划，杨石先把这些“文字活”都交给卢嘉锡和唐敖庆去做。因为卢嘉锡文笔和书法俱佳，照例是大家一起讨论后由他执笔。

卢嘉锡和唐敖庆经反复琢磨，认定从化学的角度来看，作为中心课题还是提“结构与性能的关系”好，这一提议得到了化学家们的赞赏，很快就确定下来。两位年轻学者提出的意见成为化学学科规划的中心课题，足见他们学术水平之高、眼光之准。

规划的"序言"需要对当代化学学科的发展趋势做出科学的概括，实际是整个规划的精华所在，文字上最考究也最费心思。卢嘉锡和唐敖庆起草的"序言"稿提出这种趋势乃是"从宏观到微观，从静态到动态，从平衡到不平衡"，但一些老先生对此却一时难以接受。有的学者直接主张提"以结构为纲"，更引起了几位不同学术方向老专家的不快。

卢嘉锡和唐敖庆耐心地听取老先生们的意见，会上气氛逐渐缓和下来。之后，他们从近代化学说起，回顾我国化学事业的发展历程，引发大家的共鸣；进而就国内外现状作了客观比较和分析，最后自然而然引出发展趋势所在。全组就此达成共识，化学学科远景规划顺利通过。

几十年后，国家最高科学技术奖获得者徐光宪先生谈起这段往事时说："1956年国家制定十二年科学技术发展规划，卢先生和唐先生负责化学部分的起草工作，把微观与宏观结合、实验与理论结合、静态与动态结合、结构与性能结合的指导思想写进了化学规划纲要。唐先生曾告诉我，为了把这些先进的指导思想写入纲要，卢先生对老一辈的化学家做了耐心细致的说服工作，才得到他们的认可。后来卢先生在领导福建物质结构研究所时期，又发展成为'五重双结合'的科研指导思想。"

光荣入党

1952年5月，中共福建省委为加强高校思想政治工作，调派张玉麟等15名政工干部到厦门大学，设立政治辅导处，张玉麟任政治辅导长，其他干部则分到各个系任政治辅导员。10月，经厦门市委批准，成立中共厦门大学委员会，张玉麟任书记。1956年实行党委领导下的校长负责制，中共福建省委任命陆维特为厦大党委书记，张玉麟改任第一副书记。

刘正坤1946年考入厦门大学化学系，1948年6月加入中国共产党，后转入游击区。1951年，她从福建省委调回母校。1953年化学系建立党支部，刘正坤任支部书记，后又任系党总支书记。她积极做化学系知名专家、教授的思想工作，启发他们要求入党的自觉性。

卢嘉锡解放前就积极参与爱国民主运动。解放后，祖国欣欣向荣、一片新气象，耳闻目睹、亲身体会，在党的教育引导下，他的思想跟随时代的步伐不断前进。事实上，卢嘉锡早就受到地下党的关注；解放初，厦大党组织根据他解放前后的政治表现，将他列为高级知识分子中经过教育培养可以发展入党的重点工作对象之一。卢嘉锡没有辜负党组织的期望和教育培养，郑重地提出了入党要求。

卢嘉锡是化学系第一个积极要求入党的专家教授。但在政治审查时，因他回国前曾在美国从事过战时科研，有人对发展他入党提出异议。为此，刘正坤书记特意向组织说明解放前夕卢嘉锡救助掩护地下党员、化学系工友朱木水的事迹，强调卢嘉锡对党有深厚感情，对党的认识也非常深刻。厦门市委领导也高度重视卢嘉锡的入党问题，亲自到张玉麟书记家了解情况，听取刘正坤汇报。市委最终认定：卢嘉锡没有政治问题，同意列为党员发展对象。

卢嘉锡的儿女们至今还记得，小时候有一段时间，平时从不唱歌的父亲饭后踱着方步思考问题时，往往随口哼起："索多—西来多索米拉—发……"年幼的孩子们长大后才知道，这是一段《国际歌》乐曲，它吐露了父亲的心声：此时，共产主义理想正一步步在他内心深处扎根。

科学规划会议期间，有一天卢嘉锡在北京饭店乘电梯，突然电梯门开了，进来一位中等身材的人。卢嘉锡一看，是周恩来总理！更让他没有料到的是，周总理对他点了点头，亲切地说："你是卢嘉锡同志吧！"卢嘉锡的心受到了强烈震撼：自己是学部委员中的"小字辈"，又工作在遥远的南方，从未与总理单独晤面过，现在第一次偶遇，日理万机的总理不但主动和自己打招呼，而且叫出了自己的名字！卢嘉锡对总理的崇敬之情不禁油然而生，也感到自己的心与党贴得更近了。

科学规划会议结束回到厦门不久，中国共产党建党35周年纪念日前夕，1956年6月30日，中共厦门大学化学系教工支部召开支部大会，校党委副书记张玉麟、系党总支书记刘正坤亲临大会，党员们一致同意接收卢嘉锡入党。《厦门日报》《新厦大》先后刊登了《科学家卢嘉锡光荣入党》的消息。

卢嘉锡入党，在高级知识分子中起到了非常积极的示范作用。经过党组织深入细致的工作，陈国珍、周绍民、蔡启瑞等厦大化学系知名教授学者也先后入党。

师生情深

1957年11月，卢嘉锡作为中国科学技术代表团成员访问苏联，参加十月革命40周年庆祝活动。这是他留学回国后到“文革”前唯一一次出访。

20世纪50年代，西方国家对新中国实行全面“禁运”，中国教育科技界也被挡在世界大门之外。当时中国的国际科学技术交流只能局限于与苏联以及东欧国家的往来之中。而其中，苏联无疑科技实力最强、总体水平最高。卢嘉锡和他的同事们访问了莫斯科和列宁格勒，走访了莫斯科大学等高校和科研院所，与苏联科学技术界广泛交流，还看望了厦门大学和其他高校的留苏学生(图7)。在与苏联科技界交流过程中，卢嘉锡得到不少启示；他还借这个难得的机会了解世界科技最新进展。回国后，他在多场科学报告会上介绍了苏联的科技成就和世界科技发展趋势。

图7　1957年12月14日，卢嘉锡访苏期间到列宁格勒看望厦大留苏学生
左起：林坚冰、何大仁、徐志固、吴季兰(北大进修教师，卢嘉锡1946年任教浙江大学化学系时的学生)、苏友仁、卢嘉锡、张琳娜

在苏联期间，卢嘉锡十分惊喜，又非常遗憾地获知，鲍林教授曾于当年8月应邀到苏联进行学术访问。当时中美之间民间正式往来完全断绝，他非常惋惜错过了在国外与恩师见面的这个绝好机会。离开苏联之前，他特意给鲍林写了一封信。

他在信中畅谈新中国成立以来重工业和其他各条战线所取得的突飞猛进的发展：一条2.2公里长的海堤把厦门与祖国大陆连在一起；一条铁路穿越重山险水从厦门修到江西鹰潭，连上了国家铁路网。他兴奋地欢呼：厦门再也不是一个海岛了、福建也再不是连一寸铁路都没有的省份了！信中充满热烈的情绪，与解放前夕他写给鲍林的几封信中的满腔悲愤形成了鲜明对照。

虽然国家建设和自己的科研还面临不少困难，但卢嘉锡把希望寄托在即将开始的国家第二个五年计划之上，相信国民经济的飞速发展将会推动科技事业的大发展。为此，他请鲍林教授转告自己早年的学生，已成为杰出蛋白质晶体学家的朱沅尽快回国，参加到自己的研究团队中来。卢嘉锡后来才知道，朱沅此时已身患癌症，第二年就去世了。他对此十分痛惜。

信中，卢嘉锡还热情邀请鲍林访问中国。可是没想到，这一邀请16年后才得以实现。

1973年9—10月，鲍林教授携夫人应中国科协邀请首次访华。多少年了，鲍林始终没有忘记自己当年的学生。临行前，在给时任中国科学院副院长、中国科协副主席吴有训的信中，除了商讨具体行程之外，鲍林提出的唯一要求是："如果我们在访问中华人民共和国时能够见到我从前的学生卢嘉锡，我和我的夫人将会感到十分荣幸。他是一位化学家和晶体学家，我相信他曾经在厦门大学工作过。同时我也将很高兴见到一位火箭大权威钱教授(钱学森——编者注)，我们早在加州理工学院就认识了。"卢嘉锡获知这一喜讯，赶赴上海拜见恩师，并陪同他参观了上海的一些科研机构(图8)。

1981年6月初，80岁高龄的鲍林教授再次访华。行前，他写信给卢嘉锡告知行程，期望再次见面。鲍林没想到，此时卢嘉锡已调北京工作，并亲往首都机场迎接，见面第一句话就告诉他："Maybe you did not know that I've just been elected as the president of the Chinese Academy of Sciences."(可能您还不知道吧，我刚当选为中国科学院院长)鲍林兴奋得当众与卢嘉锡热烈拥抱！回到美国后，鲍林满怀喜悦给卢嘉锡写信祝贺他就任中国科学院院长，并作为贺礼寄回自己保存了近40年的卢嘉锡当年的量子力学读书笔记。这以后，卢嘉锡多次借访问美国之机，前往鲍林办公室（图9），与耄耋之年的恩师见面畅谈。

图8　1973年9月，卢嘉锡（前左二）专程赴上海拜见应邀访华的恩师鲍林教授（前左三）

图9　1989年1月12日，卢嘉锡借访美之机，前往鲍林办公室拜见恩师，这是他们师生间最后一次见面

告别厦大

1957年2月，卢嘉锡被任命为厦门大学校长助理。根据《厦门大学校史》记载，他于1959年12月任副校长。我们至今没有查阅到这份任命书，但据厦大党委文件等史料，他正式任职的时间应在3—6月间。9月后，他多次以副校长的身份主持或参加学校活动（图10）。不过"官衔"对卢嘉锡来说不过是过眼烟云，他始终是师生中的普通一员，职务的提升意味着更大的责任和挑战。1960年5月，时任福建省委第一书记叶飞视察厦门大学，卢嘉锡以副校长身份陪同，并亲自为叶飞书记介绍、演示了他设计研制的教学科研仪器。此时，新任务已经摆在卢嘉锡面前。7月底，他服从组织安排，告别学习、工作了20多年的母校厦门大学，转赴福州，就任新创建的福州大学副校长（图11和图12）。

我校十年來科学研究工作發展的基本情况及对今后發展方向的一些意見

——厦門大学庆祝建国十週年第三次科学討論会开幕詞（摘要）

付校长 卢嘉錫

一

十年来我校科学研究工作可以分成两个主要階段。从厦門解放到1958年上半年可以說是第一階段。在这一階段中，全國綜合大学会議向我們提出科学研究的任务，通过教学改革、学習苏联，特别是在1956年党提出了向科学進軍的号召以及"百花齐放、百家爭鳴"的方針，我校科学研究工作有了一定开展。但总的說來，研究工作脫離实际，并局限在少数專家身上，学术气氛冷冷清清。1958年下半年起，我校的科学研究工作進入了一个嶄新階段。在党的社会主义总路綫光輝照耀下，在党的科学研究与生產劳动相結合的方針指導下，不少單位頭向当前社会斗爭和生產斗爭，深入实际，解决問題，組織力量，向尖端科学技术進軍，开展了"練兵"工作，特别是广大青年教師和同学破除了科学神秘化的观点以及对專家"資本"的迷信，掀起了全校性的大搞科学研究的热潮。在这个基礎上，今年的科学研究有了更進一步的發展。

十年来，我們的研究隊伍壮大了，圖書資料和仪器設备充实了，研究机構、研究基地也在逐步建立起來。研究成果和發行的刊物也在不断增加，科学研究已經从理論脫離实际、鑽牛角尖、找文献夾縫，走到了理論联系实际、抓系統研究、搞尖端科学技术的正確道路。十年来的主要工作可以归納如下八个方面：(1)有关馬克思列宁主义理論發展、党在我國过渡时期的經济政策、國民經济重大問題、人民公社經济問題、地方生產企業單位和人民公社的統計、会計問題的研究和学术思想批判。(2)結合全國性有关文学歷史的学术問題和教学任务开展的研究和学术思想批判，閩西老区革命史、閩西南少數民族、本区方言以及閩西南出土文物的研究。(3)本省市生產上科学技术問題的研究。(4)有关海洋生物和其他海洋科学方面的研究。(5)有关东南亚各國華僑問題和華僑所在國政治經济情况的研究。(6)自然科学基礎学科理論、基礎設备与技术方面的研究。(7)尖端科学技术的研究，新產品和新仪器的試制，新技术的掌握。(8)結合教学上的要求及其有关教育理論开展的研究，教材和教科書的編寫工作。

根据以上十年来科学研究开展情况，可以归納为三点主要收穫：

一、通过兩条道路的不断斗爭，已經确立了科学研究为无產階級政治服务、为社会主义建設服务的方向。經济系1958年在党的領導下，跳出了書房和閱覽室，参加了工厂、人民公社等社会实际調查工作，結合当前的社会斗爭進行了理論研究，这是一个巨大的轉变。一向認为比較抽象无法联系实际的数学系，也开始了一些新的能更好結合生產的項目的研究，如概率論、計算数学、力学論等。中文系、歷史系也在党的領導下，批判了厚古薄今的錯誤傾向，走上厚今薄古的正確道路。生物系結合生產，在面向海洋、面向亞热帶兩个方

（下文接第四版）

人类博物館积极筹备献礼项目

最近几天来，人类博物館全体工作人员鼓起冲天干劲，挖掘潜力，一面清查整理馆藏的文物，一面着手整理内部陈列室，并重新改变陈列室设置，充实陈列内容，使陈列室面貌焕然一新。经过几天来的苦干，现一、二楼陈列室布置工作已基本就緒，准备于国慶節开放供校内外参观。

該館全体工作人员除整理内部展品工作外，还抽出时間撰寫研究論文及准备向国庆献礼的项目。該館研究人员已完成"中国东南区及东南亚各国民族研究的几个問題"、"中国东南区新石器文化特征之一：印紋陶"、"[illegible]社会性質的初步探討"等六篇科学研究論文参加本校第三屆科学討論会，并以此研究成績向偉大十周年国庆節献礼。全体职工同志也鼓起干劲，[illegible]陈列工作外，还准备赶塑一套从猿到人的石膏模型，向十周年国庆献礼。（叶向陽）

工科各系添置教学设备

积极培养师资

工科各系，由于省委的重视和有关省廳局以及兄弟学校的大力支持与帮助，一年来，师资队伍不断壮大，机械系有四十多位教師，电机系、罐冶系各有二十来位教師，化工系也有八位教師（其中包括尚未报到的一部分教師）。物質設备也不断充实，现在各系都有自己的图書資料室和实驗室；而且仍继续从各方面努力来充实設备，如派專人到各地購買等。各系一年来还陆续派遣[illegible]到校帮助建系工作。如化工系邀請了[illegible]化工学院[illegible]付院长来系指导，机械系邀請了哈尔濱工大机械系[illegible]副主任和两位專家来系帮助，罐冶系也得到合肥工大、东北工学院的帮助。他們提了很多宝貴意見，对建系工作帮助很大。

为了[illegible]師資[illegible]，工科[illegible]各系師资都采取"两条腿走路"的办法培养师资。把一部分今年沒有开課的教師送到設备、師资条件较好的高等院校進修；留校开課教師，通过教学实践進行培养。他們都通过集体备課来确定教材；即通过教師备課，在教学小組上試講，大家提意見，修改，再講，然后才定下来。此外，他们还通过听課方式，来吸取講課教师的教学经验。

为了保證師资質量达到一定的要求，工科各系党总支（支部）都坚持政治掛帥，鼓勵和督促教師訂紅專規划，保證他們在一定时間内达到应有的水平。教師們也紛紛表示：决不辜负党的培养和期望，鼓足干劲，苦干、巧干、按質、按量完成党所交給的任务。

图10 1959年9月24日《新厦大》载：卢嘉锡副校长在厦门大学庆祝建国10周年第三次科学讨论会上的开幕词

图11　1960年8月1日厦大化学系全体教职工、学生欢送卢嘉锡副校长和张佐益书记赴榕纪念

图12　1960年8月1日厦大化学系总支欢送卢嘉锡副校长和张佐益书记赴榕纪念

一位令人敬佩和怀念的厦大人

吴伯僖
（数理系1944级）

1948年我毕业于厦门大学数理系，蔡老1937年化学系毕业，是我的老学长。论年龄，他比我大14岁，两人不同辈分又不同科系，一般情况下，蔡老跟我应是接触很少甚至互不相识的；但由于种种机缘，我有幸与蔡老有不少接触，使我能从非化学学科人员的不同角度认识他崇高的为人。蔡老是一位令后辈由衷敬佩和怀念的厦大人。

1947年蔡老赴美留学，1950年获美国俄亥俄州立大学博士学位。但他迫切的回国要求却遭到美国政府的刁难和阻拦。他只能暂居美国，一边从事博士后研究，一边反复提交回国申请。经他不懈要求，并得到祖国政府的救援，1956年他终于回到阔别多年的祖国。回到母校，学校给予二级教授的待遇，他坚决不接受，谦让给别的教授。当时物理系我的老师颜戊己教授（与蔡老、卢嘉锡教授三人是前后届同学好友）对此也非常赞赏，他告诉我，蔡老是他最佩服的同学，不仅学问好，多才多艺，还是象棋及桥牌高手，为人谦和，在大学时就给他留下深刻的印象。蔡老一回母校就让贤，一时在校内传为美谈，本来不认识他的人都想一睹其风采，当然，我也不例外。

1960—1965年间，我国半导体学界一度热衷于研究有机半导体，学校张玉麟副校长要求我校也试行此项研究。蔡老建议由化学系与物理系合作研究，经过选题，决定做聚丙烯腈半导体。物理系派黄美纯老师参加，化学系张乾二老师任研究组组长，经过一段时间的奋战，终于得到良好的研究结果，显示该材料有整流效应，可那时候还少见在半导体收音机上用有机半导体代替锗、硅二极管。之后，学校又提出是否继续往下做，以代替锗、硅三极管。经过研究组讨论，又经黄美纯老师仔细计算，得出的结果是，该材料载流子的迁移率太小，要做成三极管可能性很小，因此黄老师撰稿投《厦门大学学报（自然科学版)》阐明己见。那时蔡老任学报主编,他经过分析,认同黄老师的分析,并同意在学报上发表。蔡老这种尊重科学、实事求是的态度令人肃然起敬。这项研究就此停止(据后来得到的消息,国内外有关研究机构也先后停止了类似的研究)。

1964—1965年,由蔡老主持教育部委托厦大举办的全国高校催化讨论班(图1),他邀请卢嘉锡教授(1934年厦大化学系毕业,时为中科院学部委员、中科院华东物质结构研究所所长)讲"群论及其在量子化学中的应用",又邀请复旦大学谢希德教授(1946年厦大数理系毕业,后任复旦大学校长)讲"群论及其在固体物理学中的应用"。蔡老为了减轻卢、谢二位负担,还点名物理系黄美纯老师担任辅导,并要求卢谢二位布置的作业,由黄美纯老师先做一遍,并记下每道题所花时间,卢谢二位再选比较适中的作业让学员做。讨论班取得良好的效果,为国内高校培养了一批从事催化学科研究的年轻人才,为此蔡老十分满意。

图1 1965年,蔡启瑞(前排左四)特邀复旦大学谢希德(前排左五)来校为"催化讨论班"学员作半导体物理方面的专题讲座

1978—1982年间,蔡老担任我校副校长,也非常关心厦大校友总会的工作,1980年校友总会恢复活动,第一任会长就是蔡老。那时我是物理系主任,多次在校务会议上聆听他对办好理科的高见。他曾说,化学学科发展,要设物理化学、量子化学、电化学等与物理学有关的研究，物理学科跟数学本来就是不能分开的，也要加强联系。他不仅关心化学系，还关心其他理科的成长。他建议理科各系选派一至两位教师，由学校组团访问英国。他留美10年，会说一口流利的美语，又是院士，科研任务重，但他还亲自参加为访问团培训英语会话的课程(后来这个访问团没成行)。他在学校办公会议上以及个人交谈时，多次强调办好物理系、数学系与办好理科的重要关系。为此，他要物理系选派几位年轻教师出国留学，经过酝酿，物理系黄美纯、陈传鸿、郑健生、余扬政、王玉良、陈书潮等先后到美、意、日、德等国名校留学，同时他还支持一些学生到国外念研究生，并亲自为他们写推荐信。这些教师与学生后来都在学校和学科发展上发挥良好的作用。

蔡老求学时，因成绩优异，多次获得嘉庚奖，毕业后即留校当助教；1937年全面抗战爆发之初，萨本栋先生莅任国立厦门大学第一任校长。萨校长临危不惧，指挥若定，学校顺利内迁长汀，蔡老也随同前往。在长汀8年间，蔡老虽在化学系任教，但他耳濡目染萨校长克己奉公、坚韧不拔的办学精神，深深为之感动，从此，他心中最崇敬的就是萨校长！1998年老校友邵建寅、葛文勋二人从美国Ohio打电话给我，谈及为了纪念萨校长对厦大的贡献，拟由海内外校友捐资成立萨本栋教育科研基金会，邵建寅学长本人另捐400万元人民币建亦玄馆作为微机电研究中心场所。蔡先生听到此信息后立即捐款人民币10万元(20几年前的10万元，当前币值上百万元！)在中国银行为基金会设立账户。基金会成立后，他乐意地接受邀请参加董事会，并亲自多次向厦门市领导及校领导述说基金会的意义及建立微机电研究中心的重要性，厦门市领导也很重视与支持，拨巨款资助中心购买设备仪器。可惜的是，微机电中心后来由于人事安排欠妥未能做出显著成绩，蔡老十分着急，亲自写长信向校有关领导提出更换主要研究人员的建议，惜因未知缘故未被采纳。当时蔡老健康状况不允许他亲自到校陈述己见，他为此曾多次从家里打电话给我，长谈他对微机电中心状况的深深牵挂！

1996年，蔡老还为整个厦大的发展写信给大学时代的同学好友、美籍华人富商陈为敏老先生，希望他捐资赞助母校。此信交由我往美时亲自送交陈老先生手中。陈老看完蔡老的长信后，当即首肯。经过多次蔡老参与的捐款方案商谈，陈老跟校方达成在校园内兴建四栋教学科研大楼的协议，后因我方缘故没有履行协议，对此，蔡老甚表遗憾。此后蔡老和我就没参加后续的捐献事宜了。

2010年萨校长公子萨支唐院士(美、中双院士)来厦，蔡老当时虽健康已欠佳，但还在助手搀扶下从敬贤七走到萨院士在逸夫楼的住处，跟萨院士畅谈科学进展，并提请萨院士长期到厦大物理系带领一批人员进行他的新型晶体管理论研究。为此蔡老多次打电话与我长谈，他对萨院士研究的新理论寄予厚望，还为此写信给校领导推荐萨院士，朱崇实校长也亲自接见萨院士，物理学院吴晨旭院长也参加，商定来校的有关事宜。由此，可见蔡老是如何关心物理系的成长！

今逢蔡老百岁诞辰佳期，谨回忆几件往事，权作对蔡老的祝贺，并衷心祈愿有更多如蔡老的厦大人出现！

谨书于蔡老期颐之年

又及

2016年10月3日，学校传来享年104岁的蔡老在医院安详去世的讣闻。闻此噩耗，我禁不住为失去这样一位为人谦和、关心科学、关怀后辈、无私无畏的前辈而吁嘘！在他生病住院期间，我和黄美纯老师都曾先后前往探望。起初在他清醒时，竟然还问起有关一些物理前沿学科的发展情况。在他闭目休息时，在他硕大渊博的脑海里，也许还在思索一些科学问题及来不及完成的科学任务。我最后一次去看望他时，虽然他已不能睁开他那智慧、慈祥的双眼，但他的面孔却令人感到他是在闭目静思往事，从心灵深处在祝愿他一生热爱的母校与祖国有更加美好的未来，他的面孔一点忧愁与痛苦的表情都没有。蔡老就这样安详地离我们而去，我们为失去这样一位闻其名令人肃然起敬、久久不能忘怀的厦大人而怅然不已！蔡老，您放心，后辈坚信，厦大还会有人，步您的脚踪前进，做令人敬仰的厦大人！

(吴伯僖，男，厦门大学物理系教授、博士生导师。曾任厦门大学研究生院第一任副院长、物理系主任，中国发光学会副理事长，福建省物理学会理事长。蔡老的后辈、崇敬者)

周绍民先生的为师之道

吴辉煌

（化学系1959级1964届）

周绍民先生是化学化工学院中深受师生尊敬的老前辈之一。他是我国电化学学科的重要开拓者和贡献者，1984年1月经国务院学位委员会批准，他被增列为全国第二批博士生指导教师（图1）。周先生担任过我校科研处处长、化学系主任、物理化学研究所所长等职务，曾是国内多个学术团体的主要领导，但他坦言自己最称心的头衔和身份是教师。他长期坚守在教学第一线，为本科生讲授过“无机化学”“普通化学”“分析化学”“物理化学”等基础课程和多门专业课，他把教书育人作为天职。我跟随他学习工作数十年，他的为人处世常令我深深感动并受之教育。

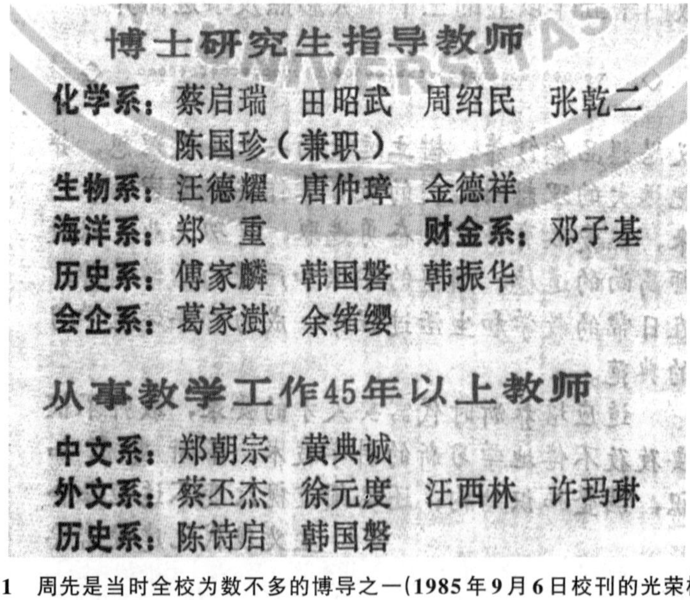

博士研究生指导教师

化学系：蔡启瑞　田昭武　周绍民　张乾二　陈国珍（兼职）
生物系：汪德耀　唐仲璋　金德祥
海洋系：郑　重　　**财金系**：邓子基
历史系：傅家麟　韩国磐　韩振华
会企系：葛家澍　余绪缨

从事教学工作45年以上教师

中文系：郑朝宗　黄典诚
外文系：蔡丕杰　徐元度　汪西林　许玛琳
历史系：陈诗启　韩国磐

图1　周先是当时全校为数不多的博导之一（1985年9月6日校刊的光荣榜）

1964年我通过全国统一招生考试被录取为周先生的研究生。那时国内各高校的研究生规模都很小，相关的规章制度不像今天这样成熟完善，如何培养研究生几乎全靠导师自己把握。新学年伊始，周先生约我及另一同学商讨研究生阶段的学习安排，他给我们讲解国家为什么要安排计划招收培养研究生、研究生与本科生有什么差别，同时勉励我们要走又红又专的道路，思想上要追求进步，业务上要精益求精。周先生非常重视基础理论，他布置我们除参加必修的公共课学习外，还要修读“数理方程”和“电化学理论”两门课程。20世纪60年代正是电化学理论和实验方法迅猛发展的年代，设置数理方程这门课体现出周先生在教育目标上的高标准。由于不具备单独开课的条件，周先生决定让我们到数学系本科三年级插班。为此，他亲自与数学系任课的林坚冰老师联系，我们终于获准参加听课。由于数学系的课程有其本学科的特点和要求，我们同学二人都感到插班学习很吃力。周先生得知情况后，再三勉励我们要下定决心攻坚克难，同时教导我们要学以致用，应以掌握数学方法为主。在周先生的指导下，我们调整了思路，转移了学习重点并加强自学。为了督促我们坚持学习，周先生要求我们必须参加课程考试并争取获得较好的成绩。与此同时，他与林坚冰老师进行沟通，说明他安排该课程的用意，并请求林老师单独为我们两人出考题、评成绩。期末，林老师专门为我们出了两道有关扩散方程的开卷题目，要求在两星期内完成后上交，随后给我们评定成绩。

我们的“电化学理论”课是在周先生亲自指导下以自学方式进行的。他为我们开列一个文献清单，其中有10多篇权威性的综述性文献，英文的居多，部分是俄文的。周先生告诉我们，清单上的文献是必读的，如有余力，要补充阅读文献中的某些重要引文，自学之后要写读书报告。学期末，我按要求写了2万字左右的读书报告呈交给周先生。大约两星期后，周先生把读书报告返回给我，我看到在20多页的纸面上有他的各种批注，许多标点符号也被指正了。我深深领教到周先生治学严谨，就连文中的遣词用字都是非常考究的。事后他约我面谈，在肯定成绩的同时，指出我的读书报告缺乏个人见解。他说，阅读文献不仅是要了解前人做些什么、说些什么，更重要的是要分析判断这些做法和说法是否合理可取，有无改进之处，只有这样，科研工作才能有所突破、有所前进。

1965年上半年我们启动毕业论文工作，由于周先生多年从事有机电化学研究，我们的论文选题瞄准了国际上正在兴起的燃料电池。就在我们着手准备实验的时候，周先生接受了一项有关海军舰艇保护的攻关项目。由于任务紧迫，他决定让我们终止原先的选题，立即投入新项目中。周先生担心我们一下子转不过弯，随即给我们做思想工作，教育我们必须急国家之所急，做国家之所需，不要计较个人得失。他还要求我们的研究工作必须从接触实际开始，在周先生的安排下，我们先到某军工研究所实习调研一个半月，随后我被派到某海军基地开展现场实验。在我离校外出工作的8个月中，周先生不仅关心我的实验工作进展，而且非常关心我的生活，多次问我是否按时收到生活费，随船出海作业是否适应，再三叮嘱要注意饮食起居保重身体。在这段不寻常的经历中，我增长了见识，得到了锻炼，更感受到似海的师恩。

20世纪80年代初我国正式建立学位制度之后，研究生教育快速发展，如何保证培养质量成为周先生十分关注的问题。1984年我被指派承担"现代电化学选论"这门硕士生学位课程，我对如何开展教学产生诸多疑虑。为此我向周先生请益，他教导说：教学必须高标准、严要求，首先是课程内容的设计必须高标准，没有高标准何以谈论严要求？作为学位课程更应具有足够的广度和深度，要能为学生构筑庞大的学术架构打下坚实的基础(图2)。他还明确指出：严要求是为了保证教育目标的实现，"严"要体现在从细节入手，抓好各个教学环节的落实。严格可以有不同表现，但严源于爱，前提是关爱学生，尊重学生，他不赞成用呆板的评分标准卡压学生。这些教导给我的教学工作指引了方向，我再次领悟到周先生当年为我们安排学习计划的良苦用心。

图2　作者(左一)与田昭武、周绍民、林祖赓等电化学教研室前辈和同事在一起探讨化学学科的前沿问题

左起：吴辉煌、陈体衔、田昭武、林仲华、林祖赓、周绍民、黄德东、陈衍珍。该群体曾获首届南强奖(图3)

尽管年事已高,周先生对招生培养过程中的若干重要环节总是亲力亲为,亲自把关。他坚持亲自参加研究生(尤其是博士生)招考的面试,每场面试往往需要花费很长时间,除考核专业基础外,还要详细询问考生的学习经历、兴趣爱好,甚至家庭情况。他坚持亲自审核研究生的个人培养计划,学生将培养计划交到他手中绝对不是走个程序、签个名字而已。周先生不赞成学生盲目追求学分,他会根据各人的情况提出具体的修课建议,勉励学生树立优良学风。

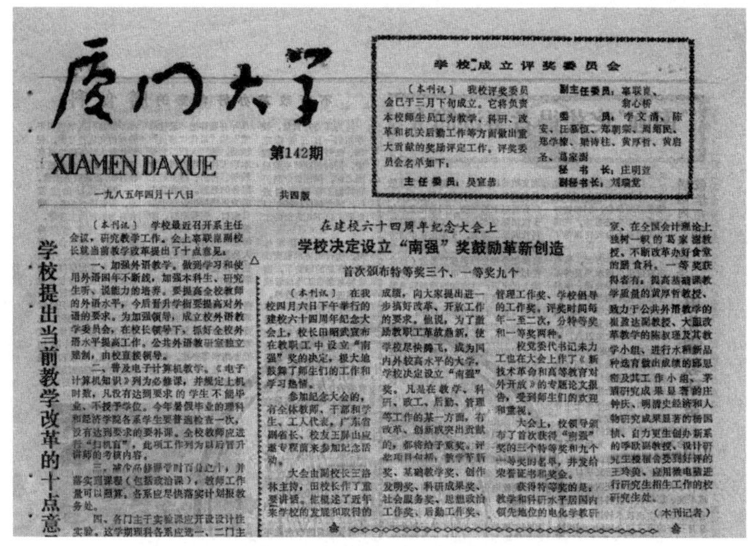

厦门大学

XIAMEN DAXUE

第142期

一九八五年四月十八日　共四版

学校成立评奖委员会

〔本刊讯〕 我校评奖委员会已于三月下旬成立。它将负责本校师生员工为教学、科研、改革和机关后勤工作等方面做出重大贡献的奖励评定工作。评奖委员会名单如下：

主任委员：吴宣恭

副主任委员：辜联崑、翁心桥

委　员：李文清、陈安、汪[illegible]、郑朝宗、周绍民、郑学檬、梁诗柱、黄厚哲、黄启圣、葛家澍

秘书长：庄明萱

副秘书长：刘瑞堂

学校提出当前教学改革的十点意[illegible]

〔本刊讯〕 学校最近召开系主任会议，研究教学工作。会上辜联崑副校长就当前教学改革提出了十点意见。

一、加强外语教学。做到学习和使用外语四年不断线，加强本科生、研究生听、说能力的培养。要提高全校教师的外语水平，今后晋升学衔要提高对外语的要求。为加强领导，成立校外语教学委员会，在校长领导下，抓好全校外语水平提高工作。公共外语教研室独立建制，由校直接领导。

二、普及电子计算机教学。《电子计算机知识》列为必修课，并规定上机时数，凡没有达到要求的学生不能毕业、不授予学位。今年暑假毕业的理科和经济学院各系学生要普遍检查一次，没有达到要求的要补课。全校教师应进行"扫机盲"，此项工作列为以后晋升讲师的考核内容。

三、[illegible]，并落实到课程（包括政治课），教师工作量可以照算。各系应尽快落实计划报教务处。

四、各门主干实验课应开设设计性实验。这学期理科各系应选一、二门主[illegible]

在建校六十四周年纪念大会上

学校决定设立"南强"奖鼓励革新创造

首次颁布特等奖三个、一等奖九个

〔本刊讯〕 在我校四月六日下午举行的建校六十四周年纪念大会上，校长田昭武宣布在教职工中设立"南强"奖的决定，极大地鼓舞了师生们的工作和学习热情。

参加纪念大会的，有全体教师、干部和学生、工人代表，广东省副省长、校友王屏山应邀专程前来参加纪念活动。

大会由副校长王洛林主持，田校长作了重要讲话。他概述了近年来学校的发展和取得的成绩，向大家提出进一步搞好改革、开放工作的要求。他说，为了激励教职工革故鼎新，使学校尽快腾飞，成为国内外较高水平的大学，学校决定设立"南强"奖。凡是在教学、科研、政工、后勤、管理等工作的某一方面，有改革、创新或突出贡献的，都将给予重奖。评奖项目包括：教学革新奖、基础教学奖、创作发明奖、科研成果奖、社会服务奖、思想政治工作奖、后勤工作奖、管理工作奖、学校领导的工作奖。评奖时间每年一至二次，分特等奖和一等奖两种。

校党委代书记未力工也在大会上作了《新技术革命和高等教育对外开放》的专题论文报告，受到师生们的欢迎和重视。

大会上，校领导颁布了首次获得"南强"奖的三个特等奖和九个一等奖的名单，并发给荣誉证书和奖金。

获得特等奖的是：教学和科研水平居国内领先地位的电化学教研室、在全国会计理论上独树一帜的葛家澍教授、不断改革办好食堂的膳食科。一等奖获得者有：提高基础课教学质量的黄厚哲教授、致力于公共外语教学的[illegible]副教授、大胆改革教学的陈叔瑾及其教学小组、进行水稻新品种选育做出成绩的[illegible]及其工作小组、茅盾研究成果显著的庄钟庆、明清史经济和人物研究成果显著的杨国桢、自力更生创办新系的[illegible]教授、设计研究生楼宿舍受到好评的[illegible]、应用微电脑进行研究生招生工作的校研究生处。

（本刊记者）

图3　1985年4月教学和科研居全国领先地位的厦大电化学教研室获得首届南强奖

周先生坚持亲自参加学位论文选题的确定,而且十分尊重学生的个人兴趣和意向选择。1986年周先生课题组的多个研究项目均与金属电沉积有关,当时同事们普遍希望新入学的博士生崔成强能被安排到这些项目中来。然而,周先生早前了解到崔同学在硕士生期间开展过食盐电解用的不溶性阳极研究并取得很好成绩,如能助其一臂之力,可望有所突破。经过师生沟通,崔同学愿意继续不溶性阳极的研究。由于实验条件得到保证,崔同学心情舒畅,工作十分认真,几个月后果然取得喜人的成果。在一次行业性的全国学术会议上,崔同学用翔实的实验数据报告了他的最新研究进展,当场受到众多专家的赞赏。崔同学脱颖而出,被破例聘请为行业协会的顾问,重庆某化学公司还主动提供两个电解槽让他开展中试。博士生戴鸿平在开展氧化还原酶电子传递研

究时觉得已有仪器无法满足测量要求，于是打算自行研制仪器。对此周先生予以支持，并嘱咐戴同学要虚心向本学院擅长仪器研发的行家里手学习。由于研制过程屡遭挫折，时而损坏一些元器件，给器材入库和财务报销增添不少麻烦，以致有的同事批评戴同学办事无计划、粗心大意等，这时周先生表态说：成功是要付出代价的，培养人也需要付出代价，实验上的失败不能轻言是浪费，从而减轻了戴同学的心理压力。正是在周先生的支持鼓励下，在教研室其他老师的帮助下，戴同学终于获得初步成功，虽然研制的仪器不能如愿实现商业化，但是这一成绩为他日后的发展增加了竞争实力。

周先生非常关心学生的全面成长，视学生的思想工作为己任。周先生于1958年加入中国共产党，他希望自己的学生要忠于祖国忠于党。他经常教导同学们要关心国家大事，面对社会现象和种种言行，要冷静思考，辨别是非，不能盲从，更不要做出非理性的偏激举动。周先生平时注意培养学生的协作精神，树立淡薄名利的思想，他本人朴实无华，平易近人，身教重于言教，因而能感动学生。在周先生领导的课题组中团结合作精神蔚然成风，在科研成果申报或论文投稿前作者常常为排序互相谦让而产生“争执”，谁都不愿争邀头功，即便是几元钱的稿费也都是相互推让，这一幕幕情景同学们目睹耳闻，并从中受到教育。周先生为人师表，忠诚老实，正派公道，严于律己，顾全大局，这一切都给学生们留下深刻印象。我想，“鹤发银丝映日月，丹心热血沃新花”这样的诗句用于赞美周先生的职业生涯是非常恰如其分的（图4）。

图4　周先生在厦大化学化工学院庆祝1977级和1978级恢复高考30周年晚宴上发言

（吴辉煌，男，厦门大学化学系1959级本科生，1964级研究生。退休前任化学化工学院教授、博士生导师，曾任厦门大学研究生院副院长）

卢嘉锡、徐光宪和《物质结构》

章 慧

（化学系1977级）

物质结构 一书难求

想当年，恢复高考后的1977级大学生，表面上被外人看来好像是春风得意的天之骄子，实际上大多数同学，包括我自己，都夹着尾巴做人，因为我们深知以往被耽误的知识缺漏太多太多，起早贪黑、废寝忘食地学习也只能弥补其中很小很小一部分。更何况，经过十年浩劫的摧残，图书馆和阅览室里的书籍和期刊资料大都残缺不齐，外文的最新文献则很难看到。

同学们的学习热情极其高涨，特别是对物质结构的研读狂热几乎到了登峰造极的地步，但是图书馆里有限的藏书根本不能满足大家对各种知识的渴望，徐光宪先生的名著《物质结构》尤其炙手可热，即使排队登记也借不到。记得有一次我随曾经一起在厦门郊区后溪公社前进大队知青农场插队的闺蜜到她的男友家拜访，她未来的公公婆婆都是化学老师，我一下就被他们家满书橱的数理化参考书迷住了。回校后我马上给闺蜜写信，诉说了很馋那些参考书的心愿。当时已到厦门市一所中学任教的闺蜜，带我到那所中学的阅览室借到了心仪已久的《物质结构简明教程》（图1）。

图1　高等教育出版社于1965年出版的《物质结构简明教程》

1978年2月我们36名同学(图2)被厦门大学化学系无机化学专业录取，但班级简称却是充满诱惑的“无机物构班”。尽管本科期间，物质结构和配位化学是我最喜爱的课程，但在大四选专业时我并没有报名成为物质结构专业学生，因为自知之明告诉我，我的数学和物理是短板。当然，班上有8名学霸级的同学入选物质结构专业学习，包括后来成为中科院院士的郑兰荪同学。

图2　厦门大学化学系1977级无机班全体同学合影

物构教学　筚路蓝缕

厦门大学化学系的物质结构教学，早已名声在外。1946年1月，卢嘉锡先生结束了长达8年的欧美留学生涯，回到了魂萦梦绕的母校，回到了日思夜盼的亲人身边。经过战乱的中国，百废待兴，几乎不具备进行结构化学研究的实验条件。回国后，卢嘉锡只能先把全部精力投入教学中，从1946年春天起，奔波于厦大和浙大两校三地(包括未来得及搬迁高年级学生的厦大长汀校区)，先后开出“物理化学”“高等物理化学”“高等无机化学”“结构化学”“热力学”“统计热力学”“量子化学”“数学晶体学”“X射线晶体学”等10多门课程。卢嘉锡讲课之所以备受欢迎，不仅在于他的口才和授课技巧，还因为他为我国首先带来了鲍林的价键学说和物质结构理论等一系列全新课程，以及对最新科学理论知识的深入理解和融会贯通，从而使听课者耳目一新。

1957年暑假，吉林大学唐敖庆、厦门大学卢嘉锡、复旦大学吴征铠和北京大学徐光宪奉高教部委托编写物质结构教材，在青岛集中写了一个月，完成了初稿的一半，字数估计将近百万。但以后这4位老师总抽不出一个共同的时间来完成初稿的另一半，而各方面又等待着早日出版一本《物质结构》教材，因此要求徐光宪以北京大学开课6年的《物质结构讲义》为基础修改整理，他用了2年的时间修改完成了书稿。1959年12月，《物质结构》一书由高等教育出版社出版。1961年，人民教育出版社将其分为上、下册(图3)，再版两次，从此《物质结构》成为全国各大专院校相关专业的通用教材。

图3　人民教育出版社于1961年出版的《物质结构》上下册

当时，卢嘉锡、唐敖庆、吴征铠3位已是全国知名的大教授，卢和唐都是在1955年40岁时当选的首批中国科学院学部委员，有人把3位的姓氏合起来，起了一个雅号“糖葫芦”。在青岛编写教材期间，有一天，卢嘉锡先生突然问徐光宪：“你为什么不姓冰？”见徐光宪不解，卢先生接着说：“你如姓冰，我们四人不就是‘冰糖葫芦’了吗？”这就是有名的“一串冰糖葫芦”的故事（图4）。

图4　1981年5月，物质结构四人组合“一串冰糖葫芦”在第四届学部委员大会上合影

右起：唐敖庆（糖）、吴征铠（葫，江浙口音“吴”和“葫”相近）、卢嘉锡（芦）、徐光宪（冰）

徐光宪先生在《继承唐敖庆先生遗志，展现当代中国化学风采》文集的“代序”中指出：“20世纪50年代初，我国高教部把物质结构纳入大学化学系本科生的课程体系，为此唐敖庆先生和卢嘉锡先生率先培养全国物质结构师资。这一正确决策使我国大学本科教育达到国际先进水平。如果没有唐先生和卢先生倡导的‘四结合’（微观与宏观结合、理论与实验结合、静态与动态结合、结构与性能结合）教学和科研指导思想，那么我们国家大学本科的教育水平，将落后国际水平30年，20世纪80年代派遣留学生进入美国一流大学就没有那么顺利了。”

作为卢嘉锡先生母系厦大化学系1977级学生，自然是物质结构教学的受惠者。1982年哈佛大学威廉·多林（William von Eggers Doring，1917—2011）教授倡导发起中美化学研究生项目（China-United States Chemistry Graduate Program，简称CGP，1982—1986），在12所国内重点大学选拔优秀学生。CGP中方小组成员由参与该项目大学的化学系教授组成，唐敖庆、徐光宪、刘有成、何炳林、田昭武、高鸿、查全性、林尚安等国内著名化学家都曾参与其中。厦大化学系1977级郑兰荪和欧阳江波表现优异，一举考取首批中美联合招收的CGP项目研究生。项目实施后，多林教授曾经对徐光宪先生称赞："中国大学化学本科生的教学水平是世界一流的，CGP录取的学生在美国一流大学的研究生院学习，都能名列前茅。"郑兰荪是第一个学成归国的CGP学生，他对中国在"物质结构与原子团簇"方面的研究做出了开拓性的贡献，领衔建设了厦门大学无机化学博士点。

精挑细选的公派CGP学生都是1977年恢复高考后培养的大学生，他们受过良好的专业训练，堪称当时国内化学专业的佼佼者。由于CGP学子的优异表现，中国学生的学习能力和学术水平因此得到了北美大学化学系的普遍认可。北美大学化学系逐渐向中国学生敞开了大门，开始大量接受中国学生自费申请赴美加留学。与老学长卢嘉锡先生一样，毕业于厦大化学系1984级物构专业的徐云洁也是"主系化学，辅系数学"，1988年同时获得化学和应用数学双学士学位。本科毕业后，徐云洁于1989年自费到加拿大留学，1993年在加拿大不列颠哥伦比亚大学（UBC）大学获得分子光谱学博士学位，2003年开始在阿尔伯塔大学从事独立研究工作。由于在手性表征与手性识别领域取得的研究成果居世界领先地位，徐云洁教授于2018年9月当选加拿大皇家科学院院士。

在老一辈化学家的精心培育下，一大批公派和自费留学生崭露头角，表现优异，留在国内的同学也不甘落后，如同徐光宪在2009年1月25日给笔者的亲笔信中的客观评价："1977级的学生都是渴望求学的好学生，现在已成为我国科技教育界青黄接班的学术带头人。"

国内化学教学水平在十年动乱后能迅速恢复并维持于较高水平，得益于"一串冰糖葫芦"前辈们的高瞻远瞩，筚路蓝缕地为中国化学教育打下的坚实基础。前人栽树后人乘凉，让我们撷取中国结构化学高等教育的一些重要节点，缅怀老一辈化学家为结构化学科教事业做出的杰出贡献：

1946—1948年，卢嘉锡分别在厦门大学和浙江大学讲授"物理化学"和"量子化学导论"等课程。

1950年，卢嘉锡在国内高校中首先创办了以物质结构为主的化学研究所，当年招收了郑作光、胡玉才两名研究生。

1950—1952年，唐敖庆分别在北京大学和东北人民大学讲授“量子化学”和“物质结构”等课程。

1951年，徐光宪在北京大学招收了第一个研究生方国光，研究方向是量子化学。

1952年9月，徐光宪开始为北京大学化学系学生讲授物质结构课程。

1953年夏，受高教部委托，卢嘉锡、唐敖庆在青岛主持物质结构讲习班并担任主讲，徐光宪、吴征铠等也参与授课。

1953—1966年，唐敖庆先后指导过物质结构、高分子物理化学专业方面的20多名研究生。

1954年7—9月，第二期物质结构讲习班在北大举办，卢嘉锡、唐敖庆、徐光宪和吴征铠一起担任主讲。

1957年夏，卢嘉锡、唐敖庆、徐光宪和吴征铠在青岛一起编写《物质结构》教材。

1959年12月，徐光宪的著作《物质结构》由高等教育出版社出版。

1960年2月，卢嘉锡任福州大学副校长和中科院华东物质结构研究所所长。

1961年7月，徐光宪所著《物质结构》被人民教育出版社分为上、下册出版，再版两次。

1963年8月，高教部委托唐敖庆在吉林大学举办为期两年的“物质结构学术讨论班”。

1965年6月，徐光宪等编著的《物质结构简明教程》由高等教育出版社出版。

1966年2月，卢嘉锡、黄耀曾、曾广植、陈元柱等翻译的鲍林名著《化学键的本质》正式出版。

1978年10月，唐敖庆组织教学团队在吉林大学为200多名研究生和进修教师承办为期两年的“量子化学研修班”。

1978年，刘若庄创建了北京师范大学量子化学研究室。

1984年，受教育部委托，刘若庄开设“量子化学基础计算讲习班”和“物质结构助教进修班”。

1987年10月，徐光宪编著的《物质结构》修订版(第2版)由高等教育出版社出版。

1988年1月，徐光宪所著《物质结构》获全国高等学校优秀教材特等奖，是迄今为止化学学科教材唯一的特等奖。

物构配化　一脉相承

我在本科一年级第一学期的高数和无机化学课程中均取得优秀的成绩，但从第二学期开始，由于之前的知识缺漏和某种倦怠感，我开始表现出不适应，学习成绩起起伏伏，大二阶段是四年学习中的低谷，连我自己也非常不满意。第三学年迎来了被“文革”前厦大化学系学生称为鬼门关的物理化学和物质结构课程，对我来说却是转机，我不但延续了大二下学期的有机化学课程优秀的成绩，而且几门主科都表现不俗，其中物质结构获取了92分，这个势头一直保持到四年级的三门专业课，包括配位化学和毕业论文均全优，以及后来在职研究生课程（量子化学、谱学和配位化学选读等）学习的优良成绩（图5），为胜任留校后的无

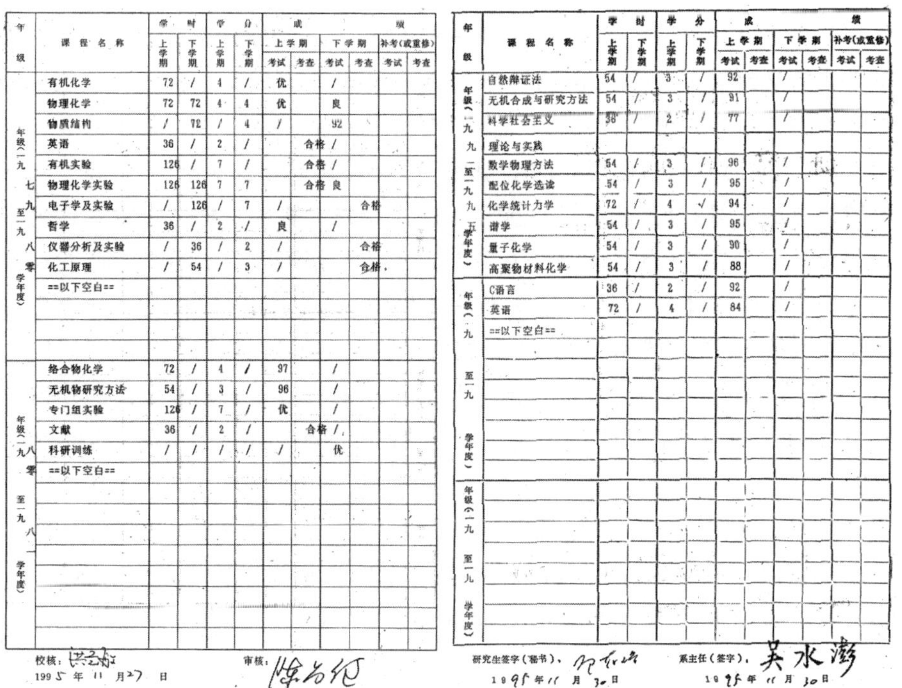

年级	课程名称	学时 上学期	学时 下学期	学分 上学期	学分 下学期	成绩 上学期 考试	上学期 考查	下学期 考试	下学期 考查	补考（或重修） 考试	补考（或重修） 考查
年级（一九七九至一九八零学年度）	有机化学	72	/	4	/	优		/			
	物理化学	72	72	4	4	优		良			
	物质结构	/	72	/	4	/		92			
	英语	36	/	2	/		合格	/			
	有机实验	126	/	7	/		合格	/			
	物理化学实验	126	126	7	7		合格	良			
	电子学及实验	/	126	/	7	/			合格		
	哲学	36	/	2	/	良		/			
	仪器分析及实验	/	36	/	2	/			合格		
	化工原理	/	54	/	3	/			合格		
	==以下空白==										
年级（一九八零至一九八一学年度）	络合物化学	72	/	4	/	97		/			
	无机物研究方法	54	/	3	/	96		/			
	专门组实验	126	/	7	/	优		/			
	文献	36	/	2	/		合格	/			
	科研训练	/	/	/	/	/		优			
	==以下空白==										

校核：　　1995年11月27日　　审核：

年级	课程名称	学时 上学期	学时 下学期	学分 上学期	学分 下学期	成绩 上学期 考试	上学期 考查	下学期 考试	下学期 考查	补考（或重修） 考试	补考（或重修） 考查
年级（一九九一至一九九五学年度）	自然辩证法	54	/	3	/	92		/			
	无机合成与研究方法	54	/	3	/	91		/			
	科学社会主义理论与实践	36	/	2	/	77		/			
	数学物理方法	54	/	3	/	96		/			
	配位化学选读	54	/	3	/	95		/			
	化学统计力学	72	/	4	√	94		/			
	谱学	54	/	3	/	95		/			
	量子化学	54	/	3	/	90		/			
	高聚物材料化学	54	/	3	/	88		/			
年级（一九　至一九　学年度）	C语言	36	/	2	/	92		/			
	英语	72	/	4	/	84		/			
	==以下空白==										
年级（一九　至一九　学年度）											

研究生签字（秘书）：　　1995年11月30日　　系主任（签字）：吴水澎　　1995年11月30日

图5　笔者本科大三、大四和研究生期间的成绩单

机化学和配位化学的教学和科研工作打下了比较好的基础。我把后来在学业上的急起直追归功于当时有《物质结构简明教程》这本"私家书"在手，有如神助。

徐光宪先生曾经在高等教育出版社1987年出版的《物质结构》第2版的书序中自我检讨："1964年审定的教学大纲，过分强调'少而精'，因而1965年编写的《简明教程》对字数压缩又压缩，而许多内容又舍不得放弃，所以写成'压缩饼干'式的教材。实践证明，这样的教材对教师和学生都是不方便的。"我则认为，《物质结构简明教程》这本书对于大三的我，一位数理基础比较薄弱的上山下乡知青而言，是一本正合适的好教材，它犹如沙漠中的清澈甘泉，不仅叙述简明扼要，易学易懂，而且还介绍了学习方法，我后来在配位化学教学中一直用这本书中的一些知识点。时隔40年，当我回味这部受益无穷的教材时，心中充满了感激，对徐光宪先生的渊博学识也就更加膜拜了。

1989年徐光宪先生在《编著〈物质结构〉教材的一些体会》一文中提及："本书在20世纪50年代初版时注意反映了当时化学键理论的最新成就，但到了20世纪80年代的今天，其中许多章节都已是明日黄花，到了必须重写的时候了。"他还说，一本好的教材要经得起时间的考验，秘诀只有一条，就是"千方百计为读者着想"——使读者有"掌握本课程的基础知识，了解本学科的最新成就和发展趋势"和"在读完这本书和做完每章的习题后，不知不觉地在潜移默化中学到了科学的思想方法、学习方法和研究方法，用学到的知识能够分析和解决遇到的问题"的收获以及达到"易学、易懂、易教"的要求。

一句话打到心底，使得我的求知欲一万万分满足。我终于明白，在大三学习转折点的豁然开朗，就在于我读懂了徐光宪先生费尽心思、"千方百计为读者着想"编写出的好教材。而作为多年从事配位化学教学的主讲教师，我对徐光宪先生的编书体会亦深有同感，这种"千方百计为读者着想"的指导思想也深深嵌入我平时的教学和后来编写《配位化学——原理与应用》教材的思维中。总之，徐光宪先生的治学方法和他作为学术大家所传播的方方面面的知识结构，对我个人有着非常重大的影响。而更神奇的影响还体现在下面的几个小故事中。

大四上学期，我开始接触徐云洁的父亲徐志固先生主讲的配位化学，这是一门新课。后来成为我毕业论文指导老师和研究生导师的徐志固教授，1953年7月毕业于厦门大学化学系，1955年9月至1959年3月被选派为留苏研究生，在列宁格勒(现名圣彼得堡)大学化学系获化学副博士学位。他曾在清华大学化工系任教，与徐光宪先生共事。因此，徐老师自称是卢嘉锡、蔡启瑞、徐光宪、张乾二等大师的学生。留苏回国以后，徐志固在清华大学和厦门大学从事原子能化学、配位化学的教学与科研工作，他在给我们1977级同学上课编写的讲义基础上写成的专著《现代配位化学》(蔡启瑞、张乾二主审，1987年12月化学工业出版社出版，全书75.7万字)被化学工业出版社评为优秀科技图书，并被选为1989年10月西德法兰克福国际书展的送展图书。

在大三下学期潜心钻研物质结构和群论的学习基础上，我很快就迷上了大四的配位化学，迅速接轨，成天泡在徐老师家里求教一大堆问题(徐云洁语)。徐老师一开始就灌输给我们的"结构为纲"的学习思想，来自他的老师卢先生和蔡先生，甚至可以追溯至国际化学界大师鲍林先生。跟大二阶段使出洪荒之力学习分析化学很不一样，在我看来，络合物的三维立体结构、晶体场理论和分子轨道理论、电子跃迁和反应机理研究，是多么地美妙。显然，这时候，《物质结构简明教程》的知识就不够用了，毕竟中国的科教事业与世隔绝太久，徐光宪先生所说的"明日黄花"并不是空穴来风。

这年暑假，徐志固老师为我开出毕业论文书单，我在上海福州路外文书店买到了影印版的Purcell K. F.和Kotz J. C.所著*Inorganic Chemistry*，由此开启了我的科学研究生涯。这本1977年出版的大部头原版书相当给力，迄今仍在我的书橱里占据重要位置。

说起我的毕业论文选题，徐老师与我商量："我预估美国斯坦福大学的陶布教授可能很快会拿到诺贝尔化学奖，我们来研究一下他开创的络合物电子转移反应，如何？"我觉得这一选题很有挑战性，于是，标题为《分子轨道理论在金属络合物电子传递反应机理中应用的初步探讨》的毕业论文(图6)工作在1981年12月完成，答辩成绩优秀。为毕业论文设计的实验，由于条件所限，做得很简陋，理论部分整理后，发表于1984年12月的《化学通报》上。而陶布果然在1983年由于金属络合物电子转移机理的研究成就荣获诺贝尔化学奖。我因此对导师的学术敏锐性佩服得五体投地。

厦门大学 化学 系 配位化学 课作业纸

专业 无机　班级　姓名 章慧　日期 81.4.29

第五章 过渡金属络合物的分子轨道理论

1. 设八面体络合物的6个配体L各含有一对垂直的π轨道，试求出以这12个π轨道为基的可约表示和约化为不可约表示。

解：i) 找出以12个π轨道为基的可约表示

	E	C_3	C_2	C_4	$C_2'(=C_4^2)$	i	S_4	S_6	σ_h	σ_d
π_{x1}	π_{x1}	π_{x4}	π_{x2}	π_{x4}	π_{x3}	π_{x3}	π_{x4}	π_{x2}	π_{x1}	π_{x2}
π_{x2}	π_{x2}	π_{x5}	π_{x1}	π_{x3}	π_{x4}	π_{x4}	π_{x1}	π_{x6}	$-\pi_{x2}$	π_{x1}
π_{x3}	π_{x3}	π_{x2}	π_{x4}	π_{x2}	π_{x1}	π_{x1}	π_{x2}	π_{x4}	$-\pi_{x3}$	π_{x4}
π_{x4}	π_{x4}	π_{x6}	π_{x3}	π_{x1}	π_{x2}	π_{x2}	π_{x3}	π_{x5}	π_{x4}	π_{x3}
π_{x5}	π_{x5}	π_{x3}	π_{x6}	$-\pi_{y5}$	$-\pi_{x5}$	π_{x6}	π_{x6}	π_{x1}	π_{x6}	π_{y5}
π_{x6}	π_{x6}	π_{x1}	π_{x5}	π_{y6}	$-\pi_{x6}$	π_{x5}	π_{x5}	π_{x3}	π_{x5}	π_{y6}
π_{y1}	π_{y1}	π_{y1}	π_{y2}	π_{y4}	π_{y3}	π_{y3}	π_{y4}	π_{y2}	$-\pi_{y1}$	π_{y2}
π_{y2}	π_{y2}	π_{y5}	π_{y1}	π_{y3}	π_{y4}	π_{y4}	π_{y1}	π_{y6}	π_{y2}	π_{y1}
π_{y3}	π_{y3}	π_{y2}	π_{y4}	π_{y2}	π_{y1}	π_{y1}	π_{y2}	π_{y4}	π_{y3}	π_{y4}
π_{y4}	π_{y4}	π_{y6}	π_{y3}	π_{y1}	π_{y2}	π_{y2}	π_{y3}	π_{y5}	$-\pi_{y4}$	π_{y3}
π_{y5}	π_{y5}	π_{y3}	π_{y6}	π_{x5}	$-\pi_{y5}$	π_{y6}	π_{y6}	π_{y1}	π_{y6}	π_{x5}
π_{y6}	π_{y6}	π_{y1}	π_{y5}	$-\pi_{x6}$	$-\pi_{y6}$	π_{y5}	π_{y5}	π_{y3}	π_{y5}	π_{x6}
	12	0	0	0	-4	0	0	0	0	0

ii) 约化为不可约表示：

O_h	E	$8C_3$	$6C_2$	$6C_4$	$3C_2'(=C_4^2)$	i	$6S_4$	$8S_6$	$3\sigma_h$	$6\sigma_d$
A_{1g}	1	1	1	1	1	1	1	1	1	1
A_{2g}	1	1	-1	-1	1	1	-1	1	1	-1
E_g	2	-1	0	0	2	2	0	-1	2	0
T_{1g}	3	0	-1	1	-1	3	1	0	-1	-1
T_{2g}	3	0	1	-1	-1	3	-1	0	-1	1
A_{1u}	1	1	1	1	1	-1	-1	-1	-1	-1
A_{2u}	1	1	-1	-1	1	-1	1	-1	-1	1
E_u	2	-1	0	0	2	-2	0	1	-2	0
T_{1u}	3	0	-1	1	-1	-3	-1	0	1	1
T_{2u}	3	0	1	-1	-1	-3	1	0	1	-1
$\Gamma(12\pi)$	12	0	0	0	-4	0	0	0	0	0

$a(A_{1g}) = a(A_{2g}) = a(A_{1u}) = a(A_{2u}) = \frac{1}{48}[12\times1 + (-4)\times1\times3] = 0$

$a(E_g) = a(E_u) = \frac{1}{48}[12\times2 + 3\times(-4)\times2] = 0$

$a(T_{1g}) = a(T_{2g}) = a(T_{1u}) = a(T_{2u}) = \frac{1}{48}[12\times3 + 3\times(-4)\times(-1)] = 1$

$\therefore \Gamma(12\pi) = T_{1g} + T_{2g} + T_{1u} + T_{2u}$

厦门大学

科学研究訓練

题　目 分子軌道理論在金属络合物电子传递反应机理中应用的初步探討

系　别 化学系

专业年级 77无机

学生姓名 章慧

指导教师 徐志固

一九八一年十二月

图6　笔者本科大四的配位化学作业和毕业论文封面

大学毕业以后，我跟在徐志固老师身边做了几届大四配位化学专门化课程的助教，也从事一年级本科无机化学的教学和实验教学工作，徐云洁就是我的学生之一（我是她的班主任）。群论在化学中的应用，更是我在助教生涯中备尝艰苦、努力攻克的目标。我每年给学生讲配位化学课的绪论部分，总是要提出如下观点：作为基础研究，络合物结构和性质研究始终处于重要地位，“The more precisely and profoundly we can describe the electronic structures of compounds, the more fully and reliably we can predict their structures and properties. All chemists should therefore learn as much about molecular quantum mechanics and its applications as their time and talents permit.”（引自Cotton & Wilkinson, Advanced Inorganic Chemistry, 5th Ed.）从结构化学的角度理解配位化学，很多难题可以迎刃而解。而在课程中关于配位化学知识的介绍，开宗明义的就是徐光宪先生在《物质结构》一书中对络合物提出的高度概括的简洁定义。

毛估教导　铭刻在心

我从小在厦大校园长大。稍稍懂事的时候，卢嘉锡先生就携全家到福州开创福州大学和福建物构所去了，我们家后来搬进卢家腾出的敬贤楼宿舍，一直住到“文革”。卢先生高超的教学和行政能力，卓越的口才，都是从长辈和化学系老师那里听说的。1989年，厦大数理系1949届学长林宜禧曾在毕业40周年纪念册上写道：“韶光如流，午夜梦，犹闻嘉锡师呼问热力学之问题，惊怯而醒。卢师之问，我十有九答不出，如改问昭武兄，当不会失望。”想必林学长当年聆听卢师授课，且有昭武学霸为同学，收获颇丰。自叹予生也晚，如果我当卢师学生，会不会十有十答不出，做梦都被惊醒？

机会终于来了！ 1991年厦大70周年校庆，请来卢嘉锡先生重返母校，他在校庆纪念大会次日(4月7日)的科学讨论会(图7)上做了一个非常精彩的报

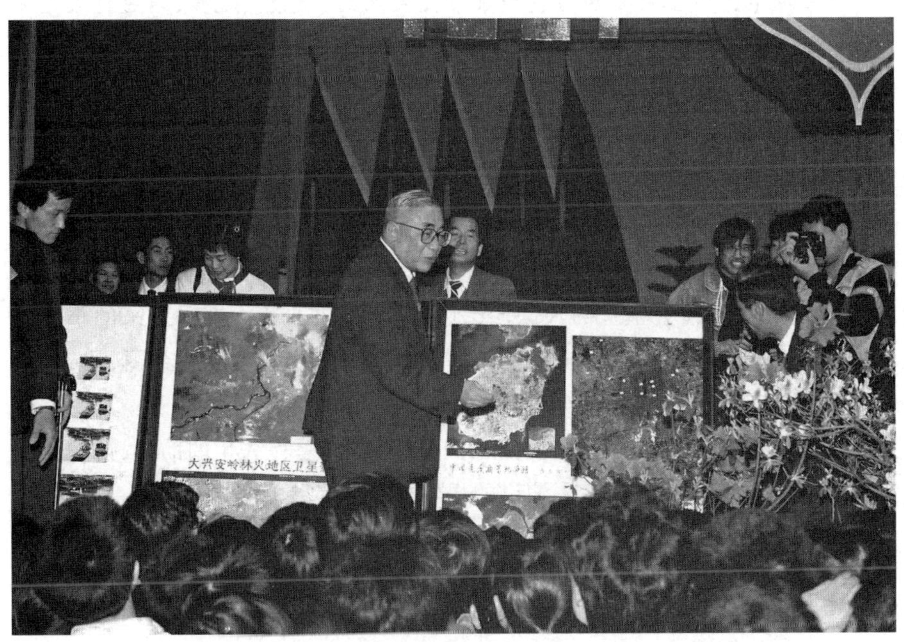

图7　在厦大70周年校庆的科学讨论会上，卢嘉锡先生展示卫星遥感图像，会场人头攒动

告，涉及他多年来在教学、科研和学术领导工作中的经验和体会。原中科院院长、时任全国政协副主席的卢先生从C_3H_3［Clear Head（清醒的头脑）＋Clever Hands（灵巧的双手）＋Clean Habits（洁静的习惯）］谈起，说到理论联系实际的核武器和卫星遥感地面站的应用、基础理论研究、物质文明和精神文明的关系等，海阔天空、淋漓酣畅。传说中的雄辩口才、学术上的真知灼见，对于从教近10年，刚刚有一点科研起步的我，震撼极大。作为化学系的青年教师，我坐在大会堂人头攒动的听众当中，第一次听到，可以用这么浅显的话，说出一个醍醐灌顶的大道理——“毛估比不估好”：

> 科学家不是“算命先生”，不能“预言”自己的研究结果；但茫无目标地“寻寻觅觅”也是科学工作者的大忌。进行科学研究时，我一向比较重视对最终结果的预测，以便从总体上更好地把握研究方向。我习惯于把这种预测叫作“毛估”，而且时常这样告诫自己的学生和科研人员：“毛估比不估好！”……在鲍林教授指导下进行了一系列研究工作以后，我深深地领悟到，具有定性意义的毛估方法对于从事科学研究是很重要的；不错，科学技术上的发现与发明往往是要经过“定量”过程，即通过大量精确的实验和计算之后才能完成，但在立题研究的初期，研究者特别是学术带头人如能定性地提出比较合理的“目标模型”（通常表现为某种科学假说或设想），对于正确地把握研究方向，避免走弯路甚或南辕北辙是很有意义、很有价值的。

如果说，我从徐光宪先生编著的《物质结构》一书悟到了学习方法；那么，通过这次卢师在大会堂上的大课，我领会了科研的真谛。在我后来的小小课题组进行独立工作时，我不知不觉地一直在应用“毛估”方法指导科研，并传给我的学生。

时任厦大校友总会理事长的周绍民先生，曾经是卢先生的助教，他为我们保留了卢先生手书的这次精彩演讲的提纲（图8）。

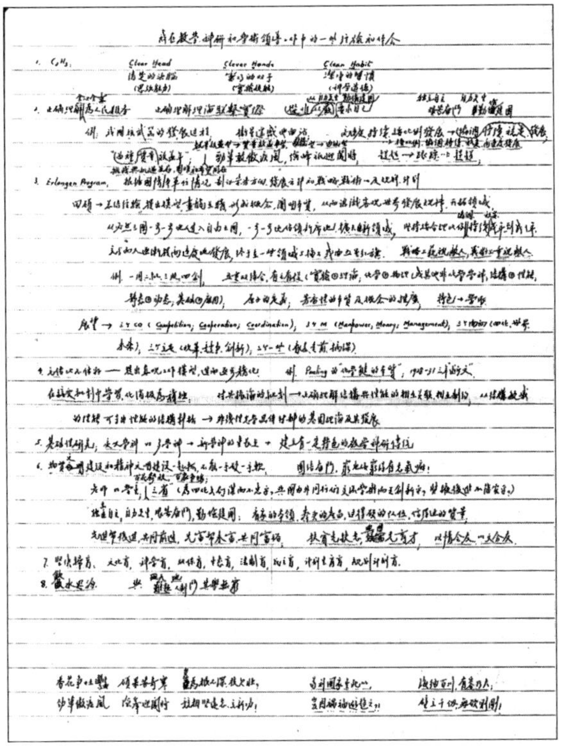

图8　在厦大校庆70周年科学讨论会上卢嘉锡先生的演讲提纲

编著教材　拜见大师

前已述及，自1981年恩师徐志固引我入配位化学之门以来，我始终工作于配位化学及其相关研究和教学领域。1997年留英归国后，我先后在厦门大学化学系为本科生和研究生讲授“配位化学”“中级无机化学”“配位化学选读”，以及与配位化学密切相关的综合化学实验等理论和实验课程。虽然苦于配位化学方面教科书的匮乏，但深知自己功底尚浅，未敢萌生编写教材的念头。直到2004年4月在长沙参加中国化学会第二十四届年会时，我遇见了化学工业出版社的编辑和数所高校讲授配位化学课程的同仁们，才发现大家都迫切需要一部合适的教材，以满足当前配位化学的教学需要。在同仁们的鼓励下，编写教材的任务提上了议事日程。但真的要接受大家的嘱托、编写这么一部重要的化学学科基础教材，我依然难以下决心。当徐志固老师得悉我的顾虑后，他激励我"一辈子要做成一件有益的事情"！

2008年，在化学工业出版社编辑何曙霓老师和宋林青博士、主审福州大学陈耐生教授的大力支持和鼓励督促下，我耗时四年，终于完成了编著《配位化学——原理与应用》教材的工作。在书稿杀青之际，宋林青建议找一位德高望重的前辈写序，我马上想到了徐光宪先生。可是，以我的资历，与徐光宪先生相隔千万重山，即使有幸在开会中见到，也只能远远地仰望。我要如何才能找到他？

在百忙之中参加《配位化学——原理与应用》其中一节撰写的北京大学严纯华教授，仿佛看透了我的心思，还未等我开口，他就说，咱们请徐先生来为本书写序吧。

大喜过望之余，我对书稿的写作水平能否达到老院士的高标准严要求，忐忑不安。但这一关总是要过的：徐光宪先生仔细审阅了我写的三大本书稿（大约有100万字），要去了我的简历，几天后欣然答应为本书写序，并约我2008年3月31日下午去他在北京海淀区蓝旗营小区的家中。

那是一个春风拂面的下午，严老师领我如约来到徐先生府上，我居然没有粉丝见到偶像的激动心情，一切都是那么自然：朴素整洁的客厅，有点塌陷的沙发，熟悉的江浙口音，笑眯眯的老院士，一见如故的亲切交谈。谈到有趣之处，先生开怀大笑，时而又沉稳如山（图9）。

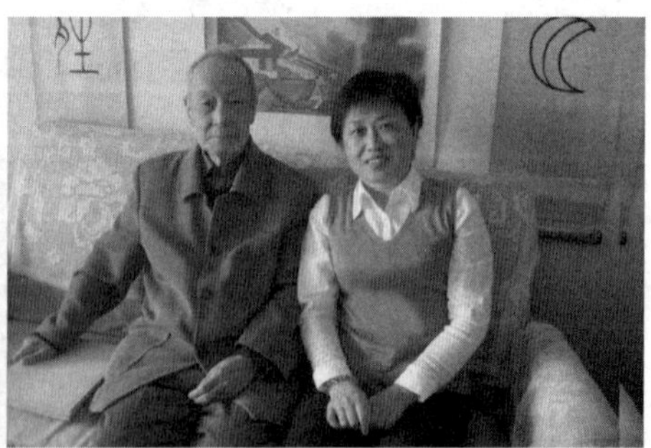

图9　2008年3月31日笔者在北京海淀区蓝旗营小区院士楼拜见徐光宪先生

那是一个令人难忘的下午，我们尽情畅聊，说了很多很多话，主要讨论了我的书稿（图9右，先生手上拿着其中两本），当中穿插对科研和教学的经验交流、“文革”中受迫害的经历，还谈到了学术界关于络合物命名的一场“官司”(图9左，我们手上拿着相关资料)。大家都知道当年徐先生携夫人高小霞放弃在美国继续求学和工作的好机会，毅然回归报效祖国的壮举。但因为唐敖庆先生“文革”期间在吉林大学被人诬陷是美国派遣的特务，也殃及他在哥伦比亚大学的学弟徐光宪，徐光宪的学生也受到牵连和迫害。在一次批斗会上，徐光宪突然站起来大声说道：“我保证自己百分之百不是特务，也保证他们不是特务。”他的“顽固不化”保护了一批学生，却给自己带来了危险——整整半年，他被关在北大一隅的一个小房间里，常常被提去问话到深夜，第二天一大早又要起床接受劳动改造，身心备受摧残，解除“牛棚”隔离后还被下放到江西鲤鱼洲农场去放牛。老人说起这段经历时，神色淡定，好像是发生在别人身上的故事。接下来他话风一转，说起在“大跃进”时期，放射性元素分离实验做出了一个“好”数据，就要敲锣打鼓地去报喜，作为项目负责人，他顶着被撤职的压力坚持进行重复实验，后来的实验结果却证明那个数据是不靠谱的，我们一起笑起来：“那真是一个荒唐的年代。”

在一旁陪伴、帮忙照相的严老师还分享了当年他们师徒俩一起参加入党宣誓的庄严时刻。不知不觉地，已经到了告辞的时间，徐先生把我们一直送到电梯口，还赠送给我他的大作《21世纪的配位化学是处于现代化学中心地位的二级学科》单行本，并提及他女儿徐佳在电化学领域的科研成就。

言谈中，严纯华老师提醒徐先生要为书序签名，于是徐光宪走进书房，严老师为他拍下了这张照片(图10)。我唯一一次上门拜见徐光宪先生，留下了

图10　徐光宪先生在家中书房为《配位化学——原理与应用》一书的“序”签名

一组与他亲切交谈的照片。更为珍贵的是，这位国家最高科技奖获得者、科学战略大家，在“序”中写道：“学科交叉是当代科学发展的大趋势，配位化学处于学科交叉的立交桥的地位，是当代化学极其活跃的研究前沿。”

“学科交叉的立交桥”，我仔细琢磨着老院士对配位化学的精准定位，感慨万千：为了服从国家需要，从1955年开始，他四次改变科研方向，先是从量子化学到络合物化学，再转入核燃料萃取方向，接着是稀土分离，最后又回到量子化学方向，在诸多研究领域均取得创新成果，这得益于他在化工、量子化学等领域的扎实基础。而“立交桥”一说，是他辗转四个方向后做出的精辟总结。徐光宪是在新中国诞生之初返回祖国的那一批科学家之一，他们的一个共同特点是：功底深厚，为服从国家需要而改行，干一行精一行。他们把研究方向多变的困难转化为在多个领域取得巨大成绩的契机。而实现这种转换，没有独特的视角、对前沿问题的宏观把握以及顽强的进取精神，是无法做到的。

自1982年2月留校以来，我从事配位化学的教学和科研工作，做了26年的配位化学作业，终于写成了一本教材，给期盼我们快快成长的老先生交上了一份答卷。这一日，徐光宪先生明确指出的“配位化学处于学科交叉的立交桥的地位”，成为我之后教学和科研的指导思想。

此后，逢年过节，我与老先生书信往来不断，互致问候，直到2014年1月14日，先生给我寄来最后一张贺卡。

探究手性　青黄接班

2009年1月9日，王忠诚、徐光宪两位院士荣获2008年度国家最高科学技术奖。1月12日，我给徐光宪先生寄去一封长长的亲笔祝贺信和贺卡，信中向他汇报：“最近我和夏海平等教授合作，用手性HPLC技术结合圆二色（CD）光谱首次揭示了新型钌苯络合物的金属中心手性特征。说起CD光谱，徐志固老师曾多次告诉我，您在美国完成的博士论文，与手性有关。作为您的小同行，我特别喜欢手性络合物的合成（包括拆分、立体选择性合成和对称性破缺）和立体化学研究，近10多年来我在CD光谱技术的使用方面有了一些钻研，因此写成了书稿的第六章，还望您看过后多加批评指正。”

2009年1月25日是除夕，他亲自给我寄来他的获奖照片和新年贺卡，附上一封热情洋溢的信：

章慧教授：

谢谢你热情的来信、论文和珍贵的光盘和资料，还有徐志固教授伉俪的贺卡。小平伟人恢复职务后，第一件就抓恢复高考，意义十分重大。1977级的学生都是渴望求学的好学生，现在已成为我国科技教育界青黄接班的学术带头人。

你选择的配位化学方向很好，它是无机化学和有机化学的桥梁，也是基础研究和应用研究的交叉点。它提供的平台很容易向生命科学和材料科学发展。最近你选择的手性化合物也是很好的前沿。勤奋、智慧、看准前沿、入迷投入，这些都是优秀学术带头人的素质，你都具备了。你一定会取得巨大成就，为祖国争光，为世界化学的发展做出贡献。借此机会向你表示祝贺和祝福！

手性化合物的CD是旋光色散曲线的Fourier transform。旋光性的关键在生色团(Chromophore)，而不在不对称的碳原子。例如酮类手性化合物在酮基的吸收峰295纳米，此处旋光性左右倒转。旋光性是电偶极矩和磁偶极矩的有向乘积。有了不对称原子，可使两者都不等于零。人的氨基酸都是*L*型，葡萄糖都是*D*型。所以药物对手性非常敏感。手性与生命起源有关，与宇称不守恒也有关，这是一个跨多种学科的前沿。你选择这个方向很好。

送上一些照片，有的请你转送给厦大的老师。

徐光宪

2009/1/25

这两封来回信件触发了老院士的一个未了心结，此后我们逢信必谈手性和CD光谱，如同他在2010年8月8日给我的邮件中所述：

章慧教授，来信收到。你的回答我很满意，对你的PPT很感兴趣，可惜年老没有精神仔细阅读了。我在《化学学报》，1955年，卷21，页14-22上发表过一篇文章《旋光理论中的邻近效应》，可供参考。对于旋光理论和手性，我曾很感兴趣，但因适应国家需要，多次改变研究方向，所以1955年以后不再研究了。旋光和手性的问题，现在已是理论化学、配位化学、药物化学、手性合成、生命起源，乃至宇称是否守恒等交叉领域的发展前沿，祝你在这一领域取得成功。

此致敬礼！

徐光宪

就这样，徐先生的谆谆教导和热情鼓励把我激发到了高能态。正是得益于老一辈化学家对结构化学课程和培养师资力量的高屋建瓴以及呕心沥血、鞠躬尽瘁的付出，由此搭建的雄厚结构化学课程体系在经历“文革”的十年浩劫后迅速恢复。自1977年恢复高考以来，一批风华正茂、才华横溢的中青年学者脱颖而出，成为结构化学研究青黄接班的学术带头人，同时也极大地促进了在全国高校对手性立体化学和手性光谱的研究。

在与徐光宪先生的交往中，我对他早年在美国的博士论文研究产生了浓厚的兴趣。但是，由于各种忙碌，直到最近我才得空把这个不为人知的故事告诉大家(图11)。

图11　笔者为中国读者讲述量子理论大家罗森菲尔德和徐光宪的故事

唐敖庆先生先于徐光宪在1950年初回国，来到北京大学工作，回国后不久他向时任北大化学系主任曾昭抡先生推荐徐光宪伉俪到北大任教。当时中美关系紧张，徐光宪问："要不要拿到博士学位？"曾先生回答："如果两三个月能拿到学位就抓紧，如果来不及就不要等了。"于是徐光宪抓紧时间赶做论文，从1949年开始，他就通过构建三中心模型，计算手性化合物的理论旋光色散曲线，该计算方法不但简单，而且所得理论计算值在数量级上与实验值相符，首次验证了比利时理论物理学家罗森菲尔德在1928年提出的关于旋光的量子化学理论，解决了手性光谱理论研究的一大难题。1951年3月，他完成了题为《旋光的量子化学理论》博士论文，答辩成绩优秀，获美国哥伦比亚大学物理化学博士学位，随即于1951年4月15日与高小霞离开旧金山，乘船回国。徐光宪后来回忆：

> 我在哥伦比亚大学做的博士学位论文题目，这以前有一个研究生做过，他做了两年，做不出来，他后来拿了一个硕士学位走了，去工作了。当时有同学跟我讲，你不要接这个烫手山芋，这个很难。我当时就想外国人做不出来，不见得我也做不出来，我还是接了这个题，采取了另外一条道路，我自己把它做出来了。所以，这些方面呢，要有超越外国人的自信。

这个故事终于让我明白了徐先生的手性光谱情结，应用量子化学理论继续在手性领域做研究曾经是他回国后的一个梦想。无论哪一次为国家目标做出科研转向，他都向我们转达了"我们中国人不要自卑，一定要有超越洋人的信心"的雄心壮志。如今，"攻城不怕坚，攻书莫畏难；科学有险阻，苦战能过关"已成为奋战在各条战线上的1977级学生及其后辈的强大精神支柱。

学无止境，我还要继续修炼，修炼到"徐师之问，我十有七八答得出"，让他笑眯眯地点头称许。

弄潮儿向涛头立

——记张乾二院士

林梦海
（化学系1965级）

中科院院士张乾二早年师从卢嘉锡教授，打下了扎实的结构化学基础，并参与了水溶液中培养晶体、研制粉末衍射仪的照相机等研究；1963年参加唐敖庆教授举办的“物质结构”研讨班，在配位场理论研究方面获得突破，1982年该工作获国家自然科学奖一等奖。张乾二在“文革”中开始钻研、20世纪80年代完成的休克尔矩阵图形方法已被写入《结构化学》教科书。其课题组完成的“多面体分子轨道”等研究，1989年获国家自然科学奖二等奖。20世纪90年代，他带领课题组开展价键理论计算程序化的攻坚研究，并在世纪之交编制出价键从头算程序VB-XIAMEN99，性能优于国际上的其他程序。

尝试在水溶液中培养晶体

1958年“8·23”炮击金门，正值全国处在“大跃进”的热潮中，卢嘉锡思考物构专业如何为“大跃进”添砖加瓦。根据当时条件，他想可以人工培养晶体。晶体培养有许多方式，可以水溶液培养，也可以用水热法，还可以从熔体中提拉晶体……但国内还没有人进行过这样的工作。因为没有直接经验，卢嘉锡查阅文献后，拿了一本外文参考书，找到张乾二和张炳楷两位青年教师。他对两位年轻教师说，我们还是先易后难，先从水溶液中培养晶体。卢嘉锡让他们带2个学生共4人，一起到漳州设立“晶体生长实验室”，进行培养晶体的研究。当时条件简陋，实验室设在小学，师生住在天主教堂，在专署食堂吃饭。

怎么培养晶体？张乾二与张炳楷先好好读了一遍晶体生长的专著。晶体生长，外人看起来简单，实际却很复杂。它涉及热力学中的相平衡和相变，要了解晶体生长的成核过程，还要考虑溶质的扩散过程、晶体界面的稳定等。要培养什么晶体呢？他们先查看了水溶性晶体的溶解度曲线图。不同物质在水中的溶解度有明显差别，大的如酒石酸钾钠，小的如硫酸锂，大多数晶体溶解度随温度升高而增大。张炳楷看到酒石酸钾钠溶解度随着温度升高变化很大，猜测这样可能比较容易结晶，就选择了它。当时完全是白手起家，先用广口瓶做容器。加热水溶液要用的电炉，也没有现成的，只好采购一堆电阻丝当电热丝，自己动手绕成螺旋状，加工成电炉。培养晶体需要24小时连续恒温条件，当时不但没有恒温炉，而且供电条件很差，经常断电。张乾二把人员分成两班，轮流值班。先配制过饱和的酒石酸钾钠溶液，找一颗比较好的晶种，固定在旋转棒上，让晶种缓慢旋转。随着晶体的生长，还要不断添加晶料，保持溶液处于过饱和状态。但是不知什么原因，晶体一直长不起来，而恒温槽底部有时会有晶体析出，他们只好再去查参考书。书中提到，过饱和溶液在热力学上是不稳定的。过饱和溶液可分为“不稳过饱和”和“亚稳过饱和”，但哪里是亚稳区并不明确。

张乾二提出，我们是不是换磷酸二氢铵（ADP）试试，因为它的溶解度曲线比较平缓，可能比较容易摸索亚稳区。于是一切从头开始，过了几天，晶种开始慢慢长大，大家感到十分兴奋，这更加强了做下去的信心。大家轮班培养晶体，记录温度、浓度等数据。十几天后，晶体长到三四厘米了，大家发现其晶面有缺陷，这说明晶种一开始没处理好。经过重新处理，晶种长了二十几天后，单晶长到了五六厘米长。看着晶莹剔透的晶体一天天长大，大家的心里有说不出的高兴。培养了ADP单晶后，再培养另一种磷酸二氢钾（KDP）晶体。就这样，张乾二、张炳楷带领学生克服了一个个困难，在水溶液培养晶体方面闯出了一条路。

20世纪50年代末到60年代初的“台海危机”缓解后，“晶体生长实验室”从漳州迁回厦门大学。在大会堂边的化学楼(图1)设了一间晶体室，晶体组想要培养大一些的晶体，就做了一个较大的恒温槽。张乾二在内套的培养玻璃缸上面加了环形圈，可使晶种缓缓移动，沿环做公转，使溶液保持均匀性；另一方面晶种又绕着自己的晶轴自转。先培养更大的ADP和KDP晶体，在引入晶种后，为防止溶液中出现自发结晶，培养晶体的溶液还要进行清洁处理，达到“光学纯”(对光束无明显散射现象)。籽晶经过几个月的精心培养后，慢慢生长到

图1 20世纪60年代的化学系师生在化学楼前，所有的窗玻璃上都贴着防空袭的米字形纸条（徐志固供图）

二十几厘米长。由于晶体在生长过程中不停地自转，培养出来的晶面有棱有角，晶莹剔透。

厦门大学在水溶液中培养出晶体的消息传开后，山东大学派张克从、蒋民华赶来学习。他们与张乾二、张炳楷一起培养氯化钠、氯化钾晶体。虽然有了ADP和KDP晶体（图2）的培养经验，但氯化钠、氯化钾需从熔体中培养。将食盐晶体放在坩埚中加热熔融，籽晶在熔体上部冷却，边旋转边缓缓向上提升。但这样长出来的氯化钠晶体不透明，他们试着改变pH值，在熔体中掺杂，经过多次探索后才有透明的立方晶体出现。张克从、蒋民华老师回到山大后，建立了他们自己的晶体室。1960年，张炳楷等随卢嘉锡到中科院福建物质结构研究所，在那里也建了一个晶体室，积极进行大口径磷酸二氢钾的晶体培养。后来物构所又用熔盐法培养出激光性能极好的偏硼酸钡（BBO）。山东大学和中科院福建物质结构研究所后来成为我国重要的晶体培养基地，不仅满足国内需求，还大量出口到国外。

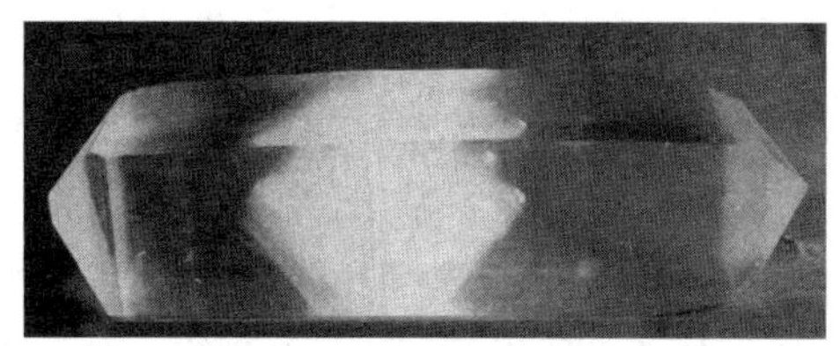
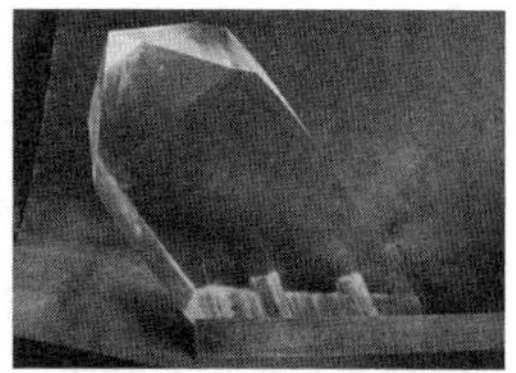

图2　大尺寸的ADP(左)和KDP(右)晶体(中科院福建物质结构研究所供图)

“文革”中晚上在家里搞科研

“文革”一开始,张乾二就沦为“牛鬼蛇神”,后又经历了妻亡子散之痛,直到1972年初,才被允许为工农兵学员上数学课。此时,张乾二的老师卢嘉锡、唐敖庆、蔡启瑞三人联袂研究“化学模拟生物固氮”项目,三位大师为固氮酶研究聚首厦门。正好张乾二刚从“牛棚”出来,见到自己的老师又重新出来工作,还像以前那样精力充沛,勇往直前,他的精神上受到很大鼓舞。见面时,老师与他意味深长地握手,一切尽在不言中。他坚信,自己现在虽然没有资格参加科研,但将来一定有机会与老师们一起搞科研。

晚上回到空无一人的家中,张乾二开始考虑科研问题。当时他正给学生讲初等数学,由此诱发他进一步思考:能否用初等数学的几何、三角来解析分子结构的化学问题?在“物质结构”教学中,张乾二已对大量分子的结构特点进行过归纳总结,现在他想更普遍地推导出共轭分子轨道系数的特点。首先他观察直链多烯烃分子中的原子轨道系数,从丁二烯、戊二烯到己三烯……链中某个C原子的系数乘上某个常量,会等于左右相邻两个C原子的系数之和,以后又发现这个常量与该轨道能量本征值的关系。张乾二不停地计算、观察与琢磨,发现分子的几何构型可能影响它的轨道系数,并与三角函数有一定的联系。接着,他研究苯环、苄基、三苯甲基等环状共轭分子的轨道系数,发现这些分子的轨道系数是以环的中轴线左右对称或反对称。如果先求解轨道系数方程,再推出轨道能量,这可能是一个捷径,但还需要大量的验算与证明。

张乾二观察直链多烯烃分子轨道系数,长链多烯烃的 π 轨道系数,先是比较小的值,然后变大,达到0.9X最大值后,又逐步下降,降到负值后,最小达到-0.9X,再逐渐上升,回到0。数据的变化有周期性,特别像正弦波,“可以用正弦函数来表达轨道系数”！张乾二脑子里灵光一闪。他再找另一个直链多烯烃——戊二烯的5个π分子轨道，第一个全对称轨道系数分别是sinπ/6、sinπ/3、sinπ/2、sin2π/3、sin5π/6。第二个轨道系数分别是sinπ/3、sin2π/3、sinπ、sin4π/3、sin5π/3……5个轨道全符合这个规律！张乾二对三角函数十分熟悉，如果可用正弦函数表达直链多烯烃的系数，那么余弦等三角函数又可用来表示什么图形的分子呢？张乾二越研究兴趣越浓，他真想把这些结果与什么人一起分享，但周围只有黑黑的夜空。他想，即使一个人我也可以一步步做，先把直链多烯烃的规律研究清楚，然后研究环状烯烃的分子轨道，这样每天晚上的时间就不够用了。

每天吃过晚饭，张乾二就坐在书桌前，演算一个又一个共轭分子的轨道系数。计算三角函数时，他不用小数表示，而坚持用无理数表达，这样可减少运算中的误差，使结果更直观化。几个月下来，演算的草稿纸堆起来有一尺多高。再将各种图形的共轭分子归类：直链、分叉链、单环、双环、多联环、稠环……找到了轨道系数的规律，再寻找轨道能级的规律。对于一些图形比较复杂的分子，张乾二动了好几天的脑筋，最后想出一个法子：把环归环、链归链划分成几个分子碎片。至于这些碎片要如何串联起来，他又花了几周的时间。

1978年的春天，万象更新，张乾二觉得现在可以公开搞科研了。他找到老同事林连堂、王南钦（图3），并告诉他们，“文革”中他在观察直链共轭烯烃分子轨道系数时，发现一些规律，与三角函数中某些角度的正弦、余弦的数值恰好相同，这只是巧合，还是有更深刻的规律？需要做更多的验算。林、王两位听后，茅塞顿开，十分感兴趣地一同投入研究中。当时张乾二住在鼓浪屿，林、王两人住在厦大校内，除了上课以外，其他时间三人常聚在一起讨论、研究问题。以往休克尔矩阵近似研究中，只重视分子的对称性，而忽视了共轭分子中原子系数既有对称性，又有周期性。研究组讨论不能链状化的其他分子时，提出分子轨道“碎片法”，根据分子的几何图形，把分子分解为几个碎片，整个分子的分子轨道，表达为各个“碎片轨道”的线性组合，而久期方程可以用一个特征多项式联系起来。张乾二提出方法，林连堂、王南钦验算，结果与预料的完全一致，大家非常兴奋。十几年压抑的科研、探索激情迸发出来了。

图3　1961年厦大化学系新建的物构组(徐志固供图)
前排左起:杨华惠、赖伍江、张乾二、俞鼎琼
后排左起:刘添良、王银桂、林连堂、王南钦

基于此项研究成果,张乾二等先后发表了《分子轨道几何剖析》《同谱分子》《Hückel矩阵的图形方法》等系列学术论文。《休克尔矩阵图形方法》一书1981年在科学出版社出版。1984年"休克尔矩阵图形方法"获福建省高教厅科技成果奖一等奖,张乾二获"国家有突出贡献科学家"称号。1985年该书被选送参加法兰克福国际书展,深受好评。图形方法的内容现已被收入《结构化学》教科书,每年有数千名学生学习这个方法。

没有最好,只有更好

配位场理论是理论物理与理论化学重要的交叉学科,也是近代无机化学的理论基础。20世纪60年代唐敖庆带领包括张乾二在内的诸多弟子研究的"配位场理论方法"于1982年获国家自然科学奖一等奖。学术界惊叹该研究达到的深度与广度,当之无愧获国家自然科学最高奖。相关专著《配位场理论方法》一书,1979年由科学出版社出版。

在荣誉面前,张乾二并不满足,他觉得60年代由于时间限制,尚未获得群变换系数的封闭公式，还需要进一步研究。张乾二认为，真正能阐明客观世界的科学理论一定是简洁明了的，若研究结果十分烦琐，那说明还必须进一步研究，直至得到它最简洁的表示方法。当时原子簇结构的研究是一个很重要的方向，卢嘉锡在物构所化学研讨会上做了题为《当今国际上原子簇发展的方向》的报告，国内特别是物构所做了很多原子簇方面的合成与它的理论研究。张乾二发现在原子簇结构理论方面，角动量理论方法可以发挥很大的作用。

张乾二从多面体分子出发，推导旋转群与点群之间的变换系数。他提出"共变基向量定理"，研究组进行一系列推导与计算，从转动矩阵元得出"轨道性格"的表示式，讨论了构造具有σ、π、δ等特征的多面体分子轨道、杂化轨道和定域分子轨道。张乾二带领研究生从八面体、立方体、十二面体、二十面体等正多面体入手，寻找正多面体群变换系数的一般公式，获得SO(3)群-O群、SO(3)群-K群不可约表示之间的变换系数，再用群的双陪集推导出计算旋转群——点群变换系数的闭合公式。研究组又从封闭硼烷多面体和碳烷多面体出发，讨论金属原子簇多面体的成键规则。后又在多面体中划分标准三角形，定义群不变量BΓ，然后用BΓ的符号判断分子轨道成键性质。

唐敖庆看到研究结果深感欣慰，觉得"青出于蓝而胜于蓝"。研究组撰写的专著《多面体分子轨道》于1987年在科学出版社出版。1989年，张乾二、林连堂、王南钦、余亚雄、李湘柱、王银桂等，以"群论方法在量子化学中的新应用"获得国家自然科学奖二等奖，张乾二获"全国教育系统劳动模范"称号。

科研专啃硬骨头

价键理论与分子轨道理论是量子化学计算的两个主要流派。分子轨道理论在描述电子跃迁即动态行为方面简捷明了，而价键理论对分子静态性质如结构、成键特征及动态性质如键的形成与断裂描述，有分子轨道无可比拟的优越性。但随着计算机的兴起，价键理论的基函数难以计算机化，影响了它的发展。国内少有人涉足该领域，就是国外也很少人敢于挑战这方面的课题。

张乾二带领他的团队，试图将价键理论的应用建立在从头算的水平上。首先是解决价键理论的基函数表示，他带领第一位博士生李湘柱，提出"键表西群方法”，解决了价键理论的基函数问题。接着要解决计算烦琐的问题，他带领第二位博士生吴玮提出一种对称群不可约表示矩阵的计算新方法：将不可约表示矩阵分解为3个矩阵相乘，其中2个是与群元无关的三角矩阵，另一矩阵可方便得到。接着张乾二带领课题组攻克了“双粒子算符矩阵元约化”“*N*!稀疏矩阵的约化”等一系列价键理论计算的难关，为计算机程序化扫清了道路。当时张乾二正身兼厦门大学化学化工学院院长与中科院物构所所长两要职，经常外出。为了与学生交流研究结果，他使用电话、传真等一切通信工具，有时一个晚上通十几个电话。学生们说，他不仅是导师，而且还是“竞争者”，往往晚上推出的公式，第二天早上他又会有更新的结果。

在编写价键方法程序的过程中，有一个致命的难关——*N*电子体系必然产生*N*!行列式问题。如何解决这个问题，张乾二与课题组成员思考了很久。他想寻找一个新的数学工具。为此，他与吴玮一起拜访了数学系的教授，他们建议可用对不变式来处理。张乾二带领吴玮等推导公式，将价键波函数表示为一个对不变式，重叠矩阵元则是通过一个对不变式获得，哈密顿能量矩阵元表示为子对不变式与相应积分的乘积形式。李加波、宋凌春等年轻人忙着将公式编为程序。莫亦荣、曹泽星等将各种体系试用在程序中。

世纪之交，张乾二课题组编写了价键从头算程序VB-XIAMEN99，这是国际上仅有的三个基于非正交基的价键从头算程序之一。与国外程序相比，XIAMEN程序在计算速度、优化方法、界面友好等方面都具有明显优势，已提供给以色列、美国、荷兰、法国、德国等国外理论化学家使用，并已发表了几十篇论文。“价键理论新方法及其应用”获得2001年教育部高校自然科学奖一等奖。现在，国内提到价键理论研究，理论化学界都知道厦门大学张乾二组，国际上要用价键计算程序，就选中国VB-XIAMEN99。

博士生李湘柱

在培养研究生、给学生科研课题前，张乾二都先进行研究，基本摸索出科研途径后，再布置给研究生。他考察第一个博士生李湘柱时也是如此。李湘柱是厦大化学系1977级无机物构专业的学生(图4)，本科学习成绩非常优秀，毕业后立志于进一步深造。当时他给李湘柱出了几个题目，这些题目他自己还没解决，但已初步推测出其结果的梗概。李湘柱很快就把这些问题解决了，受到张乾二的欣赏。当时的考试除了笔试外，还有口试，在面试过程中，张乾二认为“他思想非常敏捷，我自己还没有转过来，他却已经回答了，所以我感到这个学生很有培养的前途”。于是张乾二找了一些理论化学方面的问题交给李湘柱做，他都很快加以解决，所以张乾二感觉这是一棵好苗子。

图4　厦大化学系1977级同学在做实验（章慧供图）

左起：李湘柱、郑兰荪、孙勇奎

后来张乾二让李湘柱研究一下球谐函数对称化的问题。对于这个问题，研究组已经做了相当多的工作，张乾二想看看这个学生对这方面了解多少。没想到李湘柱并不是沿用前人研究的老路，而是另辟蹊径，用群论中学到的双陪集来讨论球谐函数对称化问题。张乾二看后十分高兴，以前研究组讨论问题，大多是自己提出方法，其他人做些补充，很少有人能提出其他方法来解决问题。他觉得在科研上找到了知音，这个学生有可能“青出于蓝而胜于蓝”，他逢人便说“李湘柱真行，我甘拜下风”。研究组本来已经在整理多面体分子轨道的工作，准备要出专著。张乾二召集大家开会，决定用李湘柱提出的双陪集方法来处理球谐函数对称化。他心里暗暗思索，以后可以带领李湘柱研究一些有挑战性的课题了。

张乾二指导李湘柱的硕士论文是《投影算子与对称性轨道》。利用投影算子寻找高对称性分子的分子轨道会遇到许多困难，李湘柱提出将双陪集用于高对称性分子点群。正多面体群可产生（顶）点集和多面体参量表征的面集、棱集等超点集，用这些双陪集来构造多面体分子轨道，得到正多面体分子轨道的一般表达式和计算群重叠积分的公式。在张乾二的指导下，李湘柱用双陪集技巧，导出不可约张量中对称性系数的计算公式，包括计算点群 V 系数、旋转群-点群 S 系数、SO(3)-C_n、SO(3)-D_n 耦合系数的闭合表达式。

李湘柱博士论文阶段，张乾二选择了量子化学体系最基本，也最有挑战性的多电子相关体系让他进行研究。李湘柱的论文提出一种对称性匹配无自旋价键型函数，用键表来表示。正则键表构成一个完备集合，它的哈密顿矩阵元计算可由酉群生成元及它们的乘积对键表作用，约化键表的重叠积分来实现，这些方法还可用来处理大规模的组态相互作用等。应用键表方法，李湘柱还处理了化学子体系的相互作用。化学中分子间相互作用和分子内相互作用是两种最主要的子体系相互作用类型，以往用分子轨道理论分割这些相互作用存在一定困难，而用键表酉群方法，从置换群非标准基的角度与键表组合，构造对称性分割波函数，可描述两个子体系间相互作用及电荷转移等。这些工作先后发表在《国际量子化学》(*International Journal of Quantum Chemistry*)、《分子物理》(*Molecular Physics*)、《分子结构》[*Journal of Molecular Structure* (*Theochem*)]和《中国科学》等国内外主要杂志上。李湘柱因此荣获1986年65周年校庆恢复的新厦大首届"嘉庚奖学金"(图5)，师徒俩一起荣登学校最高奖的光荣榜，传为佳话。

第二届"南强奖"获奖者名单

特等奖

化学系物化所固氮研究组

一等奖

历史研究所中国经济史研究室
外文系综合英语词典编辑组
电子工程系电子学教研室
总务处教工和研究生食堂
计统系钱伯海　化学系张乾二
数学系方德植　化学系潘容华
经济研究所胡培兆
计统系翁君奕

"嘉庚奖学金"获得者名单

李湘柱（化学系博士研究生）
陈雨军（经济系硕士研究生）
方荣义（会计系三年级学生）
刘　红（生物系四年级学生）
刘士熙（物理系三年级学生）
陈　坚（经济系三年级学生）
杨钟宁（化学系二年级学生）
俞　勇（财金系三年级学生）
蔡新杰（数学系三年级学生）
戴民汉（海洋系三年级学生）

图5　刊载于1986年4月6日校刊上的"南强奖"和"嘉庚奖学金"获奖名单

李湘柱通过博士论文答辩后，张乾二积极帮他联系国外导师，让他出国做博士后。他虽然很喜欢这位学生，但他希望学生能登上更大的舞台，接触更多的导师，做出更好的工作。李湘柱在国际一流杂志发表了多篇论文后，加拿大著名理论化学家Paldus主动发出邀请，希望李湘柱能到他的研究所一起工作，李湘柱很快便去了加拿大。

20世纪80年代，出国还是比较稀罕的事，不仅是李湘柱，张乾二还大力支持组内其他年轻教师出国留学，并积极帮忙他们联系。因此，物构组的年轻教师都有出国留学的经历。张乾二所希望的是弟子们都能在专业上有所成就、理论上有所创新，出国留学可以开阔视野，了解自己专业上的前沿问题。后来的博士生吴玮在毕业时，一个计算机公司要以高薪聘请他，先订3年合同保证工作，以后根据情况再聘任。吴玮征询导师意见时，张乾二让他自己决定，“如果想生活改善得好一点就出去吧，如果想多做学术就留下来”，最后吴玮还是留了下来。

在张乾二的鼓励支持下，物构组不少教师先后出访美国、德国、以色列、意大利、日本等多个国家，眼界开阔了，能力提高了。许多教师回国后成为国家杰出青年基金获得者，以及长江学者、闽江学者，物构组成为厦大化学系以至全校人才密集度最高的地方之一。

附：如果有来生，我还当教师

■张乾二

百年更迭，世纪之交，作为一名从事基础科学理论研究的科技工作者，回顾过去一个世纪的科学发展，我想说，创新来源于对传统理论的挑战，来源于对现实实践的反叛，也就是说要承受许多不解，要甘于寂寞，这是一位真正科学家的素质。

众所周知，20世纪最伟大的两个科学新理论是普朗克的量子论及后来发展相对完善的量子力学理论和爱因斯坦的相对论。20世纪初这两个理论的诞生，为今天半导体材料、信息技术、航天航空科技的发展提供了理论依据。但是，它们并不是一开始就获得世人承认的。虽然爱因斯坦1921年因对数学物理做出的贡献和阐明光电效应规律而获得诺贝尔奖，但是他在1905年对狭义相对论和1916年对广义相对论的贡献却不是他获奖的主要理由。门捷列夫在前人对大量化学研究的基础上总结出来的元素周期律在他的生前，也没得到科学的评价。从诺贝尔奖获奖者做出代表性工作到最终获奖，一般需要超过10年的时间，这说明高水平的创新工作被科学界和社会普遍认同，需要时间，决不能急功近利。

基础理论研究和实际科学技术的应用往往存在一段相当的距离，一个只注重眼前利益的人，是成就不了学问的。我常与我的学生说，市场经济条件下，如何正确处理义利的关系很重要。从事基础研究，一定要有兴趣、要着迷、要轻名利。重大的科学发现，它一定不是在按常规计划、可预见性结果的情况下进行实验和逻辑推理得到的。因此，从事基础研究，你绝不可能知道它将来给你带来多大的经济利益，也不可能知道它会给你带来多少功名。你只有爱它、迷它，才能无怨无悔地去为它献身。物质条件在重大的科学发现中决不是主要条件，20世纪的许多重大发现并不是在条件最好的实验室或工作条件中得到的。条件过于优越，就容易使人懈怠，也就缺少了进一步努力的动力。

未来的科技发展是年轻人的。爱因斯坦提出相对论时只有26岁，肖克利发明晶体管时也是30多岁，普朗克创立量子论时也不过40岁，科学家的创新高峰期都在30岁至40岁之间。青年包袱少，敢想敢干，因而更具创新的活力和潜质，只要他们刻苦努力，甘于寂寞，沉下心来做学问，在新的世纪一定会有所成就。科学研究没有捷径。

不囿于传统，勇于挑战现实和人生，是一名科学家应该具备的条件。而事实上，正是这种对待人生的态度，也会给你带来生活的乐趣。我常想，作为一名老师，我可以和许多人不一样，我可以做很多自己想做的事，说自己要说的话，这是一个人活着的最大的价值。

如果有来生，我还当教师！

（原载2013年12月27日《中国科学报》第6版）

张先与我

章　慧

不愿意相信，张乾二先生就这样离我们远去。在我的记忆中，他仍像邻家叔叔般亲切，音容笑貌永存。这些天，在我的脑海里不断切换着他的镜头。

镜头一：我刚刚留校不久，有一次慕名去听张先的群论课，他笑嘻嘻地，并用手势比画着：我认识你的时候，你还没有小板凳高。那是我随父母从福州调到厦大不久，借住鼓浪屿厦大宿舍，就住在张先家隔壁。彼时只有小板凳高的我，对邻居还没有印象。邻家张老师的故事是妈妈经常跟我说的，他的学问，他的家庭，他跟大科学家居里一样了不起……后来我成了他的学生和小同事。我记不清楚当年鼓浪屿住处所在，一直以为是鼓浪屿笔山路的林文庆故居，前几年自己去探访了好几次，并没有小时候记忆中的样子。遍寻不着，最后决定去卢嘉锡楼问张先，他马上回答，那是笔山路16号，原来是一栋华侨的房子，暂时借给了学校。终于，在鼓浪屿奇怪的路牌和门牌布局中，我找到了张先最早在鼓浪屿的住处（图1）。遗憾先生不在了，不能再与他分享照片。

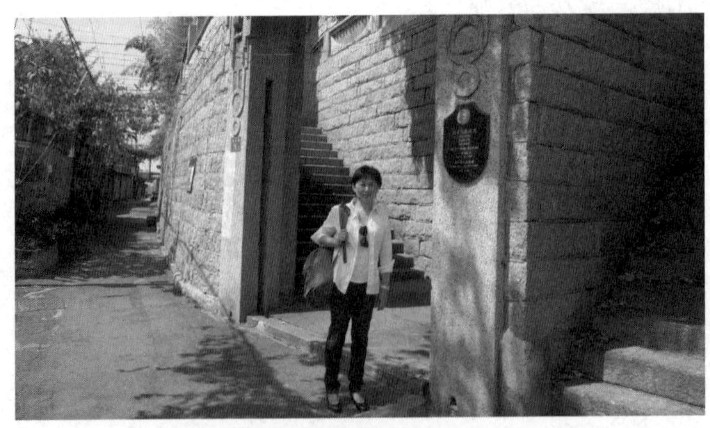

图1　鼓浪屿笔山路16号

镜头二：20世纪80年代，我的导师徐志固编写了《配位化学》教材，准备在化学工业出版社出版，他非常自豪地对我说，这本书是由蔡启瑞先生和张乾二先生主审的，两位先生给予了许多学术上的启发、帮助和指导。徐老师对两位先生的景仰之情，溢于言表，深深感染了我。后来我编写《配位化学——原理与应用》，当写到角动量部分时，也毕恭毕敬地去求教张先。我们1977级同学，在张先门下几员"大将"林连堂、施彼得、王南钦和王银桂等老师的调教下，在结构化学方面的修为日见精进。我也把师承的量子化学、结构化学和群论等知识活用在配位化学教学和科研中，这是对先生最好的纪念！

镜头三：1985年，张先搬到了白城，我们又成了邻居。有一阵他天天乘公交车到学院上班，下车后的一段，我经常与他同行，我们边走边聊天，我需要小跑才跟得上他的脚步。

镜头四：2015年我有幸参加了卢嘉锡院士传记的写作，与卢嘉锡先生的子女有了更加密切的交往。当年6月1日，他们家四位兄妹在厦大宣传部聚集(图2)，讨论撰写事宜。后来有一次(当年8月11日)讨论后，张先说要宴请他们，林梦海老师与我在一旁作陪。席间张先谈笑风生，我感受到他们之间的浓浓亲情，就像一个大家庭，其乐融融(图3)。正如卢凤林哥哥在悼念张先生时留言："父亲要我们称他'叔'，他却要我们称他'哥'，叔也好，哥也好，我们永远记得他。"原来，称"哥"是有典故的，卢嘉锡先生很看重自己的得意门生，要自己的孩子

图2　2015年6月卢家兄妹在校宣传部商讨撰写卢嘉锡画传

左起：卢嵩岳、卢咸池、卢象乾、卢葛覃、林梦海、楼红英、朱水涌、郭启宗

称张先为“乾二叔”。但张先却真诚又风趣地对卢家兄妹说:“我是你们父亲的学生。再说,你们老三叫象乾,他是‘乾三’,我‘乾二’当然是你们的大哥哥了。”后来象乾一直坚持说,其他兄弟姐妹应该照父亲所说称张先为“乾二叔”,只有我“乾三”可以称他“乾二兄”。

图3　亲如一家人

前排左起:张乾二、卢嵩岳、卢咸池;后排左起:卢象乾、卢葛覃

镜头五:后来张先腿脚不便,不能天天来学院上班了,但他每周有固定时间来到办公室。通常我路过他的办公室,会隔着办公室门上的玻璃静静地看看他,不敢去打搅,他就在那里,对着一方硕大的电脑显示屏,思考着他的科学问题,让我心安。我多么希望他永远在那里,陪着我们大家。

张先永远活在我们的心中!

布衣教授

叶文振
（经济系1977级）

师母陈金菊教授说过："良文就是一个布衣教授。"

我的1978级学弟、国家统计局原副局长谢鸿光曾在一篇回忆文章中写道："黄老师是我们心中的佛。"

是的，在所有他教过的学生心里，黄良文老师就是一位身着布衣、性情温厚、笑口常开、令人敬重的"弥勒佛"。

1926年生于福州近郊永泰的我国著名统计学家黄良文教授，19岁那年考入厦门大学经济系（图1），本科毕业后拜著名经济学家王亚南、郭大力为师，继续攻读经济学，1952年研究生毕业于厦门大学经济研究所，并留校任教。1953年任统计系讲师。当我考上厦门大学经济系的1978年，老师已经是副教

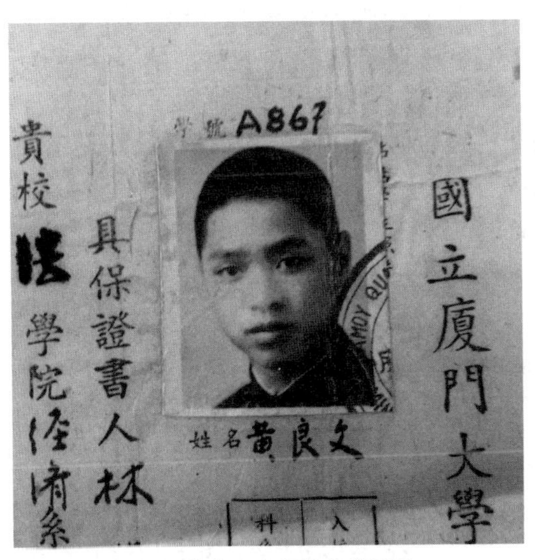

图1 黄良文老师的入学照片

授了。在我留校任教的第二年即1983年，老师晋升为教授。到了我出国留学的1985年，老师经国务院学位委员会评定为统计学博士研究生导师，享受国务院专家特殊津贴。记得入学后一直到大三，老师才给我们上课，主讲的课程是"基本建设统计"，我们班55人毕业时，只有李礼平同学分配去了国家建设部，做到课程学习与岗位性质的对口匹配。再后来等我留美学成归来时，我搬进了厦门大学新白城教师公寓，和老师居住的白城教授公寓只一路之隔，不时会在路上碰到去白城农贸市场买菜买早点的老师。黄老师总是一脸的和善笑意、和蔼可亲。那俭朴的衣着、和缓的步履、不争不抢的宁静和随和，让你会不知不觉地放慢节奏，礼让正在赶路的路人、感恩起早摸黑在农贸市场摆摊叫卖的菜农渔民。黄老师用他的人格魅力让世界趋于平静，让人际之间多了一份善意和友好。

在黄老师60多年的执教生涯里，他当过最大的"官"是计统系的系副主任，他也不追求拥有更多金钱，就像师母说的，他只是一个布衣教授。但是，老师却以他贯穿一生的和善为人、专心为学和尽职为师，赢得学界、同事，尤其是他的众多学生的敬重与爱戴。

黄老师的和善为人首先表现在，他是师母的好丈夫。《厦门日报》记者佘峥写道，师母"陈金菊属于那种'路见不平拔刀吼'的急性子，这和慢性子的黄良文老师风格迥异，后者甚至因为做事慢吞吞被同事称为'老蛇'。不过，两人一辈子无'战事'，陈金菊说，他从未对我发过脾气"。黄老师还非常谦和，不事张扬，不咄咄逼人，在他的学生中，有一位中共中央政治局原常委和三位国家统计局原正副局长，但是，他从不主动提及他们。我的1978级学弟、浙江省统计局局长王杰深情地回忆说，"黄老师身为著名统计学家、资深老教授和博士生导师，虽然在学术上取得丰硕成果，却非常谦虚，从不在学生面前夸耀自己……也没有一点大学者的'派头'，他谦虚近人的作风，堪为一代楷模"。即使到了生命晚期，老师不幸查出喉癌，需要切开喉管，通过导管注入营养，整个治疗过程是非常难受的，但老师从不抱怨，安静地配合医生，可想而知这是用多大的人格力量来默默地承受和化解自己的病痛。

为人和善、步履和缓的黄老师在学术研究和学科发展上不仅治学严谨，而且有着只争朝夕的勤奋，用几十年如一日不走捷径、不计名利的学者操守和学科使命，为我国的统计学科建设和学术研究做出巨大的贡献。作为全国统计学重点学科的学术带头人，黄老师以"统计教材建设是统计学科建设的核心"

自勉，“积极组织并参加统计教育的改革和统计学科建设工作，分别担任国家教委组织领导的高等学校财经类核心课程‘统计学’教学大纲和教材的主编和国家统计局组织领导的高等学校统计专业主干课程‘社会经济统计学原理’教学大纲和教材的主编，还主持‘建设统计学科新体系’的项目研究，并获国家级优秀教材二等奖(图2)、福建省优秀教学成果一等奖”。在中国统计学界，黄老师创造了一个纪录，他主编的教材总发行量最大，截至2014年，就已经发行了300万册(图3)。值得一提的是，早在20世纪70年代末，黄老师就积极参与计量经济学在我国发展的奠基性工作，并倡议发起组织中国数量经济学会，成为我国最早招收计量经济学研究生的导师之一。与此同时，黄老师还是“文革”期间我国第一次GDP统计研究的亲历者之一，是“让非统计专业的人都了解统计”的社会经济统计学体系的创建者，以及投资统计学等统计学分支的创立者和推动者。

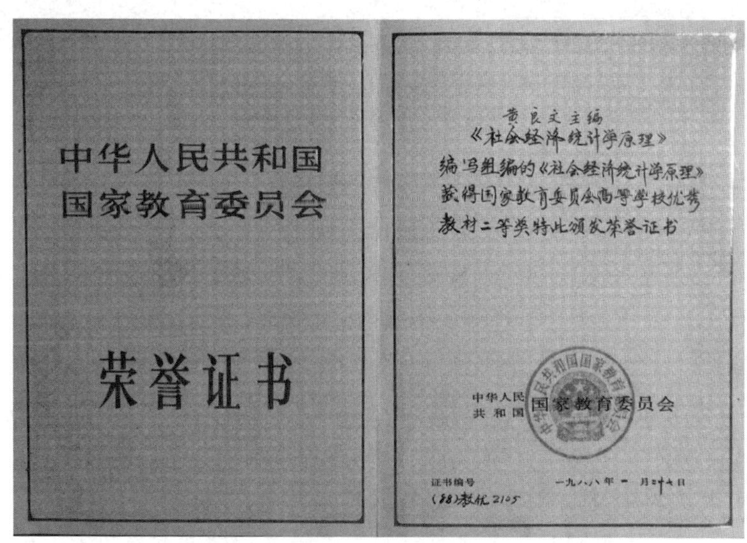

图2　黄良文老师主编的《社会经济统计学原理》获国家级优秀教学成果二等奖

学弟王杰局长还写道：“记得有一次，老师参加《社会经济统计学原理》编审会议后回厦门，在杭州中转，住在杭州火车站附近的红楼招待所。晚上我去看他，分别的时候，黄老师送给我 本他编写的《社会经济统计学原理》中‘抽样调查’一章的打印稿。他对我说，你来看我之前，我已把书稿中打字员打错的几处公式符号和错别字都改正好了。看着他端正遒劲的笔迹，我十分激动。他那种老一辈学者一丝不苟、严于求精的学风，使我永远学习，难以忘却。”

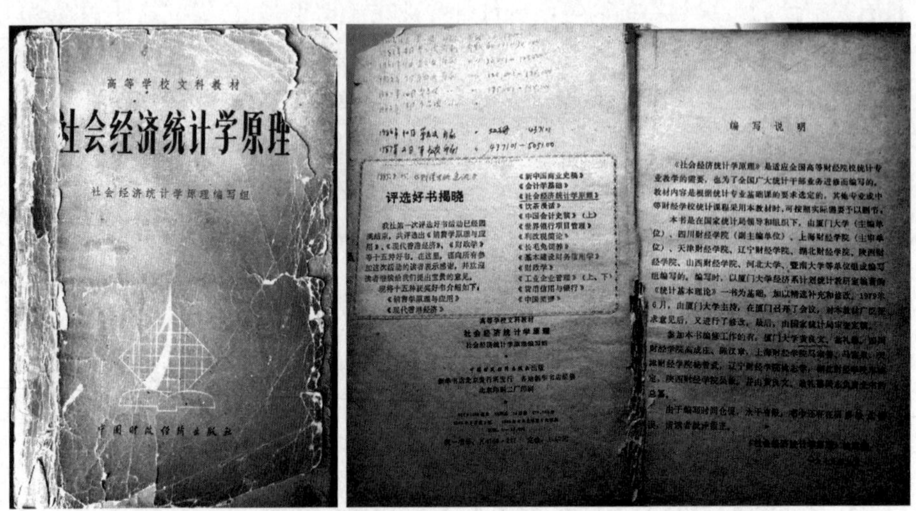

图3 《社会经济统计学原理》扉页上亲笔记录着每次印刷的数量，就像在墙上记录着孩子的身高

为了更长远地推动我国统计学科的建设和发展，老师还在2012年12月设立“黄良文统计学科教育基金”，随后老师的弟子学生又一起创设“黄良文讲坛”和“良文奖学金”，其中“黄良文讲坛”是一个集专业性、开放性、制度性为一体的学术论坛，致力于打造成为具有一定影响力的特色性、品牌性学术论坛，从而达到引领学术前沿、同步社会实践、普及现代经济统计知识的目的。目前，“黄良文讲坛”已经发展为以年会形式呈现的学科和学术高端论坛，越发在学界、教育界和统计金融等部门形成重要的学术进步、学科发展、高级人才培养和相关界别统计管理水平提升的多元影响。

作为师表，黄老师更是受到学生的深深爱戴和敬仰。厦门大学校友总会理事长朱崇实教授在一次年会开幕致辞中，对黄良文教授给予很高的评价，称其是“良师益友堪称楷模，文章道德皆为世范”。是啊，许多让我们倍感亲切与感恩的场景历历在目。而在这些场景中，最让我永生难忘的，也成为我自己从教后所追求的一幕是：拿着自己一笔一笔写下来的讲稿、满手都是板书后留下的白白的粉笔灰、粉红的脸上挂着随时都会滴下来的汗珠、温和的眼里总是闪现着和学生一样因为不虚此学的满足和欣慰。

住房和城乡建设部计划财务司司长李礼平也深有同感,他讲述了一个经历:“大约是1986年的一天,黄老师来北京开会时,还到办公室看我,让我喜出望外又诚惶诚恐,不知如何接待大咖恩师。当时我就是一小科员,好几个人一个办公室,房间里连个像样的沙发都没有。黄老师特理解我的窘境,顺势就坐在我的座位上,目光不经意间转到我办公桌上的一份文稿,老人家看得很认真,那是正在拟稿准备以国家计委(现在的国家发改委)文件印发的《建筑业经济效益综合评价办法》,当看到文稿中的拟稿人是我时,老人家脸上露出欣慰的笑容,并赞许地说‘不错不错’,让我这个资历尚浅的学生感到莫大的鼓励!老人家那慈祥可亲的音容笑貌,至今历历在目(泪目……)!”

现任厦大嘉庚学院创新创业孵化中心主任庄文韬也是黄老师的学生。他记得,多年前从国外回来,就冲到黄老师家里,兴奋地向老师介绍准备建立的风险投资模型。他讲了一个上午,没有被打断。午饭时间到了,黄良文老师还留他在家里吃饭,然后才谈自己意见,先肯定,再指出他建模设想需要改进的不足。这就是黄良文教授作为老师的最大特点,拥有一颗倾听和包容的谦逊之心。庄文韬说,无论对谁,他首先是耐心地“听”。黄老师的不少学生认为,他就是笑口常开的“弥勒佛”——任何时候,他都面带笑容;他也是有求必应的“如来佛”——从代购教材到找工作,只要学生提出来,他都不会拒绝。

在王杰局长的记忆里,老师“教书很认真,但并不为难学生。当时我们做学生的最怕考试,而黄老师说,考试只是一种形式,只要你们不是太不认真,通过我的考试并不难。黄老师果然说到做到,他的课程考试几乎没人不及格”。“20世纪90年代中期之后,黄老师来杭州的次数越来越少。相反,我去厦门的机会倒是增多了。每次我到厦门,无论是开会、出差,还是参加同学会,都会由老班长恩杰陪同,去老师家看望老师。老师看到我们过去,就泡茶、切水果,很热情地招待我们。其中有两次,黄老师刚送走别的学生,就来迎接我们,坐而小谈,老师红光满面,谈兴甚浓,毫无倦意。”

黄良文老师甚至到了病重住进医院,学生们在他的病房里讨论起学术,失声的他还用三个固定动作为学生点赞:轻轻拍手,竖起大拇指,或是点头。特别是有一天,黄老师看过去很急,似乎有事要交代,但他已经虚弱得连笔都拿不动了。家人问他,是不放心谁吗?他摇头……最后用排除法来破解他的心事,当问到第N个问题:是不是把零散的资金转同“黄良文统计学科教育发展基金”?黄良文教授点了头,从这以后,他再也没有说过“话”了。老师把生命的最后一刻都维系在对学生的资助上。

2019年的11月30日上午，我接到同班同学、刚从中国人民银行福州支行行长任上退下来的吴国培电话，邀我第二天一起去永泰参加一个活动。实在遗憾啊，因为先前已经安排的事宜，最后没能成行。事后从媒体上才知道，在国培同学和多位黄老师学生的一起推动下，我国著名统计学家黄良文教授故居揭牌仪式于12月1日在大洋镇兴安庄举行(图4)，从此山清水秀的永泰县又悄然多了一处文化地标，所有黄老师教过的学生又有一个和老师谈学术、说人生、再听教诲、感念师恩的温馨归处；从此白城海边的波浪与永泰大樟溪的江水汇聚到一起，久久地寄托我们对黄老师的无限敬意和思念，深深地感谢黄老师在我们心中树立的毕生践行厦门大学“自强不息、止于至善”校训的典范！

图4　黄良文老师故居揭牌仪式于2019年12月1日在福建永泰县大洋镇兴安庄举行，前排右三为师母陈金菊教授

春风化雨点滴在心

——记实验物理化学家俞鼎琼老师

章　慧

2016年2月,《厦门日报》、厦门大学和厦门大学化学化工学院主页,都在连篇累牍地庆贺厦门大学1977级校友孙勇奎博士当选美国工程院院士,并且津津乐道有3位院士,田中群、孙世刚、孙勇奎都出自芙蓉一同一间宿舍(图1)时,媒体不知有否关注培养他们成长的厦门大学化学系老师?有否探究,为什么厦门大学化学系1977级的4位院士(包括郑兰荪院士),本科都是物理化学专业的——3位是电化学班,1位是物质结构班?

图1　厦大化学系1977级电化班第2小组全体同学合影

前排左起:焦清华、吴岩东、田中群、邓志平、黎华、潘海鸥

后排左起:孙世刚、黄辰、陈跃生、陈晓山、孙勇奎

从私立厦门大学开始，化学系就有了强大的物理化学基因，内迁长汀之前的两任系主任区嘉炜和张怀朴教授都是手把手教本科生卢嘉锡物理化学理论和实验的恩师，区嘉炜教授是卢嘉锡本科毕业论文的指导老师，张怀朴教授和留校的助教卢嘉锡合编了《物理化学实验教程》。20世纪40年代初期和末期，著名物理化学家傅鹰、蔡镏生和钱人元等相继应聘来厦大化学系任教，带来了物理化学的新理念。不同时期的学生卢嘉锡、蔡启瑞、陈国珍、周绍民、田昭武、张乾二等毕业后相继留校任教，后来都成为知名的物理化学或分析化学家。在老一辈科学家引领和感召下，物理化学成为厦大化学系铁打的营盘和桥头堡，从英美学成归来的卢嘉锡和蔡启瑞就是物理化学的"根"和"魂"！（田中群院士语）在此基础上，1981年国务院批准厦门大学物理化学专业为全国首批博士学位授权二级学科，蔡启瑞先生和田昭武先生为全国首批博士生指导教师；1986年筹建、1990年建成的"物理化学国家重点实验室"迄今已有35年的历史，在5次国家重点实验室评估中均获评优秀，优秀的物理化学基因在不断创新中得以传承。

以卢嘉锡和蔡启瑞先生为代表的物理化学家，不仅是厦大的自豪和骄傲，也是中国科学家的典范，值得大书特书。笔者主编本书《厦大故事》，从不同角度，呈上了这些德高望重的老科学家对中国科教事业的重要贡献和精彩故事。我在这里要叙说的俞鼎琼老师，是我的师母，一位默默无闻的大学物理化学老师。她在2016年2月2日凌晨3点仙逝，不惊动别人悄悄地走了，还在生前义无反顾地填好了自愿捐赠遗体的表格。这一切，让所有至亲好友和学生们唏嘘不已，并由衷钦佩她的崇高——俞老师虽体弱多病，但她克己为人，羸弱瘦小的身躯释放的能量巨大！她的人生故事，似乎说不上有多么精彩与辉煌，却充分展现了一位中国普通知识分子的忘我奉献精神。

俞老师1935年8月30日出生于福建省福清县，1954年8月毕业于福清中学，同年考入厦门大学化学系电化学专业，她的老师有卢嘉锡、陈国珍、顾学民、周绍民、田昭武、刘正坤和林祖赓（图2）等，她在学校积极上进、勤奋好学，学业优秀的她于1959年8月本科毕业留校任教。

图2　厦门大学化学系电化学专门化1959年毕业师生合影

前排左一为俞鼎琼，左四起：田昭武、刘正坤、陈国珍、周绍民、林祖赓

俞老师不仅学习好，而且还是学生活动积极分子（图3），入学才一年，她由于表现好，于1955年8月30日光荣加入中国共产党。

图3　20世纪50年代俞老师（前排左一）与党支部全体同志合影

后排左一刘正坤、左三郭奇珍

1970年2月，俞老师被下放到福建省大田县，次年2月回母校继续担任化学系教师，之后长期从事物理化学实验的教学和管理工作。1985年起担任生物系物理化学课主讲的理论教学工作。1990年4月，她与廖代伟教授合作，在化学工业出版社出版了译著《物理化学实验》。她从20世纪80年代开始从事络合物反应的动力学、外消旋络合物的合成、拆分和表征及相关研究，对厦大的圆二色光谱研究做出了开拓性的贡献，直至1993年3月荣休。

俞老师生活非常简朴。在她家的相册里，有这样一幅令人动容的照片(图4)：20世纪60年代，她站在上弦场，与同事们一起欢送留苏人员，衣着朴素，裤子上打着大补丁。俞老师从留校一直到下放后回到母校的10多年期间，由于她的先生徐志固老师留苏归国后长期在清华大学工作，只好两地分居，俞老师和家人度过了一段清苦的日子。她工作勤奋，还要独自抚养两个女儿。特别是在下放期间，不得不把留在厦大的两个孩子托付给保姆，那时，大女儿徐云洁才4岁，小女儿徐劲还不到1岁。据徐老师回忆，保姆非常节俭，经常喂小姐妹俩酱油拌稀饭。成年后的徐劲也时常回忆起自己幼时妈妈的不易，她说，那时候妈妈既要准备实验又要管她，只好把她带到实验室，让她躺在大实验桌上睡觉，自己在一旁忙碌。

图4　20世纪60年代俞老师与化学系师生欢送留苏人员

左四周绍民、左六俞鼎琼、左七林连堂、左九许书楷

1971年，苦尽甘来，徐志固老师终于调回母校任教。回厦门之前，俞老师带一对小姐妹上北京探亲，在清华园里照了一张“全家福”(图5)。

图5　20世纪70年代初俞老师的全家福

左起：徐志固、徐云洁、徐劲、俞鼎琼

不到2岁就随父母来到厦大、在厦大校园里长大的我，打小就对卢嘉锡和王亚南先生分别领衔的化学系和经济系，父亲田心曾经待过的中文系、校直机关，以及母亲章绮霞工作过的图书馆、幼儿园和教务处了解得比别人更多一些。乐于助人的俞老师当时在厦大小有名气，我不时会从长辈那里听到她的名字。但我真正认识俞老师却是在读大三时，当时厦门大学化学系物理化学专业的师资阵容非常强大，无论是理论教学或实验教学，都处在鼎盛期。而俞鼎琼老师担任物理化学实验室主任(早期俗称实验头)长达13年，她是恢复高考后在厦门大学化学系重新振兴物化实验的奠基人(之前的基础是卢嘉锡、蔡启瑞、周绍民和田昭武等先生打下的)之一，一位大功臣！

按“文革”前老一辈流传下来的说法，物理化学理论和实验课是鬼门关，有一些学生因为物理化学成绩不及格，而拿不到毕业证。还记得大三时，我怀揣着老师们为我们1977级同学赶着编写的《物理化学实验》(图6)讲义，第一次去化学楼做物理化学实验，战战兢兢，但一看到俞老师，顿时就不紧张了，因为她笑眯眯地看着我，和蔼可亲，还说她认识我的父母，然后就麻利地带我们做实验，第一个实验是恒温水槽装置的使用，那以后还有蔗糖的水解和丙酮的溴化反应动力学实验等。这些实验的原理和技能在后来的科研工作中都派上了大用场。

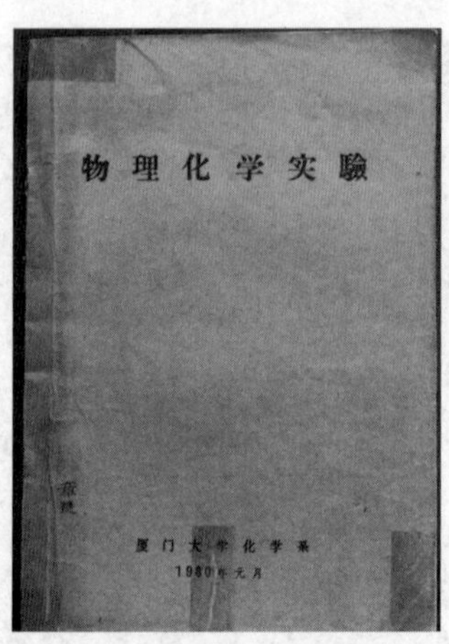

图6 厦大化学系1977级同学使用的《物理化学实验》讲义

大四上专业课,徐老师遵照北大徐光宪和厦大蔡启瑞、张乾二等老先生的嘱托,编著了《配位化学》讲义,开始在厦门大学化学系1977级无机班讲授配位化学课程,并且成为我的毕业论文指导老师。我经常上徐老师家求教问题,因此跟师母俞老师的关系愈加密切。两位老师精心培养1977级学生,在我们毕业前的那一年,他们双双获得校级优秀教学奖(图7)。

1980—1981学年度优秀教学奖获奖名单（按姓氏笔划排列）

系别	一级奖	二级奖		
中文	蔡师圣	许清茂	陈尽忠	杨茂勋
	周长楫	黄祖良	赖干鑫	颜剑飞
外文	刘贤彬	庄鸿山	朱麟瑞	陈敦全
	黄[illegible]	周传永	林纪熹	林添益
	黄国雄	梁玉凤	曾仁寿	谢钟祺
	曾丽明	雷凡语		
	崔盈达			
历史	叶文程	孙福生	苏垂昌	林汀水
	黄焕宗	林其泉	薛谋成	
经济	庄表峰	方成族	李百龄	吴水澎
	李绪蔼	吴碧英	陈荣奎	陈恩成
	佘绪缨	林开展	罗季荣	郑清煌
	林龙铁	黄水乞	黄云消	黄其昌
	蒋绍进	颜金锐		
哲学	洪成得	王仁欣	孙明章	黄　强
	谢应瑞			
法律	盛新民	何永龄		
数学	厉则治	倪子伟	叶南发	李轮焕
	杨玉钦	庄琼珊	杨汉钊	陈昌明
	陈焱辉	陈鹤汀	林应标	林铭玉
	连瑞兴	黄秀莲		
	骆镇华			
物理	杨文琴	许裴力	李文裕	庄美辉
	陈　悦	何安民	沈耀文	张桂英
	周世昌	陈金富	陈彩生	苏登记
	郑永梅	洪再生	施章伟	谢维福
	林学仁			
化学	万惠霖	王尊本	叶世源	庄启星
	陈再鸿	刘金桂	陈天柱	陈馨娥
	陈体衔	阮淑贤	余鼎琼	欧阳耀国
	张朝炎	林美丽	施彼得	徐志固
	郑朱梓	黄泰山		
生物	张娆挺	王再生	严如柳	陈振端
	吴锡谋	张锡木	林加涵	胡维弘
	郑志成	黄庆辉	黄克服	潘丽[illegible]
	黄厚哲			
海洋	许天增	许水源	叶振成	刘正踪
	李少菁	冯敦贵	邱文仁	陈金堤
	杨逸萍	张群英	林树西	洪家珍
马列室	杨秋君	陆文华	张文涛	吴仲平
		张善诚	林德忠	
体育室	施议宗	李少蓉	何德馨	林惠贞
		黄诚宗		
函授学院	徐荣庆	蔡师仁		
自然辩证法研究室	周　济			

图7 1980—1981学年度厦门大学优秀教学奖获奖名单

师母于我，如师如母。我的化学实验技能，包括怎样写实验预习和实验记录，都是她手把手一点一滴教给我的。她还是我学习手性络合物的合成与拆分，以及手性光谱的引路人。我曾经对人说起，自己学习电子圆二色(CD)光谱的两个师傅庄培其和黄祥金来自中科院福建物构所。前几年退休搬迁实验室，在整理俞老师的照片和遗物时，静心回忆，才发现我差点把俞老师在其中的最大功劳给忘了。正因为俞老师娴熟的物化实验技能，熟读仪器使用说明书，并写出《CD谱仪操作规程》，我们师徒俩和研究生都很快掌握了CD光谱的测试方法，操作起占据大半个房间的老旧Cary-61型圆二色光谱仪(图8左)，得心应手，随之积累了很多相关的手性配位立体化学和手性光谱知识。

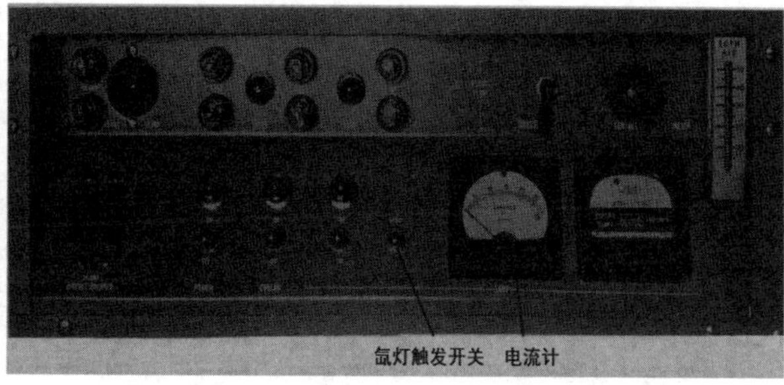

图8　美国校友李联欢赠送的ECD光谱仪(左)，其走纸记录装置被物构所老师改造，仪器的部分控制面板见右图

那时的实验条件奇差，我们一起挤在新落成的化学楼北楼的248实验室，合成和拆分络合物，用国产的旋光仪测旋光度、设计动力学实验，忙得不亦乐乎。课题组代管的庞然大物——CD光谱仪，则寄放在化学楼北楼122实验室。这台仪器所配置的光源是450 W的氙灯，点亮时如同灼灼小太阳，又红又热，平时需要通冷却水降温才能正常工作，可是一到夏天，室温高达三四十度，自来水几乎就是温水，根本起不到冷却作用，那时室内没有空调，连电风扇都是奢侈品，这就苦了做实验的师生们：如果温度过高，位于仪器电流计左方的开关(见图8右)不能触发使氙灯点亮，接下去的测试实验就别想做了；即使侥幸点亮氙灯，实验过程中由于过热，开关会随时弹回，仪器顿时停摆。因此，每次来做实验的伙伴们心里总是七上八下，生怕氙灯不能触发成功或半途而废。夏季的白天做不成实验，怎么办？研究生只好等到三更半夜，室内外温度稍低时再来试着激发仪器了。

即使这样，师生们已经足够满意，因为这台仪器已经基本能满足手性样品的测试需求。但它毕竟是一台老旧仪器，虽然我们精心呵护，但还是不免出故障或面临零配件老化，于是俞老师亲自出马给学校有关部门打报告申请仪器维护的经费支持(图9)。

关于《CD谱仪的电光调制器研制及其改造调试》技改项目完成情况的报告　化学系　光活络合物小组

一、本项目已完成的工作和存在的问题。

我校校友李骏康博士1987年赠送我校一台70年代的Cary 61型CD谱仪，该仪器价值十万元人民币。由于该仪器长期搁置和长途海运，致使其主要部件电光调制器的调制效率明显降低，光路失调和部分部件锈蚀等故障，且仪器的记录仪滚筒与国产记录纸不匹配，因而不能使用国产的记录纸。

经一年多来的工作，现在记录仪的滚筒已经改造好，能够使用国产记录纸；整机的光路已调准、调好；锈蚀的仪器部件已清除表锈。

物构所已先后研制出三批电光调制器，并对其作了长期考察和使用（调制器是由磷酸二氘钾单晶做成的），第二、第三批调制器灵敏度提高了两个数量级，稳定性也不错，也可使用三个月以上。

但目前物构所研制的电光调制器仍然存在一些问题，主要是调制器的密封技术尚未过关，由于密封不够好，调制器遇潮湿空气就会老化潮解（外观是晶面雾化），降低CD的灵敏度。而为了延长调制器使用时间，每次测试后需拆下并置于干燥器内保存。即使这样使用，所研制的调制器仍然会不断"雾化"变坏。所以物构所仍需进一步改进密封技术，尽快实现调制器能长期使用的目标。

二、本技改项目的效益

1. 由于原来的电光调制器效率已很低，不能满足科研对测试CD的要求，物构所研制的电光调制器也可用于本仪器。因此，有了国产的电光调制器等于救活了这台CD谱仪。美国AVIV公司出售这种调制器，每块要4400美元，其外汇是非常紧缺的。

2. 由于改造了记录纸驱动系统，可用国内通用型号的记录纸，节省了研制适用于本机记录纸规格的费用约2000元。

3. 最主要的是有了这台CD谱仪，大大支持了我们两个国家科学基金资助课题：《光活络合物合成、拆分和性能研究》和《络合物的手性识别研究》的顺利开展和完成。先后有六个硕士生用此仪器完成了论文的测试工作，节省了去北京、上海测试的费用（估计每个研究生需化费数百元）共计约数千元。也为以后的研究生论文创造了有利条件。

4. 为物质结构研究所和本校有关人员进行多次测试，因目前尚处于试用阶段和相互支持，没有收取测试费。

三、需要经费支持

1. 根据与物构所签订的"合同"，我校共应支付3510元给物构所作为电光调制器的研制费和技术咨询服务费。我们在1988年12月只支付了2000元，尚欠物构所1510元，本组科研经费困难无力支付，请求校实验办支持我们支付所欠款项。

2. 该仪器氙灯使用已久，急需再买一个，450美元/个。

化学系光活络合物小组　俞鼎琼

1989.11.15.

图9　1989年11月15日"关于《CD谱仪的电光调制器研制及其改造调试》技改项目完成情况的报告"

在这份报告中，俞老师欣喜地汇报该技改项目的效益：“物构所研制的电光调制器已可用于本仪器。因此，有了国产的电光调制器等于救活了这台CD谱仪。美国AVIV公司出售这种调制器，每件要4200美元，经济意义是毋庸置疑的。最主要的是有了这台CD谱仪，大大支持了我组两个国家科学基金资助课题‘光活络合物合成、拆分和性能研究’和‘络合物的手性识别研究’的顺利开展和完成。先后有3名硕士生用此仪器完成了毕业论文的测试工作，节省了出差到北京、工作测试的费用(估计每个研究生1500元)共4500元。也为以后的研究生论文创造了有利条件。(我们还为)物质结构研究所和本校生物系进行多次测试，因目前尚处于试用阶段和相互支持，没有收取测试费。”1997年我留英归国，此时徐老师伉俪皆已退休。在物构所黄祥金老师的热心帮助和精细调试下，我们又一次让这台仪器起死复生，后来仪器实在无法修理，在90年代末期被报废了，但物构所研发的磷酸二氘钾电光调制器(图10)被我们留下做永久的纪念。

图10　物构所庄培其和黄祥金老师研发的磷酸二氘钾电光调制器

最近我的脑海里时常浮现那些年在248实验室跟俞老师一起做实验的温馨场景，条件虽然艰苦，但心里很踏实。实验室里各种小型仪器、插座插头损坏了，我们都自己动手修理，有时缺少了零配件或实验器皿，俞老师立马放下手中的活，在化学楼转悠了一圈，就轻松搞定了。她乐呵呵地说：我这张脸就是通行证，别人一看到我，二话不说，就递过来所需物件，只要他们有。这其中当然有互惠条件——俞老师在化学系是出了名的热心人。

就这样，徐志固老师教我配位化学理论，师母教我做物化实验，为我学好配位化学和手性光谱，打下了扎实的理论和实验基础。这种潜移默化的做人做事的教育，终将影响我一辈子。后来我的教学和科研工作，包括编写配位化学教材和带本科生做综合化学实验，虽然性质不同，但做事的方式是一样的。正是俞老师教我追求卓越，力求尽善尽美，我始终不敢怠慢，尽力去做好每一件事情。

俞老师心灵手巧，她裁剪缝制的衣服，足以媲美高级裁缝的制作，我女儿在幼儿园的演出服，出自她之手，被幼儿园老师啧啧称赞。她和徐老师热心资助亲戚的孩子们读书，也被传为佳话。

俞老师有一个幸福的家庭(图11)，她和徐老师养育了一对优秀的女儿，从小就是令人羡慕的“别人家的孩子”——云洁和徐劲在厦门双十中学的杰出表现，一直是老师们教育学弟学妹的榜样。云洁本科在厦大修读物构专业，1988年获得化学和应用数学双学位，1993年在加拿大温哥华不列颠哥伦比亚(UBC)大学获得分子光谱学博士学位后，在加拿大从事博士后研究，2003年到加拿大阿伯塔大学独立工作，很快便晋升教授，她作为加拿大手性和手性识别的首席科学家，由于在该领域做出的杰出贡献，于2018年当选加拿大皇家科学院院士。徐劲在中学时已经奠定学霸级别，凡是她所参加的学科竞赛，必定获奖，保送清华本科期间，强手林立，她仍旧保持名列前茅的优势，提前一年毕业到美国耶鲁大学分子生物物理——生物化学系攻读博士学位，博士毕业后，在一家生化公司工作。

图11　2011年圣诞节，一个国际大家庭在厦大校园团聚，摄于芙蓉湖畔

左边为云洁一家四口，右边为徐劲一家四口

俞老师的身上，体现了真正的厦大老师的精神，鞠躬尽瘁，忘我工作，教书育人，乐善好施。正是许许多多与她一样的普通人，构筑了中国今日繁荣与伟大的基石。写下俞老师的故事，把她的爱心和精神传递下去，就是对她最好的纪念。

1921－2021

厦大故事

Stories of Xiamen University

学海泛舟

负笈欧美

——卢嘉锡的留学岁月

卢咸池　卢葛覃　章　慧

1937年8月17日，第五届中英庚款留英学生一行24人(录取25人，1人未及成行)搭乘英国维多利亚"皇后号"邮轮离开上海赴英留学(图1)。临行前，时任管理中英庚款董事会董事长朱家骅接见了这批留英学生并逐个谈话。当询问卢嘉锡学成后打算时，他毫不犹豫地回答："回国从事教育科研，报效国家！"

图1　第五届中英庚款留英学生搭乘英国维多利亚"皇后号"邮轮离开上海赴英留学

二排左二为卢嘉锡

这天，已是日寇"八一三"进攻淞沪的第五天。大轮船进不了上海港，留学生们只能先由英国兵舰从上海码头送到吴淞口，再换乘邮轮。轮船驶向浩瀚无垠的大洋，渐渐远离的国土正在遭受东洋日寇的蹂躏，可是在轮船上，又有西洋人轻蔑地称他们庚款公费留英学生为“赔款专员”。国弱民受欺，在卢嘉锡心中刻下了深深的伤痕。

星洲拜访陈嘉庚

1937年8月25日，邮轮途经新加坡，在这里作短暂停靠，乘客可上岸逗留两天。第二天上午，卢嘉锡由厦大同级校友张述引荐，前往“怡和轩”拜会了旅居新加坡的著名华侨领袖、厦门大学创办人陈嘉庚先生。

怡和轩是新加坡福建会馆所在地。陈嘉庚先生一生关注兴办教育、培养人才，他领导福建会馆在新加坡创办了多所华侨学校。“七七”卢沟桥事变发生后，为了支持祖国人民抗日斗争，他发起成立新加坡华侨筹赈会，亲任主席。鉴于陈嘉庚先生的崇高威望，南洋各埠华侨团体一致拥戴他出面组织南洋各属华侨筹赈祖国难民总会并任主席。

此时，陈嘉庚先生正全心筹划成立“南侨总会”，吃住、工作都在怡和轩。忙碌之中，他仍然亲自接待一个素昧平生的小青年，表明了他对来自故土学子的关切和期望。见到仰慕已久的老校主，卢嘉锡的心情十分激动。校主的一口闽南方言，更使自幼生长在厦门的卢嘉锡倍感亲切。

陈嘉庚询问卢嘉锡旅途的见闻和感受，卢嘉锡将日寇进攻淞沪和在船上遭洋人歧视的情形，以及自己的想法如实禀告。校主很认真地听着，还不时追插几句，他叮嘱卢嘉锡务必刻苦用功，将来学成后要回来好好报效国家。校主情辞恳切、语多勉励，卢嘉锡怀着崇敬的心情频频点头。

这是卢嘉锡第一次与陈嘉庚先生见面，他终生未曾忘记这个对他人生有着重要影响的日子：1937年8月26日。时至1994年，为纪念陈嘉庚先生120周年诞辰，卢嘉锡在一篇题为《我所认识的陈嘉庚》的文章中写道：

> 第一次见面还给我留下很深印象的是，他（陈嘉庚先生）反复谈论着兴办教育、培养人才的重要性，他是把“兴学育人”同民族振兴的事业紧紧地联系在一起的。这曾引起我长时期的思考：他为什么特别重视教育？

今天，当我们谈论"科教兴国"的时候，我们明白"教育"和"科技"都是"兴国"的重要支柱，因为除教育以外，科技在我国也已取得相当大的发展，特别是后者已成为"第一生产力"。在新中国成立以前，情形远非如此，由于中国在近代科学上的空白，逼得我们只能走出国门做"西行取经"的"唐僧"……陈嘉庚当年强调教育，实际上也就包括强调学习先进的科技知识，他认为"教育不振，则实业不兴，国民之生计日绌……自非急起力追，难逃天演之淘汰"。这显然代表了那一时代最富有远见的中国进步人士的先进思想。

师从萨格登教授攻读博士学位

1937年9月24日，邮轮抵达英国首都伦敦。卢嘉锡进入伦敦大学学院化学系学习，师从萨格登（Sammy Sugden）教授（图2）。

图2　伦敦大学学院萨格登教授

伦敦大学学院（University College London，简称UCL）创建于1826年2月，始称伦敦大学（London University）；但直到1836年，它与伦敦国王学院（King's College London，简称KCL）组成近代的伦敦大学，伦敦大学和它的创始学院之一UCL才在法律上被承认并获伦敦大学学位授予权，因此UCL被认为是伦敦大学联盟（University of London，简称UOL）的创校学院。UCL与剑桥大学、牛津大学、帝国理工学院、伦敦政治经济学院并称“G5超级精英大学”。UCL的校友中，先后涌现出32位诺贝尔奖获得者和3位数学菲尔兹奖获得者，此外还不乏政治、科学、文化等领域的名人，其中包括印度圣雄甘地、大文豪泰戈尔，以及现代“光纤之父”高锟等。

初到伦敦，卢嘉锡即前往中英庚款公费留学生管理机构报到。例行手续之后，管理人员让他自行到附近的UCL化学系去报到。说来也巧，卢嘉锡刚进UCL校园，就遇到前来迎接他的导师——萨格登教授，师生之缘就此拉开序幕。

萨格登教授是20世纪上半叶著名的化学家，他热情幽默，善于交际，对待年轻科学家和蔼可亲。他于1892年2月21日出生在利兹，先后在巴特利文法学校和皇家科学院接受教育。一战时在英国皇家空军服役后，成为伯贝克学院的讲师、副教授、物理化学教授。1934年被选为英国皇家学会会士（相当于我们的科学院院士），1937年担任伦敦大学学院的物理化学教授。萨格登擅长热化学、磁化学和放射化学方面的研究，对偶极矩和稀土化学也有深入钻研。卢嘉锡入学之初，导师向这位新来的青年学子介绍了自己的三个研究方向，征询他的意见。卢嘉锡经过慎重考虑后，选择了当时被认为是化学新领域的放射化学专业作为自己的主攻方向。他在研修研究生课程的同时，在萨格登教授指导下着手人工放射性研究。

由于当时厦门大学颁发的毕业证书上未注明毕业生所获得的学位，也不单独颁发学士学位证书，在办事十分刻板的英国，将来研究生毕业申请博士学位时难免会遇到麻烦。在UCL安顿下来之后，1937年10月12日，卢嘉锡致信请自己的忘年之交、时任厦大文书课主任何励生帮忙办理厦大学位证明。信中详细交代了学位、自己和林文庆校长姓名的英文译法，以及厦大私立改公立后如更换钢印必须特别注明等注意事项。他在信中还对日本发动全面侵华战争表示了强烈的愤恨，对日本飞机袭扰厦门后母校是否受损表示极大的关切。

萨格登执教严谨，对学生要求也很严格。而卢嘉锡不但勤勉好学、做事一丝不苟，而且在大学时代就经过“C_3H_3”训练，心灵手巧。刚到系里时，萨格登让他学吹实验用的玻璃管。导师不知道，卢嘉锡在厦大化学系时的老师刘椽、方锡畴等都是吹制玻璃仪器的高手，他在上大学时就熟练掌握了这门技术。

看到新来的学生操作技能如此娴熟，萨格登又惊又喜。

工作两三个月后，导师让卢嘉锡写一份阶段性工作报告。第二天，卢嘉锡就将一份英文报告送到萨格登手中。他一看，不但条理清楚，而且英文通顺，十分赞赏，不过还是严格要求学生："看来你以前的英文教师是美国人或是在美国读书的中国人，所以你习惯于美式英语。而在我们这里，你应当用英式英语。另外，你对冠词的使用有些还不十分恰当。"于是，卢嘉锡上街买了几本英国小说，注意琢磨书中冠词的用法以及英国人遣词用字的习惯，没过多长时间就掌握了地道的英式英语。卢嘉锡突出表现，导师非常欣赏，师生二人关系很融洽。

卢嘉锡平日做事认真细致，但难免也有疏忽的时候。一天傍晚他做完实验，照例整理收拾一番，就回去休息。没想到第二天来到实验室，门口留有一张纸条。那是大楼夜巡人员发现实验室里没人，却有一盏煤气灯亮着，因而留条示警。他反复回想发生疏漏的原因，原来当年伦敦是"世界雾都"，经常大雾弥漫，一天到晚天色灰蒙蒙的。傍晚时分周边还有些亮光，煤气灯的亮色在朦胧之中尚不明显。而到夜间一片黑暗中，煤气灯的亮光就显现出来了。从那以后，卢嘉锡每次离开实验室之前都要特别细心地检查水、电、火是不是全部都关好了，然后才放心地离开，这成了他一生的习惯。

卢嘉锡在伦敦大学学院学习，实验与理论并重。除了认真选修UCL化学系开设的分子光谱、磁学与化学结构、有机反应动力学、有机分子的活化能和量子力学等研究生课程外，他还经常到学院以外去听课，特别是选修了帝国理工学院化工系著名热力学家古根海姆(E. A. Guggenheim)博士讲授的热力学系列课程，并认真做听课笔记。他认为留学的机会难得，应尽可能多学点各方面知识，"书到用时方恨少"嘛。

卢嘉锡从文献中了解到：1934年，锡拉德和查默斯发现，有机卤化物经过中子照射后有相当数量的放射性卤素化合物生成，并可通过适当的试剂把产物萃取出来。然而，对其萃取机理及如何获取高浓缩的卤化物，当时尚无人能获得满意的结果。他将解决这个问题作为自己博士论文研究课题的主攻点(图3)。

图3　1939年卢嘉锡在伦敦大学学院化学系人工放射性实验室

卢嘉锡在实验中发现，有机试剂的加入对萃取分离有很大影响，若在有机卤化物中加入少量苯胺，再进行中子照射，然后用稀酸萃取，就可成功地制备出浓缩因子高达30000的放射性溴浓缩物。进而，他解释了这一制备方法的反应机理，并利用示踪原子方法研究相关卤代烃同位素置换反应的动力学，测定出不同溶剂和不同烃基的置换反应的活化能、有效碰撞面积以及反应速率常数等。

在缜密的理论和实验研究工作的基础上，卢嘉锡高效率地做出了多项研究成果，人工放射性卤族元素的化学富集方法（Chemical Methods of Concentrating Radioactive Halogens）和同位素置换反应动力学研究等相关的实验结果先后在*Nature*等期刊上正式发表(图4)。在人工放射性研究领域，他是最早进行定量研究工作和第一个成功分离出放射性高度浓缩物的化学家。

海外的留学生活是清苦的，但卢嘉锡并不感到孤单，除了连绵不断的家信往来之外，母校也始终关心着海外学子的成长。1939年3月1日编印的《厦大通讯》第1卷第3期刊登了卢嘉锡的挚友蔡启瑞撰写的短文，除了介绍卢嘉锡近况外，还说近日从英国寄回的照片上卢嘉锡十分清瘦，调侃他夫妻情深，“想是相思苦了他”。文章虽短，但感情真挚、文字生动，“亦师亦友”之情跃然纸上。同期《厦大通讯》还刊发了卢嘉锡在伦敦大学学院学习期间获宣读论文之荣誉的消息，盛赞海外校友为母校争光。

No. 3621, MARCH 25, 1939 NATURE 517

Barium, precipitated as a sulphate or as a chromate, showed a period of 87 ± 1 minutes. After prolonged irradiation a much longer period was also observed. No short period was found when the isolation was carried out within a few minutes. By varying the time of irradiation it was shown that the 87-minute period is not produced by the alkali with a period of 1–2 minutes. From the fact mentioned above that the 30-minute period in cæsium is not accompanied by a longer period, it follows that the 87-minute activity does not arise from this cæsium either. Therefore we conclude that the 87-minute period is produced by the 10-minute activity of cæsium, which is in good agreement with the fact that in the cæsium precipitate a period of approximately this half-value was observed.

Strontium, which we freed from barium by treatment with chromate and precipitated as strontium sulphate, was found to be inactive after an irradiation of 100 minutes. Precipitates of mixed strontium and barium sulphates prepared in a very short time did not show any short-period activity.

In order to obtain a rough value for the half-life of xenon, we passed the air at a measured rate through two wash-bottles in succession. From the velocity of the air and a comparison of the activities of the cæsium obtained from the two bottles, we calculated the average period of xenon effective in producing radio-cæsium to be of the order of half a minute. From this experiment we were able to deduce the optimum air-flow.

From the presence of both cæsium and rubidium in the wash-bottle, it follows that xenon as well as krypton escape from the uranium solution bombarded with slow neutrons. This indicates that the uranium nucleus may break up in different ways. Radio-xenon gives rise to at least two kinds of active cæsium with periods of 10 minutes and 30 minutes. The cæsium with the 10-minute period forms radio-barium with a half-life of 87 minutes. The longer barium period is probably produced from the cæsium with a half-life of 30 minutes. We carefully compared the barium period of 87 minutes with that produced in barium by neutron capture and found them to be identical. Moreover, we compared the absorption curves of the beta-rays in aluminium as measured with two Geiger counters in coincidence arrangement. We found a perfect agreement.

Active krypton forms radio-rubidium with a period of 16 ± 2 minutes. Probably this period is due to the known radioactive rubidium isotope obtained from rubidium by neutron-capture. The half-life of the latter we found to be 17 ± 2 minutes. In this connexion, it may be mentioned that from uranium bombarded with neutrons Curie and Savitch[2] obtained precipitates of alkali salts showing a period of 18 minutes.

Based on the experiments described we suggest the following processes:

$$^{139}\mathrm{Xe} \xrightarrow{(\approx 0\cdot5\mathrm{m.})} {}^{139}\mathrm{Cs} \xrightarrow{10\mathrm{m.}} {}^{139}\mathrm{Ba} \xrightarrow{87\mathrm{m.}} {}^{139}\mathrm{La}\ \text{(stable)}.$$

$$\mathrm{Xe} \xrightarrow{(\approx 0\cdot5\mathrm{m.})} \mathrm{Cs} \xrightarrow{30\mathrm{m.}} \mathrm{Ba} \xrightarrow{(\mathrm{long})} \mathrm{La}$$

$$^{88}\mathrm{Kr} \longrightarrow {}^{88}\mathrm{Rb} \xrightarrow{17\mathrm{m.}} {}^{88}\mathrm{Sr}\ \text{(stable)}.$$

Corresponding experiments with a concentrated solution of thorium nitrate irradiated with the fast neutrons from a (Li + D) source also resulted in the production of a radioactive gas. Preliminary measurements showed that at least three periods occur in the alkali precipitate. The precipitate of strontium and barium sulphates was found to be radioactive too.

In order to check our observations, we collected the radioactive atoms from uranium on filter-paper in a way analogous to that described by Joliot[3]. The irradiations ranged from 15 minutes to 20 minutes. The filter was boiled in a solution containing cæsium, rubidium, barium, strontium and lanthanum salts. The alkali perchlorates precipitated from this solution showed a short period of 1–2 minutes and at least one longer period. Barium chromate obtained from the solution showed periods of 12 ± 2 minutes and 87 minutes. The strontium proved to be active too.

We succeeded in measuring the 1–2 minute period more easily without a chemical separation by covering the filter paper with a layer of 4 mm. of aluminium.

It is interesting to observe that the 12 ± 2 minute period in barium was not obtained from the gas. This suggests that it may be formed together with krypton, unless it arises from a very short-lived xenon period or from cæsium formed directly from uranium.

An attempt to activate uranium with the gamma-rays from lithium bombarded by protons gave no result. A search for electrons having an energy exceeding 10 Mev. during the irradiation of uranium with slow neutrons using two Geiger counters in coincidence arrangement was unsuccessful.

F. A. HEYN.
A. H. W. ATEN, JUN.
C. J. BAKKER.

Natuurkundig Laboratorium,
N. V. Philips' Gloeilampenfabrieken,
Eindhoven.
March 10.

[1] Hahn and Strassmann, *Naturwiss.*, **27**, 89 (1939).
[2] Curie and Savitch, *C.R.*, **208**, 343 (1939).
[3] Joliot, *C.R.*, **208**, 341 (1939).

Chemical Separation of Isomeric ^{80}Br Atoms

FOR rather more than a year, we have been studying the concentration of radiobromine by modifications of the method of Szilard and Chalmers[1], and have been using concentrates to follow the kinetics of exchange reactions between radiobromine ions and alkyl bromides. In the course of this work, we have encountered a number of puzzling phenomena which are now completely explained by the remarkable discovery made by Segrè, Halford and Seaborg[2] and DeVault and Libby[3] that the isomer of ^{80}Br with a half-life of 4·5 hours decays by a γ-ray change to an isomeric ^{80}Br which emits β-rays with a half-life of 18 minutes. The recoil from the soft γ-ray emitted by the parent nucleus (and its internal conversion) has been found sufficient to break a chemical bond in the BrO_3 anion or to activate the C–Br bond in *tert*butyl bromide and facilitate the hydrolysis of this compound. These reactions have been used to separate the isobaric 18-min. product from its parent 4·5-hour isomer with which it was previously in radio-active equilibrium. The β-ray activity of the daughter isotope in the reaction product was found to decay with a half-life of 18 min., whilst the activity of the residual bromine in the original reaction *increased* with time as the equilibrium concentration of the 18-min. isomer was restored by decay of the parent.

518 NATURE MARCH 25, 1939, VOL. 143

The purpose of this note is to record some of our observations which confirm the results of the workers at Berkeley. We have found that the addition of a few per cent of aniline (other nitrogenous organic bases behave in a similar manner) to an organic bromide before irradiation with slow neutrons gives a large increase in the amount of radiobromine which can be extracted afterwards by water or aqueous acids. In this case it is the capture γ-rays which disrupt or activate the C–Br bond and facilitate the reaction

$$\mathrm{RBr} + \mathrm{PhNH_2} = \mathrm{PhNH_2R^+} + \mathrm{Br^-}$$

This reaction can also give a large separation of the ^{80}Br isomers, as the following experiment shows.

Pure ethylene dibromide was irradiated with slow neutrons (from 200 mgm. radium sulphate plus beryllium) for 15 hours. Five per cent of aniline was then added and the mixture shaken with water at intervals until five hours had elapsed. By this time all the 18 min. isomer originally present would have decayed. After a final wash, the β-ray activity of the specimen was followed for 45 min., with the result shown in the accompanying graph. The initial

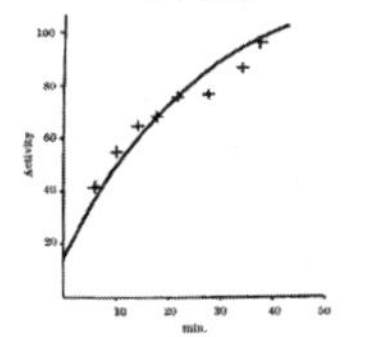

activity found was largely due to ^{82}Br with a half-life of 36 hours; this was measured after the shorter lived products had completely decayed, and the data in the graph are corrected for this activity. If the separation of the ^{80}Br isomers were complete, the initial activity would be zero. The full line in the figure represents the calculated curve for 90 per cent separation: it will be seen that the reaction of salt formation with aniline gives a separation of this order of magnitude. The activity in the aqueous extract was found to decay with a half-life of 18 min.

In our kinetic studies alkyl bromides, notably *n*-butyl bromide, were allowed to interact with radio-active bromine ions in a solvent consisting of 90 per cent acetone and 10 per cent water. At the end of the reaction the alkyl bromide was separated by dropping a portion of the mixture into water and extracting with benzene. When working with bromine of which the activity was mainly that due to the 4·5 hour period, we have repeatedly found that the β-ray activity of the benzene solution increased 20 per cent or more during the first hour after washing with water, whilst a reference specimen of the acetone solution decayed normally. This effect was not observed during the study of slow reactions in which the activity was measured after two to three days and was entirely due to ^{82}Br (36 hours). Hence the hydrolysis of *n*-butyl bromide under the conditions of our experiments also gives a considerable separation of the isomeric ^{80}Br atoms.

L. J. LE ROUX.
C. S. LU.
S. SUGDEN.

Sir William Ramsay and
Ralph Forster Laboratories,
University College,
London, W.C.1.

[1] Szilard and Chalmers, NATURE, **134**, 462 (1934).
[2] Segrè, Halford and Seaborg, *Phys. Rev.*, **55**, 321 (1939).
[3] DeVault and Libby, *Phys. Rev.*, **55**, 322 (1939).

Structure of Meteorites

Prof. E. A. Owen and R. W. Williams[1] have recently advanced a theory in which they account for the Widmanstätten figures in meteorites on the basis of their X-ray studies of iron-nickel alloys, natural and artificial. Their conclusions have been criticized by Prof. S. W. J. Smith and J. Young[2] on the grounds that only the surface of the meteorites is heated by passage through the earth's atmosphere. This criticism must not be allowed to detract from the merits of the experimental evidence given by Owen and Williams, which to a large extent receives confirmation from an investigation I have recently carried out with Mr. Goldschmidt.

X-ray powder photographs show that the iron-rich end of the nickel-iron equilibrium diagram must be completely redrawn. The areas of single phase and two-phase equilibria shown in the figure are based on the results of long periods of heat-treatment, and cannot be attained by cooling at the usual rates. Some idea of the times required even under the most favourable conditions is given by the time-scale attached to the diagram. Shorter times of annealing give entirely different results. There is not space here to give the evidence on which this diagram is based, or to explain its details. The purpose of this communication is to show how it affects the problem of the meteorites.

The new diagram confirms Owen's conclusion that suitable heat-treatment leads to the production of a two-phase structure in certain alloys. A typical meteoritic structure, which consists of a mixture of kamacite (body-centred cubic with 6 per cent of nickel) and tænite (face-centred cubic with about 26 per cent of nickel), is the equilibrium state at temperatures between 350° and 580° C. The existence of plessite in some meteorites may perhaps be explained as due to sudden cooling from above 580° C., leading to a deformed body-centred cubic structure produced by a sudden breakdown of the face-centred cubic form, though other explanations are possible.

Up to this point Owen's results are confirmed. There are, however, two important features of his theory which require modification.

(1) It must be concluded from the criticisms advanced by Smith and Young that the heat-treatment by which the meteorites received their characteristic structure occurred before they reached the earth and was not substantially modified by passage through the earth's atmosphere.

(2) Our diagram indicates that a further transformation not mentioned by Owen occurs at 350° C. or thereabouts. The typical meteoritic structure is

图4　卢嘉锡发表在1939年3月25日《自然》杂志上的论文《^{80}Br同位素原子的化学分离》

卢嘉锡在海外时刻牵挂着遭受日寇铁蹄蹂躏的祖国。刚到伦敦不久，他就和英国朋友一起前去聆听遭蒋介石放逐"留洋考察水利"来到欧洲的杨虎城将军关于国内抗日形势的报告，对这位发动西安事变以"兵谏"逼迫蒋介石承诺抗日的名将十分仰慕。后来卢嘉锡在回忆这段往事时不无感慨地说："整个会场上的听众中，大概只有我一个人同时听得懂杨虎城讲的中国话和翻译讲的英语。"卢嘉锡也十分关心在战争硝烟中颠沛流离的母校。1939年6月1日编印的《厦大通讯》第1卷第6期刊登了当年3月18日他给时任厦大教务长周辨明博士的信，信中详述了自己在英国留学的研究工作情况和论文进展，以及获得博士学位以后的打算，并且对抗战期间厦大迁至长汀继续办学表示欣慰和高度关切。

经过勤奋、不懈的努力，卢嘉锡不到两年就圆满完成了博士研究生阶段的学习任务。1939年6月，他的博士论文*A Study of Artificial Radioactivity*（《人工放射性研究》）顺利通过答辩。卢嘉锡获得伦敦大学物理化学哲学博士学位，成为我国最早的核化学家之一。

申请赴美留学

庚款留学公费的期限是3年。中英庚款留学生管理办法规定，学生必须在英国本土至少学习两年，才可以到别国留学。1938年，随着在伦敦大学学院的研究工作取得进展，卢嘉锡确信自己可以用两年取得博士学位，他开始思考如何以第三年的庚款公费继续深造。最初他考虑去德国从事物理化学研究，并利用假期前往德国实地考察。但萨格登教授认为，世界范围内物理化学的研究中心不在德国而在美国；而且，当时欧洲政局动荡，德国就像一个火药桶，不安全。“我有个朋友在美国加州理工学院，你到他那里去吧！”在萨格登教授的指点下，卢嘉锡最终确定到美国加利福尼亚理工学院（California Institute of Technology，缩写为Cal Tech或CIT，中文简称加州理工学院或加工），在莱纳斯•卡尔•鲍林（Linus Carl Pauling，1901年2月28日—1994年8月19日）教授指导下从事博士后研究（当时称客座研究员）。1938年8月，他联系索取了加州理工学院化学系的课程目录以及研究生院的入学申请表格。

确定了赴美从事博士后研究的志向，卢嘉锡在加紧从事博士论文研究工作的同时，积极预习博士后相关学科知识。他在大学学院选修量子力学讲演课，这是一门崭新的科学分支，还特意研读鲍林教授与哈佛大学威尔逊教授合著的《量子力学导论——及其在化学中的应用》，并做了读书笔记。

1939年3月15日，卢嘉锡正式致信加州理工学院提出入学申请。信中详述了攻读博士学位研究生期间，他在萨格登教授指导下所从事的研究课题“与人工放射性相关的某些问题”的具体内容，以及取得的研究成果；表示希望到加州理工学院后，能利用X射线和电子衍射技术对晶体和分子结构进行为期一年的研究。在申请表格“请写出至少三位对你的学术工作最熟悉的大学指导教师的名字”一栏中，他毫不犹豫地填上了厦大理学院院长兼化学系主任刘椽教授、伦敦大学学院化学系萨格登教授和伦敦帝国理工学院化工系古根海姆博士这三位老师。

萨格登教授和时任UCL化学系主任英果尔德（Christopher Kelk Ingold）教授在1939年3月14日分别为卢嘉锡写了热情洋溢的推荐信（图5）。萨格登教授

UNIVERSITY COLLEGE, LONDON

Telephone: Euston 4400
Please Quote: SS/NRH

DEPARTMENT OF CHEMISTRY

GOWER STREET, W.C.1

14th March, 1939

The Dean of the Graduate School,
California Institute of Technology,
Pasadena,
California, U.S.A.

Dear Sir,

I am writing to recommend to you one of my research students, Mr. C. S. Lu who is just completing a two year course of Post Graduate work for the degree of Ph.D. in this University. He wishes next session to proceed to your Institute in order to study more specially statistical mechanics and crystal and molecular structure.

I can speak in the highest terms of Mr. Lu. His work here has shown that he is a man of exceptional ability, both in regard to his breadth of knowledge and his aptitude for experimental investigations.

In his work here he has been engaged in investigations in which artificial radioactivity has been the common theme. He has constructed counters and amplifiers and evolved a technique which has made the measurement of radio activity almost as accurate as a chemical deter-

- 2 -

The Dean of the Graduate School 14th March, 1939

mination. He has made a detailed investigation of the methods of concentrating radio bromine and some other elements, and in particular has worked out a method by which concentrated sources of radio bromine can be prepared. These sources have proved invaluable in the study of the kinetics of exchange reactions. Mr. Lu himself has carried out some work in this direction and as a result of his work two other students have begun an extensive investigation which was only made possible by Mr. Lu's work. In addition he has made a detailed study of the artificial radio activity produced by neutrons in ytterbium and lutecium.

I shall be happy to answer any further enquiries you may wish to make about him.

Yours faithfully,

S. Sugden

S. SUGDEN

Professor of Chemistry.

UNIVERSITY COLLEGE, LONDON

Telephone: Euston 4400
Please Quote: CKI/JB

DEPARTMENT OF CHEMISTRY

GOWER STREET, W.C.1

14th March, 1939

Professor L. Pauling,
California Institute of Technology,
Pasadena,
California,
U. S. A.

Dear Pauling,

This is a little note personally to recommend a Chinese student of ours who wants to come and work in your laboratory, if possible on X-ray methods. Mr. Chia-Si Lu is actually working with Sugden, who will no doubt write to you himself, but I know enough of him (Lu) to be sure that you will, if you accept him, find him a very intelligent and hard-working student with an excellent practical technique and a great capacity for picking up new things quickly. I do hope you will be able to take him.

With cordial greetings,

Yours sincerely,

C.K. Ingold

图5 1939年3月14日Sugden教授的推荐信(上一、二)和同日Ingold教授的推荐信(下)

在写给加州理工学院研究生院的信中介绍了卢嘉锡在攻读博士学位阶段的研究课题及取得的研究成果，表示他可以给卢嘉锡“打最高分”，并称卢嘉锡“无论在知识面的广度，还是从事实验研究的态度方面都具有特殊能力”。英果尔德教授在给鲍林教授本人的信中则称卢嘉锡“是一个十分聪敏又勤奋学习的学生，他掌握很强的实用技能，并具有很快掌握新事物的能力”。

图6　英国伦敦大学学院化学系主任英果尔德教授

英果尔德教授（图6）在国际化学界享有很高的声望，他是物理有机化学的主要先驱之一，31岁时就当选英国皇家学会会士，1940年至1965年间曾经68次获诺贝尔化学奖提名。他与合作者E.D.休斯教授等在有机反应机理和分子光谱学方面做出了许多重要贡献。今天有机化学教科书里亲核、亲电、诱导和共振效应等概念，以及S_N1、S_N2、E1、E2等一些反应机理的命名，都是他们首创的。他的巨著《有机化学的结构与机理》（1953年）多年来一直是该领域的权威性文献。他还是有机立体化学中CIP手性规则（Cahn-Ingold-Prelog priority rules）的提出者之一。

1939年3月29日，鲍林教授分别给英果尔德教授和卢嘉锡回信。在给英果尔德教授的信中，鲍林表示只要有他的推荐，卢嘉锡的入学不会有任何困难，还介绍了自己所在研究室的科研情况，特别谈到近期自己对确定氨基酸和多肽的晶体结构非常感兴趣，希望借此夯实深入探讨蛋白质问题的基础。在给卢嘉锡的信中，鲍林介绍了研究室的科研和课程情况，并表示在他已获得伦敦大学博士学位以及入加州理工学院后不再谋求新学位这两个前提下，可以接收他入学。看来，鲍林教授接收卢嘉锡入学主要是基于对英果尔德教授的高度信赖，而他还不了解卢嘉锡本人，需要对这个中国学生的学识和能力再认真考察一段时间。

好事多磨。正当博士论文工作进入最后阶段、申请去美国做博士后也在紧锣密鼓进行的关键时刻，卢嘉锡却因患“风湿热”住进了医院，延缓了工作进程；美国驻英领事官员又弄丢了他办理赴美签证的材料。幸好这一切都有惊无险。他以扎实的知识功底和细致的实验工作按期顺利通过了论文答辩，同时，鲍林教授协助他及时补办了签证所需材料。7月17日，鲍林教授正式通知卢嘉锡：他已被接受为自己研究室的客座研究员。

赴美师从鲍林教授

1939年秋，卢嘉锡来到位于帕萨迪纳的鲍林教授（图7）领导的加州理工学院盖茨-克莱林化学研究实验室。

图7　当代著名化学家鲍林教授

鲍林是当代著名的化学家、量子化学和结构生物学的重要先驱者，被认为是20世纪对化学科学影响最大的人之一。他所撰写的《化学键的本质》被公认为是化学史上最重要的著作之一；他所提出的共振理论、价键理论、杂化轨道理论和电负性、蛋白质二级结构等概念，后来成为化学领域最基础、使用最广泛的概念。鲍林因在化学键方面的工作1954年获得诺贝尔化学奖，又因发起全世界万名科学家签名反对核试验而获得1962年诺贝尔和平奖，是迄今为止全世界唯一在不同领域两获诺贝尔奖的人。20世纪三四十年代，鲍林虽然还未达到自己科学研究的巅峰，但是他在结构化学等多个领域已有诸多建树。

在加州理工学院，卢嘉锡在鲍林教授指导下利用X射线和电子衍射技术分析研究晶体结构和分子结构，对过氧化氢、硫化物、苯基衍生物、氨基酸等物质的分子结构进行了深入细致的研究分析。

卢嘉锡十分注意观察学习导师的科学思维方法，他特别钦佩鲍林那独特的化学直观能力：只要给出某种物质的化学式，鲍林就能大体上想象出该物质的分子构型。导师的这种化学直观能力也在无形中“催化”了卢嘉锡在大学时期就形成的朴素的“毛估”思维。他常常揣摩导师治学与研究的思维方法，探究导师非凡想象力的根基与奥秘。“我发现那是善于把握事物本质的能力与毛估性判断的结果，这一发现引发我更加重视‘毛估’方法的训练和提高。”

卢嘉锡后来回忆当年跟随鲍林教授学习和工作的情形时这样说。

鲍林教授也很快发现新来的卢嘉锡是一个聪颖勤奋、有发展前途的青年学者。刚到美国之时，卢嘉锡还在三年庚款公费期内，本人和导师每半年必须向负责管理中英庚款留学生的伦敦各大学中国委员会报告一次学习工作情况。1940年1月和6月，鲍林两次致信委员会，肯定"卢博士是一个有能力、十分聪敏的学生，一个高效率的研究人员。因此，我很高兴他能来到我们研究实验室"。"我很高兴地再次强调，卢博士是一个很有能力的人，我们非常庆幸他来到我们的研究实验室。"

中英庚款留学三年公费即将期满，卢嘉锡准备按期回国。1940年二三月间，鲍林教授应他的请求，分别向中国西南联大化学系黄子卿、物理系吴有训两位教授写去推荐信，称赞卢嘉锡"是一个训练有素、很有能力、对这个领域最新进展有深刻了解的物理化学工作者"，而且"对于包括量子理论和原子结构在内的物理学所有重要分支都有深刻的理解和工作的知识"。由于鲍林教授的强力推荐，卢嘉锡顺利联系到重庆中央大学职位，并订好了回国船票。

但这时，鲍林教授经过深思熟虑，改变了先前积极推荐卢嘉锡回国工作的做法，决定尽力让他继续留在自己身边工作。7月31日，鲍林分别给中央大学校长罗家伦和管理中英庚款董事会董事长杭立武写信，请求中央大学将对卢嘉锡的任用推迟6个月，并称："我们认为，让他在我们学院逗留更长时间是一个明智的做法。""我希望再次重申我的强烈愿望：我的同事和我非常需要卢博士的能力和协助。"在另一份个人信件中，鲍林还称"卢博士是一个非常有能力的人，如果能留在这里，在这一年中他可以做出一流的工作"。9月3日，杭立武复信鲍林教授，表示管理中英庚款董事会已和中央大学共同做出安排，将原定当年秋天开始对卢嘉锡的任用推迟6个月。同时，鲍林为卢嘉锡办理了继续留在加州理工学院工作的签证，并为他申请到诺伊斯基金奖学金，于庚款公费期满后，从8月份起每月发放生活费。

总而言之，由于卢嘉锡在加州理工学院第一年中所表现出的勤勉工作态度和所取得的突出研究业绩，他获得了鲍林教授的充分肯定和完全信任。后来鲍林教授曾经多次跟人说，卢嘉锡是他的"几个出色的学生之一"。

那以后，由于二战全面爆发后美中之间往来十分困难和危险，更由于鲍林教授一再诚恳挽留并提供各方面便利，卢嘉锡又几次延长了在美国的逗留期限。在这期间，卢嘉锡没有辜负恩师的信任和期望，他在掌握了晶体结构研究的X射线衍射法和电子衍射法等手段的基础上,在晶体结构研究方面取得多项优秀成果。

卢嘉锡善于以简捷明晰的思路、巧妙新颖的方法迅速完成研究任务,在实验性基础研究方面表现出色的才能。他和加拿大化学家盖古勒(P.A.Giguere)巧妙地用尿素和过氧化氢结合成一种通过氢键连接的尿素–过氧化氢加合物,不仅可使过氧化氢稳定下来,而且得到了可供X射线衍射实验用的单晶;随后他和休斯(E.W.Hughes)合作完成了晶体结构的测定(图8)。实验结果表明,加合物中的过氧化氢并不因为尿素分子的存在而产生构型上的太大畸变。他们的实验研究结果证实了英国化学家彭尼(W.Penny)和萨塞兰(C.Sutherland)运用量子化学所进行的理论分析与推测。尿素–过氧化氢加合物后来被用作稳定的氧化剂,而形成尿素-过氧化氢加合物的类似方法则被广泛应用在晶体工程研究中,成为现今超分子化学研究的重要方法之一。

[CONTRIBUTION FROM THE GATES AND CRELLIN LABORATORIES OF CHEMISTRY, CALIFORNIA INSTITUTE OF TECHNOLOGY, No. 813]

The Crystal Structure of the Urea–Hydrogen Peroxide Addition Compound $CO(NH_2)_2 \cdot H_2O_2$

BY CHIA-SI LU, E. W. HUGHES AND PAUL A. GIGUÈRE

The molecular structure of hydrogen peroxide has been the subject of numerous investigations[1] during the last few years. No definite choice between the two proposed structures I and II[1,2] could be made from chemical evidence alone. Linton and Maass[3] favored structure II on the

I. HOOH　　　II $\begin{matrix}H \\ H\end{matrix}\!\!>\!O\!=\!O$

basis of their determination of the dipole moments of hydrogen peroxide in solutions. Theilacker,[4] on the other hand, pointed out that the same dipole moment and parachor data could be equally well accounted for by structure I, if the OH groups were assumed to be free to rotate around the O–O bond. In 1934 Penney and Sutherland[5] made a quantum-mechanical calculation for this molecule by the method of electron pairs, and showed that the energy dependence on the azimuthal angle ϕ between the planes of the two OH groups is more dominantly governed by the interaction of the non-axis-symmetrical electronic distributions around the two oxygen atoms than by the interaction between the two hydrogen atoms. They found that structure III in which ϕ and θ ($= \angle$H–O–O) are both about 100° would be about 10,000 cal./mole more stable than either the *cis* or the *trans* configuration ($\phi = 0°$ or 180°). This structure gives a value of the dipole moment in good agreement with that determined

(1) For a good summary, see W. Machu, "Das Wasserstoffperoxyd und die Perverbindungen," Verlag Julius Springer, Berlin, 1937.

(2) See J. W. Mellor, "Treatise on Inorganic Chemistry," Longmans, London, 1922.

(3) E. P. Linton and O. Maass, *Can. J. Research*, **7**, 81 (1932).

(4) W. Theilacker, *Z. physik. Chem.*, **B20**, 142 (1933).

(5) W. G. Penney and G. B. B. M. Sutherland, *Trans. Faraday Soc.*, **30**, 898 (1934); *J. Chem. Phys.*, **2**, 492 (1934).

图8　1941年1月卢嘉锡与休斯、盖古勒合作在《美国化学会志》第63卷上发表的论文首页

卢嘉锡还以X射线衍射方法测定了其他多种物质的分子结构,解决了一些化学界的未决问题。汪盛年和卢嘉锡合写的论文《三苯基氯甲烷和三苯基溴甲烷晶体的X射线检测》经鲍林亲自修改公开发表。卢嘉锡和沃塞尔通过X射线方法测定出联苯烯分子的晶体结构,证实了洛斯罗普根据合成化学反应提出的有关化学结构,鲍林教授非常推崇这一研究成果。

1942年，卢嘉锡即着手开展鲍林所期望的氨基酸晶体结构的测定工作，初步得到了*DL*-丝氨酸的晶体结构数据，经盖茨–克莱林研究实验室继续深入工作后，实验结果也得以正式发表。

卢嘉锡是我国从事电子衍射结构分析的第一人。1943年，卢嘉锡和他的合作者多诺休(J. Donohue)采用电子衍射法测定了单质硫(S_8)、氮化硫(S_4N_4)、雄黄(As_4S_4)、雌黄(As_4S_6)等化合物的结构，解决了国际上关于硫氮类化合物结构的长期争论。他们当时虽未能培养出可供X射线衍射结构分析用的单晶，但已在电子衍射法研究的基础上得出了比较合理的“八员环”结构，他们称之为“摇篮”构型。其中，他们通过原子间距的径向分布所推算出的N–S键长和键角值，后来被多诺休的晶体结构测定结果所证实。这些硫氮非过渡元素原子簇化合物在结构上具有“多中心键”特征，曾经引起卢嘉锡的高度兴趣。他在20世纪70年代以后转向固氮酶活性中心模型和原子簇结构化学的研究，不能不说与此有密切关系。卢嘉锡和他的合作者舒马克(Verners Schomaker)还运用电子衍射法研究了三氟化氮结构。

卢嘉锡不但在晶体结构研究工作上成果显著，在实验方法和技术上也颇有建树。1942年，他对余瑞璜提出的修正的Patterson函数方法给出了不同的意见。特别值得一提的是，卢嘉锡建立了一种处理等倾角魏森堡照相衍射斑点的洛伦兹偏振因子的图解法(图9)。在早期X射线晶体结构分析工作中，对上千个衍射斑点的洛伦兹偏振因子的校正只能依靠手工计算，工作量极大。卢嘉锡应用当时开始采用的穿孔卡片数值计算法，采用(ξ,ζ)和(τ,ζ)两组参数对，准确地解出洛伦兹偏振因子的倒数值。他设计出相应的两种曲线卡，将其做成透明的模板，可直接用于魏森堡照片和倒易点阵图网。进行洛伦兹偏振因子校正时，只需把照相底片覆盖在模板上，即可直接读出洛伦兹偏振因子倒数的内插值，省去了大量烦琐的计算。这一方法1943年首次发表，1959年又被收入《国际X射线晶体学用表(第二卷)》(International Tables for X-ray Crystallography Vol. Ⅱ)中，被称为“卢氏图表”(Lu’s Chart)。“卢氏图表”在计算机技术广泛应用于晶体结构分析之前，被国际化学界普遍应用了几十年。

除了晶体结构、分子结构研究，卢嘉锡还经常去听鲍林讲授的量子化学课，他觉得鲍林讲课很有特色，与萨格登严谨的风格相比，鲍林性格豪放，在驾驭自如的逻辑推理的基础上留给听讲人以更多的想象和发挥的空间。卢嘉锡一如既往地做笔记，这引起导师的注意。

THE REVIEW OF SCIENTIFIC INSTRUMENTS

VOLUME 14, NUMBER 11 *NOVEMBER, 1943*

Reciprocal Lorentz-Polarization Factor Charts for Equi-Inclination Weissenberg Photographs

CHIA-SI LU
Gates and Crellin Laboratories of Chemistry, California Institute of Technology, Pasadena, California

(Received August 23, 1943)

Two charts of reciprocal Lorentz-polarization factors for equi-inclination Weissenberg photographs are given, which will furnish simple templates of such factors to be used either directly on the Weissenberg photographs or on the reciprocal lattice nets drawn to an appropriate scale.

SINCE the introduction of the equi-inclination technique of taking Weissenberg photographs by Buerger,[1] it has gained increasing popularity with crystal structure investigators. Together with the multiple-film technique first adopted by deLange, Robertson, and Woodward[2] for facilitating visual intensity measurements, this equi-inclination method has been rather commonly used for obtaining relative integrated intensities, which, when appropriately corrected, will give a set of relative $|F|^2$ values for the observed reflections. Among the most important corrections are the Lorentz-polarization factors. Tunell,[3] following the method of deriving such factors for rotation photographs of Cox and Shaw,[4] has shown that, in addition to the factor $(1+\cos^2 2\theta)/\sin 2\theta$ (where θ is the Bragg glancing angle; a trivial numerical factor is neglected here, as we are dealing only with relative intensities) which takes account of the polarization in the reflected beam and also the orientation of the respective lattice plane with respect to this beam, there is another factor $\sin\theta/(\sin^2\theta-\sin^2\mu)^{\frac{1}{2}}$ (where μ is the equi-inclination angle for the layer-line under investigation) which corrects for the decrease in the angular velocity of the lattice plane relative to the angular velocity of the axis of rotation. Thus for all reflections,

$$I=K|F|^2\cdot\frac{1+\cos^2 2\theta}{\sin 2\theta}\cdot\frac{\sin\theta}{(\sin^2\theta-\sin^2\mu)^{\frac{1}{2}}},$$

or

$$|F|^2=K'\alpha I,$$

图9　卢嘉锡发表在1943年11月《科学仪器评论》上的论文《等倾角魏森堡照相的倒易L-P因子图》首页

“你对量子化学感兴趣？”鲍林问他。

“是的，我在伦敦时就开始学习这门知识。”他拿出自己当年研读鲍林与威尔逊合著的《量子力学导论——及其在化学中的应用》写下的读书笔记。整本笔记字迹秀丽，页面整洁，不难看出卢嘉锡学习时的专心、认真，给鲍林留下了深刻印象。

中国同学情谊深厚

加州理工学院是一所名校，这里集聚了不少中国留学生，包括日后著名学者钱学森、袁家骝、林家翘、张捷迁等。卢嘉锡与同在加州理工学院以及周边其他大学的中国留学生亲密相处，频繁往来，结下了深情厚谊(图10)。

图10　1940年，加州理工学院部分中国同学合影

前左起：钱学森、林木樟、卢嘉锡、袁家骝；中左起：张捷迁、俞恩瀛、徐樟本；后左二吴壮夫

刚到美国，好心的中国同学带着卢嘉锡在学校四处参观，见一个人正在实验室做实验。一看这个人脸圆圆的、长得白白的，想到日本侵略者的铁蹄正在践踏祖国的土地，卢嘉锡愤愤地对陪同的中国同学大声说："他一定是个日本鬼子！"只见这个人抬起头来，看了卢嘉锡一眼，又神情冷漠地低下头做他的实验。看到这个人似乎一点听不懂自己说的中国话，卢嘉锡更确信这是个日本人了。没想到在周末中国留学生的聚会上，卢嘉锡又遇到了这个"日本鬼子"。看到两人相见时惊愕的表情，相识的同学赶紧过来介绍："你们还不认识吧，这是钱学森博士，这是刚来的卢嘉锡博士。"一聊起来，卢嘉锡才知道，那天钱学森博士正在专心致志地做实验，根本没有听清卢嘉锡"斥骂"他的话。更为巧合的是，钱博士抬头见来人矮矮胖胖的，反也把卢嘉锡当成"日本鬼子"而不屑理睬！厘清了误会，两人不禁哈哈大笑，自此结为挚友。

20世纪20年代后期，一批科学工作者在南京成立中华自然科学社，后来发展成为全国性综合科技社团。1938年，卢嘉锡经在伦敦大学皇家学院攻读植物病理学的同届庚款公费生沈其益介绍，加入中华自然科学社。1939年秋来到加州理工学院后，他受委托组织成立了中华自然科学社美国西海岸分社（简称美西分社），并担任美西分社执委会副主席，积极组织不同学科中国留学生的学术讲演和联谊活动，以推进不同领域知识之间的相互碰撞和融合。

刚到加州理工学院时，卢嘉锡与来自东北大学的张捷迁同室居住。张捷迁原来学空气动力学，后来研究大气动力学。中美交往大门打开后，时任美国华盛顿天主教大学大气科学系主任的张捷迁教授多次应邀访华，大力推进中美两国大气科学学术交流。每次来到中国，他都要与卢嘉锡会面叙旧。回忆昔时趣事，他对人说："卢嘉锡不会做饭菜，那时每次中国同学聚餐，他只能'自告奋勇'饭后去洗碗！"

卢嘉锡在美国孤身一人，又不会做饭，平时吃住都有劳美国房东。好在他对吃住从不挑剔，除同学聚会外，只是周末去中国餐馆吃点中餐，既解思乡之情，又算改善伙食；有时还上小酒吧去喝点饮料，与普通民众聊天。几年下来，他竟学会了不少民间口语。

应聘从事燃烧和爆炸研究

二战期间，太平洋战争爆发以后，美国政府曾颁布一条战时法律条款，规定不满30岁的男子一律必须服兵役，即使是居住在美国的外国人也不得例外，除非是参加战时国防科研的科技人员。二者必选其一。个别中国留学生只好去当美国兵，而卢嘉锡选择了后者。

1943年11月，作为战时国防科研项目，美国碳化物与碳化学公司要招聘从事物质光谱和盖革计数技术的研究人员。鲍林教授推荐了卢嘉锡，并给他很高的评价。1944年春，卢嘉锡来到美国国防研究委员会第13局下属的马里兰研究室，从事燃烧与爆炸研究，并担任一个小组的负责人。

其实，美国当局最初曾希望卢嘉锡参加原子弹研制，因为他们了解到他留英时期就搞核化学研究。但卢嘉锡未应允，因为他知道，那是美国的最高机密，一旦进入那个领域，自己就必须和国内的家人及其他亲友断绝一切书信往来，甚至日后难以回到祖国。因而他选择了密级较低的燃烧与爆炸研究。由于这一明智的选择，他后来办理回国事务相对比较顺利。

1944年夏天卢嘉锡在给一位国内友人的信中简单介绍了美国战时国防科研组织状况。他说,1939年麻省理工学院布什教授发起成立科学研究与发展事务部(Office of Scientific Research and Development,OSRD),内分国防研究委员会(National Defense Research Committee,NDRC)和医学研究委员会(Committee on Medical Research,CMR)两大部分。国防研究委员会主席是哈佛大学校长柯南特,副主席有麻省理工学院院长科普顿、统计力学家托尔曼、航空专家哈色克和有机化学家罗杰、亚当等,著名科学家爱因斯坦、鲍林等均为会员或顾问。卢嘉锡很清楚,燃烧与爆炸研究虽然密级较低,但仍属美国国家机密,所以谈到自己时,他只能含糊其词:美国国防研究工作分派各大学或大工厂负责进行,另在适当地点设立研究所研究特别性质问题,“弟现在工作即属此类性质者”;又说,他的所长是著名热力学家皮策,“同事亦多为学术界中人,故对弟均极客气,丝毫不守秘密。弟个人与洋人交接,既不至媚外,亦未尝畏外,因之洋人亦乐与弟交,不以国族之不同而歧视之也”。

“既不至媚外,亦未尝畏外”,是卢嘉锡一生中与外国人交往所持的基本信条之一。谦虚而不自卑,自信而不骄傲,能力出众,待人热情,使卢嘉锡在马里兰研究室既很有人缘,又很有声望。刚到不久,他撰写了一份研究组工作报告,因为内容翔实、条理清楚、文字通畅,上司十分赞赏。当听说这份报告出自一个中国人之手后,特意交代下属:“以后研究报告就由这个人来写,他写得比我们好!”

可能为避免引来不必要的麻烦,卢嘉锡回国后很少对人提到他曾从事燃烧与爆炸研究。据厦大化学系1948年毕业生赵景总回忆,当年他们班有个同学做实验时违规用酒精喷灯直火加热,结果发生爆炸,虽无伤人,但竟推倒一堵隔墙;卢先生就此计算了此次爆炸所产生的推动力,同学们才知道他曾专攻燃烧和爆炸方面的研究。

卢嘉锡次子卢咸池则说:“小时候,我和其他孩子一样都喜欢放爆竹玩,父亲很不放心。一次吃饭时他对我们说,他有个朋友是研究炸药的,有一天夫妻同在实验室工作,丈夫探头去看新制成的炸药,没想到上衣口袋里的一串钥匙滑落下来,当即引起爆炸,夫妻和身旁助手二死一伤。他以此告诫我们对燃烧爆炸品要特别小心。他还说过,有一次他们在野外进行爆炸试验,一阵巨响,一座大楼就倒下了;离试验场不远有个工地正在拆楼,看到这边一下炸掉了一座大楼,赶紧派人来问是否还要试验,如果要的话,拿工地上正在拆的楼房当样品就行,省得他们拆得那么费劲。”

卢嘉锡去世后，女儿卢葛覃在整理他的遗物时发现一个小铁盒，打开一看，里面存放着7张照片（图11），显示了一栋耸立的房屋随着爆炸轰然倒下最

图11　1944年马里兰实验室爆炸试验展现了一栋楼房随着爆炸轰然倒下最终夷为平地的过程

终夷为平地的全过程，这是卢嘉锡当年在马里兰研究室从事燃烧与爆炸研究时一次爆炸试验的完整记录。这组照片完全证实了卢嘉锡早年对子女所说的话。

决心回国

留学欧美期间，卢嘉锡在放射化学和结构化学研究中取得骄人成就。据目前所知，他先后在国际权威学术刊物上发表了12篇论文，包括《自然》(*Nature*)2篇、《英国皇家化学会会志》(JCS)2篇、《美国化学会会志》(JACS)5篇、《晶体学报》(*Acta Cryst.*)1篇和《科学仪器评论》(*Rev. Sci. Instru.*)2篇。此外，他在马里兰研究室时还撰有多份不能公开发表的机密级(Confidential)研究报告。

1945年初，世界反法西斯战争胜利在望，卢嘉锡十分兴奋。同时，与妻儿一别7年多，他思亲之情也愈发热切。卢嘉锡回国的希望之火日旺。他在马里兰研究室的一项课题这时正好圆满结束，于是他适时辞去了研究室的任职。他因在燃烧与爆炸研究方面取得出色成绩，获得美国国防研究委员会颁发的"科学研究与发展成就奖"。

3月，卢嘉锡离开马里兰，重新来到美国西海岸，准备应导师邀请到加州理工学院短期工作，同时办理回国手续。但是，事情再生变数。回到加州后，帕萨迪纳地方兵役分局说他未满30岁却没有服过兵役，要求他立即做征召前的体检，准备入伍。卢嘉锡在马里兰研究室时的上司肯尼思・皮策(Kenneth Sanborn Pitzer)是加州大学伯克利分校教授。无奈之下，他只能前往加州大学化学系，在皮策手下从事石油环烷类物质的化学热力学研究，继续参与美国战时国防科研。

1945年5月，法西斯德国崩溃，欧洲战事结束。8月15日，日本宣布无条件投降，抗战胜利了！卢嘉锡心中充满喜悦，他的归国之心再也按捺不住了。几个月前，亚洲战事尚未结束，他计划中的回国行程还必须先横渡大西洋，绕过欧洲、非洲到印度、缅甸，从那里再通过滇缅公路经昆明前往重庆。战争结束后，他不必再在地球上绕一个大圈子了，他决定堂堂正正地从旧金山乘船横渡太平洋直达上海，"从前门"回祖国去！

正在这时候,浙江大学向卢嘉锡发来邀请,聘请他到校任化学系教授、系主任。

卢嘉锡当然知道美国和中国生活待遇、工作条件的天壤之别。在8月25日致鲍林的信中,他对回国后将面临的清贫生活有详细的叙述。当时,浙江大学向他报出了6600元法币的基础年薪,看起来数额不小,而实际上这笔钱按当时中国的黑市价格只相当于2美元!美国同事们抱着同情之心调侃说,如果卢嘉锡回国去,将成为"年薪一美元"的人。还好,当时国民政府为了让教授们有最起码的生活保障,对国立大学教员发放不少于10倍于基础工资的津贴。但即使加上这份津贴,对卢嘉锡来说,也不过相当于年薪二三十美元。而早在1940年夏天庚款公费期满之后,鲍林教授为卢嘉锡争取到的诺伊斯基金奖学金就已经是每月110美元;1943年底,鲍林教授进一步将卢嘉锡的月薪提高到250美元。1945年夏天鲍林更表示,卢嘉锡如果能回到加州理工学院工作,可以为他提供300美元的月薪,这相当于回国后薪酬的上百倍。鲍林还表示,盖茨-克莱林研究室的实验室和图书资料室对卢嘉锡完全开放。而当年的中国积贫积弱,再加上遭受日寇铁蹄蹂躏,不用说科研,就连教学条件都十分困难。可是,"子不嫌母丑",面对美国如此优厚的生活待遇和优越的科研条件,卢嘉锡还是下定了回国的决心。

鲍林理解学生的选择,他回信再次邀请卢嘉锡回国之前到加州理工学院短期工作。

战争结束了,美国政府先前规定的战时临时兵役条款也自动失效了。卢嘉锡不再受兵役状况纷扰。他愉快地接受了导师的邀请。10月份,他再次来到帕萨迪纳,在加州理工学院化学系任研究员,在恩师身边度过了离开美国前最后一个月的时光。

卢嘉锡满怀"科学救国"的理想和"重建升平"的愿望,也带着对亲人的思念,精心做回国准备。他处理掉了大部分私人用品,包括当时还属于"奢侈品"的收音机、电唱机等,只留下自己多年科研工作中积累下来的一本本研究笔记、一批专业书籍,和英文打字机、计算尺、绘图工具等一些教学科研小用品。那台英文打字机黑色机箱的金属铭牌上刻着"CHIA-SI & SUN-YU LU",那是卢嘉锡、吴逊玉夫妻二人英文名字的合写(图12)。在欧美的8年中,卢嘉锡时刻思念妻儿,那块铭牌是他在购置打字机时为了表示夫妻恩爱特意定制的,它也代表着自己此时的心情。他还思忖着给恩师送件礼物,鲍林教授想起卢嘉锡当年研读《量子力学导论》时所做的读书笔记,说:"就把你那本量子力学笔记留给我吧!"

图12　卢嘉锡从美国带回的英文打字机，黑色机箱的金属铭牌上刻有“CHIA-SI & SUN-YU LU”的字样

那时，横跨太平洋的海上航线刚恢复，洋面上二战期间布下的水雷尚未清理干净，海上航行随时可能遭遇危险。卢嘉锡不顾一切买了允许载客的第一班船票。1945年11月21日下午6点，英国“爪哇王子号”（Javanese Prince）轮船驶过美丽的旧金山金门大桥下，卢嘉锡站在甲板上，挥手告别旅居多年的美国，满怀对恩师的不尽感激，满怀对家乡亲人长久以来的深切想念和对祖国未来的热切期望，开始了返国的旅途。他期待以自己的学识报效祖国，实现多年的“科学救国”之梦。

蔡启瑞先生10年留美深造

廖代伟　黄桂玉　蔡俊修

1947年3月，34岁的蔡启瑞搭乘美国总统轮船公司的“戈登将军号”邮轮（图1）从广州出发，穿过太平洋，辗转抵达美国俄亥俄州首府哥伦布市（Columbus），作为俄亥俄州立大学（The Ohio State University，OSU）化学系的一名博士研究生，开启了他长达10年的留美深造岁月。

图1　美国总统轮船公司“戈登将军号”邮轮　照片来自网络

在1947年美国国务院留美奖学金的资助项目中，厦门大学可选派一名青年教师赴美留学深造。在时任厦门大学化学系主任卢嘉锡先生的竭力推荐下，已任厦门大学化学系讲师近7年的蔡启瑞成为当时中国政府选派赴美留学的20名优秀人才之一（图2）。

1947年2月，蔡启瑞到上海办完出国手续后，即到南京看望时任中央研究院总干事的萨本栋先生，希望在出国前再次聆听老校长萨本栋先生的谆谆教诲。萨本栋先生曾任厦门大学校长8年（1937—1945年），特别是在厦大抗战时期迁往长汀期间，为厦门大学的迅速蓬勃发展以及成为“国内最完备大学之一”“加尔各答以东最完善的大学”沥尽心血。现在，老校长萨本栋精神和校主陈嘉庚精神一样是厦门大学代代相传的宝贵精神财富。这8年也正是蔡启瑞毕业后留校任教的最初8年，萨本栋先生的品行身教深深影响了蔡启瑞这位青年教师，成为他毕生从教遵循的楷模。40多年后，蔡启瑞曾在《萨本栋与厦门大学》(1984年5月)一文中回忆："有些人你和他接触的机会不一定很多，可是他的言行和品格却使你终生难忘。萨本栋先生就是这样的人"，"像萨先生那样为教育和科学献身的精神，对于老、中、青成千上万的人都是一笔精神财富"。

图2　1946年夏，厦门大学化学系部分师生欢送蔡启瑞公费赴美留学在鼓浪屿新生院合影

第二排：左二李毓华、左四周纯端、左六周辨明、左七蔡启瑞、左八卢嘉锡

第一排：左五田昭武

萨本栋先生1945年5月应邀赴美讲学，曾任俄亥俄州立大学的客座教授，在电机工程系授课。他得知蔡启瑞也被派到俄亥俄州立大学留学，很高兴；虽然萨本栋先生身体已相当虚弱，但仍坚持给蔡启瑞详细介绍了俄亥俄州立大学，并给了蔡启瑞许多勉励。

俄亥俄州立大学创建于1870年，是一所著名的公立研究型大学，是国际研究型大学联盟Universitas 21个成员之一、北美学术联盟美国大学协会(AAU)最早(1916年)的成员之一、北美五大湖地区最著名的公立大学之一，被誉为公立常春藤(Public Ivy)。该大学校友中曾涌现出4位诺贝尔奖获得者和多位对人类文明及科技进步做出重大贡献的人物，包括2位杰出的中国科学家蔡启瑞院士和闵恩泽院士。闵恩泽先生到俄亥俄州立大学比蔡先生稍晚，是化学工程系的博士研究生；回国后，蔡、闵两人分别在厦门大学、北京石油科学研究院领军催化基础和催化应用研究，共同谱写了引领中国催化学科发展壮大的“南蔡北闵”一段佳话。

图3　20世纪40年代末，蔡启瑞留美期间于俄亥俄州立大学实验室

蔡启瑞在OSU学习和生活的最初一两年情况(图3)，可从他给母校的两封汇报信中洞悉大观：

> 弟自出行到现在并非事事顺利，只是硬干到底，生活起初如同穿一双新鞋子，未免有些紧张，现在早已步履安闲，只怕鞋子穿破而走不到目的地，故弟自始即决计，先赶完应修学分(至少45分)然后专心致志于论文，俾克早获学位。本季过后学分已足，德文亦已考过，结果后日可揭晓，如下季法文再投机成功，即可申请参与Candidate(博士候选人，本文作者注，下同)初试，此关一过，以后可随意旁听或参与讨论会。论文方面初导师提议研究某种利用磁场促进之叠合反应，弟觉其无甚前途，又拟利用电场使胺酸偶极排成有向阵线以促进Polypeptide Condensation(多肽缩合)，估计结果因胺酸dipole ions(偶极离子)电距仍小，欲得平均45度之Orientation(定向)，理论上所需电场强度极高，故亦作罢。现已决定纯从化学方面着手另一种Polycondensation(缩聚)，试料合成工作已将完竣，倘叠合一步如所预期，则以后关于反应动力、叠合体结构及性质诸方面之探讨形成routine。总之，此尚是一种新尝试，大成小就或终归泡影，多少须看造化。
>
> 本季修多相反应及触媒、量子化学(第二季)、X光线及晶体机构等。量子化学现讲Electron spins(电子自旋)，尚觉清爽有趣。“X光线”讲授不甚精彩，唯教授极和气，不拘小节，每星期一晚实验必亲来督察，可与肆

间肆谈，彼详细讲解，毫无倦容，常至十一二点始归去，以此学生在实验室中所得远较课堂上为多。实验方面除做了两种关于X光性质（吸收光谱及偏极）之实验外，尚只做了丙酸钡二钙（立方晶系）之三种照片，唯未开始计算。至高等有机及热力学弟仅于考试时略应卯而已。

此间在功课方面之传统精神极似母系，可谓良好之训练学校。有机方面颇强，设备亦佳（据伊利诺大学来此工作之同学之观察），可惜理论方面除Johnston等一套年来略有工作表现外，其他方面似在静止状态，有良好之教员而无非常inspiring（激励、启发式）之导师，此乃令人感觉苦闷之处。然弟数理基础太差，以往亦未下过苦工，多少已成落伍，故10月来在此理化系课堂上坐板凳，亦不能谓无所得，此点甚堪告慰。

当然，若以同样功夫读CIT（加州理工学院）或CU（加州大学），或较能有所遭遇不致隐没，然此乃命运安排，能留此已属万幸，弟自信若无意外波折，仍可自行开路，且本系相待极好，师友之间相处极为融洽，10月来之耕耘，至少在人情上略有收获，以此亦舍不得离开。

本系为OSU最大一系，undergraduates（大学生）之素质及程度大抵较母系为逊，此盖因吾国大学学生事实上于入学时已经过一度精选，而美国大学教育则注重较广泛之训练，有利于普通程度之学生，而不利于优秀学生。至研究院作风乃略有不同，入研究院读高等学位者多少为有心人，百人之中至少亦有半打好角色。本系必修课程仅高等有机及热力学各9学分。热力学第一、二季大半取材于L&R，加些低温热力学，第三季才是统计及光谱，有机第一、二季为物理有机及些复习，第三季是杂圈化合物，此二科系补充大学基本训练之性质，国内同学必可应付，若对此二科生疏者亦可略为预备。至其他学程全是点菜性质，幸菜单尚不太少，有极易消化者，亦有须用心细嚼而后始可下咽者，凭各人胃口慎于选择，总不致弄坏肚子。唯本系不准用英文代替一种第二外语，凡有心来此者应预为准备，始不致耽误时间。

此间国防研究院虽为本系附属机关，唯有半独立性质，在此工作之员生约百人，低温实验室设备仅次于CU，另有高温高压等实验室，大抵做了不少关于"喷气催进"方面之工作，吾人当然未便过问。此机关有的是钱，学生研侣每周工作24小时月薪125元，Post doctorate（博士后）300元，此机关从前颇为开放，现因国际形势及吾国时局皆有变化，吾人已较不易进去工作。

希望母系再有人出来，若欲来此读理论则不如在CU，因在此重要工作不易得到，学到古典热力学则又无多大趣味，若欲攻“叠合”则至伊利诺较好，读有机则可来此或伊利诺。本系过去数年对中国学生极采保守态度，去年忽大开放，现在殆又稍保守，然母系同学欲得本系入学许可证，弟可担保无问题。美国学校极其分数主义，大概母校分数较严紧，寄成绩单出来多少会较诸教会大学学生吃亏一点。弟当年因不缴习题，高等微积分被弄成69分(还是最高分数)，故弟在此第一季选些硬课时，系主任颇见迟疑，此点后来者不可不注意。因标准不同(此点系中已了解)，最好请母校注明80分以上则是A，70分至80分是B，60分至70分是C(但不可全用ABC以免矛盾)，将来欲弟代请什么“船”时较易为力。

国内来美同学常怀奢望，来美后见必修课程较浅，常致失望。譬如初涉海滩，即谓大洋不足渡，迨乎举足向前，始觉“浮”之不易。其实功课仅能当作一种基本训练，吾人主要目标却在研究，故导师与设备第一，导师最初重要在指示一条路径，以后则是精神上与人事上之一种助力，一切路程均自行走去，固亦不能全为导师之傀儡也。

此地生活程度较弟初来时又高了10%～15%，我们日常消费唯“吃”一项最可惊人，像弟胃口大的每日将近2元，小吃亦在1.5元左右。“住”的一项弟幸混进此间小规模国际公寓(22人代表12个国家)，每月仅19元左右，若在外面租屋则需要25元左右。一般言之，学费除外每月八九十元已够(衣服在外)，唯出国时翻印书计算尺和皮箱不可不带齐，若等到美国来买便是大傻瓜，如弟衣服可制可不制，到此后仅购一套西服33元，质料虽非上等，唯颇大方耐穿。

要读书固然不一定须出来，但是有些自费考出来的，在美悄悄找到工作，反而可发些洋财，我们一向都躲在鼓里，岂不冤哉！总之以后如有公费或自费考试切不可再错过，只要能过得来，要找个事情混混生活，尚不是顶困难。

弟在此间化学系虽略有基础，唯实际工作尚未能有所表现，且本校以生数(25500)过多，出了化学系谁也不认得谁，所以现在能与诸校友之帮忙恐仍极有限，唯弟对于此行之另一使命未尝忘怀，但稍假我以时日，决当尽力接应。

(1948年1月30日来信，蔡启瑞赴美近一年)

弟功课已于上学季结束，语文及统考幸皆顺利通过，现正赶做实验，大概再三学季可结束。倘实验能提前告一段落，很想找个机会到西部去一二季，换换口味，据一般观察，美国学生的成就多是在毕业后几年中浸出来的，我等到美后第一年读些洋八股，掇拾些治学工具已够忙了，第二年才谈得上实验的工作，所以要想在两年内发现新大陆，除非有天大的本领才行，可见"三年计划"实比较合理。最理想办法为于学位结束后再在此或其他学术机关浸下一年半载，唯弟有两不稳因素，家庭问题为其一，恐未能如愿，最迟明夏即须返国，届时视母校需要情形再定行止。

此间夏天闷热，不便工作，效率极低，每天只能于早晚进实验室，午后在宿舍里开电扇乘凉，另于星期一三五早课去聆听Gamow大吹其原子及宇宙之牛而已。此间生活程度又涨10%～15%，唯国务院奖学金自本年4月起每月亦增10元，若无意外风波，经济不成问题。

法西兄此行不带太太似乎失策，因(一)两人自炊伙食费和一人吃饭馆差不多；(二)人到了国外工读机会较容易找；(三)若是为了孩子的缘故，更应该带出来吃吃洋牛奶。我们或许觉得在求学的时代携眷出洋有点那个，可是洋人正觉得我们单身出来未免有点不近人情。

林慰桢兄与钱人元先生如能一并罗致，可为母系两支生力军，现母系基础已臻稳定而流年又利于东南，若能乘机集中人才，则将来发展成为中国之加工与加大，非无可能，唯在兄等努力扶助为之也。

(1948年夏来信，蔡启瑞赴美一年半)

留美期间，蔡启瑞还是下象棋(在国内时，他就能下盲棋，一对三还能赢)、打桥牌的高手，常破解俄亥俄州首府报纸专栏上桥牌有奖征解的难题。

在修完课程学分、取得博士候选人资格后，蔡启瑞即投入紧张的博士学位论文的科研工作。蔡启瑞的大学本科毕业论文是在时任厦大化学系主任的张怀朴教授指导下完成的，涉足电分析方向。他于1937年毕业(厦门大学第12届毕业生)，留校任物理化学和有机化学的助教，一年后有幸当傅鹰先生的助教。在傅鹰先生的指导下，进行有机酸混合物萃取分析的研究，涉足刚萌芽的液相色谱法领域。1940年蔡启瑞晋升讲师后，还教过"普通化学"(无机化学)，他所指导的本科生毕业论文主要涉及天然或合成有机物的制备、提取、分析、测定、作用及应用。蔡启瑞所熟悉掌握的化学各分支学科的理论基础和实验技能，再加上在OSU学习的研究生课程，使得他在进行论文科研工作时能驾轻就熟，而且，连玻璃实验器具系统也是他自己动手吹制的。

蔡启瑞的博士学位论文是在时任OSU化学系主任的马克、哈里斯以及纽曼教授的指导下完成的。马克（Edward Mack, Jr.）博士毕业于普林斯顿大学，曾任北卡罗来纳大学化学系主任，二战期间参与曼哈顿计划，曾任美国化学会志（*Journal of the American Chemical Society*）和物理化学杂志（*Journal of Physical Chemistry*）的副主编。哈里斯（Preston M. Harris）博士本科毕业于威滕伯格学院，在OSU攻读硕士和博士，为芝加哥大学博士后，二战期间，曾参与加州大学的曼哈顿计划。纽曼（Melvin S. Newman）博士毕业于耶鲁大学，是耶鲁大学、哥伦比亚大学和哈佛大学的博士后，他提出的分子结构端点（end-on）表示法被称为纽曼投影图分子式（Newman Projection formulas），早已成为教科书中的经典。蔡启瑞留美期间所师承的3位教授都是化学领域的杰出教授，他们活跃的思维方式和严谨的研究态度，启迪激发学生创造力的指导方式，对蔡启瑞后来的学术生涯产生了深刻的影响，并跟3位老师结下了深厚的友谊。纽曼教授虽然没有在蔡启瑞的博士学位论文导师一栏署名，但那时的指导和合作，令蔡启瑞受益终生。

1979年，蔡启瑞盛情邀请纽曼教授到厦门大学讲学（图4）。时隔20多年，

图4　1979年，蔡启瑞留学美国时的导师M. S. Newman教授访问厦门大学

左二起：郭奇珍、隋乐恕、曾广植、纽曼、蔡启瑞、周绍民、潘容华、李德娥

两位70多岁的老朋友促膝长谈甚欢。陪同纽曼教授到访的还有上海有机所的有机化学家曾广植。曾广植是蔡启瑞在OSU的师弟，他于1952年获硕士学位，1957年回国，历任中国科学院上海有机化学研究所副研究员、研究员，致力于有机反应机理研究，20世纪70年代起从事味道化学和甜味剂研究。卢嘉锡曾率自己的学生陈元柱与有机化学家黄耀曾、曾广植等共同翻译了20世纪最著名的化学家之一鲍林的名著《化学键的本质》，于1966年正式出版，使鲍林的学术思想直接与中国读者见面，在国内产生了重大的影响。

回到美国后，纽曼教授特地将当年蔡启瑞和他合作完成，但因蔡启瑞随即返回中国而未能及时正式发表的研究成果撰写成论文A Novel Synthesis of 1,21-heneicosanedioic Acid，在美国有机化学（*J. Org. Chem.*）杂志上正式发表(图5)。这一研究成果完成后近30年仍能被接受发表，足以体现其研究水平和时效价值之高。

J. Org. Chem. **1980**, *45*, 4785–4786 **4785**

A Novel Synthesis of 1,21-Heneicosanedioic Acid[1]

K. R. Tsai and Melvin S. Newman*

Chemistry Department, The Ohio State University, Columbus, Ohio 43210

Received June 17, 1980

The synthesis of polymethylene dibasic acids has been accomplished mainly by the alkylation of malonic esters with polymethylene dibromides followed by hydrolysis and decarboxylation.[2] The synthesis of long-chain diacids requires long-chain dibromides, usually synthesized by reduction of long-chain diesters to diprimary alcohols followed by conversion to dibromides. If uneven-numbered

图5　1980年，纽曼教授和蔡启瑞在*J. Org. Chem.*上合作发表的文章

蔡启瑞博士学位论文研究方向是物理有机化学，研究内容是多亚甲基长链二醇及二羧酸的L-B膜的研究。1950年4月，顺利通过博士学位论文答辩(图6)，蔡启瑞只用三年就获得了俄亥俄州立大学化学领域的哲学博士学位。其博士学位论文题目是A Study of Macro-Ring Closure in Heterogeneous Reactions：Surface Films of High Polymethylene Dicarboxylic Acids and Glycols(《多相反应中大环闭合的研究：高聚亚甲基二羧酸和二元醇的表面膜》)，署名导师是P. M. Harris和E. Mack Jr.。当时论文封面上蔡启瑞的英文名字写为Khi-Ruey Tsai，后来蔡启瑞发表国际英文论文时采用的英文名字是Khi-Rui Tsai（K. R. Tsai）。

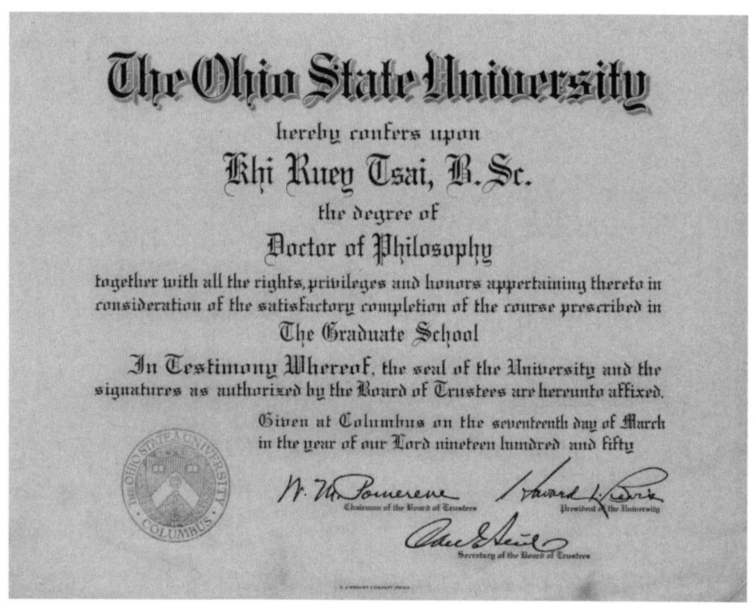
The Ohio State University

hereby confers upon

Khi Ruey Tsai, B.Sc.

the degree of

Doctor of Philosophy

together with all the rights, privileges and honors appertaining thereto in consideration of the satisfactory completion of the course prescribed in

The Graduate School

In Testimony Whereof, the seal of the University and the signatures as authorized by the Board of Trustees are hereunto affixed.

Given at Columbus on the seventeenth day of March in the year of our Lord nineteen hundred and fifty

Chairman of the Board of Trustees

President of the University

Secretary of the Board of Trustees

图6　蔡启瑞的博士学位证书

在获得博士学位前，长汀时期蔡启瑞在傅鹰教授指导下完成的论文也在美国工程化学(分析版)刊物上正式发表[Tsai，K. R.，Fu，Y.. Analysis of Mixtures of Aliphatic Acids by Extraction. *Ind. Eng. Chem.*（Anal Ed），1949，21：818.《脂肪酸混合物的萃取分析》]。

蔡启瑞博士毕业后，在哈里斯的挽留下，留在俄亥俄州立大学从事铯氧化物晶体结构测定这一极具挑战性的结构化学方向的博士后研究，1952年被聘为副研究员（Research Associate），在美国物理化学杂志上接连发表了Cs_2O和Cs_3O晶体结构的两篇论文（Tsai，K. R.，Harris，P. M.，Lassettre，E. N.. Crystal Structure of Cs_2O. *J. Phys. Chem.*，1956，60：338-344；Tsai，K. R.，Harris，P. M.，Lassettre，E. N.. Crystal Structure of Cs_3O. *J. Phys. Chem.*，1956，60：345-347）。这一系列研究，使蔡启瑞深感含有极化率很高的阳离子化合物结构化学的丰富多彩，尤其是曾用作夜明镜主要材料的夹心面包型的Cs_2O（反$CdCl_2$型晶体结构），表现出特殊的光学性能，但他更感兴趣的是该晶体有相当大的极化能。这些研究工作进一步提高了蔡启瑞在结构化学等领域的精深素养，也为他后来从事分子水平上的催化科学研究奠定了全方位的扎实基础。

如蔡启瑞给母校厦大的来信中所述，他原定的“三年计划”完成博士学位以及“在此或其他学术机关浸下一年半载”之计划已如期实现，而因思母心切和顾念家庭，原拟“最迟明夏即须返国”的计划却因1950年6月25日朝鲜战争的爆发而受阻。美国政府规定在美留学的理工科中国学生一律不准返回中华人民共和国，他不得不滞留在美国，在OSU担任无机化学和酶反应动力学方面的副研究员工作。1950年4月，母校厦门大学29周年校庆之际，蔡启瑞从大洋彼岸发回了“祖国大地皆春，我怀念你啊，祖国！”的电报，表达了他对祖国和母校的深深思念。

蔡启瑞盼望着早日归来，母校厦大也为他的回校工作做了安排。1950年5月30日，卢嘉锡先生向学校提出拟聘蔡启瑞为专任化学教授兼任化学研究所指导教授，评价为“极优”。

蔡启瑞坚持年年递交离境申请，他曾给棋友洪天定写信说：“谅此巨鲸，亦鼓不起洪浪！”坚信一定能早日回国。经中美两国政府谈判，1956年3月中旬，美国政府允许中国留学生回国，蔡启瑞的回国申请终于获得了批准。他欣喜若狂，立即日以继夜地整理资料，将这几年的实验数据全部拍成照片以便携带；放弃了汽车等家里的所有物品；等下一班船回国就可以多领到的工资、奖金、退保金等，都不要了；如果继续留在美国，他的研究成果可以申请专利并有可能成为百万富翁，也根本不在乎了。这一切都是为了赶上最近的船班回国。

1956年3月下旬，“戈登将军号”轮船上的蔡启瑞，遥望着茫然不见边际的太平洋，思绪万千，归心似箭。他回想起9年前与挚友顾瑞岩先生（厦门大学生物系教授）相伴乘同一条船沿同一航线赴美的情景；他又想起，家里亲人生活条件很差，这9年是如何熬过来的？他恨不得早一点回到他们的身边！而平静的海洋航行令他思考最多的，还是“我现在已进入中年，今后如何报答祖国”，“我一定要根据国情和自己的能力，主动了解哪些急要任务是我最有可能效力承担的，以便事先做充分准备”。“戈登将军号”轮船到达广州时，蔡启瑞身上已经没有钱了，只能找广州的朋友借了200元，原计划绕道新加坡探望一位堂叔的想法也只好放弃。为了祖国的召唤，留美近10年的蔡启瑞终于如愿回到了祖国。几十年后，蔡启瑞曾述及："还有一个重要的原因，是为了我的母亲，我还在襁褓中，我父亲就去世了，我的母亲非常坚强、勤劳，把我养大很不容易，对我可以说是恩深似海，我在国外，无时无刻不在挂念着国内的母亲……"

从广州先回厦门大学，蔡启瑞向王亚南校长报到及与师友会面后，即回到老家马巷与母亲和家人亲友团聚，后经福州、上海到北京的留学生招待所报到，等候安排工作。为了进一步了解国情，他特地赶赴长春，向吉林大学唐敖庆先生请教，参观了吉林大学和中国科学院长春应用化学研究所，后再回到北京。当时，中国科学院大连化学物理研究所、化工部的一个石油研究部和南京大学等科研单位和高校都希望他前去工作，但他都婉谢而要求回到母校厦门大学工作。此后，直到2016年10月3日7时26分仙逝，蔡启瑞先生以陈嘉庚精神和萨本栋精神为楷模，为他所热爱的厦门大学和祖国的科学与教育事业贡献了毕生的心血！

（廖代伟，男，厦门大学化学系教授，蔡启瑞先生指导的第一个博士研究生，也是厦大培养的第一个理学博士。）

谢希德：一生尝尽辛酸苦甜诸味的故事

吴伯僖

时代在变化在前进，历史巨钟嘀嗒地响。厦门大学从1921年到2021年100年内，巨钟已经嘀嗒31亿5360万响，这时段内，厦大发生许多令人难以忘怀的故事！其中有生活在厦大校园内及附近的小孩顽皮而又生动的故事；也有历尽艰险从沦陷区辗转逃亡到偏僻的山城长汀，在那里艰苦朴素专注求学的故事。在这100年内，厦大培养出许多为国家为科学做出贡献的学者，但却有些人尝尽辛酸苦甜，头戴罩着光环却又布满荆棘的冕旒。谢希德的故事就是一个典型的代表。她的故事应由作家来写，才能感人肺腑。无奈主编章慧教授命我撰写。虽惶恐却只好从命！

1981年4月，厦门大学成立60周年庆典大会上，谢希德代表复旦大学到会致贺词时说，她有三个生日：一个是她1921年3月19日生于福建泉州，一个是厦门大学成立于1921年，她是厦大的学生，还有一个她于1956年参加的中国共产党也是1921年诞生的。

谢希德幼时随父亲谢玉铭博士到北平，1927—1938年先后就读北平燕京大学附小、女中、贝满女中(图1)。七七事变后，随家南迁，进武昌圣西理女中、长沙福湘女中。1938—1942年先后三次考取大学，不幸因膝关节被结核菌入侵，只好暂时放弃进大学的机会，住院治疗，但她没有向病魔低头，坚持在病床上自修英语、数学、物理，直到1942年结核病菌被消灭，方进入福建长汀厦门大学数理学系。进入大学后，除了体育课因膝关节不能弯曲外，功课门门全优，是名闻全校的才女！那时，厦大有一条动态的风景线，从女生宿舍笃行斋，经男生宿舍集美斋、食堂、图书馆，一条铺有大小鹅卵石的小路，常见校花吴纫芳、廖翔贞、金珍君陪着谢希德走向简陋的图书阅览室、教室。一路上，擦肩而过的男生，更多看的不是校花，而是以钦敬的心情注视着名闻全校行动不便的才女谢大姐！

图1　中学时代(1938年)的谢希德

1946年,谢希德以优异的成绩完成厦大数理学系学业,1947年在上海准备留美考试,任上海沪江大学助教。1948年考取美国史密斯学院攻读物理学,与后来的里根总统夫人是同学。1949年,获得硕士学位后转入麻省理工学院专攻理论物理,只用两年时间,于1951年获得博士学位。

谢希德赴美留学前,比她大一岁的青梅竹马恋人曹天钦,于燕京大学毕业,准备到英国剑桥大学留学,两人出国前订婚(图2),但相约在国外留学得博士学位后才结婚。1951年两人均得博士学位,准备结婚后回国效劳。此时,万事俱备只欠东风。但1951年下半年,杜鲁门政府宣布:凡在美国攻读理工科的中国学生一律不准返回新中国!幸而此事被英国科学史专家李约瑟博士知道,遂邀请谢希德前往英国,跟曹天钦在伦敦结婚。之后,两人乘轮船回到祖国。

图2　谢希德、曹天钦订婚照

1952年谢希德回到中国，被复旦大学聘为物理系副教授，后升任教授，1956年参加中国共产党。她响应周总理向科学进军的号召，跟北京大学物理系黄昆教授联合向国务院建议，在国内一些大学设立半导体专业，培养人才，以便开展用半导体小型器件代替庞大的真空管的研究及生产事业。经国务院批准，她被调到北京大学，跟黄昆教授主持举办全国联合半导体专业，由北大、复旦、厦大、南开、东北人大等五校各派几十名学生及教师参加。经过两年，培养的学生后来几乎全部成为我国半导体研究所、工厂、大学半导体专业的骨干。

1958年夏，谢希德调回复旦大学，又参加复旦大学与中科院上海分院联办的技术物理研究所，任该所副所长。1966年，"文化大革命"开始，她和丈夫曹天钦分别被怀疑为美国、英国特务；不幸的是她同时又被诊断出患癌。这样，她一方面参加运动，被分配到半导体工厂劳动，磨硅片、洗厕所；另一方面进行手术、化疗，跟病魔斗争。这期间还曾发生一件很感人的小事。人们有一天发现，在厕所里贴有一张写得很工整的小字报，内容是："请不要把剩菜剩饭倒在这里！"虽没有具名，但大家心知肚明："一定是那个被怀疑是美国特务的人在劳动时写的。"

1972年党组织以"查无实据"，解放谢希德。她即刻投入新的学科表面物理研究，在复旦大学成立表面物理研究所，任所长。

1976年谢希德的右侧胸部又发现疑点，这是她与癌症斗争的第三个回合。但她在积极接受治疗的同时，以顽强的毅力忍受病痛的折磨，继续奋斗在科学教育岗位上。

谢希德1980年当选为中国科学院数理学部委员（院士）；1981年获美国史密斯学院、美国纽约学院荣誉博士学位；1982年我国第一个科学基金——中国科学院科学基金诞生，这是1986年创立的国家自然科学基金的前身，中科院院长卢嘉锡亲任中国科学院科学基金委员会主任，严东生、谢希德为副主任；1983年1月谢希德接替苏步青教授出任复旦大学校长，成为1949年后中国首位女大学校长（图3）；1989年当选为第三世界科学院院士；1990年当选为美国文理科学院外籍院士；1997年出任上海杉达学院院长。她多次被评为先进工作者，"三八红旗手"，并被多所国际知名大学授予名誉博士称号。谢希德任复旦大学校长期间，曾亲自出面接待美国里根总统到校访问（图4）。她还抱病多次出国，先后访问苏联、德国、法国、美国、英国、瑞典、意大利、日本、印度、保

图3　担任复旦大学校长的谢希德

图4　谢希德接待美国里根总统访问复旦大学

加利亚、罗马尼亚等国，进行学术交流。她并且先后当选为中共第十二、十三届中央委员和上海市第七届政协主席。

谈到谢希德不能不略为介绍她的夫婿曹天钦。曹天钦是我国著名生物化学家，1980年与谢希德同批当选为中国科学院学部委员（院士），他们伉俪是我国最早的夫妻院士"双星"之一。曹天钦为我国生物化学与分子生物学发展，尤其为蛋白质科学研究奉献了自己的一生，是我国现代蛋白质研究的奠基人。但他跟谢希德一样，"文革"中被怀疑为英国特务，身心受到严重摧残。恢复工作后重新担起中科院生物化学研究所副所长的重任。1987年秋，他出国到以色列参加国际学术会议期间不慎摔倒致旧病复发，回国后虽经上海名医多方抢救，不幸成为植物人。那段时间，谢希德每天清早乘复旦校车到校，为复旦校务、研究所、科研终日忙碌，傍晚下班后，又赶到医院探望成为植物人的丈夫。

记得有一次我到北京出差，途经上海时，跟谢希德联系傍晚五时许到她家探望。可我到她家时，只有保姆在。保姆对我说，谢校长电话让我进到她家客厅等候。不久谢大姐回到建国路家中，看到我已在客厅，就说对不起，因到医院看望曹天钦所以迟些回来。我问曹院士情况如何，她说我每天到医院看他，两人静静地相望而无语。医生认为无法挽救。尽管如此，谢大姐只要没有出差出国，还是天天傍晚到医院和曹院士相对无语。此情此景，即使铮铮铁汉，也不能不为之动容！ 1995年1月8日，曹天钦在上海逝世。

1999年12月12日谢希德再次住进医院，不幸癌细胞已经扩散。2000年3月4日，著名女科学家、我们敬爱的谢希德校友，在为事业奋斗一生，并与病魔搏斗几十年后逝世于上海，享年79岁。

遗体告别那天，龙华殡仪馆大厅站满前来送别的上海市委、市政府、市政协领导，以及各界人士和复旦师生代表。由于大厅不够容纳，有一半参加人员站在大厅外。我和物理系黄美纯教授(黄是谢希德教授得意门生，并经谢推荐出国留学)奉厦大校长命赶往上海参加遗体告别仪式。由于厦门赶到上海已较迟，只好也站在厅外，幸好仪式开始前被上海科技大学张志仁教授(北大五校联合半导体专业同学)发现，把我和黄美纯拉进大厅，挤在人群中。遗体告别在庄严肃穆气氛中进行。一代女杰，经历过动荡岁月，感受过事业有成，也历尽了身心苦痛，就此结束辛酸苦甜、跌宕起伏的传奇人生！

我一直在想如何用一句恰当的话语来总结这段看似无味却又感人肺腑的故事，最后将其归结为《孟子·告子下》中的名言："天将降大任于斯人也，必先苦其心志，劳其筋骨，饿其体肤，空乏其身，行拂乱其所为，所以动心忍性，曾益其所不能。"

孜孜不倦　一心向学

——邓从豪

林梦海　郭晓音

贫苦少年发愤读书

邓从豪原名邓涨泉，后改名邓从豪，1920年10月3日出生于江西省临川县崇岗乡上邓村一个贫苦农民家庭。父亲邓天裕虽然目不识丁，但勤劳能干，心灵手巧，是“全村近300户农民中最出名的种田能手，他种的田单产最高”，为乡亲们所称赞。邓从豪是邓家的长子，从小就体会到父亲的辛苦，养成了孝顺父母、勤劳俭朴的农家子弟好品行，主动帮助父亲从事力所能及的农业劳动。

江西临川是一个以农业为主的文化之乡，历史上曾出现过不少享誉全国的名人。如北宋时代著名的政治家、文学家王安石，明代著名戏曲家、文学家汤显祖等。生长在这种有着深厚文化底蕴的环境之中，自然就有重视文化、知书明理的良好传统。

邓天裕这位普通农民，深知不识字、无文化之苦，他要让孩子有出息，就决心节衣缩食，供孩子上学读书。长子取名涨泉，既有让孩子不断成长、进步如水涨船高之意，也希望孩子学业有成，为家庭摆脱贫穷，开发财源。于是，他让9岁的大儿子到县城临川第一小学读书。学校里教算术的徐老师是毕业于清华大学的高才生，因为战乱滞留乡村小学任教。他发现邓涨泉聪明好学，思维敏捷，便对他说：“你念书的方法很像我，我给你改个名字吧。”于是，徐老师便取自己名字中的一个“豪”字，将“涨泉”改为“从豪”，以示“师从徐老师”，同时“豪”指才智出众，也蕴含见贤思齐，青出于蓝。正由于老师的精心培育和自己的刻苦好学，邓从豪在小学阶段就是一名品学兼优的学生，同时在算术老师的影响下，他从小就格外喜欢数学。

1935年，邓从豪小学毕业后，以全校第一名考入江西省名校——南昌第一中学初中部(图1)。在校时，他发愤读书，各门功课尤其数理化等科都取得好成绩，成为学校的尖子生。除学好功课外，他十分爱好课外阅读，中外科学家的传记无不涉猎，对科学家的发明创造和过人天赋无比崇敬。他说自己“特别敬仰牛顿和居里夫人，钦佩他们造福人类的丰功伟绩，希望同他们一样在科学的海滩上拾取贝壳”。并为此写下了“奋发向上”“做一个有益于人类的人”，作为勉励自己的座右铭，要向科学先驱们看齐，将来做一个像他们那样智慧过人、造诣高超，并对国家、对人类做出杰出贡献的人。

图1　少年时代的邓从豪(邓从豪供图)

1938年，邓从豪因初中成绩优异，被免试保送到南昌一中高中部。南昌一中是一所具有优良的教育传统、教学名师荟萃的中学。近现代中国科学界一些名人，如中央研究院院士胡先啸、吴有训，中国科学院院士盛彤笙、黄家驷等，都在这所学校工作过。邓从豪进入高中后，受优良学风影响和名师教育，更加发愤读书，立志报国。一位与邓从豪同届的南昌一中台湾校友，在回忆当时在校读书的情景时说：“有一位叫邓从豪的校友很会念书，名字广为人知。”

漫漫大学路

1941年7月，邓从豪完成高中学业，准备报考大学。上大学，首先是大学和志愿的选择。当时，中国正处于抗日战争的艰难岁月，战事频繁，交通破败。平津早已沦陷，北京大学、清华大学和南开大学等一流名校已内迁云南昆明，组建西南联合大学，浙江大学则内迁贵州。按照邓从豪的学业成绩和人生抱负，考上名校是不成问题的。但是因为战乱、交通阻隔，加之家庭经济拮据，他只能选择江西省内或邻省福建的大学。受中学化学老师邹时琪的影响和鼓励，邓从豪毅然报考了战时内迁山城长汀的厦门大学化学系和南昌中正大学化工系。最终选择了厦门大学化学系，长途跋涉到长汀参加升学考试。

因为家境贫困，而搭长途汽车要付高额费用，为了节省盘缠，邓从豪于“赤日炎炎似火烧”的夏天，徒步由临川出发到长汀。800里的崎岖山路，一路风餐露宿，日晒雨淋，夜宿时还遭受蚊虫叮咬，整整走了7天，终于按期赶到长汀赴考。由于劳累过度，邓从豪到长汀时病倒了。但他还是坚持参加了考试。最终在1000多名考生中，邓从豪名列第40名，被厦门大学化学系录取。虽然他同时收到了南昌中正大学的录取通知书，但经过权衡，还是选择了厦门大学。

当年考上厦门大学理工学院的江西籍学生共20名，其中同邓从豪一起来自江西临川的学生有3名。化学系录取的学生仅7名，邓从豪是其中唯一的江西籍学生。在《国立厦门大学学生姓名录(三十年度上学期)》中，邓从豪学籍编号为“901”，与他同系同级的同学还有：后来曾经担任厦大化学系主任的周绍民教授，曾任香港立法局议员、香港机场管理局主席、荣获特区政府授予“大紫荆勋章”的黄保欣等。

收到录取通知书，邓从豪全家人欣喜之至，但是怎样为他筹集路费和学费，却让父母亲忧愁烦恼。自从邓从豪上中学，家里人就经常为了筹集学费而东借西凑或典当物什。这次为了儿子上大学，父亲邓天裕毅然把全家人赖以生存的田地典出，自己及家人以佃农身份租佃土地耕种，以微薄的收入养家糊口。对此，邓从豪心中万分感动，发誓将来学业有成、自谋生计之时，要报答父母养育之恩，照顾好弟妹。在父亲的全力支持下，邓从豪终于如愿以偿，按时于当年秋季进入被誉为“南方之强”的国立厦门大学学习。

当时，厦门大学由厦门内迁到闽西山城长汀已将近4年。时任校长的物理学家萨本栋博士，在烽火连天的抗日战争时期，面对山区长汀物资匮乏的情况，硬是带领师生员工，战胜千难万险，苦心经营，办好学校。萨校长在任之时，一直把提高教学质量放在第一位。虽然学校改国立后，政府核拨经费不多，但为了抓好教学，萨校长仍然竭力延聘优秀教师，充实师资队伍。至1940年度，在校的教授、副教授达到40名，且都是在学科专业上有所成就的名师。如理工学院院长、化学家蔡镏生和教务长傅鹰，化学系主任刘椽以及张怀朴、王宗和等。这一年，学校规模也得到扩大，已由私立时期的3院9系扩展为文、理工、法、商4个学院，中文、历史、数理、化学、生物、土木工程、机电以及法律、经济等13个学系。

在邓从豪入学的前一年(1940年)和当年(1941年)8月，国民政府教育部举行了全国大专以上学生学业竞赛，厦门大学在全国高校中连续两年获得第一名。学校声誉日隆，也吸引了众多学子慕名投考厦门大学。这对刚入学的邓从豪来说，无疑是一个极大的鼓舞和鞭策。优秀的教师、优良的学风、淳朴的闽西民风，为邓从豪发愤努力、见贤思齐、立志成才提供了优良环境和力量源泉(图2)。许多名师的为人处世和治学精神也对他产生深刻的影响。

图2　青年时代的邓从豪(邓从豪供图)

时任学校教务长兼化学系教授的傅鹰讲授“普通化学”基础课和“胶体化学”选修课，他的治学精神和为师之道，给了邓从豪深刻的影响和教益。后来他回忆当时在校学习生活时说：“傅鹰先生的言行指导了我一生的志趣。1941年秋，我进入厦门大学化学系学习。那时他是化学系教授和厦大教务长。除校长萨本栋外，傅先生是最受学生尊敬的老师，我的心目中都以他的言行为自己行动的指导。他说学好物理化学需要学好数学和物理作基础。因此，除了主修化学系课程外，我还选修了数理学系的几乎全部课程。”2020年，邓从豪的硕士研究生、山东大学蔡政亭教授在《纪念邓从豪院士百年诞辰：先生之风，山高水长》一文中回忆：“通过四年的艰苦努力，邓老师获得了厦门大学数理学系和化学系两张毕业文凭！邓老师的这两张文凭，曾在《邓从豪校长百年诞辰图片展》上展出过。”

傅鹰上课时带着讲稿，但讲课时却从不看稿，只偶尔看一下标题。他也从不讲与课程无关的话，只偶尔讲一两句幽默的比喻。他编写的《普通化学》讲义，内容非常丰富。在“原子结构”一章中，他写了许多原子结构的知识和公式，对每个公式他都指出，可由量子力学推导得出。这让邓从豪感受到量子力学的神奇和奥妙，并由此萌生了学习量子力学理论并应用于化学研究的想法。除课堂教学外，傅鹰对科学研究的执着和勤奋精神，也深深地感动了每一位青年学生。每当晚上自习课结束后，在回宿舍的路上，看到傅鹰和他夫人还在灯火通明的实验室工作的情景，让邓从豪感到心灵的震撼。他说：“每天晚上他都同夫人张锦教授在研究室工作到深夜，这使我懂得，即使学术地位和水平高如傅先生，也还需要勤奋进行科学研究。进行科学研究是科学工作者的职责和爱好。”

榜样的力量是无穷的。受战时厦门大学优良学风的熏陶，和众多名师道德风范的感染，邓从豪一心一意投入学习，不论是上课还是做实验，都极为专注，心无旁骛，努力求索。功夫不负有心人，在校期间，他因为考试成绩优秀（达到学校规定的标准A级）而获得过学校最高奖——嘉庚奖学金（图3）。

与他同班的周绍民在回忆当年同窗共砚的情景时，很钦佩邓从豪的刻苦精神和学习韧劲。在厦大求学的四年中，邓从豪竟未曾回过一次家，寒、暑假也留在学校，埋头于自己的学业，他说：“一方面没有钱，不想再向父母要路费，他们已经够难的了；另一方面正好用假期的时间把两个系的功课都学好。”此外，为了有一个健康的身体以应付繁重的学业，他注意锻炼身体，还坚持洗冷

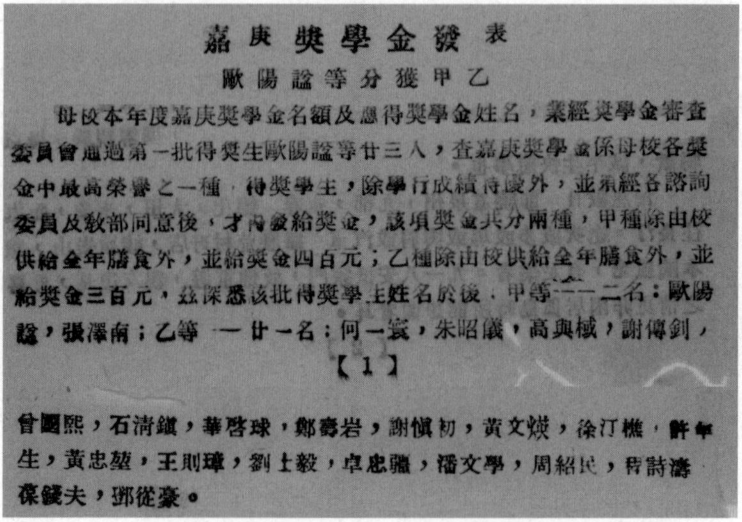

嘉庚獎學金發表
歐陽謐等分獲甲乙

母校本年度嘉庚獎學金名額及應得獎學金姓名，業經獎學金審查委員會通過第一批得獎生歐陽謐等廿三人，查嘉庚獎學金係母校各獎金中最高榮譽之一種，得獎學生，除學行成績特優外，並須經各諮詢委員及教部同意後，才得發給獎金，該項獎金共分兩種，甲種除由校供給全年膳食外，並給獎金四百元；乙種除由校供給全年膳食外，並給獎金三百元，茲探悉該批得獎學生姓名於後：甲等——二名：歐陽謐，張澤南；乙等——廿一名：何一賓，朱昭儀，高與棫，謝傳釗，

【1】

曾國熙，石清鑽，華啓球，鄭壽岩，謝愼初，黃文煐，徐汀樵，許年生，黃忠堃，王則璋，劉士毅，卓忠驥，潘文學，周紹民，蔣詩濤，蔡鍵夫，鄧從豪。

图3　邓从豪、高与棫、周绍民等化学系学生荣获年度嘉庚奖学金
（引自《厦大通讯》1942年第4卷第8-10期）

水澡，不论酷暑寒冬都不例外。因此他总是精力充沛，极少因伤风感冒而影响学习。这种冷水洗浴的习惯，一直坚持到他毕业以后从事教育工作和科学研究，50余年未曾改变。

第一份工资赎回田地

1945年夏天，邓从豪完成了大学本科四年的学业，以优异的成绩毕业于厦大化学系。他的毕业论文指导老师正是刘椽教授（图4）。

毕业时，摆在他面前的第一件事就是找工作，挣钱养家。四年前父亲为他入学筹集路费和学费，把家里的田地典当出去，现在他要替父母分忧，把家里的田地赎回来，这就需要钱。他不敢想出国留学，一心希望找一份工作，以取得经济收入。集美中学战时内迁南安诗山，那一年正缺高中部数学教师。经人举荐，邓从豪奔赴集美中学，担任高中数学和化学教师。拿到薪酬后，邓从豪首先赎回了父亲典当出去的田地，以后又购入了几亩地，改善了家庭的经济情况。

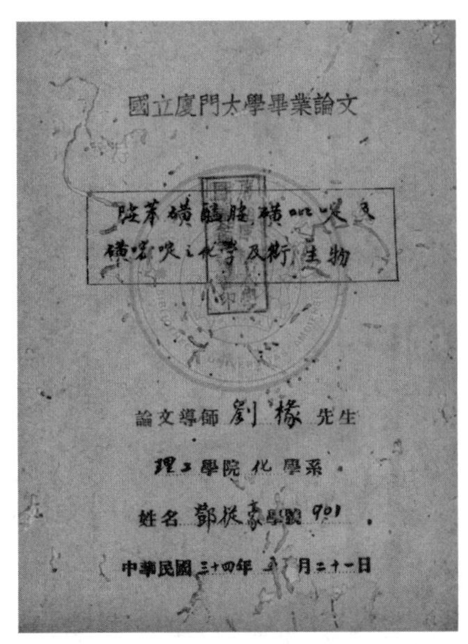
國立廈門大學畢業論文

論文導師 劉椽 先生

理工學院 化學系

姓名 鄧從豪 學號 901

中華民國三十四年 月二十一日

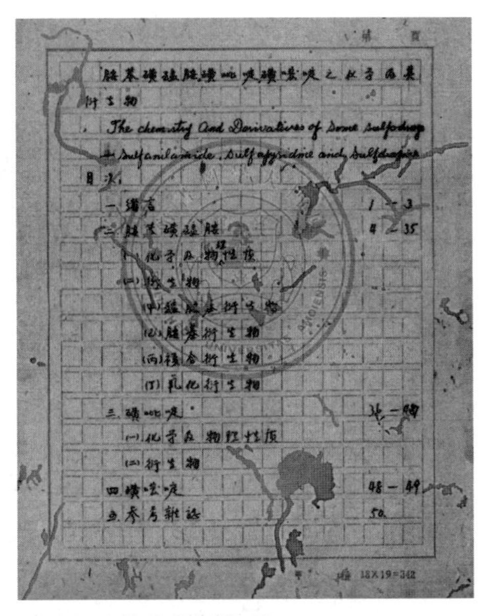
The chemistry and Derivatives of Some Sulfa drugs

图4 邓从豪的毕业论文(厦大图书馆特藏部供图)

这一年秋季,后来与邓从豪成为“亦师亦友”关系的张乾二,正好在集美中学高中部复学,就读高一下学期。邓从豪刚当上中学老师时,就与小他8岁的学生张乾二结缘,成为师生关系。邓从豪因为大学时辅修了数理系课程,加上从中学开始就喜欢数学,学问扎实,基础深厚,让他从事教学工作得心应手。在集美中学任教又让他感到特别亲切,因为这所学校与厦门大学都是著名爱国华侨领袖陈嘉庚创办的。

任职期间,邓从豪教学非常认真,对学生循循善诱,深受欢迎。他上课时,善于用通俗易懂的例子来阐述数学概念和推导公式,讲解时侧重推理,逻辑性强,演算清晰精准,这对吸引学生的注意力、提高他们的学习兴趣十分有利。张乾二对新来的老师特别敬重,上课时专心致志,认真听讲。这很得邓从豪的喜欢和关注。张乾二本来就对数学特别感兴趣,当然也就主动去亲近老师,获取新知。他后来回忆当年上中学时的学习情景时说:“数学老师邓从豪讲课有一个好处,就是很理论同时又很抽象,而我又偏偏喜欢比较抽象理论的东西,不喜欢解难题什么的。”

在集美中学任教一年之后,为就近照顾父母,邓从豪回到老家江西,应聘于母校南昌一中,担任了一个学期的教学工作。1946年11月,他应南昌中正大学教务处长郭庆棻之邀，到该校化学系担任助教。1948年夏天，国民党统治区掀起“反内战、反饥饿、反迫害”的民主运动。南昌中正大学的学生奋起响应，举行罢课和示威游行，遭到国民党江西省政府的镇压，一些学生被抓捕。邓从豪因公开发表抨击国民党政府和支持爱国学生革命行动的言论，结果遭受中正大学当局的解聘。虽经郭庆棻从中斡旋，学校最终收回成命，但邓从豪决意离去。

来到山东大学

1948年，邓从豪准备另谋职业。他联系到大学时的系主任刘椽，刘椽当时正在山东大学任化学系主任，就邀请邓到山东大学任教。此时正是国共两党、两军决战的关键时刻，到处战火纷飞，兵荒马乱。邓从豪从江西南昌到青岛，汽车倒火车、火车倒轮船，辗转多日才来到青岛。行程途中还有一个收获，他买到了刚出版的Kimball著的《量子化学》，这是刚诞生的学科。到了青岛安顿下来后，邓从豪请人做了个小黑板，挂在办公室里。他在教学之余，就认真阅读这本《量子化学》，在小黑板上反复推导量子力学公式，又演算了许多习题，以加深对量子化学知识的理解。

新中国成立后，党中央、教育部都十分重视青年教师的培养工作。唐敖庆也给了邓从豪特别的帮助。邓从豪回忆说：“1952年，我在《化学学报》上读到唐老师的两篇论文《分子内旋转》和《橡胶的弹性》，很感兴趣，就试着给唐老师写信求教，并向他索要两篇论文的油印本，以便详细研读。唐老师很快寄来油印本，还在附信中给予了热情的鼓励，使我内心充满了感激。”1953年和1954年连续两个夏天，教育部邀请唐敖庆、卢嘉锡、徐光宪和吴征铠，先后在青岛与北京举办“物质结构”讲习班。邓从豪有幸两次都参加了，有机会向唐敖庆当面请教。1953年11月又到长春吉林大学半年，进修量子化学基础理论。回来后，邓从豪开始了自己的研究课题“化学键的量子理论”。经过两三年的潜心钻研，他先后发表了两篇有水平的学术论文——《键函数》和《双原子分子的一个势能函数》。

1955年，邓从豪与姜爱琴女士结婚，组建了小家庭。1956年邓从豪晋升为副教授，并出任山东大学化学系副主任。同年10月，邓从豪加入了中国共产党。1958年,山东大学大部分迁到济南,小部分留在青岛,成立山东海洋学院。邓从豪全家随学校迁到济南。以后邓从豪接受国家研究TNT炸药爆炸因子的科研任务,由于保密原因,这部分工作没有公开发表。20世纪60年代初,邓从豪研究“化学键与反应性”的问题。1963年,邓从豪开始招收研究生。1963—1965年,他参加教育部委托唐敖庆在吉林大学举办的“物质结构研讨班”,结识了一批志同道合的研究伙伴(图5),在唐敖庆带领下,开始向理论化学研究高峰攀登。

图5 唐敖庆与他的弟子们(邓从豪供图)
前排左起:邓从豪、唐敖庆、刘若庄、鄢国森
后排左起:江元生、孙家钟、张乾二、戴树珊

李联欢学长的校歌情结和我们的手性光谱传承

章　慧

作为厦门大学化学系1977级学生,我与1943级的李联欢学长相隔整整34届,从年龄上说,他属于父辈。早在20世纪70年代,李联欢学长就开启了重返祖国的破冰之旅,于1974年、1979年和1983年三次回到母校讲学(图1)。

图1　李联欢于1979年回到母校讲学并拜见师长(周跃供图)
前排左起:汪德耀、李联欢、蔡启瑞、周绍民;
后排左起:田昭武、高扬、蔡俊修

我听到李联欢学长的名字,却是在1986—1987年。那时,由于众所周知的原因,大陆在科研方面还没有星火燎原。1986年,我经过一段较长时间的休假后,回到了教学岗位和实验室,导师徐志固很高兴地告诉我:章慧呀,李联欢校友从美国赠送一台旧的圆二色分光偏振仪(简称CD光谱仪)给母校,学校让我们课题组管理这台仪器，研究生院副院长吴伯僖和郑朱梓教授都很支持。

CD光谱仪？什么仪器？当时我对这种仪器全然陌生。徐老师解释，因为学校里没有其他人从事与手性相关的研究，而他刚刚获得了一项国家自然科学基金项目“光学活性络合物的拆分和性能研究”(1985—1987)资助，当时师弟们自行拆分所得手性络合物样品，在厦大只能做简单的旋光度检测，如果没有这台仪器，师弟们需要怀揣样品，到北京大学化学系去测试CD光谱(图2)，给研究带来极大不便。而且，这是一锤子的买卖，谁知道这些千里迢迢带去的样品能否得到期望中的理想数据呢？徐老师还说，北大化学系主任孙亦樑教授是他的留苏同学，孙先生和管仪器的金天柱老师热情友善，为厦大的样品测试提供了极大的帮助。我很能理解师弟们花费时间和旅差费北上做实验的忐忑心情，也和课题组其他师生一样，热切盼望这台仪器的到来，尽快解决即时检测实验的燃眉之急。

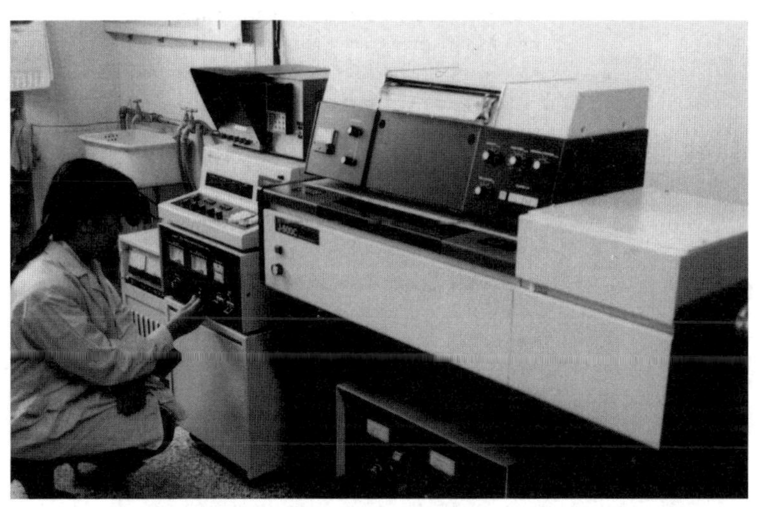

图2　北京大学化学系于1985年5月购置的J-500C型CD光谱仪，实验者为周永芬老师(王颖霞供图)

因此，我们课题组全力以赴地配合校方，保证管好用好这台带着李联欢学长重托、远道而来的仪器。在1987年5月厦门大学旅美校友会第一期通讯上，刊出了李联欢赠送仪器的信息(图3)。

去信者是时任厦门大学校长田昭武院士，加“*”注者即李联欢，去信日期是1986年7月22日。这一页校友通讯承载了很多信息，重点有四：其一，田校长盛赞李联欢于1986年65周年校庆返校，研讨办学大计，代表海外校友做激情演讲，“激起南强心波”，“堪为后继者树立爱校风范”；其二，李联欢所在施乐公司向厦大捐赠了一台CD光谱仪（Circular Dichroism Polarimeter），田校长代表母校欣然接受，计划由远洋公司托运到厦门；其三，1987年4月这台仪器已经运抵厦门，将由一位化学系教授接管；其四，李联欢借机号召其他校友循此方法捐赠仪器，为母校的教学科研助力。

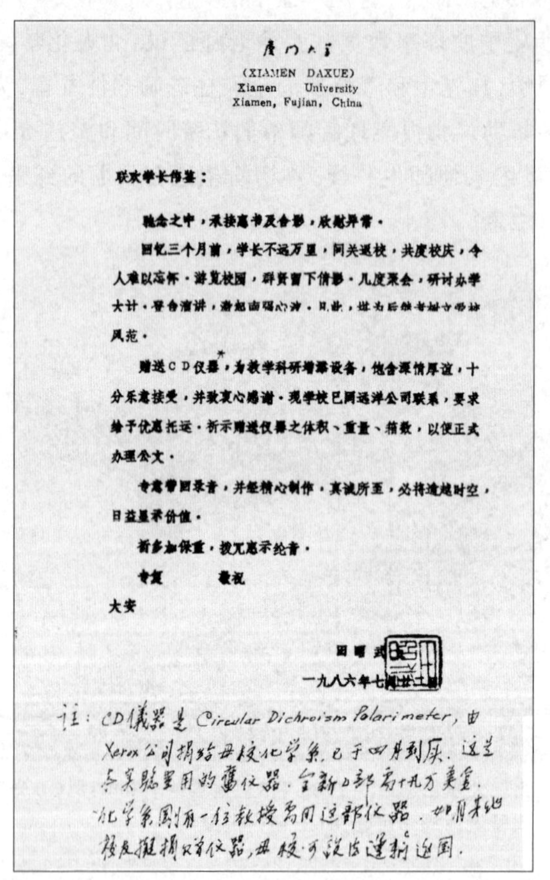
厦门大学
（XIAMEN DAXUE）
Xiamen University
Xiamen, Fujian, China

联欢学长侍鉴：

驰念之中，承接惠书及合影，欣慰异常．

回忆三个月前，学长不远万里，间关返校，共度校庆，令人难以忘怀．游览校园，群贤留下倩影．几度聚会，研讨办学大计．登台演讲，激起南强心波．且此，堪为后继者树立爱校风范．

赠送CD仪器*，为教学科研增添设备，饱含深情厚谊，十分乐意接受，并致衷心感谢．现学校已同远洋公司联系，要求给予优惠托运．祈示赠送仪器之体积、重量、箱数，以便正式办理公文．

专程带回录音，并经精心制作，真诚所至，必将逾越时空，日益显示价值．

祈多加保重，拨冗惠示纶音．

专复　　敬祝

大安

田昭武
一九八六年七月廿二日

注：CD仪器是Circular Dichroism Polarimeter，由Xerox公司捐给母校化学系，已于四月到厦．这是一个实验室用的贵仪器．全新的都需十几万美金．化学系刚有一位教授需用这部仪器．如有其他校友拟捐此等仪器，母校可设法运输返国．

图3　田昭武校长于1986年7月22日给李联欢学长的去信

更多的信息则留在化学楼248实验室的档案中：1986年9月29日和同年10月7日，李联欢接连给田校长写了两封亲笔信（图4），提及准备赠送仪器和获批赠送的信息；随后是1986年12月中国远洋运输总公司安排托运的批文（图5）；

Xerox Corporation
Joseph C. Wilson Center for Technology
Webster, New York 14580

XEROX

九月廿九晨

昭武校长，

你寄来的请帖，日前收到。心中正想如何迎庆一个庆祝。虚泰两师对我们栽培之恩，万分感激，当此千载难逢机会，正是报答良机。

可惜事实上，不无困难。我只尽良心作准备而已。

1. 今晨先发出电报乙纸（附上）。
2. 现附上拙作乙篇，去年在伦敦发表，今春承北京化学所两位编译，志请你们斟酌可否一个发表。此文着非讨论，内容对国内要紧，必有贡献。如蒙选取，请来函（英文），以便准备旅行文件。如不适合，请不要发。

3. 在美加化学系校友已决定赠送礼品乙件。如我不能迎庆，当由厦校友转上。该件全文另附上。
4. 此间无其他校友可以分身迎庆。
5. 如不能迎庆，及时打电话转达贺意。

至于本公司赠送 Circular Dichroism Optical Polarimeter 乙项，已经送最后批准。请详索该轮船公司与名住址，电话号，才能由此用货车寄纽约。

据之校友通讯，已刊登我的祝词二篇，但尚未收到。希望师长校友们可原谅我的"不通"的中文。但是我的诚意将对母校及校友全体们有长久的影响。

顺此敬祝

教安

李联欢上

Xerox Corporation
Joseph C. Wilson Center for Technology
Webster, New York 14580

XEROX

十月七日

昭武校长，

连接两封贵电，谢之至。来信想日内可以到达。

关于赠送仪器乙件，已经正式批准。兹付上领收收据两纸，乙纸签后，请即寄回。当即请外间行商包装由货车寄纽约。总共两箱，大小尺寸及重量，要待那时才知道。及时再电报通知。

本公司先知纽约市行商住址，以后才能交外间运输行商以包装及托运。所以我才电请你们通知。来信敬祈赐示。

图4　1986年9月29日和同年10月7日，李联欢给田校长写的两封亲笔信，下方为10月7日来信的首页

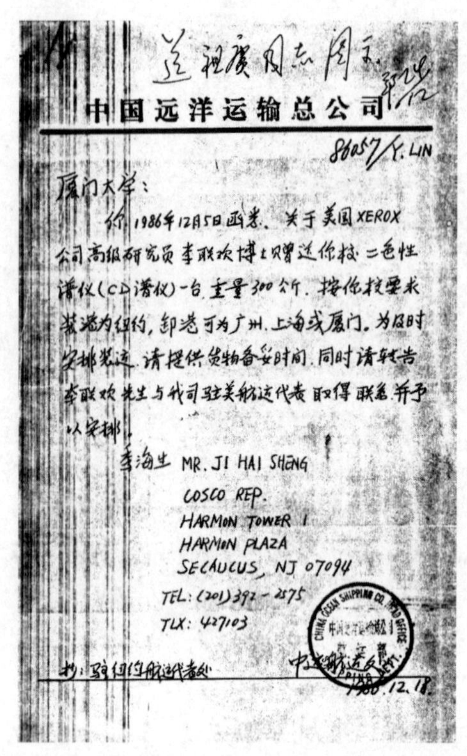

送祖赓同志阅示。

中国远洋运输总公司

86057/Y. LIN

厦门大学：

你1986年12月5日函悉。关于美国XEROX公司高级研究员李联欢博士赠送你校二色性谱仪（CD谱仪）一台，重量300公斤，按你校要求装港为纽约，卸港可为广州、上海或厦门。为及时安排装运，请提供货物备妥时间，同时请转告李联欢先生与我司驻美航运代表取得联系，并予以安排。

季海生 MR. JI HAI SHENG
COSCO REP.
HARMON TOWER I
HARMON PLAZA
SECAUCUS, NJ 07094
TEL: (201) 392-2575
TLX: 427103

抄：驻纽约航运代表处

1986.12.18

图5　1986年12月18日中国远洋运输总公司安排托运仪器的批文

1987年1月12日和2月6日给田校长的另两封亲笔信(图6)告知捐赠手续办妥，仪器装箱运出；1987年学校接收仪器捐赠申请免税的批文(图7)等一系列文件。

改革开放初期，很多进口环节尚未畅通，捐赠仪器和运输手续极其麻烦，怀有拳拳热爱母校之心的联欢学长不辞辛劳，事无巨细、有条不紊地安排一切事情。从以上一系列来信和文件可以清晰地看到这台型号为Cary-61的CD光谱仪辗转来到厦大的轨迹：1987年1月12日仪器装箱上货车从李联欢所在的纽约州韦伯斯特研究中心（Webster Research Center）运至新泽西州，赶在14日到达码头，20日乘中国远洋公司上海香河轮(船长为时任厦大副校长林祖赓教授的弟弟)驶往中国，1987年3月4日运抵上海，同年6月24日办妥入关手续。李联欢学长在1987年2月6日给田校长的信中说明："我们在此报关时已说明是旧的分析仪器，希望上海海关不会抽税。此次为母校代办此事，已到此办竣，希望收到之时能一切完妥，不久可以供各位做研究之用。"

Xerox Corporation
Joseph C. Wilson Center for Technology
Webster, New York 14580

H/S 0114-22D

一月十二晨

XEROX

昭武校长，

上週收到十二月廿八日手笔之后，才直接与远洋公司代表联络。一切情形已由报通知。所办手续如下：

1. 包装后最后重量是989英磅，体积是91立方呎(Cubic feet)。稍微与电报中的数字不合。(说明书二份，也在箱中)
2. 该箱可能于今天或明天由此用货车运寄纽泽西州。趁十四日到达码头，十八日运送上海。(付上货单二份)。
3. 至于包装、运费、及报关手续费，大约如下：

Xerox Corporation
Joseph C. Wilson Center for Technology
Webster, New York 14580

二月六日

XEROX

昭武校长，

一月中之信，想已收到。所寄CD仪器二件已于一月廿二日托远洋公司运沪。昨接托运公司—China Inter-Ocean Transport—来信请我先付手续费US$135.66元。今天我先寄支票付去。

其他包装及由此用货车运到码头费用，尚在交涉中，请先不必挂念。

此次承远洋公司李先生及纽约领事馆林迴女(校友)及薛凯两位领事代查，我当另信致谢。

以上款项，便中敬折人民币运寄孟继韩中收(福州麦霞新村三座卅三号)

Xerox Corporation
Joseph C. Wilson Center for Technology
Webster, New York 14580

(2)

XEROX

兹寄上提货单原本三份及付本三份查收。你要根据提单，才能领货。

我们在此报关时已说明是旧的分析仪器，希望上海海关，不会抽税。

此次为母校代办此事，已到此办妥，希望收到之时，能一切完妥，不久可以供各位作研究之用。候你们妥收后，请信本公司付经理致谢：

Dr. Mark Myers, Vice-President
Webster Research Center, Xerox Corporation
Webster, New York 14580, U.S.A.

信中亦提起我代办之事。为此敬祝

春节如意

李联欢 上

图6 1987年1月12日和2月6日，李联欢的两封来信，告知捐赠手续办妥，仪器运出，上方左为1月12日来信首页

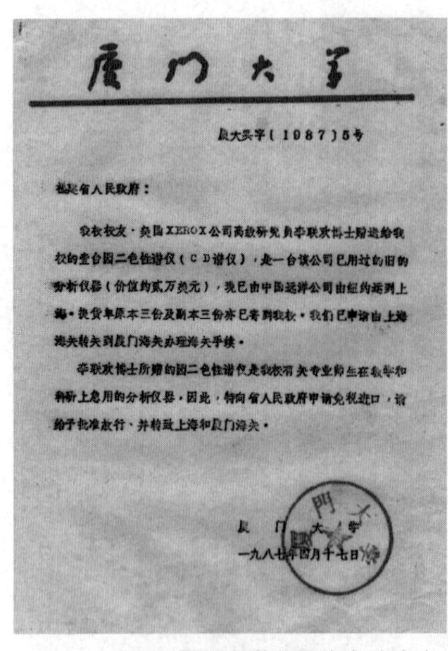

厦门大学

厦大实字（1987）5号

福建省人民政府：

我校校友、美国XEROX公司高级研究员李联欢博士赠送给我校的壹台园二色性谱仪（CD谱仪），是一台该公司已用过的旧的分析仪器（价值约贰万美元），现已由中国远洋公司由纽约运到上海。提货单原本三份及副本三份亦已寄到我校。我们已申请由上海海关转关到厦门海关办理海关手续。

李联欢博士所赠的园二色性谱仪是我校有关专业师生在教学和科研上急用的分析仪器。因此，特向省人民政府申请免税进口，请给予批准放行，并转致上海和厦门海关。

厦门大学

一九八七年四月十七日

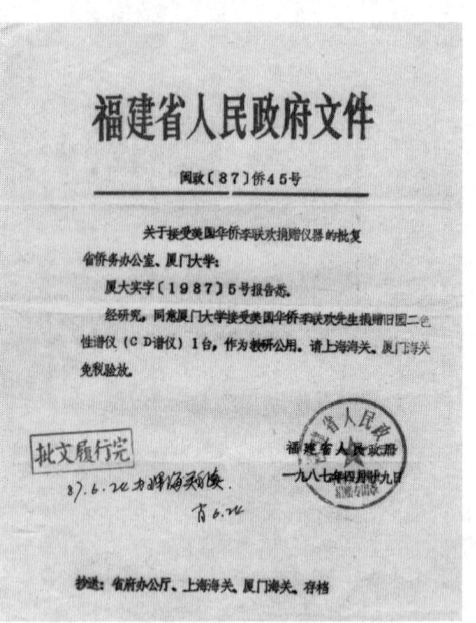

福建省人民政府文件

闽政〔87〕侨45号

关于接受美国华侨李联欢捐赠仪器的批复

省侨务办公室、厦门大学：

厦大实字〔1987〕5号报告悉。

经研究，同意厦门大学接受美国华侨李联欢先生捐赠旧园二色性谱仪（CD谱仪）1台，作为教研公用。请上海海关、厦门海关免税验放。

批文履行完

87.6.24 办理海关手续.

肖 6.24

福建省人民政府

一九八七年四月廿九日

抄送：省府办公厅、上海海关、厦门海关、存档

图7　厦门大学向福建省政府申请仪器进口免税以及福建省政府的批文

图8　中科院福建物构所研发的DKDP（磷酸二氘钾）晶体（物构所供图）

在这台CD光谱仪器到位后的安装、改造和调试过程中，徐志固求助于卢嘉锡先生领衔的中科院福建物构所同行寻求理论和实验技术上的帮助，于是物构所的研究员庄培其和黄祥金一起将物构所研发的DKDP（磷酸二氘钾）晶体（图8）制作成调制器替换仪器心脏部件，使得该仪器得以正常运行，课题组成员终于不必远赴北京进行手性样品测试，顺利完成了国家基金项目。由此契机在福州和厦门两地从无到有地开展了手性光谱的研究：当时，上海有机所的一台法国进口CD光谱仪坏损，有机所打听到物构所研究人员掌握维修技术，前来请物构所帮忙。见该仪器行将报废，但还能在物构所的手性化合物和生物大分子的测试和表征方面发挥一定作用，庄培其找到卢嘉锡先生，请他出面向有机所要来了法国的旧仪器。经他们修复的法国仪器成功测试出维生素B_{12}的

CD光谱曲线，与标准谱图完全一致，福建省因此拥有了第二台CD光谱仪。20世纪90年代，庄培其和黄祥金对DKDP调制器进行了细致探究，他们多次来到厦大化学系，毫无保留地将CD光谱技术传给了厦大师生。

虽然我无缘当面聆听联欢学长于65周年校庆返校代表海外校友做的激情演讲，但化学系傅志东学弟为我们留下了难忘的现场报道："我第一次见到李联欢学长，是1986年在母校厦门大学建校65周年庆祝大会上。那时，我还是在读研究生。李联欢学长代表美加校友上台讲话。他的讲话颇有戏剧性，30多年过去了，当年那一幕在我脑里依然清晰鲜活。只见李联欢学长走到台前，指着用布遮住的一个架子，说他今天给大家带来了一样礼物。台下的人都伸长了脖子在等。随着遮盖的布被拉开，李联欢学长告诉大家，这是专门从美国带来的，'我们伟大的校歌'。他接着用手示意大家起来唱校歌，台下好多人有些茫然无措。于是，他的讲话就围绕着校歌展开。"

《美加代表李联欢先生的讲话》刊载于1986年6月编印的《厦大校友通讯》第4期第18页。

> 今天兄弟十分荣幸，能代表美国、加拿大校友参加母校六十五周年校庆。我们会长吴厚沂学长派我带我们伟大的校歌镜框一台回来，和各位一同庆贺。前天在北京时，我们的师长卢嘉锡院长，也到宾馆请我带来他的贺意。
>
> 我在1974年、1979年和1983年，三次回到厦门讲学，每次看到母校的飞跃进步，心中真感高兴。美加的校友也乘这个机会，对当局首长和各位师长对厦大的精神和物质的援助，表示万分感谢。
>
> 今天我想借这个机会，用母校伟大的校歌和校训和各位探讨。
>
> 我们的校歌起先用"自强，自强"来号召。不论是个人或是国家都要以自强为主，自力更生，祖国在国际上有今天的地位也是靠自强不息为宗旨。我们在两千多年前，已经建筑万里长城；今天我们有十亿多人口，以我们的文化和人力来讲，如果今天要再建一座万里长城，它一定比前更为伟大辉煌。
>
> 校歌第一节的第二句是"学海何洋洋"。母校以此为宗旨，栽培不少学者人才。我多年在国外，除日常研究工作之外，仍然抽空编书，希望到明年年底，第十部书可以出版。比我更有成就的校友多得很。想到我们

从“囊萤”“映雪”出身的，绝不辜负母校栽培之恩。校歌接下去一句是“谁欤操钥发其藏？”这是指我们大家，要不断地在不同科目之中，寻找适当钥匙，用来开发丰富的知识宝库。我们只有这种治学精神，才能像鹭江一样，又深又长，“致吾知于无央”。

古语说：“百年树人”，母校不但教我们如何治学，也教我们如何做人。校歌第二节开始是“自强！自强！人生何茫茫！”在这苍苍茫茫的人生中，我们主要的任务是什么？我们要依靠自己、自强不息以外，还有什么重要使命？校歌接下一句，就问“谁欤普渡驾慈航？”这句可能不是暗指我们后面有南普陀，其实它有伟大含义。换句话说，就是要为社会为人群服务。这不光是你，是我，应该是我们大家以博爱精神为全人类的福利而奋斗。所以校歌中说，我们要像鹭江一样深且长，大公无私，“充吾爱于无疆”。

如果你们明白这两节校歌的深奥意义，就知道为什么我们的校训是“止于至善”，母校的教育宗旨是不论治学做人，要先决定不做则已，要做就要做到至善尽美。

最后要与大家共同勉励的是校歌的最高峰：“吁嗟乎！南方之强。”国内自从开放以来，厦门变为特区之一。母校在这优秀历史、地理条件下，逐渐变为一所国际上有名的学府。我猜将来所指的“南方之强”，可能有更广泛的意义，说不定有一天，我们可以自慰：北方有清华、北大，中有交大、复旦，东有斯坦福、哈佛，西有牛津、剑桥，而南方有我们的厦门大学！

兄弟用以上简单几句和自己的经验与各位互相勉励，并祝母校万寿无疆！

那年学长在母校做完激情演讲后，意犹未尽，他在第一期美洲校友通讯中回忆：“在65周年校庆中，一件令人感动的事是第一次继续颁发嘉庚奖学金，过去嘉庚奖学金是母校最高荣誉之一……在60周年校庆时，许多老校友感到美中不足者是在大庆祝会中没有唱校歌。美加校友希望恢复校歌价值，特别于65周年校庆赠送母校镜框一台，内有母校校歌，当场许多校友看到十分感动，可惜没人敢唱，始终不知原因。但是我当日演讲时，提起校歌，颇受欢迎。校庆次日上午，在讨论会开始时，出乎意料，田昭武校长请各位‘唱校歌’。30

年来，可能这是第一次在鹭江之滨高唱鹭江深且长。许多校友们希望自那一天起，校歌能恢复往日重要地位。”

1987年9月，作为厦大化学系客座教授的李联欢再次回到母校讲学，虽然对仍然没有恢复唱校歌有些惆怅(图9)，但见到赠送的仪器已能正常运行，颇感欣慰。其间，林祖赓副校长陪他来到化学楼122室参观，徐老师和师母俞鼎琼，以及帮忙调试仪器的物构所庄培其老师也参与接待(图10)。

短評

再談校歌

李聯歡 (11-12-

去年在六十五週年校慶中，我們以校歌來祝賀母校。今年九月底再度返廈，以為可以聽到校歌的聲韻來振動我的心弦，但是我沒有聽到校歌。可能那一天是放假吧。

據說校歌曾禁止廿多年，可能是其中一句"普渡駕慈航"不幸具有宗教意味。但是在廈大過去歷史中都沒聽到有何校友因為這一句棄世歸佛或轉學到南普陀。

母校實在有許多成就和事蹟值得懷念。現在所缺少的就是許多校友所注重的校歌和校訓。不久將有不少由台灣返校觀光或訪問的校友，要使他們不懷"異校或異鄉"之感，早日恢復校歌是重要準備工作之一。希望母校當局再三考慮。

图9　李联欢学长在1987年12月的厦门大学旅美校友会第2期通讯上再谈校歌

图10　1987年9月李联欢回到母校见到赠送的仪器已能正常运行

左起：庄培其、徐志固、李联欢、林祖赓、俞鼎琼

讲学的同时不忘公益事业和社会活动，李联欢学长不遗余力，数次力促恢复厦大校歌的善举，已传为佳话。他在2003年8月16日洛杉矶校友联谊会上的讲话表达了他的赤子之心："刚刚我们很兴奋地高唱我们伟大的校歌。想起当年在母校的情景，在长汀山城里时常有机会唱校歌。可惜后来，校歌无辜受禁停止了好久。你们之中可能在校时都无听过或唱过。其实这校歌是两年前，80周年校庆之时，才正式恢复的(图11)。我向母校请求了15年之久，最后得到批准恢复，我心中十分感激母校这种新的开明政策。1997年我翻译了英文校歌，承原作谱者赵元任博士之女公子赵如兰教授对配音谱。后来发现用在网上可助外国人明白母校校歌的含义。不久前得澳洲厦大校友会采用作为同样用途，我在此欢迎外文系校友翻译成其他语言，以使推广校歌到世界各地网站。"

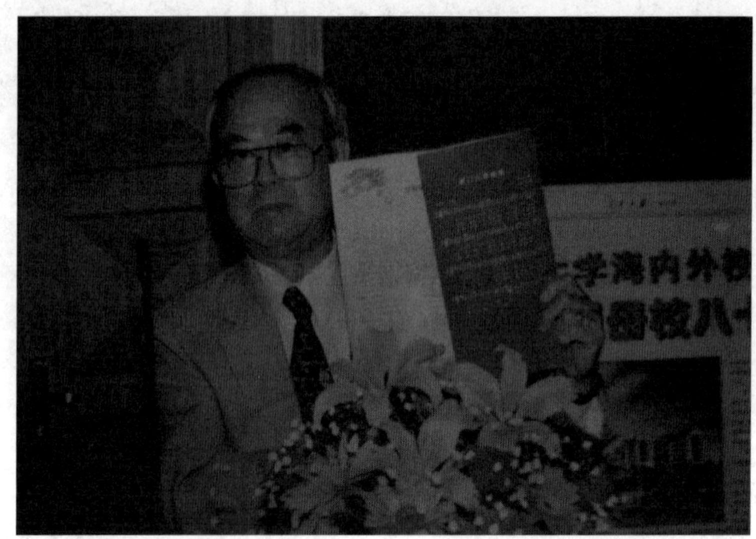

图11　李联欢学长手持校歌印刷版，在2001年的80周年校庆恳谈会上发言

"向母校请求了15年之久"，才得以恢复唱校歌！曾经连任两届美洲校友会理事长的李联欢学长大公无私，内心坦荡，他对母校无比热爱，忠心耿耿，他的校歌情结让海内外广大校友感动至深，热泪盈眶，每当我走在校园里听到广播里唱响校歌时，心中满溢感慨万千。

所幸我们没有辜负李联欢学长的期许，他捐赠的CD光谱仪和随之带来的研习手性光谱的蝴蝶效应已经在国内开枝散叶：①在理论和实验教学方面，2008年在徐光宪先生的大力支持下，笔者编著的《配位化学——原理与应用》

问世，集多年科研和教学经验写就的第六章“配合物的旋光色散和圆二色光谱”是这本教材的特色之一；自1999年以来笔者共编写了11个本科生和研究生综合实验，其中6个实验与手性立体化学和CD光谱有关，实验教材受到师生欢迎，其中一个手性实验还被推广到北大和福大两所高校。②手性光谱的应用并不局限在我们的小小课题组，笔者作为厦大化院仪器中心CD光谱专家，负责来自全国各地甚至海外学者的疑难杂症咨询；2006年以来，受邀在大连理工大学、中科院福建物构所、国科大、南开大学、华南师大、中山大学、福建师大、香港科技大学、香港中文大学、浙江大学、杭州师大、上海交大、吉林大学、北京大学、福州大学、苏州大学、南京大学、华南理工大学、武汉大学、暨南大学、四川大学、四川师范大学、北京化工大学、中科院化学所、宁波大学等高校或研究所做手性讲座60余次；从2007年开始，笔者每年春季都在厦大化学化工学院开设两次面向全校的手性讲座，或不定期举办手性光谱应用培训或学术沙龙。③在此基础上，2013年4月1日在厦门大学建成了中国的手性光谱中心（China Center for Chirality，图12）。

图12　2013年4月1日在厦门大学建成中国手性光谱中心（潘万华摄影）

前排左起：田中群、孙勇奎、Rina博士、Nafie、章慧、齐爱华、游效曾、赵玉芬、郑兰荪、万立骏、何裕建

迄今厦门大学已拥有了三种类型的手性光谱仪器共6台，在物构所和福州大学也各有一台CD光谱仪，深入开展了手性光谱及其相关研究。福建省手性光谱研究的渊源和后续连锁效应，主要归功于李联欢学长当年不远万里，费尽心思从美国辗转运来圆二色光谱仪供母校师生使用，以及卢嘉锡先生当年在福厦两地大力提倡化合物结构表征和新晶体材料研究的高瞻远瞩；物构所庄培其、黄祥金以及厦大徐志固、俞鼎琼、章慧课题组在艰苦的条件下，坚持进行手性光谱研究也值得称道。

在狭义的概念里，我既不是李联欢学长的学生，也没有听过他回国后激情洋溢的任何一场学术讲座；但在更宽泛的意义上，我们都是他的学生。我认真读过他生前参与编写的美洲校友通讯，几乎每期都留下他熟悉的字迹，字里行间感受到他的平易近人、亲切随和、睿智慧敏、古道热肠、大爱无疆；我也从实验室留存的课题组档案中，看到他不遗余力为捐赠仪器奔忙的身影，体会到他“不论治学做人，要先决定不做则已，要做就要做到至善尽美”的人生信条。

2016年笔者退休之后，特别仰慕抗战风云中经历内迁长汀艰辛的1946—1948届老校友们热爱母校的拳拳之心，努力收集资料，编成这部《厦大故事》。我找孙勇奎同学要到联欢学长的邮箱，给他写信：“我很希望学长为学妹提供您的老照片，让我能收入到正在撰写的感人故事中。”

几番折腾，学长终于收到了我的邮件，从此，我的实验室档案里又多了一封学长的亲笔信(图13)，信中附上了他的照片，还是那样熟悉而亲切的字体，还是那样的谦和儒雅，但这却是他唯一给我的信了，翻看时泪流满面。想到“可以供各位作研究之用”的嘱托已经实现，内心方有一丝丝安慰。

故事说到这里，笔者却有一个没有了却的心结——探望从未谋面的对母校倾注毕生热情和心血的李联欢老学长，当面向他致谢，感恩他推动的无私捐赠和背后付出的艰辛努力，使得这台CD光谱仪以及后续相关研究在母校厦门大学、福建省乃至全国都发挥了一定的引领作用，助力内地和香港的手性立体化学研究。然而，一场突如其来的新冠疫情无情地击碎了笔者的美好愿望，2020年4月29日上午，我们永远失去了这位可亲可敬的学长。噩耗传来，让我痛彻心扉！

我好后悔，后悔因为各种各样的借口，没有及时完成一直想写的李联欢学长故事，让他看到。只能把这篇文章献给离我们远去的尊敬的学长，您永远是我做人的楷模，永远活在我的心中！

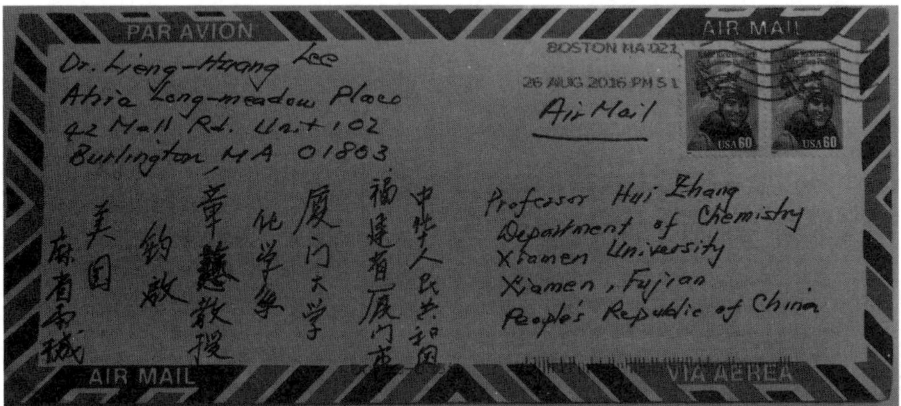

图13　李联欢学长于2016年8月25日来信及所附照片

附：李联欢学长简历

李联欢学长学士毕业照(1947)

李联欢，祖籍福建南安，1924年11月6日生于福州，三代清贫，勤学自立。曾就读于福州鹤龄英华中学，1943年进入厦门大学机电系春季班，秋季时转化学系，1947年获得厦大化学系学士学位。毕业后赴台湾糖业公司、石油公司及人造雨研究所就业，当年获高等考试化工科优等奖。因发明利用火车头喷射碘化银由地上造雨，规模宏大，名传全台。1949年与吴秋苹女士在台湾结婚，育有两男两女。1952年赴美深造，1954年获美国凯斯理工学院（Case Institute of Technology）化学硕士学位，次年即得化学博士学位，当博士后研究员一年。他于1956—1957年在台湾担任东海大学化学系讲师，1957—1958年为台湾师范大学客座教授兼新竹联合研究所顾问。1958—1968年，返美在陶氏（Dow）化学公司任职，并于1964年加入美籍，后任高级化学研究员。因对表面化学有贡献，被美国施乐（XEROX）公司聘任为高级科学研究员。1968—1994年，在韦伯斯特研究中心（Webster Research Center）工作，继续科学研究。1995年退休任顾问。他的学术专长是高分子化学及表面化学，对黏接科学有很深造诣。前后发表论文95篇，编著英文专著12部，在高聚物及静电干印技术方面，他和他的同事一共获得31项美国专利。1982—1997年，6次返国讲学，在中科院各单位及高等学校，传授国外科技精华。1986年母校聘请为化学系客座教授，同年福建轻工业研究所聘为名誉顾问。1987年中科院兰州化学物理研究所聘为名誉教授，1989年福州英华学校聘请为该校董事。从1996—2000年，连任两届厦门大学美洲校友会理事长（1996—1998年，1998—2000年），退任之后，接任校友会董事长多年，先后任第一届（2003—2006年）和第二届（2006—2009年）校友会董事长。

1988年8月10日田昭武校长访问美国XEROX公司与李联欢合影

Lieng-Huang Lee, Ph.D.

*Consultant**

Adhesion and Polymer Surface Chemistry

李联欢

796 John Glenn Blvd.
Webster, New York 14580
U.S.A.
Phone/Fax: (716) 872-2915

* Honorary Professor
Chinese Academy of Sciences

李联欢学长送给陈孔立教授的名片

科研札记X：逆向思维的一个范例

林华水
（化学系1973级）

《司马光砸缸》的故事妇孺皆知：当众人手忙脚乱想从大水缸里打捞出那个倒霉的小朋友时，说时迟那时快，只见司马光捡起一块大石头，"咣当"一声，缸破了，小朋友瞬间获救。这个故事千百年来被称为逆向思维的典范。可见逆向思维往往有一种"咣当"一下解决问题的妙处，它打破思维定式，因而更具有新颖性和创造性。在科研工作中，逆向思维的例子也不少见，印象最深的是田昭武院士(图1)首创用于微纳米复杂三维加工的约束刻蚀层技术（Confined Etchant Layer Technique，CELT）。

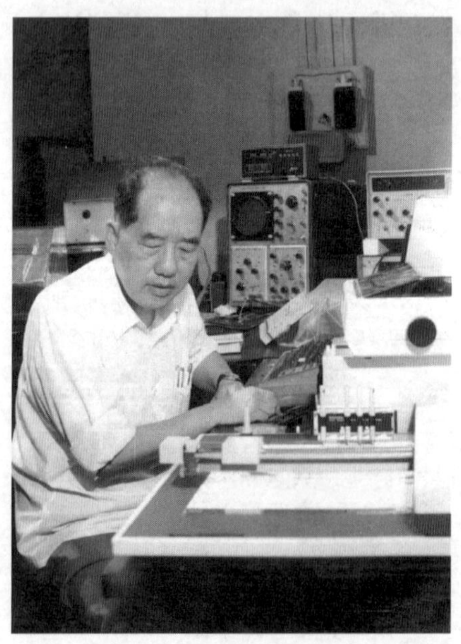

图1　20世纪80年代田昭武在实验室工作

随着超大集成电路、微机电系统、精密光学、能源转换、微全分析系统等领域的迅猛发展，器件结构日益微型化、集成化，催生了一门新兴产业——微纳制造业。高性能、低成本、轻量化、功能一体化的产品设计需求，使得越来越多的微加工技术在实际工程应用中体现了巨大的优势。微纳制造技术已经成为21世纪的最新技术，并逐渐成为科学界、工程界研究的热点。

20世纪80年代前，国际上只能进行采用逐点加工的激光束、电子束、微细电火花、扫描探针显微镜（包括STM、SECM、AFM）等方法，以及可批量加工的IC工艺、LIGA等方法进行二维图像的微加工复制。此后出现三种都与电化学有密切关系的可批量复制复杂三维超微图形加工技术，首先是1992年田昭武提出的约束刻蚀剂层技术（CELT），其后，1999年美国南加州大学信息研究所A. Cohen, et al.[12th IEEE International Microelectromechanical Systems Conference, Technical Digest,(1999)IEEE]提出的EFAB技术，以及2000年德国Fritz-Haber研究所R. Schuster, et al.[Sciencs,2000,289(5476):98-101]提出的3D电化学微加工技术。

美国技术是利用计算机将三维模具图形分解成一个个等高线平面图，依照等高线的高低顺序进行层层叠加刻蚀，工艺流程中包括反复的电沉积和最终牺牲金属的电溶解，由此得到近似3D微结构。其本质是二维图像的无限多次套刻。

德国技术是在工具电极和被加工件之间加一超短电位脉冲，此时只有工具电极下方的被加工件（阳极）的双电层充电到足以发生阳极溶解（刻蚀）的电位，而其他距离较远的地方不被溶解（刻蚀）。该方法的缺点是要产生皮秒级的超短强脉冲相当困难，而且，在较大平面加工过程电流分布难以控制，因而分辨率不高。

发展初期的微纳米加工技术领域，化学刻蚀技术是利用化学试剂（刻蚀剂）对工件溶解或化学反应（如腐蚀）而形成工件表面二维或三维图形的一种加工方法，但因刻蚀剂的各向同性扩散而导致分辨率不高，不如现有的各种具有方向性的物理射线束二维刻蚀，面临弃之如敝履的境地。

1992年，田昭武应邀参加英国皇家学会第94届国际法拉第讨论会。这次会议主题为“高分辨率的液固界面”，作为大会第三个报告人，田昭武在会上介绍能够制造超微三维复杂构件的约束刻蚀剂层技术，引起与会者的极大关注。这是在建立电化学扫描隧道显微术（EC-STM）基础上引申出的微纳米制造新技术（图2）。

图2　1990年自己研制的EC-STM仪器

为了克服化学刻蚀技术存在的问题，一般的研究者可能会想到如何加快刻蚀剂的扩散速度或加大其浓度，但这只能适得其反。CELT是先在三维复杂图形模板的表面利用电化学（或光化学）反应生成刻蚀剂，再利用预先配置在溶液中的化学捕抓剂与模板表面生成的刻蚀剂迅速反应而缩短其寿命至毫秒以下，化学刻蚀剂只能扩散微米级的距离，因此被约束在三维模板表面的薄层内，即所谓的约束刻蚀剂层，一举解决了扩散慢及各向扩散的问题。通常使用的刻蚀溶液含有Fe^{2+}、Cl^{-}、NO_3^{-}、NO_2^{-}、SO_3^{2-}、SO_4^{2-}、PO_3^{3-}、OH^{-}或F^{-}中的一种或几种离子。

此约束刻蚀剂层的包络面以极高的分辨率保持了模板的复杂三维立体图形。当工件逼近这样的三维模板表面，便被薄层刻蚀剂按三维模板表面图形进行刻蚀（图3）。

CELT的创新点和优点：可进行各种复杂三维微结构（各种浮雕）的批量复制加工且加工工艺过程简单；因具有距离敏感性，只需要精确控制模板的给进量就能精确控制加工量，即单参数控制；对被加工材料的原始表面平整度要求不高，加工精度只取决于模板的表面精度；对不同材料（金属或非金属，导体或非导体）可选择不同的“刻蚀-约束”体系进行加工；加工过程不会像高能束那样对加工面邻近区域造成破坏或改性。

约束刻蚀剂层技术可在许多金属和半导体材料批量加工复制超微三维复杂构件，达到微-纳（米）尺寸，一举突破了只能制造简单三维构件的限制。

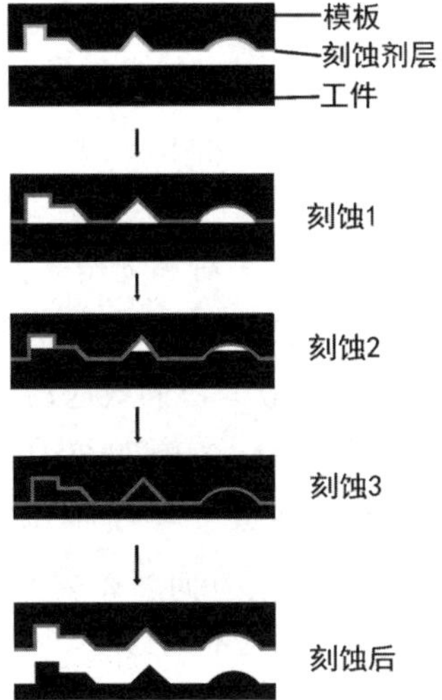

图3　进行复杂三维微细图形复制加工的CELT原理及过程示意图

化学刻蚀技术原有的“扩散速度慢且无方向性”的缺点却在CELT技术中变为“距离敏感性”的优点，体现出田昭武善于将不利因素转化为有利的逆向思维方法。技术原理发表于*Falady Discussion*、*Electrochimica Acta*等权威刊物。

1992年8月，在北京召开的“第九届太阳能光化学和光电化学转化与储存国际会议”，会议论文集结成书(图4)，田昭武任该书主编，约束刻蚀剂层技术也收录其中。

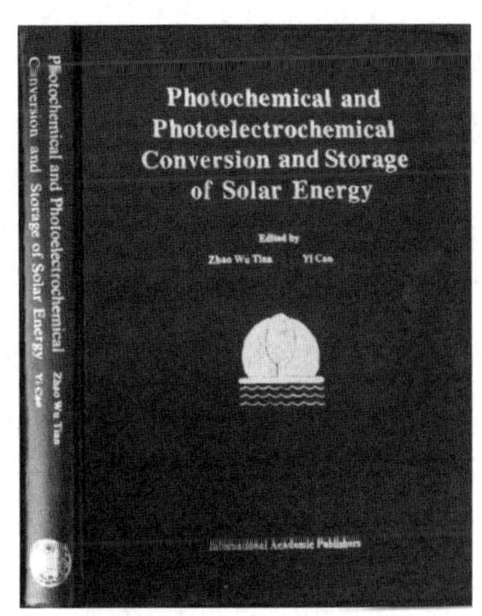

图4　田昭武主编的《太阳能光化学和光电化学转化与储存》

CELT最初主要在个别半导体、金属及合金表面批量制造三维微纳米结构，此后，经过10余年坚持不懈地研究，此技术已可用于制造富有应用价值的金属Ni、Cu、Ti、Al等和半导体Si、Ga、As的复杂三维微结构。该技术引起世界各国科学家的热烈反响。

近年来，课题组又把它发展成为一种超光滑表面(粗糙度≤1 nm)的加工技术，同时，采用数学建模和仿真拟合的方法，开展了约束刻蚀反应体系的反应动力学研究，提出了光电化学反应的协同效应；提出了物理场调制的方法，将力场、光场、运动流场、接触电场引入CELT技术中，改善了约束刻蚀剂层中的电势分布和物质传递过程；研制了五轴联动的CELT加工仪器平台。这些工作推动了CELT在仪器、原理和方法等方面的进步。

目前CELT与后起的德国、美国技术成为“三足鼎立”的电化学加工技术。相比之下，CELT技术简单，成本低廉，更具有产业竞争力，目前已发展成为具有厦门大学特色的学术研究方向，2014年成为国家自然科学基金委“纳米制造的基础研究”重大研究计划中唯一一家进入项目集成阶段的基于化学原理的微纳制造方法。国家自然科学基金委员会在简报中称赞这一成果：“学术思想新颖，创新性强，为国际首创，具有较高的研究开发价值。”

田昭武提出的约束刻蚀剂层技术是我国具有原始创新性和独立知识产权的微纳制造技术，对微机械系统、微光学系统、微电子系统等高技术产业都有积极的推动作用。

田先生作为我国电化学学科的创始人、领头人，对我国电化学理论的发展、人才的培养做出巨大的贡献，同时还将视野拓展到其他相关的领域，提倡多学科交叉，如微机电系统(MEMS)的制造和应用、生物芯片的制作技术研究、分析化学(如离子色谱研制柱的研制)、应用于电动汽车动力源——超级电容器的研究等，这些成果包括他科研生涯中的30多项发明专利及研制的多种实验仪器。

多年来，笔者在田先生课题组工作(图5)，近距离感受田先生“立志、奋斗、创新、求实”的思想，也分享了无数成功的喜悦。20世纪80年代初，笔者曾经在他的办公室看到一本油光纸裁切后再用订书机订成的小本子，封面手书“火花”二字，里面都是些用铅笔随意勾画的不认识的装置草图或一些复杂的计算公式、数据，无疑是他平时忽然灵光一闪的真实记录。许多深思熟虑的科研成果也许就来自这些头脑中迸发出的火花。

图5　2004年笔者随同田先生参加深圳第六届中国高新技术交易会

赵玉芬：寻找生命的起点

胡文言
（中国生化制药工业协会）

赵玉芬，有机化学家，1975年获美国纽约州立大学石溪分校博士学位。宁波大学新药技术研究院院长。曾任清华大学生命科学与工程研究院副院长，生命有机磷化学国家教委开放实验室主任，厦门大学药学系主任。1991年当选为中国科学院学部委员（院士）。

赵玉芬主要从事生命有机化学、有机磷化学、生命起源、药物化学和化学生物学领域的研究。发现了磷酰化氨基酸能同时生成核酸及蛋白，又能生成LB-膜及脂质体。提出了磷酰化氨基酸是生命进化最小系统的观点。发现了丝组二肽切割RNA及DNA的切割机理与生物化学中水解磷酸二酯键一致。发明了合成抗癌药三尖杉酯碱母核的新方法。主要成果有：①有机磷试剂在合成杂环化合物的应用；②N-磷酰化氨基酸的新性质；③磷酰化氨基酸与小肽；④氨基酸与小肽的FAB-MS研究。代表作有《元素有机化学》《生命的起源与进化》《磷与生命化学》。

2019年8月15—17日，在"第一届中国多肽产业论坛暨中国生化制药工业协会多肽分会成立大会"上，赵玉芬院士做了磷试剂在合成肽上的应用的报告。她向参会代表介绍了传统多肽合成方法、肽合成中含磷缩合剂的应用、偶联试剂的研究进展、磷缩合剂的优势以及在多肽合成过程中磷所扮演的重要角色。赵院士从多个方面与视角，深入浅出地向大家讲解了磷对生命物质以及磷缩合剂在多肽合成中的作用。回顾赵玉芬的报告和科研经历，处处都彰显着这位传奇院士的不平凡！

回家之路

她，生于湖北，长于台湾，在美国获得博士学位，1979年回到祖国大陆；她发现磷酰化氨基酸是生命起源的种子，平息了是鸡生蛋还是蛋生鸡的争论；她是当时最年轻的中科院女院士，获得世界磷化学最高奖Arbuzovs奖。

她一直在前行，从台北到纽约再到大陆，最终是为了追寻回家的路；她一直在探寻，在化学学科耕耘40年，始终是为了寻求生命的起源。

她常常笑着说："只要你感兴趣，肯坚持，就没有困难。"她就是——赵玉芬。

1948年，赵玉芬生于湖北汉口，不到周岁就随父母到了台湾彰化。家里兄弟姐妹6个，全挤在祠堂两间小小的厢房里，过着艰苦的日子。童年时的赵玉芬为了省鞋子，常常光着脚跑20多分钟去上学。学习之余还要帮忙洗衣、做饭、照看弟妹，从老三背到老四老五。赵玉芬10多岁的时候，父亲不幸病逝，家境更加贫寒。亲友们曾劝赵玉芬的母亲将孩子送教堂以减轻家庭负担，但坚强的母亲没有听从，四处打工赚钱，拼尽全力供养着兄弟姐妹6人(图1)。

图1　母亲含辛茹苦地抚养6个子女(1971年摄于台湾彰化)

母亲常对赵玉芬说："将来一定要学一个有用的专业，一个能直接创造财富的专业。"言传身教，让赵玉芬早早就学会了自强。

在台湾彰化女中读书的赵玉芬，遇到了化学老师孔祥真。"老师把理化知识讲解得很有意思，很风趣，我们上课不枯燥，做的实验也很神奇。所以我从初中起就对化学产生了兴趣。"报考大学时，赵玉芬直接选择了台湾新竹清华大学的化学专业。

1971年，23岁的赵玉芬完成了大学学业(图2)，并以优异的成绩拿到了美国纽约州立大学石溪分校的入学通知，还拿到了高额的奖学金。

图2　1971年，赵玉芬毕业于台湾新竹清华大学

1971年，在石溪分校任教的著名物理学家杨振宁回到阔别26年的祖国进行访问。当时中美关系尚未完全解冻，作为第一个回国访问的华裔知名学者，杨振宁为中美文化交流和中美人民的相互了解发挥了极大的作用。他回到美国后的第一个有关中国大陆的演讲是在1971年9月，就在赵玉芬求学的石溪分校。杨振宁后来回忆：演讲的"那一天完全爆满，因为当时美国对于中国是非常感兴趣而又没有知识。那个演讲也是我一生里头感情非常丰富的一个演讲"。初到美国的赵玉芬，被杨振宁这个情感丰沛的演讲深深感染，"中国科学的春天就要来临了，祖国需要大批的科研人才"，这是赵玉芬第一次真切地听到祖国大陆的消息。

第二年，一个中国科学家代表团访问美国。赵玉芬作为台湾留学生代表向代表团团长、中国生命科学界元老贝时璋教授献花，和大陆同胞的第一次近距离接触，让"祖国"这个陌生但又让赵玉芬魂牵梦绕的地方不再遥远。

河南淇县位于古老的中原文化发祥地，拥有灿烂青铜文明的商朝曾定都于此。这里也是赵玉芬的祖籍地。1978年，赵玉芬从美国一位亲戚那里得知了淇县老家的地址，多方联系，终于收到了回音。那年夏天，赵玉芬按捺不住，立即踏上了"故乡行"(图3)。"我要回老家，我要去寻根，我要去替父母圆他们20多年一直未了的心愿。"

图3　1978年，赵玉芬(二排右一立者)回到淇县老家与赵家亲戚合影

走在那条小时候母亲常常讲述的淇河边，赵玉芬看到了清清的流水和岸边密密的杨树林。在大陆一个月的时间，赵玉芬探望了90多岁的外公，看他当场挥毫泼墨："为人民服务思想好，外孙女如今回家乡。"去了河南殷墟甲骨文遗址，直观而又深切地感受到了中华文化五千年绵延不绝的吸引力。也调研了北大、南开等几所大学以及中科院的化学研究所，留意到自己在美国做实验的主要设备那里都有。还到了当时的商业中心王府井，震惊于那些低矮陈旧的店铺、极其匮乏的商品。

"回家、回家、回家！"当时已完成博士后研究，在生命有机磷化学研究开始崭露头角的赵玉芬做出了决定：回大陆工作，为自己的同胞尽一份力！她的导师、世界著名核酸化学家夏皮洛(R. Shapiro)教授说："你的决定很勇敢，但你回去是我们美国人的损失(Chinese gain，American loss)。"

“河南是我生命的根，台湾是我发芽的地方，美国是我启蒙的地方，中国是我的事业长成大树的地方。这几个地方就像一粒有生命的种子，生长的不同阶段就好比是我生命历程的浓缩和概括。”赵玉芬说。

是先有蛋还是先有鸡

1979年回到大陆的赵玉芬，选择了磷元素继续进行研究。一个偶然的机会，她将磷与氨基酸连接起来，发现了一个文献中从未记载过的异常现象：化学性质很稳定的氨基酸，一旦和磷结合成磷酰化氨基酸，就会变得非常活泼。它在水里可以长大，可以生成二肽(蛋白质前体)，同时还可以与核苷组成核苷酸。

蛋白质和核酸是生命的存在形式，其中蛋白质是执行功能的分子，核酸是遗传信息分子。与“先有鸡还是先有蛋”的争论一样，在生命的起源问题上，也有一个先后之争。是先有蛋白质，还是先有核酸？这就是在科学界争论已久的“鸡蛋之争”。

赵玉芬的导师拉米尔兹教授曾告诉她：“当某一个化学反应没有出现预测的结果时，不要认为这是失败，请注意观察，实际上出现的究竟是什么。这个不依照你预测所出的结果，很可能是一个创新。”

赵玉芬抓住了这个异常现象，在10年内与她的学生们，把20种氨基酸和磷的合成实验全都做了。据此，她首次从磷化学的角度去破解了生命的奥秘，提出磷酰化氨基酸是生命进化的最小系统。这一惊人的发现，平息了“鸡蛋之争”，证明了鸡和蛋是同时产生的。

1990年，在法国奥尔良举行的第11届国际生命起源大会上，赵玉芬以大量的实验结果和严密的理论论证，提出了“磷酰化氨基酸是核酸与蛋白质的共同起源，是生命起源的种子”的理论体系，令与会的近400位科学家包括一些诺贝尔奖得主耳目一新。这一解释生命起源的新成果已经被世界生命化学界广为引用，推动了世界磷化学和生命化学的进步，并打开了新药开发的新思路。国际生命科学学会执行委员拉茨卡诺•安东尼奥等权威科学家认为这项“激动人心的重要成果，对生命科学的研究很有价值”。1991年，43岁的赵玉芬成了当时中国最年轻的中科院女院士；1993年获第一届“中国杰出青年化学家奖”，1995年当选为俄罗斯国际科学院外籍院士，2015年获国际阿布佐夫（Arbuzovs）奖——有机磷化学领域最高奖（图4），2017年获卢嘉锡化学奖。

图4 2015年，赵玉芬获国际阿布佐夫奖——有机磷化学领域最高奖

2018年11月，赵玉芬院士被中国空间技术研究院聘任为太空探索实验科学委员会共同主席及天体化学、天体生物与生物工程分委会主席，牵头组织多个重要单位，积极推动太空探索实验国际大科学计划，提升中国航天的国际影响力。赵玉芬院士在国内外权威学术刊物上发表论文500多篇，出版专著8部，获得86项国家发明专利授权。

揭示生命化学的本质

2000年11月，赵玉芬来到厦门参加全国有机化学会议。“当我一踏上厦门的土地，就感到一股浓浓的亲情扑面而来。这里的乡音、风土人情、生活习惯与我儿时的记忆是那么的相似，我好像回到了自己生长的地方。特别还有厦门大学这样一所著名的高等学府，有化学化工学院这样一个在全国化学学科领域颇有影响、拥有雄厚科研力量和团队精神的学科群体，深深吸引着我。”很快，赵玉芬就加盟了厦门大学。

在厦大，赵玉芬带着20多人的团队，经过三年的努力，成功完成了生物医药丙谷二肽合成的中试过程,并申请了中国和国际专利,现在,已经全面投入生产。赵玉芬还提出以厦门市为中心,建设“海峡化学生物科技带”的方案,努力增进两岸生命、海洋、医学等生物科技资源的交流与合作(图5),促进东南沿海经济和两岸经济的共同发展,进而辐射东南亚……如今,赵玉芬和她的团队,去六七千米深海底,去国际空间站,甚至计划去火星上做实验,他们对生命起源的研究越加深入。

图5　2005年7月,赵玉芬、田昭武、唐崇惕院士率大陆代表团访问台湾

2019年4月厦大校庆,赵玉芬因“从磷化学角度研究生命科学中的问题,探讨蛋白质、核酸、糖及脂类之间通过磷的相互作用,从而揭示生命化学的本质”的研究贡献,荣获厦大最高荣誉奖——南强杰出贡献奖。

赵玉芬的研究方向是研究生命科学和药物化学,她的人生经历也和她的生命科学研究历程相呼应,大陆—台湾—美国—大陆,又回到生命的起点。赵玉芬说:“我们研究的是生命从无到有,这个跨度很大,地球到今天的寿命有45亿年了。研究生命的起源,不是一个学生就能够做完的,而是几代学生研究。这一代学生研究一点,我们前进了一步;下一代学生再接着研究,再前进一步……从1979年开始,到今天都40年了,参与的不仅仅是硕士研究生,博士生的数量都超过200个了。有些问题是一个个体解决不完的,只能一代代传承下来,保持着兴趣坚持下来,这样人类才能进步,我们这些科学家就要有这个精神。”

人类对自己从哪里来,有着永恒的好奇,而就是这样的好奇激励着人类不断前行。

学海成长，感恩厦大

廖代伟
（化学系1962级）

1985年4月20日，厦门大学原映雪二阶梯教室，在约200人见证下，自幼胸怀科学理想和抱负的我，在恩师蔡启瑞教授的精心指导下，以优秀的成绩通过了《铁催化剂上的化学吸附物种和固氮成氨》的理学博士学位论文答辩，无意中成为厦门大学建校以来授予的第一个理学博士学位获得者，同时也成为福建省高校自己培养的第一个博士、中国自己培养的催化科学领域的第一个博士、中国首批自己培养的前100位博士之一，从而在催化科学征途上迈出了重要的一步。

1962年，我以全系最高分考入了厦门大学化学系五年制本科，我永远铭记和真诚感激当时厦门大学化学系行政和党总支（特别是当年负责招生的刘正坤书记、顾学民系主任和高正勇老师）给了我求学深造的机会，使我迈上化学的科学之路。那时实行百分制，我的高考成绩：数学95分、物理99分、化学98分、俄语98.3分、语文63分（作文，据说全国文科作文最高也才70多分）、政治89分。系里曾计划将我们4个高考分数优秀的学生（沙木兰、洪华生、郑次平和我）培养成世界知名科学家。借此机会，我要向培养了我的小学、中学和大学的所有老师表示诚挚的感谢！师恩永在，当涌泉相报！

大学毕业后，经历了军垦农场（在松溪县旧县的福建省军区6694部队农场学生连）、农村工作队（建宁县均口公社均口大队耕山队）和建宁县五七干校的锻炼与再教育后，1971年被再分配到福建省三明化工厂，历任石灰氮车间双氢胺工段工人、碳化煤球车间工艺技术员、机械技术员兼维修班班长、总厂生产处技术员。

1978年，“文革”后首次恢复招收研究生，我以优秀考分（日语90多分，全省最高分）被刘正坤书记和顾学民系主任主持的化学系录取为厦门大学化学系物理化学专业多相和络合催化理论方向研究生，导师是蔡启瑞教授，这是我第一次见到蔡先生。从1962年9月1日大学开学，到1968年9月“文革”中分配离校，再到1978年10月研究生开学，想不到10年后我又回到亲爱的母校厦门大学深造。在恩师蔡启瑞教授的精心指导下，1981年10月9日，我以优秀的成绩第一个通过了理学硕士学位论文答辩，记得当时答辩委员会的田昭武院士站起来说：水平大大超过研究生的答辩范围！1982年3月26日校学位评定委员会开会通过后正式获得理学硕士学位，毕业后留校任助教。

首批硕士生毕业后，1981年底，中国又决定招收首批博士研究生，化学系只有蔡启瑞教授和田昭武教授获国务院批准可以招收首批博士研究生。我因当时已通过学校选拔，确定公费派往美国留学深造两年，所以，起初并没有想考博，在报名快截止前才报了名，只准备了一周就去考了。考后，顾学民系主任在路上遇到我，说我考的成绩全系最好，但她还是希望我出国为好。顾先告诉我，为了我出国的事，时任校教务处处长刘正坤老师两次找蔡先生，还是希望我能出国深造，但蔡先生说不矛盾。我想，蔡先生的意思可能是我考上就在厦大读博，考不上就出国，多个选择。那时还没有“土博士”“洋博士”的概念，在我心中，蔡先生就是国际著名的催化大师，特别是老师的精心培养的恩情不能忘，念完博士后，凭自己的能力一样可以去美国深造。从我迈入厦门大学校园起，领导和老师都一直关心和重点培养我。正是他们培育的自信心，使我在1982年放弃了公派赴美进修、攻读洋博士学位的机会，而留在母校成为第一批中国自己培养的博士研究生。也正是他们培育的爱国心，使我在1987年和1990年两次约近5年赴美留学均按时返校报效祖国，其间克服的阻力是旁人无法理解的。但在我心中，出国出境的目的只是开阔眼界，学习其他国家的长处，利用他们的条件多做一些在国内暂时还没条件做的先进科学研究，多出重要学术论文，再有就是提高英语水平。所以，我从来没有想过要留在国外，而学成回国却是很自然的事。我要在自己的国家做自己的科学事业，我相信，我们的国家一定会强大起来，屹立于世界科学的高峰。我想，这也是跟我同一代的人所共有的信念和爱国心。

学理科化学的我，在三明化工厂的7年里，填补了工科化工的理论与实践，在总厂设计队与江培萱总工等一起工作时学会了化工工艺与设备的设计、制图、描图和晒图，在车间维修班学会了钳工、车工、电焊和气焊等；在念硕士时，跟化学系玻璃室的蔡金镇师傅学会了吹玻璃的技术。这些动手技能为我博士研究生阶段的实验工作打下了有用的基础。在硕士阶段所学到的各学科基础知识以及我所掌握的英、日、俄、德语知识又为我博士阶段的研究思路、查阅文献以及撰写论文等提供了可靠的保证。

1982年4月开学，我正式成为厦门大学化学系物理化学专业多相和络合催化理论方向博士研究生，导师还是蔡启瑞教授。厦门大学首批博士生的实验室都安排在科学楼与专家楼之间新建的仪器中心楼(现环科中心那栋楼)，每人一间，我的实验室在三楼，一切都得从零开始。首先自己制作放实验系统架的实验桌，自己拉板车到芙蓉一后面的仓库领料，按自己设计的草图，用钢锯锯好钢管、角铁等，再电焊成桌架，刷油漆，然后再锯好桌板、插座板条，用螺丝固定好，完成实验系统架的底桌，我共做了三四张桌子，排成一排，每张桌子还都安装了闸刀开关，可控制各插座的电源，还挺漂亮的，且很实用。然后，就是锯圆钢、角铁等，电焊成实验系统架，再上油漆。等油漆干后，固定在底桌上，按设计方案在架上固定好铁夹子等，装上所需的器件(有的采购或领取，如真空泵、玻璃考克、三通等；有的画图请玻璃室蔡金镇师傅等加工，如净化管、冷阱、缓冲瓶等)，气体净化管需自己在玻璃管壁外绕上玻璃布和加热丝。当时还没有全不锈钢系统，都是玻璃系统，玻璃与金属的连接需自己设计接口，请金工室加工。在吹玻璃接管前必须用苯作溶剂清洗干净玻璃考克等的油脂，那时常接触苯，却没有意识到苯对身体的危害。气体净化管中的各类净化剂都是自己装填，U形管压力计中的水银也是自己灌装，各种电器和电路都是自己接线。蔡金镇师傅送了我两个吹玻璃的灯头，我请金工室加工了吹玻璃用的汽油桶，买了一个打气泵，接上橡胶管和氧气钢瓶，点上火，自己将整套玻璃实验系统吹接起来，完成后，涂好玻璃考克等的油脂，抽真空或通气检漏，若有漏气再修补。吹玻璃是很有技术含量的一门技艺，光滑、平整、厚薄均匀、无砂眼气孔等是最基本的要求。总之，一切都要自己动手制作，所以，我购置了非常齐全的工具，干起活来就比较方便。因为我主要的现场表征仪器是傅里叶变换红外光谱(FTIR)和激光拉曼光谱(LR)，所以还自己制作了可以移动到光谱室使用的实验系统，并设计制作了许多种现场红外样品池和拉曼样品池。那时，记者采访后写了一篇《莫让“将军扛炮弹”》的报道：“化学系的博士研究生廖代伟指着一排实验架告诉记者，这些钢架是他自己做出来的，从拖板车到仓库领料，从用钢锯下料到焊接、上油漆全得自己动手。他苦笑着说，没想到在工厂接受‘再教育’时学的手艺，现在派上了用场。”20多年后，这篇报道还被收集到反映30年教育改革情况的系列报道中(www.thebeijingnews.com,2008-5-27,来源:新京报)。

合成氨催化剂的程序升温还原活化需要48小时,通氢气且温度达470°C以上,要密切注意玻璃实验系统的安全性,所以,那一年多,我只能睡在实验室里,不能离开,实验系统对面的大实验桌当床,睡觉前铺上草席、挂上蚊帐就可以了。虽然生活艰苦些,但好处是时间多了很多,24小时随时都可以学习工作。就在这间实验室里,我完成了由中国科学院福建物质结构研究所黄德如和汪仁庆合译的《无机和配位化合物的红外和拉曼光谱》(英文原著为K. Nakamoto, *Infrared and Raman Spectra of Inorganic and Complex Compounds*, 3th ed.)一书的校对,补译了一些遗漏处,张乾二教授为此译著作代序,该书由我向化学工业出版社推荐始着手翻译,并于1986年正式出版,1991年又再出增补版(第四版),这本书极具参考价值和手册功能,深受进行谱学表征研究的同行欢迎。

那时的傅里叶变换红外光谱仪和激光拉曼光谱仪是厦门大学最贵重的大型仪器,其型号在国际上也是先进的,非常宝贵,必须专职人员操作。激光拉曼光谱组的袁路娃,红外光谱组的林种玉,以及河南化学所激光拉曼光谱组的刘海林、金宜芬,上海硅酸盐化学所激光拉曼光谱组的同志等都为我博士学位论文的分子振动光谱的检测提供了大力帮助和方便,时在美国进修的张鸿斌老师也帮助验证了激光拉曼光谱表征的部分结果,并与万惠霖、林国栋、王南钦老师就我论文有关的问题提出了宝贵的意见。特别感谢张乾二教授在量子化学方面给了我许多教益和指导,并推荐我的部分研究结果EHMO Study of the Mode of Coordination Activation and Hydrogenation of Dinitrogen on α-Fe(111) Surface for Ammonia Synthesis发表在国际刊物*J. Mol. Struc.* (*THEOCHEM*)上。周泰锦老师在计算机程序上给了很多帮助,那时的计算机才出现不久,非常落后,一个大房间装的计算机机组,计算速度还不如后来的IBM台式电脑,起初数据还要靠打孔机在纸带上打孔才能输入。那时厦门大学连PDP-11计算机都没有,我们需到福州的中国科学院福建物质结构研究所计算站才能使用PDP-11计算机进行计算,当时在物构所工作的王银桂老师和硕士毕业后分配到该所工作的程文旦同学以及计算站的同志提供了很多协助和方便。化学系资料室的老师也给予了查阅文献资料的方便,当时还没有互联网,都得自己从架上将一本本美国化学文摘和期刊等搬下来,边看边抄边译。写文章也没有电脑打字,需自己在方格稿纸上一字字写,英文可用英文打字机,但那时的英文打字机也是非常稀少罕见的。化学系金工室的车工、钳工师傅等都很支持，及时帮我加工所需的零部件，记得，当时加工了一个很大的不锈钢研钵和钵棒，研磨工业熔铁催化剂很好用，可惜我毕业出国后不知流落何方了。

恩师蔡启瑞教授那时70岁左右，但精神很好，可以自己骑自行车，他住在大南校门附近，离我们实验室很近，常到实验室指导和关心我们。他看到我满头大汗地在吹接系统，说他在美国俄亥俄时也是自己吹玻璃。他自己不抽烟，但每次出国访问回来都会带好烟回来，催化组的老师和我等到他家讨论研究工作时，就请我们抽得不亦乐乎，记得当时催化组的男老师几乎人口一支烟，如今几乎都戒烟了。蔡先生的指导风格是美国式的，即给研究生最充分的自由和发挥空间，充分调动学生的主观能动性。蔡先生思想非常活跃，常有新颖的想法，但他对研究结果是非常慎重和认真负责的。蔡先生谆谆教导我：不要迷信权威，要大胆假设，小心求证。那时印象很深的是蔡先生自费订阅了美国的*J. Catal.*杂志，那是催化界最权威的学术刊物，他经常查阅该刊物上的文章，我当时想以后我毕业了也要订一份。

蔡先生一生平和朴实，谦逊礼让，学风正派，为人正直，淡泊名利，一心为公，是学术界公认的德高望重的学术大师，蔡师母对我们学生就像慈母般关心疼爱，蔡先生伉俪的高尚人品人格为我们学生树立了光辉的典范，给了我很大影响。后来我自己指导博士生、硕士生也是美国式的自由风格，这些研究生毕业后也都在各自的工作岗位上发展得很好。

我的博士学位论文工作是在硕士学位论文工作的基础上，进一步加深展开。1978—1981年做硕士学位论文时，安排我在科学楼(现材料学院楼)一楼王仲权老师的实验组做实验，由王老师协助指导，他是当时化学系少有的几位讲师之一，给了我许多催化基础知识的指导；同组的严兴国和许丁友老师给了我许多实验上的帮助，特别是从实验技艺高超、动手能力超强的严兴国老师那儿学到了许多非常有用的构建催化实验系统和催化实验的技能和技巧。而硕士和博士阶段所学的各门课程，恰好弥补了因“文革”我们没有能上专门化课程和做本科毕业论文的欠缺不足之处，为我以后进行博士学位论文研究工作打下了坚实的基础。衷心感谢王仲权老师实验组和研究生阶段所有的任课老师！

铁催化剂上氮加氢合成氨反应是奠定多相催化基础的重大研究课题，但其催化作用机理一直存在争议，是一个还没有定论的充满了挑战性的课题。业已提出的见解大体可归纳为两种机理：①分子态化学吸附氮解离为原子态化学吸附氮是速率控制步骤的解离式机理；②分子态化学吸附氮第一步加氢是速率控制步骤的缔合式机理，争论的焦点在于氢是否参与了速率控制步骤。虽然当时国际上的催化权威倾向解离式机理，但蔡启瑞教授不迷信权威，他认真仔细地分析了现有的实验证据后发现，如果按照解离式机理，就不可能圆满地解释所有的重要实验现象，例如，既要符合反应计量数为1，又要符合氘反同位素效应，以及吸附氢促进氮的吸附等重要实验事实。而如果按照缔合式机理，则可以较合理地同时解释这些已知的实验事实。同时，蔡先生通过相关键能值的估算，发现缔合式途径在反应能量上有利得多。因此，足够活化的分子态化学吸附氮加氢氢解成氨的缔合式途径是值得加以考虑和验证的。蔡先生还指出，在清洁的铁单晶或多晶上、于超高真空等远离真实反应条件下氮分子迅速解离的检测结果并不能反映反应条件下的真实情况。事实表明，在高覆盖度和大量化学吸附氢存在时，氮分子的直接解离将更加困难。因此，铁催化剂上氮加氢成氨的重要多相催化反应机理研究的关键，是反应条件下催化剂表面化学吸附物种及其相对浓度和配位模式的确定。

在蔡先生的这一思想指导下，我的博士学位论文运用原位动态激光拉曼光谱与傅里叶变换红外光谱互补方法和同位素示踪方法，以及分子轨道近似计算和反应动力学理论方法，对“铁催化剂上的化学吸附物种和固氮成氨”这一课题，进行了分子水平上的研究。原位互补分子光谱及氘、$^{15}NH_3$同位素验证实验证实了氨合成反应条件下铁催化剂表面主要的化学吸附物种是分子态氮而不是原子态氮或NH；原子簇模型的量子化学计算表明，在α-Fe（Ⅲ）面Fe_7原子簇活性中心上双氮的直插、斜插和平躺的三种可能的多核络合活化模式中，双端基加多侧基的桥式对称平躺络合模式对N_2的络合活化及加氢更为有利；根据缔合式机理的可能途径，也推导出与Temkin推广式方程相似的氨合成动力学方程，并较好地解释了氨合成反应中的氘反同位素效应、氨合成反应速度与氢分压的关系，以及反应的结构敏感性等已知的重要实验事实，对氨合成催化反应机理作了合理的阐释；比较讨论了非酶催化与酶催化固氮成氨的有机关联；并就氨合成催化剂的改进与设计提出了自己的见解。博士学位论文的研究结果支持了蔡先生提出的缔合式机理。这一实验与理论相结合的研究方法在氮加氢合成氨中取得了成功的经验，后来被推广应用到其他分子催化反应机理的研究中。

在恩师蔡启瑞教授的精心指导下，我顺利完成了博士学位论文《铁催化剂上的化学吸附物种和固氮成氨》的实验和理论研究工作，并于1984年12月完成了博士学位论文的撰写与付印。当时没有电脑打字，是请印刷厂工人打字后油墨印刷装订成册的。同时，我自己用蘸水笔在A4纸上、透过下垫的横线格模板、一页一页地书写，所有的谱图和自画的插图都用硫酸纸描绘后贴上，英文摘要和参考文献的英文部分则自己用英文打字机打出，再复印，请图书馆硬皮装订了三本精装本，分送图书馆、蔡先生和自己留存，后来，2006年应清华大学中国学术期刊（光盘版）电子杂志社《中国博士学位论文全文数据库》电子期刊的约稿，就是将自己保存的手写原稿精装本（图1）重新复印，并附上博士学位证书缩印页，装订成册送去的。

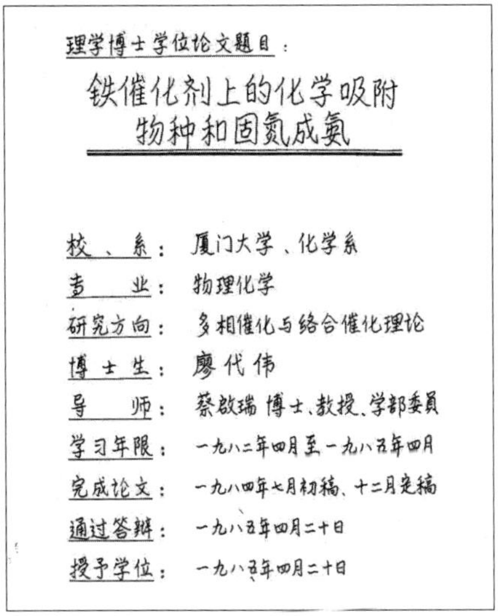

理学博士学位论文题目：

铁催化剂上的化学吸附物种和固氮成氨

校、系：厦门大学、化学系
专业：物理化学
研究方向：多相催化与络合催化理论
博士生：廖代伟
导师：蔡启瑞 博士、教授、学部委员
学习年限：一九八二年四月至一九八五年四月
完成论文：一九八四年七月初稿、十二月定稿
通过答辩：一九八五年四月二十日
授予学位：一九八五年四月二十日

图1　笔者的博士毕业论文手写版封面

博士学位论文答辩前的博士资格考试包括笔试和面试，依稀记得，高等量子化学的笔试是张乾二教授出题（好像是关于配位场理论的见解）后，我回去写了一大篇交上，面试是周绍民教授和张乾二教授等提问，我回答。那时的投影仪也很简陋，必须自己在透明胶片上用墨笔书写后投影到白屏上，所以准备答辩的工作量也很大。准备答辩是非常认真的，我写了一大本，将可能问到的问题及回答都列出来，包括论文涉及的所有基础知识。蔡先生还问我要不要西装，他那儿有，但我从未穿过西装，就便装上阵了。

当时，还没有研究生院，全校只有研究生科章绮霞科长（章慧教授的母亲）和郑彩霞两位女老师负责研究生管理事务。因我的毛笔字较好，她们就给我全校第一个博士学位证书编号:8501,让我自己填写博士学位证书中的姓名、籍贯、出生年月日、证书编号、“校”、“理学”等必须填写的内容,然后再送去校部盖上厦门大学的钢印和校长田昭武、校学位评定委员会主席田昭武的蓝色印章(图2)。

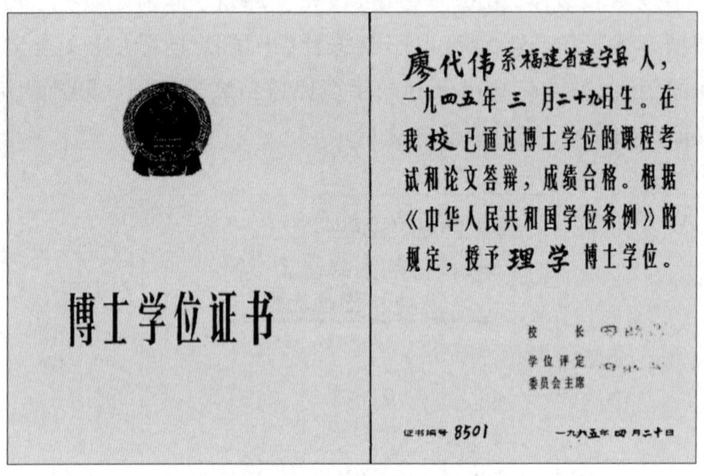

博士学位证书

廖代伟系福建省建宁县人，
一九四五年三月二十九日生。在
我校已通过博士学位的课程考
试和论文答辩，成绩合格。根据
《中华人民共和国学位条例》的
规定，授予理学博士学位。

校长
学位评定委员会主席

证书编号 8501　　一九八五年四月二十日

图2　笔者自己填写的博士学位证书

博士论文的部分实验研究结果《氨合成铁催化剂上化学吸附物种的Raman光谱》于1986年发表在中国科学B辑上,后被推荐用英文Raman Spectra of Chemisorbed Species on Ammonia Synthesis Iron Catalysts于1987年发表在*Scientia Sinica*(*Ser.B*)上。

博士学位答辩后,我留在母校化学系任教,即任讲师(1985.04—1987.02),1987年2月26日被晋升为副教授,1996年7月8日被特批晋升为教授,1996年6月20日被任命为物理化学研究所(厦门大学)所长,2001年4月16日获批为厦门大学博士研究生指导教师(物理化学专业)。

1987年1月我来到美国做博士后研究(1987.01.31—1988.08.17,Arizona State University化学系,Postdoctoral Research Associate),是完成博士学业后,由美方资助出去的第一人,正如我考博前所想的那样。后来,我又应美方邀请,以高级访问学者的身份再次到Arizona State University化学与生物化学系做Visiting Scientist(1990.08.03—1993.08.03)。两次赴美的研究成果发表在*J. Phys. Chem.*、*J. Chem. Phys.*、*Chem. Phys. Lett.*、

J. Mol. Spectrosc.、*J. Chi. Chem. Soc.*等刊物上。并在1997年、1998年和2000年三次应台湾“中央研究院”原子与分子科学研究所所长林圣贤教授的邀请到该所做访问教授各1～2个月，后也派我的几批研究生到该所及台湾大学合作研究，是我校最早开展两岸间学术交流的团队，研究成果先后发表在*J. Phys. Chem.*，*A*、*J. Chem. Phys.*、*J. Korean Phys. Soc.*、*J. Chi. Chem. Soc.*和*Molecular Physics*上。在20世纪90年代赴美和赴台湾地区访问间隙，我于1995年回到母校和恩师一起参加了在厦门大学召开的中国晶体学会学术讨论会(图3)。

图3　笔者与恩师蔡启瑞院士一起出席1995年在厦门大学召开的中国晶体学会学术讨论会

我的主要研究领域为物理化学和理论化学，研究方向为量子催化、多相催化和分子反应动态学。曾荣获厦门大学首届研究生学术活动节“良师益友”荣誉称号，先后任厦门大学化学化工学院副院长、厦门市化学学会理事长、福建师范大学兼职教授等，并参加固体表面物理化学国家重点实验室和醇醚酯化工清洁生产国家工程实验室的研究工作。一直从事物理化学领域的教学工作，承担专、本、硕、博各级教学任务，主讲了“高等催化化学”“量子无机化学”等硕士生和博士生学位课程，培养了6名毕业博士生和22名毕业硕士生。获中国发明专利授权15项，发表论文150余篇。先后主持4项国家自然科学基金面上项目、1项福建省科技计划重点项目，曾获教育部科技进步三等奖。

从教以来出版或编写的教材、译著（图4）和讲义如下：

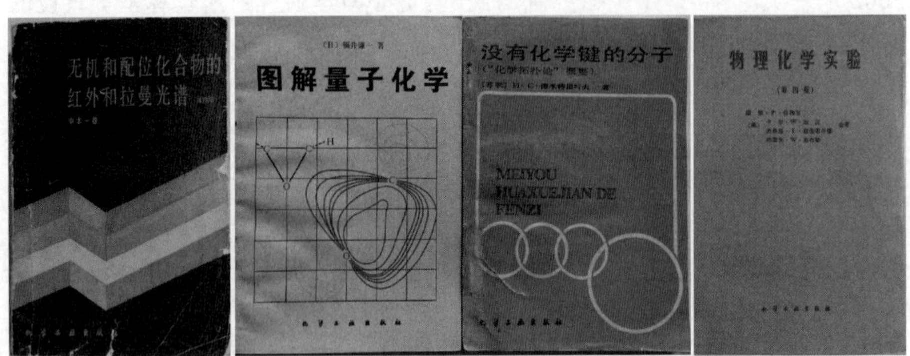

图4　笔者在化学工业出版社出版的4部译著

［1］黄德如、汪仁庆译，廖代伟校．无机和配位化合物的红外和拉曼光谱．北京：化学工业出版社，1986，1991．英文原著：K. Nakamoto（中本一雄），*Infrared and Raman Spectra of Inorganic and Complex Compounds*，3th ed，4th ed.

［2］廖代伟编著．催化科学导论．北京：化学工业出版社，2006.

［3］俞鼎琼、廖代伟译，徐志固校．物理化学实验．北京：化学工业出版社，1990.英文原著：D. P. Shoemaker（休梅尔），C. W. Garland（加兰），J. I. Steinfeld（斯坦菲尔德）and J. W. Nibler（尼布勒）. *Experiments in Physical Chemistry*，4th ed.

［4］廖代伟译．图解量子化学．北京：化学工业出版社，1981，1984．日文原著：福井谦一，絵で考える量子化学．英译：K. Fukui，*Illustrated Quantum Chemistry*.

［5］廖代正、廖代伟译．徐克敏校．没有化学键的分子．北京：化学工业出版社，1984．俄文原著：Дмитриев（德米特里叶夫）И.С. Молекулы без химических связей.英译：I. C. Dmitriev，*Molecule without Chemical Bond*.

［6］廖代伟译．大分子的合成．厦门大学讲义，1981．日文原著：N. Imoto（井本稔），*Syntheses of Macromolecules*.

［7］廖代伟译．伍德瓦－霍夫曼规则的应用．厦门大学讲义，1983．日文原著：N. Imoto（井本稔），*Application of Woodward-Hoffman's Rule*.

其中，［2］为研究生教材，［6］和［7］被用作当时有机化学讨论班的参考资料。

此稿乃因厦大化学化工学院90周年庆特约“早期研究生教育”稿而写，只为留下一段回忆。

廖代伟

2011年1月1日

草于厦门大学化学楼北楼355室

章慧后记：

当我还是化学系本科学生的时候，在我们上大课的教室里，总是有几位年长的学生一起听课，后来才知道他们是“文革”后恢复招收研究生的首届硕士生，廖代伟老师便是其中的学霸。1982年初，我毕业留校，听母亲说廖老师又考上了蔡启瑞先生招收的第一个博士生，正在应用先进的激光拉曼光谱等谱学手段在分子水平上研究铁催化剂表面的催化作用机理，母亲对蔡先的悉心指导和廖老师的精湛学业赞许有加，我非常羡慕廖老师能在名师指导下开展科学前沿的工作。1979年母亲下放后回到厦大，从事研究生教务工作，她对当时厦大为数不多的博士生导师及其学生，如数家珍，在工作上服务周到热情，我因此受到感染，决心向化学系老先生和优秀的学长们学习。再后来，廖老师继续当物化专业的老师，他与我的导师徐志固教授和我的师母、时任物化教学实验室主任的俞鼎琼老师密切配合，一起翻译了《物理化学实验》这本大部头教材，另两本译著《无机和配位化合物的红外和拉曼光谱》《图解量子化学》也是我进行教学和科研的重要参考书(见图4)，一直珍藏在我的书柜里。

我欣喜地发现，《物理化学实验》英文原著的第一作者休梅尔正是卢嘉锡先生当年加州理工的同门师弟，当时他是鲍林教授指导的博士生，而卢先生正在鲍林教授指导下从事博士后研究。两人曾一起研究氨基酸的晶体结构，并于1953年在*Acta Cryst.*上发表了消旋丝氨酸晶体结构的一篇合作文章。休梅尔曾经担任美国晶体学会主席、国际晶体学联盟执行委员会成员和《晶体学报》区域编辑。卢嘉锡先生是徐志固和俞鼎琼的老师，还是廖代伟导师蔡启瑞教授的“亦师亦友”。俞、廖和徐三位老师一起把这部物化实验教材介绍给中国师生，具有特殊的意义。

2001年，我作为项目主持人首次申请到国家基金面上项目，在第一时间意外接到廖代伟老师的报喜电话，真是喜出望外。此后，在执行项目期间，我到化学楼三楼参观了他自己搭建的真空系统，对他的十八般武艺佩服得五体投地。廖老师也因为他在攻读研究生期间，母亲对他的特别关照感恩不已，见面即提“章科长”，并数次向我回忆起母亲当年在协助导师落实研究生培养工作方面的敬业，还辗转请人带给我一份复印的1982年校刊，上面登载的一篇文章《关于七八级研究生质量的分析》(图5)，正是出于母亲的手笔，母亲在其中专门表扬了她心目中的优秀理科硕士生廖代伟，她写道：“物理化学专业多相催化理论研究生廖代伟1967年毕业于我校化学系，在研究生学习期间通过英、日两门外语的过关考试，各门业务成绩均为优良。在导师指导下，自己动手安装实验装置，进行科学研究，完成《氨合成铁催化剂上氮吸附的研究》毕业论文，答辩会上能圆满地回答校内外专家的质疑，表明其知识的广博。毕业论文经评议，认为其研究工作有创新，对氨合成催化反应理论上有争议的课题，提供了有价值的实验资料，推进了该领域的进展。”硕士论文不但受到田昭武院士的夸奖，也获得学校研究生科的好评，大概也使廖老师非常高兴吧，可惜永远无法再问到母亲和他了。

·4· 厦门大学 一九八二年三月廿四日

关于七八级研究生质量的分析

·校研究生科·

我校81届毕业研究生共有48人。其中，45人为78级三年制研究生，3人为79级二年制研究生。除3人因毕业论文未完成延期外，45人已于81年下半年通过论文答辩，如期毕业。

研究生在学期间，学习了政治课、第一外国语和三至四门专业课，并通过考试。

政治课，成绩优等和良好各有22人，各占48%，及格1人。

第一外国语，42人中（外文系英语专业3人未统计在内）按“过关”考试成绩统计优秀6人，占14.3%，良好28人，占66.6%，及格8人，占19%。通过两门外国语“过关”考试的3人，占7.1%。

专业课，优秀的有26人，占57%，良好16人，占36%，良好以下3人，占7%。

毕业论文，经答辩委员会投票全部通过。成绩优等25人，占55.6%，良好18人，占40%，及格2人，占4.4%。

他们大都是文革前和文革中毕业的大学生。大学阶段基础理论学得较扎实，经过多年的工作实践锻炼，又通过研究生课程系统学习和科学研究训练，专业基础理论宽厚了，专门化知识也比较系统了，具备了独立从事高等学校教学工作和科学研究的能力。隋唐史研究生杨际平，61年毕业于北京大学，入学后在韩国磐教授的悉心指导下，进一步系统地学习该学科的基础理论和专业知识，又刻苦攻读英、日、俄三门外语，基本上都达到第一外语过关水平。撰写毕业论文时，到敦煌等地查阅了大量历史资料，写出十三万字的《略论均田制的几个问题》，经过校内外专家评议，认为论文提出了若干独到的令人信服的见解，有较高学术价值，在史料搜集、整理、分析上下了很大功夫，具有相当的科学研究工作能力。物理化学专业多相催化理论研究生廖代伟，67年毕业于我校化学系，在研究生学习期间通过英、日两门外语的过关考试，各门业务成绩均为优良。在导师指导下，自己动手安装实验装置，进行科学研究，完成“氨合成铁催化剂上氮吸附态的研究”毕业论文，答辩会上能圆满地回答校内外专家的质疑，表明其知识的广博。毕业论文经评议，认为其研究工作有创新，对氨合成催化反应理论上有争议的课题，提供了有价值的实验资料，推进了该领域的进展。

部分研究生虽然学历不深，有的文革前大学肄业，有的是上山下乡知青，有的是文革中毕业的大学生。但由于他们能刻苦钻研，学业上取得优秀的成绩，科研上得到一定的成果，进步比较显著。英语专业79级研究生许连赞、刘凯芳、钱彦，一名文革前读过大学二年，一名是文革前的高中毕业生，一名是文革中毕业的三年制本科生。他们认为能考取研究生是来之不易的，十分珍惜二年的学习时间，孜孜不倦，刻苦攻读，各科成绩和毕业论文都获得优秀成绩。又如隋唐史研究生李伯重，他只读高中一年。在三年研究生学习中，他业务成绩优良，目前已能阅读英、日、俄三种文字的专业文献，能写英文提纲。毕业论文“唐代长江中下游地区农民个体生产的发展”，答辩时校内外专家认为：“取材立论颇多创见，是一项填补空白的研究成果”，“方法上有独辟蹊径的特点，文字流畅，分析细致，逻辑性强。”

本届研究生中，有近50%是文革后毕业的大学生，基础知识不全面，缺乏系统的专业知识和实验技术的训练。对于这部分研究生，经过补修几门大学基础课和学习3—4门研究生课程后，有了较明显的提高，绝大多数科学研究都取得较好的成绩，但与第一类型研究生相比较，他们在科学研究方面独立工作能力不够强，在完成毕业论文过程中需要较多的帮助和指导。这部分研究生中也有进步较快的，取得较好的成绩。例如我校76年毕业的大学生关家宸，在研究生学习期间勤奋、踏实，跟着指导教师林宇光付教授深入四川阿坝草原牧区与当地群众和科研机构相结合，考察裸头绦虫病的病原种类、危害状况、传播媒介等，并从自己的研究结果中提出防治意见，有独到的见解，得到答辩委员会的好评。

基础比较差，专业知识面窄，经过培养虽有进步，只能基本达到培养要求的这部分研究生人数少，约占4%。他们主要是同等学力考取的，由于年龄偏大，有的学习外语有困难，科学研究能力较差，影响论文质量的提高，全面发展受到限制。

研究生制度是培养高等学校师资和专门科学研究人才的好制度。我校78级恢复招收研究生以来，取得一些成绩，也还有许多不完善之处，必须加以总结，逐步改进，进一步提高研究生培养质量。

厦大简讯

厦门大学学生摄影研究会成立

三月八日，厦门大学学生摄影研究会正式成立。校党委付书记司守行、宣传部和校团委负责人出席成立大会，省摄影协会理事陈武生应邀到会表示祝贺。

在成立大会上，选出研究会理事十八名，陈铭同学任会长。会上决定，研究会将为同学们举办摄影讲座，组织创作实践，配合本校的教学、科研任务，进行摄影采访活动，同时不定期地举办作品观摩展览。 （赖海隆）

操队赴美国，担任美国杯邀请赛的裁判工作。陈礼贤同志曾于去年三月赴美参加过美国杯邀请赛的裁判工作。 （卫民）

▲ 为配合精神文明教育，校团委会、工会和学生会最近联合举办一场带讲解的音乐欣赏会。宣传部的同志主讲，她以交响诗《嘎达梅林》为例，详细讲解了有关音乐欣赏的基本常识，受到听众的欢迎和赞赏。 （校团委会）

▲ 由国家体委、教育部、共青团中央联合举办的一九八一年全国重点大学田径通讯比赛的成绩评定结束，我校数学系研究生、校优秀田径运动员廖宜宏，以一米九四的成绩获得男子组跳高第四名。 （卫民）

图5 母亲章绮霞担任厦大教务处研究生科长时为校刊撰文(引自1982年3月24日厦大校刊)

留英散记

章　慧

通过雅思考试，获取留英资格

1996年1月18日的北京，天气很冷。我在北京语言学院的考场参加了雅思考试，递上准考证那一刻，英国考官贴心地送上"Happy Birthday!"的祝福。其时我并不快乐，因为那天我生病了，而且对这种考试形式非常陌生——从1995年底接到校师资科褚仁堂推荐的关于英国文化委员会研究奖助金(British Council Fellowship)资助项目候选人的雅思培训通知到正式考试，只有不到一个月的时间，而在接到该通知时，我压根不懂得雅思考试是怎么回事。那年元旦过后，全国高校14名被选拔的老师集中在北京语言学院出国留学预备人员培训部报到，被仓促培训一周后，开考。

来自南方的我很不适应北京的严寒气候，培训开始没多久我就生病了，发烧，剧烈咳嗽，耽误了不少课程。本想打退堂鼓，但临考前一天在路边跟家人通长途电话后，被强烈要求必须坚持考试不许当逃兵，只好到学校医疗室打针后，带着一颗昏昏沉沉的脑袋上阵考试，至于考了一些什么，大都不记得了，似乎并没有在试卷上写多少字，笔试就结束了，之后糊里糊涂地参加了口试。

可想而知，在这种状态下应试，自然不会有好结果。2月13日，我收到了英国驻华使馆文化教育处官员Jacqueline Thompson寄来的成绩单，附信中写道："As you can see, your score is a little lower than the required score of 6, because of this I, together with Ms Sarah Newby, Assistant Director, will be discussing your possible placement in the UK together with the State Education Commission within the next couple of weeks." 信中所称"State Education Commission"是当时的国家教育委员会，简称国家教委，后来更名为教育部。

第一次参加雅思考试，结果令人沮丧。但我的运气还不是太坏，因为Jacqueline（这位年轻的英国女官员很随和，我们都称她Jackie）的来信并没有明确说不接收我的公派留学。接下来向一起参加雅思考试的其他同学打听，在我们这一批14名考生中，只有3人成绩过关。这3位老师的英语基础都很好，一位本身是英语老师，另一位是外贸专业老师，还有一位老师从事化工专业英语教学。列入该项目候选人名单的教师分别来自全国14所重点大学，均为副教授职称，硕士学位以上学位，其中有5位是博士，总体素质还是比较高的。值得一提的是，在这批学员当中，我是最年长的老大姐。

终于，机会来了，在与国家教委沟通后，英国使馆文化教育处决定再给我们一次机会，允许我们11位候选人重回北京语言学院，经过两个月的英语培训之后，参加第二次雅思考试。我在庆幸一月份没有弃考的同时，还是有点担心，如果这一次回炉培训又考不上6分，怎么办？

这实际上是一次迟来的出国英语考试。1985年5月，我参加了全国选拔出国进修人员英语考试（EPT），达到当时规定的出国分数线，然而那年的年初我刚刚成家，出国留学不在小家庭的计划内，只好忍痛放弃。谁知这一耽搁下来竟是11年！其间，总是慢别人一步的我，很迟才晋升副教授，刚刚通过答辩拿到在职硕士学位，歪打正着地满足了这个项目候选人的选拔条件。

机会难得，1996年5月，我和另外10位同学又来到北京语言学院，开始了第二轮的雅思培训，即"二战"。英国使馆文化教育处再次为我们付费报名，参加当年7月8日的雅思考试。经过前一轮重创，我已经大概了解雅思考试的形式，开始了有的放矢的刻苦学习，但不能称之为胸有成竹，因为深知自己英语基础差，水平低，学的是"哑巴英语"，我一直很没有信心。当时的学习条件很艰苦，因为我们不是北京语言学院的正式学生，不能堂而皇之地进入学校图书馆的阅览室，只能在图书馆过道处昏暗的灯光下寻找课后自习的座位。曾经当过三年半知青的我，当然不怕学习上的困难，但爱面子的思想却时时作祟。不光是我，其他同学也有类似顾虑，有一天，同学们一起在宿舍里聊天，互相调侃如果这次考试不能通过该怎么办。有一位同学不无忧虑地说，我这次来北京培训，学校已经提前给我开过欢送会了。我们在场的每个人都觉得压力很大。次日，我鬼使神差地给Jackie打电话，向她诉说学习雅思听说读写的艰难和担心考不上无脸回学校见江东父老，电话那头，Jackie不断安慰我，说些什么我已经忘了，但永远记得她用道地的京腔冒出来一句："没准你能考上呢。"

1996年8月初，我收到了Jackie于7月29日寄出的雅思成绩单，附信中可以感受到她欣喜的语气："Now that you have achieved a satisfactory score, we will continue to make arrangements for your study in Britain, and you should receive news on your application soon…Congratulations on your success in the test!" 回想展信时的狂喜，犹如范进中举。

功夫不负有心人，承Jackie吉言，在"二战"的雅思考试中，我的运气还不错，取得6.5分的成绩，终于拿到了留学英国的敲门砖。就这样，在第二轮考试中，又有6位同学成功晋级，加上之前顺利通过考试的3位同学，我们一共9人拿到了这份来之不易的"British Council Fellowship"资助。

最近在2003年5月的厦门大学美洲校友会《校友通讯》第45期看到吴厚沂学长缅怀汪德耀校长的文章《我深深敬爱的汪德耀校长老师》，其中提及："英国文化委员会(The British Council)在1948年给陈国珍兄的Scholarship到London University深造，在1949年给郑朝宗师(Cambridge University)、欧阳谧兄(Newcastle University)和我(London University)的，也是Scholarship，给汪校长和周辨明老师的，则是Fellowship，那年厦大人在英国，可谓盛极一时。当时翁文灏先生(时任国民政府行政院院长)适在伦敦，汪校长着意安排我们四人(欧阳兄远在苏格兰)和翁氏在旅馆见面，为我们逐一介绍，翁氏垂询颇详，汪校长关爱同仁，无微不至，令人敬爱。"

Scholarship和Fellowship究竟有何区别，我原先并不十分清楚。经吴厚沂学长特别指出，我才注意到Fellowship相当于竞争性更强的全额奖学金，不但受益者每个月可以领到相当丰厚的生活费(一般要多于Scholarship)，学费得到大幅度减免，而且他所留学的研究机构也会获得相应的研究经费赞助，让受益者在各方面都没有压力，全身心地投入研究和学业中。匆匆那年，紧张应对考试和出国，回头来看所经历的两轮雅思考试，其实也是一场无形的竞争，最后是东北师范大学、山东大学、复旦大学、华中科技大学、重庆大学、华东理工大学、厦门大学、华中师范大学等校选派的9位老师勇闯雅思过关门槛，分别获得了在英国利兹大学、格拉斯哥大学、剑桥卡文迪许实验室、雷丁大学、曼彻斯特理工大学、帝国理工学院、埃克塞特大学、伦敦玛丽女王大学等机构访问研究的资格。

在北京语言学院培训期间，我结交了两位挚亲好友，来自东北师大化学系的刘沛妍和高飞雪(图1)，她们都很年轻，但我们没有代沟，3位好姐妹心心相印，惺惺相惜，在英语学习方面互相帮助，共同提高。课余时间，我们一起逛街、聊天、看电影，享受有限的美食，畅谈未来的工作和学习计划，缓解了学习压力。我和沛妍是同一个出国项目，高飞雪则是另一个项目的候选人，后来去日本攻读博士学位。这一次沛妍和我双双通过雅思考试，一起到英国留学。

图1　雅思考试前夕，3位好姐妹在出国留学预备人员培训部大楼前合影

左起：刘沛妍、章慧、高飞雪

当时的北京语言学院出国留学预备人员培训部，聚集了一批敬业的中外英语教师，堪称中国雅思培训的“黄埔军校”。为我留下深刻印象的是教阅读的陈卫东老师和教听力的李亚宾老师，还有一名教口语的英国女外教。陈卫东老师是名副其实的“中国雅思第一人”，他于1986年首次参加雅思考试，是中国最早参加雅思考试的5个人之一。1987年，“中英友好奖学金项目”(Sino-British Friendship Scholarship Scheme)启动，陈卫东在雅思官方机构的指导下，承担起项目候选人的出国前英语培训任务，即中国首个雅思短期强化培训项目，此后该培训部为国家培养了大批高层次专业人才赴海外留学，其中不乏原国家领导人。北语雅思培训中心网站的一段生动描述，再现了我当时的学习感受：“在北语雅思的学员们眼中，陈老师学术功底深厚，授课时妙语连珠，指出学员问题时一针见血，课上严厉‘毒舌’，课下亲切风趣。”记得他在课堂上剖析阅读试题，顺手拈来，驾轻就熟，使我们很快掌握了阅读技巧。他的模拟题选材也很有深度，迄今我手头还保留一份他制作的阅读模拟题(图2)，其中的一篇阅读文章Thalidomide's Return取自1994年10月的美国《时代周刊》，此题材与我心仪的手性领域非常贴合，被我用到后来的口试素材准备，甚至最近的科普写作当中。

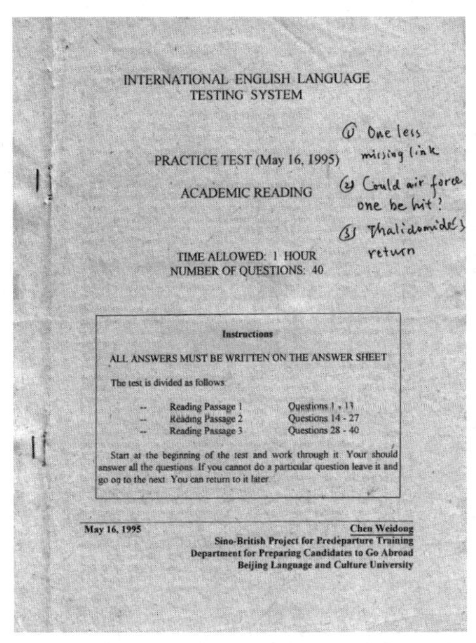

INTERNATIONAL ENGLISH LANGUAGE
TESTING SYSTEM

PRACTICE TEST (May 16, 1995)

ACADEMIC READING

① One less missing link
② Could air force one be hit?
③ Thalidomide's return

TIME ALLOWED: 1 HOUR
NUMBER OF QUESTIONS: 40

Instructions

ALL ANSWERS MUST BE WRITTEN ON THE ANSWER SHEET

The test is divided as follows:

--	Reading Passage 1	Questions 1 - 13
--	Reading Passage 2	Questions 14 - 27
--	Reading Passage 3	Questions 28 - 40

Start at the beginning of the test and work through it. Your should answer all the questions. If you cannot do a particular question leave it and go on to the next. You can return to it later.

May 16, 1995

Chen Weidong
Sino-British Project for Predeparture Training
Department for Preparing Candidates to Go Abroad
Beijing Language and Culture University

图2　北京语言学院陈卫东老师自编的雅思阅读模拟题讲义

英国老师也是令人难忘的，据说她曾经是雅思考官，可惜我忘了她的名字。这是一位典型的英伦女士，纯正的口音，温文尔雅，衣着得体，对学员非常友好。我上课偶尔会开小差，羡慕她总有好看的连衣裙来衬托她的优雅，想象自己更年长时能否也修炼出她那样的风度。在第二次雅思考试的口试环节，她知道那是我的弱项，于是就陪在我等候的口语考室旁，不断跟我说话“热身”。我告诉她，上一次考试恰逢我40岁生日，我希望今天这场考试是我这一辈子的最后一次重要考试，她笑了，鼓励我：这次你一定会成功。

雅思考试有一个致命弱点是试题重复使用,有人收集这些靠记忆得来的考题答案,就成了所谓的“机经”。北语雅思的培训老师当然鄙视投机取巧的“机经”了。事实上靠“机经”走运的考生毕竟是极少数!但这种“运气”居然被我和同学们撞上了。在考试前夜,我们这一群同学聚集在一起,猜测第二天的作文题目,不知谁说,恐怕会考上次考过的“青少年犯罪”吧,我赶快回房间拿起平时复习的作文笔记翻看默写,着重记住青少年犯罪的词汇,那是参考我在厦大的英语培训班老师傅似逸所著《英语写作应试强化教程》(图3)组织的。果然,隔天的考试中有一道作文题是重复的!我发挥得很好,居然能在我的英语写作弱项上拿到一个前所未有的高分——8分,感谢傅似逸老师写的好书!

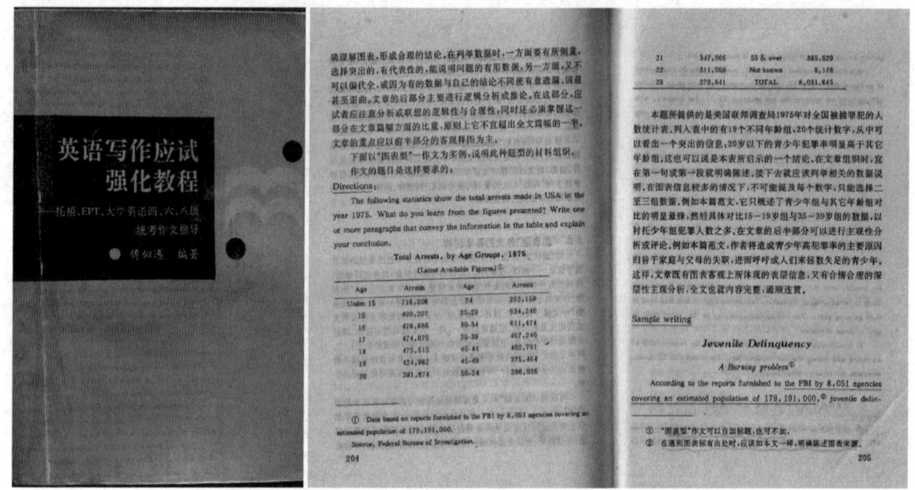

确理解图表,形成合理的结论。在列举数据时,一方面要有所侧重,选择突出的,有代表性的,能说明问题的有用数据,另一方面,又不可以偏代全,或因为有的数据与自己的结论不同便有意遗漏、回避甚至歪曲。文章的后部分主要进行逻辑分析或推论。在这部分,应试者应注意分析或联想的逻辑性与合理性,同时还必须掌握这一部分在文章篇幅方面的比重,原则上它不宜超出全文篇幅的一半。文章的重点应以前半部分的客观释图为主。

下面以"图表型"一作文为实例,说明此种题型的材料组织。

作文的题目是这样要求的:

Directions:

The following statistics show the total arrests made in USA in the year 1975. What do you learn from the figures presented? Write one or more paragraphs that convey the information in the table and explain your conclusion.

Total Arrests, by Age Groups, 1975

(Latest Available Figures)①

Age	Arrests	Age	Arrests
Under 15	716,206	24	262,158
15	409,297	25-29	934,240
16	478,686	30-34	611,474
17	474,070	35-39	467,240
18	475,515	40-44	402,791
19	424,982	45-49	375,464
20	381,874	50-54	286,036
21	347,006	55 & over	385,529
22	311,068	Not known	8,178
23	279,641	TOTAL	8,031,645

① Data based on reports furnished to the FBI by 8,051 agencies covering an estimated population of 179,191,000.

Source: Federal Bureau of Investigation.

204

本题所提供的是美国联邦调查局1975年对全国被捕罪犯的人数统计表,列入表中的有19个不同年龄组,20个统计数字,从中可以看出一个突出的信息:20岁以下的青少年犯罪率明显高于其它年龄组,这也可以说是本表所启示的一个结论。在文章组织时,宜在第一句或第一段就明确陈述,接下去就应该列举相关的数据说明。在图表信息较多的情况下,不可能提及每个数字,只能选择二至三组数据,例如本篇范文,它只概述了青少年组与其它年龄组对比的明显悬殊,然后具体对比15—19岁组与35—39岁组的数据,以衬托少年组犯罪人数之多。在文章的后半部分可以进行主观性分析或评论,例如本篇范文,作者将造成青少年高犯罪率的主要原因归咎于家庭与父母的失职,进而呼吁成人们来拯救失足的青少年。这样,文章既有图表客观上所体现的表层信息,又有合情合理的深层性主观分析,全文也就内容完整,通顺连贯。

Sample writing

Jevenile Delinquency

*A Burning problem*①

According to the reports furnished to the FBI by 8,051 agencies covering an estimated population of 179,191,000,② juvenile delin-

① "图表型"作文可以自加标题,也可不加。

② 在遇到图表标有出处时,应该如本文一样,明确陈述图表来源。

205

图3　厦大外文系傅似逸老师编著的《英语写作应试强化教程》助我成功通过雅思考试

天道酬勤,人生中几次关键的考试似乎都有神助,包括1977年的高考,也是在考试前夜被我押中了语文题。当时我们知青农场的几个考生在一起议论,明天会出什么样的语文考题?有人说,可能会考毛主席诗词吧,说者无意听者有心,当晚我把早就背得滚瓜烂熟的毛主席诗词翻看了一遍,1977年福建省高考语文试卷中有一道考题是默写毛主席诗词《蝶恋花·答李淑一》。

虽然考试中有侥幸的运气,但平时练就扎实的基本功还是很重要的。为此,我很赞成陈卫东教授对所谓“机经”的看法:“技巧有用,但如果基本功差,什么技巧都没用。如果你把整个的考试分数,寄希望于‘机经’,而不在自己的语言能力上，而不是把宝押在自己的能力上的话，万一出现一个新题你可能是全军覆没，所以我们的培训从来不关心‘机经’不‘机经’的事，‘机经’的事是一些其他的培训班热衷于宣扬的事。”卫东教授语重心长，“烤鸭”(雅思考生的昵称)们一定会铭记在心。

负笈埃克塞特，拜师学习交流

接下来进入忙乱的确定出国学校、导师，写研究计划等事宜。虽然那时国门已经开放，但我对英国的大学和研究机构知之甚少，我先生的表姐和姐夫在埃克塞特大学物理系攻读博士学位后留在导师的课题组工作，从事液晶研究，与刚刚入职该校化学系的无机化学教授Duncan Watson Bruce有学术上的联系和合作，4月11日Duncan教授给Jackie去信，欣然答应我到他的实验室访问研究，我们向英国文化委员会提交了“Chiral Surfactants”的研究课题。

1996年9月底的金秋时节，我取道北京前往英国留学，天安门广场已有了庆祝建国47周年国庆的欢乐气氛(图4左)。与前两次进京考试的紧张感受不同，8位同学(迄今我们仍不知道为什么少了一位同学)神态轻松，大都有亲人陪伴相送，我们再次来到留学公寓前合影留念(图4右)。巾帼不让须眉，14位项目候选人当中的3位女老师悉数拿到了出国入场券，通过率百分百。

图4　出国前夕，我来到天安门广场(左)，8位同学在留学公寓前留影(右)

前排左起：山东大学孙大亮、东北师大刘沛妍、厦门大学章慧、华中科技大学樊葳葳

后排左起：华中师大谢清树、复旦大学黄河、重庆大学刘伟、华东理工大学胡鸣

我们当中的大多数人可能都是第一次走出国门，对即将到来的留学生活充满了憧憬，也伴随着一丝不安，这种不安在踏上英国国土那一刻被放大了。首先遇到的问题是，在希斯罗机场入境时，只能随不同入关处海关职员的心情给签证时间，其中有4个人被给了10个月签证（我们这个项目的资助时间是10个月），而另外4位同学则给了1年的签证。在英国逗留10个月是一个比较尴尬的时段，后来有2位同学续签延期为1年。我记得那海关人员一边查看我的入境文件，一边问我，"Chiral Surfactants"是什么意思，我回答，"A kind of the compounds"。话说雅思的口语培训还真有用，在北语培训时所预设的各种场景，后来都一一遇到了。

按照英国驻华使馆文化教育处给的旅行指南，当我们乘巴士到达伦敦Victoria coach station时，必须到设在一旁地铁站里的英国文化委员会办事处（图5）报到，大概是三更半夜的缘故，那里的工作人员很不耐烦，给我们分发了一些零用钱，开了支票，就打发我们一群人打的到附近一个B&B小酒店入住。我们当中有三位同学轻车熟路直接奔去目的地。留下的同学总算在小酒店安顿下来，一夜无话。次日清晨，我站在酒店门口，看着人行道上过往的英国人，男男女女，人高马大，西装革履，步履匆匆，体现了这座名城的风貌和速度。短暂一瞥，却很震撼，这才意识到我真的来到英国了。

图5　时隔数月，我来到伦敦Victoria地铁站里的英国文化委员会办事处留影

当我们用完早餐，准备各奔东西时，发现我们寄放大件行李的房间的门锁坏了，酒店老板不得不找人来用电钻破门开锁，损失不小，一脸的不高兴。我们剩下的五位同学和同机来英留学的小王等两位女生，一起在小酒店外合影（图6），互道珍重，握手告别。之后在英国重聚，已是后话。

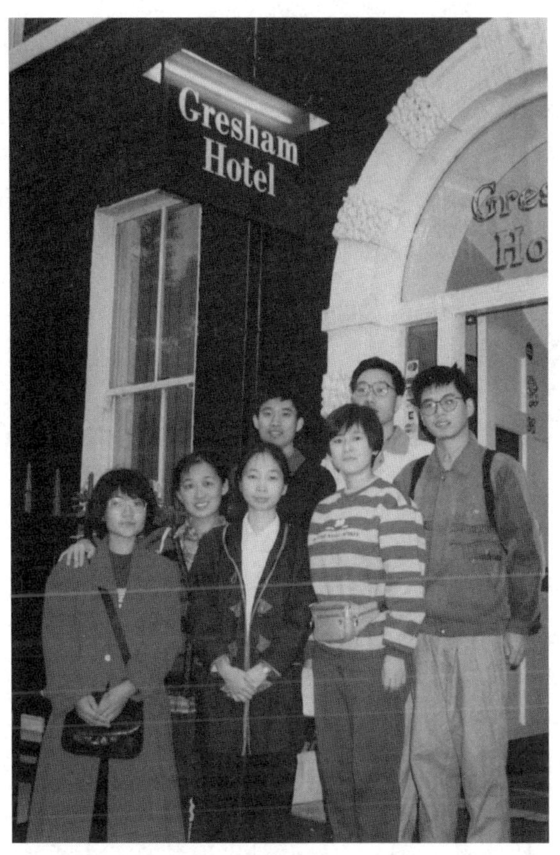

图6　同学们在伦敦Gresham酒店前合影，经过一夜折腾，略显憔悴
前排右一为新结识的小王同学

我的目的地Exeter大学坐落在英国的西南部，和小王同学的学校是同一个方向，我俩赶到伦敦帕丁顿火车站一起乘火车前往。在我到英国之前，我的导师（老板）Duncan教授多次发传真和电子邮件，询问我到达的确切日期。初到英国，人地生疏，Duncan亲自驾车到火车站接我，帮我把超重的大行李箱扛到他帮我预定好的校内宿舍Lafrowda House的三楼。放下行李稍事安顿，我随他来到化学楼，Duncan安排研究生Helen Jervis带我参观实验室（图7）。

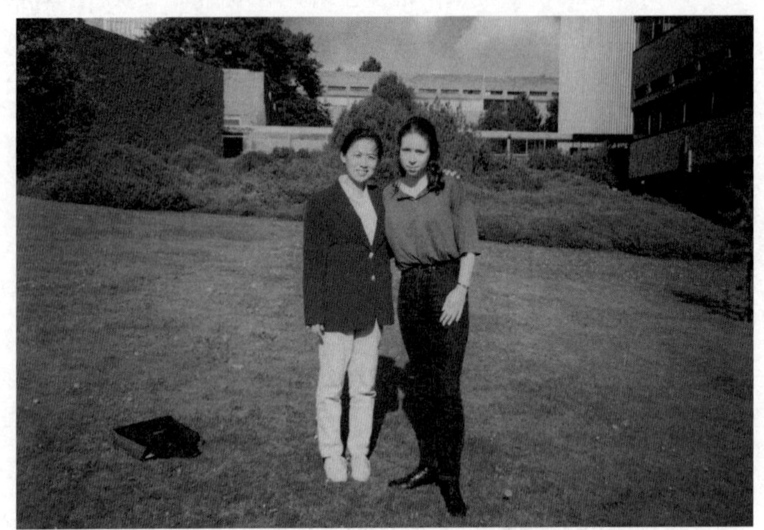

图7　初到Exeter大学，Helen与我在化学楼前合影

导师Duncan教授那时相当年轻，还不到40岁就已经在英国液晶界甚至世界材料化学界崭露头角。他对中国学者非常友好，能在他的指导下开展研究工作是很幸运的。Duncan于1981年毕业于利物浦大学，之后在该校攻读博士学位。1984年，他在谢菲尔德大学担任无机化学临时讲师至1991年，其间在1986年获得英国皇家学会沃伦研究奖学金。随后，他被任命为讲师，1994年晋升为高级讲师，同年成为谢菲尔德分子材料中心联合主任。1995年，他入职埃克塞特大学化学系任无机化学首席教授。2005年，埃克塞特大学化学系被灾难性关闭（这是迄今让我难以理解的一件事情）后，他到约克大学担任材料化学教授，目前为系主任。Duncan曾经是英国液晶学会秘书长，2006—2009年为英国皇家化学会材料部主席，2000—2011年担任英国液晶学会主席，并当选为英国皇家化学会理事会成员（2011—2015年）和审计委员会主席（2012—2015年）。他的工作得到了各种奖项的认可，包括英国液晶学会首届青年科学家奖（1990年）和英国皇家科学委员会的彼得-戴奖（2014年）等。

British Council Fellowship项目的包容性和提供的较丰厚的经济条件，

使我能比较从容地享受留英生活。此时不由使我想起送女儿去香港理工大学读本科时，学校对首批招生的内地学生第一学年提出的要求是：学英语学广东话，认识香港。当时中英友好，官方委派我们留学的任务大概也是学英语、学专业，认识英国吧。我在参加Exeter大学免费英语课程教学时，曾经跟那里的老师和同学讨论过“Culture Shock”。对于已是大龄且初次出国的我，这种文化冲击是一拨又一拨而来的。

研究课题“Chiral Surfactants”对我很有吸引力，但它又是全新的挑战，因为它是液晶合成化学的前沿课题，同时又与我在国内所做的研究大不相同，唯一的相同之处是研究对象是“手性络合物”。这就意味着我将在Exeter大学化学实验室从事一项难度颇大的手性合成工作，并且一切都得从头学起。

万事开头难，当度过语言关及生活关后，我这个化学老师面临的最大困难竟然是做化学实验！来到实验室，面对一长条空荡荡的实验桌(在这里被称为bench)，我竟然不知道要怎样领取相关的实验器皿和订购试剂，甚至连一些普通物件的英文名称都很陌生(平时不注意积累，雅思培训也不会涉及)。实验室里的研究生、博士后、工程师、实验员和后勤人员都很热情，特别有一位德国小伙子Hogle，经常伸出援手。在他们的帮助下，终于配好了必要的仪器设备，把实验装置搭起来了。

做实验的过程，则是一言难尽。因为所设计的研究要先合成手性联吡啶配体，这就要从我比较陌生的有机化学合成开始，而Duncan交给我的文献提供的方法很不完备，起先的实验是不成功的。有一次Duncan穿上实验服挽起袖子亲自帮我做实验，但还是失败了。后来我从瑞士化学家von Zelewsky新发表的文献中找到一个改进的实验方法，其中一个重要步骤是从黏稠的混合物中萃取出所需的终产物。有好几次，当我从数个烦琐的合成步骤得到的最终混合物，经过10来次溶剂萃取，蒸干溶剂后，眼前并不是文献上所描述的固体，而是在烧瓶底的一层淡黄色油状物，这真让我抓狂。我没有经验，只好重来，完成一套合成流程要持续好几天，可是一次又一次，依旧是油状物！

尽管气馁，但骨子里渗透出的当年上山下乡知青的那种不屈和拼搏精神最终还是占了上风，我每天拖着疲累的身体回到宿舍，第二天又打起精神到实验室继续做合成实验。直到有一天实验做得太晚了，没来得及丢弃烧瓶里的油状终产物，就把它随手扔在实验桌的试剂架上。隔天上午，在Exeter新结交的好朋友方军和他的妻子彭华(图8)来实验室看我,我背靠bench坐着,向他们诉说我的郁闷,他们坐在我的对面,安抚我的情绪。突然,一向斯文内敛的彭华指着我身后的试剂架,激动地喊起来:章老师,你那个烧瓶里的东西,不就是固体吗?

图8 留英朋友

前排左起:章慧、刘沛妍、彭华;后排左起:方军、罗志扬
(方和罗亦是英国文化委员会项目资助的研究生)

我赶紧转身抓起烧瓶一看,简直不敢相信自己的眼睛,经过一夜放置,油状物自己变成了固体!送去做检测分析,它就是我所要的产物。原来,我之前的努力,并不是做无用功,只是我还没有摸清楚这个手性化合物的习性而已。之后我就可以淡定地重复实验了,即使得到油状物,我也不紧张,Hogle教我用液氮冷却油状物外加抽真空一夜干燥,几乎每次合成都能得到高光学纯度的固体产物。而这些实验条件和设备在当时的国内都不具备。这个挫折变成了我的实践经验,回国后我经常告诫我的学生,不要随便丢弃你的实验产物,遇到油状物时,要想方设法让它成为固体。

我把时间和精力全部用在实验上,有时还利用周末或晚上等业余时间加班,凭自己的毅力克服困难,获得了相当好的实验数据及结果,受到Duncan的好评。另一位新结交的中国朋友杨荣后来也告诉我,Exeter大学化学系的人都说这里曾经来过一位非常勤奋的中国女老师。

另一个文化冲击是体验这里的实验室管理井井有条，后勤服务周到：试剂用完了，有实验员定时来巡视，随时取走空瓶，换上新试剂；做冷却实验用的液氮、干冰，可随时取用；洗涤用的丙酮要回收，可重复使用；周末总有一个清洁员把实验室里里外外打扫得干干净净；真空泵等实验设备坏了，工程师随叫随到，及时修好；需要做元素分析或核磁共振等检测的样品，直接送到仪器室，填表登记，很快就能拿到测试结果；订购试剂，只要去找财务人员登记需求信息，过几天，所需试剂就会放在你的实验桌上，一切都方便极了。回国迄今已有20多年，在某些方面，我们的实验室管理还不如"被灾难性关闭"的Exeter大学化学系，这是值得反思的。

出国前，我在呈送国家教委的留学申请报告做出如下规划："希望利用进修机会考察国外无机化学、配位化学的科研与教学发展现状，学习先进理论和技术，开阔视野，以期回国后能提高自己的业务水平，为深化教学改革和培养年青一代做出自己的贡献。在短期内进修一至两门水平较高、有兴趣的课程。考察国外无机化学、配位化学课程的设置情况，包括教学内容、实验内容、课时安排、教材选择等。此外，本人对CD光谱、电子光谱、高效液相色谱分离技术等研究特别有兴趣，希望能全面掌握若干先进仪器的应用，使之更好地为科研和教学服务。"

遗憾的是Exeter大学化学系没有CD光谱仪（其实曾经有过，见后续故事），只有旋光仪，我也没有机会接触高效液相色谱分离技术。我牢记考察理论和实验教学的使命，着重了解该系的课程设置、基础课实验教学等，并向系秘书索取了有关资料。在认真做好研究工作的同时，我抽出时间旁听了一些相关课程，深受启发。有一位来自马来西亚的华裔女孩Angelin（图9）是小留

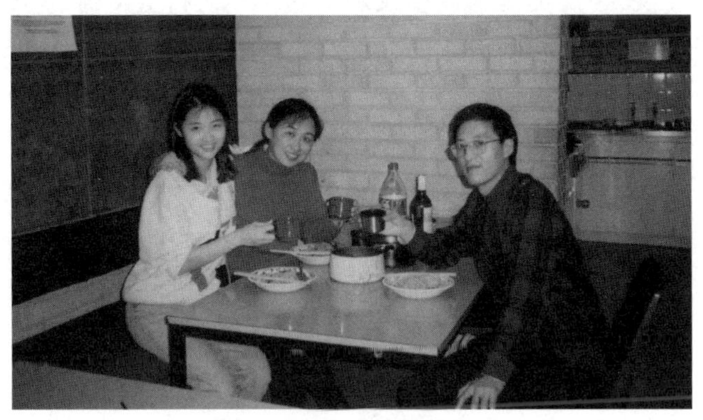

图9　Lafrowda宿舍舍友合影

左为Angelin，右为时任南京大学商学院会计系主任的陆正飞教授

学生，她高中阶段寄宿在英国人家里，参加A-level考试后在化学系读本科，跟我一起住在Lafrowda宿舍里，成为我的教学考察对象。英国实行导师制，Angelin正好是Duncan关照的学生之一。我发现这里的教材和课程比起厦大化学系的要相对简单，上课的内容也不难，我辅导起Angelin的功课绰绰有余。

有两件事迄今记忆犹新：其一，当我去观摩Duncan讲授的配位化学课程时，上课当中，学生可以举手，从座位上站起来直接打断Duncan的演讲，直呼其名，提问；其二，有一次我有事找Duncan，秘书说他在教学实验室带无机化学实验，当我找到他时，他身着一件破洞点点的旧实验服，正在耐心为学生解答问题，看到我露出惊讶的眼神，他笑眯眯地说：I enjoy it.

这又是一种文化冲击，给我带来了全新观念。回国后，我在理论和实验教学过程中不知不觉在模仿Duncan，鼓励学生上课积极提问，长年工作在实验教学第一线一直坚持到退休。

为了回国后能更好地开展教学与科研工作，我查阅了大量的杂志与图书，收集、复印了许多资料，并自己掏钱买了一批崭新的专业书籍，想方设法地将所有书籍与资料分批寄送、托人或自己带回国。总之，恨不能多学点东西回来报效祖国。在Exeter大学化学系里只有我一个中国人，平时我十分注意自己的言行，因为我的一举一动都代表着中国，我应当以勤奋努力的工作维护中国人的形象。

逗留英国期间，由Duncan安排，留学基金项目经费全额资助，我先后参加了分别在利物浦联合利华研究所、赫尔大学、南安普顿大学、瑞士纽沙泰尔大学和埃克塞特大学（Duncan为第三届国际材料化学会议的会议主席）召开的两次国际性会议、一次英国国内会议和两次小型研讨会。通过参会及与国外同行交流，了解国际上相关研究的最新动态，洞开眼界，对科研工作的开展十分有益。

游学英伦三岛，交友访问真忙

在Exeter大学安顿下来后，有人告诉我，英国有一个HOST（全称Hosting for Overseas Students）慈善机构，是由英国外交和联邦事务部、英国文化委员会以及维多利亚同盟会于1987年创立的。HOST计划旨在向来英国学习的各国留学生介绍英国人的家庭生活，使留学生们对英国的社会文化、历史地理等有进一步的了解。许多大学都共同参与支持HOST计划。只要是在英国生活超过3个月的留学生、访问学者，或者是他们的配偶和子女，就有资格报名参加。参加HOST计划的英国家庭都是经过精心挑选的，他们一般都非常友好，也愿意了解其他国家的文化，同时让外国学生体验到英国的生活。访问时间可以是1～3天，周末或节假日，包括圣诞节，或者仅仅一天。不仅可以自己去，也可以和朋友一起去访问。若被英国家庭接收，申请者只需支付申请费用和往返路费，住宿及伙食费用均由东道主家庭承担。有些学校甚至会为申请者付HOST申请费用。

“不仅可以自己去，也可以和朋友一起去访问。”这多么让人心动！转眼就到了圣诞和元旦假期，我非常想念在利兹大学的好朋友刘沛妍，打听到学校的国际学生办公室可以安排HOST计划，我们分头从各自的学校申请，希望在圣诞假期可以安排我们一起到伦敦或伦敦附近的英国家庭访问。HOST对我们的申请很快就有了答复，但为我们挑选的东道主家庭竟是伦敦郊外的一所修女院。

修女院？去或不去？我和沛妍通电话，心里七上八下打鼓，在我们古板的观念中，修女院的修女穿着遮头盖脸的黑白修女服，修女院里总是阴森森的，这都是我们从影视作品上看来的。和沛妍商量的结果，我们决定一起“冒险”去见识一下，能在修女院过圣诞节，是千金难买的体验。

从利兹和埃克塞特分头出发，姐妹俩先在伦敦与分别数月的樊威威、胡鸣和谢清树同学聚会，然后乘轻轨来到修女院。那里远远颠覆我们的想象，院内花团锦簇，窗明几净，好一派节日气氛。起居室洁净舒适，餐饮也非常合口味。修女们神采奕奕，能歌善舞，热情活泼，她们平时穿时尚的衣裙便装，与街上看到的妇女没啥两样，在圣诞前夜做仪式时才穿上修女服。我们在这里，还结交了另两位留学生朋友(图10)，其中一位来自泰国，她自带香料会做泰国冬功阴汤。离开修女院那天飘起了雪花，修女院外一片白茫茫，我还是平生头一次见到雪景，兴奋之至。

第二次的HOST计划，安排在1997年的夏天，这一次是与罗志扬和杨荣夫妇一起去的。罗志扬也是享受英国文化委员会提供的奖学金，在Exeter大学攻读硕士学位。这一次我们预定了苏格兰的目标，HOST贴心地安排我们分别到

图10　沛妍和我在修女院用餐

左为泰国留学生和另一位访客，她们的身后是修女们

苏格兰Nairn的两个英国人家做客。此次旅行是自驾横跨英格兰，我们在北上的沿途游览了黑池和湖区，拜访了格拉斯哥大学的孙大亮同学；回程南下到剑桥大学，由黄河同学陪伴参观。罗志扬在Nairn为我和杨荣，以及他们的房东拍摄的照片（图11）后来在英国文化委员会组织的留学摄影赛中获得大奖。奖

图11　留英摄影赛获奖照片

左起：章慧、杨荣和苏格兰Nairn房东

品很丰厚,英方提供英国行的来回机票和住宿费,附加250英镑的开销。但由于当时母亲病重住院,需要照顾和寻医求药,我果断放弃了重游英国的机会。

我曾珍藏两封来自英国的信,它们分别带来一南一北(英格兰的Exeter和苏格兰的Nairn)两位英国老人Thomas 和Elizabeth 颤巍巍的笔迹和问候。直到现在我仍感到愧疚,那时哪怕在百忙当中抽出一点时间为这两位慈祥、友好的老人多写上几封信,或许可为老人孤寂的晚年生活增添一点欢乐,而且能免去他们的牵挂。更重要的是,自从我离开他们之后,我总是有一种预感,恐怕今后再与他们见面的机会将是微乎其微。我只能通过写下这段故事,以表达我对他们的深深怀念。

Thomas Taberham是我旅居英国最后三个月的房东老先生(图12左),而Elizabeth Main则是我参加HOST项目到苏格兰Nairn小渔村做客认识的房东老太太(图12右)。两位老人的信将我带回在英国的难忘日子。只要一闭上眼睛,许多情景便生动地呈现在眼前,仿佛就在昨天发生!这也许就是回国后的我经常在梦境中神游Exeter、伦敦、苏格兰和一些我曾经去过的地方的缘故。最令我难以忘怀的是英国人民表现出的较高文化素养和对中国发自内心的友好,在两位老人——普通的英国公民身上得到充分的体现,这是我回国后经常对我的亲人和朋友们所津津乐道的。

图12　与几位英国老人的交往

左图Exeter房东Thomas Taberham先生;右图左二为苏格兰Nairn的Elizabeth Main女士

孤身一人来到遥远的国度，难免有排解不去的思乡之情，尤其想念尚在上小学的女儿和年迈的双亲。这是我在英国与两位老人经常谈起的话题，也是两位老人不约而同在来信中所写的内容，他们揣测我回国后与家人团聚所享受的天伦之乐。他们可能不曾想过，在忙碌过一天的夜深人静之际，在我心中牵挂的是他们的身体健康。尤其是Thomas先生，他已经八十几岁，心脏不好，腿脚不便，周末常常由我上街为他买回面包和报纸，平时有空我会帮他打扫卫生，整理花园，或为他准备一份中式晚餐。这样一位老人，却经常拿出英国绅士风度，口口声声说应该由他来照顾我。每天我回到家中，他会关心我实验进展如何，问长问短；当我的研究不太顺利时，他会适时地鼓励我克服困难。Thomas非常热爱中国，他有一本中国风景名胜的摄影集，是儿子送给他的生日礼物。当我在书中找到几幅我的故乡鼓浪屿的照片时，他高兴极了，马上请我把家乡的风土人情描述一番。他还经常关心在中国发生的事情，欣赏中国在经济建设方面取得的巨大成就。我非常感慨，那些戴着有色眼镜看中国发展的人竟然还不如一个八十几岁的英国老人！在我的脑海中最后定格的是Thomas在窗内恋恋不舍地目送我和先生离开的情景。Thomas曾经惋惜我尝不到花园里苹果树上成熟的苹果，可是我和他一起在花园里采摘的覆盆子的香甜却永远留在我的记忆中。

1997年春节假期，我先生郑兴文携女儿郑亦丹到英国探亲，我们与Duncan家人相聚，其乐融融(图13)。回国前夕，先生又一次来到英国探亲，我

图13　笔者家人到英国探亲期间，宴请导师Duncan一家

们再次与罗志扬夫妇出行，自驾到威尔士游览。

Duncan的夫人年轻漂亮，他家有两位活泼可爱的小女孩。Duncan曾经告诉我，英国和欧洲的男化学家，大多生女孩，我问：为什么？他大笑，说大概是吡啶闻多了的缘故。Duncan的调侃事出有因，因为我的合成产物就是手性联吡啶，我做实验经常与吡啶、二甲亚砜等臭烘烘的溶剂打交道，即使在通风橱做实验，也会遭到实验室其他学生的嫌弃，Hogle数次向我抱怨二甲亚砜有腐烂白菜的味道。而Duncan团队后来的液晶研究，也经常选用吡啶衍生物作为配体或液晶前驱体。

留英涟漪荡漾，惜与大师错肩

1997年9月，我结束在英国的工作和学习，与专程到英国迎接我的先生一起取道香港，回到祖国怀抱。临行前Duncan为我写了一封推荐信，信中写道："Zhang Hui was selected within China to be awarded a British Council Postdoctoral Fellowship to work in the UK for a ten-month period. Such fellowships are highly competitive, which gives a clear indication of her ability and the confidence which she generates in her peers and colleagues."(章慧在中国国内被选拔为英国文化委员会博士后研究员，到英国工作10个月。这类研究金竞争激烈，充分说明她的能力以及她在同行和同事中产生的信心)关于我的工作，他写道："从1996年9月至1997年8月的项目期间，她在我的研究小组工作，从事有关Ru(Ⅱ)手性表面活性剂络合物的课题。这个课题对她来说是一个全新的领域，大部分时间都花在了所需手性配体的长期和复杂的合成上。因此，在这段时间里，她对合成方法的熟悉程度大大提高。逗留结束时，她已经做出了所需的络合物，对它们的后续研究将是我组后续成员的任务。"这封推荐信有两个重点：一是"研究金竞争激烈"；二是"Chiral Surfactants"课题很新，有待完成。

最近在某留学网站上看到这样一则消息："在中国，英国文化委员会研究奖学金是根据'文化交流计划'提供的。该计划资助中国的13名博士后学生到英国、英国的13名博士后学者到中国进行为期10个月的学术研究。中方候选人是由中华人民共和国国家教育委员会提名的。研究课题包括科学技术、英语语言、艺术和人文科学。个人申请将不予接受。”结合Duncan的推荐信来看，显然，我们14位高校老师在1996年初被遴选，就是在执行这样一个中英“文化交流计划”。回国后，英国文化委员会向我颁发了一张留英奖学金证书(图14)。

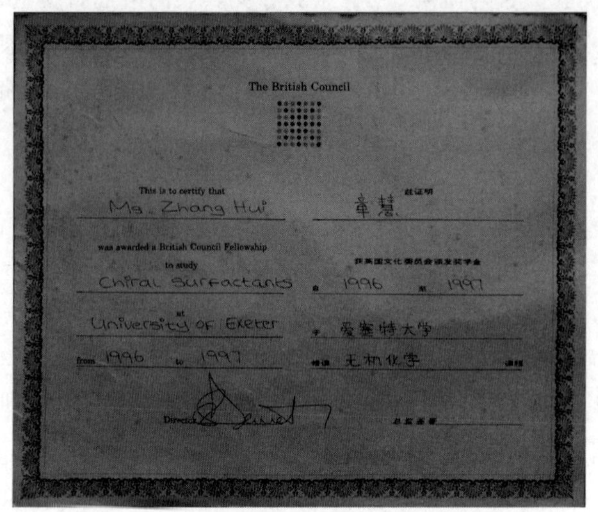
The British Council

This is to certify that
Ms. Zhang Hui
章慧
was awarded a British Council Fellowship
to study
Chiral Surfactants
1996 1997
at
University of Exeter
爱塞特大学
from 1996 to 1997
无机化学
Director

图14　英国文化委员会颁发的留英奖学金证书

我还没有把缀着长尾巴的系列手性联吡啶配体做成就要回国了，没有做到探究所合成手性Ru(Ⅱ)络合物的液晶性质这一步，因此对Duncan的络合物液晶材料领域相当陌生，换句话说，他交给我的“Chiral Surfactants”的全新课题只实施了很小一部分。对此，我们师徒俩是有遗憾的。从当时的科技背景和我个人的知识基础来看，“Chiral Surfactants”可能只是一个美好的梦想、一个超前的课题。在Exeter时，Duncan推荐我买了一本1997年出版的英文原版书*Introduction to Liquid crystals*，有一章专门介绍手性液晶，其副标题很浪漫——“艺术和科学”，作者在这一章的结语中指出：“液晶是一种迷人的材料，在显示设备中的应用已得到广泛认可。手性液晶材料则更加迷人，具有一系列的特殊性能，能够应用于新技术。目前，液晶中的手性是研究的重点，然而，该课题还处于起步阶段。”

据我所知，Duncan团队后来并没有在他设计的手性Ru(Ⅱ)络合物这个方向上做下去，到约克大学以后他对有机“Chiral Surfactants”，以及最近与常州大学的中国学者合作开展了对手性环金属Pt(Ⅱ)液晶络合物的一些手性液晶性质研究。在我成功合成出手性联吡啶时，化学系只有旋光仪供我分析样品的光学纯度，20世纪80年代末我已经在厦大化学系初步学习，并在出国研究计划书中所心心念念的CD光谱研究，根本无法实施。系里始终没有人告诉过我，这里曾经是CD光谱仪的发源地。

近年来，我沉迷于手性光谱科学史研究，在文献故纸堆中意外发现，尽管我留学的母系在2005年"被灾难性地关闭"，迫使国际知名液晶学家Duncan教授不得不去约克大学落脚，但这个年轻的化学系因为斯蒂芬·芬尼·梅森(Stephen Finney Mason，1923—2007)的存在，在历史上曾经有过自己的辉煌。

埃克塞特大学是一所研究型综合大学、第二批红砖大学的杰出代表，它位于英格兰西南部德文郡首府埃克塞特城，其历史可追溯到1851年。1922年它成为英国西南地区的一所大学学院，也就是在我留学的Streatham校区。1955年经过皇家的特许，埃克塞特大学从伦敦大学的保护伞下脱颖而出，演变成今天的埃克塞特大学。理工科学生一说起到英国留学，剑桥、牛津、帝国理工、伦敦大学学院等名校是首选。由于埃克塞特大学太过于年轻，国际上并没有很多人知晓它的声名。

梅森的职业生涯包括三个不同的时期。1947年他在牛津大学完成了抗疟药物的物理化学特性的博士论文工作后，首先从事科学史的研究，并写了一本著名的书《科学史：科学思想的主要潮流》。1953年，他的兴趣转向现代化学研究。1956年，他应聘到埃克塞特大学担任物理有机化学讲师，1963年晋升为副教授。1964年调任东安格利亚大学化学系基础教席。1970年起任职伦敦国王学院，1982年出版了《分子光学活性和手性识别》一书(图15)，同年他当选为英国皇家学会院士。直到1988年退休，他一直活跃在应用20世纪中叶发展起来的光谱和理论技术阐明有机和无机分子结构的最前沿。在退休后的最后一个阶段，他又回到了科学史领域。这种模式反映了他对科学，特别是化学极为广泛的兴趣和全面的知识，体现在他对大学教学和他所从事的所有研究问题的态度上。

梅森最著名的贡献是他对光学活性最广泛的研究，他对手性分子的光谱学特别感兴趣。根据梅森传记所述，在埃克塞特的8年是一段重要的时期，梅森巩固了对宏观分子特性与电子结构理论描述之间关系的特殊把握，更重要的是，梅森在这里为他后来的许多最好的和最具原创性的工作奠定了基础。

到埃克塞特后不久，他就动手改造了一台手动紫外-可见光谱仪，使其能够测量CD光谱。尽管该仪器的灵敏度不高，获得的结果也很烦琐，但在当时几乎是独一无二的。后来他很快就筹集到了购买法国Jouan圆二色仪的资金，显著发展了无机化学领域的工作，尤其热衷于手性金属络合物的研究，并进一步开展相关理论研究。早期的成就包括利用激子理论首次确定了溶液中有机分子的绝对构型，还首次测量了过渡金属络合物的单晶CD光谱。这反过来又导致了对这种光谱理论认知的发展。手性光谱专家A. J. McCaffery是梅森在埃克塞特大学时培养的研究CD光谱学的博士生。

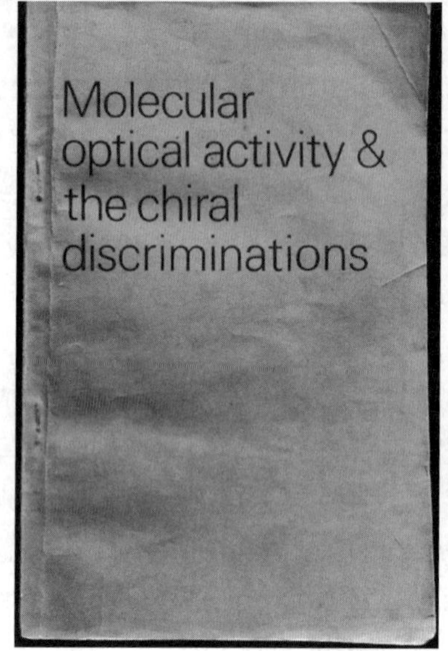

图15　梅森的专著《分子光学活性和手性识别》

可叹余生也晚。这么多年来，老师送给我的梅森这本书(图15)，在我的手边，几乎翻烂了，可我却不知道，我待过的埃克塞特大学化学楼，曾经安放过梅森研发的仪器。他对手性光谱，尤其是激子理论和固体手性光谱研究的重大贡献，惠及我、我的学生和我的同行，也惠及我最近与川师大师生合作的准四面体环金属铂(Ⅱ)络合物的液晶相发生镜面对称性破缺的深入探究。CD光谱和手性络合物液晶，曾经是我留学归来的两个心结，潜移默化的梅森精神存续，使它们达到了和谐统一。埃克塞特大学化学系虽然关闭，“但其心意所存，精神所在处，总是不朽不易不变不迁的”(学者程兆熊论鹅湖书院)。

1921-2021

厦大故事

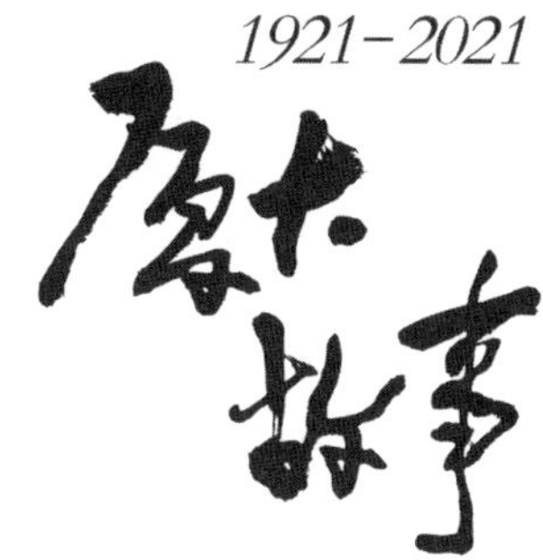

Stories of Xiamen University

长汀岁月

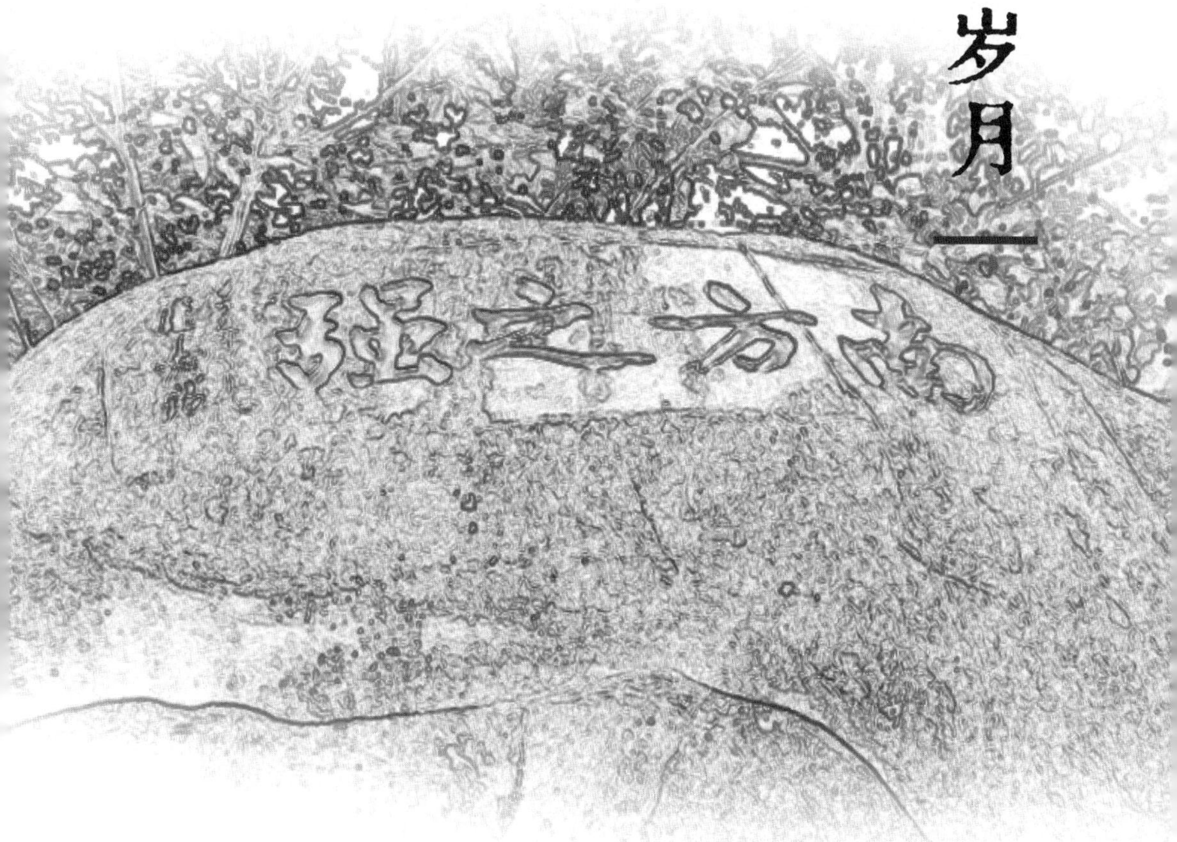

厦大孩子看长汀厦大

陈孔立

长汀时代的厦大孩子

章慧把她主编的《永远的厦大孩子》送给我，我告诉她20世纪40年代在长汀也有一批厦大的孩子。他们生活在厦大，不过住得比较分散，小学、中学时期也不集中在某个学校，所以不如五六十年代彼此那么亲近。长汀时代厦大孩子先后有不少人考上厦大，最早的有朱植梅、谢希德、张存浩等人，后来有杨福生、戴熙杰等人，再后来是谢希文、戴熙畴、杨锴、朱有华、谢希仁、何吉利、何大仁、陈孔立等人。“厦大孩子”是一个血脉相传的温馨群体，他们长期生活在厦大的环境中，对厦大的情感是很深厚的。

我作为厦大孩子的一员，从1941年开始就住厦大宿舍，平时和厦大学生有较多的交往，参与了厦大的许多活动，长汀时代的厦大给我留下深刻的印象。现在我已经88岁了，仍然用当年“厦大孩子”的眼光看长汀时代的厦大，希望有助于从另一个侧面了解厦大的历史。

中学时期的“厦大老师”

厦大搬迁到长汀，给长汀带来了许多人力资源。当时长汀有一所“省立”

中学，一所“县立”中学，原来缺乏师资。两所中学的校舍与厦大连成一片，厦大就在附近，他们可以“就地取材”，许多老师都由厦大教职员和学生兼任。据不完全统计，先后在两校兼课的“厦大老师”将近100人。县中(初级中学)的两任校长潘懋鼎、陈诗启都是厦大毕业的，潘懋元、吴厚沂、朱一雄、林幼堃等在县中兼课。郑朝宗、黄典诚、韩国磐、林莺等在省中兼课，先父陈贵生也曾在省中兼任高中英语老师。林幼堃曾经住在县中，他的厦大同学以及我家兄弟曾到县中找他谈天，留下了一张珍贵的照片(见下一篇《忆抗战时期在长汀》图8)。黄美德是陈诗启的太太，是我初中的英语老师，记得有一次我们班与另一班举行乒乓球比赛，我们输了，同学们不服气，要我写一封挑战书，并且要用英文写上“失败是成功之母”，我不懂得怎么写，就请教了黄老师。黄老师端端正正地写了“Failure is the mother of success”。以后在厦门有许多机会见面，我总是恭恭敬敬地向她鞠躬，叫声黄老师。

厦大的哥哥姐姐们

厦大土木系、机电系有许多学生来自福州“高工”，他们都是我父亲的学生，几乎所有的人都来过我家，其中有十几位是经常来的，如林幼堃、程协润、卢衍祺、林颐璧、许仰文、陈德宇、张端藩、邱禳等，张端藩、邱禳以及林禳官等人还曾经在我家住过。

我们称他们为“哥哥”。他们每到星期日就来到我家，和我们一家人谈天说地，带来了许多信息。有时还在我家吃饭，那时生活十分艰苦，副食主要靠农民提供的黄豆。我们把全家一年的粪便“包”给农民，他们在秋收后，会把地瓜、芋头、黄豆等陆续挑来。如果有肉皮煮黄豆，大家就十分满足了。

有时我们还相约去“远足”，北极阁、朝斗岩、梅林是我们常去的风景点。记得有一次哥哥们哼出了《长汀颂》：“夕阳辉耀着山头的塔影，月色映照着河边的流萤，春风吹遍了坦平的原野，群山结成了坚固的围屏。啊，长汀，你这庄严雄伟的古城，到处传遍了抗战的歌声。啊，长汀，你这庄严雄伟的古城，热血在你胸中奔腾。千万颗青年的心，埋藏着对敌人的仇恨，在山野田间长长的行列，结成了坚固的阵线。看群众已抬起了头，看群众已扬起了手，无数的人和无数的心,发出了对敌人的怒吼。士兵瞄准了枪口,准备和敌人搏斗。啊,长汀,你这庄严雄伟的城墙,筑成坚固的抗日的阵线,你的名字将万古流芳,在历史上灿烂辉煌。”其实这是一首《延安颂》,从延安传唱到国统区,只是为了避免特务的骚扰,改了歌名。歌词作者莫耶、歌曲作者郑律成的大名也流传世间,大家偷偷地说“共产党有人才啊”。回想起来当年唱起这首歌的时候,大家是充满激情的。

“姐姐”就比较少了,我的表姐吴纫芳是厦大学生,她和她的同学陈兆璋、陈可贞等,我们叫姐,还有柯咏仙以及厦大教职员中的年轻人也称姐。父亲的同事,我们都叫“伯伯”,郑朝宗先生尽管比先父小10岁,我们仍要称他“郑伯伯”。年轻些的算是叔辈。郑道传是叔辈,娶了姐辈的陈兆璋。熊德基是伯辈,娶了姐辈的陈可贞。这是厦大校园里温馨的趣事。

艰苦而活泼的生活

当年生活十分艰苦,这是大家都知道的。我看到当年厦大教职员的工资资料,校长600元,教授360元到300元不等,副教授240~260元,讲师120~160元,助教60~90元。拿到360元的名教授有周辨明、谢玉铭、陈子英、傅鹰、朱家炘等少数几位。但那只是“名义薪水”,厦大由于经费困难,萨校长规定自己只领三成五,200元以上的教授只领六成,副教授及讲师、助教等可领七成五到九成。虽然薪水不多,但大家都能体谅校长的初衷,努力工作。许多教授开了很多课,最普通的课由最有名的教授来开,萨校长自己开大一的微积分,谢玉铭开普通物理学,傅鹰开普通化学,陈子英开普通生物学。没有像样的教室,多是薄板杉皮建造的木结构教室,雷雨天打雷闪电能够从稀疏的薄板直穿屋内。精彩的授课和名人的演讲都在这种简陋的教室里进行。

男学生多穿棉布学生装,女学生多穿阴丹士林长衫或工人装,很多人穿的是简易的“草鞋”,大家都很朴素。笔记本用的是闽西土产的“改良纸”,两面可以用。宿舍里只能用豆油灯。为了省钱,有的厦大学生还曾经自制肥皂自己用。吃的是糙米饭和黄豆以及学校自己做的豆腐。偶尔合伙“打牙祭”,那就十分满足了。

那时疟疾流行，俗称“打摆子”，通常要发烧好几天，需要吃奎宁，即金鸡纳霜，那是一种糖衣的白色药丸，当年还不容易获得。还有就是缺碘，有些人患了甲状腺肿大，俗称“大脖子”，厦大生物系自制药剂，免费供应，药到病除。

生活虽然艰苦，学习却十分努力。大一学生一上学就“领教”了厦大的严苛。大一微积分、大一英文是两门很难过关的课程。每周一都有英文测试，没有准备好，谁也不敢星期天出去玩。大家都在争取品学兼优，能够获得“嘉庚奖学金”，那是厦大学生的最高荣誉。厦大学生勤奋好学，蔚然成风，受到各界广泛的称赞。

与此同时，厦大的文娱体育生活则是十分丰富活泼的。大家都记得厦大剧团、铁声歌咏团这些知名的社团。我这里举一些其他事例。

一是“诗钟”，所谓“诗钟”，是清朝流行于福建的一种限时吟诗文字游戏，限一炷香功夫吟成，香尽钟鸣。每逢元旦、春节和其他节日，厦大就会举办诗钟。白发苍苍的老教授如高梦熊、余謇等和青年学子共聚一堂，互相品评，其乐融融。

二是“整洁比赛”，通常在元旦举行。平时不对男生开放的女生宿舍笃行斋，那天公开开放，让大家评议哪个宿舍最整洁。

三是木刻与画展，我记得朱一雄曾经在厦大礼堂举办过画展，陈列了他的绘画、木刻作品，并且标价出售，居然有人订购，说明有人对优美画作的执着追求，也说明朱一雄的艺术魄力。

四是越野比赛，通常在校庆时举办，气候适宜。那时鞋子很贵，不少人打赤脚参加比赛，跑完全程。

五是体操表演，曾经在校庆晚会上把单双杠搬上舞台，连同自由体操作为表演节目。

厦大没有游泳池，只是在西山脚下有一处比较适合游泳的地方，并在旁边挖了一个比较深的水坑，架上简易的跳水台。每年夏天，厦大学生和我们一些同学要步行很久，到那里去游泳。

1945年美国空军航空大队100多人进驻长汀（图1），他们的篮球队要和厦大比赛，大家高兴地欢迎“盟军”，许多人来看比赛。结果“盟军”的球技并不高明，而球风十分低劣，横冲直撞，故意伤人，场上出现一片嘘声。实际上大家更喜欢看的是厦大“海啸队”的比赛，那是一支由兴化人（莆田、仙游）为主的球队，特别是该队主力黄古琫，打得十分灵活，投篮很准，中学生十分崇拜他，对于他的精彩表现，观众们总是报以热烈的掌声。

图1　战时长汀机场是东南各省与大后方得以联系的唯一通道

上:摄影时场内正有2架C-46运输机;下:机场内停有盟军大批P-51野马式战斗机,不时出击日军基地(1945年)

1941年12月7日,日军偷袭珍珠港,国民党政府加派航班从香港将一批军政要人运回内地。可是飞机到达重庆时,大公报社长不在其中,而孔祥熙夫人、孔二小姐连同他们的私人财产和几条洋狗却运来了,于是西南联大学生举行了游行,这就是所谓"倒孔运动"。当时厦大学生出壁报、印传单,揭露事实真相,整个长汀县城引起震动。

铁声歌咏团和厦大剧团

厦大铁声歌咏团最兴盛时,团员达200多人。他们经常演出抗战歌曲,也有一些较专业的演出。当时歌咏团可以演出四部合唱,拥有高水平的soprano、alto、tenor、bass(女高音、女低音、男高音、男低音)歌手。曾任团长的陈诗启唱的是bass，其浑厚的男低音在小小的礼堂里回荡。厦大有一台钢琴，演出时经常由黄美德、谢希德、朱思明钢琴伴奏。有时台上台下共同歌唱，形成温馨的家庭聚会。歌咏团有能力吸引长汀广大民众前来观看，在山城里传遍了抗战的歌声。

厦大剧团在长汀更加令人关注，开始时演出的多是抗战的独幕剧，演出过《江山好》《野玫瑰》之类的独幕话剧。后来能演出大型的剧作，如巴金的小说由曹禺改编的话剧《家》，以及《雷雨》《日出》《原野》，还有《北京人》《万世师表》《清宫外史》等。英国作家王尔德的《少奶奶的扇子》，由厦大老师郑朝宗翻译，厦大剧团演出。中文系讲师兼萨校长秘书王梦鸥是剧作家，又是导演。《家》等大型话剧就是他导演的，《燕市风云录》则是由他编剧的。陈人信演过《原野》中的金子、《清宫外史》中的慈禧太后、《家》中的瑞珏等，张万弓演过《家》中的觉新、《清宫外史》中的翁同龢等，还有朱植梅、范筱兰等都是“名演员”了。后台的人员更多，文、法、商、理工各院都有许多人参与。有时需要小演员，就由本校家属和中学生来充当。

厦大剧团不断地有新鲜血液输入，有学生也有老师。我家邻居侯元庆(1950年代留美回国，担任过复旦、上海科技大学的教授)当年还只是一名助教，带着妻儿共同生活。他在墙壁的纸上写了“升等计划”，限期完成任课和写作。有一次我和邻居一位高班同学，故意要考考他，问他“蔚蓝色的天空”英文怎么说，他马上回答“sky blue”“azure”，没能考倒他。有一次我看见他太太吃炒饭，很羡慕地说了声“炒饭”，他的太太回答说“盐炒饭”，生活的艰苦可见一斑。他热衷于戏剧，曾经是厦大剧团的台柱子，扮演过许多主角。曾在中学兼课的厦大学生丘晋芳，在《家》中扮演“鸣凤”，姚慈心女扮男装演《小小画家》中的顽皮男孩，惟妙惟肖，在学生中造成轰动，引以为傲。

厦大剧团的每一次演出都在长汀引起巨大的反响，人们极力争取到场观看。厦大剧团给长汀带来了文化盛宴，让山城充满了文化气氛。郑朝宗先生说，“小小的山城一眨眼变成了初具规模的文化城”。长汀山城收容了厦大，厦大也为长汀的发展做出了贡献。

锦织枚子

厦大政治系教授陈掖神因病逝世，留下遗孀日籍的锦织枚子和两个孩子。学校安排她在总务处当一名事务员，改名林锦织。她家搬来和我家当邻居，两个孩子陈洪民、陈栋民和我们兄弟年龄相仿，我们住在一起像是一家人。我家留下了当年林锦织和彭传珍太太、我母亲的合影(图2)，以及陈洪民兄弟和我家兄弟与厦大学生林幼堃等人在长汀县中的圆桌合影。

图2　林锦织(中)、彭传珍太太(右)和我母亲吴锦端(左)

锦织枚子只会讲简单的普通话和福州话，但来我家的厦大学生们都想让她教日语。有一年冬天，在我们家里开办了日语课，从日文字母あいうえお开始学起。学会了一些问候用语，还有几句对话，后来大家觉得日语很难学，这个日语课就不了了之了。记得有一次老师提问，用福州话点名"许仰文"，念不清楚，说成"疟蚊"，让大家大笑不止。1992年我访问台湾见到仰文哥，提起这件事，他说："你的话让我回忆起当年的情景。"

缅怀萨校长

郑朝宗伯伯写的《萨公颂》，说萨校长“舍身治校”，这是完全正确的。萨校长为了厦大可以说是“以身殉职”。他的事迹很多人有过介绍，我这里只能提供点滴记忆供大家参考。

“反刍”。萨校长有严重的胃病，在办公、上课时经常发作，有时会呕吐。他把吐到嘴里的饭重新咀嚼再咽下去，他自嘲说这是“反刍”。他把自己当作一头牛，一心一意为厦大埋头耕耘。

保护学生。当年国民党当局经常要查办“左倾学生”，他们公然要求学校开除或要来校逮捕。萨校长明确指出：“一切学生问题都应由学校负责处理。如果任意到学校来要求开除学生、逮捕学生，那学校就办不成了。”当年当局开出的黑名单就有黄厚哲、匡达人、陈奕尚、林汝楠等人，都被萨校长挡住了。国民党特务要在学生离校后动手，据说有人在毕业前夕不拿毕业证书就离开了。

科学精神与人文精神。萨校长主张文科学生要有自然科学知识，理工科学生要有社会科学知识。他要严格按照清华的标准培养合规格的人才。在重视科学的同时，还强调重视人的个性发展、全面发展。他提倡在学校里组织各种学会，鼓励学生自由地组织各种社团，出版自己的壁报，提出个人对国家、社会、学校的各种意见和看法。他把中国传统的教育与西方的实证科学教育结合起来，鼓励学生以所学知识，造福国家和人群。

蔡启瑞的回忆。著名化学家蔡启瑞院士对萨校长十分敬仰。1984年还没有人公开写颂扬萨本栋的文字，蔡先生就邀集黄厚哲、陈碧玉两位学长和我共同商量写出一篇《萨本栋与厦门大学》，由他负责向全国政协投稿。蔡先生是在私立时代毕业的，不算是萨校长的学生，但他说：“有些人你和他接触的机会不一定很多，可是他的言行和品格却使你终生难忘。萨本栋先生就是这样的人。”他还举了一个事例：“化学系一位年轻助教写了一篇论文，（萨校长）就要这位助教去见他，虽然这位助教和他平时接触的机会不多，只见过两三次面，又不是他直接教过的学生，他还亲自帮他看论文、改论文，甚至连英文用字都加以润色。”我估计这是他自己亲身经历的事。我告诉蔡先生，当年我是一个中学生，只能远远地望着萨校长，把他当作偶像来崇拜。

留在母校的墓园。萨校长1949年1月31日在美国逝世，终年47岁。不久以后，厦大师生在群贤楼礼堂举行了追悼会，那时我以厦大学生的身份向他致哀。从此萨校长的骨灰就留存在母校的墓园中。改革开放以后，国外以及港澳台等地，经常有校友返校。1992年我担任校友总会理事长，在接待校友时，大家总是要我带他们去萨校长的墓园。学长们毕恭毕敬地向萨校长三鞠躬，缅怀这位可敬可亲的前辈。

温馨的大家庭

北山钟声。在北山的半山上，架着厦大的铜钟，厦大人的作息时间都听钟声指挥。据说钟声是按照海军的敲法，上课敲四下："当当，当当。"接着按照时间，1点、5点、9点，敲一下："当。"2点、6点、10点，敲两下："当当。"3点、7点、11点，敲三下："当当当。"4点、8点、12点，敲四下："当当当当。"下课敲两下："当当。"半小时敲一下："当。"天天如此，年年如此。钟声陪伴我们走过艰难又美好的岁月，它成为长汀厦大人集体生活中不可忘却的记忆，也给整个长汀城传送了文化气息。讲起北山钟声，至今还会激起长汀时代厦大人的亲切回味。

"体育指导"。萨校长规定夫妻不能同在厦大工作，他自己身体力行。萨夫人黄淑慎学的是体育专业，但她不能在校担任体育老师，只是作为女生的体育指导，免费为厦大服务。我们常在女生的体育活动时，看到萨夫人的身影。记得有一次校庆时，举行女生篮球比赛，由萨夫人开球，引起全场热烈的掌声，大家情不自禁地向她致敬。

日机空袭。日本空军多次空袭长汀，一次炸毁了厦大的同安堂，另一次炸毁了厦大的水力实验室。空袭警报一解除，萨校长马上出现在水力实验室的废墟上。他关心学校财产的损失，更关心全体师生的安危。每次空袭警报响起，他总是指挥大家疏散，自己最后才进入防空洞。萨校长把学生看成自己的子弟，学生们也把萨校长看作自己的父兄。

破除地域成见。起初各地学生难免有同乡观念，同乡同学特别亲近，从而会出现地域隔阂，有时会发生冲突。特别是福州人和闽南人之间，这时兴化人便充当关键的角色，由他们“主持公道”。萨校长坚决反对学校里有同乡会的组织，他强调“绝对不容许有地域的成见”。在他的倡导下，厦大形成了不分地域和睦相处的局面。

互相关爱。厦大师生遇到困难时，通常会互相照顾，互相帮助。会计系学生林骧官患了严重的关节炎，要用拐杖扶着走路。他的妻子从家乡前来伺候，先父就让他们住在我们家。另一位学生的女朋友，也曾住在我家。她是一位护士，我们家人生病时，她会悉心照护。有的同学生病了，无法到中学上课，就会有人自告奋勇地去代课。师生、同学的情谊，溢于言表。

生活在长汀时代的厦大人，都会说一声：“厦大，你是一个温馨的大家庭。”

（作者写于2018年3月12日）

忆抗战时期在长汀

何吉利

（化学系1948级，教育系1952届）

1937年全面抗战爆发，当年底我随厦门大学教职员工家属搬迁到长汀。因我父亲何励生是厦门大学校长办公室文书，当时我7岁，如今我87岁，可谓厦门大学最老最早的孩子之一。至今对儿时在长汀的有些事，还是记忆犹新。

一、“biàng”飞机

抗日战争时期，日本侵占了我国广大的沿海和内陆城市，进一步又派飞机到我国后方进行轰炸，长汀也未幸免。长汀县政府有关部门为了保护人民群众的性命财产安全，指导人民群众及时有效地“biàng”（长汀话“biàng”就是躲的意思）日本飞机，在长汀城的北山和东面的塔山设了警报台。警报台有两种警报设施：警报机鸣笛和警报杆升挂红灯笼（见图1）。

当敌机尚在远方，警报机响长声数次（每次约半分钟），此时，警报杆升起一个红灯笼，这叫预备警报。当敌机就要来临，可以听见敌机飞来的声音了，警报机鸣笛好几声急促短声，警报杆升起三个红灯笼，这叫紧急警报。当敌机离远时，警报机响一特长笛声（一两分钟），红灯笼全落下，这叫解除警报。

预备警报拉响，商店关门，学校停课，行政机关停止办公，人们群起飞快地往躲飞机的场所跑去。半途如听到紧急警报，就地找个地方，隐蔽起来。解除警报响，人们心情放松，回到各自学习、工作和生活的地方。

图1　抗战时期挂红灯笼发出空袭警报

长汀"biàng"飞机的地方有北山、朝斗岩、乌石山、霹雳岩、苍玉洞、石燕岩、通济岩，这些都是天然的岩洞。还有人工挖的防空洞、防空壕，大大小小遍布山间，甚至在居民房屋院子里面都有。但最长、最大的防空洞是厦门大学挖的北山脚下的防空洞(图2)，有两个洞口，有近百米长，一米多宽，近两米高，里面还有通气孔，能容二三百人，离厦门大学教室、宿舍、办公场所较近。

图2　长汀北山脚下的抗战时期厦门大学挖的防空洞

警报一响，厦门大学学生教职员工，甚至附近的居民，县中、省中学生都来此躲避，萨本栋校长也来了，他常常最后一个进入防空洞，警报解除后第一个从防空洞出来查看校舍损毁情况(图3)。在厦门大学防空洞里，经常还可以看到厦门大学职工黄伯寅，两手各抱一个孩子，是双胞胎，两三岁，大的叫龙，小的叫虎，两个孩子很乖，很听话，很快进洞躲避。紧急警报拉响，萨本栋校长还在洞门口指挥大家进洞。

图3　1939年4月27日长汀的厦门大学校舍被日寇飞机炸毁的情景

二、日本飞机轰炸火烧水东街

1942年1月15日上午，日机轰炸长汀多处，死伤很多人。烧毁、死伤最严重的是水东街，因日机投的是燃烧弹，所以水东街烧得最严重。

水东街是长汀最热闹的地方，有很多骑楼式建筑，店铺很多是卖洋货的，上海货、香港货都有，如洋布、洋毛、洋伞、洋香水、洋娃娃、洋衣等。还有"行"，如纸行，卖的是长汀土纸——毛边纸，主要运到香港、东南亚做账本用的，因为用毛笔在毛边纸上记账，容易保存，字迹久而不易褪掉，用洋纸钢笔写，字迹会褪掉。这些洋货和长汀毛边纸是通过汀江水运运进和出口的。水东街被炸燃烧,几乎整条街都毁了,洋货和纸燃烧了好几天。我曾经到水东街观看,看到一处火堆里,除了继续在烧的木头和货物之外,还有尚未烧尽的人骨头,我闭眼不忍再看,迅速走开。这次轰炸,水东街火烧一片,人员死伤和财物损失最严重。据有关资料,当天日机在长汀闹市区投下炸弹逾200枚,炸毁270栋店屋和64座民房,95人死难,44人受伤,财产损失3000万元以上,城区精华被毁殆尽。

日机飞临长汀城上空,我在南寨防空壕里用肉眼可以看到飞机,甚至连驾驶飞机的飞行员都可以看到。我想如果当时国民党政府有高射炮就可以把它击落。国民党政府腐败落后无能,才让日机无所阻挡,肆无忌惮地飞来轰炸,后又肆无忌惮地飞走。老百姓被炸死炸伤,房屋财产被烧毁,真是国弱百姓就遭殃!

三、友好的康屋邻居

抗战期间,厦门大学安排我家租住汀江岸边豆豉坝康屋(图4、图5)。邻居有三家,即康三伯娓、钟品松医生、范逢信老板。

图4　1940年初,笔者站在长汀康屋厅堂天井边

图5　2008年10月笔者(左一)与妹妹何大我(她在康屋出生)及其孙女回到长汀康屋旧居门前留影

康三伯娓教我母亲做布鞋,做家常食品。抗战时,鞋很贵,我们买不起,兄弟姐妹打赤脚上学,有时穿母亲用旧胶鞋料改制成的草鞋。三伯娓教我母亲用苎麻搓麻绳,纳鞋底,做布鞋,如黑面白底女式有拉带的布鞋,非常漂亮。她还教我母亲做家常的食品,也极好吃,如灯盏糕、烰糈、豆豉、米酒等。

钟品松医生为群众做好事,给我们免费治眼疾,治其他病。防空如躲不及,可到他家院内的防空壕躲避。

范逢信老板的京果店,对我家也很信任和照顾,每到月底我家钱不够用时,向他赊账买东西他也答应。后来,他的店也被日机炸了,倒闭了,负债了,家庭生活很苦。解放后,他被人民政府录用为汀州镇政府干部,我父亲特写对联祝贺。

那天父亲在家里举办扇叶展,来的观众不少,图4的后左三是厦门大学职员庄振音。

四、难忘的新俊小学

1937年底厦门大学搬迁长汀,因为我家住康屋,我和弟弟大仁就近入学到新俊小学(现在的长汀县东区小学)。那时,我8岁,弟弟6岁,我入学念一年下期(图6),弟弟念春季班一年上期。

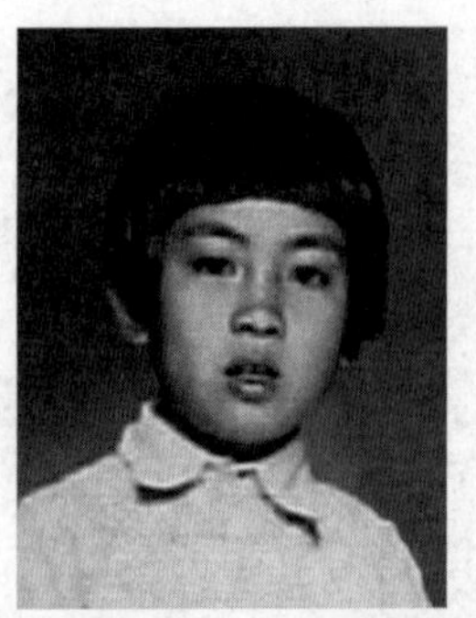

图6　笔者读小学一年级时的照片

当时长汀有3所知名的小学:龙山小学、新俊小学和乐育小学。龙山小学设在府学文庙东侧(现在是县政府),位于城中心。乐育小学在城东北基督教会会所附近,是教会办的小学。厦门大学教职工子女多数都在龙山小学、乐育小学就读,因为他们的家多数住在城中心。只有少数家庭的子女在新俊就读。

新俊小学是一所私人创办的小学,开始是1910年汀人康咏创办,后停办。1936年开明人士郑维垣、郑维屏两兄弟复办,郑维屏任校长。原校舍是一座两层八个教室(包括教师办公室)的破旧木质楼房,操场设在学校大门前面街道的另一边,穿过小巷,用一块几百平方米的旧屋基改造而成,四面都是民房的高墙。校舍不够,郑校长一家出钱又出力,全力支持办学,把自家房屋的厅堂用来给一年级学生作课堂,自家的庭院供学生游戏、跑步、上体育课。

郑维屏是校长,郑维垣是老师,郑维垣的儿子郑德俊当时还在长汀的厦门大学就读,也兼新俊小学的课。还有很多优秀的老师。郑维垣老师教过我语文,郑德俊老师教过我常识课。

新俊小学的硬件设施虽然较破旧,但是学校注意学生的德、智、体全面发展,教育质量很好,每次校际比赛都得到好名次。学校注重爱国教育,校歌(图7)里有两句:“接受新时代的文化,发扬新中国的精神。”

每周一上午第一节,便是全校师生集合,在操场举行周会。周会开始,立正,唱国歌,齐声背诵《总理遗嘱》:“余致力国民革命,凡四十年……”学校还捡来一块日本飞机轰炸长汀的炸弹片作校钟,把原来摇铃上下课改为敲弹片钟上下课,以教育学生勿忘国耻,努力学习,报效祖国。记得郑德俊老师有一次在课堂上教育我们要努力学习,很形象地比方说:“知识的海洋是无限的,好比这块黑板这么大,你们现在学的只是黑板角落边上的一个小点。”

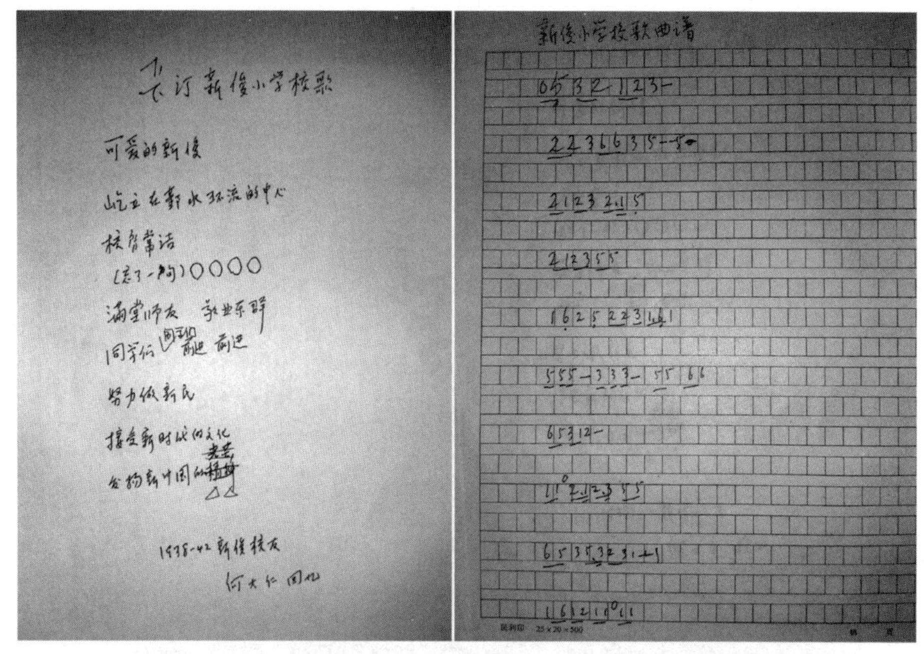

图7　笔者大弟何大仁2009年写下的长汀县新俊小学校歌的词谱

新俊小学经常举行各种比赛，如演讲、写毛笔字、歌咏、体育等比赛。歌咏队的老师名叫谢宝林，唱的歌曲很多是抗日歌曲，参加县里举行的歌咏比赛，还得过奖。我是歌咏队的成员，比赛的歌曲是《保卫黄河》四部合唱："风在吼，马在叫！黄河在咆哮！……龙格龙……"至今我还喜欢唱抗日歌曲，这和小时候参加歌咏队有很大的关系。

春天，正是油菜花盛开的时候，我喜欢参加小学的春游，心情特别美好。走在油菜花盛开的农田田埂上，口唱抗日歌曲："我们在太行山上，山高林又密……"这种美丽的情与景，至今回忆起来，还是很清楚动人的。记得母亲给我带的春游午饭是油炒饭，用手捏成饭团，手帕一包便是。

因为受到新俊小学的良好教育，打下了全面扎实的知识根底，我和大仁弟都是念完五年级就跳班考取了县立初级中学(简称长汀县中)。

五、长汀县中的文体活动

县立初级中学设在汀州府学文庙，将文庙的两厢和前殿用来作教室和校长、老师的办公室。还有两小间是厦门大学学生在县中兼课的老师宿舍(府学文庙东面还有一个长汀县学文庙，当时是厦门大学行政机构办公的地方，现在是长汀县中区小学和《厦门大学在长汀》陈列室)。厦门大学毕业生陈诗启任县中校长，厦门大学学生潘懋元兼县中教务主任，厦门大学学生吴厚沂兼县中训育主任。还有许多厦门大学教师和学生在县中兼课，教我英文的是陈诗启校长的夫人黄美德，教图画课的是厦门大学学生朱一雄，教几何的是厦门大学学生林幼堃(见图8)。

图8　1945年林幼堃老师(左二坐者)在长汀县中(汀州府学文庙)

［照片由厦门大学陈孔立先生(右五后立者)提供］

县中经常开展文体活动。有一次，县里在南寨体育场(现在的红军广场)举行校际体操比赛，我们在陈诗启校长的亲自指挥下参加了比赛，项目叫“扫帚操”。参加扫帚操的人每人手拿一把竹扫帚，扫帚上面缠满了用浆糊贴了几十条红黄绿橙等颜色的纸条。做操时，手举扫帚一上一下彩条飞舞，整齐划一，别具一格，引人注目。陈校长还亲自为此操配乐，我现在还记得：“15 12 32 1 | 36 53 13 2 | 22 22 12 3 | 25 31 23 1 —:||。”

1944年3月我在县中念初二下时，林幼堃老师请我们四位女生扮演厦门大学剧社演出的《清宫外史》中的宫女。宫女的动作是这样的：慈禧太后出场，在太师椅上坐好，宫女双手捧果盘，高举头顶，送给太后(图9)，宫女低头跪着，等太后吃完递回果盘，宫女接果盘，并大声喊："喳！"然后后退几步，再回头走，退场。演出前经过多次排练，宫女虽出场次数不多，也要参加，每到晚上排练完毕，都有一顿美餐，猪肉、香菇煮的咸稀饭做点心，由一位女工装两小木桶挑来。厦门大学剧社同月还演出了巴金的《家》(见图10)。

图9 《清宫外史》剧照

图10 1944年3月长汀厦门大学剧社演出《家》的全体演职员合影

1945年夏，我从县中初中毕业(图11)，暑假里与县城民众一起欢庆抗战胜利，秋天考入了省立长汀中学高中学习。

图11　1945年夏笔者在长汀县立中学初中毕业照

六、汀江河里捞小鱼

夏天傍晚，在汀江捞鹅卵石下的小鱼，是件美好的事情。我和大仁弟每人拿一个畚箕下河捞鱼，年纪幼小的大智、大公、大我三个弟妹蹲在河滩观看，旁边放着装水的脸盆。捞鱼的办法是：把畚箕往河底一插，河水约半尺深，两手把畚箕向河底的沙石推进，连同藏在沙石下的小鱼，迅速往畚箕中扒进，然后提起畚箕，水漏掉后，就可看到几只小鱼在畚箕里乱跳(图12)，抓起小鱼，倒掉沙石，把小鱼放进岸上的盆里。小鱼的名字用长汀话说有黄庵角、黄鳅串、匍石狗狗等。我们五个兄弟姐妹，端着盛鱼的脸盆，手提畚箕，高高兴兴地回家。母亲就把小鱼洗净，不用剖鱼肚，用粉干煮鱼，就是一顿美味晚餐。

图12　装在畚箕里的长汀黄庵角鱼

七、大仁弟在汀江河私撑“换肥船”

抗战时，长汀乡下农民到城里挑运人粪(肥料)回家给农作物施肥，是用小木船运载的，木船里放几只大木桶装肥。小船进城后，停靠在汀江河畔，农民挑小木桶上岸，到居民家收集人肥，被收肥的人家都是固定约好的。到了年底作物收成时，农民就会向收肥的人家给以报酬，送上黄豆、地瓜、芋头、芥菜等。长汀人把这种运肥的船叫gào肥船，gào就是“换”的意思。现在有了化肥，长汀gào肥船也就消失了。

关于gào肥船，还有一桩与大仁弟有关的故事。汀江从北往南流，流到长汀城关北面时分为东西两条支流，各从城关中间流过，到城关南面又合在一起，我家就住在东支流畔的豆豉坝康屋。一天，一只换肥船停靠在康屋河边，船上农民上岸收肥去了，大仁很淘气，独自上船并用竹篙把船撑走，从康屋东支流河往下游走，到城关南面五通桥又从西支流河往上游走，直到跳石桥头，把船停靠在那里，自己上岸回家了。农民在康屋东支流河这边找不到自己的船，一定是很着急的，他要到另一边西支流河跳石桥边才能找到。大仁私撑小木船玩，很危险，弄不好会落水甚至还有性命危险。为此事大仁弟被父亲训斥并罚站半天。

八、品学高尚的文学大师施蛰存

施蛰存(图13)，是我国有名的大文学家、大诗人，1941年秋至1945年初他在长汀厦门大学执教，我和弟弟有幸短期寄居他家，得到他的关照和爱护。

图13　施蛰存先生1938年在昆明云南大学任教时照片

1944年底，日本鬼子快打到江西赣州，长汀这边局势很紧张，厦门大学动员教职工家属疏散到乡下，父亲的同事戴国基先生介绍我家疏散到濯田。但是，长汀县立中学尚未放寒假，还要等20多天，于是父亲就把我和弟弟寄居在施伯伯家。因为我父亲和施伯伯很熟悉(父亲曾为他治印，见图14)，父亲向他提出照顾我俩暂时寄居他家的事，他满口答应。

抗战期间，厦门大学在长汀中山公园建有好几座平房宿舍，红砖墙，树皮屋顶，专门给教授住的，一家一座，一座里面有两个房间，一个小天井。施伯伯也住一座(见图15),他腾出一间房间让我和弟弟住,他和他儿子住另一间,这间既是卧室又是书房。

图14 笔者父亲在长汀为施蛰存先生、其长子施莲、其表弟喻永祚刻的印章

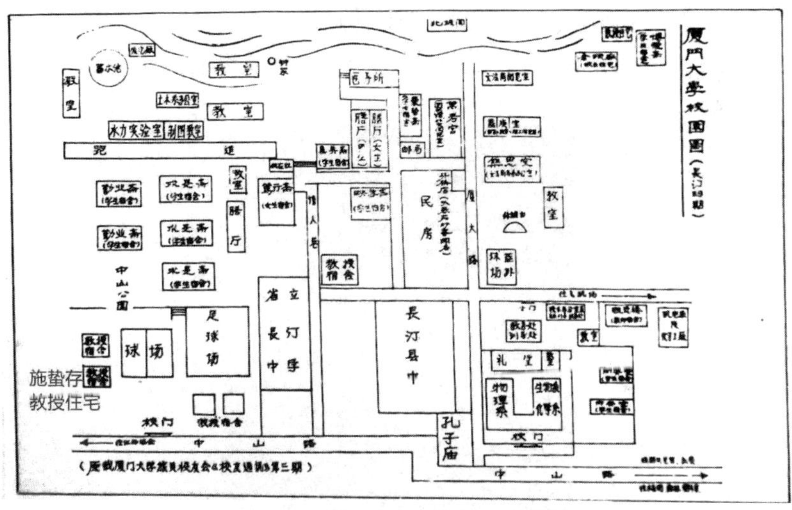

图15 厦门大学在长汀时的校舍布局图,左下角为施蛰存教授宿舍

施伯伯家只有他和他儿子施莲两人,施莲与我同岁。施伯伯不在家做饭吃,三餐饭是由施莲从厦门大学学生食堂打回家吃,我和弟弟的饭也由施莲一起取回来。有一天,施莲打饭快到家了,不小心把一块饭倒落在地,施伯伯看到赶快把那块饭捡起来,自己吃了。在施伯伯家住的20多天里,我很感动,深受教育。我想,这样一位大教授,多么爱惜粮食,弄脏了的饭舍不得倒掉,并且自己吃掉。他不轻视地位比他低的职员(父亲当时是学校出版组组长),爽快答应把小孩寄居在他家。他虽然收入较高,但生活很俭朴,不吃高级的食堂,吃学生食堂。……这些美德发生在一个有名的年长的大教授身上,很难得!

九、父亲何励生的篆刻

我的父亲自幼喜欢书法和篆刻，从10多岁起，就在我的外公杨绍廉先生（浙江东南著名诗画篆刻家）的指导下，学习书法篆刻。1928年30岁时到厦门大学工作，业余继续篆刻研究和创作，当时曾得到厦门文艺界的好评，1935年11月6日《华侨日报》华洲期刊第16期曾登载苏耕余的文章，介绍了当时厦门的书画家，其中就有何励生，文中是这样写的："何励生，浙江人，能诗文，书法秀劲，能篆刻。"父亲在长汀还写过有关篆刻的论文《印艺》（图16）。

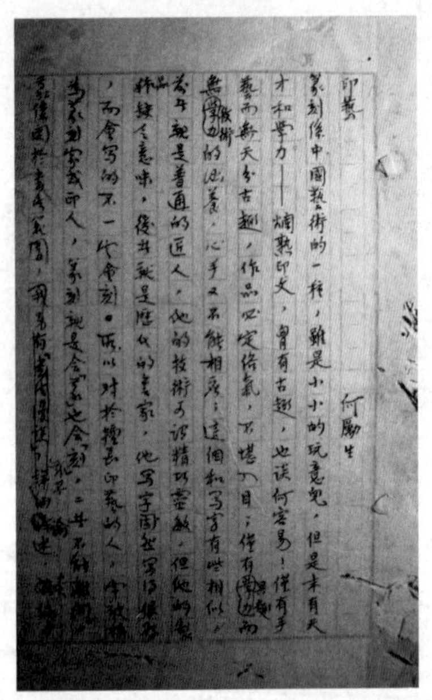

印藝

何勵生

篆刻係中國藝術的一種，雖是小小的玩意兒，但是未有天才和學力——嫻熟印文，曾有古趣，也談何容易！僅有手藝而無天分古趣，作品必定俗氣，不堪入目；僅有學力而無藝術的涵養，心手又不能相應；這個和寫字有些相似，若干就是普通的匠人，他的技術可謂精巧密緻，但他的製作缺乏意味，[illegible]就是歷代的書家，他寫字固然寫得[illegible]，而會寫的不一定會刻。所以對於[illegible]印藝的人，[illegible]為篆刻家或印人，篆刻就是會寫也會刻，二者不能[illegible]

[illegible]

图16　笔者父亲何励生在长汀撰写的篆刻论文《印艺》手稿首页

父亲在长汀厦门大学时期刻了许多印章，如今在尚存的印谱里还可找到100多枚他为同事、学生和友人刻的印样，包括长汀时期的厦大校长萨本栋和教职员谢玉铭、周辨明、萧贞昌、方虞田、杨龙生、蔡文地、陈嘉祥、黄雁秋、李谦若、李青云、吕恒儆、王敬立、王世富、吴崇泉、吴士栋、袁德诚、张稼益、赵绍铭、陈继先、郭迪瑜、林质明、郑海夫(朝宗)等,长汀厦门大学学生陈才孙、陈存义、陈铁凡、陈玉开、程正纲、戴益寿、丁世权、甘定基、胡师杜、花啸霞、黄喜英、黄长椿、姜致和、揭秉刚、金士莘、劳元玑、李华堂、李焕明、李启祯、李延龄、林子章、刘振廉、马祖熙、彭立辉、钱文耀、邵健澂、施雨泉、王超凡、翁国梁、吴熙、肖敦文、熊大凤、晏庄、杨国材、杨国梁、易焕光、于长伦、余永龄、章泽霖、张炳南、周武林、朱成宅、朱昭仪、朱植梅等,友人丘镇英、毕拱华(平非)、李鸿栋、李鸿楷等(见图17)。

图17 笔者父亲何励生在长汀为厦大校长萨本栋和同事周辨明、方虞田、杨龙生、谢玉铭刻的印章

抗战期间,我家人口渐多,父亲薪金难以维持生活,于是一些友人建议父亲润资刻印。友好人士教育部姜伯韩(即姜琦)先生和李笠(即李雁晴)教授两人发起,联合为父亲写刻印的推荐书(图18)。推荐书一出,就有许多厦门大学人士和社会人士前来求刻印章。

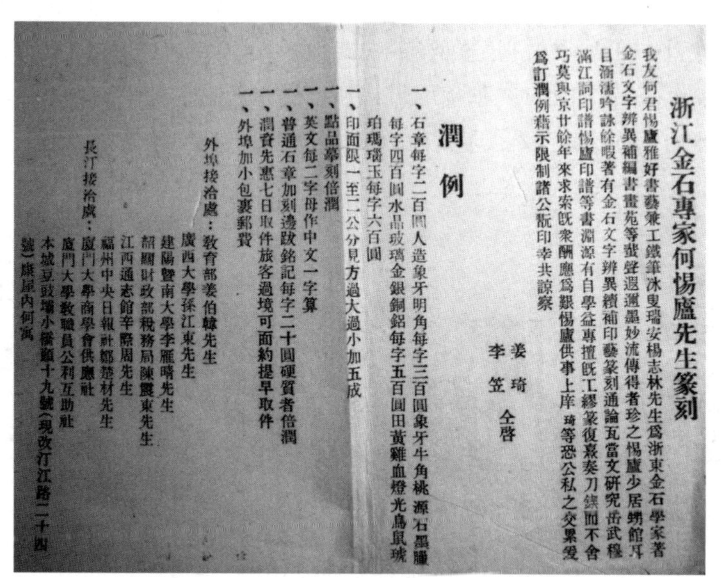

浙江金石專家何惕廬先生篆刻

我友何君惕廬雅好書藝兼工鐵筆沐叟瑞安楊志林先生爲浙東金石學家著金石文字辨異補編書畫苑等蜚聲遐邇墨妙流傳得者珍之惕廬少居甥館耳目濡染吟詠餘暇著有金石文字辨異續補印藝篆刻通論瓦當文研究岳武穆滿江詞印譜惕廬印譜等書淵源有自學益專擅既工繆篆復嘉奏刀鍥而不舍巧莫與京廿餘年來求索既衆酬應爲艱惕廬供事上庠 琦等恐公私之交累爰爲訂潤例藉示限制諸公甑印幸共諒察

姜琦
李笠 仝啓

潤例

一、石章每字二百圓人造象牙明角每字三百圓象牙牛角桃源石墨臘每字四百圓水晶玻璃金銀銅鋁每字五百圓田黃雞血燈光烏鼠琥珀瑪瑙玉每字六百圓
一、印面限一至二公分見方過大過小加五成
一、點品摹刻倍潤
一、英文每二字母作中文一字算
一、普通石章加刻邊跋銘記每字二十圓硬質者倍潤
一、潤資先惠七日取件旅客過境可面約提早取件
一、外埠加小包裹郵費

外埠接洽處：教育部姜伯韓先生
廣西大學孫江東先生
建陽暨南大學李雁晴先生
韶關財政部稅務局陳霞東先生
江西通志館辛際周先生
福州中央日報社鄭楚材先生

長汀接洽處：廈門大學商學會供應社
廈門大學教職員公利互助社
本城豆豉壩小橫街十九號(現改汀江路二十四號)康屋內何寓

图18 1944年9月父亲刻印的广告

在求刻印章的人士中，要数参加中国抗日战争的美国空军飞行员最为特别。他们1945年2月进驻长汀后，由厦门大学外文系学生带来我家（康屋），外文系学生当翻译，父亲也能听懂一两句。美国人士对刻印章的要求很特别，要求印章必须刻两种文字，即中文篆体字还要刻美国人外文体的亲笔签字，有的还要求在印章的侧面刻两条龙。按照美国人的请求，父亲在太阳光下，用镜子反光折射，把外国人的签字体临摹在纸上，反反复复试验成功。父亲把印刻好交给美国人士，他们很满意，并表示感谢。

美国人士既爱中国的篆字体，又爱自己的签字体。父亲把两种字体合刻在一个印面上，是一个突破和创造，打破了印章千百年来中华文化篆字体的格局，别开一面。如今，在尚存的父亲印谱里，还可看到几枚这样印章的印样（图19）。

图19　父亲在长汀为美国人段安德、段珍、费玛罗刻的印章

抗战期间，父亲40多岁，视力好，刻章兴趣浓，爱国热情很高。为鼓舞国人抗日士气，1944年他在长汀专门刻了南宋爱国将领岳飞的《满江红》词套章。《满江红》词共19句，父亲把每一句刻在一枚印章上，所以《满江红》词套章共有19枚印石（图20）。非常可惜，这19枚印石在“文革”中被红卫兵抄走丢失了，唯有一本《满江红》印谱尚存。印谱中，每颗印章下边，还附了中英文对照。

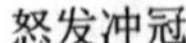
怒发冲冠

凭栏处

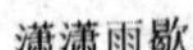
潇潇雨歇

抬望眼仰天长啸

图20　父亲在长汀刻的《满江红》印谱19枚中的头4枚

（完稿于2016年6月，修改于2020年10月，曾登载于厦门大学校友总会网站）

亲亲的八闽大地

——回忆爸爸刘椽教授在厦大的15年

刘光夏　刘芳蓁

我的爸爸刘椽生于1903年，山东诸城人。

1931年的夏秋之交，四位风华正茂的留美化学硕士，结伴同船，返回阔别多年的祖国。有人发问："回去后饭碗问题怎么解决？"了解国内情况的人说："南洋侨领陈嘉庚先生倾其所有办了一所私立厦门大学，正缺教师，各位如尚无高就，都去厦大吧。"四人用欢呼表示了同意，击掌为定。那年厦大化学系一下子就来了四位副教授，开出了不少新课程。

据说我爸爸就是那四人之一。这段传闻是否准确无误暂且不论，但他留洋回国后于1931年来到厦门大学化学系任教，则是确切无疑的。爸爸1933年前后升任教授，1935—1937年任理学院院长，1937—1945年任化学系主任，还曾兼任学校总务长。

爸爸在厦大一干就是15年(图1)，遇见了不少聪敏好学、孜孜以求的才俊。爸爸到系里时，卢嘉锡同学刚从"主系数学，辅系化学"改为"主系化学，辅系数学"。他勤学好问，悟性极佳，而且数学底子好，想用数学方法研究化学问题，1934年毕业后留在爸爸身边任助教。三年后他以物理化学第一名的成绩考取第五届中英庚款公费留学，此后仅用两年时间就拿下了伦敦大学博士学位。他是爸爸的第一位得意门生。

图1　1934年，刘光夏与父亲刘椽在厦门

东北沦陷，华北危机，中华民族危在旦夕。日寇飞机轰炸厦门，东南半壁江山安放不下一张书桌。1937年夏厦门大学改为国立后不久，国民政府教育部即决定厦大西迁长汀，由新任校长萨本栋统筹领导西迁工作。

长汀地处闽、赣边陲，是客家人聚居地。当时交通不便，经济落后，生活条件差，但百姓淳朴，文化底蕴丰厚。记得我上学必经的一条街，沿街几乎全是字画装裱店，生意兴隆，顾客盈门。我这个免费的小观众天天来看字画，一看就是六七年，同店员和老板都认识了。

厕所里硝盐被一刮再刮的痕迹、我的小伙伴中的孤儿，都在诉说国民党围剿、封锁的无情与残酷。百姓高举双手欢迎厦门大学西迁来此。县长叶长青说："我们汀州府（长汀的旧称——笔者注）以后就是你们的家。"

孔庙当办公室，祠堂当宿舍，牢房改成化学实验室。上千口人，斜穿半个福建省，个把月的时间，吃、住、办公、开学、上课、做实验等一切事务都要走上正轨，的确不是一件容易的事。萨校长果然不同凡响，这位物理学家还是一位出色的组织者和领导者，有办法把诸多矛盾一一搞定，重上轨道，易地启动运转，保证按时上课。当然，化学系这一摊，他就交给爸爸了。

房子是诸多矛盾中的主要矛盾。现成的房子就是孔庙、大户人家的祠堂和监狱的牢房。功夫不负有心人，经过多方奔走协商，化学系办公室和教室都在孔庙解决，职工家庭和部分学生宿舍由大户祠堂解决（我家就住在青云巷三号的"郑氏家祠"内），实验室可以由富余的监狱牢房改建而成。要把关押犯人的牢房"变"成化学实验室可不是仅仅增加个实验台、装个土自来水管就能够完成的。爸爸每天必须同工人一齐干，在现场边设计边施工。白天铁锤锯子响，晚上备课忙到深夜。

人各有志，随校西迁的化学教授只有爸爸一人（图2）。在厦门时，爸爸主讲"有机化学"。西迁后，化学系9门专业课，从低年级的"普通化学"到高年级的"物理化学"，都等着爸爸上。每天爸爸出门时，妈妈总要赶过去问一句："急板还是慢板？"爸爸说："急板，好几天都是急板（就是全天有课，满负荷运转的意思）。"

当时没有中文教科书，爸爸只能以英文原版书为主线，自编讲义。他用英语授课，思路敏捷，逻辑性强。有些内容要追根溯源，又引来法语和德语，一下子进入了一个欧洲语言世界。同学们不适应，他就放慢速度，穿插一些科学故事和趣闻，让大家喜欢这门课，慢慢就觉得"有机"有趣、重要，学不好会影响别的功课。爸爸要求学生考试测验、实验报告一律用英文完成，化学拉丁文也

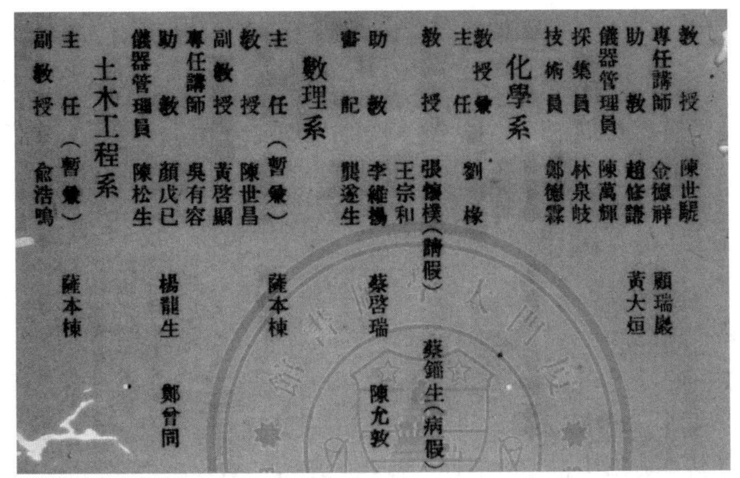

教授　陳世騄　顧瑞巖
專任講師　俞德祥　黃大烜
助教　趙修謙
儀器管理員　陳萬輝
採集員　林泉岐
技術員　鄭德霖

化學系

教授兼主任　劉椽
教授　張資樸（請假）　蔡鏐生（病假）
王宗和
助教　李維揚　蔡啓瑞　陳允敦
書記　龔遂生

數理系

主任（暫兼）　薩本棟
教授　陳世昌
副教授　黃啓顯
專任講師　吳有容
助教　顏戊巳　楊龍生　鄭曾同
儀器管理員　陳松生

土木工程系

主任（暫兼）　薩本棟
副教授　俞浩鳴

图2　厦门大学1939年聘任教员部分名单，王宗和教授是迁汀后1938年受聘的（插图引自《厦大通讯》1939年第1期）

必须学会，有错就改，不懂就问。从英文的语法、句法，到化学拉丁文的一些规律统统纳入了他的教学内容，四年学习就是“学、学、学，错、错、错，改、改、改”的过程。写毕业论文时，还要讲解国外论文的“洋八股”写作模式。爸爸的动手能力极强，他手把手地教同学们如何吹制各种异形玻璃器皿，令专业的玻璃工人叹为观止。这种集知识、语言和技能为一体的“全方位教学法”形成了完整的“教学链”，在当年厦大理科中颇有特色。

庙宇当教室，牢房变成化学实验室，学生们能在这种极为艰苦的条件下完成四年学业，写出合格的毕业论文，这就是一种自强不息的民族精神。一批批青年才俊不断涌现，笔者当时年纪还小，仅记住了蔡启瑞、陈国珍、邓从豪、高与械、张永巽等几位的名字。

我们一家7口一日三餐离不开红米饭和南瓜汤。爸爸总喜欢在晚饭时来四两“汀州黄”。微醺之中的爸爸状态最好，他点亮油灯，开始批改学生的考卷、报告。只见他不停地打勾，好的还打“双勾”。看他批改试卷成了我的“独门享受”，对他的几位得意门生，我更是耳熟能详。

1942年以后，抗战进入最艰苦阶段，不但汽油买不到，就连代用品酒精也买不到了。爸爸和他的同事们自己动手设计和建造了蒸馏塔，用红糙米等造出了酒精、三酸、肥皂和蓝墨水。长汀“小后方”做了重庆大后方做不到的事，迎接了机场扩建和美国航空大队的进驻。

空袭在当时是家常便饭。1942年日寇的一次空袭炸毁了一整条商业街，死人上百。大家都必须随时注意北山山顶的红球。一个红球是预备警报；两个红球，就要进防空洞；三个就是敌机临空，来不及进防空洞的人必须就地隐蔽。

厦大的文体活动是由学生自治会统一组织的。各系都有篮球队，经常比赛。爬山比赛和文体会演给长汀增添了不少文化气息。厦大每年春、秋两季都有爬山比赛。起点是文庙大门口，运动员有七八十人，出发后北拐，直奔那空袭时挂防空气球的北山山顶，相对高差有三四百米。我和小伙伴们每次都提前到山顶等着，看谁得第一。在孩子的欢呼声中，第一梯队到达，运动员们脸色苍白，汗流满面，气喘吁吁，样子挺吓人的，但开心的胜利气氛总是令人回味。每年的重大节日，在文庙礼堂有健身肌肉秀、踢踏舞、夏威夷土风舞等表演。令人难忘的是厦大学生自导自演的话剧《雷雨》和《清宫外史》，还有合唱《义勇军进行曲》《大刀进行曲》《黄河大合唱》及京剧清唱《还我河山》等。学生演员们在台上展现出不屈的民族精神，每次演出结束，观众都久久不愿离去。

1945年8月15日，日本投降。长汀的胜利大狂欢因有美国航空大队的飞行员参加，显得更有特色。狂欢的队伍沿着中山路，拐向修复不久的商业街，吉普车上的飞行员怀抱高射机枪对空扫射，加上群众燃放的喜庆长鞭，轰鸣之声震耳欲聋。祈望民族从此振兴、国运从此昌盛、人民从此安康。

抗战胜利后，爸爸应聘到校址在青岛的山东大学。1946年6月，我们全家离开长汀前往上海(图3)。后来萨校长问爸爸："在厦大服务15年最高兴的是

图3　抗战胜利后刘椽一家及其妹妹和家人离开长汀，在上海合影

后排左起：爸爸、妈妈、哥哥刘光夏、姑姑刘惠、姑父俞浩鸣

前排左起：大姐刘芳苯、妹妹刘芳蕙、小妹刘芳桂、大表妹俞小梅、表哥俞晓松、二姐刘芳萘

什么?”爸爸答:“我最高兴学生超过自己。”萨校长点头称是。1955年8月,时任山东大学总务长、化学系主任的爸爸奉高教部之命调往郑州,筹建郑州大学(图4)。

图4　刘光夏成年后与父亲刘椽、母亲高佩兰合影

我们兄妹五人都是福建生、福建长。难忘的鹭岛汀江,亲亲的八闽大地,至今仍时时浮现在我们眼前!

刘芳蓁的回忆:

回想过去,爸爸妈妈(图5)带着我们兄妹5人在长汀的生活,真是百感交集。我记得那时候,哥哥10岁左右,我只有五六岁,妈妈天天忙家务,还要带领我们躲日机轰炸,物资匮乏,生活艰难自不必说,可是,在我的印象里一点都没有艰难、苦呀等的印象。

图5　我们的爸爸妈妈

我们兄妹5个，个个都是爸爸的宝贝，他只要有时间，就会用点名的方式召集我们围坐在他的身边听他讲故事，他的故事有些还是长篇连载。我永远不会忘记《四只小猪留洋记》，取材于我们姐妹4人，到美国留学，每一集都闹出不同的笑话。爸爸的语言风趣幽默，常惹得我们哈哈大笑。这个故事最受欢迎，甚至我们在长汀后期已经上中学的哥哥，也会在功课不紧的时候，过来一起听，一起笑。而且，哥哥的年龄和学识，使他对爸爸的故事有更多层次的理解，因此常常倒是他这个超龄听众笑得最厉害。

我们当时住的地方叫夫子镇，适龄的孩子都在夫子镇小学上学。学校每年有会演，那是孩子们很自豪能向老师和家长展示能力的机会。爸爸和妈妈每次都换正装出席，妈妈的双颊和双唇还配上一抹淡淡的红妆。看到他俩坐在台下，我们“几小只”都信心满满，表现得更加卖力。最后全都得意洋洋地跟在他们后面回家去！

爸爸那时候负责化学系的好几门课，应该是几乎天天“急板”，事情非常多。可他却能从容应对，还硬是找到时间和人力，办起了小作坊，生产粉笔，还有烟叶。每当作坊晾晒未完工的产品，路过的孩子就会“不小心”造成不同程度的破坏。

那时候，我们家里经常会有爸爸的朋友来家里喝茶聊天，还有说英语的。爸爸用他的一双巧手自制了烤箱，并教会妈妈烤制点心，于是我家的下午茶还真是很地道！这些事情在我长大以后，得到妈妈和大哥更清晰的讲述证实。我们家还经常招待几位山东流亡学生。他们之中，小妹芳桂最怕张永巽，她一进门方桂立刻大哭。而此女生是爸爸的得意门生，她常常来，于是小方桂就常常大哭。

爸爸在抗战胜利前后那一阵，心情特别好。他自己买些彩色纸，把竹竿用刀劈成小细条，做成灯笼，有飞机灯、金鱼灯等，吃完晚饭，把大圆桌放在中间，全家人开起了提灯会！

图3这张照片是我们离开长汀不久在上海拍摄的，大概是1946年。顺便说一句，我姑姑和姑父也都曾在厦大任教，姑父俞浩鸣教土木建筑，姑姑刘惠教英文。

附

青年科学家的使命

刘　椽

科学家的目的,是追求自然界各种现象的真理。这目的虽然不易达到,可是一天比一天近。这种在科学本身的进步,就是科学工作的代价。至于科学的应用,和应用以后对人生发生的影响,不在科学范围以内,常为科学家所不愿问闻者。但是从另一方面看,国家的环境特殊,国民的责任也是特殊。中国科学家和外国科学家所负的使命之不同,就在于此。

欧战的经过,已经明白表示,科学落伍的国家旦夕就有危险。不错,我们对这层已经认识了。在此二十余年,我国各种科学,进步甚速。关于实示方面,最近数年成绩尤著。但也未可竟抱乐观。国势不振,为时已久,欲求自救,非一朝一夕可能,必须有长期计划,而计划能否长久,则一半靠着正在服务的科学家的倡导,一半靠着后起之秀的推进。

我们的国家,需要人才。现在如此,将来更要如此。读书时代,只对自己负责,专心读书。毕业之后,将有四五十年的时间,要对国家负责。以中国各方面的情形之艰难,而尚能与我以完成大学教育之机会,这个国家,可算对得起他的国民。将来一旦国家有求于我,我将何以应之?

为国尽力,有种种方式。最直接的,是投笔从戎,但这并不是政府希望于我们的,不然,为甚不将全国各大学通通改为军事学校?国家希望我们,能用生平所学,在太平时期,提高文化,在危急时期,协助防御工作。

我劝青年科学家,彻底领会自己对国家所负的特殊使命。在学校时,只要问:曾否充分利用学习的机会?不必管分数、文凭。毕业后,只要问:我做事可曾尽心?勿为利欲所诱!本校每年四月,必照例作周年庆祝,我们也就借这个机会,每年问学校:过去一年的成绩如何?可是,学校成绩的好坏,完全看他的学生是否在努力攻读,和攻读的结果,是否能应用。从这方面看来,十五年来的厦大,确有相当的成绩。但是进步的余地还多着呢!加紧求学,尽心服务,就是国家社会和我们学校的幸福。

(引自:1936年《厦门大学周刊》第397期十五周年纪念专号,1936年4月6日)

图6　内迁长汀前厦大全体教职员合影

引自：1937年《厦门大学校刊》第1卷第12期十六周年纪念专号，1937年4月6日
前排正中为林文庆校长，第四排右三着西装者为刘椽教授

[刘光夏，1933年生于厦门鼓浪屿。长期从事地质和地震稳定性研究，中国地震局地球物理勘探中心研究员（已退休），享受国务院特殊津贴。

刘方蓁，1938年生于厦门鼓浪屿。西安石油学校（西安石油大学前身）内燃机专业毕业，后任重庆石油仪器厂工程师至退休。]

从母校70周年校庆回忆17周年校庆

陈国珍
（化学系1934级）

1991年4月4—7日到厦门参加母校建校70周年大庆，盛况空前。来自美国、加拿大、菲律宾、新加坡，以及我国香港、台湾等地校友，人数众多，其中不少是远隔40年未曾晤面的，古稀之年能欢聚一堂，甚为难得。

近年来母校高楼林立，校园东起胡里山，西至澳仔村。在博学楼与兼爱楼之间的田地上挖成芙蓉湖（图1）。此湖环境幽美，鸟语花香，成为同学们晨读与锻炼身体的良好场所，与五老峰、胡里山海滨并称为母校胜景。

图1　芙蓉湖一隅（北师大吴国庆教授供图）

回忆1937年七七抗战军兴，母校于是年12月迁往长汀，当时校舍仅有县文庙、万寿宴、长汀饭店等寥寥数所，非常简陋。1938年初，文庙大门上仅贴一纸条，上书“国立厦门大学长汀分校”。

1938年4月6日为母校建校17周年校庆。全校举行庆祝会，并在文庙东侧男生宿舍前的篮球场上举行体育表演，内容有球类比赛、扫帚操和火棍操表演。棍棒是健身体操用品，系由厦门带至长汀的，表演时在其尖端捆上沾着酒精的棉花，在夜间点上火操演，有如金蛇飞舞，煞是好看。至于扫帚操系在汀买些家用扫帚，缠上各色纸条布条，由女同学进行表演，可谓别有风味。

是日除庆祝会和体育表演外，还临时设置物理、化学、生物展览室，把厦门带来的仪器、标本陈列起来并做些表演，供长汀群众参观。化学展览室仅安排了一些玻璃仪器，做一些简单的化学实验而已。

母校校庆之前，化学系曾在长汀公共体育场进行过一场燃烧弹、烟幕弹和氯气毒死小白兔的表演。所用的设备和材料均系迁汀时一起搬过来的。这些表演曾于1936年在厦门旧化学院前进行过。旧化学院是迁汀前理科同学的主要学习场所，数学、物理、化学三系均设在该院内(图2)。抗战时期被日寇摧毁，将其花岗石用于修筑战时工事。抗战胜利后未经修复，遗址在母校建南大会堂南面上弦操场的西部，在生物院附近。生物院虽同时被毁，但胜利后在原址重建。

图2　迁汀前的生物院(左)和化学院(右)，1938年厦门沦陷时被日寇摧毁

母校迁汀不久，敌机曾于1938年4月3日轰炸长汀。母校后排男生宿舍被炸，此宿舍正是我等所居住的(图3)，幸未烧毁，损失不大，但长汀机场附近则留下深坑累累。

图3　笔者摄于长汀男生宿舍前(厦大化学化工学院供图)

忆迁汀之初,虽困难重重,但在萨本栋校长的大力安排下,很快便继续上课了。春寒料峭,一天忽大雪纷飞,来自闽南的同学,有生以来未尝见过雪,莫不放下书本,蜂拥到朝斗岩下梅林一带赏雪去,或堆积雪人,或高歌欢舞,此情此景,毕生难忘。

光阴荏苒,转瞬学期结束,我们1938届(第13届)成为迁汀后第一届毕业同学(图4)。厦大化学会召开本届毕业会友欢送会。但敌人于5月间占据厦门,老师们纷纷他往,所剩教师寥寥无几。此时我们来自厦门的毕业同学成为无家可归之人,唯有先后离校踏上人生征途。我于1941年重返长汀母校工作,此时母校已添建许多校舍,远非1938年窘况可比。化学系利用长汀监狱建成实验室,各级课程均能进行实验,四年级同学还能进行毕业论文实验,这在抗战时期国内大学是绝无仅有的,无怪乎被誉为“加尔各答以东最好国立大学”。这种情况为化学系树立理论与实验并重的系风以及日后饮誉海内打下了坚实的基础。

1937年冬迁汀时,全校同学仅有180余人,53年岁月蹉跎,幸存者亦均年逾古稀。现凭记忆所及将当时情况记下,并将旧存照片在厦门大学旅美校友会校友通讯上刊载。错误之处,敬希指正。

1991年4月21日于北京

图4　厦门大学1938届毕业同学与老师合影(厦门大学档案馆供图)

中排右三刘椽、右六周辨明、右七萨本栋;后排右二陈国珍

编者按:本文原载于1991年8月的厦门大学旅美校友会通讯第13期第14-17页。因为此期的附图印刷质量较差,文中照片为编者所加。

蔡启瑞的长汀厦大任教岁月

黄桂玉　蔡俊修　廖代伟

喜结良缘

蔡启瑞1937年夏毕业于厦门大学化学系。刚毕业时，他曾赴省立龙溪中学接洽教席。尚未谈妥时，当年9月就被母校召回任教。当时与蔡启瑞同班同时毕业的共12人，学校就只留他一个人担任助教。年底，他跟随厦门大学内迁闽西长汀。

第二年，蔡启瑞已经25岁，母亲一直关心他的婚姻大事，感到该是让他成家的适当时候了。而且，经人介绍，已替他物色好合适对象，她就是集美师范毕业后担任小学教师、1918年出生、时年刚满20岁的陈金鸾。

陈金鸾的父亲陈延庭先生是蔡启瑞于集美中学求学时的数学老师，陈延庭对蔡启瑞的印象极好。因此，当有人征求陈延庭的意见：介绍蔡启瑞当你的女婿行不行？他连连说，行，行！他是我的学生，我很了解。于是，就决定于这一年暑假让两人完婚。

1938年8月初，蔡启瑞由长汀经永安、南平、福州、泉州回到老家同安马巷，在蔡母陈软和陈延庭的主持下，与陈金鸾举办了简单的婚礼。陈金鸾温慧贤淑，善解人意。在蔡母的精心安排下，两人度过了甜蜜的一个月后，迫于当时的形势，就由蔡母主持，举家迁往长汀。

1937年"八・一三"事变后，日本侵略者不断南侵。1937年11月10日，8艘日舰炮击厦门的胡里山炮台。之后，常有日本飞机袭击轰炸厦门。1938年

5月11日，厦门市沦陷，全市无辜被杀者达7000余人，厦门群众纷纷疏散、外逃。在这样的形势逼迫下，蔡母决定带领全家一起疏散到长汀实在是万全之策。于是，蔡启瑞和夫人陈金鸾以及弟弟蔡晋南在母亲的带领下，几个人肩挑装着家什的箩筐，经过泉州到福州，再经过南平、沙县、永安、连城，一路上历经坎坷磨难，最后到达长汀，在当地租了个房子，安下家来。

1939年4月1日，《厦大通讯》第1卷第4期上刊登了蔡启瑞的来信，述及他在长汀的近况：

蔡启瑞　第十二届（一九三七）　化学系

一、我的近况：棋、球、“桥”兴致不如前浓，看书日尽二十页，有时心血来潮，自以为有得，发愤而忘食，结果却是拾到了几十年前人家丢下的鸡肋，故仍无可告慰。

去夏回同安结了婚，并移家西来，因在困难时期，所以悄悄地，简慢之罪，我先自认了吧。

我向来懒于写信，今犹未能彻底克服这种“惰性”。这点我觉得很对不起诸位老友。

二、对母校之希望：尽可能范围内，添购最新科学书籍、杂志及仪器；提倡研究精神，准备迎头赶上一日千里的科学潮流。

三、通讯处：长汀国立厦门大学

厦大助教3年

在张资珙、区嘉炜、张怀朴、刘椽先后主持化学系工作的七八年间，厦门大学化学系规模有较大发展，学生数由10名左右增加到20余人，年毕业生5到10人。其中，卢嘉锡（1934年，第9届毕业生），蔡启瑞、陈泗传（1937年，第12届毕业生），陈国珍（1938年，第13届毕业生）等都是这期间的优秀毕业生。

蔡启瑞回母校厦门大学任教，正遇上卢嘉锡考取第5届中英庚款公费出国留学，即将赴伦敦大学学院深造，学校决定由蔡启瑞接手卢嘉锡留下来的物理化学和有机化学的助教工作。蔡启瑞和卢嘉锡两位科学家一生结缘，这是大家都知道的。蔡启瑞生于1913年12月，卢嘉锡生于1915年10月，蔡启瑞比卢嘉锡年长一岁多。但卢嘉锡求学之路比较顺利，他只念了一年半正规初级中学就考上了厦门大学预科，1934年不满19岁就大学毕业并留校任教。而蔡启瑞厦大预科升本科时因病休学2年，1933年初入化学系学习时，卢嘉锡已升四年级，作为学生助教曾当过他的辅导老师。论年龄，蔡启瑞是兄长；论学龄，卢嘉锡是学长，两人关系融洽。蔡启瑞毕业时正好接替卢嘉锡的工作，也是机缘巧合。

1938年9月起，蔡启瑞继续担任厦门大学化学系物理化学和有机化学的助教。当年长汀时期的厦门大学，虽经萨本栋校长和全体师生的共同努力，创造了一些必要的条件，但总体的办学条件还是十分艰苦的。但是，无论在简陋的实验室里，还是在敌机来袭时黑暗的防空洞里，蔡启瑞总是专心致志地做好教学和科研工作。

1938年秋，傅鹰先生应萨本栋校长的聘请，从战时的陪都重庆来到闽西山城长汀任教，刚毕业一年的蔡启瑞有幸成为傅鹰教授的助教。傅鹰对厦门大学化学系、对蔡启瑞有着不同寻常的影响。

傅鹰在厦门大学开设"胶体化学"和"理论化学"等课程。他讲课精彩纷呈、引人入胜；他重视实验数据，注意培养动手能力，让受众得益匪浅。他较早意识到色谱在化学和生化研究中的重要性，带领青年教师探讨萃取方法，开展色谱研究和应用，这在当时的中国化学界是领先的。蔡启瑞在他指导下撰写的《脂肪酸混合物萃取分析法》一文后来发表在美国《分析化学杂志》上，并从理论上指出这种方法的适用限度。傅鹰在美国求学期间，正是量子力学、量子化学、理论化学蓬勃发展和走向成熟的关键时期，他敏锐地预感化学学科正面临由经验、统计之传统研究，进入与分子水平的理论和结构分析相辅相成的崭新时代。面临这样的创新和突破，他提醒年轻助手务必紧跟学科发展的世界潮流。名师的风范促进了青年教师的顺利成长，他的真知灼见开阔了蔡启瑞日后选择专业方向的视野，对厦门大学化学系的后续发展也产生了深远的影响。

傅鹰在长汀期间撰写的《普通化学讲义》(1943年厦大版)，有五六十万字，内有许多新内容，例如，1943年原子弹尚未爆炸，他在书中已经写入了许多核反应和放射化学的内容；在无机化学部分，他系统给出周期表各族元素共同和特殊的反应性质；而理论部分则可以说是一部简明的物理化学书。该讲义在厦门大学一直使用到20世纪50年代。傅鹰的夫人张锦1940年先到距离长汀不远的沙县福建医学院任化学教授，次年来厦门大学任化学系教授，讲授“有机化学”和“生物化学”等课程。时任厦门大学校长的萨本栋很器重傅鹰的学识和为人，曾在病中多次推荐傅鹰接任校长的职务。

傅鹰在“文革”期间受到严重的冲击。但就在那个混乱的年代，蔡启瑞还是利用一次到北京的机会，带着在北京工作的女儿到傅鹰家里探望老师。1979年傅鹰不幸逝世后，蔡启瑞写了《缅怀傅鹰老师》一文，文中写道：

> 傅鹰教授于1938年秋应当时厦门大学萨本栋校长的聘请，从战时陪都重庆来到闽西山城长汀任教，主讲“普通化学”和“物理化学”。他是一位很重视基础课教学工作和启发式教学的老教授。傅鹰先生全心全力地支持萨本栋校长的办学工作和所定下的规章制度。后来数年他兼任厦门大学教务长。
>
> 1938年秋，我大学刚毕业了一年，有幸当了傅鹰老师的助教，受到他的熏陶。当时我想进一步自修物理化学，就向他请教应该看什么参考书。他介绍给我一本美国加州大学Lewis教授著的*Chemical Principles*。这本书写法很有特色，每章只是简要地提一提本章内容，课文全在精心设计的习题和思考题之中。通过这些习题和思考题就容易牢牢掌握课程的内容及其原理。后来我和我同事们在教学工作中也很重视习题和思考题对于培养学生独立思考能力的作用。
>
> 在抗战时期的长汀，教学和科研设备条件都很差。我请教傅老师如何开展科研工作，他建议我试用抽提法分析小分子脂肪酸混合物；利用水-油两相中一些脂肪酸组分分配常数的不同来进行分析，基本上不需要什么仪器设备。他还指出，当时气相色谱分析方法刚在萌芽，其原理是利用气相中待分析的一些组分在气-固两相中分配系数（吸附系数）的不同来实现分析的。后来我们完成了一篇用抽提法分析脂肪酸混合物的论文，发表在*Ind. Eng. Chem. Anal. Ed.*上。
>
> 据我所知，傅老师解放前后从未参加过任何政治组织；其实他政治上很有是非感，对于他不能接受的事，他如骨鲠在喉，不吐不快。他是一位有名士气节的、刚直爱国的知识分子。

蔡启瑞的长媳陈笃慧回忆说：“蔡先生当助教时，傅鹰已经是相当有名的教授了。抗战时，萨校长请傅鹰来厦大任教。傅鹰提醒他的学生助手应该注意世界量子化学、量子力学的蓬勃发展趋势。他说化学正从经典的统计热力学逐渐深化为理论化学、结构化学，你们要跟上学科发展的潮流。名师的指点，我想对蔡先生的影响是深远的。后来蔡先生告诉我，他在美国的导师纽曼是从事有机化学的，蔡先生博士毕业后，纽曼问他是否继续从事有机化学，我公公回答：'不，我就像汽车一样，到了一站又将前行，我要搞物质结构。'多年后傅鹰一定也为他弟子的成就感到欣慰。上世纪七十年代中期有一次我公公从北京回来，他告诉我傅鹰准备把一生的积蓄十万元捐给厦大，表示了傅鹰对厦大、对他弟子的深厚情感。"

2011年厦门大学校庆时，张存浩曾撰文回忆自己在长汀厦大的难忘岁月，提及他特别敬佩的蔡启瑞老师，他说，"衷心感谢他当年手把手地给予我指导"。张存浩认为，傅鹰和蔡启瑞在20世纪30年代末从事液体色谱的研究，远在马丁(Martin)和辛格(Synge)的诺贝尔奖级工作之前，他们在当年极为困难的条件下成为世界色谱研究的先驱。张存浩对1944年初英国剑桥大学生物化学教授李约瑟到厦大学术交流时，年轻的蔡启瑞老师应对自如地和李约瑟侃侃而谈的情形记忆犹新。他说，这说明厦大在那时就拥有冲击世界水平的学术潜力。

厦大讲师7年

1940年，蔡启瑞晋升为讲师，除了仍担任"物理化学"和"分析化学"的教学任务外，还教过"无机化学"。蔡启瑞的口头表述能力不够出色，令他一直遗憾，但蔡启瑞的厚实基础、渊博知识和活跃思维能力，赢得了师生的肯定和好评。

1943年，蔡启瑞除了开设原有的课程外，还开设了一门新课——"定性定量分析"课，他对学生的要求十分严格。特点是分析结果误差只允许在2‰以内，误差在这个范围内算通过，误差超过2‰，就必须重新做。但学生们不仅没有怨言，反而对这位要求严格认真的老师深感敬佩。

1944年春季，蔡启瑞接替傅鹰原来担任的物理化学后半部分的教学任务，他认真准备，不因为接名教授的课而感到胆怯，结果也获得好评。与此同时，他还继续为另一个班级开设"定量分析"课，按照当时学校对化学系讲师的要求，下课后必须到实验室做实验、备课。学生们都知道这个规定，因此，一有问题就到实验室找他。他十分热情、耐心，对来要求辅导的学生不厌其烦地、认真地给予满意的答复。特别是临近毕业的学生做毕业论文时，找他的人更多，他都一一满足他们的要求，经常因辅导学生而推迟下班，丝毫没有任何怨言。而且，学生找他请教的问题常涉及不同的课程，但都能得到满意的答复。

1944年，蔡启瑞开始担负指导本科生毕业论文的工作（图1），他指导学生

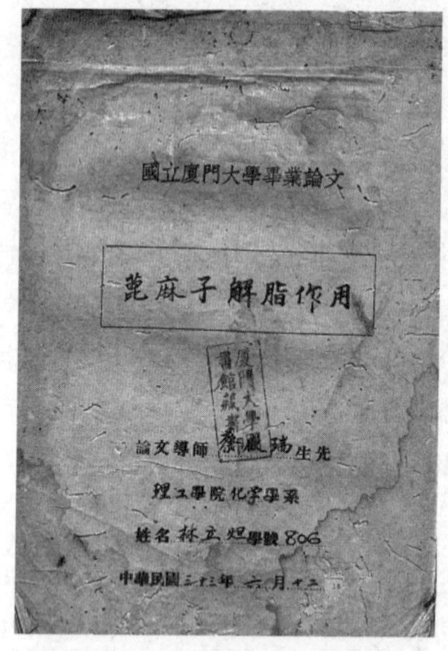

國立廈門大學畢業論文

蓖麻子解脂作用

論文導師 蔡啟瑞 先生

理工學院化学學系

姓名 林立[illegible] 學號 806

中華民國三十三年 六月 [illegible]

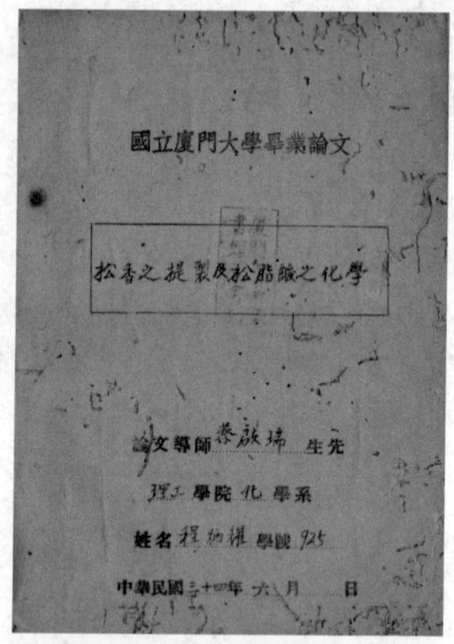

國立廈門大學畢業論文

松香之提製及松脂酸之化學

論文導師 蔡啟瑞 先生

理工學院化學系

姓名 程[illegible] 學號 925

中華民國三十四年 六月 日

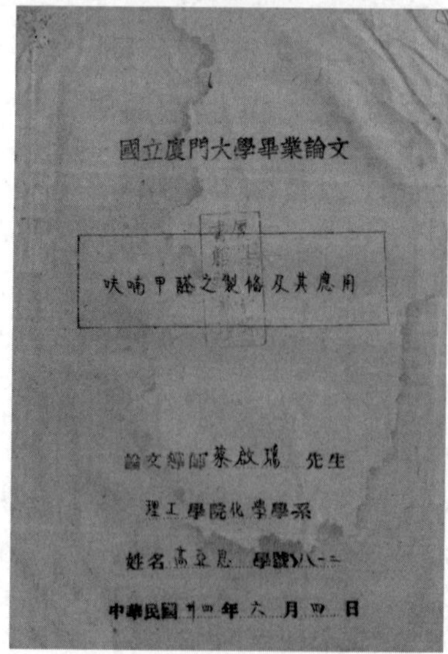

國立廈門大學畢業論文

呋喃甲醛之製備及其應用

論文導師 蔡啟瑞 先生

理工學院化學學系

姓名 [illegible] 學號 八一二

中華民國卅四年 六月 四日

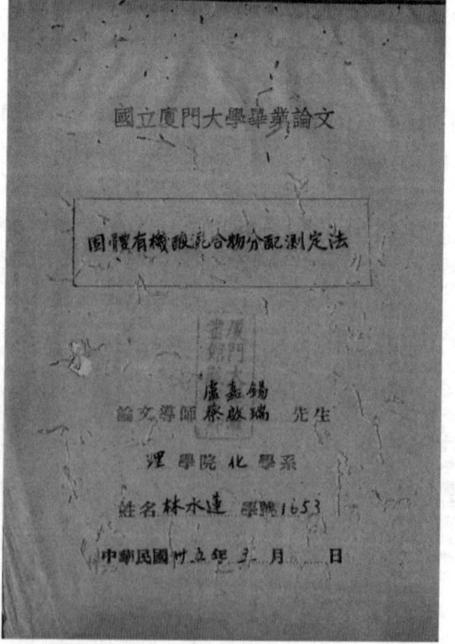

國立廈門大學畢業論文

固體有機酸混合物分配測定法

盧嘉錫
論文導師 蔡啟瑞 先生

理學院化學系

姓名 林水達 學號 1653

中華民國卅五年 [illegible] 月 日

图1 民国时期蔡启瑞指导的本科生毕业论文

林立炟完成毕业论文《蓖麻子解脂作用》。1945年，蔡启瑞指导学生程炳耀完成毕业论文《松香之提制及松脂酸之化学》，指导学生高亚思完成毕业论文《呋喃甲醛之制备及其应用》。1946年，蔡启瑞获得美国国务院留美奖学金，同年指导学生林水莲完成毕业论文《固体有机酸混合物分配测定法》。蔡启瑞指导学生毕业论文时，从课题的选择到实验方案和论文的写作等都为学生周到考虑，给学生留下了极为深刻的美好印象。

厦大(长汀校区)8年教职

蔡启瑞刚接受教职时，正逢日本侵略者的铁蹄日益猖狂地践踏我国的大好河山，“八·一三”事变后，日本对上海发动进攻，中日之间全面战争爆发，东南沿海要地厦门形势日趋严峻。为避免战争破坏，萨本栋校长与学校有关领导经过认真考虑，决定厦门大学内迁长汀。

萨本栋亲自指挥迁校工作，周密安排又从容不迫，整个迁校工作虽途经数百里，却有序进行，人员安全到达，图书仪器完好无损，前后仅用20天的时间，完满结束迁校工作。1938年1月17日厦门大学便在长汀开始正常上课。

1937年9月留校任教至1945年抗日战争胜利，整整8年时间，蔡启瑞在萨本栋校长领导下工作，亲眼看到萨本栋在十分困难的条件下，在长汀那偏僻的山区，如何筚路蓝缕地搞好校舍建设、实验室建设、供电供水建设；如何采取有效的防空措施保证师生的安全，同时又解决师生的吃、住、学习、医疗等各方面的问题；如何依法治校，建立严格的规章制度，以德育人；又是如何以身作则、严谨治校。

蔡启瑞有幸在萨本栋的带领下走过了为人师表的第一个8年，往后的漫长岁月，他时常忆起萨本栋校长在厦门大学留下的历史足迹，认为那是学校的一笔宝贵财富。晚年，他积极参与和推动萨本栋教育科研基金会、萨本栋微机电研究中心的创立，并为它们的顺利运转付出了不懈的努力。蔡启瑞还保持着与萨本栋校长家人的密切交往，为发挥他们的学术专长和影响力尽其所能。

蔡启瑞在长汀的8年中，除1940年8月至9月，曾奉派赴重庆参加庚款留学考试，因留学考试只有冶金专业未考取而返校，其间离校一个多月外，全部时间都在教学第一线，有机、结构、物化、分析、无机等所有学科的助教都当过，在实验室里勤勤恳恳地工作，在化学学科的多个领域做出成绩，因此受到师生的推崇，也进一步得到萨本栋校长的赏识和器重。1945年7月26日，厦门大学成立教师会，蔡启瑞当选为9位理事之一。

1984年5月，蔡启瑞等撰写了《萨本栋与厦门大学》一文，深情回忆了萨本栋校长言行品格的感人事迹和对自己品行培养的深刻影响：

> 有些人你和他接触的机会不一定很多，可是他的言行和品格却使你终生难忘。萨本栋先生就是这样的人。
>
> ……当年他的同事们和学生们，至今仍然十分怀念他、尊敬他，可见萨先生是感人至深的。萨校长出自爱国热忱而献身教育事业的精神，尤其使我们感动，对我们影响很大。
>
> 萨本栋就任厦门大学校长时，只有36岁，但他那时已经是国内外知名的教授了。他是物理学家、数学家、电机工程师，在清华大学担任教授已有8年，是全国采用的优秀教科书《普通物理学》的作者，又是清华大学12名评议员中最年轻的一员。由一位在学术上很有发展前途的教授担任大学校长，把许多精力用于行政事务，不能不说是一种牺牲。可是萨先生下决心接受这个任命，他怀着远大的抱负，要发扬陈嘉庚先生毁家兴学的精神，把厦门大学办成一个国际上著名的具有特色的高等学府……
>
> 萨校长经常教育学生，学好本领，贡献社会，“造福于国家和人群”。……萨校长不满足于学校原有的规模，他千方百计地为创办工科各系而奔走，终于因陋就简地办起了土木、机电、航空三个系……
>
> 强调质量，是萨校长办学的一个特点。他认为大学教育必须强调研究学术和培养技能，这样才能提高我国的学术水平。他说：“本校一向对于学生程度的提高，非常注意。在量与质不能兼顾的情形之下，对质的改良，比量的增加，尤为重视……”
>
> 爱护学生，爱护人才，是萨校长一个突出的优点。……他对一些杰出的人才更是十分爱惜，千方百计为他们提供发展才能的条件。……听到化学系一位年轻助教写了一篇论文，就要这位助教去见他，虽然这位助教和他平时接触的机会不多，只见过两三次面，又不是他直接教过的学生，他还亲自帮他看论文，改论文，甚至连英文用字都加以润色……

经过萨校长和全校师生的共同努力……厦门大学成为“国内最完备大学之一”，一些外国学者称赞本校是当时“加尔各答以东最完善的大学”。这一切都是和萨校长出色的领导分不开的。

当然，代价是巨大的。萨先生刚刚到校时，还是一位容光焕发、精力充沛的青年学者，还能打网球；可是繁重的校务和教学工作，使他心力交瘁，积劳成疾。1944年他还不过43岁，却已经腰弯背驼，显得异常衰老了。可以说，萨校长已经把全部精力用于办学，他用舍身的精神，换来了厦门大学的发展……

1956年蔡启瑞刚从国外回来时，吴学周老先生就对蔡说：“萨先生不但才能非凡，而且正直敢言，真是了不起的人，如果能活到现在，一定可以为国家做出很多的贡献。”蔡在国外时见到一些以前在清华或厦大时曾经是萨先生的学生或朋友的人，当谈到萨先生不幸逝世时都流泪痛惜。还听说当萨先生因胃癌卧病在隔离病床、自己病在垂危时，喘着气一再不停地向唯一伺候在他身边的主治医生述说他积累在脑中的许多科学设想，并时时问那位医生说：“听清楚了没有，听清楚了没有？”虽到最后一息，还想把科学知识留于后人……

以前曾有人谈起道德继承的问题，像萨先生那样的为教育和科学献身的精神，对于老、中、青成千上万的人都是一笔精神财富。

在长汀，蔡启瑞全身心投入工作，夫人陈金鸾也偶尔到当地的一些小学任教，但因长子蔡俊修于1939年7月出生，长女蔡维真于1942年2月出生，次子蔡维理于1944年11月出生，养儿育女的重任使她无法始终坚持工作。这8年，在家庭经济颇为困难的情况下，安排家庭生活的方方面面、帮媳妇抚育子女、照顾蔡启瑞的身体等重任，大部分落在勤劳能干的蔡启瑞的母亲陈软身上。

长汀8年，蔡母陈软逐步适应了身处异地他乡且周围都是知识分子的生活。她在与这些读书人的接触中，了解了他们工作的辛劳，更加尊重他们，并尽自己所能帮助他们，也更竭尽心力照顾蔡启瑞的身体，让他全力以赴做好工作。有一次，蔡启瑞第二天上午要上课，临时发现鞋子坏了，几个人出门去想买一双鞋子，却因为在长汀山城，又处于那个特定的年代，加上蔡启瑞脚大，竟都买不到合适的鞋子。于是，蔡母陈软就动员全家妇女一起动手，硬是连夜赶制出一双让蔡启瑞穿着舒服的布鞋，让他第二天顺利地走上讲堂。

1945年初，抗战胜利之前的几个月，长汀突然又告急，说日本人可能打到长汀来。于是，学校方面决定，让家属先各自回老家。此时，蔡启瑞的弟弟蔡晋南已结婚生子，蔡晋南小时候胆子小，书念得不多，12岁便去当学徒，且早些时候已在厦大机电工程系工作。于是，蔡母陈软带着两个儿媳——陈金鸾和蔡晋南妻子及四个幼小的孩子——不足6岁的蔡俊修、3岁的蔡维真和还不满周岁的蔡维理以及蔡晋南的一个儿子，安排三个大点的孩子请人用箩筐挑着，蔡俊修坐一头，蔡维真和堂弟坐另一头，最小的蔡维理由蔡母陈软和两位儿媳轮流背着，就这样又是搭车、又是走路、又是乘船，一路辛苦颠簸，历时整整一个星期才回到老家马巷。而蔡启瑞和弟弟蔡晋南继续留在长汀学校里工作。

1945年8月15日，日本宣布无条件投降，9月2日，在华日军128万人向中国缴械投降，至此，中国抗日战争胜利结束。当年10月到第二年暑期，厦门大学按计划有序地分批从长汀经龙岩、漳州迁回厦门。当时，厦门大学在鼓浪屿办了一个新生院，蔡启瑞先到新生院担任“普通化学”讲师，1946年7月才回到校本部来。

汀江岁月忆蔡师

周绍民
（化学系1941级）

抗战时期，厦门大学迁往长汀。我于1941年进入该校化学系。那时，蔡启瑞先生是化学系的讲师，教我“定量分析化学”和“物理化学”。他在教学上的严谨和博学给我留下了深刻印象。

1943年春，大二下学期，我开始接触到蔡先生的“定量分析化学”课程。课程要求实验结果误差小于2‰，如果超标，必须重做。有一次，我们分析铬铁矿样品，按规定应该用坩埚做这个实验，但当时供应室只有两只镍坩埚，且每名同学必须同时做两份样品，也就是说每次只能由一名同学进行分析。为了让更多的学生能够尽快完成相关实验，蔡先生建议改用铁坩埚试试，还说：铁坩埚便宜，数量较多，但铁锈必须去除干净，可以先高温加热，然后放入水中急冷。几个同学都按照蔡先生的办法尝试着。实验报告交上去后，使用镍坩埚者达标得以通过；反之，凡用铁坩埚分析的，都没有满足误差的要求，还得重来。第二轮依然是使用镍坩埚的成功了，其他人照样通不过。因而，纠结之处似乎已经真相大白，我们心想这个实验大约可以告一段落矣。对此，蔡老师说，既然问题出在铁坩埚上，那么请你们用镍坩埚再做一遍。就这样，不少同学接连做了三次实验，每次费时一整天，才最终宣告成功。这件70多年前的逸事我一直无法忘怀。

1943年秋季，我大三上学期的“物理化学”课由傅鹰教授主讲，当时先生是教务长、知名教授，除了“物理化学”之外，在低年级阶段还给我们上过“普通化学”。傅教授的“物理化学”只上完上半部分，1944年初他离开厦大，下半部分由蔡启瑞先生接手。大家知道，“物理化学”是化学系的主课、重课，能够让那时还只是讲师的蔡先生来救场，反映了校系领导对他的信任和器重。

当时，系主任、教授上完课后，大都各自忙于他们分管的工作，不会经常待在实验室；其他老师课后一般待在实验室，与学生接触比较多。那时，蔡启瑞、陈国珍是讲师（图1），与学生打照面的机会比教授多得多：不管是实验中的异常现象还是难以解决的问题，都可以向这两位请教。学习上的疑惑，无论是定量分析、物理化学，还是无机化学、有机化学，我们都可以得到他们的帮忙，都会受到认真对待，他们总是尽量设法解决。所以，我们和蔡先生的接触主要是在课外。最后一年做毕业设计时，我大多数时间待在实验室，遇到问题时最方便的办法是就近求助蔡先生。不止我这样，几乎所有同学均如此，而且都能得到满意的答复，获得有益的启发。所有这些都基于蔡老师对化学各个分支——有机、无机、分析、物化等——的精深造诣和良好素养，这时我们突然明白了萨本栋校长如此欣赏他的理由。

图1　刘椽与化学系师生（1941—1944级）在长汀合影（周跃供图）
第一排：左三周绍民、左六陈国珍、左七刘椽、左八蔡启瑞
第二排：左七朱沅、左八张永巽、左九刘藻琴、左十廖翔贞

毕业后第二年，我应蔡师之邀返校任教，厦门大学也于抗战后搬回厦门。不久，蔡师负笈越洋深造。再次返回母校时，他在结构化学、有机化学方面的功力又大大增强了，为厦门大学物理化学整体实力进入我国一流行列注入了力量。

蔡启瑞先生是1956年从美国回到厦门大学的。此后，在他的不懈努力下，我校的研究队伍不断壮大，研究水平也得到了显著的提高。当时，我校和福建省科委合建了不少研究所，包括化学一所、化学二所等，后来调整为科学院华东分院催化电化研究室，蔡先生兼任该研究室主任。这些为后来高校既是教学中心又是研究中心开创了条件。20世纪七八十年代，蔡先生任我校副校长期间，我在他的领导下兼任科研处处长。经积极申请，教育部批准我校组建物理化学研究所，给了若干专职研究名额。在此基础上，化学化工学院的发展壮大有目共睹。为此，我们不会忘记“蔡启瑞”这个光辉的名字。

（本文节选自《一代鸿儒——记化学家蔡启瑞》，万惠霖主编，厦门大学出版社2018年版）

追忆恩师刘椽先生

张永巽
（化学系1943级）

我初谒刘老师是在1943年的暑假。那时，厦门大学因抗战内迁至闽西山城长汀。我由福建省沙县福州高中保送进入厦大，报的志愿是化学系，成为当时厦大唯一的山东籍女生。厦大商学院有一位高我两年的李宝文学长，是我入学之前在校的唯一山东籍学生。他主动找到我，并告诉我："刘椽老师不但是化学系的系主任，而且是山东诸城人，我带你去拜见他。"

刘老师是我到厦大后认识的第一位老师，开学后又成为我的导师(当时学校实行导师制)。从此，每逢年节，李宝文学长必定找我一起去刘老师家，这使我这个流亡学生减少了不可计数的佳节思亲之情。刘老师平易近人，刘师母和蔼可亲，加上5个活泼可爱的师弟妹刘光夏、刘芳苯、刘芳萘、刘芳蒽和刘芳桂，我们经常一起度过其乐融融的下午或晚上。长汀是地处闽西的贫穷小城，刘老师的生活是清苦的。我们的到来给刘老师和师母增添了不少操劳与辛苦，而我们每次享受的却是老一辈长者的关怀与爱护，是他们给我们创造了一个和谐愉快的环境！芳苯师妹常说："爸爸善于调动起家里的快乐气氛。"

我上过刘老师的普通化学课和有机化学课。刘老师讲课条理清楚，内容充实。讲有机化学时，他常把有机合成方面的思考方法通过有机化合物的性质与制备来分析清楚，使听课人建立起正确的学习思路与知识系统，这样课下复习起来比较容易。在化学教学方面，刘老师很重视基础教育和化学实验。厦门大学内迁，搬迁化学设备及筹建化学实验室都是麻烦事。因为化学系不但需要教师、图书，还需要仪器、药品和实验室。大量的玻璃仪器和药品都属于消耗性物资，且在山城长汀是买不到的。刘老师不但将这些东西从厦门搬了出来，还将长汀一座监狱的牢房改成了实验室。作为大一新生的我进入实验室时，感觉到的是宽敞、明亮，实验桌椅齐备，能源使用也算方便。大多数实验一人一组，使每个学生能独立操作。长汀没有自来水，我们用竹管代替自来水管，土法上马，解决了实验用水问题。热源方面，除酒精灯外，还用起了闽西的泥炉木炭。有些药品当时买不到，系里就自己制备。开源之外还必须节流，刘老师经常对我们进行节约教育：蒸馏水要从储藏室领取，使用时要从洗瓶中吹出一股细流而不是倒出来；配好的药品要滴着使用而不是倒出来用。不论是加热还是洗仪器，我们都严格按照老师的教导做，因此很少发生打破玻璃仪器的情况，如果损坏仪器要照价赔偿。

在刘老师的教育下，我们不但节约使用仪器药品，更重要的是养成了实事求是的科学作风：做科学实验，不许篡改或伪造数据和结果。当然，数据或结果可疑时，在时间或药品允许的情况下，可以重做，但不许伪造。在当时，我只知道遵守这一作风教育。而今天看来，这是一个非常重要的问题，若不遵守，将导致学术腐败。这也更使我认识到为人师表的深远作用。

抗战胜利，厦门大学复员。我于1947年毕业(图1)，留校任卢嘉锡老师的助教一年。1948年暑假，我离开母校厦大，回到了阔别8年的家乡山东。在青岛，我见到了1947年回到老家在山东大学当化学系主任的刘椽老师和刘老师的一家人。老师留我在山大任助教。当时山大刚复校，在人、财、物等方面都有困难。繁杂的工作任务、沉重的家庭负担、清苦的物质生活都压在刘老师身

图1　1947年4月16日，厦大女生欢送1947届同学合影(局部)

前排右一张永巽、右二罗撷芳，左一谢雪如

上，但刘老师仍如既往安之若素：对学生的学习热情关怀，对化学系的工作认真负责，襟怀坦荡，不计个人名利得失，团结来自五湖四海的教职员工，全力以赴地投入化学系的工作。

刘老师不但是化学家、教育家，而且是爱国民主人士，对国民党的腐败深恶痛绝，对中国共产党满怀热情。1948年冬，他安排好系里的工作后，不顾个人安危，去解放区住了一个月。回到山大后，他介绍了一些在解放区的见闻，使师生们对解放区有了更真实的了解，也让当时青岛社会上流传的某些谣言不攻自破，鼓舞着我们迎解放军、盼共产党。当时白色统治下的青岛，物价一日数涨，店铺里的货架上空空如也。刘老师白天仍泰然处之地工作，夜间找地方“游睡”。家里留下刘师母一人照顾着老父与5个子女，度过担惊受怕的漫漫长夜。这时化学系的工作仍然井然有序，直到青岛解放。

1949年6月青岛解放，我离开山东大学到北京工作。1951年，我在清华大学化学系任助教。同年，刘椽老师和卢嘉锡老师一起来北京，到当时的燕京大学开会。我知道后非常高兴。但我一天去了两次燕京大学，也没见到两位恩师；反是两位老师当晚到了我在清华大学的住处，这真令我感愧交加。就在那天晚上，我知道刘老师已积极申请加入中国共产党。尊敬的老师，您又为学生作了榜样！非常高兴的是，1981年5月，卢嘉锡老师出任中国科学院院长，从此我与卢老师在北京有了更多的见面机会(图2)。

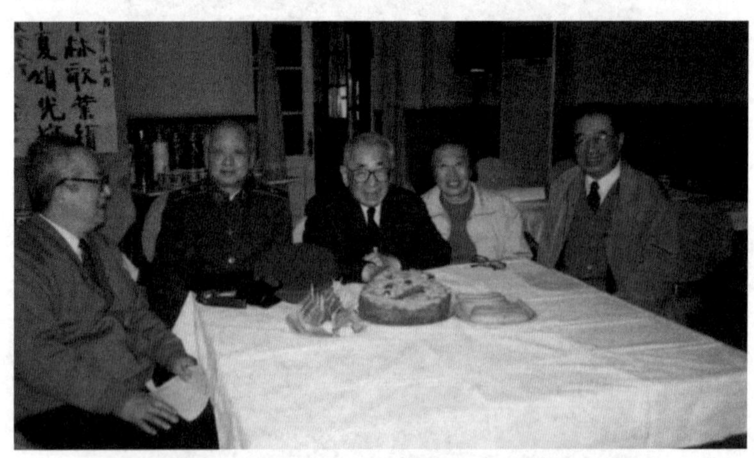

图2　1995年10月，张永巽等卢嘉锡早年学生祝贺老师80寿辰

右起：张存浩(国家基金委原主任)、张永巽(原地质大学教授)、卢嘉锡、商燮尔(原解放军防化兵学院院长)

刘老师兢兢业业、勤勤恳恳地为人民的化学和教育事业奉献了毕生的心血和精力，为社会主义祖国培养出一代又一代的化学工作者。刘老师的风范长存！我们永远怀念他！

（原文刊登于《同窗行》，厦门大学第22届（1947级）级友通讯，2003年第7期）

从长汀到鼓浪屿

——一个厦大教师女儿的岁月回忆

陈晦鸣

我是厦大化学系老教授陈允敦的大女儿陈晦鸣。从小到大，常有人好奇地问我：为何家里给你取这样奇怪的名字？有人认为我的名字出自《诗经·郑风·风雨》的“风雨如晦，鸡鸣不已”。其实，我父亲原本是泉州晦鸣中学的校长，1936年应聘到厦门大学任教，母亲暂留泉州。不久全面抗战爆发，战乱风雨之中，母亲在晦鸣中学的校舍(原先是妈祖庙)里生下我，于是父母为我取名晦鸣。所以确切地说，学校创办时据《诗经》取名为“晦鸣”，而我的名字则取自校名。

一、长汀的童年

去往长汀之路

全面抗战之初，厦门大学于1937年底迁往闽西山区长汀。母亲产后4个月便带着襁褓中的我离开泉州到厦门鼓浪屿，再随着父亲去长汀。临去长汀前，父母抱着我拍了一张照片，背面父亲写着“抗战开始，厦大迁鼓屿，准备入长汀。妻端励带女晦鸣到厦大，将同赴长汀。时敦年三十六”(图1)。那是80多年前的事情了！那时我太小，对路上的事一点不知。只是孩童时代听大人说，当年非常辛苦：汽车在崎岖的山路上颠簸前行，过河时要换乘小船，有时还要坐轿子……好几天才到长汀。

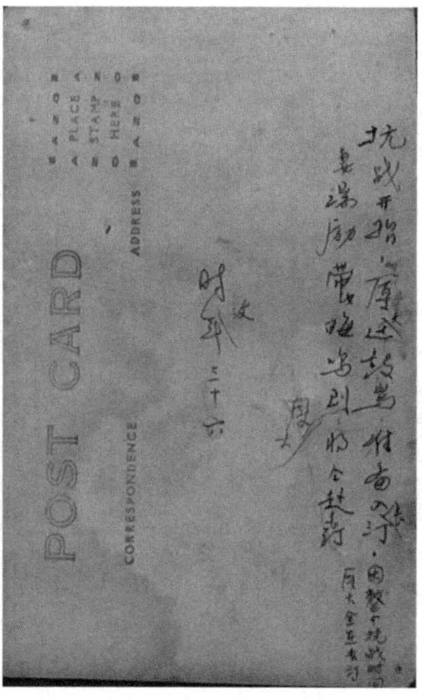

图1　笔者出生4个月时由母亲抱着到鼓浪屿准备随父亲赴长汀(1937)

汀江旁的白楼和邻居

到长汀后，我们家被安排住在南门附近惠吉巷、汀江边上靠城墙的一栋二层白色楼房里，据说以前红军在这栋楼住过。楼下是房东，楼上是两家厦大教师合住。最初我们和陈泗传老师合住，后来还和蔡启瑞先生、黄典诚先生当过邻居。我在这栋房子里生活了8年，所以印象深刻。

陈泗传老师的儿子笃信比我大些，小时候常一起玩。笃信的姑姑陈碧玉当时在厦大读书，也经常过来，所以很熟悉。后来他家迁回泉州，我们多年没见面。直到1987年有一次我去南京开会，才知道笃信已经是东南大学校长，而我也成了地质大学教授。我去他家看望，他母亲还清楚地记得我。

当年的住处就像一幅刻在脑子里的画，是永不忘却的记忆。住房楼层很高，木结构。由于年久失修，楼板的缝隙很大，走动时木地板还会嘎嘎响。楼梯很窄、很暗。房屋的走廊很长，走到尽头是一整排的木靠背椅，可以坐在那上面乘凉(图2)，向外看去是汀江。左边有个小门，出门就到城墙上。家里不让小孩子自己出去，怕掉下去出危险。我印象中站在城墙上可以看到汀江中的船，还有对岸远处的梅林，梅花开时非常美。

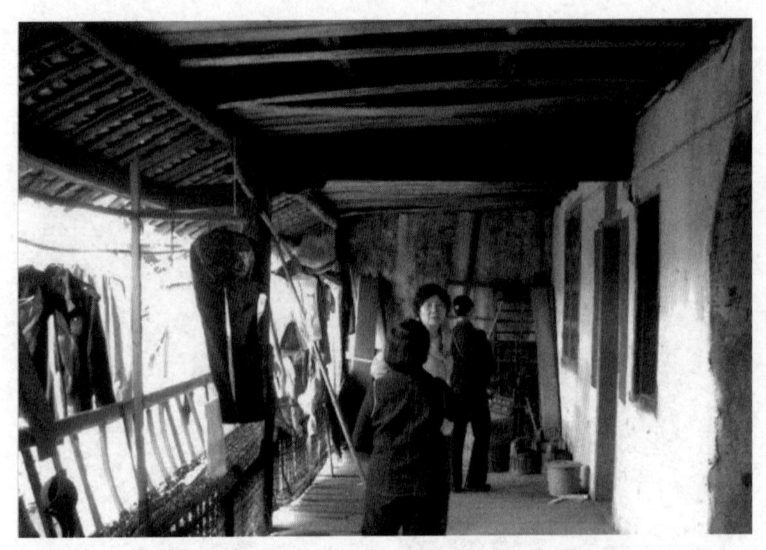

图2　2009年的长汀白楼长廊和长排木靠背椅

艰苦而淳朴的家庭生活

长汀的生活在我幼小的心灵里留下不少的回忆，虽然艰苦但是很淳朴。

我们一家人都靠父亲抚养。早年南洋的伯父们时不时还会寄点钱回来，抗战期间南洋的汇款全部中断了。除了我们母子，父亲还要负担泉州老家奶奶和好几个侄儿、侄女的生活，他肩上的担子很重。家里经常是父亲去买菜。母亲早先也是教师，到长汀后孩子多了，又都年幼，操持家务很辛苦，只好放弃工作。她又不善于做家务，我们平时就只能吃青菜、豆干，偶尔能有酱油烧点肉或鱼，没有色、香、味可言。我家住楼上，透过楼板的缝隙可以看到楼下的情景。记得有次过年时，弟弟趴在楼板上往下看了半天，然后对我们说：真奇怪！为什么人家可以光吃菜不吃饭？因为我们家生活不宽裕，每餐都是米饭就着一点菜吃，不允许不吃饭光吃菜。而且，我们在长汀8年也从来没有去过饭馆。

我们也没什么新衣服穿，小的捡大的长大后穿不下的。我是老大，母亲有时会把她的衣服请人改给我穿。她还曾找出一块绿色的布给我做了一条裙子，这在当时就算很时髦了，我夏天经常就是穿着它。父亲衣着也不挑剔。8年间，他就是一套黑色西服，天天上班穿上、回家就脱下，衣服破了他会自己缝补（图3）。

图3　长汀时期唯一一张全家福

左起：笔者陈晦鸣、母亲陈端励、弟弟陈奕驭、父亲陈允敦(1943)

战时长汀印象二三事

抗战时期的长汀，我最难忘的就是时常要躲避日本飞机的轰炸。一听见空袭警报响起，父亲马上抱起弟弟、拉着我往防空洞跑。防空洞里人很多，其中不少是厦大的帅生和孩子。洞里面很黑，躲空袭的人们或站着，或坐地上，很挤。一直要到警报解除，父亲才带我们回家。

父亲难得带我们外出。偶尔我会随着父亲去长汀最热闹的水东街买东西。印象很深的是有一位中年人，只有一条腿，拄着双拐站在街口卖五香花生米，装在用纸卷成的圆锥形小筒里。每次父亲都会买他的花生米，还告诉我，他的腿是被日本鬼子炸断的！长汀人吃的是木桶蒸饭，所以街上饭馆门口都摆着盛饭的大木桶。除此之外我只记得有做豆腐的店铺，我喜欢站在店门口往里看。长汀的豆腐干很好吃，我们几乎天天都买。

那时长汀县城(图4)还没有电，家里晚上点的是那种带小玻璃罩的煤油灯。晚上只有大人能做点事，孩子们早早就得睡觉。睡觉前有时父母亲会给我们讲故事。母亲时常给我们讲司马光打破缸救出小朋友的故事，告诉我们要机智勇敢。所以，我虽然是个女孩子，但并不胆小，而且也喜欢动脑筋想事情。母亲还讲过另一个故事，从前有座寺庙，里面的小和尚经常要外出化缘。

有时得来的饭吃不完，老和尚就要他把剩饭晒成干。日积月累，庙里存下许多饭干。有一年闹饥荒，他们就用这些平日积攒下来的干粮救济了众多灾民免于饿死。所以，从小我就知道节约，不浪费一点东西，习惯于收藏一时用不上的物品，总觉得有一天会派上用场。

图4　长汀南门内的街道，小时候回家必经之路

父亲制作计算尺

父亲不但是一位大学教授，还是一名动手能力极强的大工匠。抗战期间在长汀，厦大仪器设备很简陋，教学实验用品奇缺。没有电子计算机的年代，坐标纸、计算尺对理工科大学生来说必不可少。当时长汀买不到对数坐标纸，父亲就自己画好，然后找人印出来。我至今还幸运地保存了一张父亲实验室印制的对数坐标纸。特别是那时没有地方可以买到计算尺，为了让学生有计算尺用，他在非常困难的条件下单枪匹马研制计算尺，自己设计方案，自己采购材料，自己动手加工制作。

一直到今天，我还清楚地记得当年的情景。那段时间，父亲每天讲完课回到家，就一头钻进自己的房间关上门，眼眶里夹着一个小放大镜，趴在桌子上，一笔一画在赛璐珞板上刻画。当时我年纪很小，只是觉得很新奇。父亲不许我们随意进房间去动他的东西，只有去叫他吃饭时能看见他在辛苦地工作。

他告诉我，他这是在刻模板，要很准确，丝毫不能差，刻坏一点就要从头再来。

抗战期间后方物质条件十分困难，从确定方案、工艺设计、材料准备到具体制作，包括尺身材料选择，模板的刻制、翻砂制版修版，尺面压模、上色、粘贴，再到开片、开槽、组装，直到最后精准调试成功，制作一把计算尺要经过诸多步骤，这过程绝大部分工序都是父亲一点点手工完成的。真是车、刨、铣、钻、攻等十八般武艺样样都要会，中间还经历了不知多少次失败才一步步成功，这对一个理科教师谈何容易！

父亲还跟我说过当时采购材料的艰险。他曾去日占区为学校购买化学实验器材、药品，顺带购买制作计算尺的材料，托人买赛璐珞、有机玻璃还需要经过层层关卡，他一路乘车、坐轿子、乘船，还曾经遇到过土匪！

1944年，国民政府教育部在重庆召开大学校长会议。厦大校长萨本栋将父亲制作的对数计算尺带到会上，广受赞誉。教育部为此颁发了嘉奖令。后来，世界著名科学技术史学家李约瑟到中国抗战后方视察，在长汀厦门大学，萨本栋校长、谢玉铭教务长专门让李约瑟院士看了计算尺，他非常赞赏，还将它写入其名著《中国科学技术史》中。

解放后，父亲把做计算尺的技术无偿贡献给国家，南京科学仪器厂还专门派人来向他学习制作工艺(图5)。为此，1956年父亲被推选为全国先进工作者到北京参加全国先进生产者代表会议，毛主席接见了全体代表。我考上大学时父亲送了一把计算尺给我用，我很珍惜它。60多年了，我一直精心保存至今(图6)。

南京科学儀器廠派員学習計算尺製造

我校出席全國先進工作者代表会代表陈允敦教授研究計算尺製造積有丰富經驗。國营南京科学儀器廠为大量生産計算尺，供应各种工程建設上的需要，拟設廠生産。該廠比較研究了國內計算尺製造家的生産方法之後，認为陈教授的方法，適合於机械化大量生産，决定直接採用。最近該廠派尺算法發明人于振善同志等五人前來我校向陈允敦教授学習，並与我校訂立了科学技術协作合同。陈教授表示，他决心將全部技術，从刻版机器的製造，原料的配製到成品檢查种种複雜的操作方法和程序，無私地傳授出來。廠方和于振善同志等則下了决心，一定要学会全部技術。为了國家的經济建設和文化發展，双方已建立了包教保学的關係。近日來，这項教学工作正緊張地進行着。

图5　1956年7月2日厦大校刊《新厦大》报道：南京科学仪器厂派人来厦大向父亲学习计算尺制造

图6　抗战期间父亲制作的计算尺

但是，1957年父亲却因说了“错话”被打成右派，“文革”中也因此受到不公平的待遇。他曾经的辉煌，诸如燕京大学校长司徒雷登签名的羊皮纸毕业文凭、抗战期间国民政府教育部的嘉奖令、1956年全国先进生产者代表会议合影等原件都成了灰烬！

1960年，父亲和卢嘉锡教授等一起从厦门大学调到福州大学工作。不久福州大学校办厂也在父亲指导下开始制作计算尺。我回福州生女儿时还参与了这项工作。事后父亲又送我一把计算尺(图7)作纪念。这把计算尺非常漂亮精准，与长汀时期的计算尺摆在一起真是今非昔比了。

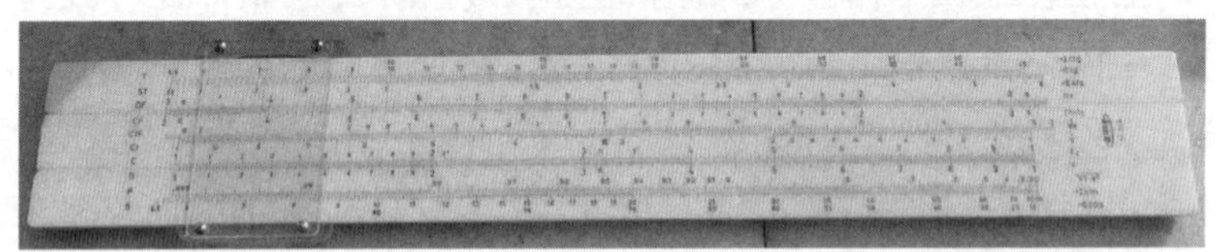

图7　1965年福州大学校办厂在父亲指导下制作的计算尺

父亲九十寿辰时，他的老友卢嘉锡曾书长联一副以赠：

细雕巧刻高精度赛洋算尺，价廉物美，君不见科技界同声赞美；
修复保存原面目南宋沉船，匠巧技绝，公应喜万年青又建奇功。

上联说的就是抗战时期父亲研制计算尺，下联则指他晚年研究、保护泉州湾南宋沉船。当年在厦大时父亲年纪虽大却不显老，故而同事为他取了“万年青”的雅号。

乐育小学的点滴记忆

中文系黄典诚先生成我家邻居时，他太太还很年轻，梳着两根长辫子，每天去上班。我5岁时，母亲就请她顺道带我去上学。开始先上了一段幼稚园，然后才正式到乐育小学(图8)读一年级。记得那时,每天一大早我就挎着一个布缝的书包,跟着阿姨去上学,要走很远的路才能到学校。再长大一些,我就自己走着去上学了。每天一回到家,我就趴在饭桌上写作业,不过当年的小学生也没有太多的作业。那时我年纪还小,不懂事,在那里上了两年学,学过什么课文都不记得了,也没有交上什么朋友,只记得有两个小姐妹也姓陈,和我一个班,名字今天也想不起来了。

图8　当年乐育小学校址,2009年时是长汀县委党校

刚上三年级,抗战胜利了!大家都很高兴!厦门大学即将复员,从长汀迁回厦门。大人们兴奋的是"国土重光",期盼着"重建升平"。而我们小孩子还不懂抗战胜利的意义,只是从小听父母说:"厦门城市很大、很漂亮,晚上有电灯、很亮!"想的就是"我们要回厦门了!可以不用点油灯了"!父母亲忙着收拾打包,整理行装。当时全家最宝贵的东西就是父亲做计算尺的铜模板和工具,我看到父亲把它们用布和软质纸裹了一层又一层,然后装在箱子里运回厦门。

看到家里大人整理东西,我也急忙把我平日用碎布缝的小包包、小玩具拿出来洗洗晒晒。因为在长汀我们是没有玩具的,只有玩石头子。我从小喜欢做针线活,就把一些大人不要的碎布拿来缝成自己的"玩具"。妈妈看到就笑了,说:"你的这些东西是不可能带走的!"

离开长汀

我们和厦大的教师一起乘汽车离开长汀。回厦门的路程也是很艰辛的，无尽的盘山公路，路况很差，尽是转弯、颠簸。我一路晕车、呕吐，根本不知道东西南北，晕晕乎乎中来到厦门。小时的玩伴、谢玉铭教授的儿子谢希哲后来告诉我他家是如何从长汀回厦门的：

我们乘坐厦大的包车从长汀出发，我家和陈文藻教授两家合乘一辆。车子很挤。公路不光是路况太差，而且很窄，多段是单行线，错车时很危险。汽车走了一天，到龙岩住下。第二天继续开，但是只能开到闽西和闽南的分水岭。到那里人要下来，步行过分水岭。我奶奶小脚，就为她雇了轿子。我们步行到九龙江上游的水潮，那里就可以乘民船了(就是汀江那种有棚子的木船)。再一天到达漳州，在那里我们第一次看到荔枝和杧果。最后从漳州乘汽船(比厦门当年的轮渡大些)到厦门。

他对我说，当年厦大回迁大家都是这么走的。只有这一条路可走！

重返长汀

2009年清明，我回泉州给父母扫墓，顺便重返长汀。《厦门大学在长汀》的展览把我带回60多年前。抗战的艰难岁月里，我们的先辈在长汀为国家的教育事业做出了巨大的贡献。我们细细参观每一部分，感慨万千！

一个甲子的时间，长汀变化极大，我读过的乐育小学，校址已然成为党校等单位的地盘，汀江边的城墙还在，河对岸的梅林早都盖满了房子。我还去了惠吉巷我家住过的老楼。住户更迭，周边景物变了，楼房却依旧。征得主人同意，我重走昏暗、吱吱作响的旧楼梯上楼。看到我幼年时生活过的地方，这一切仿佛是在梦中，但却是现实。

二、厦门的青少年时代

迁到鼓浪屿

抗战胜利了，我们一家六口回到厦门。懂事后第一次看到大海，看到各种车、船，漂亮的楼房、电灯……一切都那么亲切又是那么生疏！

刚到厦门，我们住在厦门大学校园里临近南普陀寺的大南新村。我家住的是前面的一栋楼，后面住的是汪德耀教授一家人。我们在这里大约住了半年。这半年我没上学，天天在家玩。

不久，我们再次搬家，迁到鼓浪屿维新路26号（图9），这是厦大为教师租的房子，为一栋两层红砖洋房，还有地下室，原来是林文庆的私宅。记得当时一层楼的租金是按100斤大米的时价折算为现金，林文庆的家人、一位瘦瘦的女人会定期来收房租。开始我们住楼下，楼上是生物系顾瑞岩一家，他家的孩子屏山、屏锦和我们家孩子年龄相仿。顾太太是我母亲的老同学，我们叫她佩芬姨，两家关系很好。不久顾瑞岩出国访学，后来全家定居美国。那以后我们搬到楼上住，楼下搬来周绍民先生一家。他们夫妇当时很年轻，一个小女孩还抱在怀里，非常可爱，大家都叫她“闹钟儿”。我们当了好多年邻居。

图9　母亲在鼓浪屿维新路26号小洋楼外留影

这栋房子在我记忆中最为美好。院子里有莲雾、龙眼、香蕉、木瓜(图10),果树结果时是孩子们最高兴的时候,大些的孩子都爬上树去摘。大院里还有一口水井,井水是咸的不能喝,但冬暖夏凉,炎热的夏天可以把水果放在篮子里吊下去“冰镇”,这在没有冰箱的年代是很好用的。

图10　鼓浪屿维新路26号院里有各种果树,父亲和从南洋回国在厦大读书的堂兄秋中、致中在树丛中合影

鼓浪屿的小学生活

在鼓浪屿我重新开始我的小学生涯,到怀仁小学插班读四年级。因为我在长汀小学三年级没上几天学,怀仁小学又是教会学校,感到很不适应。首先要穿校服,是蓝色的旗袍,冬天是士林蓝长袖,夏天是浅蓝短袖。以前我从没穿过旗袍,不习惯。家里没有旗袍,还要现做。记得短袖旗袍就是我自己缝的,我不会做盘扣,就做成按扣。还有圣经课。我从来都没有听过圣经的故事,老师提问,我站起来发呆!英文也没有学过,跟不上。我觉得同学都看不起我这个从内地来的孩子,很自卑。后来母亲让回国读厦大的堂兄陈致中给我补习英语,才慢慢适应。

小学毕业是1949年,正是厦门解放前夕。大学教师和普通老百姓一样,日子非常艰难。国民党的金圆券一麻袋换不了一袋米的情况，我们小孩也见到过。父亲为了一家人的生计，除了在厦大教书，还曾经在国民党海军军官学校兼课，我还记得他穿过白色海军军官服去讲课。同时，他回到家里还要抓紧一切空闲时间制作计算尺，换点钱养家。在厦门，父亲经常去逛旧货市场，在那里可以用便宜的价格买到他所需要的一些小工具。记得我们家有很小的车床、钳工用具等，父亲做计算尺开片时，还让我帮他摇车床的摇把，计算尺面的刻度颜色处理等，我也能给父亲当个小帮手。我当时很有成就感，觉得我也能做点事情了。父亲让我做这些事情，培养我勤奋的同时，还教会我做事要认真、细心。

从厦大校友中学到厦门二中

1949年夏天我小学毕业，面临升中学的问题。当时家中有4个孩子，我是老大，弟弟妹妹也上小学了，负担很重。恰好那年厦大开办厦大校友中学（图11），厦大教工的子女入学可以减免学杂费，而且教师都是请厦大的讲师、

廈大校友中學
本季開辦
設在鼓浪嶼

中山路一帶
水管多被竊

無主藤箱
迷途女孩
兩個警所
分別待領

图11　1949年8月11日厦门《江声报》报道：厦大校友总会决定创办厦大校友中学

教授过来兼职，厦大还提供实验设备，有良好的学习条件。父亲决定让我去厦大校友中学上初中。说实话当时我是一百个不愿意！因为怀仁小学是女校，同学们毕业后多数都是去怀仁或毓德女中就读。我去男女合校、刚创办的校友中学，学习环境、同学都很生疏。而且在当年孩子的眼中，校友中学在偏僻的大德记海边，上学路途遥远（其实放在今天看，也就是比原来多走10分钟路）。不情愿也没有用，因为家里有困难，父母又认定校友中学好，只好去了。

第一天上学，看到的是一座孤零零的大白楼（几十年后我才知道这里原是

慈勤女中校舍)，旁边有一棵大榕树，前面是海滩，右面就是大礁石，很荒凉。但是进到学校，感觉就变了。学校有实验室，化学、生物实验室很吸引人。林鹤龄校长和蔼慈祥，老师也很好，同学不算多。我很快就适应了这个新的学习环境。

开学没几天，南下的人民解放军就打到了闽南。那几天，败退的国民党兵住到我们家楼下，吓得母亲整天都把楼梯门锁住，也不让我们去上学了。其实我们中学在海边，更不安全，也停课了。我就在家待着，晚上看着炮弹在夜空中飞，还听说有哪一家被炮弹打中了！一直熬到那一天，清早起来突然发现楼下的国民党兵不见了，又听到外面在呼喊“厦门解放了！”母亲终于把楼梯门打开了！

解放了，学校又开始上课了。复课头几天，我们经过复兴路沿着海边去上学，还看到海滩上有牺牲的解放军战士遗体，听说有一位团长和副参谋长在战斗中牺牲了。后来在大德记的大礁石旁修建了烈士纪念碑。

在厦大校友中学我度过了初中阶段(图12)。慢慢地我才体会到，这真是一所好学校！我至今还十分怀念初中的老师和同学，在这里我学到很多东西，包括知识和为人。林鹤龄校长非常关心学生，特别是家境困难的学生，对学生要求又十分严格。记得有次开会时我坐在椅子上晃悠，他当众批评我说：坐要有坐相，站要有站相！这句话让我终生受益。教导主任辜泗水负责全校教学。我们的班主任陈绳礼老师非常关心爱护每一个同学，他成了我们的好朋友。化学老师陈珊仑又高又壮，多年后我们才知道他是抗战时期的飞虎队飞行员。还有生物老师周南生、政治老师郑千里(郑重)、英语老师朱昭仪、地理老师叶

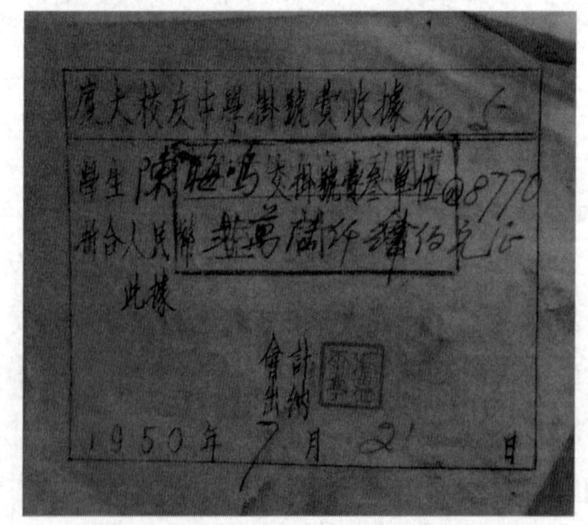

廈大校友中學掛號費收據 NO. 6

學生 陳[illegible] 交掛號費叁單位 @8770

折合人民幣 [illegible]

此據

會計
出納

1950年 7月 21日

图12　1950年厦大校友中学挂号费(即学费)收据

怡宽、历史老师卢敬亭等,同学们都喜欢听他们讲课。音乐老师林俊眠的丈夫温绍杰医生是一位业余男高音,他有时会代林老师来上课。还有一位张老师也教过我们历史,他两手都能写字,"左右开弓",给大家留下深刻印象。长汀时期邻居陈笃信的姑姑陈碧玉也来到校友中学任教。我们毕业几十年后还回去看望过当年的老师(图13)。

图13　2009年4月笔者回厦门拜访陈碧玉老师,听她讲长汀和鼓浪屿的往事

当时厦大校友中学有春季班和秋季班。我们是第一届初中生——秋季班,班上的女生有叶秀玉、苏淑静、林丽秀、庄依南、王淑文、吴逸华、吴葆萱、叶建真、叶建炎、刘雅端和我。我们每天在一起学习、玩耍(图14)。

图14　厦大校友中学第一届初中班女生在校园留影(1950)

我和班上几个年龄相对小的女同学葆萱、雅端、建真成了终生的好友。我们有时去雅端家玩，她姐姐也在校友中学，读高中。这样，我们也认识了几位高中的学长，当年我们对他们可是佩服得五体投地！记得李学林学长带我们去生物实验室参观，指着老鹰标本对我们说，他们解放前做地下工作时就把秘密材料藏在老鹰肚子里。另外还有几个厦大子弟谢希哲、卢湘岳，以及我堂姐陈怡怡，他们比我高一班，我们都走得很近。

今天，我还不时会回想起厦大校友中学的初中时光。近日我回厦门，与老同学吴逸华相聚，我们不约而同回忆起初中年代，虽然已经过去了70年，但那件件往事仿佛还在眼前。那时，我们放学后经常到海边玩耍，有时还绕过礁石走到港仔后，以致海水涨潮后回不来！我们参加了学校的腰鼓队，课余时间常常要排练，有时还去表演……生活丰富多彩。我们女同学还在大德记烈士纪念碑前留过影(图15)。但是不知为何却没有留下一张厦大校友中学的初中毕业照，非常遗憾！毕竟我们是厦大校友中学的第一届学生，也是校友中学唯一的一届初中毕业生。

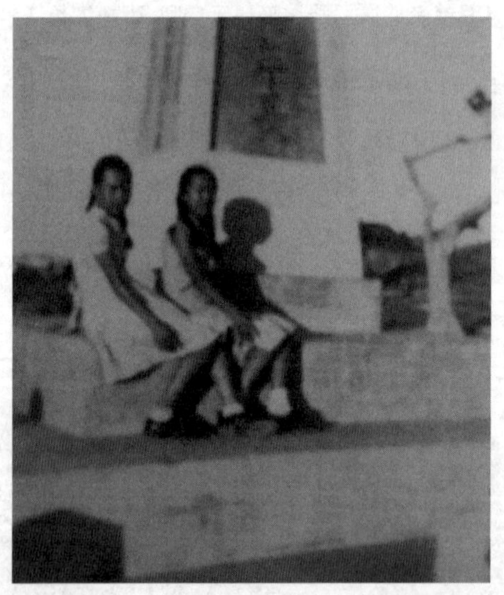

图15　晦鸣(右)、葆萱(左)在烈士纪念碑前留影(1951)

临初中毕业时，厦大校友中学改为公立，并与英华中学合并，更名为厦门第二中学。学校迁到笔架山下英华中学原址，离我家很近，仅有3分钟路程。

我顺利地升入厦门二中读高中。

我们先是在北面的教室楼上课。学校有大操场、篮球场、音乐教室、实验室，还有很好的师资，为学生提供了很好的学习环境。我们高中一个年级有两个班，我在乙班。我们班是个优秀集体，方方面面都很出色。特别是体育(图16)，年年都能拿到几面奖旗，男生的足球、篮球更是了得！虽然班上女生平日几乎从不和男生讲话，但是大家热爱班级的荣誉，男生的球赛，每场比赛我们女生都去给班队加油！

图16　厦门二中第一届(1955届)高一乙班在校运动会后合影(1953)
前排手持"身体好、学习好、工作好"锦旗者为班主任孙安达老师

在笔架山下的百友楼我完成了高中最后阶段的学业(图17)。那几年国民党飞机经常空袭厦门甚至轰炸，为了考生的安全，1955年厦门高考考场设在龙岩一中。当时从厦门到龙岩需要乘坐一整天汽车，绕着山路盘旋。我像当年从长汀回厦门时那样晕车，呕吐自不必说，加上高考紧张，吃不好、睡不好，考完回家都瘦了好几斤。

图17　人民解放军是当年青少年崇拜的偶像，高中毕业前夕全班青年团员身着陆海空军装合影(1955)

二排右二为笔者

三、开启我的地质人生

高考发榜，我们大部分同学都考上了全国各地的大学，我如愿考取了北京地质学院，也就是今天的中国地质大学(北京)。

那年我们学校考取北京地质学院的4位同学，就我一个女生。多年来，很多人都不理解我一个女孩子为何要学地质？这与自幼父亲对我的影响分不开。他青年时代在燕京大学求学，主修化学，辅修地质，毕业后在福建还开办过安溪矿务学校，为福建培养了最早的地质人才。后来，他在厦门大学和福州大学都开过结晶学等与地质相关的课程。所以我从小对矿物标本就非常感兴趣。当然，最重要的是学校的教育和国家的形势。我们的班主任孙安达老师总是鼓励学生努力上进、热爱祖国、不怕吃苦。当时国家建设飞速发展，地质被称为工业化的先锋，地质队员被誉为“和平时期的游击队员”，“是那山谷的风，吹动了我们的红旗。是那狂暴的雨，洗刷了我们的帐篷……我们满怀无限的希望,为祖国寻找出富饶的矿藏”,一首脍炙人口的《勘探队员之歌》激励着千百万热血青年。所以选择志愿时我义无反顾地报考了地质专业。

1955年夏天,我和十几位同学一道离开鼓浪屿,北上京城求学,从此开启了我的地质人生。

[陈晦鸣,中国地质大学(北京)教授,1960年毕业于北京地质学院地球物理探矿系,留校任教,主要从事地球物理勘探的理论与方法、仪器方面的教学和科研工作。曾任中国地球物理学会科普与教育工作委员会委员、《地球物理学进展》等杂志编委,先后参加多部教材的编写工作,曾获国家教委优秀教学成果奖。]

1921-2021

厦大故事

Stories of Xiamen University

南下纪事

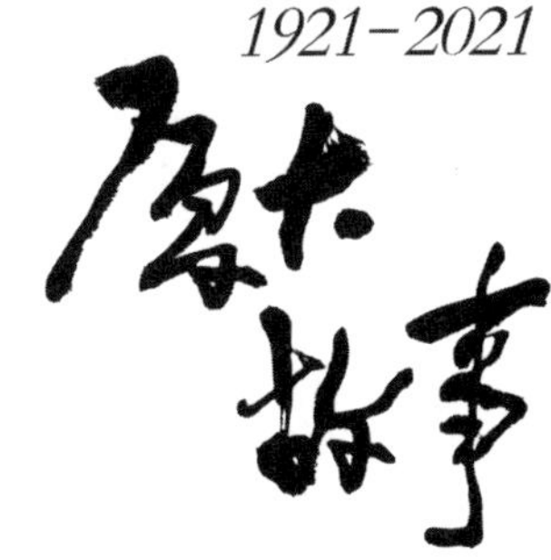

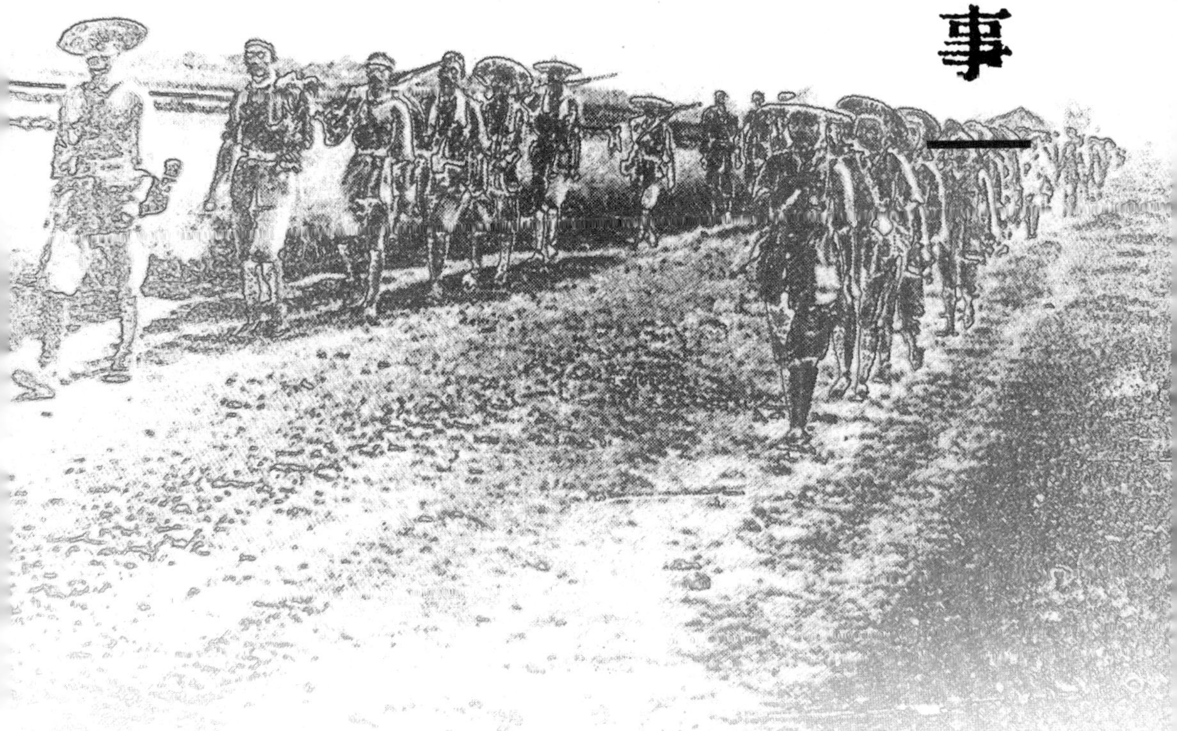

一生的情怀

——忆爸爸张玉麟、妈妈朱红

张玮萍

（经济系1977级）

看着面前这本妈妈朱红在83岁时完稿的《情澜》一书（图1），火红的凤凰树和蓝色的大海，这其中包含了父母一生的所有情，以及对几十年厦大难以割舍的情怀。在最亲爱的妈妈猝然离开我们三个多月的日子里，我带着无限悲痛和眷念，翻看手边不多的一点书籍和照片，泪流满面。

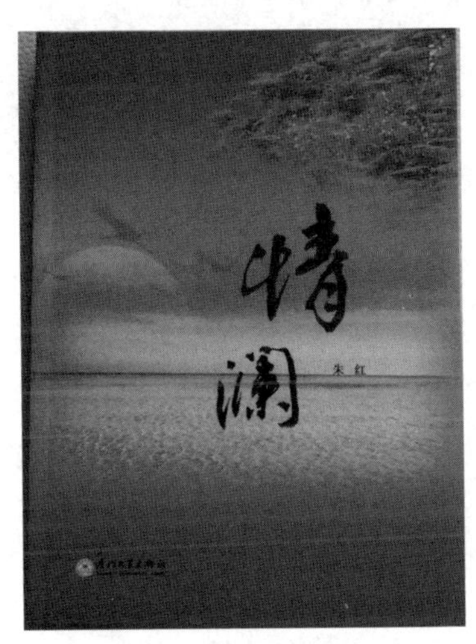

图1　妈妈写的《情澜》

盯着妈妈当年在《情澜》一书上亲手为我写下娟秀的字迹（图2），她的深情和她的文采让我再次心碎。

我想用笔和爸爸、妈妈交谈，也为那些建国后为厦门大学开荒僻壤，建设美好厦大校园的一群伟大而无私的父母们写几笔。

在我的心里，我的父母是顶天立地的泰山和千年不老的青松。

和当年千万家庭中的父母一样，在外他们为建立新中国基业尽职尽责，在家陪伴和关爱父母和孩子。但我深深知道，我最亲爱的爸爸、妈妈是我人生所遇到的不多见的具有崇高品德和散发人格魅力的伟大父母(这是我有生第一次公开评价我的父母，因为自幼我们得到的教育是低调为人)。父母不仅是我们生命的缔造者和培育者，更是我们人生的导师、挚友。

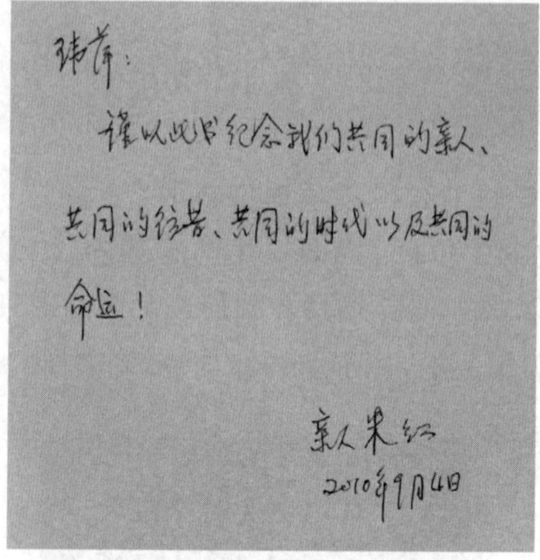

玮萍：

谨以此书纪念我们共同的亲人、共同的经历、共同的时代以及共同的命运！

亲人朱红

2010年9月4日

图2　妈妈在《情澜》一书上为我留言

爸爸是泰山

看着爸爸炯炯有神的目光(图3)，他那博览群书、阅人无数、胸怀宽大、思维敏捷、一口标准普通话和幽默风趣的性格，在他离开我们20周年的今天，仍牢牢地印在我的心里。

父亲在厦大工作和生活了28年。1952年7月到厦大任党委书记(图4)，1981年4月调北京工作。图5是厦大官网记载的历任校党委书记一览。

图3　我的父亲张玉麟

图4　1953年7月厦大全体党员欢送毕业、调整、留苏、赴朝的同志们

第二排左八为父亲，第三排左二为母亲

历任校党委书记一览

姓名	任职时间
张玉麟	1952.07 ~ 1954.12
陆维特	1955.01 ~ 1969.01
于英川	1972.07 ~ 1973.01
曾鸣	1973.02 ~ 1984.08
未力工	1984.09 ~ 1986.07

图5　2021年1月厦大官网记载的厦大历任校党委书记一览

“文革”前从周边叔叔阿姨口中听到的评论是：张副校长的报告不仅知识渊博，逻辑思维严谨，而且紧密联系现实，幽默风趣，这种报告值得听。

后来我问爸爸：“你的报告需要秘书帮你打文稿吗？”他的答复是：“秘书不知道教职员工需要什么，只能自己准备。”原来他平日大多时间下到各系调研，或者邀请专家学者、学生活跃分子等讨论教学科研的意见建议。我问爸爸：“你的发言稿要写多长时间？”爸爸拿出一张小纸片给我看，不多的几行字。“就它吗？”我惊呆了。他笑笑，指着它说：“都在我的脑子里。”每当有人来家讨论工作，他能顺口背出《马恩全集》《列宁全集》《资本论》《毛泽东选集》等书中的某个章节，并转身从背后书橱中找到该条原文：没错。这时，我真正理解了他说报告的内容都在他脑子里的含义。

"杠杆原理的应用，可以获得倍增的工作效率。"1978年我有幸进入厦大经济系1977级读书，爸爸经常在傍晚散步到教室找到自习的我，然后我们一起散步聊到很广泛的问题。其中谈到工作方法，他告诉我，他的经验是：人，不在于自己多么能干，而是要懂得利用杠杆原理去撬动群体的能量。工作中如果能充分应用资源，就可以用最少的人力物力使事半功倍。专业的事情交给专家来做，校务的日常事务主要由一位办公室主任及秘书协调处理。他自己经常到各系听取意见，依靠厦大教务处和机关部门一批忠诚热情而单纯的好阿姨们(我从小就非常喜欢这群美丽可敬、大气、热心的阿姨们，可以叫出名字的有吴紫容、章绮霞、刘爱华、杨菊卿、凯怡阿姨等)，做好教学质量的监督管理和反馈，抓第一手信息，不断提高办学质量。一位秘书和两位电话总机接线员是他的"通讯员和联络员"(当年电话论级别安装)，达到人少做大事的效果。

1958年王亚南校长被中央调到上海专心翻译《资本论》，厦大实际负责校务管理的就是爸爸。每当王亚南校长回到厦大，他们都会楼上楼下的沟通畅谈，偶尔王校长还带着湖南辣酱到我家中一起吃便饭。他们的共同话题是学术、教学和科研方向。

早在太行山根据地时，父亲对政治经济学就已有研究，而且应用到边区的行政管理中。当时爸爸与杜润生伯伯是同一地区专员，一起组建专区根据地政府。尽管当时晋冀农村贫穷，很少货币交换，以征粮为主，但是只要有一级政府就有收支的财政问题。如何管理这级政府？没有先例可借鉴，他们自学经济学，在实践中领会经济学的核心：货币交换和物物交换的特点、价值和使用价值的区别与关系、预算收支平衡、小农经济的特点和私有财产的所有权……自创了一套专区财政预算体系。他们积累了初级的政权经济管理模式，并且在运行中不断完善。

杜伯伯在"文革"后任中央农村政策研究室主任。20世纪80年代以来，每年的"中央一号文件"都是关于农业农村发展改革的新政策，实际就是源于杜伯伯他们组织的一批精英对中国农业农村体制机制提出的改革方案，这是当时中国经济改革最成功的一步。新政真正考虑农民利益和农村如何走出大锅饭低效生产率的局面，这与他们在根据地时所积累的知识和经验不无关系。

杜伯伯被誉为“中国农村改革之父”。

“文革”后移居香港的厦大经济系陈可焜先生在他的回忆文章中这样写道：“大学是知识分子成堆的地方，卧虎藏龙，诸子百家，张玉麟同志认真细致地针对知识分子的特点来做工作。他不但去熟悉业务，指导内容，言之有物，而且正面鼓励老师，积极帮助他们提高教学科研质量。”“张玉麟同志在学校知识分子中广交朋友，不论文科或理科，在教师中，他都有许多可以说心底话的知心朋友。”陈先生这段话非常准确、实在。爸爸当年之所以选择来厦大工作（图6），目的就是想到学院氛围中获得更多的提高。

图6　爸爸初到厦大时的部分校领导和部门负责人

自左至右：校办主任林莺、人事处副处长刘峙峰、第一任党委书记张玉麟、校长王亚南、教务长章振乾、副教务长卢嘉锡、人事处长李光

我从与父亲因工作事务走动较多或者常来家里打桥牌的叔叔、阿姨们身上感受到一种特殊气质。例如，化学系蔡启瑞教授和田昭武教授、化学系总支书记刘正坤、厦大党委常委邹永贤、外文系总支书记李燕棠及其夫人萧丽娟（南下服务团中活跃的学生骨干）、经济系系主任袁镇岳教授、经济系总支书记李维三、生物系总支书记徐沧溶、生物系郑重教授和化学系顾学民教授夫妇、数学系系主任林鸿庆和校长办公室的史晋、高扬……这批优秀的知识分子、专家、骨干的学风、人品和修养影响了我一辈子。我成人后走上社会，这样的氛围难以寻觅。

无意间在网络上看到厦大两位世界知名的化学家合影（图7），非常欣喜。卢嘉锡和蔡启瑞教授与父亲可算是早期在厦大结识、互相敬重的挚交。他们可以无话不谈。蔡启瑞伯伯不仅是爸爸桥牌桌上的好搭档，他还称爸爸是他的好朋友。卢嘉锡和蔡启瑞早年分别留学英美，获得博士学位。卢嘉锡在英国获得博士学位后又受聘于两度获诺贝尔奖的美国化学家鲍林的实验室。为报效祖国，他们都抛下美国高薪职位回到母校厦大，不计报酬地从事着高水平的科研教学工作，并先后当选中国科学院学部委员(即院士)。卢嘉锡是中国结构化学的领路人，蔡启瑞是中国催化科学的开拓者。

图7　卢嘉锡和蔡启瑞先生在1986年祝贺卢嘉锡和蔡启瑞从事化学工作50年学术讨论会期间的合影

父亲特别敬重这两位科学家。他们人格高尚、工作敬业，对科研方向的设计和不断追求，让厦大化学系在全国高校中的声望不断提升。

蔡启瑞先生在2002年9月16日“张玉麟逝世2周年缅怀座谈会”上深情地回顾父亲和他的交往：我是1956年从美国回来的。那一段，运动特别多，我一切都要从头学起。张玉麟同志没有架子，那些运动，都是他教育我带着我，使我能顺利地走过来。那时他跟我的关系就很好，他是我在厦大的一位知心朋友，是我很佩服很爱戴的一位领导。而且，他是一位知人善任的领导，他知道我这个人有哪些长处，有哪些短处，哪些我该做，哪些不该让我做。1980年代，省里让我担任厦大的副校长，那时老张已离开厦大。我们在北京见面时，他就以朋友的身份，真心地劝我说：“你要急流勇退！要专心做业务工作！你的所长在业务,不要在行政上花力气!”我会记住他的话,继续努力奉献。

曾任厦大化学系总支书记的刘正坤阿姨也回忆道:1963年厦大成了重点大学,1964年我们想将蔡启瑞教授的络合催化理论基础研究列入国家科研重点项目。能否列入国家重点关系太大了。老张可花心思了(母亲补充:为此,他请蔡启瑞教授来家详细地讲解物质结构、催化和络合理论)。当时他出差北京,住在民族饭店开会。他打长途电话叫化学系速派一个蔡启瑞教授的得力助手去北京。他对这位助手说:“明天你跟我一起去国家科委找管科研的赵局长,你必须用最通俗易懂简单明了的语言,向他阐述络合催化理论对国民经济的重大关系和影响。能否把这个项目列入国家重点,成败在此一举!你要认真考虑!”经过这么一番努力,络合催化理论果然被列为国家重点项目,称为“国重29”,为此,国家科委拨给这个项目100万元科研经费和100个编制。消息传到化学系,全系所有人都乐得跳起来了!

据报道:1990年,76岁的蔡启瑞就主动提出“退休”降薪,成了“院士退休”第一人。但“退休”后,蔡启瑞依然天天往实验室跑,他曾说,“其实,我这一生最爱的只是一间实验室”。多么相像的人品,父亲在1981年调任国家海洋局工作四年后的1984年,主动提出离休让贤给中青年干部。2000年9月,全家人从北京护送爸爸的骨灰回到厦门,事后妈妈和弟弟特意去探望了蔡先生(图8)。

图8 2000年9月,我们全家人从北京送爸爸的骨灰回到厦门,事后妈妈和弟弟(右)去探望了蔡先生(左)

父亲一生比较坎坷(妈妈的《情澜》一书有详述),但他永远笑对人生。这是他的人格魅力。1955年后,爸爸因为历史上的系列不白之冤,改任厦大副校长。父亲从来对职务升降看得很淡,服从大局,没有争辩。直到“文革”之后,拨乱反正,父亲的努力工作是厦大人有目共睹的。

那些年,父亲一门心思想把厦大办成国家重点大学,厦大这个舞台让他在教育管理领域从零开始,到积累了丰富的经验。1963年11月2日,厦大终于在全校师生的共同努力下被国家列入教育部直属全国重点高等学校,爸爸也累倒了。学科带头人的视野和信念,决定了学科的地位和其所培养人才的素质。

爸爸与海洋事业的渊源由来已久。长久以来,厦门大学聚集了一批专注海洋研究的专家教授,他们先后都成为国内外著名的海洋科学领域的大家。1959年11月25日,海洋三所的前身——福建省海洋研究所海洋生物研究室在厦门大学生物馆成立。首任所长由爸爸担任,他带领着21名“元老”边建设边搞科研,主攻海洋生物、海洋地质和海洋化学3个方向。时隔20年,爸爸又成为中国海洋事业的“当家人”之一。

1963年8月,在国家科委召开的一次会议上,父亲和庞文华阿姨率36位各方面的领导和科学家署名,提出要求成立国家海洋局。厦门大学签名的除了爸爸之外还有海洋生物学家郑重、海洋物理学家何恩典和海洋化学家李法西等。1964年的全国人民代表大会审议通过成立国家海洋局,但当时的海洋局由海军代管。1979年底,海军准备把国家海洋局归还给地方管,海洋界的科学家闻讯上书邓小平,推荐张玉麟来执棒海洋局。1981年父亲正式调任国家海洋局任副局长。中央同时调庞文华任海洋局党委书记。

爸爸在工作上的干练和品德使他备受尊重,放下架子亲民也是他独特的一面。人们常说知识分子清高,还好我爸爸不属纯知识分子(尽管学校当年也给过他教授头衔)。小学时下午放学,我常从家门走向通往大会堂的路上迎接爸爸、妈妈下班回来。偶尔接到爸爸时,总看到他和路边的食堂员工亲切地打招呼,和各系教授、讲师关系融洽,真心交流。为了活跃校园生活与知识分子打成一片,爸爸还特意向他们学习打桥牌和台球等。爸爸身上体现的党和人民群众打成一片的鱼水情,是从太行山革命根据地带来的优秀作风。

记得20世纪80年代在北京,陈景润先生当时已经因《哥德巴赫猜想》一文出名了,他听说父亲调任并离休在北京,有天专程乘公共汽车来家看望爸爸。回去时，爸爸问他知道怎么回家吗？陈景润先生腼腆地说：不好意思，搞不清楚。爸爸自己把他送上车并到中关村下车后，交给他的家人。父亲一直就是这样的热心人。陈先生当年毕业分配后被北京单位退回，爸爸在厦大为他安排了工作，后继续往北京推荐，最后被中科院数学所接受，一位奇才苗子在合适的环境中冒芽了。爸爸在厦大帮助过的人不计其数。

2000年9月16日，爸爸在北京离开我们，不舍和怀念从此拉开帷幕。读到《中国海洋报》2000年9月26日为张玉麟同志逝世发布的"重要新闻"，除了文字简介生平之外，还有一段文字评述让我心情难以平复，在此敬录如下：

> 张玉麟同志在60多年的革命生涯中，忠诚党的事业，为国家教育事业和海洋事业的发展，鞠躬尽瘁，献出了毕生的精力。他热爱党，热爱祖国，热爱人民。他一生追求光明，追求真理，为人正直作风正派，敢于坚持原则，不计较个人名利得失。他工作一贯积极，能力强，有魄力，有强烈的革命事业心和高度的政治责任感。他严于律己，宽以待人，生活简朴，廉洁奉公。他襟怀坦白，平易近人，团结同志，关心群众，受到了群众的尊敬和爱戴……

妈妈是泰山上不老的青松

妈妈朱红(图9)是位优秀的传统知识女性，她就像依偎在爸爸这座泰山上的一棵四季翠绿的独立青松。她美丽、善良、知性、自律；文采飞扬，情感丰富且精彩。妈妈是爸爸这一生最难得的事业后盾，也是生活中最幸福的港湾。

图9　妈妈随南下服务团到福州于1952年10月的留影

儿时的妈妈曾早早被家人带去算命，认定她长寿有福。在她自幼体弱多病的身躯里具有一颗坚强、不服输的心。妈妈解放前就读于杭州著名的杭高，毕业后考大学时为着一个崇高的理想——农业救中国而选择了武汉大学农学院。仅读了一年就发现自己的理想不现实，退学后第二年又考入上海暨南大学外文系。1949年3月她在暨南大学地下党的帮助下加入了共产党，不久，在校报名参加了随解放大军南下的中国人民解放军华东随军服务团(以下简称“南下服务团”)。

她不善言谈，甚至终生自卑，但在爸爸坚强、智慧和幽默的47年相伴中，她变得坚强和独立。

妈妈在厦大辗转了几个部门。她从不把自己当作副校长夫人看待，低调为人，做事严谨不苟。1959年，她被错划为“右倾分子”下放东澳农场改造。原因是她一直在为被冤屈划成“右派”的妹妹和小叔子(我的二姨和叔叔)上书打抱不平。记得当时我还小，到田间找妈妈，见正怀着八个月弟弟的她，坐在田垄上拔草。她不发怨言，却不断上诉，为此吃了不少苦头，先是被警告处分、撤职下放农场劳动，“文革”中又被逼迫“自动退党”。直到1978年被平反昭雪，她始终不认为自己有错。

而恰恰相反的是她在任外文系书记时，为保护系里知识分子少受政治打压，她上报的外文系“右派”指标完成率为零。下放农场回来，她自己选择改到中文系任办公室主任。她悟到了一些真谛：做自己喜欢的事——走进文学，这是她自幼的钟爱。她先选修了大学中文系的很多课程，然后走上讲台，还带领学生到农村、社会体验生活，积累素材。妈妈的心思我理解。

脱下军服，上海南下的知识分子干部来到高校，从军队的统一管理回到知识分子成堆的环境。被组织选派来厦大工作的十几位南下服务团干部的适应性很强，原本内在的生活情趣和修养一点点显露出来。我知道外文系总支书记李燕棠和萧丽娟夫妇不仅工作能力强，国标交谊舞也是厦大教职工中的佼佼者。妈妈也不例外，我自幼欣赏和佩服妈妈的气质及修养(图10)。妈妈在杭州成长，家中并不富裕，她就像杭州西湖中寂静的荷花，秀美而不娇艳，出淤泥而不染。妈妈多才多艺，解放前读大学的两年中自学钢琴、手风琴、吹口琴；她的美

图10　妈妈在厦大

声唱法让我成为她的首席“粉丝”，并引领我自幼喜欢唱歌。“文革”后期妈妈的人物素描小露一手。妈妈的内心宁静，不善言辞，不易为外界所干扰，所以她能坐下来做她自己想做的事，一般她想学想做的事就一定能学好做好。

妈妈贤惠温顺，为丈夫和子女及其他家人静静地奉献。我小学时身体很糟，经常晕倒在课堂上不省人事，妈妈要背我回家、背我去医院看病，有时半夜去厦大医院看急诊，她不动用公车。

哥哥儿时也体弱多病，妈妈尽量把他放在家中自己带。她曾回忆说：“你哥哥当时被染上病毒，我在医院抱着他几天不敢闭眼，生怕……所以那时不得不把你7天24小时地全托在厦大幼儿园。”

弟弟的出生就是在妈妈被打成“右倾分子”下放农场劳动的时候，妈妈心情不好，身体自然也不好，所以弟弟半岁左右也寄养到阿嬷家去，直到两岁半回来上厦大幼儿园。

妈妈性格内敛，但内心情感世界却像大海般波涛汹涌。她一生的情怀，大多写进了《情澜》一书中。前些年，我经常回厦大看望她(图11)，陪她住一段时间。

图11　2017年12月我和女儿(右)回厦大看妈妈，妈妈刚过89周岁生日，优雅从容

琴瑟和鸣

1953年1月25日，我的爸爸、妈妈在坐落于美丽滨海城市的厦门大学校园里举行了简单朴素的婚礼，他们来之不易的相恋终于修成正果，幸福感和美好的憧憬自此拉开序幕(图12)。鲜有人知他们能走到这一步并非易事。闯过了颠沛的战争年代，冲破了世俗的是是非非，他们都非常珍惜组织上给予的理解和帮助。在爸爸、妈妈离开后的今天，我真真切切地领悟了他们经常所吟诵元稹的"曾经沧海难为水，除却巫山不是云"中所含的真意！

图12　爸爸和妈妈在厦门的合影

爸爸、妈妈的缘分始于解放大军南下进军福建的过程。1949年4月中央发令提前南下挺进福建，急需一批有文化的知识干部南下参与接管国民党逃离后的福建省各级政权，决定在上海大专院校和中学召集一批大中学生知识青年组建南下服务团，跟随第三野战军第十兵团攻打福建的同时，接管福建省政府。爸爸张玉麟从山西南下，到上海后被指任南下服务团第一大队政委，抵达福州先后被任命为青年团福建省委第一任书记、省水利厅厅长。1952年他选择到厦大任第一任党委书记，因为他喜欢到大学文化圣地工作。妈妈朱红在省府办公厅秘书处工作，随后也调来厦大。当时南下服务团先后来到厦大工作的知识分子干部有十几位，个个都很优秀。

2010年6月，妈妈的自传体回忆录《情澜》由厦大出版社出版发行。2011年，福建东南卫视人物新闻专访来到厦大西村妈妈的住所采访了她(图13)，制做出上、下两集人物专访在电视台播放。看着母亲83岁高龄仍怀揣着革命激情和崇高理想，作为儿女的我们，由衷地为我们的爸爸妈妈感到无比骄傲和敬佩。

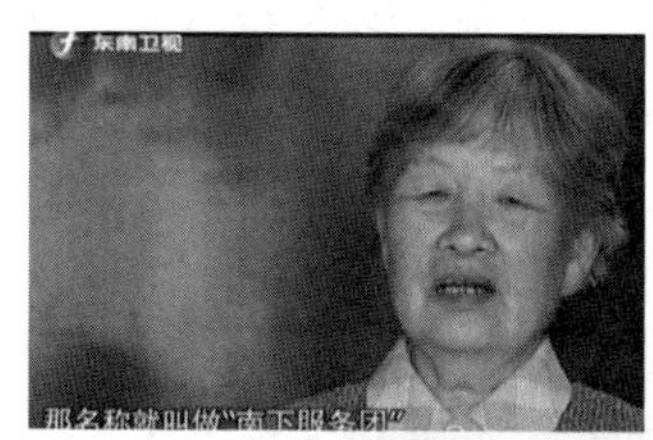

图13　妈妈在2011年接受福建东南卫视人物新闻专访

时代造英雄。当年这批满怀壮志豪情的上海青年知识分子，执念于加入解放全中国的伟大战役、推翻腐朽的国民党政府、人民当家作主的革命理想，跟随解放大军来到福建。

在南下行军途中，妈妈和其他队员一样，对张玉麟政委鼓舞士气、机智勇敢和幽默诙谐的演讲十分佩服和敬仰。进入省政府后有了更多学习的机会和接触，爸爸的政治经济学和哲学的活学活用，深入人心，妈妈内心十分崇拜。当爸爸坦诚自己曾经有过一段不凡的感情经历后，妈妈下定决心勇敢地接受这份感情，做那能抚慰爸爸心中伤痛的"温泉"。爸爸在太行根据地时曾有一位优秀的红颜知己——纪雨秀，后因残酷的斗争环境壮烈牺牲，父亲因此8年没再谈恋爱。这种对感情的忠贞不渝深深感动了妈妈。爸爸也被妈妈的清秀外表、单纯而富有革命激情的内在美好所吸引。两年多的爱情火花在历经多方曲折的磨砺后，终于在省委组织部门的安排下，他们先后被调入厦门大学。

来到厦大后，和平年代的生活并不太平。厦门经历了若干年炮战前线的危险时期，厦门大学师生没有战争的经验，父亲便和一批从军人转来的干部成为学校战时的主心骨。无论白天晚上除了安排全校的教学继续进行，有时还要安排师生撤离、转移。

1980年调到北京后，国家科委才发现妈妈在厦大27年没有提过级别，便主动为她提了一级。父母就是这样的人：工作在前，利益让路。

对孩子们的教育，爸妈的思想一致：首先，对孩子不宠不骂更不打；其次，家属在厦大不能有特殊待遇。大会堂每周末放电影，电影票都由我们孩子负责到工会俱乐部窗口排队买，每次看电影妈妈都带着我们全家坐在后面。

“文革”前，凡有中央或国家高级领导来厦门考察或疗养，厦门市领导常会邀请父亲去接待陪同。在我有限的一点记忆中，还能记得名字的是罗荣桓元帅及其夫人，中国科学院院长、大文豪郭沫若及其夫人等领导人来鼓浪屿疗养，爸爸都被要求前去陪同住一段时间。周末对方要求家属见面，妈妈便带着我们去礼貌性地会面，中午婉拒共进午餐，她自己带着我们仨孩子到路边小店吃饭。

青少年时期，爸爸妈妈专门给我们开家庭会议，对我们说：“爸妈不要求你们今后一定要成为共产党员，这是个人的信仰。但是我们希望你们能选择做下面三种人中的一种：第一，起码要做一个好人；第二，做一个对社会有益的人；第三，争取做一名对社会有贡献的人。”

他们还郑重地说：“你们不是我们的私人财产，你们属于国家。”

爸妈，今天我要对你们说，这辈子已过了大半，我自检觉得尽力了。

父母在生活情趣上是琴瑟和鸣的一对。爸妈对文学和音乐艺术的兴趣广泛。

“文革”后期，爸妈经常给我们背诵和讲解《桃花扇》《长恨歌》，南唐的李璟、李煜的词，以及陆游的《钗头凤》等。尽管那时我已经是下乡、当工人的成年人，机械记忆力早已丧失；但迄今依稀还能记得一些美不胜收的词句。例如：“红酥手，黄縢酒，满城春色宫墙柳。东风恶，欢情薄，一杯愁绪，几年离索。错、错、错……”在爸妈的吟诵和解说下，弥补了一点我们本应具有，但少年时期被剥夺了学习中国古典文学而应养成的修养。我喜欢古诗词，遗憾的是之后的人生一直在为生计奔忙，没有时间继续修炼。

1973年春节哥哥张珞平回到厦门，这是我们家自1969年以来第一次全家团聚（图14）。

图14　1973年春节，全家在厦门团圆，我也即将下乡插队

1977年我和哥哥结束插队，爸爸和哥哥研究起拍照和洗照片。我们全家人来到鼓浪屿菽庄花园游玩，爸爸妈妈终于露出了久违的笑容(图15)。

图15　1977年全家人来到鼓浪屿菽庄花园游玩

住厦大西村时，总有几家人家的窗户经常飘出歌声和样板戏唱腔，甭管好赖，在那个年代是一种情趣。我们的窗内也属于飙歌的一家，这来自爸妈的影响。父母能一起哼唱许许多多中外名曲。父亲对京剧、粤剧和越剧的喜好也是不一般的。“文革”期间家里的唱机被红卫兵抄走了，“文革”结束之初，爸爸还赋闲在家，他“与时俱进”，去买了一台水货录放机。除了听中外名曲磁带外，朋友从英国回来，爸爸还托他们带来合唱音乐《弥赛亚》磁带，听后让人内心深感安宁。

对爱情，爸爸、妈妈忠贞不渝；作为夫妻(图16)，他们是世上最完美的终生情侣。

图16　1963年父母在厦门(左)；1977年在厦门鼓浪屿菽庄花园(右)

20世纪八九十年代，为了完成爸爸为牺牲的爱人纪雨秀还原历史的心愿，妈妈花了近10年的时间和精力，搜集了纪雨秀的资料、牺牲原由和她最后安葬处。1985年妈妈在当地干部和村民的协助下，独自一人在陕西和山西交界的山包上找到纪雨秀的简易墓葬，并将她的遗骨带回北京，由组织安排埋葬在清华大学校园中(纪在参加革命时是清华大学的在校生)。妈妈于2000年完成了10万字的《云岚雨秀》传记文稿，提供给中央和有关省市部门，2005年中央电视台节目中公布纪雨秀被中央列为全国400位抗日英雄儿女之一，妈妈和爸爸一样激动得流出泪水。

“爱到天荒地老，爱到海枯石烂”，这些在电影和歌曲中才能听见的言语，却实实在在地发生在我的父母亲身上。

27年后重返故里

1980年，妈妈跟随爸爸也调到北京工作，她这一走又是27年。

在北京，全家人十分怀念在厦大的日子。尽管这里曾发生不愉快的事情，有伤痛，但是有更多人性美好的记忆和几十年相濡以沫的知心朋友。妈妈经过几番内心斗争想回来，但最终还是因为多种因素而止步。1989年初，妈妈回厦大探望大儿子一家和新添的家庭成员小孙子。她内心十分眷念厦大这个第二故乡，在厦大大会堂和当时的图书馆前留影(图17)。

图17　1989年初，妈妈在厦大大会堂和当时的图书馆前留影，61岁的妈妈仍显年轻

爸爸去世后，我想接妈妈一起住，但是她要完成一生的夙愿——出版传记《情澜》一书，不久她就回北京去了，又是10年的努力。《情澜》一书中所有内容都是真实的，没有杜撰。妈妈在该书的前言中写道："书名之所以题为'情澜'，是因为在这些故事里有太多的'情'！爱情、友情、爱国之情、救亡之情，直到革命之情……"

2001年和2004年我陪妈妈在美国旅游(图18)。2005年1月，我和女儿还陪妈妈一起去墨西哥旅游了一趟。一路上妈妈的童心和单纯让我更舍不得妈妈，我希望她每天快乐。我想，没有爸爸的日子，我会尽力呵护她。在爸爸离开我们的7年之后，妈妈选择搬回厦门投靠大儿子(图19)，就住在厦大附近，不想走远。妈妈对爸爸、对厦大的情怀是刻骨铭心的。感谢哥嫂将最好的临海房留给妈妈居住。

图18　我陪母亲在美国旅游

2001年11月在纽约州的熊山旅游(左);2004年11月在佛罗里达州迪斯尼乐园游玩(右)

图19　妈妈、我和哥哥张珞平一家

妈妈最后的10年就住在厦大西村新址。遵照爸爸20世纪90年代初立的遗愿,2000年我们全家将他的骨灰护送回厦门,撒在离厦大不远的海面上。妈妈每年都来到演武大桥下的海边撒花瓣悼念爸爸(图20)。

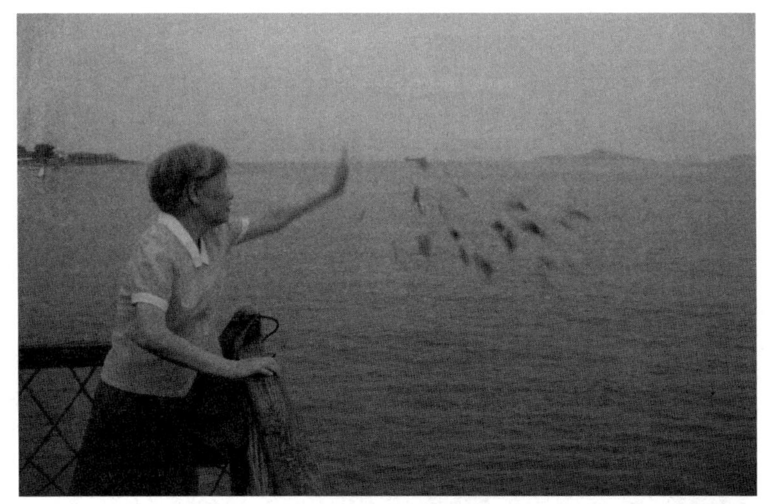

图20　妈妈在厦大海边撒花瓣悼念爸爸

每年我回去陪伴妈妈，几乎每天都一起到厦大校园里走走，在群贤楼下看看原来爸爸校长办公室的窗户，我和妈妈在那里留下了不少照片；还能聊聊那些活生生的可爱的厦大人的趣事。西村同楼的老朋友吴紫容阿姨、杨菊卿阿姨，幼儿园的关玉英老师等见面特别亲切，有时还来家送个厦门春饼、粽子什么的，坐坐聊聊，完全是家人的感觉。厦大，孕育和抚育我们成长的摇篮，无论走到哪，乡情总是形影不离。这蓝色的大海和火红的凤凰花，具有嘉庚风格的群贤楼群：映雪楼、同安楼、群贤楼、集美楼、囊萤楼……到处都有妈妈当年的足迹和友情，到处留下她与爸爸共同工作、生活过的痕迹。

"放眼望，天水蓝，你就在天水之间……"优美动听的京剧《情怨》中的曲调、唱腔和歌词，真实描述了我思念爸爸、妈妈的心境。

亲爱的爸爸、妈妈，我们之间一生的情缘不会因为天水相隔而淡去。蓝色的大海和厦大火红的凤凰花、每年春夏之交的红色木棉花见证了我们曾经相守的几十年。我们还会去厦门和你们相聚。

（玮萍修改于2021年1月18日）

怀念张玉麟副校长

陈可焜

（经济系1946级）

我于1952年厦门大学经济研究所毕业后即留校任教，担任政治经济学教学任务。政治经济学属政治课，因此我一开始就和管政治课的政治辅导处负责人张玉麟同志认识(图1)。解放初期来校干部以工农干部为主，张玉麟同志

图1　1956年9月厦大经济系政治经济学专业第一届毕业班全体同学与任课老师及校领导合影

第二排左起：③袁镇岳、④章振乾、⑤吴兆莘、⑥陆维特、⑦王亚南、⑧陈昭桐、⑩张玉麟、⑪胡体乾、⑫朱保训、⑭李景禧

第三排左起：①黄志贤、②郑道传、③谢佑权、④王懋和、⑤罗郁聪、⑦陈恩成、⑧刘熙钧、⑨葛家澍、⑩罗季荣、⑪陈克俭、⑫魏嵩寿、⑬石景云、⑮黄国雄

第四排左起：①林克明、②王承惠、③陈可焜、④陈延炮、⑤潘天顺、⑥吴宣恭、⑧陈永山

算是很突出而少见的知识分子型的干部。他白白的脸庞，瘦弱的身躯，微驼的腰，带笑的脸，炯炯的眼神，字正腔圆的普通话，启发式的话语，遇事喜爱钻研并有深入的见解，加上饱含感情的手势，常使听者动容，心悦诚服。我们政治教师由衷地敬重这位辅导长，他的政治课和形势报告深受厦大人欢迎，都认为他是实至名归的好教授。他的夫人朱红同志担任过经济系辅导员，因此我曾到过张家。有一次，恰好遇上苏伊士运河事件，谈到世界对纳赛尔的广泛支持，中国也是全力支持的，张对我们说，支持埃及人现时信任的领袖，这才是真正的群众观点，不能因为纳赛尔是埃及民族资产阶级的代表和领袖就不支持他。又比如他曾说，东欧共产党的发展一定要考虑到天主教因素，这是活生生的实事求是的教育，使我深受启发和教育。

不久，他担任副校长，辅助王亚南校长和陆维特副校长，但因王、陆的具体情况，王主要照顾其科学研究，陆是党委书记，因此几乎由张担当起全部行政工作。虽然他身体不好，但他努力不懈，把这所前线大学管理得很好。1958年金门炮战期间，他担任防空指挥部负责人，身先士卒，夜以继日，既要尽一切力量保证全校师生员工的生命安全，又要保证前线大学弦歌不辍，教学、科研、生产照常进行和出成果。此时的他，不辞辛劳，竭尽心力积极负责，团结全校师生员工同心协力，这是一项多么具体而又富有政治思想性的工作呀。他日夜操劳，巡坑道，安定全校情绪，指挥各部门，安排好教学、科研和生活，做得井井有条，充分体现出他的指挥才能和政治工作功力。虽然万炮齐轰金门岛只是短短的时间，但对于长期建设一所英雄的前线大学来说，张玉麟同志是有巨大贡献的。

大学是知识分子成堆的地方，卧虎藏龙，诸子百家，张玉麟同志认真细致地针对知识分子的特点来开展工作。他不但去熟悉业务，指导内容，言之有物，而且正面鼓励老师，积极帮助他们。

为了提高教学科研质量，学校当局想方设法保证良好的教学科研环境。张玉麟同志在学校知识分子中广交朋友，不论文科或理科，在教师中，他都有许多可以说心里话的知心朋友。解放初期，学校在下午有安排文体活动的时间，时间一到，张玉麟同志立即催促大家参加活动，和大家一起打桥牌、下围棋、打康乐球。工会俱乐部根据高级知识分子的特点添置了台球，张玉麟同志又用他那股好学钻研的精神学习打台球，不但自己学得精通，而且带动许多新手……他不懈宣传推广世界语的劲头和精神也令人敬服。学校始终认为，教学与科研是学校的第一任务，行政就是起着后勤或后盾的作用。作为副校长，张玉麟就是这样说和这样做的。

1960年以后，由于我的冤案，我失去了和张玉麟、朱红两位同志接触和来往的机会。他们住在卧云山舍宿舍一楼，而我住国光二宿舍，二者仅几步之遥，却是咫尺天涯呀！

“文革”一开始，张玉麟同志当然在劫难逃，成为最早被揪出来的厦大“走资派”，其后是陆、未、张、邹、王，他们的第一条罪状都是包庇重用坏人，其中就有我。张玉麟同志在“文革”中受尽折磨和凌辱，不在话下。

1979年，我南来香港(图2)，以后听说张玉麟和朱红同志先后奉调北京，我出差北京时有一次曾去探过他们，还有一次厦大校庆活动时，已经离休的张玉麟同志也由京来厦参加，我们又见面了。虽然我不详记这些见面中的话，但我深知，他作为一位有头脑、从来独立思考而又忠于党的事业的老干部，遇上改革开放新时期，他一定做出了许多新贡献并有许多新体会。

图2　笔者1980年摄于香港

他去世了，我始终难释怀念之情。以后陆续收读朱红同志寄来的文稿，尤其是她2010年在厦门改定的并由厦大出版社出版的新书《情澜》，才更进一步了解来厦大以前在长期革命斗争烈火中锻炼成才的“张政委”、巾帼英雄纪雨秀，张玉麟和朱红两位同志的结合和他们在前线大学的事迹我真是孺子无知，有眼不识泰山呀！因此益增对张玉麟同志的怀念之情，可是那已是迟之又迟的事了。

南下服务团厦大校园寻踪

高　宏
（数学系1978级）

随着辽沈、平津、淮海三大战役国民党军队大溃败，1949年春天，输掉了战场亦失去了民心的蒋家王朝已经日暮途穷。4月21日，人民解放军以摧枯拉朽之势渡过长江，4月24日克南京，5月27日攻下上海，新中国曙光初现。此时，中国共产党人踌躇满志，同时他们也知道，打天下难，坐天下亦难。接收一个政权、运作一个社会千头万绪，尤其在南方各省，方言不通，气候迥异，再加匪患频繁，稳定民心难度很大。根据北方解放区的经验，接收政权需要大量干部。为进军福建，中央决定在山西老区组建4000余人的长江支队，并在上海招募一批进步大中学生随军入闽，参与接收政权。入闽的部队是叶飞率领的华野十兵团，下辖28、29、31三个军。叶飞是菲律宾华侨，早年在厦门读书时参加共产党。南下服务团全称是“中国人民解放军华东随军服务团”，红军元老、时任福建省委书记的闽西人张鼎丞亲任团长。叶张联手南下，闽人治闽。

南下服务团于1949年6月初在上海招募组建。近2400名团员中，有大学大专学生1012人、高中中专学生798人，全团下属四个大队和团部机关与直属卫生队文艺队，并从长江支队和华东军区抽调部分骨干以及部分上海地下党员组成服务团干部架构，全团共近3000人。国民党政权的金融腐败、对全社会搜刮，与解放军入沪秋毫无犯形成强烈对照，使上海人民对新中国充满憧憬。参军投身革命对青年学子有巨大的吸引力，我母亲凯怡其时在上海市立体育专科学校读书，包括母亲在内，同校有多人一同加入南下服务团，编入二大队五中队，其后她调入文艺队（图1）。

1949年6月底南下服务团在复旦、沪江两所大学集结，组织政治学习了解福建风土人情。7月18日晚团部给团员发军装和“华东随军服务团”胸章，7月19日拂晓全团乘火车离开上海江湾车站。火车头挂了两节客车车厢和许多货运车厢，文艺队乘坐第一节客车。据母亲回忆，她和另一男队员两人并坐长椅，她靠窗。兴奋多日，众人昏昏欲睡。刚出上海到市郊的莘庄，火车就遭到国民党飞机空袭。敌机从火车头开始扫射，文艺队乘坐的第一节车厢首先中弹。母亲被惊醒时，已是满车厢烟雾，只见身边的男队员低垂着头，鲜血流一地。空袭造成4人死亡，多人受伤。出师未捷身先死。刚刚兴高采烈地出发，没想到马上就流血牺牲，个别人当即就吓跑了。次日队伍开追悼会、誓师，继续出发。我说老妈你还挺有觉悟没跑路，她说那谈不上，就是觉得好马不吃回头草。

图1　参加南下服务团的母亲凯怡（左）；南下服务团于1949年7月19日凌晨从上海江湾乘火车南下（右）

长江支队和南下服务团乘火车到达江西上饶之后，过赣闽分水关，沿武夷山步行南下入闽。入闽后长江支队率先在闽北接管政权，所以闽北多山西老干部。南下服务团建制很短，仅3个月，9月初到达省城福州后随即解散，团员分配到福建省各地接管建立政权。解放最初几年我父母在福州的省直机关相识，父亲高扬属于闽西南地下党，亦是解放前投奔游击区的进步学生。

解放后不久接任厦门大学校长的是经济学家王亚南，他以翻译马克思《资本论》蜚声学界政界。在政权稳固之后，党开始接管大学，原先董事会教授治校的模式逐渐式微。最早进入厦大的是南下服务团一大队政委张玉麟，他

1952年到厦大任党委书记，同时组建政治辅导处，任政治辅导长。据说"政治辅导长"这个名称是王亚南校长建议的。那时还未实行党委领导制，实际是以政治辅导处的名义介入学校相关事务。此后又陆续调入一批"有文化"的干部充实大学，包括一些南下服务团干部。我父亲在1954年夏天从省里调到厦大，初为王校长秘书，母亲也在半年后调入。

记得儿时家中时有操上海话的叔叔阿姨串门，后来才知道是南下服务团在厦大和厦门的战友。其实这批人所谓有文化不过是相对当时社会而言的。当年仅20岁上下的学生来到大学，和满腹学问的教授们比学问少得可怜。小知识分子领导大知识分子，实在难为了这批年轻人。但党要求去管理学校，众人也都兢兢业业积极工作。据母亲回忆，刚来厦大时在政治辅导处工作，自己都还一知半解，就要辅导学生苏联"联共(布)党史"课，只好现学现卖，天天晚上开夜车自学，忙得昏天黑地。我们孩子都在厦大幼儿园全托，只有周六晚上到周日晚上可以回家。

"文革"前有不少南下服务团成员在厦大工作。张玉麟是校领导，首任党委书记、政治辅导长，后任副校长；部分任中层干部即各系的总支书记和校行政部门领导，这部分人或有革命资历或较年长或学历较高。例如毕业于师范学校的校长办公室主任陈新伯1942年就参加革命，白世林来自长江支队，外文系书记李燕棠是圣约翰大学毕业生，生物系书记牛万珍就读东亚体专，中文系书记(后为组织部副部长)田心曾就读于上海纺织工专，物理系书记林莆田南下前为复旦大学教育系学生。当时在厦大的南下服务团成员还有朱红、章绮霞、萧丽娟、龚以初、张盛尧和周易、万嘉骏等。

王亚南校长"大跃进"期间被"拔白旗"，说他"只专不红"，以后他在校内时间较少，主要在上海著书。这段时间一直到"文革"前校务由副校长张玉麟主管，1963年厦大在他任内列入教育部重点大学。1955年继任的党委书记陆维特曾坐过国民党10年牢，在校期间经常在外养病，学校党务由副书记未力工主持。

1957年的反右运动，主编厦大校刊《新厦大》的原南下服务团团员龚以初(曾就读于上海新闻专科学校)由于在鸣放初期响应号召在校报上登了些批评领导的文章，率先落水成了"右派"。其时我母亲是教务处教学行政科副科长，运动初期还是学生"反右"五人领导小组成员，到系里听学生鸣放回来向组织汇报。由于同情学生，她私下里说过反右运动如果搞民意调查多数人会投反对票；她又说，校刊所有文字皆由党委宣传部审批，方向如有问题党委也有责任，把龚以初打成"右派"不合情理；特别是直言点名提意见得罪了个别领导，1958年初母亲落难成了厦大唯一的"女右派"。当时连王校长都奇怪："凯怡怎么会是右派？"意为母亲很进步，是"左"啊，怎么忽然变成"右"？但那时校长都自身难保，而抽调母亲到教务处的教务长章振乾是民盟老盟员，已先行落水成了厦大头号"大右派"。南下学生年纪轻轻投奔革命，母亲参军时还未满18岁，无论如何也不至于反党罪不当诛。从1958年起到1978年平反，人生最宝贵的20年就在煎熬中度过。

1960年6月9日，厦门遭受强台风袭击，时任校物质生产供应科科长的张盛尧（图2）顶风冒雨巡视位于西村的两个设备仓库，被台风刮断的高压电线击倒触电牺牲，年仅34岁，身后留下3个年幼的孩子。母亲与张盛尧在上海同校（母亲入学时他刚毕业留校任教）并一起参军南下，亦师亦友。听闻噩耗，母亲哀痛不已。

图2　在厦大以身殉职的南下战友张盛尧（左）；南下出发之前摄于上海（右）

反右之后运动不断，到了"文革"校园也成了战场。大学停办后，1970新年前后许多教师和干部被扫地出门，全家下放农村。我家也下放到闽北山区光泽县最偏远的司前公社，生产队没有公路也没有电，切身体会了什么是极度贫困。

原主持学校党政工作的副书记未力工、副校长张玉麟"文革"伊始即被批判靠边。1971年7月，曾经担任南下服务团组织处处长的原福建师院党委书记曾鸣复出，调厦门大学，先后任革委会主任、党委书记、校长。其后厦大恢复招收工农兵学员，下放的老师和干部开始逐步调回，我家也在1973年回到学校。后来陆续又有一批外校的南下服务团干部和老师调入，其中有方勤、金坚、林立金、孙祖兴、汪遵言，以及胡伟君和杨仪夫妇等（图3）。

图3　南下服务团成员

前排左起：汪遵言、萧丽娟、曾鸣、凯怡、章琦霞

后排左起：龚以初、李燕棠、金坚、牛万珍、林立金、田心

解放初的上海，知识界尤其是青年学子都把国家民族复兴的希望寄托在共产党身上。南下服务团里家境富裕的不在少数，毕竟那个年头能在上海读书本身就说明有一定的经济能力支撑。有人参军南下还带着相机，留下了一些珍贵的历史镜头。当年青年学子为理想参军投身革命，虽然国民党垮台已成趋势，但其手中还有百万军队，福建是当年上海人心中的蛮瘴之地，南下途中国民党军残部和土匪猖獗，而团员没有配备武器，担任保卫的仅有团部参谋、战斗英雄阮文炳率一个加强连随服务团行动，并不能保证绝对安全。事实上南下路上风险不断，除了莘庄空袭轰炸，其后又因仙霞岭匪患，改道上饶经分水关入闽，入闽后长江支队首先接收的闽北、闽东，还发生过数起工作队员被国民党残部和土匪杀害的惨案。

今日有句励志的话叫不忘初心。回首服务团成员们70年前投身革命南下的时光，他们还是不谙世事的青少年，也曾有过激情燃烧的岁月，他们为了心中的理想和事业背井离乡，奋斗一生。眼下这些人多数已经离去，仍在厦大的仅存数人。这一段历史即将飘散，本文仅仅试图为他们留下依稀的回音。

附1.先后到厦大工作的南下服务团团员名单(22人)

曾鸣：团部组织处处长；

张玉麟(张大英)：一大队政委；

林莆田：一大队一中队，团部宣教处、直属文艺队；

朱红、孙祖兴、林立金：一大队二中队；

杨仪：一大队四中队；

金坚：二大队四中队；

凯怡：二大队五中队，直属文艺队；

章绮霞、张盛尧、龚以初、万嘉骏：二大队五中队；

白世林：三大队队部；

田心：三大队一中队，曾在临时组建的五大队；

李燕棠、周易：三大队二中队；

方勤：四大队队部；

萧丽娟、江遵言：四大队三中队；

陈新伯：四大队五中队队长；

牛万珍、胡伟君：四大队五中队。

附2.笔者母亲凯怡，原名潘美文，1931年12月出生于南京，原籍湖南湘乡。1948年南京中央大学附属中学毕业保送上海市立体专，1949年6月参加华东随军南下服务团二大队五中队，后调入团直属文艺队。1950年在团省委工作，1954年12月调入厦门大学，1956年任教学行政科副科长，1958年初被打成“右派”，1978年平反复职，任海外函授学院教务科科长，1986年7月离休。

附3.所有史料数据照片来自厦门大学出版社出版的《厦大校史资料》及个人收藏，如有出入以正式出版件为准。

回忆我们的父亲李燕棠

李　涛（讲述）　李　峰（撰写）

在厦门大学提起李燕棠，20世纪80年代前的厦大很多教职员工一般都熟悉，或多或少有听闻过。而在20世纪50—60年代的厦大学生对他印象应该十分深刻。其实，很多人对他的详细经历并不十分了解。在此，我们得以深情缅怀父亲的一生。

投身革命　南下福建

父亲祖籍山东，1928年出生在上海一个并不富有的邮政职员家庭。但爷爷所在邮政局有个特殊的福利，即对达到一定年资的中高级职员，如果其子女能考上国内任何一所学校，邮政局就会全额支付所需学费。因此父亲从小就十分刻苦，努力学习，希望能够考上最好的学校，以便将来毕业能够出人头地，并且报效祖国。但他的童年时期，正值抗日战争期间。在上海沦陷前，他随家人颠沛流离逃到了贵阳，在那就读中央大学附中。1941年气势汹汹的侵华日军正准备大举进攻贵阳时，他又与学校一起搬到重庆，继续在该校就读，一直到1945年。

1945年，抗日战争胜利，父亲以优异的英语成绩考入上海圣约翰大学。入学后，他勤奋学习，英语水平提高很快，完全适应该校英语教学和学习环境。但由于当时国民党不顾全国人民的一致反对，一意孤行重启内战，加上国民党腐败无能，让刚刚抗战胜利、饱受战争摧残的全国人民再次陷入水深火热的战火之中。基于这些原因，加上在校受到进步革命思想影响，父亲于1947年就开始参加上海学联反对当局的“反饥饿、反内战、反迫害”的进步学生运动。

1949年上海一解放，他提前毕业，即加入解放军华东随军服务团，简称“南下服务团”。这是一支随军南下为在福建省建立新政权而组建的预备干部队伍。团长由当时福建省委书记张鼎丞兼任，副团长由省委常委、省青联主席伍洪祥(后为福建代省长)担任。服务团招收的成员为上海的大学、中学毕业生和在校生，他们几乎都是当时的地下党团员骨干。新中国成立以后，南下服务团大部分成员都成为福建当地人民政府、学校等单位的领导或重要干部。

由于上海刚刚解放，国民党军队仍然在中国南方大部地区负隅顽抗。为了阻止解放军南下解放全国，国民党军利用其拥有绝对制空权，飞机似入无人之境般地在中国南方上空任意飞行，通过狂轰滥炸及机枪扫射，对行军中的南下服务团频繁攻击。除此之外，这支南下队伍所到之处还经常遭遇到国民党残部及土匪的袭扰。所以，他们经常需要拿起枪杆子与这些敌人进行小规模作战。在他们的南下行军战斗中，有不少战友因此而壮烈牺牲，献出年轻的宝贵生命。

父亲怀着解放全中国、参加建立新中国的远大理想，放弃在上海的舒适生活及大好前程，于1949年7月19日由沪启程随军南下；在艰苦的环境下发扬吃苦耐劳、不怕流血牺牲的精神，在途中帮不少年小体弱的战友扛枪，背弹药及干粮等，积极主动完成上级交给的各项任务。由于父亲在途中十分乐于助人，帮助战友，他所在中队年纪小的战友，如后来曾任厦门市正副市长的邹尔均、江平等人都亲切称呼父亲为“李大哥”。

为了防止被敌机频繁攻击造成不必要的伤亡，改变被动挨打的局面，南下服务团大部分采用夜间行军；由于不能用灯光照明，他们在经过高山峻岭的途中，为了防止掉队或因打瞌睡跌到山下，用绑带把每个人连接起来行军。1949年8月27日由江西省铅山翻越武夷山的分水关进了福建；当他们跨越“闽赣分界处”时，全团上下无不欢欣鼓舞。就这样，南下服务团经过了千辛万苦的长途跋涉，风餐露宿，翻山越岭，途经浙江、江西两省，经过60多天行军2500多里，终于在9月25日全部胜利到达福建省会福州市。但是，新生革命政权的建立并不是一帆风顺的。在福建的很多地方，他们需要共同担负起接管当地政府、支前、剿匪、镇反、土改、建立新政权和恢复国民经济等一系列艰巨的工作。后来，随着全国形势逐渐稳定，组织上把父亲调入团省委工作。

父亲和母亲萧丽娟都是一起参加南下服务团由沪南下来闽，其实他们在来闽途中并不认识。母亲也是出生于上海一个职员的家庭。她高中就读于杨思中学，1947年积极参加学生运动，并在1949年1月正式加入了地下党。1949年5月上海解放后，她不顾家人的坚决反对及百般阻挠，最后克服种种障碍，加入南下服务团来到福建。后来母亲担任福州城门区青委书记。父亲与母亲首次相遇在团省委开会及学习，因互对笔记记录而相识。进一步交往是在1951年在福州参加工作队，有更多时间一起工作和活动，他们互相发现彼此有共同的理想和价值观，加上有不少类似的兴趣爱好，日久生情，经过恋爱一段时间确定关系。

1952年母亲随父亲一起调入厦大，担任学校党委会秘书，之后她在厦大很多系、处等部门担任主要负责人超过40年。特别是在改革开放时期，她直接掌管全校教师职称评审及公派留学的选派工作多年，当时厦大的中老年教师对她可以说是几乎无人不晓，她就是典型的“老厦大”。1954年，我在厦门出生，后来相继有了弟弟李峰和妹妹李原(图1)。

图1　摄于1980年的全家福

前面是妹妹李原，后排左起依次为萧丽娟、李涛、李燕棠和李峰

厦大工作　领导内行

20世纪50年代初期，共产党开始接管全国各地高校，组织上需要知识分子干部来领导管理大学机构，为此省直机关单位首批挑选了4位有高等学历的干部作为厦大行政干部。因此，父亲在1952年调入厦门大学担任校学生部部长及校团委书记。

由于父亲曾在大学生活过4年，对当时大学生的想法兴趣和爱好十分了解，他很快就能开展好厦大学生及青年团组织的各项工作，把当时全校学生及青年团工作搞得生气勃勃，受到广大师生和校领导的好评。1953年，他作为福建省高校的唯一代表，出席了在北京召开的青年团第二次全国代表大会。会议期间，他同所有代表受到毛泽东主席及政治局领导的亲切接见，并一起合影留念。

当时的厦大外文系主任李庆云教授是一位在国内很有名气的英语学者。1957年大鸣大放时，他直率地向校党委提出，外文系绝不能由不熟悉英语的书记领导，“外行不能领导内行”，外文系书记不懂英语只能去坐“冷板凳”。为此，厦大党委经过认真讨论，决定由当时校党委委员中唯一懂外语的父亲出任外文系书记。

父亲曾就读的圣约翰大学，是解放前中国很有名望的美国教会大学，该校全部都是用当时美国教材，学校大部分是由美英籍教授执教，并且全校只能用英文交流，因此父亲的英语功底相当扎实。父亲走马上任后，凭借雄厚的英语基础，一到外文系就得心应手地领导系内的各项工作，协调好与系主任的合作关系。除了做好本职工作外，他还本着学无止境的精神，刻苦钻研英语和相关学术问题。为了能更好地系统了解和掌握系里所有教学及各种活动，他常常亲自到不同年级课堂里听课，并且利用业余时间不断深入研究学习，阅读了很多有关英文学术著作。我记得小时候有好几次半夜醒来上厕所时，竟看到他仍在灯下孜孜不倦地研究学习。抬头一看时钟，已是凌晨3点多。就这样，父亲经过废寝忘食及夜以继日的刻苦钻研，他的英语臻于炉火纯青，能用流利的标准的英语在全系大会上做时事报告及政治演讲，获得全系师生的好评，在全校引起轰动，成为当时厦大校刊的头版人物。甚至到了后来我在福州大学上学时，遇到好几位从厦大调到福大工作的老师，他们一谈起20年前的往事，个个都对我父亲赞不绝口。

父亲在工作中任人唯贤，唯才是举，十分注重为外文系引进专家人才。1959年，他亲自引进了名闻遐迩的翻译家林疑今教授来外文系任教授(图2)。林教授是文学大师林语堂的侄儿，当年在被错划为“右派”后，只得被逼迫离开复旦大学，那个时候，全国几乎所有高校都将他拒之门外，出于无奈正准备委曲求全去漳州师专任教。父亲不仅在英才落难之时不顾自身安危，毅然向林教授伸出援手；而且为了让林教授一家能长期安居立业于厦大，出面请总务处安排住在西村宿舍。多年以后，林教授在我父亲的推荐下成为外文系主任。另外，父亲还主动要求接受了著名翻译家及作家徐元度(徐霞村)教授来外文系任教。徐教授当年在中文系也是被错划成“右派”并被迫离开该系的。此类事例多不胜举。当年父亲在外文系这些举措，让时任系主任的李庆云教授由衷佩服。他们两人密切合作，把外文系办得有声有色，生机蓬勃。

图2　父亲与外文系老师摄于20世纪80年代初

左起：刘珍馨、教育部官员、林疑今、李燕棠、刘贤彬

历经磨难 事业有成

“文革”期间，父亲受到错误批判，被诬称为“走白专道路的头号走资派”，“牛鬼蛇神的保护伞”。因此，他和外文系不少“牛鬼蛇神”老教授一同被关进“牛棚”，并经常被批斗游街，挨打受骂，被强迫进行艰苦繁重的体力劳动达数年。在此期间，父亲和这些教授们互相帮助，患难与共，因此而结下了十分深厚的友情。

20世纪70年代初期，学校一些教学工作开始逐渐恢复运作。父亲这个时期才得到“解放”，恢复了工作，随即出任系主任，直至1979年底；随后再任系书记，直至出国任职。

父亲恢复工作之初，“四人帮”爪牙及造反派还在厦大横行。他不顾个人安危和前途，顶着这些人的压力及胁迫，一如既往地把抓好教学放在突出位置，尽职尽责。由于他坚持力争，全部有“政治和历史问题”教授都得到恢复工作。父亲还积极安排了徐元度、林疑今教授复出，由他们组织编写了当时十分著名的《综合英语成语词典》，成为当时全国著名词典工具书。此举让当时外文系的名声大噪。当年，父亲创建了电化教研室，为系里添置了大量语音、电视教学设施；开办英语广播台，在系里播放英语广播，通过创造即时语言环境，极大地提高了学生的听说能力，为外交、外事、外贸及学校等单位培养和输送了大量合格的外语人才，让兄弟高校同行刮目相看。

粉碎“四人帮”后，改革开放、百业待兴。20世纪80年代初，国家开始认真选派不少公派留学人员去西方先进国家学习。这时需要在国外管理这些公派留学人员。当时，教育部在全国范围内挑选精通英语的领导干部，派遣这些干部到驻外大使馆任职。然而，经过全国高校及科研机构仔细筛查，教育部主管部门吃惊地发现，这样的干部全国只有两位，而父亲就是其中一位。当得知父亲将要调往驻外使馆任职时，外文系的大批师生在他临行前，来我们家为他送别。那些荣辱与共的老教授对父亲离开外文系依依不舍，当时的场面十分令人感动。

1981年起，父亲先后赴中国驻意大利、英国大使馆出任大使馆一等秘书、教育参赞，负责所有教育方面事务，包括管理所在国的中国公派留学生、访问学者及进修人员。由于父亲熟练掌握英语及有高校教育管理经验，他很快就能胜任领导管理所在国的公费留学人员，并加强了与该国的文化教育方面的交流。在任职期间，他带领使馆教育处的其他人员走访了意大利及英国的各主要大学，多方面帮助中国留学人员适应国外的学习生活，克服语言等种种困难，确保他们能够顺利地完成在国外的学习，完成学业后能够按时回国。在他任职期间，留学人员从未有过逾期不归或外逃事件。这些留学人员之中有很多人回国后都成为所在单位的精英或领导。比如，很多人熟知的厦大陈传鸿教授，他就是在父亲在意任职期间在意大利攻读博士的。父亲想方设法给他提供不少便利，帮助他顺利克服英语难关。由于陈教授过去一直是学俄语的，他的英语基础薄弱，要用英语完成他的博士学位并非易事，难度是可想而知的。陈传鸿教授通过勤奋努力学习，最终提前获得了学位。因此，陈教授成为改革开放以来第一位在意大利获得博士学位的中国学者。陈教授回国以后，成为国内理论物理学的权威教授，先后任厦大物理系主任、厦大校长及书记。

此外，父亲在驻外使领馆的工作能力以及英语水平得到了很多国内外同行的高度评价。他一到国外就考取了当地驾照，这样他可以不用翻译随员、司机等，轻而易举、不受限制地到当地教育机构或者政府相关部门独立开展各种外交活动。当时中国的高级外交官员中，同时拥有这两种能力的人可以说是屈指可数的。

勤恳踏实　一身正气

1985年父亲回到厦大，出任厦大海外教育学院常务副院长、代理院长一职（图3）。

当时，厦大常务副校长是海外教育学院挂名院长，实际上并不参与学院的具体工作。父亲主持海外教育学院工作期间，凭借他领导外语教学得心应手及对中外高等教育动态了如指掌的优势，为海外留学生建立多渠道教学，不仅包括文科、中医、函授等多项专业及课程，还增加暑期中文、中医、针灸等多种短期班；主导开办了港澳地区教学辅导中心。这些对后来厦大成为中国第一所并且目前唯一一所到海外办学的大学打下了良好的基础。他在海外教育学院任职期间，每年都在留学生入学仪式、学术活动甚至一些特殊场合，以流利标准的英语即时演讲、致辞和交流发言，使得学院全体师生及外国友人十分佩服。他调拨海外教育学院创收的外汇，主导修建了现在校本部的海外教育及国际学院大楼，并引进先进的语音教学设备。

图3　父亲在海外教育学院工作时与同事、友人合影

右一钟兴国、右二李燕棠

在他的带领及广大教职员工齐心协力辛勤耕耘下，海外教育学院规模得到很大的发展，并且成为当时厦大外汇创收的主要来源，教职员工的福利也大幅提高。就这样，由于他的不懈努力，海外教育学院从厦大原来非热门学院一跃成为最吸引人才、最热门的学院之一，以至于当时，校内外很多中文、中医等应届毕业生或研究生都争先恐后想要进入海外教育学院工作。那时候，我有个要好的朋友，他的个人学历等条件十分优越，想要请我出面与父亲打招呼，希望能谋得一职。但是，根据以往的经验，我知道父亲是绝对不会同意的。不过那个朋友苦苦相求，我只得硬着头皮去试探一下。可是，当我向父亲提出此事时，还没等我说完，父亲就神情严肃地拒绝了。与往常一样，他告诫我，不管何人谋求任何职位，都必须走正常的渠道，要公平竞争、择优录取，绝不许走后门。最后那朋友也无可奈何，只能作罢，悻悻地另谋高就。

蓦然回首，我们的父亲作风正派，为人正直，他一身正气，严格秉公办事。

虽然父亲长期位居厦大院系领导以及在海外使馆掌管公派留学生及访问学者工作多年，但他从不谋取个人私利，特别是在外文系当一把手期间，为了招收到最好的学生，一直对招生工作严格把关，择优录取，每年几乎都是他亲自带队招生，亲自督查笔、面试考试及录取审查，从不利用自己的权力捞取好处。大家知道，在"文革"十年浩劫期间，有多少年轻才俊求学无门，失去了青春前程。当1977年开始恢复高考，累积十几年的一代人千军万马挤破高校大门。而我父亲就因为如此严于律己，一些人，特别是同校的同侪，甚至因此认为他是如此"不近人情"。而他这样的自律为公、铁面无私则始终表里如一。更难能可贵的是，父亲也从未给自己子女及亲友提供任何方便。当年遇到自己子女高考，他总是回避参加领导招生录取工作。在他病逝前那段日子，有不少他的同事、过去南下服务团的老战友和一些老朋友来我们家看望他时，他们十分惊讶地发现，在20世纪80年代全国上下掀起出国和留学高潮时，父亲和母亲在这样有权力的领导岗位任职几十年，自己的子女竟没有一个公派出国留学、在厦大读书或工作过。

由于父亲平时工作十分繁忙，他长期以校系为家，并未能督导我们这些子女学习英语或提供任何方便学习英语的途径；加上我们童年基本上是在"文革"十年中度过的，"文革"前期近5年，父亲被关"牛棚"及"劳动改造"，母亲则被派到郊区"干宣队"工作，这段时间无人能照看我们，我们兄弟俩只能"风里来，雨里走，自生自灭"；除了练得能"上山爬树，下海摸鱼"的生存本领外，一些人认为我们家"得天独厚，近水楼台"学英语的情形从未出现过，当时我们的英语水平与大部分厦大子弟并无差异。我弟弟李峰参加工作后，只能凭自己努力自费出国留学；出国后弟弟经过不懈的努力、顽强的拼搏，最终考取澳洲行医执照及皇家(英联邦)全科医学院院士资质，成为很少数能够考取此资格的国内医生。弟弟除了得到父亲刻苦学习精神的激励之外，并没有得到父亲在经济或人脉资源上的特殊帮助。再后来，家中其他人出国都是由弟弟资助或者帮助办理的。

父亲勤勤恳恳、踏踏实实为厦大努力工作35年。但由于他在"文革"期间受到造反派的百般折磨和欺压，身心受到严重摧残。父亲的身体状况自"文革"后期就一直不太好，但是他还带病坚持努力工作多年。令人惋惜的是，父亲在离休后不久，即于1989年病逝，未能安享晚年生活。记得当年举行追悼会时，厦大所有领导及市里一些领导，父亲生前好友、同事和很多厦大教职工等都来参加悼念仪式,特别是校内很多老教授,有不少已是七八十岁高龄,冒着酷暑、拄着拐杖或由亲人携扶下来与父亲告别。据当时学校治丧委员会的数位经办人说,他们经历过多次校院系领导的追悼会,难得有这么多厦大教授来参加的。更让我们难以忘怀的是,80多岁的郑道传教授当时已双目失明,他在夫人陈兆璋教授搀扶下,一步一颤爬上我们居住的敬贤楼六楼家里来悼念父亲;他俩先后在父亲遗像前三鞠躬,我们一家人被此举感动得热泪盈眶,让我们终生难忘。

如今,虽然父亲已离开我们多年,但他光明磊落、锲而不舍、刻苦学习、无私奉献的精神,永远牢记在我们的心中。

赣闽分水关的怀想

——两代知青，殊途同归

章　慧

武夷山中，赣闽的分界处，
风是分界的，水也是分界的。
往南流的说福建话，
往北流的说铅山话……

——诗人耿立《分水关隧道饮酒》

蜀道难，闽道更难

1950年8月10日，上海《文汇报》刊登《华东、华北区公立高等学校统一招生笔试录取名单》，厦门大学一栏中共录取121人，其中有航空工程学系的朱蒸等学长。2014年4月21日，朱蒸在《千里奔鹭岛》一文中，描述了当年艰难的求学路：

当年从上海去厦门，是先乘火车到江西上饶，换乘有棚卡车两辆，经300多公里的山间公路翻过武夷山至南平，换乘船沿闽江到福州，再乘汽车到集美湾渡海到厦门，行程1500多公里，历时12天左右。从上饶到南平的卡车，上有雨布棚，但布满点点繁星小洞，外面下大雨，里面下小雨。当年的路都是土石路，路况极差，坡陡路窄，又是盘山路，车速很慢。途中就遇到数辆卡车翻在路边，或翻出公路在坡下，旁边还有死者躺在那里。这还不算，还经常有土匪出没抢劫，所幸我们未遇上。中途还曾寄宿在农民家中。也曾遇到公路桥被水冲断，等修好桥再上路的情况。车行走在武夷山区，在江西与福建交界处的岩石上，看到刻有“分水岭”三个大字。翻过武夷山后，无意间回头望去，山口岩石上刻有两个大字“暂停”，疑是要司机停车休息，以保持精力准备翻武夷山。从上饶到南平的300多公里路程走了3天。

入闽如此之难，出闽又如何呢？20世纪50年代在厦大任教的卢嘉锡先生曾告诉他的儿子卢咸池，在鹰厦铁路全线修通之前，他去上海开会，要先从厦门乘汽车经高崎—集美轮渡过海、沿公路到福州，换乘闽江小火轮到南平，再换长途车到江西上饶，才能坐上火车。

作为新中国成立后的天之骄子——大学生，朱蒸和他的同学是幸运的，尽管入闽之路千辛万苦，但他们是乘车颠簸经过赣闽分水关的。他们那时可能还不知道，就在一年之前，有一支主要由上海知识青年组成的学生兵团——中国人民解放军华东随军服务团（以下简称“南下服务团”）也路过这里，他们紧随解放大军进军福建的脚步，以大无畏的英雄气概徒步跨越分水岭，堪称中国解放战争史上的一次壮举！

作为南下服务团的第二代，我在南下服务团入闽70周年之际，成了这一支令人景仰的英雄“学生兵团”的“铁杆粉丝”。正如同为“南下二代”的何志毅教授在南下服务团入闽70周年纪念文集《南下南下，风展红旗如画》一文中的激情点评：“当年，他们在炮火硝烟中披星戴月、跋山涉水，急行军到达福建后，即分兵迅速奔赴剿匪前线或参与各项政权接管工作。……这个团，在我们心中堪比中国革命史上其他英雄团，我们引以为傲，共沐荣光，我们必须传承，必须光大！”

追寻父辈南下福建的足迹、重走南下路，我和两位学界好友于2019年7月25日终于来到了魂萦梦牵的赣闽分水关。站在群山叠嶂的分水关前，我仿佛还能看到他们当年历时2个月，行经苏浙赣闽，全程2000余里（其中步行800余里，冒着烈日酷暑和暴雨，越高山、跨激流，经受敌机扫射、匪特袭扰以及伤病饥渴的考验，一路豪情一路歌挺进八闽大地的勃发英姿；似乎还能闻到他们沿着崎岖的铅山鹅湖古道（图1）和坑洼硌脚的盘山公路蜿蜒向上，风餐露宿，使尽洪荒之力攀越巍巍武夷山的气息和汗味；抬头望去，犹见南下服务团保护神阮文炳参谋提前率两个武装排，连续数天在分水岭制高点上为大部队顺利

图1　江西铅山分水关古驿道(照片来自网络)

通过分水关保驾护航的英雄身姿;宛若还能听到赣闽分水关垭口传来的行军口令、宣传小分队的鼓动口号、呼哧喘气和夜行军的沙沙脚步伴随着的浑厚有力的《行军歌》歌声:“咳嗨哟嗬,咳嗨哟嗬!亲爱的同志努力向前走,跨过高山,越过激流,咬紧牙关,努力向前走!咳嗨哟嗬,咳嗨哟嗬!一百里路程,走了九十九,今天的目的地就在前头!”,以及年轻的战士们为征服险峻的分水关而胜利入闽的雀跃欢呼声;更能感受到他们一路走来官兵一致,同甘共苦,活泼乐观,团结友爱,不让一位同伴掉队的相伴长达半个多世纪至死不渝的浓浓战友情。

武夷山是赣闽之间的界山和分水岭,从江西铅山入闽须越武夷大山,这里高耸着武夷山最高峰黄岗山(海拔2157.8米),而从分水岭顺两山峡谷穿行,则较为近捷和相对平坦,是理想的越山之途。历朝历代,经劳动人民披荆斩棘、开山劈石地开拓,慢慢形成了从江西进入福建的“八闽孔道”,史称鹅湖古道,它起于江西铅山河口镇,终于福建武夷山市崇安镇,全程约90公里。

位于这条古驿道途中的分水关,为武夷山脉断裂垭口,是原崇安县(现武夷山市)的八关之一。有民谚曰:“蜀道难,闽道更难”,说的就是海拔1400余米的赣闽分水关。赣闽分水关是中国古代名关,《辞海》注释:“分水关,又名大关,在福建崇安西北分水岭上,接江西铅山县界。当闽、赣交通的冲要,自古有‘入闽第一关’之称。”分水关路因穿越赣闽边界武夷山的分水岭而得名,分水岭一岭分开两省，也一岭分开了两个水系。崇安至分水关公路（图2）始建于1937年抗战时期，因此结束了分水关古驿道上马拉人驮的交通历史。据说，原来的分水关关卡已于1950年开山路时被毁。我们现在可以看到的，只是分别朝福建和江西方向的两块界石和“福建”界碑而已（图3）。

图2　位于崇山峻岭中的分水关公路（引自谷歌地图）

图3　如今的赣闽分水关垭口

左：江西界石；中：福建界碑；右：福建界石

在鹅湖古道上，朱熹、辛弃疾、陆游、徐霞客、马可·波罗等中外名人都曾留下过文化足迹。明末地理学家江阴人徐霞客（图4）曾6次叩访上饶山水。1636年，年届五旬的他最后一次出游，在《江右游日记》中写道：“又二十里，过旁罗，南望鹅峰，峭削天际，此昔余假道分水关而趋幔亭之处，转盼已二十年矣。人寿几何，江山如昨，能不令人有秉烛之思耶！又二十里抵铅山河口，日已下舂，因流平风逆也。河口有水自东南分水关发源，经铅山县，至此入大溪，市肆甚众，在大溪之左，盖两溪合而始胜重舟也。”

图4　明末地理学家徐霞客(图片来自网络)

赣闽分水关不仅险峻壮丽，而且见证了金戈铁马、商路风云。自古以来，分水关古道就承载着赣闽两省的物产流通。魏晋南北朝时，晋人避战乱纷纷从中原经铅山翻分水关入闽，史称“八姓入闽”。唐以后，闽人进京赶考必经分水关。朱熹当年徒步过分水关，往来于闽浙皖赣湘。清代，这里见证了清军与太平军鏖战的关隘烽火。土地革命战争时期，方志敏曾两次率领红十军从分水关入闽作战。而70年前，一支2000多人的上海知识青年“学生兵团”从赣闽分水关翻山越岭挺进福建所书写的可歌可泣的传奇故事，随着这一辈英雄的渐行渐远，如今有的静静地冷藏在图书馆或资料室的僻静角落和鲜有人光顾的旧书网站(图5)，有的则珍藏在依然在世但已是耄耋之年父辈的心灵深处，而大部分早已散失在莽莽崇山峻岭之中。将其复活，谈何容易？犹如被我从南下服务团系列丛书中觅来，满怀崇敬之心，竭尽全力地将散乱的历史碎片缀缀起来并增补细节的南下服务团行军路线图。

图5　自家珍藏和旧书网上觅来的一些南下服务团相关书籍

南下故事要追溯自1949年。5月，中国人民解放军的二野第四和第五兵团率先南下解放了闽北，打开了福建北大门。6月，由叶飞和韦国清率领的三野第十兵团于上海战役结束后奉命南下入闽，解放全福建。为解决福建解放后所需干部严重不足的问题，华东局领导决定在上海招收一批青年干部。时任华东局组织部部长兼中共福建省委书记的张鼎丞在上海组建的以知识青年为主体的革命队伍——南下服务团于6月17日在上海大同附中礼堂举行成立大会(图6)。

图6　南下服务团于1949年6月17日在上海大同附中礼堂举行成立大会

7月，三野十兵团的3个军15万人，从太行和太岳等老根据地选调的4600多名优秀青年骨干组成的长江支队，从山东选调干部组成的华东南下干部纵队(后编入长江支队第七大队)，以及由2400余名青年学生及带队干部(主要从长江支队和华东南下干部纵队中抽调)、后勤和警卫人员共2942人，编成4个大队21个中队的南下服务团，陆续启程挥师南下。十兵团于7月2日起从驻地拔营起寨；7月13日，长江支队从苏州乘火车沿沪杭甬线、浙赣线南驰浙西南之江山，紧随大部队挺进福建；张鼎丞亲任团长，陈辛仁、伍洪祥任副团长的南下服务团在两个多星期后(7月19日)也迅速跟进。大军分三路入闽：一路为三野十兵团主力和长江支队，在浙江江山下车后，徒步开进，冒酷暑翻越横卧于闽浙赣边境、最高峰海拔1400多米的仙霞岭，经浦城、水吉到建瓯；另一路为第29军和随后的南下服务团，从上海江湾乘火车，至浙江江山，再到江西上饶下车，徒步行军至铅山(图7)，越过武夷山赣闽分水关艰苦跋涉来到福建崇安、建阳；还有一路为前锋第31军的部分将士，他们从浙江金华下车，经永康、丽水、云和至景宁，翻越洞宫山入闽，直插福安地区，以侦察浙南、闽东敌人的动向，保障东翼安全。

图7　南下服务团的战士排成两路纵队向铅山进军，斗笠、背包、绑腿、水壶等是行军的标配

据南下服务团一大队一中队文浩所编撰《南下福建纪实》一书记载，1949年8月26—28日，南下服务团分批跨越了赣闽分水关。24日，我母亲章绮霞所在的二大队奉命清晨2点30分起床，4点出发，首先离开铅山县城，行程48华里，上午

10点到达紫溪镇住宿；25日二大队清晨离紫溪镇，行20华里山道(图8)，到达车盘镇住宿；26日凌晨二大队又率先出发，“在晨光初露鱼肚白时，即离开车盘镇，向上攀登分水岭。岭顶有小片平坦之地，只见路旁高高的一块木板，上书‘分水关闽赣分界处’几个大字(笔者注：为了与图9相符，这里采用文艺队顾平的日记所述)。二大队三中队先到山顶的团员，把中线刻画一条在公路上。后来的团员们，有的在距线三四米处闭上眼睛‘试看哪只脚先入福建的’，留下美好的历史记忆。有的团员来个双脚齐跃‘跳进了福建’。大家兴趣盎然，忘却了艰苦爬岭的疲劳。全大队在岭顶休息后，一口气冲下岭到福建的第一个镇——大安(图10)”。

图8　进入山区，队伍行进在崎岖的小路上

图9　勇敢的战士征服险峻的赣闽分水关，继续挺进福建

左图前为二大队四中队的许渭藩

图10　到达崇安大安河，水流湍急，桥断路绝，大家攀着绑腿带和皮带连结的“扶手软栏杆”涉水过河

第四大队在26日下午5时许抵达车盘镇后，因住宿困难，又奉命前进，除三中队在桥关村住宿外，其余中队仍步步登高南进，夜深时到山间孤村下乌石（图11），这里只有两间茅屋，四户山民，除了有病的女同志住宿于屋中，全体露宿于山林中。27日凌晨3时许，团部召集分宿于下乌石村附近的各队，翻越分水关高岭，进入福建境内。

图11　乌石村是铅山最靠近分水关的自然村，因村内外乌石遍布而得名（照片来自网络）

被战争破坏的分水关公路，曲曲折折、坑坑洼洼，山路越走越陡。二大队二中队的章德懋为我们描述了8月26日大部队攀登分水岭的场景：“团员们排列成两路纵队，人欢马腾地沿着盘山公路奋勇攀登；借着月光，翘首远眺，终也望不见那山路的尽头；回首顾盼，那队伍宛如蜿蜒的长龙；响亮的歌声此起彼伏，寂静的山林里洋溢着革命的激情；头顶上是云缠雾绕的万仞群山，脚底下是瘴气弥漫的深幽峡谷……”至8月28日，其他大队陆续征服分水关，全团过后尽开颜。

青山依旧在，几度夕阳红。武夷山巍然屹立(图12)，分水关威震东南，古驿道曲折绵延。问遍苍茫群山和无际林海，数千名路过的坚强战士今安在？夜空下那些胶鞋和绑腿在鹅卵石路上所溅起的耀眼火星如今是否已经燎原？分水关牵引着战士们上来了，又被他们踩在脚下，然后他们走了。而分水关还留在那里，无声地抒写着历史的辉煌、冷寂与伤逝。

图12　南下服务团队伍行军在武夷山下

我驻足沉思、热泪盈眶、几度哽咽。时过境迁，我已无从知晓在这支勇敢铁军中的妈妈在过分水关时是怎样一种心情，但后来的人生经历证明，这一群人经受了比翻越分水关更加严峻的考验。他们本是来自上海十里洋场过着安逸生活或养尊处优的知识青年，只因被解放福建服务福建人民的热情和使命驱使，便放弃个人的一切而勇挑重担，义无反顾、不辞辛苦地随解放大军南下。被他们的人格感动的不仅是他们的后代，他们这一辈人做出的巨大贡献至今仍深印在福建人民的心田。

母亲的南下故事

我的母亲章绮霞，出生于苏北灌云板浦一个书香门第，与厦大前校长汪德耀先生是道地的乡亲。母亲幼年丧母，在板浦由外祖母抚养长大，与留守在家乡的小姑章少沦(图13)一起上小学和初中。

图13　母亲(左)和她的姑姑章少沦在板浦老家留下的唯一一张照片

母亲的爷爷章沦清先生,曾经是国立江苏省上海中学一位受人尊敬的名师。这个历史渊源可以追溯到章沦清先生的祖父一辈:章沦清的爷爷章大猷是前清贡生,子、孙均为秀才,三代都是教书匠。后辈章家子弟,从事教育工作的达10余人之多,堪称教育世家。章沦清先生为清末板浦三秀才之一,1906年留学日本,毕业于"清华学校",又在仙台学习化工专业,回国后改行教语文,毕生从事国文教育。据史料记载,我的这位外曾祖父学识渊博,是非常正直敬业的教师;抗战期间身体力行,保持民族气节,为国人做了很多好事。母亲在南下服务团的三大队五中队战友、太爷爷在上海中学的学生谈燕平曾经回忆:"临近解放,学生们都无心好好读书,有时甚至逃课(这在平时是绝无的),有一次章师在课上讲了一个小故事。他说:一次有一家办事,找了一些唱戏曲和曲艺的艺人去家里唱堂会,其中有一位说书先生在说书,虽然已经没有人在听,却还在一丝不苟地说着。有人就问他,都没人听了你干嘛还在说呢?他回答说:我拿了人家钱,就要忠人之事,即使没人听,也还是要说下去的。他讲这个小故事,底下的学生当然知道其用意所在,以致我一直能记忆至今。"寥寥数语,道出章先生当年是如何忠于职守、寓教于学、潜移默化的。

抗战胜利那年,母亲在家乡初中毕业,告别相依为命的外婆,来到上海与父亲和爷爷团聚(图14)。由于苏北小镇的基础教育比较薄弱,她先在私立培明女子中学(图15左)补习,后来考取名校复兴中学(图15右)高中。

图14 母亲(右一)与笔者的外公章华生(左一)和外曾祖父章沦清(左二)在上海团聚

图15 上海市私立培明女子中学(左)和复兴中学(右)旧校舍(图片来自网络)

培明和复兴,都是历史悠久、具有光荣革命传统的上海著名中学。1936年8月,培明女中第一个地下党支部成立,从此,该校的学生运动风起云涌。1947年秋,中共地下党在复兴中学建立党支部。上海解放后,这两所中学的学生踊跃报名参加南下服务团,复兴中学在上海所有中学中参军人数最多,有32名。1949年6月母亲高中毕业,积极报名参加南下服务团,被编入二大队五中队(图16),随解放大军南下福建到达福州,完成了从上海知青向革命战士的蜕变(图17)。

图16　1949年10月10日南下服务团第二大队第五中队全体同志在福州驻地合影
母亲在第三排左三

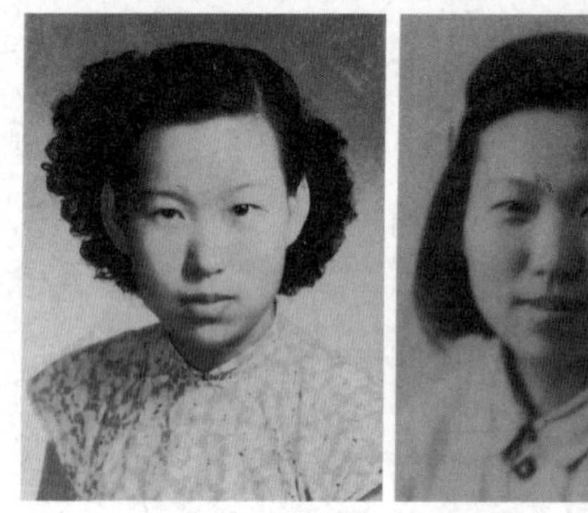

图17　在上海读书(左)、参军(中)和在福州工作(右)时的母亲

母亲一向具有大姐风范，从报名参军那一刻起，她就开始当大姐做好事了。复兴中学高二学生施渭澄是独子，家住崇明，与寡母相依为命，虽然已经报名入伍被编入第二大队第五中队在沪江大学集中，却受到从崇明赶来的母亲的阻拦。五中队里包括我妈妈在内的复兴中学几位高三学姐，闻讯全部出动，把施渭澄的母亲团团围住，又说又笑，开导劝说，又吃饭，又喝茶，她们就像施渭澄的亲姐姐一样对待施母，使她深受感动，流着泪来，含着笑走了。她对施渭澄说："你和这样一批兄弟姐妹在一起，我放心了。"施渭澄后来回忆，南下路上，"中队里出了名的善做好事的章绮霞同志非常关心我，常常和我谈心，开导帮助我，至今仍历历在目"。

投身新征程的母亲

就这样，“出了名的善做好事”的妈妈，从南下服务团在上海集结开始就把她的助人为乐一路做到了跨越分水关，到达福州的省直机关，最后在厦门大学落脚，直至离休；甚至在她病重住在北京万杰医院治疗期间，她强忍阵阵袭来的病痛，依然给素不相识的病友送去宽慰和温暖。从她的简历中可以看出她处处低调中的不平凡，干一行爱一行专一行：1949年6月参加南下服务团，1949年8月参加新民主主义青年团，1949年9月25日参加中国共产党；南下到福州后第一次分配在福建省公安厅所属警务干部学校第四队任妇女区队队长；后转任福建省儿童学园教员，历任省人事厅、省委组织部、省委工交部干部处干事、副组长；1957年10月调厦门大学工作后，历任图书馆秘书、厦大幼儿园园长(图18)、教务处秘书；“文革”下放在同安莲花公社白交祠大队，后来在厦门市筼筜港围垦指挥部从事宣传工作，1972年调厦门市水产局任宣传、秘书科长；1979年5月调回厦大任教务处研究生科科长、研究生处科长、研究生处负责人等职；1985年12月在厦门大学研究生处离休。

图18　1962年三八妇女节厦大幼儿园老师与前来慰问的校领导合影

前排左起：傅美德、陈冬冬、陈启英抱女儿陈亚星、高扬、卢惠风、陈金美
第二排左二胡光瑶、右一陈燕、右二章绮霞
第三排左一陈美美、左二柯碧黎、右一梁维珍、右三谢植桂
第四排左二邓春秀抱儿子陈楠、左四关玉英、右一傅素德

1957年10月，母亲与同为南下干部的父亲田心带着我和姐姐章红来到厦门大学工作。经历“文革”时被关押牛棚劳动改造，此后被下放农村，辗转厦门市筼筜港围垦指挥部和水产局工作，母亲于1979年回到厦大，从事研究生教务工作。她对当时厦大为数不多的博士生导师及其学生，如数家珍，在工作上服务周到热情，对蔡启瑞先生等前辈的悉心指导和廖代伟等学长的精湛学业赞许有加。我因此受到感染，决心向化学系老先生和优秀的学长们学习，当一名称职的大学教师。

板浦老乡、生物系汪德耀教授(图19)，也是母亲需要特别关照的老博导。汪先生天性爽朗，经常谈笑风生，他与母亲见面，除了谈工作，还不忘加上一句，咱俩是亲戚，然后哈哈大笑。我好奇，真的是亲戚吗？母亲不置可否，虽然没有经过考证，但同在板浦小镇上的外婆娘家姓汪，外婆名叫汪珍莲，确有其事。

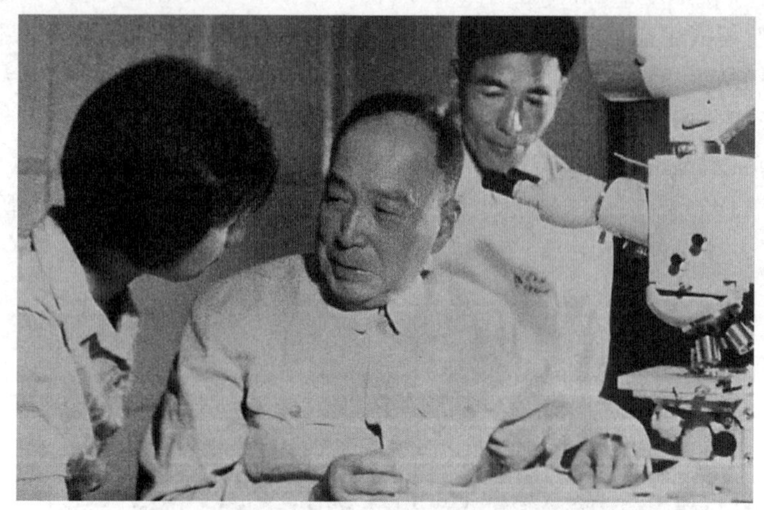

图19　汪德耀先生(中)在实验室指导科学研究

母亲虽然只有高中学历，但她学养深厚，文笔极佳，写得一手好字，这不仅来自她的教育世家渊源，也与她参加工作以来的历练有关。她为人低调内敛，知者甚少。我记得她在校研究生科工作期间曾多次出差到其他高校取经，到北京出差时，为了节约经费，有时甚至住进设在地下室里的简陋小旅馆。她曾经不无得意地告诉我：当时研究生科制定研究生细则时规定70分是取得学位课程学分的最低成绩。后来我主讲硕博士研究生学位课程和担任研究生导师，这个标准也是我不得不要执行的。查2006年9月25日厦门大学学位评定委员会全体会议修订的《厦门大学硕士学位和博士学位授予工作细则》，硕士和博士“学位课程考试成绩70分(百分记分制)以上方为合格”的规定犹在。

研究生学位课程考试成绩要达到70分才合格，并不是空穴来风。根据史料记载，1944年夏，杨振宁获得了清华大学物理系硕士学位。按当时的规定，要得到硕士学位，必须达到以下几项：①修满24学分的课程，而且规定70分是取得学分的最低成绩；②通过毕业初试；③通过论文考试。我恍然大悟，原来在妈妈手上制定的细则，在民国时期的西南联大即有了雏形。

据1991年3月30日厦大校刊报道：“我校研究生教育有较长的历史，1926年成立国学院后曾招收过两名研究生，这是厦门大学研究生教育之始。建国以后为了适应国家社会主义建设和高等教育事业发展的需要，我校于1950年继续招收研究生，并于1952年成立研究(生)部，加强对研究生培养和科研工作的领导。从1950年至1965年厦门大学在化学、生物、经济、历史、数学、外文六个系22个专业方向招收了三年制(部分两年制)研究生110名，至1966年前共有61名研究生毕业。‘文革’十年，研究生的培养工作被迫中断。1978年国家恢复研究生招生工作，1981年实现学位制度以来，我校的研究生工作得到较快的发展。1978年在教务处设立研究生科，1983年成立研究生处，1986年成立研究生院，由校长兼任院长，首任院长田昭武，现任院长林祖赓。”

我很自豪，母亲和我，以不同的方式，参与了厦门大学研究生的培养工作。

笔者生于福州，1957年10月随父母调动到厦门大学落户。1974年9月至1978年2月为厦门市郊区后溪公社前进大队上山下乡知识青年，后来成为恢复高考后的1977级学生。1982年1月厦门大学化学系本科毕业留校工作，历任厦门大学化学系助教、讲师、副教授、教授、博导。

母亲和我的简历，似乎有着相同的轨迹：高中毕业—热血知青—大学工作—研究生教育。但我比起她，幸运得多，故珍惜。

后记：当年南下服务团的伍洪祥副团长曾深情回忆，“南下服务团从组建到建制取消，虽然仅有120多天，但却走过了一段不平凡的历程”。尽管赣闽分水关记载着古往今来的波澜壮阔，也成为南下服务团父辈回忆文中的重要关键词，却鲜有他人浓墨重彩地描述这一支充满青春活力和革命激情的队伍在1949年8月末冒着酷暑顶着饥饿和疲劳，意气风发翻越分水关的英雄壮举。笔者谨以此文，作为对历史长河中这短短一瞥永不忘却的纪念。

俯首甘为孺子牛

——记萧丽娟

汪遵言

在绿树成荫、繁花似锦的厦大校园内，有时会见到一位弯着腰推着轮椅、蹒跚而行的白发老太，她就是在厦大工作的20多位南下服务团战友中年龄最小、资历最长的萧丽娟。近年来，她多次因病而住院抢救，差一点被死神掳去生命，如今需靠人背驮才能上下楼办事，生活上遇到太多的困难。同志们都劝她去住养老院，但她却坚持不离开厦大宿舍。她已与厦大融为一体，就似鱼儿离不开水、娃儿离不开娘一样地离不开朝夕相处的众亲友，离不开哺育她成长而她也为之奉献终生的厦门大学。

1933年，萧丽娟出生在上海一个职员家庭，靠富裕的大姨妈栽培，在国际学校学习了9年。她天资聪慧，刻苦好学，连续3年考试成绩全校第一。1948年，她转学到号称"民主堡垒"的上海公立扬思中学读高中，受到民主气氛的熏陶，进步很快，参加了地下党。1949年5月上海解放，年仅16岁的她响应学联号召，不顾家庭反对、母亲哭闹，偷偷地到沪江大学参加南下服务团，在四大队三中队任班长。

南下入闽抵达福州后，萧丽娟被分配到省青委工作。1950年，她在闽侯县城门区任区青委书记，年龄虽小，却成熟老练，能吃苦敢担当，很机灵，每项工作都完成得很好，《福建日报》多次报道城门区青委的先进事迹。在浙江参加土改时，她深夜执行任务，单身在冰天雪地的山路上行走，滑下山坡，头破血流，差一点丧命，后被过路的民兵救回家中，用草灰止血，休息片刻后，忍痛继续行走，终于圆满完成任务。团省委领导多次表扬她"福州话学得最快，群众关系最好"，深得组织上的信任和同志们的好感，职务提升快，工资级别高，是福州小有名气的"小红姐"。

1952年8月，她被派往仓前山任"五反"工作队任副队长，遇上了同在宣传队的三大队二中队南下战友李燕棠。两人有共同的理想、相似的气质(中外文基础好,视野开阔,质朴稳健)、同样的爱好(音乐、舞蹈、游泳、棋球等),互有好感,确定了恋爱关系。1952年底,她随李燕棠调入厦大工作,开始了人生崭新的一页。

来到厦大后,李燕棠任校团委书记,她任政治辅导处(原校党委)科员、党委会秘书。她学会了速记,文笔流畅,每次党委会议都由她做会议记录。1957年"反右"斗争前夕,她当时兼任厦大文科党支部书记,因为同情被打成"右派"的教师,被错误扣上"右倾"帽子,受党内警告处分(后被纠正取消),随后调离重要的工作岗位。但却因祸得福,得到了去人民大学学习两年的机会。1959年,她在人大马列主义基础系研究生班写毕业论文,表述了对彭德怀元帅万言书的同感,又遭到批判,提前回校。1960年,学校委派她任物理系办公室主任兼校马列基础课助教,她于是在此工作了10年。

物理系部门多(教研室、资料室、实验室、工厂等),人员复杂,她除刻苦学习,努力提高自己的政治业务水平外,还重点做好人的思想工作,知人善任,关心、爱护、尊重、帮助职工,调动了大家的积极性。物理系形成团结、和谐、蒸蒸向上的良好氛围,她在其中有大功劳。

一位教授家有来自农村的妻子及多个子女,生活困难,萧丽娟帮忙这位教授妻子找到工作,给孩子安排就学,使该教授无后顾之忧,能安心工作。有一位办公室秘书,出身好,学历高,是个残疾军人,但性格孤傲,难找对象。萧丽娟帮他多方牵线搭桥,圆了他婚姻美梦。从此他成为萧丽娟的得力助手,也对她帮忙不少。

对有些被戴上"地富反坏右"帽子的学者,她不惧人言,大胆用其所长。王亚南老校长早年从日本东京大学聘来一位姓郑的物理教授,他把东大毕业的日籍妻子及孩子一起带到厦大。1957年"反右"斗争时,郑教授被打成"右派",贬到资料室打杂。萧丽娟不惧人言,主动关心他的生活与病痛,发挥他的专业特长,使他能尽其所能地奉献才智。

萧丽娟亲民爱民、俯首甘为孺子牛的言行,大家看在眼里,记在心里。20世纪六七十年代,许多干部下放农村,她把10个厦大子女接到自己家中,包揽了他们的衣食住行,夜以继日,又苦又累,她却乐在其中,无怨无悔。

"文革"后期,萧丽娟担任化学系办公室主任(图1)。有一次,市公安局将一小块从小偷手里缴获的被轧坏的放射性物质送到厦大化学系检验,5位教授、员工当场被过度辐射灼伤,急需送沪抢救。她立马接受了这一项棘手的任务,只身带上10多位病人及其家属奔赴上海。那时,上海医疗条件有限,医院难进，住房难觅。幸亏老萧日夜奔波，四处求助，将一行人安排妥帖。此次赴上海治疗历时半年之久，她圆满完成了任务。

图1　1973年10月化学系老师与燃化部师资培训班学员合影
二排右三起张茜茜、俞鼎琼、张朝炎、萧丽娟、刘正坤，二排左二张乾二

1980年，萧丽娟任校外办副主任，虽手握教师进修、评职称、出国交流、专家接待、留学生管理等实权，但在工作中坚持原则，不谋私利，又诚恳待人，处处与人为善，助人为乐，为教师办了不少实事和好事，大家都喜欢与她交往，亲切地称她一声“老萧”。

1989年，萧丽娟退休了，仍不忘“为民办实事”。她当义务游泳教练，教会了多位老人游泳健身，包括一位高龄总工程师。她亲自创办厦大老年大学交谊舞班，全心全意投入工作16年之久；她把老年大学给她的工资都买了音乐器材，以提高教学质量；她手把手亲自指导大家练好舞姿；为了教好难学的伦巴舞，她还外出进修，充实提高自己。终于有数千名学员学会了交谊舞，而她自己却累坏了，病倒了。

她，是南下服务团的普通一兵，也是共产党的好干部。

（汪遵言，江苏省苏州市人。1949年6月参加中国人民解放军华东随军服务团，被编在4大队3中队。南下福建后，先从事青年、妇女工作，1954年转行教育工作，先后在仙游女子中学、仙游第二中学、仙游师范学校、永安维尼纶厂子弟学校担任校长、党支部书记。1980年调任中共厦门大学医院党支部书记。）

1921－2021

厦大故事

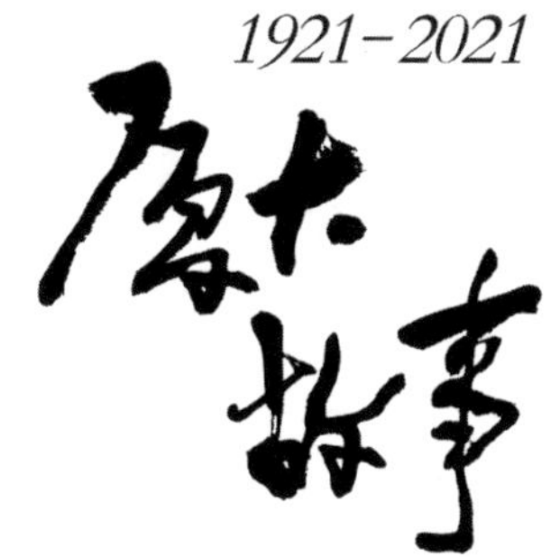

Stories of Xiamen University

情深思长

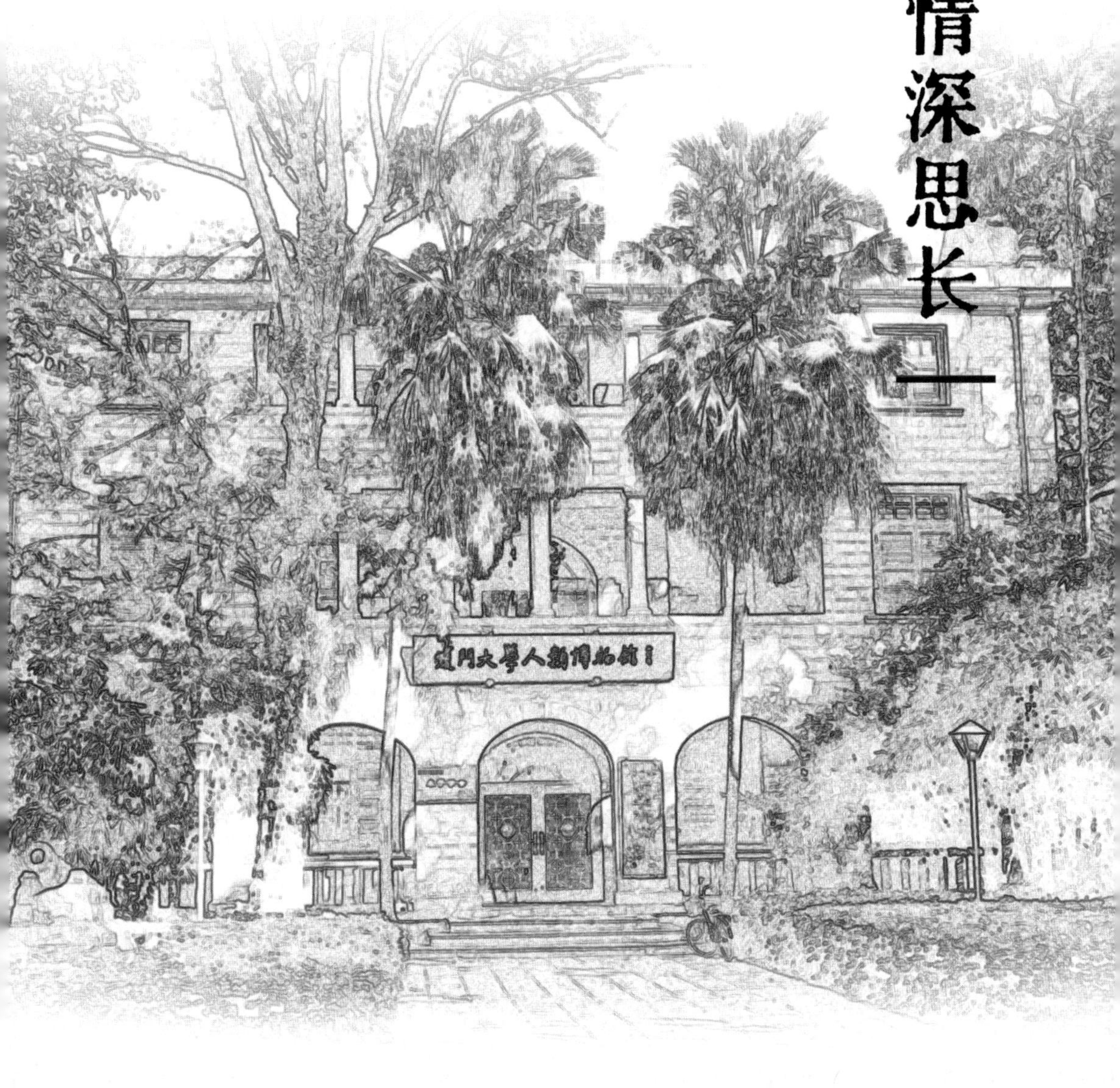

厦大毕业证书第一号

林华水

父亲林惠祥逝世那年，我还是个不谙世事的四年级小学生，但记忆中一些画面还是很清晰的：每天晚饭后他常常和孩子们玩一会儿老鹰抓小鸡的游戏或吹洞箫、拉二胡给我们听；有时节假日他带着我们全家人去远足、拍照；有一次我不小心把刚送来家的一枚硕大的恐龙蛋化石打破，面对惊恐万状的我，他和蔼地安慰我说没关系，可以修补好的；我恶作剧地把沙子灌进穿开裆裤的小弟屁股里，害得小弟睡不安稳，他也只是轻轻拍了我的手背一下以示惩罚；平常早晨或有闲暇就在屋外空地练几路拳脚，家里原有的各种刀枪剑戟（已全部捐给厦大人类博物馆），他样样精通，怕我们使真家伙太重，他还特地制作几把木头刀剑，教我们舞刀弄棒、学习武术……总之，他是一个很慈爱的父亲（图1）。

图1　林惠祥（1901—1958）

前两年父亲逝世60周年忌日，想起要给父亲写篇纪念文章，多方查找资料加上平时从母亲口中听到的，对父亲才有了较多了解。

父亲于1901年出生于福建晋江，其祖、父辈从事闽台航海经商。他青少年时代在福州就读于东瀛学堂、英文私塾及教会办的青年会中学。东瀛学堂校长、教师大都是日本人，课程也大都是日语，四年后毕业，“虽不勤学，然亦获第一名”（林惠祥《自传》，见蒋炳钊编《天风海涛室遗稿》（纪念林惠祥先生百年诞辰），鹭江出版社）。毕业后日本校长介绍他去日本商行，但他不愿意去，于是走读于一英文私塾，两个月后投考教会办的青年会中学，直接读初中一年级第二学期，虽教材全是英文，学期结束又获第一名。因此他认为学校课程进度太慢，便在家自学。对此祖父不同意，认为自学虽有学力但无文凭，学校老师也极力挽留，但他坚持“有真才便好，何须资格文凭”。他每天在家伏案学习14小时，两年后修完全部中学课程。当时有台湾遗老曾组一文会，出题《韩信论》，他写的应征文章被列为第一名，时年十八九岁。东瀛学堂校长对他十分赏识，邀他到该校教中文，而后又调任台湾公会副书记（主要是负责办理台侨事务）。不久他跟随父亲回台湾，而后又到菲律宾学习经商。1921年，他从报纸上看到陈嘉庚先生创办厦门大学，学生可免学费（后来都收费），于是以同等学力报考。由于回国时已逾期，勉强补考，中、英文过，数理科分数不够，只能旁听。当时上课地点在集美，乘船去上课途中曾吟诗一首：

一叶扁舟自在行，从今事业定吾生。
千金货殖飘然去，只为真修岂为名。

表达他弃商从文的决心及对学习的渴望。第一学期结束考试成绩优，第二学期改为特别生。第二学年补考数学及格，于是改为文科社会学系正式生。

父亲进厦大第二年，祖父经营的商业失败，虽然他获得两次甲等奖学金，但也仅仅抵销学费而已，因此三年级时，由系主任徐声金博士介绍，课外兼任厦门中华中学史地社会诸学科教员。该校学生许多后来颇有成就，如槟榔屿某报名记者洪丝丝就曾是该校学生。

父亲的同学陈育崧先生（商科毕业后进新加坡陈嘉庚公司，后来成为新马史学界泰斗）对这段经历有过十分生动有趣的记载[陈育崧：我的朋友林惠祥，载于《林惠祥南洋研究文集》(附录一),叶钟玲(新加玻),刘朝晖编著,民族出版社]:“惠祥十分用功,夜夜熄灯之后又点起蜡烛勤读”,“吹笛、吟诗、打拳是他每早的正课。他从来不整理铺盖,把棉被卷成圆筒,睡时钻进,醒则爬出,名之曰龙窟。我受他影响,也依样画葫芦,叫做虎穴”。到第三学年时父亲已修足学分,而且翻译了一本英文社会学名著交泰东书局出版。由于两人都是华侨学生(父亲来自菲律宾,陈来自马来亚),众人印象中总以为他们中文不好。有次学生组织一台吟诗会,题目为“咏史二题”:一为“木棉庵”,另一为“铁笛亭”,父亲立作二绝,榜发居然是首选:

木棉庵

南荒不是邯郸道,也醒黄粱梦一场。
为问木棉庵里事,何如斗蟀半闲堂。

铁笛亭

三弄桓伊旧有名,使君衫湿不胜情。
于今铁笛亭边过,仿佛犹闻入破声。

阅卷的中文教授范老师评:“此道不传久唉!不期于作者得之,觉广陵散犹在人间”,评价极高。因文学方面的特长,他入学后便被同学公选为校刊编辑。

在社会学系就读四年之后父亲获学士学位,成为厦门大学第一届毕业生。据陈育崧先生回忆,尊孔的林文庆校长对毕业典礼特别重视,仪式十分隆重,中外来宾济济一堂。“那天林校长头载冕旒,身着儒服,胸佩璎珞,足蹑革履、道貌岸然”,他挨个给毕业生颁发证书,文科先,其他科(如商科、理科、师范生等)后,文科毕业生仅父亲一人,于是他第一个从林文庆校长手中接过毕业证书并鞠躬而退,毕业证书自然是厦门大学第一号(图2)。这一届毕业生只有36人,陈育崧先生当时打趣说林文庆校长“只做了半个孔子”,而父亲“只当了半个颜回”(孔子三千弟子七十二贤哲,颜回是七十二人中的第一人)。

厦門大學

本科畢業證書

學生林惠祥係福建省晋江縣人現年二十七歲在本校文 科社會學系修業期滿考查成績及格准予畢業依大學令第十條稱文 科學士此證

私立厦門大學校長

文科主任

中華民國十五年六月二十二日

图2　现存于厦大校史展览馆的厦大第一号毕业证书（注意右边半边字，校史馆仿制时没有注意到“第壹號”这三个半边字）

厦大毕业后，父亲留校任预科教员一年，年终自费赴菲律宾大学入读人类学系，师从美国导师奥特利·拜耳（H. Otley Beyer）教授。一年之后，即1928年，获得人类学硕士学位。当时蔡元培先生任大学院院长（教育部改称），父亲由老师毛夷庚先生介绍，赴京任大学院特设著作员。不久国立中央研究院成立，蔡元培先生兼民族学组主任，父亲在其手下任助理员。1929年，我祖父殁于台湾，父亲及其弟化名回日本统治下的台湾奔丧，回来便向蔡先生提议，可以采用同样的方法去台湾进行高山族民族调查并收集民俗标本。于是受蔡元培先生的委派，父亲独自一人冒险深入台东高山族社区数处进行民族调查。此行受到日本警察当局的怀疑，派人跟踪盯梢，此外高山族尚遗留的猎头风俗也带来极大的危险，幸亏风险被父亲一一机智地化解，而且还同一些高山族部落人们结为朋友。在高山族朋友的帮助下他避开大路从小路搬运物品，经过一铁索桥时，人及文物差一点倾覆到深不可测的溪涧里，此中有多少精彩又惊险的故事，可惜再无机会听他亲口讲述了。

父亲当时收集到民俗标本100多件，这可不是一两个箱子便能随身带走的小物件，光一艘樟树制作的独木舟就有一丈多长，还有许多高山族武器、服饰以及石器。其中一件沉甸甸的长条石器我还曾玩过，父亲开玩笑地告诉我说那叫“雷公石”，雷公一敲这块石头雷声就会响起来。这块石头现在静静地躺在厦门大学人类博物馆的玻璃橱窗里,说明牌上写“有段石锛”。经过多年的考古研究,父亲写成一篇论文《中国东南区新石器文化特征之一:有段石锛》,他指出在中国东南区有段石锛这种特殊石器是初级型,台湾有初级型也有高级型,而南洋诸岛及菲律宾只有高级型,因此有段石锛的传播路线是由中国东南区传到台湾最后来到南洋诸岛及菲律宾,文章揭示了台湾及南洋与大陆的民族、文化关系。父亲拼尽他的半生心血,让一方石锛开创出大陆、台湾及南洋民族历史、文化研究领域。

当年从台湾回京后父亲书面向蔡院长汇报,还在上海举办成果展览,并被南京中央广播电台请去报道,《申报画报》还出了特刊。蔡元培院长当即将他擢升为专任研究员。《台湾番族之原始文化》(由中央研究院印行)即成书于这一时期。1931年,父亲回厦门大学任人类学、社会学教授。这一时期父亲还完成了《文化人类学》、《民俗学》、《神话论》、《世界人种志》、《中国民族史》、《罗罗标本图说》(罗罗即今彝族)等经典专著(均由商务印书馆出版)。《文化人类学》被列为大学教材,《中国民族史》提出的民族分类法被后来的学者称为“林惠祥分类法”,并被日本学者中村、大石合译成日文,日本书报文章论及中国时经常引用该书。日本学者井东宪还将张其昀、林语堂及父亲的书各取数篇章合为一本取名《我民族》,意为中国人描述自己的民族。1935年父亲再度冒险进入台湾进行高山族文化调查,又采集到大量文物、标本。

1937年全面抗战爆发,“8·13”之后日本还攻占了金门,父亲挈妇将雏逃亡香港,后又转去新加坡。父亲在他的《自传》中是这样说的:

余来新加坡之目的,一因日人占厦,避免被逼作汉奸;二因欲研究南洋之人类学材料,盖新加坡素有“人种博物馆”之称,且有富于人类学材料之博物馆及图书馆,而南洋附近各岛皆多原始民族,其时正开远东史前学会,余亦应参加;三可服务华侨教育文化工作,及宣传抗战。第一项目的来后即达到。第二项亦达到一部分,除由博物馆、图书馆及耳闻目见增广知识外,并编译上述南洋民族志之书籍,完成福建武平新石器时代遗址研究报告。余前在香港避难时,曾在香港本岛山上大潭发现新石器,南来后又曾赴北马发见史前洞穴遗址一所,获得旧石器式之遗物颇多。至于第三目的则如上述从事教育及卖文等事,坚持学术报国之宗旨,故生活困难亦不改业。

此后父亲在新加坡避难10年，抗战胜利后，1947年秋回厦门大学任教直至1958年高血压中风去世。如今高血压已经不算什么大病，可叹的是60多年前没有现在的各种特效药。当时他为了筹建厦门大学人类博物馆到了废寝忘食的地步。白天事无巨细都要他定夺，甚至为经费、馆舍面积等办馆条件的改善常要同有关部门争执，晚上又总是笔耕不辍。办馆经费仅区区每月70元人民币。怪不得父亲总是拿家里的钱购买文物，为了省钱出差总是住胡同小旅社甚至住澡堂。

父亲一生传奇，历经磨难，他的经历大都是母亲在世时告诉我的。以我的理解，父亲一生经历四难：年轻时生活在日寇占领的台湾，因拒绝被强迫加入日籍而四处漂泊，为第一难；抗战时期避难南洋生活无着穷困潦倒，以致中年丧妻，为第二难，也是前难的延续；解放前夕被国民党特务以“共匪嫌疑犯”罪名逮捕入狱，差点死于非命，为第三难；1958年因患高血压病致脑出血逝世为第四难。

父亲祖上从泉州涉台，日本占领台湾后，强迫居民改隶日籍，但祖父一辈仍偷偷保留中国籍。父亲青年时代对日本人欺凌中国人极为反感，他拒绝隶日籍，而且放弃日本教师介绍、推荐到日本商会工作和到日本留学的机会。1937年抗战全面爆发，厦大还未内迁长汀前，父亲时任厦大历史社会学系主任，曾向萨本栋校长征询学校是否有内迁计划，萨先生回答说没接到通知(后来厦大迁往长汀)。为了保护珍贵历史文物不致落入敌手，也因为曾有不隶日籍的情节，父亲毅然携带所有文物(20多箱)举家避难南洋。刚开始，作为学者，父亲继续在南洋进行他的学术活动，如前面提到的出席新加坡主办的第三届远东史前学家大会，在香港和马来亚进行考古发掘，撰写多部专著和论文，并一度出任槟城华校钟灵中学校长，同时积极捐款筹赈，支援国内抗战。1939年，徐悲鸿先生在新加坡举办筹赈画展，捐款用于救助国内难民，父亲负责撰写宣传文字，二人结下友情，互赠诗画。后来，1953年，厦大人类博物馆开馆，徐悲鸿先生还赠送了多幅字画，并题写了“厦门大学人类博物馆”牌匾，部分字画现仍存于该馆。

父亲一家人到新加坡后，开始还能“卖文为生”。他在新加坡《星洲半月刊》上陆续发表一系列的研究论文，如《马来人与中国东南方人同源说》《南洋高架屋起源略考》《南洋人种总说》《马来半岛的马来人》《马来半岛的最古土著赛芒人》《马来半岛的怪民族沙盖人》《苏门答腊阿齐人》《苏门答腊答搭人》《苏门答腊民南加堡人》《马来谚语》《古代的新加坡》《菲律宾石器发现记》等。这些研究为日后的南洋民族志专题研究奠定了基础。但是发表论文收入毕竟有限,因而生活愈发穷困潦倒。1941年,父亲的发妻终因贫病交加去世。1942年新加坡沦陷后,家庭生活陷入极端困境中。后来经人介绍,一个当地的饼干厂女工嫁给了父亲,她就是我妈妈,她是当地贫困华人小职员家庭的孩子,家中有子女6人,她是唯一的女孩。妈妈从小就当童工养活了娘家八九口人,特别能吃苦耐劳加上心灵手巧,她立即成了父亲最得力的帮手。患难夫妻情感尤深,父亲后来还为母亲编写了一本《常用千字文》课本,一字一句地教会母亲,直到解放后母亲顺利通过了青年会初中毕业文化水平考试,此是后话。

当时,日本占领当局急需大批懂中、日、英语人才,一旦被发现而拒不为其所用,就会被视为反日而性命不保。日据军政部一调查室(实际上是特务组织)的一个日本民族学家慕名邀请父亲去工作;有个日本人办了个大农场,许予高薪要他去相助;日本人办"兴亚学院"的日本教官特地上门拜访,盛情邀请他到该学院任教。父亲均不为所动,他划定了一条清晰的界线:为日本人服务就是当汉奸。父亲的这些举动自然引起日本占领当局的怀疑,曾派了两个华人便衣上门向他厉声质问为何不出来为当局做事。为了躲避日本人的纠缠,在城内东躲西藏后,一家人最终迁到一个叫"后港"的城郊。

还住在城内时,正值日本人进攻新加坡,为了躲避轰炸,靠亲友在政府设立的几个避难所之间不停地转移这些沉重的文物,最后有人不干了,质问道:"到底是命重要还是文物重要?"父亲说:"文物比命还重要。"众人不予理睬,数度一哄而散。曾有个欧洲学者想收购这些文物,自然遭到父亲的断然拒绝。日寇攻入新加坡后,进行所谓"全城大甄别",发现可疑的人立刻关押、枪杀。当日本宪兵来家搜查时,打开了几箱文物,没有发现什么可疑的,而父亲不动声色地坐在一口装满武器的箱子上(其中有多件日本武士刀),幸而没有继续查下去而躲过一劫。因此可以想见,父亲绝对不可能因为饥饿,为了温饱而出售、变卖文物。亲友中有人对父亲"身无分文"还"绝不出卖一件文物"的原则很不理解,以致闹翻了脸。为了一家人的生活,也为了将来文物回归祖国的那一天,父亲拿起锄头开荒种地,生产自救。

事实证明父亲也是一个出色的农民。他精心栽种的树薯当季就有收获,成为一家人的主食;房屋周围种了上百株香蕉树以增加主食的品种(还没等到开花结果，日本投降后不久我们就回国了）；各种青菜、辣椒、丝瓜、苦瓜虽产量不高，加上采摘的各种野菜，勉强还能使餐桌上有些变化；学当地人采摘可用的草药、竹叶泡制凉茶以防中暑；没有肥皂，衣服用草木灰浸泡后再漂洗；将粗盐捣细作刷牙的牙粉；等等。父亲还四处收捡废旧工具，整修改造一番后摆地摊出售，赚到的小钱买回食盐、虾皮等调味品。为了省下火柴钱，用放大镜引火，好在新加坡气候大多艳阳高照。若遇连续阴雨天，就要事先用一装满椰棕的小筒，将余烬引在里面，只要不断添加椰棕就能保住火种，这招想必是考古学家的父亲从原始人那里学来的。食用油是从椰肉熬制的，椰林一旦起风就有椰子落地，南洋民风淳朴，椰树虽有主但落地的椰子谁都可以捡拾。“五个椰子能熬出一罐油。”高龄的母亲在世时记忆力惊人，当年熬油的“生产流程”每一个细节仍能向我娓娓道来。母亲总能够将难咽的野菜、树薯等做成一道道可口的饭菜，保证了父亲垦荒种地有充沛的体力，也保证孩子们能健康成长。她无师自通的缝纫技艺，使一家人虽着旧衣，即使缀满补丁，在外人看来却整洁如新。如果没有母亲，我们一家人断断熬不过那段艰难岁月活到如今。母亲也最能体会父亲的艰辛。她告诉我，在椰林空地开荒有多么不容易，椰树地下盘根错节，坚硬无比。在南国的烈日下，父亲赤裸上身，下着短裤，从早到晚总是汗流浃背，手上常常是血泡压血泡。但这些对父亲来说不算什么，真正的磨难是精神上的。一旦有陌生人过访，父亲就很紧张，怀疑是日本特高课的人。后港海边有一桥，桥下漩涡翻卷，深不可测，父亲曾对母亲说，如果日寇不战败投降，“终有一天我会从这里跳下去”，对日寇，他抱定以死抗争的决心。父亲1938年曾写过一首诗：

重阳日延谦先生芷园雅集感赋

佳节重阳客里过，归途何处奈风波。
情牵老菊家园瘁，目断哀鸿故国多。
填海未穷精卫石，回天伫看鲁阳戈。
飘零幸预群贤末，暂扫牢愁且放歌。

多年后，父亲加注：“时厦门沦陷，予方逃亡南洋，故触处生悲，不知涕之何从也。徐悲鸿先生见之，赞‘填海’一联为警句，为作大字（图3）。后经日寇时期，犹幸保存勿失。”上述诗题中的“延谦先生”即新加坡著名华侨实业家陈延谦。他代理过南侨总会主席，曾被陈嘉庚先生聘为厦门大学校董。

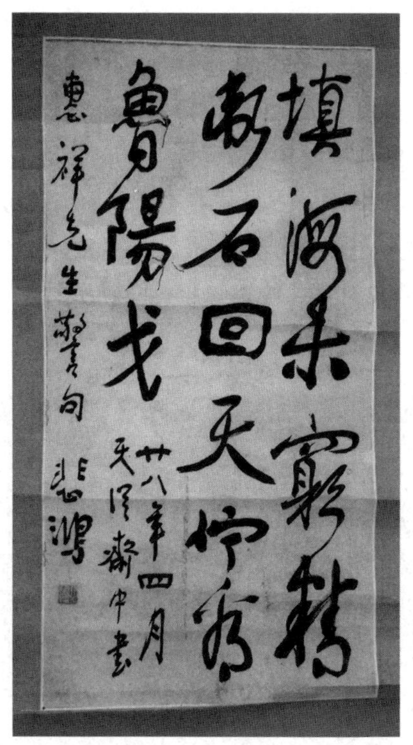

图3　徐悲鸿大字题写父亲的诗句

家传一本影集，是父亲亲手拍摄和整理的，时间跨度从20世纪40年代初到1958年他逝世之前。其中一幅是新加坡乡下称作阿沓厝的茅屋前我们一家人的合影（母亲抱着刚出生不久的我），还有一幅是椰林杂草中赤膊荷锄的农民，那正是我父亲。照片下有父亲分别用红墨水的亲笔题注："后港6½处柳园内的阿沓厝，自1944至1947住此。""惠祥在同上屋旁空地开垦种植树薯、香蕉、蔬菜以供生活。"这两张照片是回国前（1947年秋）父亲补拍的，它真实地记录了抗战时期我们家的生活状况。

终于到了日寇投降的那一天，"漫卷诗书喜欲狂"，父亲马上积极准备回国。当时他应邀做陈嘉庚先生的秘书，帮助陈嘉庚先生完成了《南侨回忆录》《大战与南侨》等书稿文字润色、整理工作。在等待厦门大学"回续教职"的正式来函期间，又编译完成了《苏门答腊民族志》《婆罗洲民族志》《菲律宾民族志》三本大书。作为厦大校主，陈嘉庚先生对父亲要回厦大任教非常高兴，立即给父亲1000元做路费，还将自己的两套西装赠送父亲。1946年8月，陈嘉庚将他1943年写的《避难爪哇时述志诗一首》及《南侨回忆录》中的一句话——“对于轻金钱　重义务　诚信果毅　嫉恶好善　爱乡爱国诸点　尤所服膺向往　而自愧未能达其万一　深愿与国人共勉之也”(图4),用钢笔书赠父亲,薄薄四张普通稿纸集中体现了嘉庚先生疾恶如仇、大公无私、爱国爱乡的“嘉庚精神”。陈嘉庚先生手迹父亲一直珍藏在身边。厦门解放前夕国民党特务逮捕父亲时,幸亏父亲事先把它包在一本专著的厚封皮中,母亲将书藏起来才得以保存下来。2006年,母亲把这件珍贵的历史文献资料赠送给陈嘉庚纪念馆,现为该馆镇馆之宝。

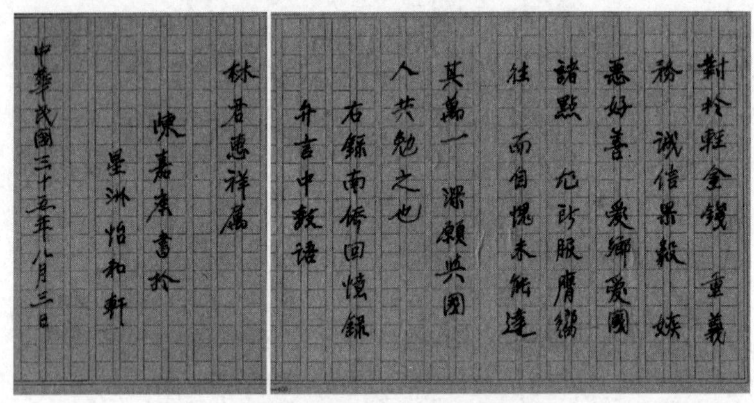

對於輕金錢　重義
務　誠信果毅　嫉
惡好善　愛鄉愛國
諸點　尤所服膺嚮
往　而自愧未能達
其萬一　深願與國
人共勉之也
右錄南僑回憶錄
弁言中數語

林君惠祥屬
陳嘉庚書於
星洲怡和軒
中華民國三十五年八月三日

图4　陈嘉庚书赠父亲的字(其中的2件)

1947年秋,父亲与陈嘉庚先生告别,同时推辞了新加坡莱佛士博物馆及当地几个企业家的聘用,带回离开厦门时及南洋考古得到的所有20多箱文物,全家人的行李仅5小箱,国外带回的“洋货”只有一台手摇缝纫机和一小罐咖啡。

回国后,父亲继续在厦大任教。由于父亲当过陈嘉庚先生的秘书(陈嘉庚先生是国民党反动派通缉的人),而且回国后父亲公开反对国民党的“戡乱”,支持进步学生的活动,在他举办的文物展览中有部分是地下进步刊物、书籍,因而受到国民党反动派的警告。厦门解放前夕(1949年10月15日),父亲被国民党厦门警备区司令部以“共匪嫌疑犯”罪名逮捕,关押在公园南路2号国民党市公安局的监狱。事前有人来通知说父亲的名字已在毛森(时为国民党厦门警备区司令)的黑名单中,劝他外出躲避。当时不少进步学生、教授都已纷纷撤离。但父亲放不下一家老小10余口人自己一走了之。母亲还记得当时的情景,天黑后武装军警包围了整个同文路厦大宿舍,我家前、后门都被提着枪的便衣堵住，进来几个便衣对父亲说："上峰有请，跟我们走一趟。"父亲临走前告诉母亲，要把他被捕的消息告知卢嘉锡等朋友及学校领导。父亲刚被带走，母亲出门想去托邻居转达，几个便衣一拥而上用枪抵住她直吼："拿什么东西出去？"母亲生前一直记得冰冷的枪口抵住胸口的感觉。此后全家蜷缩在用椅子、床板、棉被搭建的"防空洞"大气不敢出，只听见外面国民党兵呼喝奔跑及持续不断的枪炮声。两天后的清早(10月17日)，突然一阵熟悉的敲门声，惊魂不定的家人开门一看，父亲站在门口，街上解放军正列队经过并喊话："老乡们别害怕，我们是中国人民解放军！……"那情景和许多电影镜头一模一样。父亲说，如果解放军迟一两天打过来，他就再也见不到我们了。

1951年，父亲把全部文物、图书捐献给国家，1953年3月，厦门大学人类博物馆正式开馆。1956年父亲招收叶文程、蒋炳钊两位副博士研究生。父亲甚至规划了他的宏图大业：在创办人类博物馆的基础上再创办人类学研究所、人类学系，建立起系、所、馆一套完整的科研、教学体系。不幸就在他放开手脚要大干一番事业之际，竟匆匆撒手离去。1958年2月12日深夜，他还在撰写生前最后那篇重要文章《中国东南区新石器文化特征之一：有段石锛》的英文摘要，凌晨突发脑出血逝世。

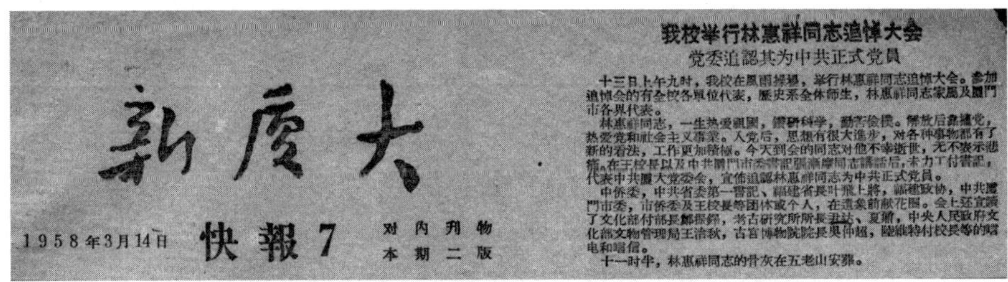

新廈大

1958年3月14日 快報7 对內刊物 本期二版

我校举行林惠祥同志追悼大会

党委追認其为中共正式党員

十三日上午九时，我校在風雨操場，举行林惠祥同志追悼大会。参加追悼会的有全校各單位代表，歷史系全体師生，林惠祥同志家属及廈門市各界代表。

林惠祥同志，一生热爱祖國，鑽研科学，勤苦儉樸。解放后靠攏党，热爱党和社会主义事業。入党后，思想有很大進步，对各种事物都有了新的看法，工作更加積極。今天到会的同志对他不幸逝世，无不表示悲痛。在王校長以及中共廈門市委書記[illegible]同志講話后，未力工付書記，代表中共廈大党委会，宣佈追認林惠祥同志为中共正式党員。

中侨委，中共省委第一書記、福建省長叶飛上將，福建政协，中共廈門市委，市侨委及王校長等团体或个人，在遺象前献花圈。会上还宣讀了文化部付部長鄭振鐸，考古研究所所長尹达、夏鼐，中央人民政府文化部文物管理局王冶秋，故宫博物院院長吳仲超，陸維特付校長等的唁电和唁信。

十一时半，林惠祥同志的骨灰在五老山安葬。

图5 1958年3月14日厦大校刊在报头报道林惠祥追悼大会情况

1958年3月14日，厦门大学举行父亲的追悼大会。厦大校刊报道的全文如下(图5)：

我校举行林惠祥同志追悼大会　党委追认其为中共正式党员

丨三日上年儿时，我校在风雨操场，举行林惠祥同志追悼大会。参加追悼会的有全校各单位代表，历史系全体师生，林惠祥同志家属及厦门市各界代表。

林惠祥同志，一生热爱祖国，钻研科学，勤苦俭朴。解放后靠拢党，热爱党和社会主义事业。入党后，思想有很大进步，对各种事物都有了新的看法，工作更加积极。今天到会的同志对他不幸逝世，无不表示悲痛。在王校长以及中共厦门市委书记张渐摩同志讲话后，未力工副书记，代表中共厦大党委会，宣布追认林惠祥同志为中共正式党员。

中侨委，中共省委第一书记、福建省长叶飞上将，福建政协，中共厦门市委，市侨委及王校长等团体或个人，在遗像前献花圈。会上还宣读了文化部副部长郑振铎，考古研究所所长尹达、夏鼐，中央人民政府文化部文物管理局王治秋，故宫博物院院长吴仲超，陆维特副校长等的唁电和唁信。

十一时半，林惠祥同志的骨灰在五老山安葬。

1998年，台盟福建省委、厦门市委及厦门大学共同主办“纪念林惠祥教授逝世40周年”学术研讨会。会上，时任台盟福建省委主委汪毅夫教授代表台盟福建省委及个人，不但充分肯定父亲的学术造诣，还高度赞扬了父亲的爱国情怀和民族气节：

林惠祥教授的一生，充满了苦难与艰辛。他的一生，闪耀着崇高的爱国情怀和坚韧的民族气节的光辉。他是具有光荣爱国主义传统的台湾同胞的优秀代表。今天，我们隆重纪念他，就是要认真地学习他，学习他对真理的不懈追求，学习他对祖国对人民的无私奉献，学习他刚直不阿的民族气节，学习他热烈赤诚的爱国品格。

厦门大学原校长朱崇实教授2011年在“纪念林惠祥110周年诞辰暨中国东南人类学民族学发生与发展”学术研讨会上为父亲一生作了最好的总结：

林惠祥先生是中国著名的人类学家、民族学家、博物馆学家和考古学家，也是厦大培养的杰出人才代表。他一生献身学术研究和教育事业，不仅为学术界留下了18部学术专著和大量的学术论文，而且还培养了众多的人才。他仰慕校主陈嘉庚先生倾资办学的精神，倾资办馆，将个人含辛茹苦采集、收藏的大量珍贵文物、标本和图书字画全部无偿捐献给国家，为创建新中国第一家专业的人类学博物馆——厦门大学人类博物馆做出了不可磨灭的贡献。他是真正做到了大公无私、以校为家的人，为厦门大学人类学学科的建设鞠躬尽瘁，死而后已。作为一位著名的人类学家、民族学家，林惠祥先生留给我们的不仅是高山仰止的学术成就，还有他熠熠生辉的高尚人格。

（2019年7月15日于厦门大学卢嘉锡楼）

忆爸爸二三事

汪　敏

2000年10月12日是我永远不会忘怀的日子。我的爸爸汪德耀在这一天下午4点45分走完了漫长的人生道路。爸爸走了，他虽然没有给我留下任何金钱财产，但在我心里，爸爸崇高的道德品质、渊博的学识、广阔的胸怀、永不服老的乐观主义精神和他诚挚待人处事的风格，再加之他辛勤撰写的有关细胞生物学的著作，就是留给我的无价之宝。

爱学生胜过疼子女

2000年10月10日，爸爸病情恶化。在头脑已经不是每时都清醒的情况下，爸爸握住我的手，告诉我他有三件事放心不下：第一是有两位博士生快要论文答辩了，他一定要去参加；第二是教研室有份会议材料要批阅，要我把病房桌上的材料拿给他看；第三是北京有个国际细胞学术会议，他想去参加，考虑要怎么去？我强忍着即将夺眶而出的眼泪，劝他好好休息，等病好了之后再考虑工作。此后爸爸再也没讲过话。第三天下午他就与世长辞了。爸爸为学生、为学校贡献了自己毕生的精力，为祖国教育事业鞠躬尽瘁，死而后已。

从小我就知道爸爸特别爱他的学生们。长大后我和弟弟都常说在爸爸心里总是学生排第一，我们排第二。记得1986年，爸爸已经83岁了。他到St Louis参加美国细胞生物学会年会，我当时正好外出学习一项新技术，赶不上去开会。会后爸爸托我的导师斯登博士为我带回一个箱子。导师一见面就说："敏，你父亲要我给你带回一箱金子，重得我手臂至今还疼。"我一提，那箱子死沉死沉的，两只手提把都被拉断了。打开箱子，里面除了两三件爸爸随身换洗的衣物外，都是他准备推荐给美国几个实验室的学生的论文材料及好几本贴满了学生所拍电子显微照片的大相册，还有他在会议上买的教科书等与会议有关的论文。直翻到箱底，我才发现一小瓶"美加净"，是爸爸送给我的。至于弟弟，更惨了，什么也没得着。当时斯登博士见了这些目瞪口呆，当他听我说明爸爸带这些书的目的之后，竖起拇指说："中国教授了不起，他是学生们的父亲，原来'金子'是为他们带的。"两天后，爸爸也来到费城，除了在Fox Chase Cancer Center做学术报告之外，他几乎花了80%以上的时间，费尽心机为学生们联系美国、加拿大的实验室，送他们出来深造。

1993年，已经90高龄的爸爸偕妈妈来美"探望"我们(图1)，他们的行李中又有几乎一半的重量是学生们的产品。说是来探亲，可是一进家门的第一句话就问我："书房在哪儿？"不仅如此，第二天，爸爸就"侵占"了我们整个书房，开始写信、打电话，为他的弟子们出国培训铺路。即使同我们聊天也是言必称学生，一谈起他们就满怀喜悦地夸个不停。连弟弟从加拿大来电话都猜到爸爸准是又在为学生办公。爸爸在我们家的3个月，只见我们的邮资、电话费直线上升，第一个月就为他花了近200美元的"办公费"。

图1　1993年爸爸妈妈到美国宾州费城我家探亲时的团圆照
左一为我先生胡友纪，右一为弟弟汪莱庆

这次他们来美，爸爸还要我们陪同他看望了住在新泽西州、马里兰州、宾州的学生们及他们的家庭。太远的他去不了，就请人家来，在我们家他先后接待了10多位分别来自加拿大、得州、华盛顿、波士顿等地的学生，详细了解他们的学习生活情况。有一次，他听到某位学生当时所在的实验室有经费问题，他赶快记下来，事后又千方百计给他联系，换到了别的地方工作。

这年秋天爸爸回国时，他又将好多又厚又大的教课书及教学材料塞在箱子里。结果到纽约机场时箱子超重过多，我要他拿出来，帮他另外寄去。可是他说教科书一本都不许拿，因为书中的彩色插图很形象，回去马上要教学用，有助学生理解问题。结果只好把我给他买的家用电器等东西留下。爸爸除了是学生的导师外，也称得上他们的第二位家长。我记得有个学生买不起出国的机票，爸爸就让我们香港的亲戚先为学生垫买好机票，而且她在香港的食宿有时也是我堂哥负责。连妈妈也支持爸爸的工作，借钱给学生们，帮他们解决刚刚出国时遇上的困难，直到把学生们安顿好他们才放心。当年我和弟弟出国时可没享受过这么好的“待遇”。

爸爸他永远年轻

我非常非常爱爸爸。我特别喜欢他身上总有股年轻人一样的干劲儿，有着永远使不完的劲儿。自小我记忆之中就是无论多早起来，都赶不上爸爸起得早，他每天都是不到5点就起床，备课、写讲义、复信……

1996年回国时，我依然见到93岁高龄的爸爸还是全家第一个起床，第一个坐到书房去办公。尽管他教学已经60余年，但每次上课前仍然认认真真备课，从不敷衍了事。记得1988年，正巧我和爸爸都去Mentereat参加第四届国际细胞生物学会，那地方是法语区，尽管爸爸几十年没说法语了，但在会议上，他一贴出poster之后，就开始用流利的法语、英语同与会的科学家交谈。会议中，他像年轻人一样活跃，听报告、记笔记、看poster，与各国学者交流，以至很快引起会议组注意。第二天下午，会议组织者临时送邀请信来，请他出席当晚在中心会场举行的由不同国家的资深专家召开的专题讨论会。会议由一位法国学者主持，主要讨论学术交流与出版新学术刊物等事宜。会上，爸爸还发了言，并受到热烈的欢迎。作为爸爸的陪同者，我真是既为他骄傲，又佩服他的这股子精神。

更鼓舞人心的是，大会结束的头天晚上，美国主持人向大家宣布几项惊人的消息，其中之一就是宣布这次大会的最年长者，是来自中国的汪德耀博士，他已经85岁了，还从中国来到加拿大参加会议，而且还给学术出版交流提了很好的倡议。主持人号召与会学者学习爸爸的不服老精神。当时全体与会者都对爸爸报以热烈的掌声，向他表示祝贺。爸爸用他这颗永远年轻的心，又一次为中国争得了荣誉。

爸爸另一次来美国参加细胞学会议是1993年。当时由于长途飞行，加上从纽约到费城的两个半小时汽车，旅途的劳累使他患了重感冒，不仅发高烧，痛风和痔疮也同时发作。爸爸一方面安慰我们不要害怕，另一方面指挥我们买他所需要的药。此外还“命令”我们必须在三天内治好他的病，于是退烧药、止痛片、开塞露三管齐下。可是三天过去了，他的病依然没全好，我们告诉他，去马里兰大学开车要两个多小时单程，劝他不要去，由我们把poster送去就可以了。但爸爸坚持要亲自去开会，还要亲手把poster带到会场，并且抓起我家电话要叫出租车。我们拗不过他，只好驾车带着他前往马大会场。去的路上，爸爸大唱京剧《空城计》《木兰从军》等，然后又高谈阔论，夸奖他的学生怎么好，又谈自己的癌症研究成果，还同我们探讨分子生物学新成就等。

到了会场，爸爸登记之后还没走远就被叫回去，要他重新确认年龄，因为没有人相信，一个90岁的老翁还能亲自带着poster前来参加会议。那个时候，爸爸用英文开玩笑说：“90岁还是小弟弟嘛！”逗得大家全笑了。此刻，正在美国进修的洪水根老师已经在会场等候多时，他迎上前来，将poster立即贴到会场上，爸爸兴奋极了，同洪老师不停地交谈进修情况及学生们的情况……回家的路上，爸爸又高歌《马赛曲》，这是他最拿手，也是最喜爱的一支歌。同时还“表演”唱跑调的“杨子荣打虎上山”，直到后来他累得在车上酣然大睡为止。2003年3月8日，爸爸生前的密友、著名学者、全国政协原副主席钱伟长教授到厦门视察时，顺访了我妈妈。他高度赞扬爸爸：“只要是国家大事，汪老拼着命也要干。”同是爸爸生前好友的中国科学院原院长卢嘉锡教授，为爸爸90寿辰题词写道：“老骥伏枥壮志未已，九旬寿星再立新功！”（图2）高度概括了爸爸永不服老的精神。爸爸永远年轻，他永远活在我的心中。

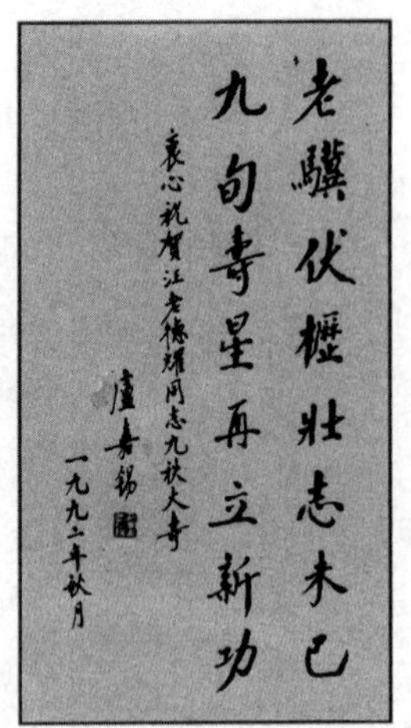

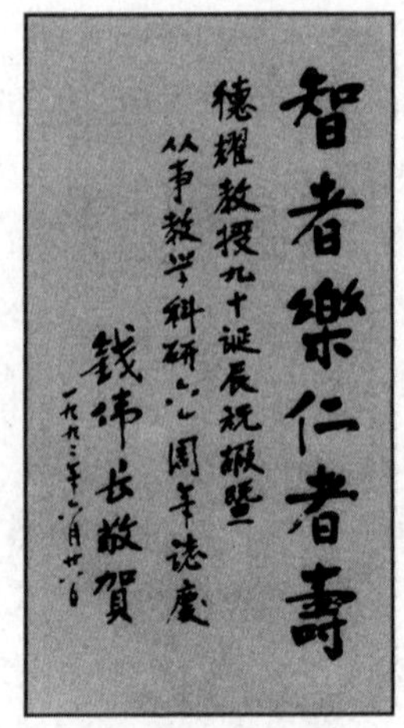

图2 老友钱伟长(右)、卢嘉锡(左)为爸爸90大寿题词

乐观的不倒翁爸爸

“不倒翁”是我和弟弟送给爸爸的绰号，一方面是因为他一生中得过几场大病，但因为他的顽强和乐观精神，每次都能转危为安，“东山再起”。令人痛心的是，2000年10月这次，他却被一种特殊的病菌夺去了宝贵的生命。“不倒翁”的另一含义是每当政治运动来时，爸爸往往都是被打倒的对象，但运动过后，他又坚强地站起来，并且乐观地工作。他常说：“在我的字典里没有‘躺倒不干’，只有‘老当益壮’。”

听说“文革”时期，爸爸常常被拉去批斗，头上被戴帽，脸上被涂墨水游街示众。但他从不计较，每次批斗后，他回到厦大宿舍，摘掉高帽，洗掉墨水，立即就看报纸，似乎一切都没发生似的。后来报纸不许他看了，妈妈说他就看讲义、教材，从不怀疑自己还要回到讲台上。1996年回国，我逗爸爸说，听说你在“文革”当“牛”时还受到一次表扬，是因为当“所长”（厕所所长）当得好，爸爸闻之马上笑着回忆说，当时他每天要打扫男生宿舍楼上的厕所，并要把尿水挑下去浇菜地，他认为这是锻炼身体的好机会，于是就很乐观地去干。他用稀酸中和了长年积结的黄尿碱，把尿池刷得挺白的，然后又把厕所打扫得干干净净。挑大粪去菜地的路上，他还高唱京剧《红灯记》给自己鼓劲，为此受到表扬。可怜平日从无挑过担子的爸爸从此背被压驼了。此外，听说爸爸还曾同其他几位教授一同“拉车”，拉东西到很远的火车站，他也表现得很乐观。他曾经打趣地告诉我，感谢奶奶给他生个矮个子，拉车时只拉边套就行了，而大个了就要驾辕在中间了。可是他自己从来没有告诉我，他的肋骨曾被踢伤过的事。与他谈话我从未从听过他指责哪位学生，相反地，爸爸虚怀若谷。“文革”后期，虽然是非仍未明，爸爸身上的政治包袱还十分沉重，但他像是个铁打的汉子，置这些于不顾，乐观地、迫不及待地又开始工作了。“文革”之后，招收第一批研究生时，爸爸对学生们一视同仁，依然鼓励、指导曾经整过他的学生报考他的研究生。

记得爸爸刚从“牛棚”中解放出来，就满怀信心地写信鼓励我，要我努力自学专业及英文，争取不久到国外深造。当时我正在东北某工厂“劳改”，头上还顶着“狗崽子”的帽子。看了爸爸的信，我马上写信给妈妈，要她注意爸爸的精神是否正常，而当时连妈妈也以为爸爸在说胡话。

雄鸡一唱天下白。事隔不久，爸爸的话就应验了。今天我已经当上美国一所医学院的教授，正在走爸爸没走完的路，继承他没有完成的事业——研究癌症的发病及治疗。爸爸乐观的不倒翁精神永远值得我学习。

(原文发表于2003年11月26日厦门大学校友总会南强故事，作者为汪德耀教授女儿)

百年自强，止于至善

周 跃

他的人生宛如一部剧作，从赤脚的安海求学少年，到生命中的最后一次党费，一切都行成功满。择一事终一生，一生只有厦门大学，一生只为化学化工学院。他就是我亲爱的爸爸——周绍民。

一桶水、一度电、一笔捐款

2019年8月下旬，爸爸脑出血住院。发小闻讯赶来，握着爸爸的手，不停地摩挲着(图1)，她含着泪跟我说：多好的老人！你还记得吗？那时你姐姐下乡，我去你家，你们正吃着早餐，碗里4个鸡蛋，妈妈、爸爸、保姆、你。当时你爸爸知道我家兄弟姐妹多，三餐温饱都比较困难，二话没说把手上剥好的鸡蛋静静地塞给我；你家里很早就用了全自动的洗衣机，你爸爸都调到手动放水，每次洗衣服，他都小心地候着，等到排水时，拿着水桶，一桶一桶地接水。第一遍的水冲厕所，第二遍的水擦桌椅、洗地板。

说真的，如果不是发小的聊天，我还真的忘了这些琐事。那天由此，我也想起生活中爸爸一件让我“生气”的事。

我们家住在凌峰，山上的气温一般比市区低一两度。儿子从北京回来，担心外公年纪大了气血不足，冬天的晚上太冷难以入睡，特意去买了台暖风机，说：外公，你每天晚饭的时候，把房间的暖风机开启，到了晚上睡觉前再关了，这样房间就会很暖和。哪知道，爸爸不停地摇手说：不要，不要，这个太浪费电了。当时我非常生气，说：一度电能有多少钱啊，你一生用过多少钱啊？该用的就用嘛！爸爸执意不肯，说：我还没有老到那样。一直到爸爸去世，都没有用过那台暖风机。

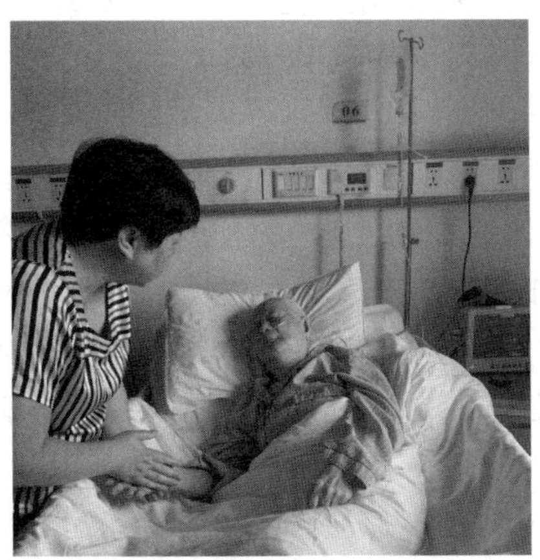

图1　发小赶到医院看望我的父亲

2018年，学校将“南强杰出贡献奖”——厦门大学最高奖项颁发给爸爸及两位学校的前辈(图2)，当时学校新闻稿是这样写的：“他与厦门大学同龄，一生布满母校的底色，学子与师者的身份移转间，他历经过母校最艰难的困境，

图2　父亲(左二)和另两位前辈昊伯僖(左三)、胡培兆(左四)教授喜获“南强杰出贡献奖”

亦见证母校的繁荣发展。1941年，这位安海少年与厦大结缘；2018年，他捧得'南强杰出贡献奖'的崇高荣誉。他就是化学化工学院教授周绍民，77载厦大岁月，始终心系母校，专注科研，撒播桃李，做'自强精神'的动人讲述者，做'科学精神'的忠实践行者”。那时爸爸已经是97岁高龄。一生淡泊明志的他却是异常高兴，那几天明显看出走路都有劲了许多，话也多了，脸上的笑容也多了！

过了几天，当他知道南强奖有奖金而且数额不小时，很吃惊，说：这么多啊？我说：爸爸，你要不要考虑把这笔奖金捐出去啊？他毫不犹豫地点头，说：捐出去。再过几天，我儿子知道了外公获奖还有奖金，也发微信给我：“要不要动员阿公把奖金作为奖学金的第一笔基金捐出去……以后再找渠道充实资金。”我很高兴地夸儿子说：“好儿子，我们想到一起了，阿公非常高兴地同意了，没有动员嘞！”

而让我更感动和崇拜的不是爸爸的捐款之举，而是爸爸处事的一个细节。我一直觉得爸爸是个没知没觉、感情麻木、不善表达的理工男，但事实并不是像我对爸爸的理解那样。

当爸爸决定捐款，并着手办理各项手续的时候，我感觉到爸爸有些迟疑和忧心，他多次再三交代我，一定低调，不要声张，不要让人家知道……不要让人家知道？我以为爸爸是担心家里其他人会有不同意见，说：钱是学校奖励给你的，你要怎样安排处置，那完全是你的权利，不要顾虑那么多！这时爸爸才告诉我他内心的考虑：我们是三位一起获奖的，我们如果大事声张会不会给别人带来压力……

南强奖的奖金，足以把水放满几个游泳池，可以去买下一家超市所有的暖风机，但很难去估量一个老人的情怀！

一个月、一年、一辈子

1954年国家选拔高校教学科研骨干到苏联留学，爸爸随即报了名，并通过考核，前往苏联门捷列夫化工学院攻读物理化学专业（图3），于1957年获副博士学位，回国继续服务于母校。回母校工作两年后，经过多方面的严格考验考核，爸爸于1959年加入了中国共产党，成为一名光荣的共产党员。

图3　父亲在苏联留学

在我懂事后，就经常耳闻目睹爸爸遵循党章规范的言行举止，于生活的点滴中看到一个共产党员的模范作用。

平常晚餐时，家人在一起边吃边聊，或戏说社会现象，或怒斥官员腐败，爸爸总是会不失时机地把我们的话题拉回来，说：那只是个别党员的不良现象，不代表所有的共产党员，更不是共产党。

学校里发的党员学习材料，爸爸都是放在床头，时常翻阅，还很内疚地跟我说：老了，都记不住了，要每天反复看才行。晚辈取笑他，戏弄他说：是你睡不着的时候当安眠药看的吧？爸爸仿佛是感觉到党员学习材料不被尊重了，第二天就端正地坐到书桌前看。貌似一个小孩子被人欺负后补救的举动，真心透露出一个老共产党员对共产党的敬重。

我妈妈是2016年7月中旬的一个早晨，突发心脏病，在爸爸眼前去世的。当时我们都惊慌失措，连哭都不会，脑袋一片空白。爸爸却颤颤巍巍地拉着我，跟我说：小妹，我和你妈妈都是共产党员，你妈妈的丧事一定要简办。不能烧香，不能烧纸，不能收礼，你们一定要做到。我哇的一声大哭起来，喊道：这是什么时候，你在说什么！事后我反思了：当时当刻，最痛苦难过的莫过于爸爸（图4），可是他想的还是他自己和妈妈的身份——共产党员！

爸爸原先每月都是自己去学院交党费，直到晚年行动不便，不能再亲自到学院了，才让我代他去交。那天，我帮他把党费交了，很高兴，回家跟他撒娇邀功，说：爸爸，我今天去学院帮你交党费了，我把你一年的党费都交了！正在房间里散步的爸爸顿时停止了脚步，问我：交了一年的？我说：是呀，交了一年的，省得你每个月都念着，怕我忘了错过了时间。"唉，党费是要每个月交的，怎么可以一次就把一年的都交了呢！"爸爸很不高兴，数落着我。当时我心里很委屈，心想重要的是交了就行了嘛，那么较真干什么呢。

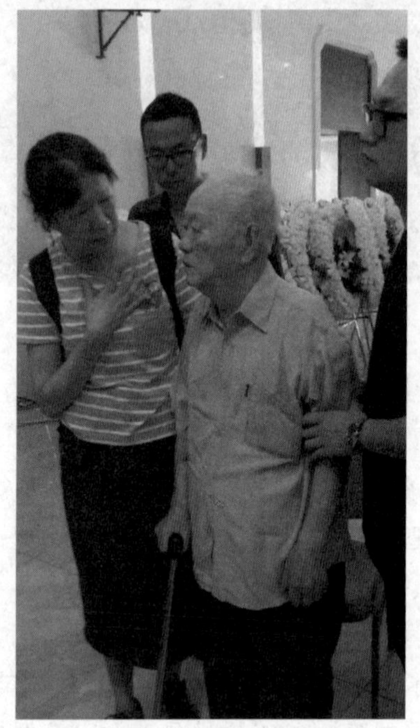

图4　爸爸在妈妈的追悼会上

爸爸病重住院后，时而清醒，时而糊涂，可我感觉他糊涂的时候说的都是"清醒"时的话："我的拐杖放在化学系新楼和旧楼中间的花坛边上，要记得拿哦。""开会要去四楼，爬楼梯需要多一点时间，不要迟到了。"他还时常准确地、一字不差地反复念着组里同事的名字，安排着不存在的工作和课程。

2019年12月29日早上，爸爸突然清晰地说：很快就要元旦了。连医院的护工都笑了，说：爷爷，您还记得元旦，知道要过新年了？爸爸说：当然知道呢。然后就告诉我：你要去帮我交党费，不要等他们算出具体数额就要交，要交一年的。我当时想，爸爸真的是糊涂了，上次帮他交一年党费他生气了，现在怎么还特别交代要交一年的。

刚进入新的一年,2020年1月22日晚上10点10分,我亲爱的爸爸——那个勇敢走出安海老家的自强少年,走过100年的路程,走完至善人生。此时,我才顿悟,最后的日子里,爸爸念念不忘仍然是:“要交党费,要交一年的党费”,这才是最完美的一辈子!

(写于2020年11月18日)

清贫一生　自有福报

——追忆父亲李文清

李小婵
（外文系1978级）

“文革”中我上初中的时候，有一天，我和妹妹正在学习爸爸拟的功课，突然有人敲门，妈妈打开门一看，居然是四五名手臂上戴着红袖标的小将，妈妈吓了一跳。

领头的小将倒是用和气的口吻说：“你们不要怕，我们是奉革委会的指示，到你家来搜查。”

我这时才感到问题的严重性，原来这些人是来我家抄家的，那时我第一个念头就是：“糟糕，妈妈从日本带来的宝石盒怎么办啊？被抄出来的话，该怎么办啊？”

小将把我们一家人集合在走廊上，然后开始抄家，他们的动作并不粗鲁，但是脸上表情却很严肃，似乎在进行一场严峻的阶级斗争。他们把家里每个角落都搜查了一遍，没找出什么东西，我这才稍稍安心下来，心中想：“还好，妈妈的宝石盒没被他们发现。”

就在我暗暗高兴的时候，领头的小将忽然指着榻榻米房间的原木地板，严厉地问：“这下面藏着什么？”我们住的鼓浪屿厦大宿舍是原日本领事馆，我们家的两间卧室是纯日本式的，也就是榻榻米房间。真正日本式传统的榻榻米房间，榻榻米与地之间是留有空间的，有防潮功能，鼓浪屿厦大宿舍是1897年建筑的日本领事馆，不传统都不可能，所以榻榻米下面有一个很大的空间。

妈妈很紧张，回答说：“这下面没藏什么东西呀，我们从来没有打开过……”

领头的小将没等我妈妈说完，一挥手说：“撬开看看。”

说着他们用不知从哪里弄来撬地板的工具(也不排除是有备而来的)，咔嚓几声，小将们就把地板撬开一片，顿时榻榻米下面露出一米深左右的地洞。

看到这个地洞我吓得发起抖来，因为从来不曾想过每天睡觉的榻榻米下面，居然有这么大的一个地洞，这活生生就是一个特务电影的场景啊。

那个领头的小将可能也和我想到一个地方了，顿时眼睛一亮，亲自一个箭步跳进榻榻米下面，妈妈飞快地递过一个手电筒给小将，还说："小心碰到头"。

领头的小将钻进去大概有10分钟，我却以为有一个钟头了。终于，小将的头从地下冒上来了，只见他一头灰尘，一身蟑螂屎，非常悲壮的样子。

看到这里，我顿时肃然起敬：这位小将真的是刀山敢上、火海敢闯、地洞敢钻。因为连我都不知道家里有这么一个大的地洞，也许里头真的藏着什么阶级敌人，不过我相信这个阶级敌人一定不是我们家的人。

其他小将们忙问："找到什么没有？"

领头的小将很扫兴地摇了摇头，没有说话。

妈妈又飞快地递过一条毛巾，用呵护的口吻说："对不起，里面这么脏，快擦擦脸吧。"

领头的小将也有几分感激，马上不客气地接过毛巾擦起脸来。

爸爸见革命小将意犹未尽，主动问他们说："还有什么要看的吗？"

领头的小将好像在等这句话，马上语出惊人地说："我们还要查查你家的收音机，看看你们有没有偷听敌台。"

爸爸有点为自己的先见之明高兴，微笑地说："我家没有收音机。"

领头的小将听后，不相信地反问说："你好歹也是个副教授，一个月180元的工资，不会穷得连收音机也买不起吧？"

爸爸和妈妈认真地说："我们家真的没有收音机。"

几名小将有些激动起来，大声说："你们想骗我们，休想！我们马上去调查邻居，一定要查个水落石出！"

说着他们几个真的去敲门问邻居，问了几家邻居，他们都说从来没见过我家有收音机，只看见我家里有一个有线广播的小喇叭。

小将听了邻居们的话，这才脸色缓和下来，用客气的口吻对我爸爸说："你的生活作风比我们想象的要朴素，没有沙发，没有收音机，不过你有的问题一定要好好交代。"

这是我第一次听见有人对我爸爸说"交代"这样刺耳的话。不过爸爸倒是很不在意的样子，客客气气地送小将们回去。小将们走了以后，爸爸还对妈妈说："他们还是很认真诚实的。"

妈妈轻轻用日语回了爸爸一句，我不知道说的是什么。

现在想起来，真是好险啊。如果我们家有收音机的话，爸爸妈妈至少免不了被怀疑“偷听敌台”，甚至可能提高到“收发情报”的高度。

因为鼓浪屿离金门岛很近，在顺风的时候，还可以隐隐约约听到对面岛上大喇叭的广播，还有所谓的“靡靡之音”，收听台湾的电台广播就更容易了。加上我父亲1950年带母亲从日本“海归”，他们的日语是众所周知的，要是有收音机，也许还真的跳进鹭江也洗不清。当时不少人就是因为被扣上“偷听敌台”的罪名，遭受了很多磨难。

小将们不相信爸爸没有收音机，其实也是情有可原的，因为那时候爸爸工资算很高的，一个月180元，但是爸爸每月给爷爷他们寄50元，另外还给1940年代私费资助我父亲留学的旧北京的银行家施享伍先生寄30元，这样爸爸一个月180元的工资，寄出80元。我妈妈一直是没有参加工作的，我爸爸剩下的工资维持我们一家6口人生活，日子也不是太富裕，当然省吃俭用买个收音机，也不是不可能。只是爸爸有一种政治预感，自己是美国教会学校燕京大学毕业的，又留学日本，英语和日语都是曾经的生活用语，如果有收音机，就是不偷听，英语日语也许通过什么电波，会自动找你也说不定，干脆就不购置收音机。

小将们走后，我突然想起妈妈那个从日本带来的宝石盒，赶紧悄悄问妈妈：“妈妈，莫非把宝石盒藏起来了？怎么没被他们发现呢？”（可见那时我对宝石是很执着呀）

妈妈无奈地说：“半年前你爸爸主动把它交给学校了。”

我听了大惊：“什么，送、送给学校了？”

妈妈却笑着说：“还是你爸爸有先见之明啊。那时我还很不情愿交上去呢，今天才明白了你爸爸的苦心，你爸爸总是对的……”

这一天的事情，像刀刻一般，深深印刻在我脑海，挥之不去。它使我产生了这样一种价值观：“金银财宝是祸根，人家有的我们不要拥有，人家没有的我们更不可拥有。”

多年后我在日本有幸赚了一点钱，也总是学着像爸爸一样把钱分给家人，与朋友们一起花掉。

顺便交代一下，那个妈妈的宝石盒，运动结束后，厦大又原封不动地还给了爸爸，真是感谢上苍，感谢上帝！虽然金银财宝可以不要，但妈妈的传家宝还是允许我们传承下去吧。现在这个宝石盒，因为妈妈说物归原地，又让我带到日本，摆在我客厅的壁炉台上，还非常抢眼，与其他在东京买的现代装饰品比一点儿也不逊色。

那次抄家后的几天里，爸爸每天在晚饭之后，给我们四个孩子读托尔斯泰的短篇小说《上帝看见真理，但是等待》（*God sees the truth, but waits*）。这是爸爸一直珍藏的他少年时就读昌黎汇文中学时的英文课本上的一篇，爸爸念一句英文，翻译一句中文给我们听。

这是一篇冤案故事，阿克肖诺夫的妻子做了这样一个梦：她年轻的丈夫从镇上回来，摘下帽子时，头发变白了。谁承料到，这场梦一朝成真，丈夫竟被控杀人而入狱，由此开始了26年的冤案。故事主要说主人公被冤案折磨在身，却坚信上帝看见真理，后来终于等到了平反，虽然已白发苍苍。

爸爸给我们讲故事的时候，妈妈也一反平时在厨房忙碌，而是和我们坐在一起听爸爸讲故事。几天之后，爸爸就被隔离审查了，一个星期没有回家。

那时候，我一点也没有把这个故事当成一回事，以为爸爸只是朗读这篇他喜欢的文学作品给我们听而已。直到10年以后，我才领悟到，那时爸爸妈妈是想告诉我们几个孩子，他们自己没有做坏事，可是又不能明讲，只好借助文豪托尔斯泰的小说，让我们等待上帝公平审判的到来。现在我还能回想起来爸爸在朗读时那深切又温厚的声调，它将伴随我直到永远。

教书育人：守住一生的初心

邓力文

恰逢邓子基老爷子98岁寿诞，躲在时光罅隙里的记忆翩翩而至……

我们不知何时起都欢喜叫父亲为“老爷子”，朋友称呼老爷子，学生也都叫着老爷子，透着亲切，透着感恩。

老爷子一生秉承和实践“教书育人、出人才、出成果”的理念，一共出版了75本关于财政税收和国有资产管理的著作教材译著，500多篇文章，培养了108位博士，以及数以千计的硕士学士。半个世纪来，以一种不断求索的创新精神，为财政学事业而努力奋进，为此也收获了满满的荣誉。

在大家眼里，老爷子是一位一生安心治学、硕果累累、不求宦达的泰斗。在我眼中他则是一个平平常常又给我无穷力量的智慧老人。今天我就道一道我家这普普通通的老爷子。

感恩　知恩　报恩

他一路满怀感恩与宽容，在生活的点滴中向我们传授着一种生活态度、一种思想境界，和一种处世哲学。“滴水之恩，当涌泉相报”，这是老爷子常给我讲的一句话，还特别写下赠我作为座右铭，尤其晚年他更是时常和我们兄妹俩聊起他一生特别要感恩的三位“王老师”（导师王亚南，叔公王守椿，夫人王若畏）。

老爷子一辈子经历太多，年幼失去双亲，没了父母这把大伞遮风挡雨，却收获邻里乡亲的帮助，自己砍柴做学徒筹银子，带着感恩之心走出小村寨。

少年发奋读书，导师的支持与同学关心，与罗光良同一床被褥的旧事让他感怀至今。行山路走水涧扒黑车，远赴他乡艰辛的求学之路，志同道合的同学一路相伴，心底留下的只是感激。

叔公王守椿的恩德从未忘怀，一直感恩老叔公的慧眼和红娘牵线，事业有成之后报答扶助之恩，直至给老叔公养老送终，只为感恩。

师从王亚南大师，学业事业走向高峰，许多场合必提导师，每次经过经济学院大楼，他总会说："他是我的恩师，我们设立这铜像纪念他。"

"文革"期间遭遇莫须有的罪名，尽管严冬寒霜，仍有暖阳，他都默默记在心里，除了理解宽容，心存的还是感激 。

虽年事已高，仍不忘初心，情系教育，广集善缘，回报桑梓，倾注心血成立福建省邓子基教育基金会，奖优助困，扶持后学。

一路风风雨雨走来，老爷子都记得在各个阶段保护过帮助过他的人们，他知恩，并不断去感恩他人，报恩社会，勇敢地去面对、旷达地去处理生活赐予的一切！

天道酬勤

天行健，君子以自强不息。"瓦砾练字"是家乡沙县邓氏后辈广为流传关于老爷子的故事。儿时贫穷失学，但从未泯灭那份求学的渴望，一直有着"读书救国"的情怀。

老爷子晚年也会给我们讲他幼时的求学之路。失学后，每当砍柴路过学校时，他总会静静地趴在窗外聆听老师的授课，并默默记在心里，有空时就以树枝瓦砾当笔在地上习写，被路过村民无意看到，并传为佳话。

少年的他，心里一直十分清楚，要改变自己的命运，唯有读书，唯有勤奋。14岁时怀揣攒到的12块大洋，离家远赴南平上初中。珍惜来之不易的学习机会，入学第一次大考就取得语数双满分，得到了学校颁发的6块银圆的奖学金，得以购买学习用品、被褥和蚊帐。

之后以每每考出第一名的成绩获得奖学金，一并以勤工俭学获得的清寒奖金来维持学业与生活。老爷子说，"从重踏校门的那一刻起，我的命运就注定我要拿下人生路上各式各样的第一名，只能凭着顽强的毅志去完成学业"。

从少年，到青年壮年老年，老爷子一路秉承“天道酬勤”的古训，他最常告诫学子的是“书山有路勤为径，学海无涯苦作舟”。

老爷子1952年研究生毕业（图1）留校后，一直是“双肩挑”，教学科研，行政管理，十分繁忙。自我懂事起，最常见的就是他伏案奋笔疾书的背影。

图1　1952年8月29日厦大研究所欢送毕业同学留影　档案馆供图

前排左起：黄良文、罗郁聪、苏联专家、胡体乾、王亚南、吴兆莘、傅家麟、陈明鉴、罗季荣、邓子基

后排左起：陈延炮、杨振辉、吴钦德、林克明、谢佑权、陈可焜、刘清汉、胡世凯、张乾二、郑作光、潘天顺

上课前，准备报告和采访时，事先必花数小时准备，草拟提纲，几十年不变，书案上总是能看到写得密密麻麻的稿纸。他一杯清茶，一纸提纲，侃侃而谈数小时；一份份报告，一本本书稿……构就师生口中的“邓快手”和“大师”。

他自诩一生“撰译论著，笔墨生涯，七十载讲台，众多学子”。90岁高寿时，仍然笔耕不辍，发表论文，依然有创新的见解。近年来，虽年事已高，不再发表论文，仍坚持每天上下午各一两个小时读书看报，摘名句，写笔录，涉及国家政策、经济文化、健康养生。

老爷子曾作诗回顾与自勉：“幼小孤零不流泪，年轻苦读不叫累，壮年拼搏曾拔萃，老叟有成防自醉。”

相濡以沫

茫茫人海中,没有早一步,也没有迟一步,在彼此最美好的年华相遇,他们俩真是幸运。老爷子常说,奶奶(我们后来都习惯称母亲为奶奶)是世上最贤惠的妻子,没有她就没有他的成就。一路走来,他们眼里始终彼此是最好的。

当年父亲毕业后留校任教,母亲为了支持父亲的讲台梦,放弃了教育部的工作回到厦门,便有了此后漫漫60余载的风雨同舟,相濡以沫。“文革”的动荡,五七干校锻炼……他们都没有哀怨与诉苦,而是相互扶持,度过了各种生活的磨难与坎坷。

老爷子对王家老人尽孝尽责,我的外婆在厦门生活直到“文革”初期,老爷子视我的外婆为自己妈妈一般照顾有加,这让我母亲十分感激。

退休前我母亲工作十分繁忙,高中毕业班的教学,还有许多的社会工作,但她仍基本包揽了家中的柴米油盐酱醋茶,事无巨细,让老爷子没有后顾之忧。

奶奶脾气急了点,老爷子总是耐心地相对,从没见过俩人红脸吵架,似乎他们两人已融为一体。老爷子一生病,奶奶就病,奶奶一不舒服,老爷子跟着不舒服,相依相伴到这境界也实属不易。

晚年他俩仍是手牵手在校园散步,成为一景。老年时老爷子伏案写作,奶奶也会陪坐在书房的靠椅上读书看报,那画面充满了满足与幸福感。奶奶离开了我们,老爷子把爱藏在心里,每当夜幕降临时他总会提醒打开放着奶奶遗照房间的灯,7年不断。

青丝变白发,红颜染沧桑,我相信他的心里仍是满满的,盛放着他和她的所有爱与往事。

家　书

“家书抵万金。”书信对我们家一直有着非同寻常的意义，一纸家书，一生情长。在电子信息化之前，手写书信是我家沟通的最常见方式。

我年少时老爷子常常出差，每到一地他一定会写上5～6页的信纸，告知行程，介绍所到之地的人文地理，聊聊他的工作和遇到的新老朋友，还有他对我们的思念……那时候每到他出差，我一定会天天跑信箱，每当看到260号信箱躺放着牛皮纸信封时，心里都有丝丝的甜蜜。

后来我出国，因距离而产生的淡淡的忧愁也一直是通过家书来缓解的。家人约定我每星期五寄出家信，老爷子星期六一定回复信件，大约7天后我们各自收到来信，我至今都记得每每打开远方来信时那瞬间暖暖的感觉。

老爷子给我的信中的内容，除了生活琐事之外，经常更多的是给我解惑释疑，安慰鼓励我努力学习，抓住机遇，教我做一个德才兼备、人格卓越的普通人。

特别是我和先生决定经商下海时，很担心老爷子会不会有异议，就写了一封信回去商量，老爷子很快回复了一封长信，他鼓励我们放下包袱，确定好目标后就坚定走下去，即使遇到困难，也要用自己的信念和智慧去克服。他对我们唯一的要求，就是遵纪守法。

现在回味那一封封散发着油墨香的家书，就像是一次次珍贵的谈心，再次感动于文字间的深情。

老爷子同我们来往的书信中，还常常聊家乡的变化，聊国家大事，聊经济发展与变革。通过这一条纽带，也使我们与远离的祖国牢牢地建立了心的结合。后来我哥哥放弃国外优越的条件回到国内工作，不能不说是一个父亲对儿子爱国主义熏陶的落实。

那天整理旧物，老爷子把我们兄妹出国期间写回的信件都整理归类装了箱，看到我们的信中被老爷子批注过的红色圈圈点点，再次让我泪目。

老爷子这个平凡又典型的中国知识分子，那颗爱子女之心，真是我们不可替代的教科书、人生加油站。

快乐大家庭

在我的微信通信录中有一“邓老快乐大家庭”群。群员都是一批批让老爷子引以为傲的学子，平时在这个平台里交流着学术成果，祝贺同门所取得的成就，祝福他们口中的“良师益友”邓老爷子。

老爷子爱生如子，爱才惜才，严爱有度。不仅在学术上帮助学子成长，更潜移默化地影响了学子的人格。“青出于蓝而胜于蓝”则是老爷子最自豪的收获，他说“教书育人是投入，出人才出成果是产出，我的产出大大地大于投入”。

如今许多学生都在重要的岗位上散发着耀眼的光芒。当他们相聚在一起时也常常回忆起当年坐在凌峰楼家中木凳听老爷子五六小时授课与讨论的时光，回忆着休息时奶奶准备的点心和午餐。他们都记得老爷子一遍又一遍地修改他们的文章，圈圈点点的批注，改好后向各刊物推荐。尤其眼疾动过手术后拿着放大镜工作的情景一直让大家难以忘怀。他们也感激当年毕业困惑时老爷子的点拨与力荐，让他们到适合的岗位发展。

他们仍记得老爷子为他们婚事而焦急，帮助弄婚房，做婚礼证婚人，甚至为新一代联系幼儿园、小学。还有春节、中秋，留校学子聚集在家中的热闹、博饼的喧哗……那些年我基本在国外，很多故事也是事后才知晓的。

老爷子的付出也得到了回报。当老爷子两次动手术时，学子们对他的悉心照顾真是让我动容。毕业后学子不忘师恩，时常挂记，也常来拜访。学子有了成绩第一时间会和老爷子说说，有什么困难也会同老爷子聊聊。他们之间让我看到什么是真正的师生之间平等和谐互助的关系。

陪　伴

出国30年，有点时间我都会从国外回来陪伴二老。这几年儿子们独立了，我更多地待在国内，每天陪陪老爷子，陪他聊聊天、散散步、看看报，旧时的事更是话题。即使我一个人躲在小屋，他也觉得安心。他说不需要太多，只要见到我们就安然。

记得“文革”初始，老爷子作为反动学术权威被打倒后，父母让我随外婆返福州老家生活。老爷子一从牛棚出来，马上赶到福州探望我和外婆，陪伴数日。他总会带我四处走走，那时我不懂世事的无奈，只享受嬉戏时父亲关爱目光的追随，享受着玩累时把父亲手臂当枕头的温暖。长大了我才读懂了他的用意，在那特殊环境中，他是在淡化剧变的生活对我的影响，让我仍能感受完整家庭的温暖。这种陪伴给予我的是一种多么深沉的爱。

小时候的陪伴，长大后发现是更多的幸福。回厦后，家人在一块相伴的点点滴滴，尤其是住在国光一6号的日子，真是难忘。那时晚餐是全家相聚的时刻，一块聊一天的学习工作，听那部老旧红旗牌收音机，看那台天虹18寸黑白电视。之后各自占据自己书桌读书备课。好多习惯在我们家延续至今。

2019年8月，我们兄妹俩还特别陪伴老爷子回了趟他曾经住过的国光一6号(图2)。老爷子说他在那儿度过了他人生四分之一的黄金年华，经历了风寒，也迎来了春天；许多的苦中作乐，许多的眉飞色舞。那里真是一本贮满情与爱的书，翻开任何一页，都会找到生命之源的温暖。

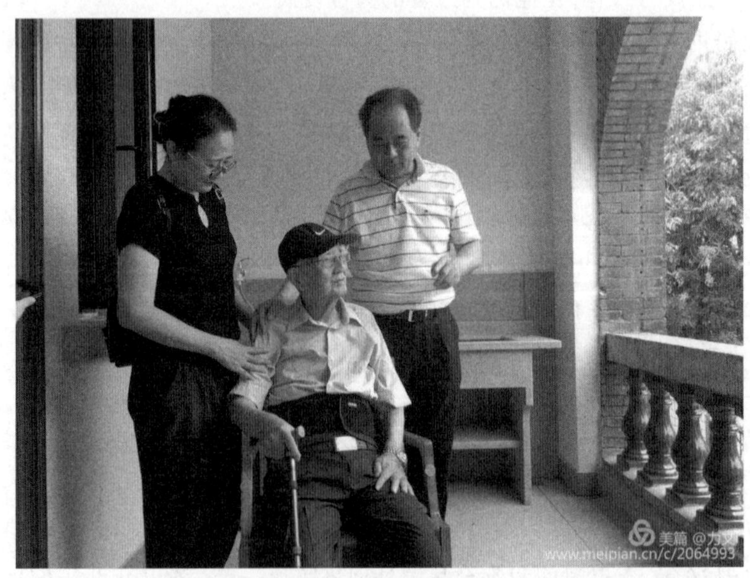

图2　笔者和哥哥邓力平陪父亲回到国光一6号老屋忆旧

年后抗疫，兄妹俩大约有40年没一块陪伴老爷子了。这些日子，老爷子心里乐。和儿女更是天南地北、政治经济、国家政策、养身健体地聊着，回味过往。

看今日角色互换，我们守望老去的父亲，一个用心的陪伴，一个真诚的呵护，一个简单的搀扶，不也是一种爱的延续吗？

写在最后

一鼓作气写了几段，也把自己的思维梳理一番。我想，老爷子在日常生活与工作中表示出来的是一种品质，展现的是一种气度。

平静生活中是和风细雨，逆境时带给我们的则是一种多么强大的内心力量。他是拿自己的情，恰当地启发和塑造了我们的心灵，把他的状态慢慢地内化给后辈。他对我们虽无施加什么特别教育，我们却实实在在地受到他的影响，并成为今天的我们。

谢谢您，老爷子。

邓力文写于邓老爷子98岁寿诞之际

后记：

我的好父亲因病于2020年12月22日11点38分走完了他朴实无华的一生，永远离开了我们，享年98岁。

在他住院的前一天，我和他视频了相当长的时间，没想到这次竟是我和他的最后一次聊天。他告诉我三次，他想回家乡看看，他说："家乡给我修缮了旧居，我要再去看看。"我用视频给他看了我收藏的字画，他一个字一个字地读完了其中一幅画中的一首诗，告诉我"很有味道"。看到"惠风和畅"这几个字时，他说"一家人要好好生活"。

2020年一开始就很不容易。

1月1日老爷子因吞咽问题到医院就诊。之后的每一天，老爷子都以顽强的毅力，去对付每一口的吞咽，他说："吞下去就能活。"让大家感到欣慰的是，尽管辛苦，老爷子身体慢慢有所恢复。这期间，四代同堂共为老爷子打气加油，大家都尽力陪伴在老人身边，孙子孙女的努力工作和学习，曾孙女的天真无邪，都给了老爷子无限的宽慰与开心，也让我们少了些许的遗憾。老爷子坚强且乐观地说："这一年，过得很苦，但活着很幸福。"疫情期间的几个月，我们兄妹俩始终陪着他，老爷子说"40余年都没有这么开心了"，这些日子他和我们聊国家政治经济政策，聊他坚持几十年的养生健体方法，聊让他引以为豪的学生成就，聊奶奶对他的好，还聊许许多多的过往。

我们用心地守护着他，给他真诚的呵护，给他有力的搀扶。这一年我们兄妹俩有点辛苦，但我们却加倍感受到陪伴的幸福。

在医院与病魔搏斗这20多天，老爷子是如此坚强，也是如此圆满，他和我们一起度过了冬至，圆圆满满。我16日从加拿大赶回，虽然因疫情在酒店隔离而无法到医院探望，但通过视频，通过音频，为老爷子祈祷，为老爷子加油，最后，在泪水和呼唤中，告别老爷子。

那夜，老爷子给我们留下的最后两句话，第一句是："世界上就是天地人，就是精气神"；第二句是："度过庚子年，活到一百零八"。表明他的理念将永远和我们在一起。他给我们的爱，所藏的伟大与慈祥将教会我们坚强与执着，仍将继续铺垫我们的人生之路。他的崇高品质与精神力量会一代代地延续下去。

爸爸，我们会把您记在心里，永远爱您，您放心地走吧。

（爱您的女儿，力文于隔离酒店，2020年12月22日）

一生厚示秉笔书

——女儿悼父亲蔡厚示

林　祁　蔡　琳

父亲蔡厚示，字佛生，笔名艾特。1928年5月（农历四月初八）生于江西省南昌县三江镇南街蔡村。1949年毕业于厦门大学中文系，获文学士学位，1954—1956年在北京大学文艺理论研究生班进修。历任厦门大学中文系助教、讲师、副教授，福建社会科学院文学研究所副研究员、研究员，兼海内外多所高等学校客座教授。曾先后赴英国、美国、日本、马来西亚、新加坡、越南、俄罗斯讲学或访问。著有《文艺学引论·上册》、《诗词拾翠》（一、二、三集）、《唐宋词鉴赏举隅》、《玉雪轩文论集》、《独柳居诗词稿》、《双柳居诗词》（合著）等。系中国作家协会会员、中华诗词学会顾问（原副会长）、古典文学研究著名专家和海内外知名诗词作家，享受国务院特殊津贴。

2019年2月22日病逝于福州，享年92岁。

林祁悼父亲

尊敬的各位来宾：

我和我的家人都感谢大家的到来。尽管跟中央保持一致，丧事从简，但我想这悼词是"简"不了的。故特意从美国搬来前总统小布什给父亲老布什总统的悼词，悼念我家的"总统"：父亲，我们将会记住您，想念您。您的正派、真诚、热情和善良的灵魂将永远伴随着我们。因此，在泪眼之间，让我们享受这份能够认识您和爱您的福分，您这位伟大而高尚的人。您是作为儿女可以拥有的最好的父亲。在悲痛中让我们微笑，因为我们知道父亲再次拉着母亲的手……

父亲蔡厚示和母亲林芳是在美丽的厦大校园谈的恋爱，中文系的“白马王子”配“英语系花”，可谓男才女貌。家藏旧照可以为证(图1)。而在我幼时的记忆中，父亲的确是风流倜傥，翩翩才子一个。大概因才气而留校任教罢，他成为新中国第一代学者。王亚南校长曾高度赞扬他的博学，以至于到了“帽子”横飞的年代，批他是“封资修反动学术权威”我倒觉得一点不假。而“封资修”俱全的一代学者俱往矣。

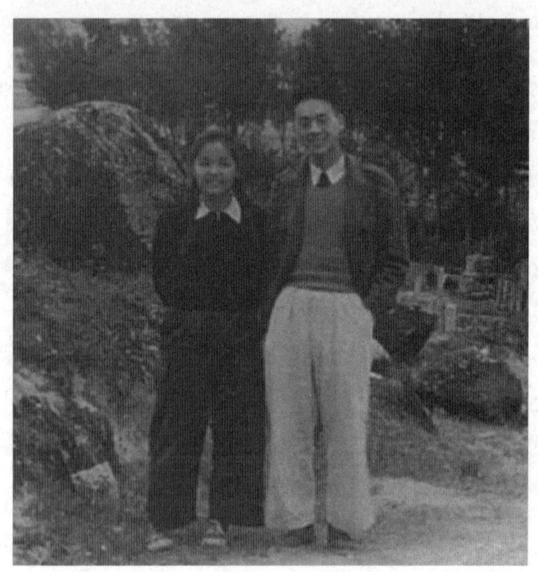

图1　父母亲的芳华年代

父亲的“封资修”对我们可谓“潜移默化”：我从小跟着他春眠也觉晓，摇头晃脑背古诗；还听他用俄语朗诵俄罗斯诗歌，觉得那独特的卷舌音里也有平平仄仄。可惜后来我东瀛留学使的是日语，少了这种抑扬顿挫的起伏美。我想象着父亲上讲台时如何吟诵，但听得他的学生杨健民描绘得惟妙惟肖：手执一把小纸扇，悠然扇出口若悬河……今天他的挽联为：一生厚示，看秉笔直书，遂向霜天留宿火；九秩潇然，由耄耋驾鹤，即从云水证初心。

刘再复先生也曾写道：“蔡厚示老师是一团火焰。所有见到他的人大约都会感受到他的热情，他的才华，他的爽快而滔滔不绝……听完他的课，我和一些同学简直是崇拜他了……在我的老师中，他是一个最富有诗人气质的学者。”

夸学者富有诗人气质，是够高的赞赏了。“天生我材必有用”，我自幼感受这种诗人的傲气。父亲不曾当官，只当过“牛鬼蛇神队队长”，起早贪黑“威风”扫地。但不论是“内定右派”拉板车，还是“牛鬼蛇神”“臭老九”，和新中国一样历经磨难的他，一生没有丢失诗人、学者的天生傲气。说父亲学富五车并不夸张，他的记性之好令人惊叹。而且他不但背得“封资修”，还背得毛主席诗词，把“不须放屁”都解释得头头是道。

不过，若这世上的国家领袖只是富有诗人气质，倒未必是幸事。治理大国可以如烹小鲜，切不可如作诗也。作诗可上九天揽月，可下五洋捉鳖，而盖楼房却得平地起！

我也写诗填词，但觉得律诗绝句费劲，不如新诗来得自由。其实，这也是父亲的“遗传”。曹旭教授曰：“蔡先生是少有的新旧体兼善的，这样的人不多。”欧明俊在《智慧老人蔡厚示先生》（载《闽台文化交流》2012年第4期）一文中评道：

> 蔡先生是才华横溢的诗人。他的生命充满了诗情，始终是青春的。他新旧诗体兼工，曾任中华诗词学会副会长，是当代中华诗词创作界的名家。蔡先生有一支生花妙笔，创作了许多古典诗词，结集的有《独柳居诗词稿》《双柳居诗词》《双柳居自选诗词》《玉雪轩近吟》，还有新诗集《艾特自选诗——蔡厚示新诗选》等，独抒性灵，情趣盎然，赢得广泛赞誉。他的诗词是沙漠中的绿洲，久旱的甘霖，滋润人们干枯的心灵，融化世人冷漠的心。
>
> 蔡先生是诗词鉴赏专家。他以诗人特有的才气、灵性和敏锐的艺术感悟力，撰写古典诗词鉴赏著作多部，如《诗词拾翠》（一、二、三集）、《唐宋词鉴赏举隅》，并主编《李璟李煜词赏析集》，还是多部影响广泛的诗词鉴赏辞典的主要撰稿人。他的诗词鉴赏是真正内行的艺术欣赏，文笔优美，令人陶醉，爱不释手……

有一次父亲在北京中国鲁迅文学院讲诗词，后让我“承上启下”，我却从批判开始“崛起”。父亲很高兴，特别是入谢门跟随谢冕先生探索诗学，他更是高兴。遗憾的是他那块古典无人继承！

前些日子被心梗心衰折磨得痛不欲生的父亲，病榻前竟聊起“反右”被批的事，似乎只是淡淡地说，却令人重重地记得："那时要我给党提意见，我就说党支部门口牌子上的字写得太大了。"母亲说他口无遮拦，最怕这毛病遗传给我们。可是"遗传"也是拦不住的。曾有领导找我，说父亲给女生写"情书"，我心一提又放下了，反问：屈原写"香草美女"不正是寄托理想抱负吗？

可我竟不曾遗传父亲的好记性。只记得小时候被他劈头盖脸打一顿，却记不得为什么挨打（记性被打没了？）。后来他说打我是因为我要和"奶奶划清界限"。说他终生最后悔的是对不起他的母亲。我却至今"喊冤"，你们不告知奶奶是地主婆，我小小年纪哪会知道呀。现在，我知道您将去见奶奶，请告诉她，时代变了，孝敬父母被公认为中华民族的传统美德。

父亲出生于江西南昌三江口一户工商地主家，自幼习史学诗，我的祖父是他的第一位老师。祖父曾横遭祸害，后被平反。改革开放后的一天，父亲说我们分到一块地，可以去盖房啦。他为房子取名"博士第"，把我家四姐妹博士放进族谱，想光宗耀祖的父亲偏无男丁，只好来一番"改革"，祖先应该认可吧。

父亲是很爱乡的，我却很怕随他返乡。记忆里是火车钻过一个又一个黑乎乎的隧洞，一双又一双的袜子套上我发冻的小脚丫……如今有了动车，回乡的路程近了，老父亲年年回乡扫墓，除了到南昌大学、南昌二中讲课，还给村庄捐钱种树，给三江小学中学养老院捐款。但我还是怕随他返乡"散钱"。不因囊中羞涩，只因无脸见江东父老罢。我不姓蔡，父亲大人向来很讲民主，四个女儿当中，两个姓林，两个姓蔡，就是他"讲男女平等"的"公告"。只可惜随父姓的偏偏不学文而学理学医，舞文弄墨的活儿便落到我这随母姓的大女儿身上。我，一个边缘人，她的故乡在哪里？

父亲不存在身份认同的焦虑。他是江西籍的福建学者，弟子何止三千？他可以身在三山，却魂飞故里，来去自由，走得非常平静。

父亲永远乐观，永远精力充沛，处于无穷动态之中。如果有整天一动不动的时候，那是他在下围棋。父亲认为围棋就是最好的体育运动，他屡败屡战，赛绩出色，可惜没教会我们姐妹几个。

父亲一生信奉"读万卷书，行万里路"。不要问他去过哪里，而要问他没去过哪里（去西藏是他的最后一个愿望）。古人云，仁者乐山，智者乐水。父亲兼而有之，登山则情满于山，观海则意溢于海。去年国庆期间尽管已病魔缠身，还坐着轮椅由子女们开车到江西峡江、进贤，湖南长沙等故地重游。到88岁还四处讲学呢。还是小布什总统说得好：人最好趁身心尚年轻的时候去世，当然，时间要越晚越好。父亲把他88岁的诗集题为《二八吟稿》，貌似“二八佳人，童心永驻”：“觅桃园，广开花径，便来人，长此醉春风。”他入院前一天还在为年轻人讲解古诗词呢。

父亲曾有2万册书在“文革”中被烧毁，母亲从火中抢出一部《钢铁是怎样炼成的》。我笑道，钢铁应该不怕火烧呀。后来发现这部书还真影响了一代人。父亲就是被“烧”出来的一个。面对“知识无用”的年代，他一刻也没有放弃知识。下放期间收集上杭民歌，编写成册。面对“什么都是假的，只有骗子是真的”社会现实，他依然真真切切一身正气，两袖清风。雕虫未必小技，他把老一代知识分子的风骨，真实地留在书卷里，让后人去盖棺论定。他后来又购买了几万册书。父亲常说，他有幸活过不幸的动乱时代，希望能给后人多留几部著作。

不过对于昨天，博闻强记的父亲常使用遗忘法。“文革”中有个得意门生曾踢了父亲，要他滚蛋。父亲故意忘了他的名字，说是若不学会忘却，心的负担就太重了。但后来听说这爱徒踢他是为了救他不被押上批斗台，就赶紧前往致谢。毕竟师生情是令人难以忘怀的。

刘再复先生为父亲的《诗词拾翠》作序时曾说：“随着人生的深化，面临的世界总是愈来愈复杂，此时，我已不只学会记忆，而且还想学会遗忘……”而在他的心目中，总也遗忘不了的，是尊师蔡厚示的名字。

做一名教师而能让学生永不忘怀，那是何等幸福啊！最让父亲高兴的是后来者居上，刘再复先生毕竟青出于蓝而胜于蓝。以至于每当父亲得意地谈起自己的“师不如徒”，竟让人疑心他是在借着名人抬高自己。

除了夸弟子，父亲也到处夸耀他的“四个博士女儿”。而作为他的大女儿，得了不可抗拒的“夸女儿的遗传基因”，且有过之而无不及——拙文《女儿语录》早已上网。这是网络时代啊，一网传遍天下。

父亲不上网，却把四朵金花皆博士的自豪刻进母亲的墓志铭。听说继母刘庆云教授曾问父亲：我和女儿谁摆第一？父亲毫不犹豫地回答“女儿”。这世上哪个女人不喜欢被哄，他连“哄”都不会。这世上的“第一”，哪能分得一清二楚？尤其在爱的面前。问者傻，答者更傻，我如此评长辈就更为不恭了。

本想将功赎罪，再推轮椅陪老父亲一起去参加新春北大校友聚会的。父亲是解放初期苏联专家毕达可夫研究班中年轻的学者之一，不承想他也老了。“念天地之悠悠”，却不独怆然而涕下，未名湖畔号称“毕二”的一代已成为学界的中坚力量，而还会有“毕三”“毕四”的。父亲，您放心地走吧。

父亲平静地走了，留下一屋子珍贵的书给我们读，而他到天堂也还会有一部永远的圣经可以读吧。只是那里会冷，父亲毕竟是中华诗家，南国学者，他不怕冷吗？他走的时候那双手已经很凉很凉了，我怎么也没能将它焐热呀！“最恐琼楼玉宇，高处不胜寒”，但愿有嫦娥为之舒广袖吧。

且以继母刘庆云率子女奉献的挽联为结语：

蔡厚示先生千古

养一门忠孝，领一代风骚，一百年中能几个；

证三世因缘，树三朝典范，三千里外叩诸天。

志存高远，问学海溟，光星霁月，情凝诗赋，实乃今朝风流人物；

心系苍生，滋兰蕙圃，碧野绛帏，口吐珠玑，正期后世清朗神州。

蔡琳悼父亲

2019年2月22日20时，父亲不幸病逝，享年92岁。连日来，福州的天气依旧寒冷阴沉，时不时还下起了雨。一上完课，我就夜以继日地整理父亲的《纪念文集》。翻阅着父亲留下的一部部著作、一篇篇文稿、一张张照片，心如绞，泪满眶。爸爸，您给了我们太多、太沉的爱。而如今，仙鹤已西飞……抹去滴落的泪水，写下些回忆，作为对父亲的深切悼念。

（一）在赞扬声中长大

我出生时，父亲25岁，是一个才华横溢、英姿勃发的厦门大学青年讲师。打小起，父亲就经常夸我们。记得五六岁时，有一次，我看到一本画报上的风景画，非常喜欢，就在画旁写下：“远远的群山，绿绿的草地，来往的人群，这多么美丽！”父亲看到，高兴极了，他满怀希望地在我的照片后写下“这是我家的李清照”。那天晚上，我们和父亲到厦大会堂看话剧。礼堂里灯光明亮，不少人早早就到了。父亲兴致勃勃地同一些厦大的老师们聊天，竟一字不差、抑扬顿挫地念了我写的“诗”。那些叔叔阿姨竖起拇指直夸我：“不简单，想象力丰富。”我不好意思地低下头，心里却像喝了蜜般的甜。涂鸦之作，竟获如此赞赏，在我幼小的心灵里充满了学习文字和诗词的快乐。

当我以高分考入上海医科大学后，为了夺回失去的光阴(我小学毕业时正值“文化大革命”开始，学校停课闹革命)，我更加奋发，学习成绩优秀。1982年，我入党了，成了恢复高考制度后上海医科大学吸收的第一名学生党员。父亲知道后兴奋不已，赞不绝口：“我的女儿又红又专！”我深知，在极左思潮泛滥的年月里，父亲被作为白专典型遭受批斗，心灵的创伤尤为深重。现在看到女儿全面发展，不禁扬眉吐气，心情格外舒畅。

女儿取得的成绩，父亲老挂在嘴上，每当我获奖，他比我还高兴，逢人就夸。学医回来，我经常为父亲听诊、量血压、测血糖、调整用药。父亲对人说他“小时候听母亲的，成家后听妻子的，现在老了听女儿的”。话里话外，流露着对女儿的宠爱和信任。他爽快地听从我的建议，清晰地知道罹患痛风、糖尿病、高血压等慢性病者应该注意健康饮食，但一到过年，对那些“挡不住的诱惑”——他最喜欢吃的年糖年饼年糕，又禁不住多吃，由此，常在年后犯病入院治疗。在病房里，他经常谈笑风生，尤其爱问医生、护士：“我的女儿在你们医科大学当教授，她教过你们吗？”他喜欢夸女儿也喜欢听人家夸他的女儿。对父亲这样“爱吹、爱典(厦门方言爱表现)”我虽然有点儿不自在，但知道父亲总是希望我在赞扬声中成长，其话语里包含着的是深深的父爱和殷切的希望。

(二)奇妙的遗传效应

小时候，父母亲并不辅导我们的作业。但在我参加高考的前几天，父亲拿了篇文言文给我看，我接过来一口气顺利地读完，父亲十分惊讶：“你怎么就能那样正确地断句呢？”是呀，明辨句读是阅读古文最基本的能力，但“文革”时的中学教科书根本没有此项内容。我们没有学过的知识，我仅凭着感觉竟能准确地作答。是遗传效应吗？医学上，所谓遗传效应是对蛋白质合成有直接或间接影响的能力，遗传信息可以通过DNA片段经过转运、翻译合成相应的蛋白质传递给下一代。我想，除了可能的遗传效应外，小时候听父亲高声朗读高尔基的《海燕》等名篇，“耳濡目染”“润物细无声”的潜移默化，也为我人生的屡次冲刺提供了应对的备战粮。

1999年，我在上海医科大学完成博士论文报告后，答辩组专家和老师们对我流利的汇报和切题的应答给予一致赞扬。我获得了上海市研究生优秀成果奖，后来又获得教育部颁发的全国优秀博士论文奖。也正是借助于清晰的逻辑分析能力和良好的语言文字表达能力，我申报医学科研课题屡次成功。厚积薄发，奇妙的遗传效应使我在医学研究领域里如鱼得水，自由畅快。

父亲也是我从教生涯中的一颗星。他的学术人格和师表风范，他的热情奔放、激情如火，他对学生的挚爱和对教育的热爱使他桃李满天下，有不少是海内外著名学者。在我走上大学讲台时，当我的专业授课深受广大师生欢迎时，当我顺利地指导研究生时，我衷心地感谢父母的遗传效应，"积千累万，不如养个好习惯"，他们为女儿潜移默化地提供了一笔用之不尽的财富。

（三）父亲永远与我们同在

父亲英俊高大，神思通达，身边"粉丝"无数。2018年以来，父亲接二连三住院，我隐约有不祥之感。我和医生们说，父亲患的是心身疾病，与其他老年痴呆者不同，虽然年逾九十，但他思想仍然清晰，意识清楚，正如ICU病房林主任说的"蔡老的头脑一点不糊涂"。长年以来，他习惯生活在学者、朋友、亲人、粉丝中间，要他绝对卧床，独自面对病房天花板，对他的心理将是更大的打击。所以，一住院，我们就全天候轮流陪伴在他身边。父亲喜欢整洁，我经常给他刮胡子、修剪指甲，他很放心。

2019年2月10日父亲急诊入院，检查报告显示，非ST段抬高型心梗、心衰。心功能严重受损，气喘、憋闷不适、伴有大汗。病魔折磨使他痛苦万分。尽管采用了降低心肌耗氧量、降血脂、增加冠状动脉血流、改善心肌代谢等相应治疗，病情仍然反复。伤透心的是2月21日下午，我突然看见父亲病床下有一摊血，很快发现血正从拔除留置针后盖在被窝里的右手腕的针孔中渗出。我立即意识到这是一起医疗事故，紧急按压止血的同时，禁不住发火，厉声呼喊"叫护士来"！护士赶到病房，脸色吓白了，另几名护士接着赶来慌忙地换掉沾血的床单，我气愤不已，立即予以制止："放在那，不要丢！"医疗事故竟发生在眼前，我真是气不打一处出。处分、扣奖金、发展前途……这位护士给患者带来伤害，自己也将倒霉。这时，躺在病床上虚弱的父亲是那样的平静："事情已发生，不要责怪了！"年迈重病的父亲以豁达大度、宽容之心放了缺乏经验的年轻护士一码。是的，父亲向来对他人，对邻里，甚至对保姆、院子里门岗值班员都很宽厚、慈祥。事后，我还是不点名地将有关情况向医院领导报告，希望吸取教训，防止类似事故发生。

2月22日中午，父亲病情加重，心电监测发现心脏停跳3秒，转入ICU病房,3时许完成心脏体外起搏器安装。我进ICU,俯身靠近他,轻声呼唤“爸爸……”他睁开双眼,虽然能认出我,但已失去往日的神采。我握着他冰冷的手,巴不得把全身的热量传递给他,“爸,你要坚强,挺过这一关,会好的……”然而,这竟成永别! 6时半,父亲心脏骤停,经抢救无效,永远离开了我们。

安息吧! 敬爱的父亲,您永远与我们同在!

(林祁,北京大学文学博士,中国作家协会会员,日本华文笔会副会长。来往于中日之间,现为厦门大学嘉庚学院教授,暨南大学日本博士班兼职教授;

蔡琳,中共党员,医学博士,教授(二级),博士生导师,福建省优秀教师,福建医科大学教学名师,享国务院特殊津贴)

秋日的思念

——献给我的婆婆朱红

陈伟琪
（海洋系1977级）

屏幕上定格的直线
瞬间界定了生与死
令人措手不及
无论有千般不舍
万分悲哀
您还是静静地离去
那么优雅从容
那么安详美丽

在病榻上
“谢谢”
是您说得最多的话语
亲情
让你我的手紧紧握在一起
多么多么希望
出现奇迹
让我们永不分离

忘不了
您在年逾古稀之时
开启了传记之旅
用文字记录下

不平凡的往昔
在杖朝之年终于付梓
这是何等执着
何等的毅力

洋洋洒洒
三十五万字
倾注着您的家国情怀
心之所向
情之所寄
是留给子女的宝贵财富
价值无比
必将成为永恒的记忆

秋天悄然而至
而您再也无法欣赏到
秋日的景致
这成为亲人们永远的痛
深深的思念
融合于寂静的月光里
浓浓的爱意
弥漫在颤动的阳光里

愿您的灵魂与精神
与我们永远在一起
愿您在另一世界
寻找到一片洁净的土地
和自己的爱人
享受生活的快乐与惬意
我们会一直一直
为您祝福和祷祈

一个热爱音乐的厦大人

池　涵

这个厦大人是我的父亲，原厦门大学人文学院哲学系教授池超波(1928—2016)。

百年厦大，名师众多。父亲只是一位普普通通的厦大人。他在哲学方面难有建树，但他曾是厦大人文学院最懂音乐的学者和厦大校园内最有哲学修养的音乐达人。他少年时代醉心音乐，青年时代着迷哲学，在中国的哲学氛围中迷茫，在音乐圣殿里寻得精神家园。

音乐和哲学，都是人类精神世界的产物，艺术和智慧的结晶。音乐是精神的感性表达，语言的延伸；许多用言语无法表述的情感，在音乐中可以倾吐得淋漓尽致，细腻入微。而哲学则是精神的抽象描述，思想的精华；其文字精练，深奥晦涩。虽说对音乐的理解只能意会，难以言传；但音乐中或优美或忧伤的旋律总能引起听者或多或少的共鸣，给具有不同音乐素养的听者带来不同的感受。父亲的一生，潜心于对音乐与哲学的学习和研究，并结合相关的历史背景，融会贯通，从而更能理解许多古典音乐作品的内涵，领会到其中的奥妙。他的收官之作《古典音乐欣赏随想录》，便是他一生喜爱音乐的感悟心得。

父亲热爱厦大，以厦大人为荣。他虽未在厦大求学，但在厦大工作终生。他1955年从北大毕业，随后在中国社科院哲学研究所工作；1964年因母亲一直难以适应北京的气候和饮食，他调回老家的福州大学教书。“文革”期间先当“牛鬼蛇神”，后被下放到闽西山区“劳动改造”。1975年，父亲受聘于尊贤重才的厦大，来到美丽的厦大校园。记得当时他也有其他选择，母亲曾希望再回福州，那里有她的父母和兄弟姐妹，但父亲更倾心厦大，因为厦大人文气息浓厚，上弦场前的大海也深深吸引了他。

父亲喜爱大海，缘自他出生于福建长乐依山伴海的梅花乡。他从小在海边长大，深受大海的熏陶。他的祖先是以海为田、捕鱼为生的渔民。宽广博大的海洋，造就了渔民的胸怀开阔和自信满满；变化无常的海洋，培养了渔民的冒险精神和勇敢气质；出海的时候，渔民们合作互助，甘苦与共；遇到了困难，渔民们不屈不挠、顽强拼搏。这些渔民特有的性格，从祖先一直延续下来，成为基因。清朝后期，父亲的高祖父在一次出海捕鱼时，突然天空乌云密布，接着狂风暴雨，大浪滔天。当所有渔船都急忙返港避风时，作为船长的高祖父发现海上远处有一艘渔船被风浪掀翻，船员落入海中。他当即转舵，驶向翻船救援，经过两天一夜与风浪的搏斗，才把翻船的落水船员安全救回。被营救的船员为此在家乡修建了一座小庙，用石碑记录下被营救的过程，高祖父成了当地的英雄。还有一次，高祖父在远海捕鱼时发现一处岛礁附近隐隐约约有一艘船翻了，在上下浮动，又带领船员驶往救援，但到达那里看到的不是船翻了而是一条搁浅挣扎的大鲸鱼，他们花了两天两夜把大鲸鱼拖回。本来是为了救人，结果得到的是意外收获。取完鱼肉出售后，鲸鱼骨架有20多米长，被运到福州展览。

从父亲的高祖父这一辈开始，积累了相当的财富；从曾祖父开始，注重子女教育，从而令他的祖父得以接受高等教育。父亲的祖父早年学医，随后成为英国人创办的、当时福州著名的"柴井基督医院"（现为福州市第一医院）的医生和副院长，后又成为福州三大西医专家之一，并在退休后开设了自己的诊所。尽管从祖父开始不再以海为田，但在父亲的血液中，仍然保留着祖先们的渔民特质和吃苦耐劳的基因。

父亲上小学后，全家人在福州与他祖父一起生活。那时他祖父所在的基督教医院有个约定俗成的规矩，医护人员每星期天都要到教堂做礼拜。父亲也常被带去，上午参加礼拜，下午参加为儿童举办的活动，这些宗教活动的主要内容之一就是唱赞美诗。钢琴伴奏的赞美诗旋律优美，和声丰富，悦耳动听，在他的心里埋下了音乐的种子。可以说他的音乐启蒙，就源于在教会受到宗教音乐中优美动听旋律的熏陶。那几年夏天，父亲都会随家人去梅花乡海边度假。在上海医学院学习的叔叔有时也会回来，喜欢牵着他在海边散步，面向大海边走边唱《渔光曲》《大路歌》等旋律悠扬的歌曲，这些经历也加深了父亲对音乐的喜爱。

祥和的时光常常是短暂的。在父亲10岁左右，由于抗日战争全面爆发，全家逃难到临时的省会永安县。当时国立福建音专（后并入上海音乐学院）也在永安，经常举办音乐会，父亲每场必到。音乐会上各类音乐作品的悦耳旋律，尤其是钢琴和小提琴的优美旋律，激发了他学习钢琴和小提琴的兴趣。一个偶然的机会，父亲发现学校有一台破旧钢琴放在堆杂物的仓库里，就恳请音乐老师帮他征得校长的同意，下午放学后或晚上去仓库学钢琴。当时他拜国立福建音专的一位高年级学生为师，每天放学后进仓库练琴至少3个小时。父亲曾回忆过当时的情景：晚上仓库没有电灯，只能点上摇曳的煤油灯或蜡烛，夏天蚊子多，就在脚边放蚊香驱蚊。尽管学习钢琴的条件十分艰苦，但丝毫没有影响他的学琴热情。后来有一个暑假，同学介绍他到一个牧师家练琴，由于师母喜欢，他可以每天上下午都去，一天有六七个小时的练琴时间，直到这个牧师全家搬回厦门鼓浪屿。好学加上刻苦，父亲的琴艺长进极快，曾受邀在福建音专的音乐会上独奏表演，展现了他的音乐天赋。

抗战胜利后回到福州，要就近找一台钢琴实在太难了。相对而言，拥有一把小提琴要容易得多，所以父亲就师从国立福建音专的徐志德教授，学习小提琴，以后又跟随团省委组建的青年文工团的指挥黄芹学习指挥。有了先前学习钢琴的基础，学习小提琴和指挥便得心应手。随着父亲的勤学苦练，他进步很快，几年后他受邀到省广播电台独奏小提琴，并参与指挥福州市音协合唱团。那时刚解放不久，青年人朝气蓬勃，满怀理想和激情，父亲参加了福州市第一届大、中学的团训班，白天在大会上指挥唱歌，晚上教团训班学员学习指挥，充分展示了青年人的理想和激情。父亲和母亲郑慎宜就是音乐为媒相识的，那时母亲在歌咏队独唱，他给母亲伴奏。共同的理想和爱好，增进了他俩的相互了解，建立了感情，并经受住了随后四年分别的考验。

父亲没有向我提及他为什么对哲学感兴趣，我想也许是因为他喜爱音乐，从而更关注人的内心感受并引发了他对人性的探究。他说过虽然他喜欢弹钢琴和拉小提琴，也动过继续深造的念头，但他深知自己开始学琴时年龄太大，基础不够扎实，很难有更大的发展。1951年父亲考入清华大学，除了继续学习小提琴，还参加了学校的管弦乐队。1952年院系调整，他转入北京大学哲学系学习。当时北大正要组建大学生合唱团，在招聘指挥的过程中，颇有竞争。很多候选人身材高大，风度翩翩。相比之下，父亲中等个头，精力旺盛；由于他会演奏钢琴和小提琴，有过指挥福州市音协合唱团的经历，尤其引人注目的是他在台上的从容和自信，使他在合唱团指挥的招聘中脱颖而出，成为北京大学合唱团的首任指挥（图1），并且在以后每年合唱团的吐故纳新中一直稳居指挥位置,直到大学毕业。父亲曾回忆道:在指挥北大合唱团的那几年,《黄河大合唱》中“怒吼吧!黄河”是保留曲目,每次演出唱到主旋律的时候,低音声部的女同学都不由地含着眼泪,情感非常投入到位,能激起听众的共鸣。在他们经常演唱的曲目中,《牧歌》《阿拉木汗》《远方的客人请你留下来》《半个月亮爬上来》,以及苏联歌曲《宿夜的金云》和波兰歌曲《左右都是桥》等也都深受听众的喜爱。

图1　父亲在指挥北京大学合唱团

1954年春,在北京大学合唱团与清华大学合唱团联合排练准备参加青年节晚会的过程中,父亲萌发了组建北京市大学生合唱团的念头,随即写信向北京市学联提出了建议,并很快得到学联的同意和其他高校的响应,也得到中央乐团合唱队的支持和帮助。在北京市大学生合唱团的招考挑选团员的过程中,中央乐团合唱指挥和合唱队员全体出动,分成多个小组,从各校推荐的300多位学生中按音色、音域录取了120人,成立了北京市大学生合唱团,父亲担任指挥直至他从北大毕业。

1956年,应中关村附近的北大、清华和北航等八大院校青年教师的强烈要求,北京市教育工会决定成立北京市大学教师合唱团,邀请在中关村附近哲学研究所上班的父亲参加组建工作并担任指挥(图2)。120人的北京市大学教师合唱团成立后,中央乐团给予了大力支持,派了任策、聂中明等专业合唱指挥来做艺术指导,使这个业余合唱团很快显示出极高水平,在随后的多次重要演出中都受到好评。

图2　父亲在指挥北京市大学教师合唱团

父亲没有明说，但从他的回忆中可以断定，从1951年到1957年，是他一生中的一段美好时光。由于父亲在大学期间和毕业后作为业余合唱指挥的出色表现，他有机会旁听在北京举办的全国业余合唱指挥学习班和中央乐团苏联专家合唱指挥班的部分课程或讲座；他还结识了许多专业合唱指挥，如秋里、任策、聂中明、司徒汉等，并在他担任前述三个合唱团的指挥时分别得到他们的指导和帮助。那几年间北京的音乐园地满园春色，除了文化部多次举办的全国性专业和业余的文化活动外，苏联等国外艺术团体和专家也常来华演出。身为指挥的父亲近水楼台先得月，每次都能得到中央乐团的招待票或文化部艺术局给他的套票去观摩。丰富的文艺活动和歌声，让他的生活充满了阳光。最令父亲高兴的是，到哲学所工作以后，分别四年多的母亲从福州调入哲学所，他们得以团聚成婚。同时，父亲的指挥水平也得到苏联著名指挥家列·尼·杜马舍夫的好评。杜马舍夫和夫人还邀请父母亲去他们在北京友谊宾馆的住处做客，送给父亲一套苏联合唱曲集并签名和留言。

可惜好景不长。1957年以后，国内政治运动接二连三，尤其是“文革”期间，整个国家从一片混乱到陷于瘫痪和灾难。学校停课，知识分子受迫害，父亲也被当作“牛鬼蛇神”被游街和批斗，他多年积累的音乐资料和黑胶唱片都成了“封资修”的物证，因抄家被掠夺或销毁，令人窒息的氛围和严酷的迫害曾让父亲感到绝望……好在父亲都挺了过来，他牢记海明威在《老人与海》中说的“一个人可以被毁灭，但是不能被打败”；他的肉体可以被折磨，但他的意志不能被征服。在父亲最困难的时候，心中的音乐给了他强大的精神力量，足以藐视那些势利小人。他坚信普希金的诗句：“假如生活欺骗了你，不要悲伤，不要心急……一切都是瞬息，一切都将会过去……”

1975年，父亲来到厦大，这是他一生中最重要的转折。可以说，成为厦大人是他生命的崭新开端。随着“四人帮”的倒台和邓小平的复出，随着全国的拨乱反正和改革开放，束缚了哲学工作者多年的精神枷锁被逐渐解除。他可以重拾被荒废多年的对德国古典哲学的研究，康德、黑格尔、马克思的哲学著作又回到了他的案头。1978年，作为下乡知青的我和妹妹池彦同时考上大学，更是消除了父亲内心深处的担忧。又过了几年，父亲搬入紧挨着上弦场的白城教授楼，站在阳台上，坐在书桌前，清晨可以看着太阳从海面升起，夜晚可以听见海水拍岸的潮汐声，他仿佛回到大海的怀抱，精神面貌焕然一新。随着生活水平不断提高，父亲添置了一台全新的钢琴，他多年的梦想得以实现。从那时起，白城观海楼时常传出贝多芬的《月光》、舒曼的《梦幻》、柴可夫斯基的《船歌》和肖邦的《夜曲》的优美旋律。

父亲深知音乐像阳光、似雨露，能给人带来温暖，滋润人的心灵。他曾多次对我和妹妹说如能精通一种乐器，一辈子将受益无穷。他希望我们的后代都能学会一种乐器。他说亲自演奏有助于对音乐作品的理解和欣赏，有助于自身音乐素养的提高，有助于增添生活中的乐趣。父亲曾让我从小学习小提琴，并准备让我妹妹从小学习钢琴，无奈“文革”带来的社会动荡摧毁了这一切，成了我和妹妹的终生遗憾。

记得在我童年，家里有一台留声机和许多黑胶唱片，其中父亲播放最多的是苏联著名小提琴家大卫·奥伊斯特拉赫演奏的莫扎特《G大调第三小提琴协奏曲》和《A大调第五小提琴协奏曲》，以至那些旋律常驻于我的脑海。有趣的是，多年后我儿子初学这两首曲目时，他拉错的音节我都能听出并指出。或许是这种从小的熏陶，或许是父亲基因的作用，当我在大学里接触到古典音乐时，立即被吸引并由衷地喜爱。在我就读于中国科技大学期间，曾参与学生会的组织工作，我们有机会邀请到著名钢琴家殷承宗、著名歌唱家刘秉义和叶佩英、著名指挥家李德伦来校演出和举办讲座，校园里掀起了欣赏古典音乐的热潮。当时为了普及古典音乐，学校给我们配置了双卡音响设备，还通过在北京的外文出版社订购了100多盘进口的古典音乐原版磁带，这在20世纪80年代初期，绝对是音乐爱好者的稀世珍宝。回想那年暑假，当我把部分磁带如贝多芬著名的“英雄”“命运”“田园”“合唱”交响曲，以及巴赫、莫扎特、柴可夫斯基、舒曼、肖邦、李斯特、拉赫玛尼诺夫等作曲家作品的几十盒磁带翻录带回家，父亲喜出望外，如获至宝。他不但自己反复欣赏，也开启了他在厦大校内外普及古典音乐的一幕。

我带回来的磁带，当时在厦门也是稀缺的音乐资源。为了让更多的厦大人欣赏到这些优秀的音乐作品，父亲常把这些磁带播放给他的学生或借给朋友欣赏。当播放被誉为“命运”交响曲的贝多芬《C小调第五交响曲》时，随着乐曲中那著名的命运叩门声响起，听者都会感到震撼。音乐中时而铿锵有力，时而悠扬悦耳的旋律，以及通过与命运抗争，从悲愤迈向最后胜利的喜悦气氛，犹如精神洗礼，把听者带入崇高的境界。这种古典音乐的震撼力是改革开放初期盛行的流行音乐无法比拟的。借此父亲向学生们解释了古典音乐与流行音乐的最大不同是：流行音乐通俗易懂，时尚新奇，更具娱乐性和商业性，但其快速更替，变更周期短，很难长期流传。而西方古典音乐是欧洲文艺复兴前后数百年人类文明之精华的积淀，与悠久的中国古典音乐一样，是经过时间检验的艺术宝藏。

父亲在音乐方面的造诣，厦大同事早有所闻，因此父亲多次受邀在厦大校内举办普及古典音乐的讲座。为了帮助听众更好地欣赏音乐，理解作曲、演奏和聆听三者之间的关系，父亲从哲学的视角阐明社会存在决定社会意识。音乐是生活化的，是作曲家在现实生活的感受中，用旋律、和声、复调、调式等各种音乐语言和方式反映现实生活，表达他们的思想和情感，欢喜与忧伤。所以任何一个音乐作品的创作，都与作曲家所处时代背景以及他们的生活经历密切相关。对于演奏者来说，情感只能为情感所理解。每次演奏都是一次再创作，指挥家和演奏家只有了解了作曲家创作的时代背景和生活经历，才能通过他们的再创作（演奏）重现作曲家对作品的创作意图。我录制的国外著名交响乐团如卡拉扬指挥的柏林爱乐乐团演奏的音乐作品，就能充分再现作曲家要表达的思想和情感。而对于听者来说，倾听、想象和感受是理解音乐作品的基本要素，如果在聆听过程能让自己融入音乐的意境，与自身的感受共鸣，就能感悟到音乐中的思绪与情感；如果能了解作曲家的生活经历和创作的历史背景，就有助于进一步领会音乐作品的内涵。

父亲在多年对德国古典哲学和马克思早期著作的研究中，对贝多芬生活时期的德国和欧洲的文化、历史背景有着全面、深入的了解。当时的德国经济落后、政治分裂，人们生活在封建专制主义的苦难之中，这种苦难的现实催生了康德的批判哲学、黑格尔的绝对精神和以歌德、席勒为代表的德国古典文学。这些德国最优秀思想家的政治观点，深深地影响了贝多芬和他的创作。他们都关注德国的命运和“人”的主题，向往美好的生活。结合这些历史背景，父亲能够从哲学和历史的角度帮助听众欣赏诸如贝多芬的《降E大调第三交响曲》“英雄”和贝多芬的《D小调第九交响曲》“合唱”等作品。在父亲的音乐讲座中，他首先介绍作曲家的生平和作品创作时的历史背景，然后一边读着总谱，一边听着磁带，分析每个乐章的特点和思想内容，使听众在欣赏音乐优美旋律的同时，也能理解作品的思想内涵。

1980年代初期，厦大艺术学院还未成立，学生们对音乐的渴望，可以从父亲的古典音乐讲座受欢迎程度得以充分体现。在几次讲座现场，300多人的大教室都是场场爆满，连过道都站满了听众。父亲的讲座反响热烈，周边的高校和文化机构闻讯也纷纷前来邀请他去举办讲座，如厦门水产学院、厦门师专、厦门商业职校和厦门文化宫等，更远一些的高校如福州大学、华侨大学也对父亲的古典音乐讲座展示了极大的热情和欢迎，在华侨大学的两场讲座，不但300多人的大教室被挤得水泄不通，讲台周围和教室窗外也都自始至终站满了学生。这一方面说明父亲的讲座生动和引人入胜，另一方面也说明古典音乐的感染力和打动人们心灵的力量。

可喜的是，许多当年的听众，成为今日的音乐爱好者。而日新月异的科技，又给他们提供了更多更方便的机会和条件欣赏音乐，让音乐更加大众化。他们可以通过各种音乐沙龙，以及微信群等交流平台，分享音乐作品，交流各自的感受。他们还可以通过强大的互联网搜索工具，了解作曲家的生平和许多著名音乐作品的创作背景。更可喜的是，他们可以通过手机和其他各种高科技产品，让音乐时时陪伴自己。试想如果没有音乐，生活将是多么枯燥无味，多么死气沉沉。

父亲退休以后，对孙子(图3)和外孙的音乐教育投入了极大的关注和热情，尤其是钢琴的启蒙教育。这两位厦大人的第三代，分别在厦大白城生活过，在父亲的钢琴上弹奏过。随着他们年龄的增长，他们的琴艺越来越高，这时父亲更加强调扎实的基本功的重要性。当时孙子的钢琴老师采用的是日本钢琴教育家铃木镇一创立的铃木教学法，虽然每支练习曲都很好听，但指法训练不多，好在父亲及时建议增加了指法训练的教材，为日后继续提高演奏水平打下了坚实的基础。同样，当孙子开始学习小提琴时，父亲也倾注了大量心血，从教材的选取到运弓的姿势，每个细节都不放过，当孙子12岁时就能演奏莫扎特的小提琴协奏曲，他由衷地感到高兴。遗憾的是，由于我和妹妹常年在国外工作和生活，只能定期把他们弹琴和拉琴的表演用录像制作成光盘寄给父亲，而每当他收到这些光盘，都会像孩童收到生日礼物那样兴奋，他会反复观看并提出他的建议。很快，他就高兴地感叹道，孙子和外孙的琴艺已经超过自己了。

图3　父亲和他的孙子

自从父亲的孙子和外孙开始学琴，他关注他们的成长远胜于关注儿女。而孙子外孙也没辜负祖父期望，他们不仅继承了他的勤奋刻苦的基因，还隔代遗传了他的音乐天赋。他们很喜欢和蔼的祖父，不但愿意听他的建议，也很为他争气。孙子从中学开始一直是学校交响乐队的小提琴首席，曾获得纽约上州地区肖邦钢琴比赛第一名和美国纽约州中学生钢琴比赛第二名；外孙曾获得美国麻州中学生钢琴比赛第一名并代表麻州参加全美中学生钢琴比赛。每每我们把这些好消息告诉父亲，都可以在越洋电话中感受到他的喜悦和激动，在这种时刻，他常常会多次喃喃自语我们告诉他的喜讯，夹杂着“太好了”“太高兴了”之类的感叹，这种自语，不是老年人的啰嗦，而是他对孙子外孙超越自己少年时梦想所产生由衷喜悦的自然表露。

当父亲步入晚年，我陪伴他的时间多了些。我发现他更多的是欣赏或弹奏巴赫、莫扎特和肖邦的钢琴作品，然后陷入回忆和沉思。我想是不是他已经累了，不再需要早年他喜欢的气势磅礴、与命运抗争的贝多芬交响乐以及带有悲剧性和宣泄性的柴可夫斯基交响乐，他更享受的是巴赫音乐中的典雅与和谐、莫扎特音乐中的乐观与浪漫和肖邦音乐中的柔软与温情。

父亲这一代知识分子，和同辈的厦大人一样，是饱受苦难的一代！他们在战乱中长大，在成就事业的宝贵年华却屡遭心灵被压抑、被扭曲。庆幸的是当外部世界狂风骤雨时、生活在痛苦中挣扎时，音乐是父亲内心的平静港湾，能让他心灵得到片刻的安宁和慰藉。

父亲痴迷音乐，音乐的艺术宝藏是他一生中的最爱、精神家园。父亲深爱厦大，厦大的山水草木是他半辈子的伴侣、心怡之乡。晚年，父亲嘱咐身后把他的骨灰撒入白城前的大海，他是永远的厦大人！

谨以此书向建构百年厦大的人们致敬

Stories of Xiamen University

主　编：章　慧　叶频青
主　审：卢咸池
编委会：陈孔立　林华水　卢葛覃
卢咸池　吴伯僖　叶频青
章　慧　钟安平　周　跃

厦门大学出版社
XIAMEN UNIVERSITY PRESS
国家一级出版社
全国百佳图书出版单位

图书在版编目(CIP)数据

厦大故事/章慧,叶频青主编.—厦门:厦门大学出版社,2022.4
ISBN 978-7-5615-8480-4

Ⅰ.①厦… Ⅱ.①章… ②叶… Ⅲ.①厦门大学—校友—回忆录 Ⅳ.①G649.285.73

中国版本图书馆 CIP 数据核字(2021)第 275279 号

出 版 人 郑文礼
责任编辑 眭 蔚 李峰伟

出版发行 厦门大学出版社
社 址 厦门市软件园二期望海路 39 号
邮政编码 361008
总 机 0592-2181111 0592-2181406(传真)
营销中心 0592-2184458 0592-2181365
网 址 http://www.xmupress.com
邮 箱 xmup@xmupress.com
印 刷 厦门集大印刷有限公司

开本 720 mm×1 020 mm 1/16
印张 54.25
插页 4
字数 916 千字
版次 2022 年 4 月第 1 版
印次 2022 年 4 月第 1 次印刷
定价 168.00 元(上下册)

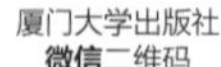
厦门大学出版社
微信二维码

厦门大学出版社
微博二维码

百年校庆和《厦大故事》

本书主编章慧是厦门大学化学系教授，她从小生活在厦大校园里，对厦大有着特别深厚的感情。2016年她就主编了《永远的厦大孩子》，把20世纪50—60年代生活在厦大校园里的孩子们的历史记忆和对厦大的认同感具体生动地呈现出来。几年前她又策划要在校庆100周年时，主编和出版一部由老中青三代人回忆和撰写的、亲身经历或耳闻目睹的、鲜活的、“好看的”厦大故事，作为厦大人对母校的一份献礼。

她邀请我为本书写序，我曾经加以推托，后来想到我已经90岁，作为“国立时期”的学生，至今还生活在母校的已经屈指可数了，只好勉为其难。

回顾厦大百年历史，以1949年为界可以分为两个阶段，四个时期：一是私立时期(1921—1937)16年，二是国立时期(1937—1949)12年，三是改革开放之前(1949—1978)29年，四是改革开放以来(1978—2021)43年。现在私立时期的师生都已经超过100岁了，只有后人写的回忆或本人的遗作；而国立时期的师生已经90岁上下，主编为了“抢救”历史，勉力征集；1949年以后至改革开放之前收录的篇数相较略少，稍嫌欠缺。应当说，主编这本书几乎没有得到他人的帮助，主要是她个人努力的成果，她已经用尽了“洪荒之力”，不足之处只好留待《厦大故事》续编来弥补。

我早在1941年就生活在厦大校园里，1948年成为本校学生，此后70多年的厦大历史我都亲身经历过。记得1952年院系调整，厦大规模被大大压缩，把工科的电机、机械、土木、航空等系，海洋系、航海专科、政治系、法律系、教育系、俄语专业以及农学院调整到其他学校，我的许多同学、同事也调离厦大。本来整个商学院也要调整到外校，后王亚南校长只留下经济系，而把会计、统计、外贸等系变为经济系的教研组保留了下来。厦大成为只有文理两个学院的综合性大学。1959年筹办福州大学时,厦大调出将近一半的理科教师,包括著名化学家、全省理科唯一中科院学部委员和一级教授、学校副校长卢嘉锡,以及整套的图书和仪器设备,无私地支援福大。而当2000年全国院校进行合并扩大时,厦大没有合并任何院校。所以有人说,厦大"只出不进",是全国著名大学中唯一没有通过合并扩大规模的大学。尽管如此,经过多年的努力,现在厦大已经拥有6个学部、29个学院、15个研究院的完备的学科体系,成为"211工程""985工程"重点建设的高水平大学,入选国家公布的A类世界一流大学建设高校名单。在迎接百年校庆时,学校发出号召"弘扬嘉庚精神,奋进一流征程","携手描绘世界一流大学建设新的宏伟蓝图"。

百年校庆和《厦大故事》,让我想起"历史记忆"和"群体认同"这两个学术用语。"历史记忆"是指一个群体的成员在一定的历史时期内形成的对往事的记忆。"群体认同"也就是"身份认同",是指个人把自己定位在某一个群体之中,从而产生"归属感"。不同时期有不同的历史记忆,但都会有归属感。正是不同时期厦大人的历史记忆和归属感,形成了对母校的凝聚力和认同感。这种归属感和认同感是与厦大独特的传统、气质和性格密切相关的,它体现了厦大特有的性格和精神。厦大精神不是用几个字就能表达和传承下来的,厦大曾经有过"四种精神"的说法,即爱国精神、革命精神、自强精神、科学精神,其他大学也会有这样的精神,因而无法体现厦大的特色。厦大特有的性格是在厦大人组成的知识共同体中长期积累而形成的,它可以通过厦大故事这种生动感性的方式呈现出来。不同时期有不同的厦大故事,经过历代师生的口耳相传、筛选、再创造,能够流传下来的必然是厦大人引以为傲的人物和故事,体现出厦大特有的性格,这才是厦大人归属感和认同感的源头活水。

随着新时代的到来,在践行社会主义核心价值观的进程中,厦大人必然会有新的历史记忆,有自己喜欢的新的人物和故事,体现厦大特有的性格及其深化和提升,从而形成对厦大的归属感和认同感。厦大故事是厦大的宝贵财富,希望能够依靠组织的力量,发动更多的人继续写下去,让厦大特有的性格和传统发扬光大,代代相传。

陈孔立

2020年9月18日

引　言

人们喻岁月像长河，是由于岁月流淌过那么多令人感怀的人与事，忆起总让人思绪连篇，难以平复；人们说厦大像本书，是因为只要走进厦大，就会发现她的每一石一木，每一建筑与故事，都蕴藏着生生不息的内涵，读来回味无尽。

厦大的故事是色彩纷繁的。

为了让愿意了解她的人们感知厦大，也为了满足天涯海角的“厦大人”回溯厦大的愿望，本书主编请到一部分厦大的老教授、老学长，厦大校友，校外达人，以及在厦门本岛的厦大校园、大生里、同文路和鼓浪屿，以及抗战期间的长汀等厦大宿舍区域生活过的厦大孩子，一起讲述他们知道的厦大故事。

这些故事里，有他们心中深深敬怀的老师、长辈以及他们熟识的从厦大走出的英才们的点滴往事；有为了坚持办学不惜流离颠沛不惧炮火威胁、由美丽悦目到遭战火摧残再到重建繁荣的母校今昔；有回顾教学科研备尝艰辛的心得和展现贵重实验仪器来之不易的经历；有在岁月跌宕中难忘的生活起伏、博弈命运和海外求学、立志报效祖国之深刻记忆；还有返回厦大故园、重访熟悉老建筑后留下的心迹与感触。

他们以多重视角看厦大的昔往今来，真情地写下每一个字符；他们精心收集、注解历史照片并记录时景，努力还原厦大真实原貌；他们叙述岁月长河中的厦大，史实与轶闻相互映衬，留下的真实记载有些甚至鲜为人知；他们将自己的情感凝聚于文笔之下和光圈之中，作为庆贺厦大百年华诞的一份小小心意。

对于每一位厦大人来说，“厦大”已成为他们一生中不可或缺的情感烙印。由此希冀，这部由老中青三代人因缘相邀写出的、浸染厦大百年情怀的《厦大故事》，能为每一位有着厦大情结的“厦大因子”带去释怀的抚慰。

厦大这所今日巨厦涵括的，除了美丽海滨和南国风情，还有叹为观止的铸器历史。故而期待，喜欢厦大的人们通过《厦大故事》，能够一览厦大厚实的人文积淀的一角，进而对厦大自强不息的个性铸就由来，加深印象。

希望《厦大故事》是一部读了还想读的书，更是一部读不完的书。

叶频青

2019年11月12日

目　录

（下册）

校园芳华

优雅笃行

往事钩沉

故宅依稀

家史感怀

1921–2021

厦大故事

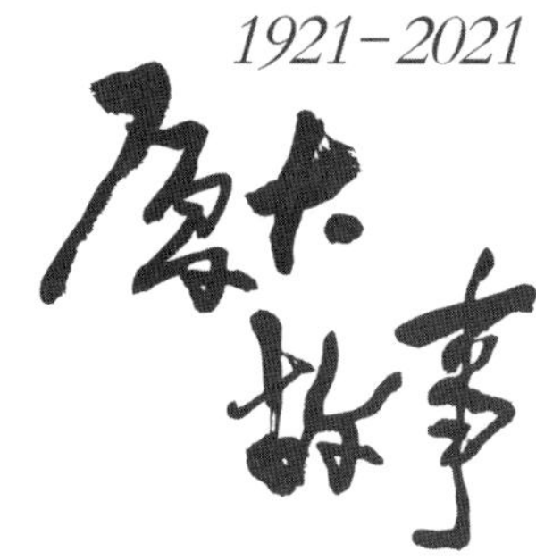

Stories of Xiamen University

校园芳华

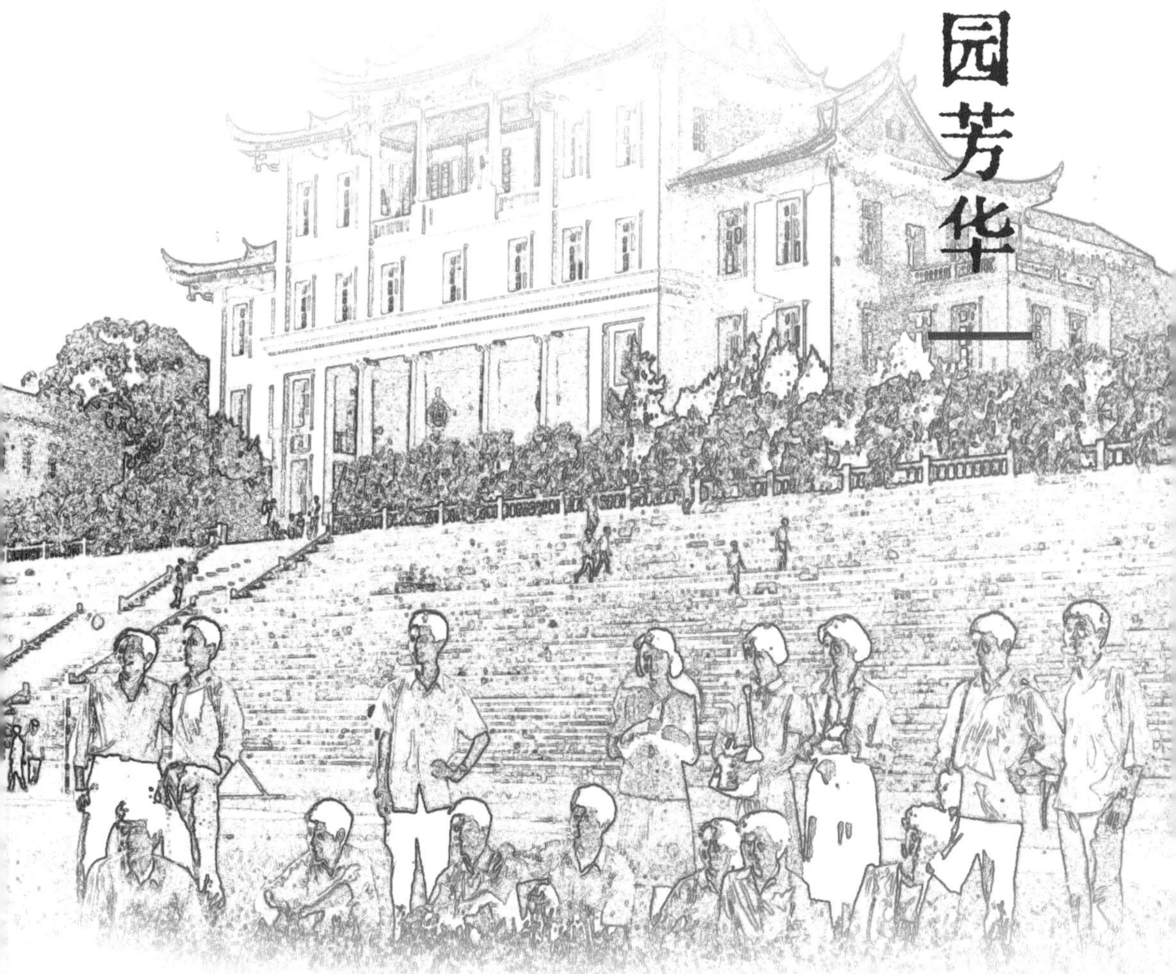

卢嘉锡在厦大的青少年岁月

卢咸池　卢葛覃　章　慧

大学的学习生涯

1928年秋天，不满13岁的卢嘉锡考取厦门大学预科，跨进厦门大学校门。此前除了读过一段私塾，他只上过一年小学和一年半初中。他是凭借时任厦门大同中学校长杨景文破例为其开具的旧制（四年）中学毕业文凭取得预科报考资格的。两年后，他顺利升入本科（图1）。

图1　大学时代的卢嘉锡

升入本科的第一件事是选系。学校允许学生除选择主修系外，还可选择辅修系，并可以选修一些主、辅系以外的课程。卢嘉锡在预科是理组，升入本科后有数理化生及工科系可供选择。他很有数学天赋，又从小喜爱数学，故选择了数学(那时叫“算学”)为主系，同时选择了化学为辅系，此外还选修了植物学和德语等课程。

给学生们上“普通化学”课的是刚获取美国约翰斯·霍普金斯大学哲学博士学位、归国应聘到厦门大学任教的张资珙教授(图2)。时年26岁的张教授兼任厦大理学院院长和化学系主任，是当时国内最年轻的理学院院长及系主任。他很有才学，课上得特别好，待人格外友善。

图2　卢嘉锡的恩师张资珙教授

有一次，张教授在黑板上写了一个奇怪的“化学式”——C_3H_3，并问：“谁能说出这是什么？”

有人脱口回答：“一种碳氢化合物的分子式！”因为从一般的概念说，C代表碳元素，H代表氢元素，那么这个分子式就应该是代表一种由三个碳原子和三个氢原子组成的碳氢化合物了。

“不，这不是什么碳氢化合物的分子式，而是化学家的分子式！”张教授说。同时他写下三个英文词组：

Clear Head(清醒的头脑)，

Clever Hands(灵巧的双手)，

Clean Habit(洁净的习惯)。

这三个英文词组，每组两个单词的第一个字母都是“C”和“H”。张教授以这个式子表示一个化学家所应具备的品格。

这个生动的诠释深深打动了卢嘉锡的心，在他的脑海里留下了深刻的印象。张教授对聪明好学的卢嘉锡也特别关注，虽说当时卢嘉锡在化学系只是一个辅修生，但他学习十分用功，成绩出众，而且大有潜力。因此，张教授有意引导他往化学方面发展，经常向他介绍欧美科学发展情况，同时灌输科学救国思想。

在张教授的影响下，卢嘉锡对化学的兴趣日增。临近期末的一天，张教授拍拍卢嘉锡的肩膀问："把你的主系改为化学如何？"

就这样，从第二学期开始，卢嘉锡改为"主系化学，辅系数学"。

一年之后，张资珙教授应聘转赴华中大学任教，离开了厦大，但卢嘉锡始终很怀念他，特别铭记他关于C_3H_3的论述，不仅自己身体力行，还经常向学生和青少年朋友宣传这一思想。他常说："作为一个科学工作者，不论是化学还是其他学科的，具备清醒的头脑、灵巧的双手、洁净的习惯这样的素质，都是很重要的。"

不幸的是，"文革"中正在武汉大学任教的张资珙教授遭受残酷迫害，过早地离开人世。卢嘉锡得知后深感悲痛。1982年，武汉大学宣布为张资珙教授平反昭雪并为他举行追悼会，其时卢嘉锡刚担任中国科学院院长不久，他因忙于公务无法亲临哀悼，特意送去了长幅挽联：

忆早岁喜聆教诲嘱改主修化学今日言犹在耳
赞平生苦钻学术未忘忠爱祖国何期死竟含冤

受业卢嘉锡敬挽

以此表达他对恩师的无限怀念。

改系以后，化学成为卢嘉锡的主攻方向，但他对数学的兴趣丝毫未变，实际上他是两系并进，两系所修课程成绩一样优秀。"高等微积分"是主修数学的学生才学的课程，可是他偏偏同样去选修。有一回，他被一道题目难住了，连续几天寝食不安，夜里上床后还在思考。入睡以后，他居然在梦中解出了这道难题，可是第二天醒来，却怎么也想不起梦中的解题方法。他不甘心，继续冥思苦想，几天之后想出了另一个解题方法。但他觉得新方法没有梦中的方法简便，仍然锲而不舍不断思索。两个月后，他终于回忆起梦中解题的方法，心里特别高兴！

到了大学三年级，他们开始学习"物理化学"课程。这门课程比较难学，任课老师是毕业于美国麻省理工学院的化学博士区嘉炜。区教授经常在课堂上出几道题对学生进行测验。一次，他出的测验题中有一道特别难，全班只有卢嘉锡一人基本做出来了，不过他把小数点点错了一位。卷子发回来时，卢嘉锡发现那道题老师只给了他四分之一的分数，他感到很委屈。区教授开导他说："不要看不起一个小数点，将来工作中如果也这样点错小数点，就可能使建起的房屋倒塌、架起的桥梁崩溃。我扣你四分之三的分数，就是扣你把小数点放错了地方……"

事后，卢嘉锡静下心来仔细检查出错的原因，原来那不过是一时的疏忽。但再经过一番琢磨，他发现当初自己给出的计算结果与题意所要求的有明显差异。只要认真对照分析一下题目所给的条件，错误完全可以及时发现并纠正过来。从那以后，卢嘉锡每做一道习题，都要根据题意先分析思考出结果的大体范围或数据的数量级。如果解题的结果超出了这一范围，就要认真检查解题过程，从而有效避免了因偶然疏忽引起的差错。他把这种做法推广到日后的工作之中，称之为"毛估"。此后几十年中，他经常跟身边的同事和学生说："毛估比不估好！"

吸取了这次的教训，卢嘉锡学习得更加认真、扎实，收获更大，成绩也一直名列前茅。本科期间26门课程考试，他有20门成绩超过90分，其余6门也都在85分以上。这在大学"宽进严出"的年代实属不易。四年中，他一直都是陈嘉庚奖学金的获得者(图3)。

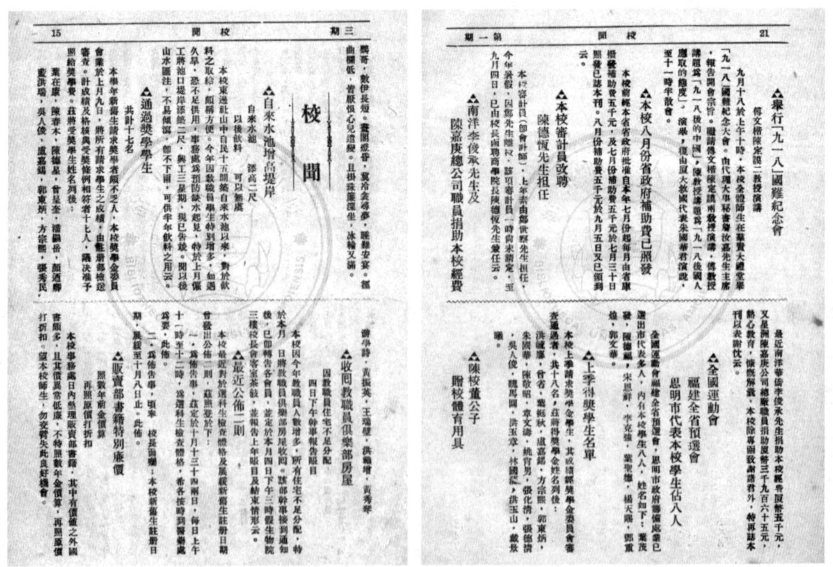

三期　　校聞　　15

鵲哥，數伊長短。賽團燈昏，寬冷衾尋夢，睡餘安宴。孤曲欄低，皆厭恨心見遺蹤。且掛珠簾深坐，冰輪又滿。

校聞

△自來水池增高堤岸

自來水池　添高二尺
以後飲料　可以無虞

本校東邊社山中自民十五開築自來水池以來，對於飲料之取給，頗稱方便。今年因教職員學生特別增多，如遇久旱，恐不足供用，事務處為預防缺水起見，特於上月僱工將池口堤岸添築二尺，興工三星期，現已告竣。聞以後山水匯注，不易傾瀉，即不下雨，可供半年飲料之用云。

△通過獎學學生

共計十七名

本學年新舊生請求獎學者頗不乏人，本校獎學金委員會業於上月九日，將所有請求學生之成績，由註冊部檢送審查。計成績及格核與受獎條例相符者十七人，議決准予照給獎學費。茲將受獎學生姓名列後：

葉在康，陳春木，陳德星，曾昱奎，潘鵬岳，顏通卿，藍洪瑞，吳人俊，盧嘉錫，郭東炳，方宗熙，張秀民，潘學詩，黃振英，王瑞璧，洪鵬增，黃秀琴

△收回教職員俱樂部房屋

因教職員住宅不足分配
四日下午幹事報告賬目

本校因今年教職員人數增多，所有住宅不足分配，特於本月日將教職員俱樂部房屋收回。該部幹事接到通知後，已即轉告各會員，並定於本月四日下午三時假生物院三樓校長會客室茶敍，並報告上年賬目及結束情形云。

△最近公佈二則

本校最近對於選科生檢查體格及展緩新舊生註冊日期曾發出公佈二則，茲照登於下：

一，為佈告事，茲定於十月十三十四兩日，每日上午十一時至十二時，為選科生檢查體格，希各按時到醫藥處為要，此佈。

二，為佈告事，頃奉　校長面諭：本校新舊生註冊日期，展緩至十月八日止。此佈。

△販賣部書籍特別廉價

照數年前金價算
再照原價打折扣

本校事務處日內整理販賣部書籍，其中有價值之外國書頗多，且其價異常低廉，不特照數年金價算，再照原價打折扣。望本校師生，勿交臂失此良好機會。

21　　校聞　　第一期

△舉行「九一八」國難紀念會

傅文楷陳定謨二教授演講

九月十八於上午十時，本校全體師生在羣賢大禮堂舉行「九一八」國難紀念大會。由代理大學秘書曾汝嘉先生主席，報告開會宗旨。繼請傅文楷陳定謨兩教授演講，傅教授講題為「九一八後的中國」，陳教授講題為「九一八後國人應取的態度」。演畢，復由廈大教職代表朱國華君演說，至十一時半散會。

△本校八月份省政府補助費已照發

本校前稟本省省政府批准自本年七月份起每月由省庫撥發補助費五千元，及七月份補助費五千元於七月三十日照發已誌本刊。八月份補助費五千元於九月五日又已領到云。

△本校審計員改聘

陳德恆先生担任

本校審計員（即會計師），上年素由鄭世察先生担任，今年暑假，因鄭先生離校，該項審計員一時尚未請定，至九月四日，已由校長函聘商學院長陳德恆先生兼任云。

△南洋李俊承先生及陳嘉庚總公司職員捐助本校經費

最近南洋華僑李俊承先生捐助本校經費國幣五千元，又星洲陳嘉庚公司總廠職員捐助國幣三千九百六十五元，熱心教育，慷慨解囊，本校除專函致謝諸君外，特再誌本刊以表謝忱云。

△全國運動會

福建全省預選會
思明市代表本校學生佔八人

全國運動會福建全省預選會，思明市政府籌備處業已選出市代表多人，內有本校學生八人，姓名如下：葉茂發，陳德嘉，宋思鮮，李克強，葉聖德，楊天賜，鄧重煌，郭文華。

△上季得獎學生名單

本校上季請求獎學金學生，其成績經獎學金委員會審查通過者，共十八名，茲將得獎學金姓名列後：

洪鐵廉，曾省，葉挺秋，盧嘉錫，方宗熙，郭東炳，朱國華，陳敬昭，章文濤，姚育男，張化濤，張德濤，吳人俊，魏禹圖，洪玉章，林國祿，洪玉山，戴揆曦。

△陳校董公子

贈校體育用具

图3　1930(左)、1933(右)学年度获陈嘉庚奖学金学生名单，卢嘉锡均名列其中(校图书馆特藏部供图)

卢嘉锡并不是一个只知埋头读书、“两耳不闻窗外事”的书呆子。在学期间，他积极参与学生社团活动，并和同学们共同发起成立了厦大化学学会和算学学会，还被推选为化学学会会长和算学学会副会长。他认真组织学会活动，邀请教授和学有所长的同学做学术报告，还编印了学会会刊《化学通讯》和《厦门大学算学学会会刊》。从今天保留下来的油印本《厦门大学算学学会会刊》可以知道，卢嘉锡当年不仅为会刊撰稿，还是会刊编辑，而且不少稿件是他亲自刻钢板编印的。他与两个学会的密切关系一直保持到毕业以后。

1933年8月，离大学毕业还有一年，卢嘉锡万万没想到，他才58岁的父亲竟因病去世，家庭失去了主要的经济支柱。哥哥雨亭从集美学校毕业后就开始在中小学教书，后来转入银行工作，但收入都不高，而且此时他已经结婚生女，有了家庭负担。弟弟万生为生计只得辍学做工。只靠有限的奖学金不足以承担最后一年的学习费用。为此，卢嘉锡决定半工半读，靠自己挣钱来维持学业。大学四年级，他一边做毕业论文，一边在系里当学生助教，指导一年级学生的化学实验课，同时他由中学英文老师举荐，到城里玉屏巷的省立厦门中学(简称“省中”或“厦中”)兼任英文教员，得到的工资用以支撑学业并贴补家庭开支。卢嘉锡自此开始他的教学生涯。一年之后，他毕业留校任助教，但仍在省立中学兼任数学教师，一直到他出国留学为止，前后整整四年时间。日后的厦大物理系教授何恩典、化学系教授李法西和福建三明化工总厂总工程师江培萱等，都是当年卢嘉锡在省中任教时的学生。

由于卢嘉锡实际上只读了一年半中学，因此虽然在大学是“辅系数学”，其实开始时他的中学数学知识是不完整的。在中学，他的代数只学到一元二次方程，平面几何只学了圆的头几个定理，三角只学了头几个恒等式，立体几何根本没学过。现在要教中学数学，“许多内容自己还没有学过，怎么办？我看书做题，边学边教。三年过去，中学的数学从头到尾学懂了，从初一到高三的数学也教遍了，而且学生反映挺不错”。不过，以自己的亲身经历权衡利弊，卢嘉锡认为“跳班不一定好，有的知识，我因没学过而时感贫乏”，他主张在一般情况下还是循序渐进为好，这样基础知识会学得更扎实一些。

1934年，卢嘉锡以优异的成绩于化学系毕业，获理学士学位(图4)，并留系当助教。他的毕业论文题目是《文昌鱼之化学分析》(图5)，这篇论文被评为当年的优秀毕业论文，指导教师就是两年前的物理化学任课教师、其时已经担任化学系主任的区嘉炜教授。而他的辅系数学的学分也完全达到主系的要

求，只差一篇数学毕业论文就跟数学系毕业生完全一样。如果那样，他就成为“双学士”了。

图4　卢嘉锡的毕业照

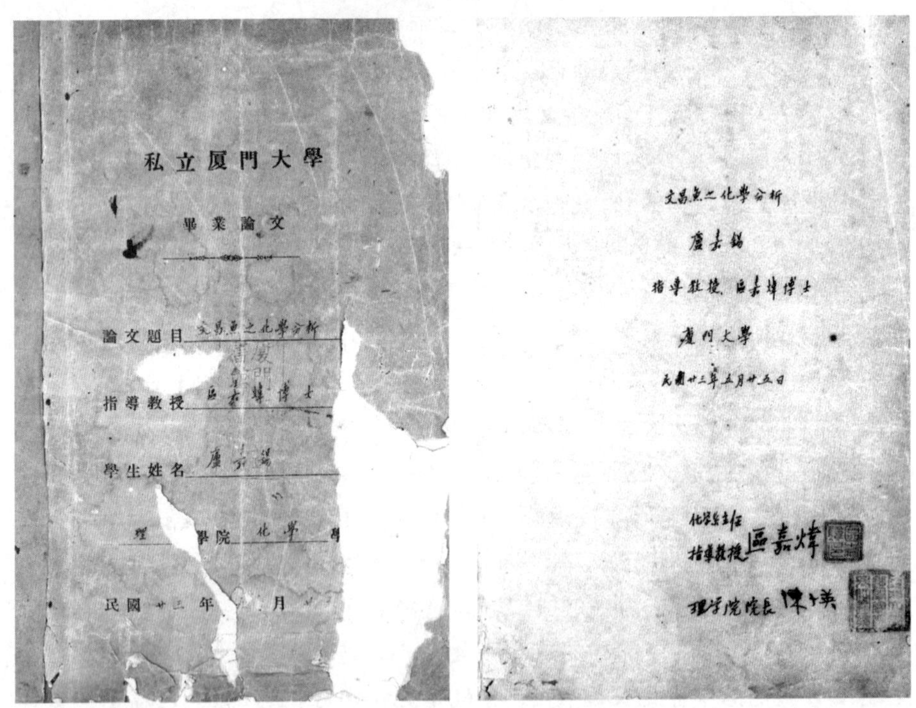

私立厦門大學

畢業論文

論文題目 文昌魚之化學分析

指導教授 區嘉煒博士

學生姓名 盧嘉錫

理 學院 化學

民國廿三年 月

文昌魚之化學分析

盧嘉錫

指導教授 區嘉煒博士

廈門大學

民國廿三年五月廿五日

化學系主任
指導教授 區嘉煒

理学院院長

图5　卢嘉锡的毕业论文封面和扉页

年轻的大学助教

1934年秋，19岁的卢嘉锡刚任助教，指导学生实验课。18岁的陈国珍考进厦大，入化学系学习。陈国珍写实验报告一丝不苟，文字端正整齐。卢嘉锡第一次看到陈国珍的实验报告就十分欣赏。他拿着批改好的实验报告在实验室里到处问："哪位是陈国珍同学？"这对师生从此相互认识并成为挚友，深厚的情谊延续了60多年。

厦大化学化工学院至今还珍藏着卢嘉锡批改的陈国珍的定性分析和物理化学两本实验报告，首页上标明实验的年份分别是"1935—1936"和"1936—1937"。由于岁月的流逝，这两册经历大半个世纪风霜的实验报告本，纸质已经发黄，但翻开每一页，都可以看到用蓝色的蘸水笔以英文写就的实验报告，笔道粗细有致、纤丽工整，一丝不苟；更令人称道的是在蓝字中间还写有红色的眉批，也是同样的清丽干净，以至于有不少人初看时以为这是用打字机打出来而不是手写的。有人形容它"好似兰花与玫瑰花在绚丽的花丛中比美……是使巧夺天工的艺术大师自叹弗如、使心灵手巧的绣花女工拍案惊绝的精品"。蓝字是陈国珍撰写的实验报告，而红色的眉批则是卢嘉锡对实验报告的批改(图6)。仔细查看这些批改，不仅有反应物生成物的增减、错误实验数据的修正、实验描述不当英文用词的改正，还涉及计算数据的有效位数、英文冠词的使用，甚至还以大段文字示范如何分析阐释实验结果。即使到1937年6月，卢嘉锡已经考取中英庚款公费，即将出国留学，可是他对实验报告的批改仍然是那么仔细、认真。难怪很多人称赞这两本实验报告为"师生双绝"，是对青年师生进行优良教风和学风传统教育的极好教材。

在学习和任教过程中，卢嘉锡练就了灵巧的双手和娴熟的实验技能。后来他去英国留学，刚到时导师让他学习吹制实验用的玻璃管，结果导师十分惊讶："你学得这么快？我们干了多少年一天也只能吹出几根，你刚来一天就能吹出十多根！"其实他在厦大早经方锡畴、刘椽教授等手把手传授学会了这门基本技术。任助教期间，卢嘉锡还分别与张怀朴、方锡畴教授合作编写了《物理化学实验教程》《普通化学实验教程》两本英文教材。这两本实验教材后来

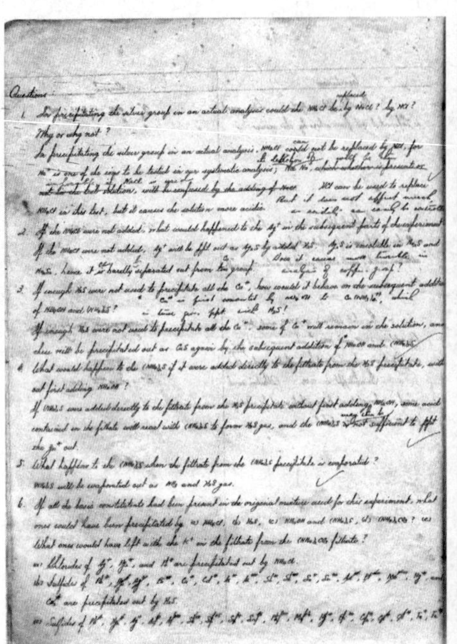

Questions

1. In precipitating the silver group in an actual analysis could the NH_4Cl be replaced by HCl? by H_2S? Why or why not?

5. What happens to the $(NH_4)_2S$ when the filtrate from the $(NH_4)_2S$ precipitate is evaporated?

$(NH_4)_2S$ will be evaporated out as NH_3 and H_2S gas.

6. If all the basic constituents had been present in the original mixture used for this experiment, what ones would have been precipitated by a) NH_4Cl, b) H_2S, c) NH_4OH and $(NH_4)_2S$, d) $(NH_4)_2CO_3$? e) What ones would have left with the K^+ in the filtrate from the $(NH_4)_2CO_3$ filtrate?

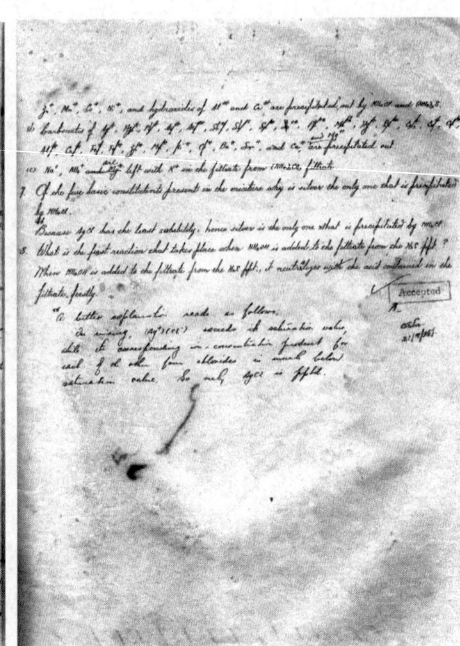

7. Of the five basic constituents present in the mixture why is silver the only one that is precipitated by NH_4Cl.

Because AgCl has the least solubility, hence silver is the only one that is precipitated by NH_4Cl.

8. What is the first reaction that takes place when NH_4OH is added to the filtrate from the H_2S ppt?

When NH_4OH is added to the filtrate from the H_2S ppt, it neutralizes with the acid contained in the filtrate, firstly.

Accepted

"A better explanation reads as follows.

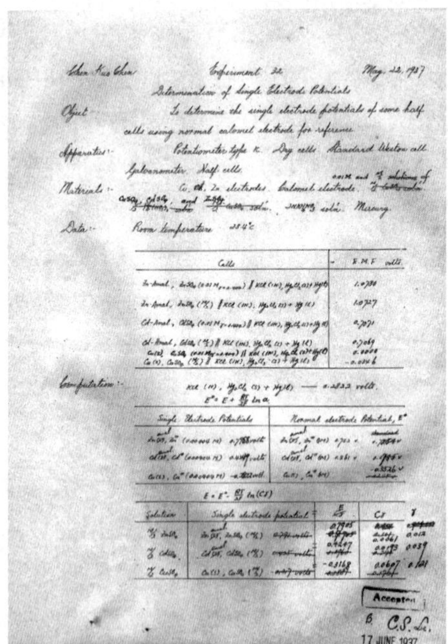

Chen Kuo Chen　　Experiment 32　　May 22, 1937

Determination of Single Electrode Potentials

Object:- To determine the single electrode potentials of some half cells using normal calomel electrode for reference.

Apparatus:- Potentiometer type K. Dry cells. Standard Weston cell. Galvanometer. Half cells.

Materials:- Cu, Cd, Zn electrodes. Calomel electrode. 0.01M and M/2 solutions of $CuSO_4$, $CdSO_4$, and $ZnSO_4$. Mercury.

Data:- Room temperature 25.4°C

Cells	E.M.F. volts
Zn-Amal, $ZnSO_4$ (0.01M) ‖ KCl (1N), Hg_2Cl_2(s) + Hg(l)	1.0780
Zn-Amal, $ZnSO_4$ (M/2) ‖ KCl (1N), Hg_2Cl_2(s) + Hg(l)	1.0727
Cd-Amal, $CdSO_4$ (0.01M) ‖ KCl (1N), Hg_2Cl_2(s) + Hg(l)	0.7071
Cd-Amal, $CdSO_4$ (M/2) ‖ KCl (1N), Hg_2Cl_2(s) + Hg(l)	0.7069
Cu(s), $CuSO_4$ (0.01M) ‖ KCl (1N), Hg_2Cl_2(s) + Hg(l)	0.0000
Cu(s), $CuSO_4$ (M/2) ‖ KCl (1N), Hg_2Cl_2(s) + Hg(l)	-0.0346

Computation:- KCl (1N), Hg_2Cl_2(s) + Hg(l) — 0.2822 volts.

$E^\circ = E + \frac{RT}{nF}\ln a$

$E = E^\circ - \frac{RT}{nF}\ln(C\gamma)$

Solution	Single electrode potential	$\frac{E}{RT}$	Cγ	γ
M/2 $ZnSO_4$	Zn(amal), $ZnSO_4$ (M/2)	0.7905	0.0061	0.012
M/2 $CdSO_4$	Cd(amal), $CdSO_4$ (M/2)	0.4247	0.0193	0.039
M/2 $CuSO_4$	Cu(s), $CuSO_4$ (M/2)	-0.3168	0.0607	0.121

Accepted

C. S. L.

17 JUNE 1937

图6　卢嘉锡批改的陈国珍实验报告

上:分析化学实验报告;下:物理化学实验报告(1937年6月17日批改)

在厦大化学系沿用了许多年。

卢嘉锡编写教材也有他个人的独特风格。那时学校出讲义惯用的做法是：教师把讲义稿写出来，交给教材组，由专人负责刻钢板、校对修改、油印，然后装订发出。可是卢嘉锡不这么做。他从教材组借来钢板、要来蜡纸，也根本没有什么稿子，只是略加构思，就直接"窸窸窣窣"刻起钢板来……其实教材的内容都在他脑子里，写不写成书面稿子对他并不重要，条理思路照样井然有序。蜡纸刻好后，他再交给教材组，由他们直接油印就行。这样编印讲义，省却了写书面稿的工序，提高了工作效率，而且卢嘉锡亲自刻写，字迹清秀工整。印出的教材人见人夸。

李海涛所著的《量子世界：通俗量子物理简史》中讲了一段费米编写教材的故事："1927年暑假，26岁的费米到多洛米蒂山度假，每天带上足够的铅笔和笔记本，没有一本参考书，没有一块橡皮擦，侧卧在草坪上一页一页地写，一个假期下来，一部《原子物理学导论》就写出来了。这部一次成型的书稿送到出版社，纸面上既没有涂改也没有删划，简直是不可思议。书于1928年出版。"两位名师的做法何其相似！

圆出国深造之梦

大学毕业后，卢嘉锡一面在厦大当助教，一面继续在省中兼数学教师，同时还继续参与化学学会、算学学会的活动和会刊的编辑工作。但这时的他心中已经泛起了一个愿望，那就是想要出国留学。时任厦大理学院院长兼算学系主任的张希陆教授（南开大学创建人张伯苓的长子）很赞赏卢嘉锡的数学天分，不论是辅系数学的课程，算学学会的活动组织（图7）、会刊编辑，还是后来兼任省立厦门中学数学教师，张教授都对他悉心指导。临毕业之时，张希陆更鼓励卢嘉锡努力争取出国深造。

图7　1935年1月13日厦大算学学会聚餐合影

前排左二张希陆、后排右二卢嘉锡

卢嘉锡在繁重的教学之余认真备考。第一次他报“化工陶瓷”，因专业不合而落榜；第二次考“物理化学”，以第二名的成绩与成功擦肩而过。天道酬勤，有志者事竟成。1937年3月，卢嘉锡第三次赴试，终于在物理化学30多名考生中脱颖而出，以第一名的成绩考取了第五届中英庚款公费留学(图8)。当年录取的25人中，24人来自南京、上海、北平、杭州的名校，只有卢嘉锡1人出自名气较小的厦门大学。

五屆留英生考試

合格揭曉

▲中央社南京廿五日電 中英庚款第五屆留英公費生考試、於廿二日在該會事務所召開考試委員會、到李四光、羅家倫、黃建中、陶孟和、傅斯年、胡燏行、顏任光等、當將應考人分數詳加審核、按照及格標準、錄取廿五人、廿五日揭曉、該會即分別爲錄取人延聘導師、預定出國研究計劃、并於七月間召集各生到京、舉行短期講習、於八月初啟程放洋、其錄取人員如下、理論醫學張昌紹、李佩珠二名、社會立法張天開一名、普通語言學袁家驊一名、航空工程黃玉珊一名、機械工程王兆華一名財政徐毓枬一名、紡織周家仁陳彬二名、化學盧嘉錫一名、獸醫胡祥璧一名、留牧湯逸人、王棟二名、農業化學葉和才一名、物理馬仕俊一名、社會人類學許烺光一名、地理譚楨謀、鮑覺民二名、水利工程顧兆勳張維二名、天文戴文賽一名、水產唐世鳳一名、統計徐鍾濟一名、鐵路管理程擬粵一名、植物病理沈其益一名、錄取者全係國內大學畢業後、而在學術機關服務二年以上者、計中大畢業者六名、交大四名、清華三名、北大二名、其餘燕大、平師大、浙大、金陵大學、滬江大學、廈門大學等校各一人、

图8　上海《申报》登载的第五届中英庚款公费留学录取名单

消息传来，老师、同学、亲友，以及他兼任教师的省立厦门中学的师生们都纷纷向卢嘉锡表示祝贺。他从学生时代起就为之付出多年心血的厦大化学学会和算学学会联合为他举行了欢送会(图9)，理学院院长刘椽教授在会上讲话，表达了热烈欢送之意，并对他多加勉励。

图9　1937年5月(农历四月)厦大算学、化学两学会联合聚会欢送卢嘉锡留英并在化学院前合影

前排:左六卢嘉锡、左七刘椽(带着儿子刘光夏)、右三何励生

三排:左五蔡启瑞

后排:左二陈泗传

几年来,卢嘉锡在恩师的指引下不断前行。今天,他的人生即将开启新的一页。

(本文节选自《华夏赤子　科教巨擘卢嘉锡》,福建卢嘉锡科学教育基金会编著,中央文献出版社2017年版,并经改写而成)

田昭武求学及早期从教经历

林华水　吴奕纯　郑启五　吴清玉

田昭武1945年从福建省立永安中学毕业，被保送厦门大学化学系，成为新生院的一名新生。同一年，卢嘉锡先生辞却了国外一切聘任，毅然回国，受聘为厦门大学化学系教授。这似乎是一种巧合，更是一种缘分，从此留下了他们特殊师生关系的一段佳话。在卢嘉锡先生的安排下，田昭武比别人多学好几门化学学科之外的课程。同样，在卢嘉锡先生的安排下，田昭武毕业留校后先后担任物理化学和物质结构两门重要课程的助教和主讲。而后，在卢嘉锡先生的赞许和鼓励下，田昭武走上了电化学科研之路。

动荡校园　幸遇良师

1945年，中国人民终于迎来抗战的最后胜利。就在这一年，田昭武从永安中学毕业，以全校高中三年理科总分第一名的优异成绩被保送到厦门大学化学系。

厦门大学是1921年由爱国华侨领袖陈嘉庚先生创办的，这是中国近代教育史上第一所由华侨创办的大学。《厦门大学组织大纲》明确规定办学的三大任务为“研究高深学术，养成专门人才，阐扬世界文化”。建校之后，厦门大学很快形成了文、理、教育、商、工、法6个学科19个系。私立厦门大学于1937年7月正式被南京国民政府接管，改名为国立厦门大学，教育部任命清华大学教授萨本栋博士为校长。1940年8月至1941年，国民政府教育部举行首届和第二届全国大学生学业竞试，厦门大学蝉联冠军。为此，国民政府教育部向全国通令嘉奖，并称厦门大学为“南方之强”。因此，厦门大学成了莘莘学子向往的大学。

当时，保送到厦门大学的学生，还得经过一番面试，才算正式录取。抗战时期厦门大学内迁闽西长汀，从永安到长汀没有直达车，要从永安乘汽车到连城，再从连城转车到长汀。虽然旅途劳顿，精神不佳，但是田昭武还是轻而易举地通过了面试。从此，他与厦门大学结缘，且绵延一生！

抗战胜利后，福建省政府旋即从永安迁回福州，田昭武一家也随之搬回了省城，而厦门大学也即将从长汀迁回厦门。

抗战刚刚结束，全国上下，百废待举。从福州到厦门的公路被日军轰炸得满目疮痍，交通中断，海运也处于瘫痪状态，于是，田昭武联系了3位同年考取厦大的福州同学，决定一起结伴步行到厦门。他们雇了一位挑夫，帮助挑行李兼向导，从福州到与厦门一水之隔的晋江古镇安海，他们足足走了6天。

登上人货混杂的小渡轮，数小时的风浪颠簸中，田昭武也迎来他动荡的大学生活。

抗战胜利后，国内的政局非但没有平静下来，反而越发动荡不安。内战全面爆发，中华大地乌云密布。田昭武清楚地记得，入学后，他和同学们一起参加过多次游行：一次是因为美国兵强奸北京大学女生沈崇，另一次是浙江大学学生自治会主席于子三被害。田昭武虽然不是共产党员，但是十分同情他们。他毅然站到进步青年一边。

田昭武读大四的时候，局势越来越紧张。国民党当局更为疯狂地抓捕地下党员、进步学生。厦门大学学生宿舍成了军警搜捕的重点目标。每次夜间突袭检查，都闹得鸡犬不宁。这样无休止地折腾，学校无法正常上课。1949年4月，学校停课，提前放假。

平静的校园竟然容不下一张课桌！在厦门大学学习的4年中，田昭武感触最深的是，只有消除内战，才能和平安宁！

校园虽然动荡，但田昭武有幸遇上蔡启瑞、卢嘉锡、钱人元这3位名师。

1945年，入学第一年，田昭武在新生院上课的第一学期，教他普通化学课程的是蔡启瑞先生。这是他上大学的求学路上，遇到的第一位恩师。

蔡启瑞1933年以优异的成绩进入厦门大学化学系。他的家境贫寒，却勤奋学习，获得校主陈嘉庚先生为鼓励清贫学生读书而设立的“免费奖学金”和“嘉庚奖学金”。当时，能得到这两项奖学金的其中一项，已属不易，因为那是学业冠军的标志。而蔡启瑞不但两项奖学金全都获得，而且还连续多次独占鳌头。1937年，蔡启瑞于厦门大学毕业，获得厦门大学理学士学位。由于学业成绩出类拔萃，蔡启瑞毕业后留校担任化学系助教。

1947年，蔡启瑞作为厦门大学选派的赴美留学生，远赴美国俄亥俄州立大学学习。他仅用3年时间，就获得了化学哲学博士学位。1956年，蔡启瑞先生冲破一切阻力，回到祖国，回到厦门大学任教。

尽管蔡启瑞先生只给田昭武上过短短一个学期的课程，但他成了年轻的田昭武学习的偶像。蔡启瑞放弃国外优越的条件，义无反顾地回国，与毕业后留校的田昭武成了同事，其崇高的爱国情怀、求真务实的科学境界堪称科苑宗师，尤其是他对人至诚、谦逊敦厚，在人品方面更是影响着田昭武一生。

蔡启瑞对化学的各个分支都了如指掌，有人统计过，化学系的所有基础课程他都教过，无论是无机、有机，还是分析、物化等。因为当年的化学系教师奇缺，化学学科各个分支的面又非常广，能胜任这么多学科的教学，唯有蔡启瑞先生。而蔡先生克己奉公、淡泊名利、敬业乐群，把教授各门学科当作教学实践，以求全面掌握化学学科的深奥知识。他不计个人得失，通过对有机化学以及物理化学的教学实践，达到融会贯通。这种认真负责、严谨治学的精神，一直被田昭武奉为楷模。

蔡启瑞出国后，田昭武班级的“普通化学”“物理化学”“量子化学”等课程由卢嘉锡先生讲授。

1945年，卢嘉锡先生获得了美国科学研究与发展局颁发的“科学研究与发展成就奖”。这年冬天，卢嘉锡满怀“科学救国”的热忱回到祖国，受聘到母校厦门大学化学系任教授兼系主任。同时，他受聘于浙江大学，两度在该校讲授“物理化学”和“量子化学导论”等课程。1950年后，卢嘉锡历任厦门大学理学院院长，副教务长，研究部副部长、部长和校长助理、副校长等职，并开始培养研究生。

田昭武入学的那一年，卢嘉锡先生刚从海外归国回到母校，他把满腔的热情投入到结构化学科研和化学人才培养上。

1946年夏天，设在鼓浪屿的厦门大学新生院一年级新生田昭武考出了各门课程平均高达91分的优异成绩而名冠全校，获得嘉庚奖学金。消息传到厦门大学校本部，时任化学系主任卢嘉锡先生高兴不已。他认定田昭武正是他百里挑一、延续学术、承接梯队的传人之一。此后，卢嘉锡先生对田昭武因材施教、呵护有加。当时化学系的学生不多，卢嘉锡先生根据每位学生的具体情况，进行个性化的指导，因人而异地给每个人制订了不同的学习计划。每个新学年开学时，学生们都要到系主任那里去选定学习课程。哪个人应该主修什么课程、选修什么课程，卢先生都会亲自帮助他们量身定制。田昭武的悟性好，自学能力强，卢先生专门给他开列出化学学科之外的几门课程，而这些课程是普通化学系学生不一定学习的。例如，在物理方面，化学系学生一般只修一门普通物理学就够了，但是卢先生觉得田昭武还应该多学一些。因此，他还要田昭武多学电磁学和理论物理等课程。而在数学方面，他给田昭武增加了高等微积分、微分方程等课程。在卢嘉锡先生的精细化和个性化的安排下，田昭武比其他同学超前学习了许多数理课程，为他日后的科学攻关打下了扎实的基础。

出于对田昭武的喜爱，卢嘉锡先生还介绍他到厦门市立中学高中部兼任化学教师，既帮助他解决生活上的困难，又给年轻的田昭武提供了教学实践机会。

卢嘉锡讲课从不照本宣科，而是用一张写好提纲的卡片作为讲课纲要，由浅入深，条理清楚、层次分明。他不仅教课本上的知识，更为重要的是启发学生掌握解决问题的思路和方法，启发学生如何把复杂的问题，分解为简单的问题来认识。他上课的逻辑性很强，把物理化学原理的前后条件与结论，条分缕析地演绎得环环紧扣，前呼后应。学生们听他的课，是一种享受，如海绵吸水般地掌握了科学知识。与填鸭式的教学相比，卢嘉锡的启发式教学不是一味地灌输，而是留有更多空白，让你能够去继续思索和探究，从而激发创新意识。课堂上，田昭武常常听得津津有味，并跟随卢先生的思路认真思考，细细琢磨。以至于经历了半个多世纪之后，田昭武在回忆起卢嘉锡的教学往事，仍记忆犹新，历历在目。

大二时，田昭武当选为厦大化学学会干事。1948年，经卢嘉锡先生联系推荐，田昭武与3名同学一起赴台湾参观实习。当时，厦门前往内地各处的陆路交通很不方便，海路去台湾却相当便捷，登船即可抵达。他们4人在台北主要参观台北樟脑厂，附带参观了酒厂、汽水厂，而后又到嘉义溶剂厂、高雄炼铝厂参观学习。那一年，田昭武21岁。这是他第一次走出福建，参观了许多与化学学科有关系的工厂，开阔了眼界。从此，他开始规划自己的未来，在内心悄然描绘着今后的奋斗蓝图。

对于田昭武学业上的突出表现，卢嘉锡看在眼里、喜在心上，觉得他是一个难得的科研人才，便有意进一步培养。1949年，田昭武大学毕业，卢嘉锡决定留下他担任“物理化学”课程助教，而当时主讲这门课程的教师正是卢嘉锡本人。

回眸往昔，田昭武充满对这位科苑大师的无限崇敬与热爱。他说，我是十分幸运的，卢嘉锡先生宛若一盏指路明灯，导引着我一路前行，去攀登科学高峰！

田昭武的第三位恩师是钱人元先生。

1939年，毕业于浙江大学化学系的钱人元先生，因为在物理方面成绩优异，被破例留校任物理系助教，并在王淦昌教授指导下进行研究工作。他爱好无线电，在学期间，利用业余时间，自行装设了短波无线电电台(无线电报)，曾先后与国内各地及日本、菲律宾、新西兰等国的业余无线电电台对话。为了进一步探索无线电奥秘，他选修了"电磁学"，不久，又选修了"近代物理"和"光学"等课程。1943年，钱人元赴美国留学，先后在加州理工学院化学系、威斯康星大学化学系、衣阿华州立大学化学系学习。在此期间，他学了许多物理课程和数学课程。其中，F.阿特勒教授讲授的"理论物理"和R.伦格教授的"复变函数"等课程对他以后学术上的影响很大。他博采诸家之长，选择了独具一格的科研道路，为后来从事边缘学科的研究打下了坚实的基础。

1948年至1951年，钱人元先生任教于厦门大学及浙江大学。

1948年，田昭武就读大学四年级时，卢嘉锡先生一身兼两职，既当厦门大学化学系主任，又受聘为浙江大学化学系教授，因此经常要穿梭于两座校园之间。当他到浙江大学时，厦门大学这边就顾不上了。因此，1948年，卢嘉锡先生推荐时任副教授的钱人元先生前来厦门大学化学系任教。

钱人元先生通晓物理和化学两科，到厦门大学接任卢嘉锡先生所授年级的课程。当时，卢嘉锡先生已给田昭武的班级上过"物理化学"课程。那么，钱先生将给他们开什么课程呢？大家十分好奇，在不断猜测中期待着。

没想到，除了"现代化学"，钱人元先生竟然决定开设"电子学"课程，大家感到十分惊讶！因为在化学系，从未有人开设过电子学课。大家认为，化学跟电子学似乎没有多大的关联，相互之间好像也没什么交集。既然钱人元先生选定这门课程，肯定有其道理。

钱人元先生不但在课堂上讲授电子学，还把田昭武带到他的家里去。在20世纪30—40年代，厦门大学学子到老师家里串门是家常便饭。即便在艰苦的抗战时期，在闽西的长汀求学期间，每逢周末，学生到老师家里参加聚会也是司空见惯。

难道钱人元先生的家里有什么秘密？田昭武带着疑问走进钱先生的家。原来他的家里还真的珍藏着宝贝！那是一台他自己亲手装配的真空管高保真扩音机，音质极佳，是市面上同类产品难以与之媲美的绝无仅有的"钱氏唱机"。

田昭武回忆起当年做客钱人元先生家的情景：

> 我到钱先生家里，一方面听音乐，一方面好奇地观看他自己装配的音响设备，欣赏从这台音响发出的音质超然的音乐，如痴如醉。

可以说，钱先生在厦门大学任教，不仅给年轻的田昭武拓开了电子学的视野，而且更进一步启发了他的动手能力，为其日后电化学仪器的研究打下了坚实的基础。因此，毕业前夕，田昭武选择钱人元先生担任他的毕业论文导师。

当时，学校实验室设备几乎为零。在没有任何实验条件的情况下，田昭武的毕业论文只能是纸上谈兵。设想再完美，也只能是一种纯理论性的实验和构想。他的论文题目定为《化学动力学上稳定态假说之研究》。有幸的是这篇毕业论文的原件(图1)，至今仍完好无损地保留在厦门大学图书馆特藏部。

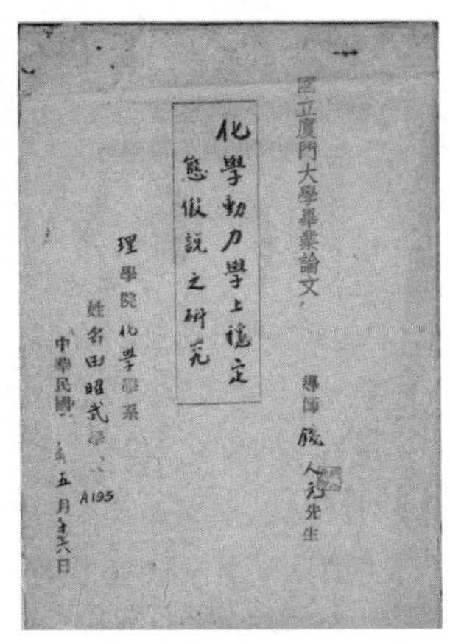

图1　1949年田昭武大学毕业论文

钱人元先生对田昭武这篇完全理论性的论题倾注了心血。他悉心指导、帮助修改完善，使得这篇论文成为当年学校的优秀论文之一。其中有些观点，在当时是十分超前的。2003年，钱先生整理资料时，偶然发现田昭武当年的毕业论文，欣喜之余，连夜打电话给田昭武，告诉他有些观点至今还没过时，希望他重新整理，可以发表到相关的刊物上。可惜，田昭武还来不及与钱先生继续探讨，钱先生便与世长辞了。这次通话竟然成了田昭武与钱先生的最后一次通话，最后一次聆听恩师的教海。谈起这次通话，田昭武十分感慨，他说，钱先生为了这篇半个世纪前学生的一篇毕业论文，抱病给我挂来电话，征求我的意见，令我激动不已。老先生诲人不倦的精神值得我们学习。

钱人元先生对田昭武科研人生的最大影响是，开放思想、勇于超前，在科学上需要不间断地探索与实践。他通过严格训练和精心引导，为田昭武日后走上多学科交叉的科研之路，奠定了坚实的基础，这是任何人都难以替代的！

田昭武很感激在大学求学路上，受教于蔡启瑞、卢嘉锡、钱人元这3位大师级的先生（图2）。他说，能遇到一位大师已属不易，而我却无比幸运地遇到3位，更为不易。3位名师的学术各具特色，却又共同体现了学科交叉，这对田昭武而言是一个极为重要的启示，对他以后的科学研究具有极大的引导作用。

图2　20世纪80年代田昭武（右一）、周绍民（左一）与蔡启瑞（左二）、钱人元合影（右二）

勇执教鞭　首战告捷

1949年田昭武毕业时，卢嘉锡先生毫不犹豫地把他留在身边当助教。能担任卢先生的助教，这是系里许多年轻教师所渴望的，所以田昭武特别珍惜这难得的机会。当时他承担的助教工作包括带本科生做物理化学的实验课及帮卢先生的研究生做结晶学的实验项目。

1953年，田昭武晋升为讲师。卢嘉锡则放手让他挑起重担，安排他给大三的学生讲授“物理化学”课程。当时，担任该年级两个小班的主讲教师有两位，一位是李法西副教授，另一位就是青年讲师田昭武。

田昭武的学生余秀芬（现福州大学化学系退休教授）是这样评价他的讲课的：

> 我们是从福州大学合并到厦门大学来的。当时，厦门大学有30位学生，福州大学也有30位。所以，这一届化学系就变成了两个班，一班由李法西先生主讲，一班由田昭武先生主讲。虽然田昭武老师是第一次讲这门课程，但是同学们反映他的教学效果很好。他讲课重点突出，条理清楚，逻辑性强，我们都很佩服他。物化这门课是很不好教的，因为它太抽象了。特别是第二定律那个“熵变”跟反应过程之间的关系，十分枯燥抽象，但他第一次讲课就能“掐住要处”（抓住要点）。这其中的奥秘就是，他有十分扎实的基本功，且认真备课，讲究教学方法，特别是继承了卢嘉锡先生的讲课风格，但又有所创新。

田昭武教了一年的物理化学课程，学生反映很好。于是，卢嘉锡先生决定这门课就全部由田昭武一个人主讲，李法西丌胶体化学课。从恩师卢嘉锡的目光里，田昭武既感到信任，更感到压力。他觉得这是一次超越自我的机会，决不能辜负恩师的厚望。他要把压力变为动力，在三尺讲台上展现青春才华。

1955年毕业于厦门大学化学系的中科院院士、晶体结构化学家梁敬魁先生，读大三时，从福州转到厦门大学。他说，当时上课没有课本，不像现在，参考资料很多。当时的教科书，基本上是老师自己写的讲义。所以，上课时，学生必须很认真地记笔记，每一个章节都要仔细地记下来，以供复习考试之用。他印象比较深刻的，就是田先生讲课条理很清楚、逻辑性很强，很有启发性，大家都喜欢听他讲课。田先生板书像卢嘉锡先生那样很工整，笔力遒劲。还有，田先生有一副好嗓子，讲课声音洪亮，底气很足，一字一句都听得十分入耳。

梁敬魁先生还回忆，上物理化学课的时候，田先生经常会停下来提问。他一方面通过提问吸引学生注意力，提醒学生哪部分知识至关重要，必须完全掌握；另一方面，学生通过回答问题，能够加深理解。即使学生回答对了，田先生还会进一步归纳总结，完善答题；如果回答错了，他会重复讲一遍，直到大家都弄懂了为止。田先生待人和蔼可亲，从来不训人，也没有严厉批评过任何一个人。虽然当时他很年轻，但是师生关系很好。梁先生因家里穷，念书晚，所以进大学时年龄稍大，田先生只比他大4岁。可是，梁先生既把田先生当老师，又视他为朋友，有什么问题随时请教，而他总是有问必答。

1954年暑期，高教部在北京大学举办物质结构讲习班，为高校化学系开设新课——物质结构培训师资。讲习班聘请了4位主讲教授：厦门大学的卢嘉锡、东北人民大学的唐敖庆、北京大学的徐光宪和复旦大学的吴征铠，他们都是化学界的精英、国内高校化学学科的带头人。

厦门大学该选派谁赴京培训？担任培训主讲教师的卢嘉锡先生脑海中立马闪现出一位最佳人选，他就是青年讲师田昭武。

代表厦门大学去接受培训，这是一个难得的学习机会，令田昭武激动不已。他在兴奋之余又倍感不安，他十分清楚，面临的是一次新的挑战。只能成功，不能失败，因为肩负着的是全系的嘱托，代表的是厦门大学！

在培训的过程中，他全力以赴，每天梳理课堂笔记，琢磨学习心得。他还边学习，边备课，培训班一结束他已整理出教案。

8月底培训班结束，9月新学年开学，他就在厦门大学化学系开出物质结构这门新课。虽然时间上有些仓促，但他还是胸有成竹地把这门新课讲得有声有色。

所谓“名师出高徒”，其实还需要“徒”的用心与悟性，以及学习中锲而不舍的韧性。

物理化学、物质结构都是化学学科的主课，这些课程较为抽象，因为涉及数学、物理概念性的知识较多，相对比较难教。

“如何把这两门很抽象的课程讲得形象化，上得通俗易懂些？”田昭武一直在琢磨着这个问题。譬如，物理化学有一个函数，叫“熵”，又叫“热温熵”，跟热有关系，跟温度也有关系，这个“熵”是物理化学最抽象的概念之一。热除以绝对温度得到的就是这个“熵”，这是最通俗的说法，但仍然抽象得很，所以学生对“熵”的把握总感到困难，形容“熵”这个概念如泥鳅一样，戏说“熵”是“光溜溜、圆滚滚、滑来滑去抓不住”，只可意会不可言传，难以理解，不好把握。

在年复一年的教学中，如何让学生能轻松地抓住这个“光溜溜、圆滚滚、滑来滑去”的“熵”呢？这一问题一直萦绕在田昭武的脑海中。为了把困扰学生的关键点讲得更为具体，更加形象，他在不断思考着。梁敬魁先生回忆，田昭武引导学生将“熵”联系到一度热库里面的热，这是比较具体的东西，再经过他重点突出、由浅入深的讲解，学生就比较顺利地啃下“熵”这个难懂的概念。

田昭武讲“熵”，由抽象到具体，既深入浅出，又通俗易懂，学生们听后豁然开朗。看见学生脸上浮现出听懂和理解的神情，田昭武也感到从未有过的快乐。

田昭武之所以能把化学的主课上得如此生动出彩，是因为他对化学学科知识的广泛掌握和深入理解，在娴熟的基础上，再辅以教学技巧。香港《文汇报》曾撰文，称田昭武是卢嘉锡的“大弟子”。田昭武说过，卢嘉锡先生的课上得非常之好，但作为弟子，仅仅照猫画虎或亦步亦趋地模仿，还是远远不够的。所讲的内容一定要通过自己的思考，只有经过自己独立思考的部分才能讲得精彩，而这些内容在后来的科研中运用起来，尤为得心应手。

张朝炎(厦门大学退休教授、当年田昭武的助教)1957年北京大学毕业后分配到厦门大学化学系。她回忆当年助教的许多经历：

> 我曾担任田先生物理化学基础课的助教8年，田先生学识渊博，我很仰慕和崇敬他。当年，田先生每次上课，我都去听课。我在北大学的是大物化，曾听过不少名家的课。但觉得田先生的课讲得更为精彩，深入浅出。田先生不是随随便便地讲课，他不但认真地备课，而且不断探索如何改进和完善教材内容。他讲课的最大特点就是逻辑严密，没有任何废话。而且，每当讲一个公式或定理时，他都会指出前提条件。在什么条件下，经过何种假设或者简化处理，最终会得出什么样的结果，把过程推演得一清二楚，很有启发性。
>
> 每次听课，我都要记笔记，像学生听课那样认真专注。他讲的每一轮教材的每一个章节，我都要认真地记，即使下一次讲到同一章节，我还是要记笔记。日积月累下来，我发现同一篇教材的每一轮讲课，都会有所不同。这一次讲的，跟上一次讲的有一些地方就会不一样。比如，讲到卡诺循环，按照教科书的要求，是在讲热力学三的时候才讲。但田先生不是这样，在讲热力学三之前就结合讲卡诺循环了。他是预先做了铺垫，让学生能循序渐进地认识卡诺循环。所以，我认为，田先生讲课不是一成不变的，经常根据学生的认知情况而不断地调整变化。

厦门大学化学系1958级校友高鸣九把当年的物理化学听课笔记装订成册保留至今。有人把这本听课笔记，跟以后全国通用的物理化学教科书做了详细对照，发现有许多章节田昭武描述得更为通俗易懂。

田昭武的切身体会是：精心施教其实是对教师自己最好的提高。课堂的讲解是思绪非常兴奋的时候，注意力高度集中，所以上完一节课下来，往往能发现一些自己在先前备课时所忽略的。讲着讲着，就觉得这里有欠缺，就必须增补上。这是在讲课的兴奋状态里萌发出的一种非常特殊的感悟，只有潜心讲课，才能深得体会。

多年来，田昭武谆谆告诫自己课题组的同事和研究生，在备课和讲课之中所累积的知识和感悟，对今后所从事的科研是能够起很大的影响和作用的。这也是他始终坚持教师要争取讲授一两门基础课的原因。他认为，人们常常把老师比喻成蜡烛，一直燃烧自己照亮别人，纯粹奉献到尽头，其实不尽然，蜡烛在照亮别人的时候，也照亮了自己，在烛光里往往能获得新思新悟乃至科研的灵感。

20世纪50年代，厦门大学化学系田昭武的物理化学课上得十分精彩，这是有口皆碑的。而他独创以“图解、设计思考题和实验”的教学方法，帮助提高学生学习水平，堪称一绝。

物理化学涉及多相系统，既抽象又复杂。田昭武就以“研究相的平衡”为例，引导学生进入这个“相”的大千世界：相有气相、液相和固相。而液相里面可能有两层液相，比如油跟水，两层都是液相。液相还可能很多，固相就更多了。不同的固体，自己都能成一个相。遇到复杂系统，就要看它的相图，才知道在不同的温度、不同的压力或者其他变量情况之下，有哪些相能平衡共存，各个相的相对质量有多少。相图里面有点、线、面，相对应于自由度为0、1、2，自由度则由相律计算。当年的助教张朝炎曾这样写道：

> 相平衡也是教学中的一个重点，如何辨识花样繁多的相图，学生往往无从入手，田先生根据相律特性，总结出辨认相区、相数的一般规律，很容易看清楚每个体系的相图的相区及其相数分布，哪怕是错综复杂的相图，也能一目了然。

经田昭武精心的图解，学生好像对物理化学课没那么害怕了。于是，田昭武乘胜前进，出了很多思考题来巩固学生的概念。他针对物理化学教科书较为偏重计算作业，而思考题目偏少的特点，增加了思考题的分量。他出的思考题，往往选取学生最容易混淆的一些概念，来启发学生思考，以辨清正误。他在设计思考题时，往往先告诉学生一个关系式，这样，学生做题时，就先要把所需的条件搞清楚，而不是简单地算一算就了事。因为必须把推演的过程，所需要的各种条件，一步一步地都用起来，然后才能回答好。所以，田昭武所出的思考题备受学生欢迎，尽管题目比较难，但是可以帮助学生把所学概念与内容辨析得一清二楚。

除了讲课，田昭武对实验课也抓得很紧，他先是抓好实验小组老师的实验。田昭武对指导实验的教师的基本功训练是很严格的，要求必须完全合格，才有资格去指导学生的实验。

何为完全合格呢？就物化实验而言，做出来的数据误差必须在许可的范围之内。他认为，要保证学生实验的质量，首先指导教师的实验误差也必须在此范围之内，甚至更小，如果教师连这一点都做不到，怎么能指导学生？因此，助教们往往要利用假期到实验室做实验。他们要提前把下学期要指导的每一项物化实验都一一做过，而且必须把做出的结果向实验组长汇报。如果不合格，则要找出原因重新再做，直至合格为止。这一严格的"军规"在物理化学教学组中一直保持至今。

张朝炎说："田先生对我们助教要求是很严格的，其目的是提高整体教学的水平。因为助教的水平提高了，整体的教学水平也就提高了。"

对于化学系的本科教学，无论是图解的辨析、思考题的设置，还是实验课的严格落实，犹如一块口味丰美、营养周全的"三明治"，缺一不可。

田昭武在基础课教学上下了很大功夫，投入了大量精力，但他不是简单地拿着教材照本宣科，而是自己去考虑、去组织，逐渐形成自己的一个体系。在教学中，他不断创新，先将一个重点章节改为自己的思路去教，然后不断总结修正完善。待到次年，他再换另外一个章节按照自己的思路去教，以此类推，不断循环。连续数年之后，他已把教材里所有的重点章节都换成自己的思路，形成了自己独特的教学体系，在这个体系里游刃有余。

1955年，田昭武结合物理化学教学，与导师卢嘉锡先生合作，撰写了第一篇论文——《一个含有三个常数的气态经验方程》(An Empirical Three-constant Equation of State for Gases)，发表在当时国内最权威的《化学学报》上(图3)。

1955　　盧嘉錫、田昭武：一個含有三個常數的氣態經驗方程　　13

AN EMPIRICAL THREE-CONSTANT EQUATION OF STATE FOR GASES

LU CHIA-SI and TIEN CHAO-WU

Amoy University, Amoy, Fukien

ABSTRACT

In this article it is pointed out that the semi-empirical van der Waals' equation of state for gases is particularly unsatisfactory in the neighborhood of the critical point, as indicated by the fact that the experimental values of the critical ratio $\tau \equiv RT_C/P_C V_C$ seldom agree with the theoretical constant value 8/3. It is also noted that this τ value may serve as a satisfactory measure (at least to a first approximation) of the deviation of the law of corresponding states when applied to gases at high densities. We have therefore proposed in this communication a rather straightforward modification of the van der Waals' equation which leads to an empirical three-constant equation of state for gases involving this τ value as an adjustable parameter and thus requiring only critical data for the determination of the three constants. This equation is made to fit the p-V-T data at the critical point, but reduces itself to the simpler forms of the van der Waals' equation and the ideal gas equation for lower values of gas densities. Numerical calculations made for gases of widely different τ values show that this rather simple equation of state is fairly satisfactory even at high densities. The plausibility of using the τ value as an adjustable parameter both for the equation of state and for the law of corresponding states is also briefly discussed.

图3　1955年田昭武结合物理化学教学与卢嘉锡合作发表的第一篇论文

这也是卢嘉锡和田昭武以师生名义发表的唯一一篇论文。自留校任教后，田昭武先后承担化学系两门主要课程——“物理化学”“物质结构”的主讲教师，同时，他一直关注着国际上物理化学的发展动态，寻找和思索着自己的研究方向。此时，国际上兴起的“电极过程动力学”引起了他的浓厚兴趣，并把它作为自己今后的主攻方向。他之所以有把握选择这个研究方向，并非心血来潮，是因为在主讲“物理化学”课程中的电化学(限于热力学内容)部分时，他已预感到电化学已来到一个新的发展时期，而“电极过程动力学”将是突破方向。但他有点犹豫，这是与导师卢先生所致力的物质结构和量子化学迥然不同的学科，自己如果改弦更张，卢先生会不会不高兴？纠结了一阵子，田昭武终于鼓起勇气向卢先生表达了自己的想法。没想到卢先生非常赞成，他对田昭武说：“你应该去，不要有任何顾虑！”卢先生的宽容和支持增添了田昭武“另起炉灶”的勇气，他下定决心做中国电化学的拓荒者，立志为填补国内空白、开拓电化学科学而奋斗。

从1955年田昭武与卢嘉锡联合署名发表的第一篇论文，到1957年，他独立发表的第一篇电化学研究论文——《自催化电极过程的理论分析》,仅隔两年时间。在这短短的两年,田昭武顺利地实现“三级跳”:完成了探寻研究方向的重要转折、关键的切入和成功的突破。在他的科研人生中,首战告捷,也预示他的电化学研究的脚步将是坚定而扎实的。

(本文节选自《理念与情怀——田昭武院士传略》,林华水、吴奕纯、郑启五、吴清玉著,厦门大学出版社2017年版,并经改写而成)

物质结构的摇篮

——从张乾二在厦门大学求学任教科研谈起

林梦海　郭晓音

考入厦大化学系

1947年张乾二毕业于集美中学。毕业后他要继续上大学深造，而厦门考点招生的只有福州协和大学和国立厦门大学。为什么选择报考厦大化学系？有两个原因：一是缘于厦门大学在他心中占有特殊的位置。因为这所大学和他中学时代就读的集美中学，都是著名爱国华侨领袖陈嘉庚创办的，他曾经聆听过陈嘉庚的殷切教诲，对陈嘉庚兴学育才的精神十分尊崇，深受教育。他坚信进入厦大一定可以学到高深的学问和形成高尚的道德品质。二是他向惠安老乡打听，老乡告诉他：厦大最好的工科是机电系、理科是化学系。他最终填报的升学志愿是厦门大学化学系。

厦门大学是综合性大学，文、法、理、工、商科齐全，共有18个系，又是国立大学，全国招生，报考人数很多，几千人报考才录取300多名。招生最多的机电系，也只录取36名。化学系录取新生共18名，其中正取生12名，张乾二以优异成绩排在正取生之列。

厦门大学于1921年创建，1937年已粗具规模。但是校舍在抗战中遭受日军狂轰滥炸，许多教学楼、实验室、宿舍被夷为平地。只有群贤楼群因成了日军的兵营而幸免，抗战胜利后被国民政府用来关押日本战俘，一时还退不出来。校方只得在鼓浪屿设立新生院，借用田尾小学校舍、八卦楼等处为教室，日本领事馆为办公楼，博爱医院为男生宿舍，慈勤女中为女生宿舍。

1947年10月,张乾二被国立厦门大学录取为第25届(1947级)新生,成为进入新生院的第三批新生。他手持学校的录取通知书,到设在厦门鼓浪屿的新生院报到注册,学籍编号为A1469号,从此开始了大学的学习生活。对张乾二来说,这一切都是新鲜的。想到未来四年的大学生活,他心中充满了憧憬与期待。

主系化学辅数学

新生院秉承厦门大学严谨求实的学风和严格的纪律秩序,其显著的特点之一是重视基础课教学与通识教育。大一、大二时国文、英文为全体学生必修,文、法、商科学生必修自然科学概论,理工科学生必修政治学或经济学。其二,学校选派知名的教授、副教授授课,如刚从英美回国不久、应聘到厦门大学的卢嘉锡,就负责为化学系和数理系讲授"普通化学"。学校还很重视对新生选修课的指导。每年新生注册入学后,都安排一至两天为选课时间,由各学院院长和系主任向学生介绍基础课和专业课的内容、学时、学分、讲义、参考书以及任课教师简况,指导新生选修。其三,坚持课程水准,严格考查制度和学分制,对学生升留级采取淘汰制。学校规定:考试60分及格才能获得学分;不及格者需补考一次,补考及格者获得学分,补考不及格者和原考试成绩50分以下者均应重修该课程。对大一的新生要求更严,第一学期成绩不及80分者,全公费生一律改为半公费生;半公费生成绩不及75分者,一律取消公费资格。

张乾二入学时,国文课是林莺讲授、英文课是葛德纯讲授、数学课是何恩典讲授,这些教师每天从校本部坐船来鼓浪屿上课。他们虽然年轻,但资历不浅,如何恩典当年读书时,曾连续两年代表厦大参加全国大学生学业竞赛,获得第一名的佳绩,毕业后当萨本栋校长的助教。

化学系新生每周一测验英文和高等数学或微积分;每两周必定测验普通化学或国文,还布置实验或作业。一年级新生经过一年紧张的学习,一些同学修满学分即升入二年级,转入校本部就读;一些同学或被淘汰退学,或转院转系学习。张乾二就读一年级时,化学系注册学生21名,到二年级只剩下7名。

这些规定,促使一年级新生努力完成课程,对打好专业基础起到很大的作用。1946年入学的王威宣校友在其《新生院的星期日》回忆文章中写道："学校规定每周的星期一举行英文测验，理、工学院的微积分考试也规定在星期日上午举行。本来被认为'考试院'的新生院，平素就过着紧张的生活，加上这两科考试，所以星期日落到新生手中，便和其他学校的星期日有了差别……早饭后，在广场上、走廊上、自修室、图书馆和海滨都是同学们的足迹，他们拿着英文读本和文法纲要，有的细心研究，有的大声朗诵，有的默默记忆书中的生字，各有各的方法，各有各的姿态。理工科学生则赶到教室，参加星期日微积分考查。正午，理工学生考试回来，他们三三两两，谈论着问题的解答，有些考试成功的同学兴高采烈，言笑间充分地表现着胜利的喜悦。一些失败者虽一时感到无名的烦恼和忧愁，但目光里却仍燃烧着强烈的火焰，好像暗暗地说：'等下星期再来吧！'"

对于大学的课程，特别是微积分，张乾二学得相当轻松。因此星期日考查时，他总是很快就做完试卷出考场，同学们出来后都找他对答案。

张乾二回忆起大学一年级时听卢嘉锡的普通化学课时说："他从元素周期开始讲，按照元素周期的变化讲了许多。但是他强调这些只是一般的规律，他还专门讲一些不同于元素周期规律的东西。我记得他讲过沸点上升、冰点下降的反常现象，还举了氨与水的例子。他说：'做科学研究要寻找更深奥的东西，不但找那些我们所能解释的东西，还要去找那些我们所不能解释的现象。'他说按照我们的常识所不能解释的现象，这里头一定包含有新的科学内容。"

抗战胜利后，一些从北方撤退到南方的教授纷纷离开，学校师资日渐单薄，尤其缺乏知名教授。化学系主任卢嘉锡到处物色师资，力邀方锡畴、吴思敏和钱人元等来厦门大学任教，化学系一下增加了好几位名师。久经战乱，化学系保存下来的化学设备陈旧、药品匮乏，卢嘉锡感到身上的担子非常沉重，抱着重振化学系的决心，竭力奔走。1947年暑假，他在学校的支持下争取到一笔仪器和药品购置经费，亲赴台湾采购，期望有所斩获。谁知战后台湾也很不景气，样样短缺。几经周折，总算买到一些药品，以解燃眉之急。1946年日本俘虏撤走，群贤楼群归还学校，学校将囊萤楼修复后改作理化实验室，一楼是化学实验室。上实验课时，张乾二这批一年级新生，要从鼓浪屿坐船来校本部做实验。

张乾二大二转到厦门岛校本部上学。这里的条件比新生院好一些，主要是教学楼比较集中。抗战前化学系有一栋三层的化学院，里面实验室(图1)、教室、资料室、会议室，以及玻璃加工等设备一应俱全。四层的生物院则是生物系的实验大楼。但是这两栋楼在抗战中被日军炸成一片废墟。战后校本部只剩六栋楼，安排得十分紧凑：群贤楼中间是图书馆，两边分作教务处、总务处。二、三楼是阅览室和校长办公室。群贤楼后面加盖一截，做图书馆书库。同安和集美两栋楼是教室，理科所有实验室都挤在囊萤楼。

图1　抗战前化学院的实验室(引自1931年4月6日《厦门大学十周年纪念刊》)

张乾二大二时选修的“有机化学”由方锡畴教授讲授，方教授除了讲课材料新颖，吹制玻璃技术也十分高明：只用一盏喷灯、几根玻璃管、一个小锯片，就能吹制出整套玻璃设备……钱人元开设的“现代化学”、卢嘉锡开设的“统计热力学”等都是当时国内少有人开设的课程。张乾二在本科阶段、在国内就接触到国际学术的新领域、新思想，实在是一种难得的机会。

大三时，张乾二听卢嘉锡讲授的“物理化学”课，这门课的热力学第二定律被公认为最抽象难懂。卢嘉锡善于化难为易。他先介绍热力学的经验说法，内容极其精炼，每一句都用得很贴切，既不多又不少。然后讲解热力学的精确内涵，他用铿锵有力的音调，一下子把热力学的严格定义烘托出来。接着他通过严密的数学推演，导出基本公式，最后辅以实例运算。卢先生讲课条理清楚、层次分明，给学生留下深刻的印象。

当时厦门大学实行主辅修制。张乾二觉得自己学习化学系的课程外，还有余力。他从小喜欢数学，就辅修了数学系的课程。张乾二到数学系听方德植、李文清的课，还关注有关数学研究的报道。一次习题课，李文清出了一道印度数学家刚解出来的古老难题，下课时一张张试卷交上来，他越看越失望，学生们基本都没有做出多少。突然李文清眼前一亮，一张写得密密麻麻的试卷出现在面前，而且答案正确，卷上姓名是化学系张乾二。这令李文清感到十分惊奇，赞叹张乾二对数学研究的关注和敏捷的思维。

1950年夏，美国在派兵侵略朝鲜的同时，命令其第七舰队开赴台湾海峡。此时，地处海防前线的厦门大学，不断遭到妄图“反攻大陆”的蒋介石军队的空袭和炮击，教学工作受到很大干扰。教育部决定，将厦门大学理、工两院暂时疏散到闽西龙岩办学。考虑到工学院大型仪器多，决定搬到龙岩城关，理学院搬到龙岩城外的白土乡。

1951年3月，理、工两院师生分批先乘汽船到漳州石码，上岸后除教授和老幼病弱者乘车外，其他师生均徒步行军。当时已进入大学四年级毕业班的张乾二，跟随理学院的同学一起步行到龙岩白土上课。回忆当时在白土乡学习的情形，他说：“那时生活够艰苦的，我们从石码一直走到白土，大概走了四五天，行李都得自己背，到达后就复课了。实验条件很差，当地没有自来水，一位叫方明佛的老职工就用竹筒把山上的泉水引下来供实验用。在龙岩白土当中学老师的林硕田校友，担任理学院办公室主任。他做了很多工作，帮助解决师生住宿和教室安排等问题。当时在一座古庙里上课，也有用竹子搭成竹棚当作教室的。学生生活很艰苦，平时脚上穿的都是木屐。”当时学校没有大钟，大多数学生也没有手表，全靠木屐声来判断时间：早上听到远处、近处不断有木屐声，就知道该起床了；吃完早餐，听到一片急促的木屐声，就知道要去上课了。

理、工两院师生在龙岩整整待了一年，到了1952年2月，随着厦门海防日益巩固，两院师生奉命调回，月底回到厦门。在理学院内迁龙岩办学期间，张乾二也顺利完成了化学系本科学业。他四年中一共修习了25门公共必修课、选修课和专业基础课，不少课程都取得了优秀的成绩。例如，一年级的“初等微积分”、二年级的“定性分析”“普通物理”、三年级的“理论化学实验”“理论力学”成绩都达优等。

师从卢先学结构

早在20世纪30年代，卢嘉锡远渡重洋到英国伦敦大学学院留学，师从萨格登教授从事人工放射性研究两年，1939年获博士学位。他随即经萨格登介绍再转美国，在著名结构化学家、诺贝尔奖获得者鲍林实验室工作多年。他提出一种处理衍射点的图解法，成为国际上进行晶体分析领先的几位科学家之一。抗战一胜利，卢嘉锡不畏艰险马上赶回祖国，1946年初到厦大执教，出任化学系主任，学生们都称他“卢先”。

1951年，经卢先举荐，刚从英国学成归来的陈国珍接任化学系主任一职，卢先则出任厦大副教务长兼理学院院长。这年秋季，他主持的化学研究所招收了两名研究生：张乾二和卢宗兰。

卢先独自一人，先后为研究生讲授了“物质结构”“量子化学”“热力学”“统计热力学”“晶体学”“现代晶体学”六门课程，其中“物质结构”“统计热力学”“现代晶体学”是他在国内率先开设的课程。当时他身兼数职，还有社会活动，只能在夜间备课到深夜。第二天一早，他总是提前来到化学楼，拿着参考书与两张小纸片，神采奕奕地登上讲台。不管前一天多累，一上讲台他的精神就上来了，可以滔滔不绝地连讲两节甚至三节课。每节课内容都十分精彩，中间还穿插提问和讨论。张乾二觉得卢先上课十分生动，自己听课是一种享受。下课后，卢先还要布置作业、安排实习与辅导。当时听课的除了两届研究生，还有外地来的进修教师。为了照顾年资较高的进修教师，卢先还经常为他们做个别辅导。

除了卢先讲授的专业课，张乾二等研究生还修了高等数学、第一外语、第二外语、政治等课程。当时的研究生并不是单纯按导师要求研习相关课程，而是担任“研究助理”，即一面听导师开设的“量子化学”“物质结构”“统计热力学”等专业课程，一面还要辅导本科生教学或指导实验等。卢先为张乾二等研究生安排了“书报讨论”“生产实习”“教学实践”等综合性的信息与技能实践课。对于“教学实践”，物构教研组执行相当严格的“试讲”制度。当时张乾二等研究生担任本科生“普通化学”的实验指导，卢先要求研究生课前自己先做一两遍实验，然后进行“试讲”。卢先必定全程听讲，并对每个实验细节进行提问和检查，对于板书的布局、字体大小等都一一指导。而所有参加辅导的研究生都必须旁听同学的“试讲”，以达到共同提高的目的。

张乾二还担任卢先“物质结构”课的教学辅导。当时的“物质结构”课程安排两个学期，每学期72学时，内容涵盖量子力学基础、原子结构和光谱、群论与对称性、分子结构、分子振动与光谱、X射线衍射、晶体结构。卢先上课生动活泼、深入浅出，学生十分喜欢。他不仅重视课堂教学，也重视课堂实习与习题练习。他觉得学习物质结构，需要空间想象力，就设计了一种打孔器，可以夹住木球、旋转角度，用来制作分子和晶体模型。张乾二等用这台打孔器做了不少模型(图2)。他还从外地订购了一套木制多面体模型，有些是正多面体，更多的是多面体这里削去一个角，那里减少一个顶点，使多面体的对称性急剧下降。卢先讲完对称性，张乾二就带领学生看木块模型，寻找对称轴、对称面……

图2　20世纪50年代，张乾二等制作的分子结构模型

研究生学习期间，张乾二在卢先的悉心指导下做实验解结构，如鱼得水，获益甚广。卢先对无机化学、有机化学都十分熟悉，化学直觉性很强。他的“理论与实验、化学与物理、结构与性能三结合”的治学方针对张乾二的学术思想影响很深，这也成为张乾二日后从事科学研究和教学工作的座右铭。

卢先不仅引导研究生掌握科技知识，还以他炽热的爱国之心感染学生。他说：“印度很早就有人获得诺贝尔奖——发现分子光谱的拉曼，但是印度现在的科学水平怎么样？所以不是说光有一个人得到诺贝尔奖就了不起了，而要看整个国家的总体科技水平。那怎么才能把水平提上去？首先就要搞教育、努力培养人才，要提高国家的整体科研教育能力。”他让自己精心培养的研究生毕业后到教育比较落后的内蒙古、大西北去（图3）。张乾二由此也深受教育。

图3　1954年7月1日，欢送厦大化学研究所毕业同学留影

前排左起：邓子基、黄良文、刘清汉、张乾二、胡体乾、王亚南、卢嘉锡、卢宗兰、潘天顺

后排左二起：陈可焜、陈元柱、胡盛志、庄启星、林景臻、李宋贤

毕业留校教书忙

1954年7月，张乾二完成了研究生阶段的学习，留校工作、担任化学系助教。20世纪50年代，卢嘉锡提倡本科刚毕业的新教师必须专门指导实验一年以上，然后才能同时指导实验和辅导习题课，这样一两轮后方能主持习题课；研究生毕业的新教师可同时指导实验、辅导和主持习题课，磨炼两三年后方能讲授部分章节，经认可后才能单独上讲台。开始时，系里安排张乾二到生物系

指导学生实验课，并为周绍民在生物系开设的“分析化学”课做辅导，从此开始了他在高校的教学生涯。

早在研究生阶段，张乾二当研究助理时，卢先就对他带实验课进行过严格训练。课前，张乾二拿着生物系化学实验课教材，到实验室先查看仪器设备，包括试管、烧杯、铁架台等是否完好，数量是否齐备，然后对照实验课程，一个个实验先做一遍。回到宿舍，他再仔细编写每个实验的讲解提纲、实验报告要求和注意事项。对于“分析化学”课程的辅导，张乾二除了每次上课随堂听课、做好笔记，负责批改作业，还要课后答疑。每隔一段时间，发现学生在作业中存在的一些共同问题，就要找时间上习题课。临近考试时，张乾二通知学生习题课与集中答疑时间。主讲教师出完考卷，作为助教的张乾二要先做一遍，看时间够不够、题目有没有差错，然后送学校印刷厂找专人印刷。考试监考完，张乾二与主讲教师一起改考卷、登记分数，然后写出试卷分析，既要做出分数分布，还要指出学生在某些知识点存在的问题，以利今后的教学改进，然后送教务处归档。

卢先要求所有教师必须严格参加教研室学术活动，除研讨教材、教学大纲、听课交流、组织试讲外，还要求每位教师每半年做一次读书报告，既可汇报科研成果，也可以自查资料，归纳某一方向的发展动向。这些活动不仅使张乾二拓宽了视野，强化了查阅归纳文献能力，而且提高了他的讲解表达能力。

中华人民共和国成立初期，我国高等教育水平与国际差距较大，化学系开设的课程大多限于“无机化学”“有机化学”“分析化学”“物理化学”，以及化工等一般课程，少有开设在原子、分子水平的“物质结构”“量子化学”等课程。为了赶上国际先进水平，高等教育部于1953年夏季，邀请厦门大学卢嘉锡和东北人民大学(现吉林大学)唐敖庆两位教授，在青岛举行暑期物质结构讲习班。

青岛讲习班办得很成功，卢嘉锡与唐敖庆在国内化学界、教育界的声望大增。高等教育部认为这种讲习班效果很好，决定第二年在北京大学再次举办。这次报名参加培训的人员更多，培训班改为平行两个班，担任主讲的除卢、唐两位外，还增加了吴征铠和徐光宪。

青岛和北京的两次讲习班成功举办后，全国各地有不少高校教师都慕名到厦门大学求教，化学系以卢嘉锡为首的一批教师负责接待。当时山东大学的张克从、蒋民华，武汉大学的魏克全，四川大学的吴守玉，杭州大学的董倩，以及福州高校的教师等来厦大进修，主要听取卢嘉锡讲授“量子化学”“现代晶体学”课程，卢嘉锡、陈允敦还带领青年学者张乾二、张炳楷和进修教师一起探讨用X衍射仪测定晶体的技术。

经历教学和科研等磨炼，自20世纪50年代至60年代中期，张乾二在厦大化学系物质结构方面的教学水平和学术成就已崭露头角。在卢嘉锡奉调赴福州履新之后，张乾二渐渐在物质结构的教学与科研工作中独当一面挑大梁，成为厦门大学化学系的学术带头人之一。

（本文节选自《浪遏飞舟：张乾二传》，林梦海、黄宗实、郭晓音著，厦门大学出版社2016年版，并经改写而成）

厦大新生院就学记

钟　毅
（教育系1948级）

1948年夏，我从长汀高中毕业，到福州考大学。8月中下旬各校陆续在当地报纸上发榜，我报考的4所学校都录取了我，其中浙大和农学院要交学费，厦大教育系和师专学费全免。因为家庭经济困难，我决定去厦大学习（图1）。等到厦大开学前，我从福州乘海轮，第三天上午到达厦门。海轮停在厦门岛与鼓浪屿之间的海上，厦大的老同学乘着小舢板，举着迎接新同学的小旗，将我们接到鼓浪屿厦大新生院的宿舍博爱楼（图2），引导我们办理报到手续，安排好住宿，到食堂吃午饭。

图1　钟毅1952年厦大毕业照

图2　厦大新生院男生宿舍——鼓浪屿博爱医院
（引自1948年7月1日《厦大特刊》）

到校那天下午，我到鼓浪屿街上观景，巧遇朱思明先生。他抗战时在内迁长汀的厦大学习，曾到长汀中学兼课，弹钢琴教音乐，教唱抗日歌曲，因此认识了我。毕业后他留校工作，教工程设计，1946年随厦大迁回厦门。此时异地遇熟人，我心中有说不尽的喜悦。他问我来厦经过，问我有什么困难，并资助10元金圆券给我买日用品。教育系学生吃饭不要钱，由公家负担，叫公费生。开学后，他又与新生院教务处陈诗启先生商量，安排我为教务处复写公费生名单，解决一些菜金。他还介绍我课余去做家庭教师，学生叫丁道南，初中生，我每晚到他家教英语，他父亲是汇丰银行的职员，每月给我港币4元。这样，我的日常生活费基本解决了。半年后，我换了一家，是华侨眷属，学生是姐弟二人，姐姐是中学生，弟弟是小学生。我教他们英语和小学语文数学，每月港币5元。他们家有台收音机，很大，有时开机给我听新闻。星期天，我经常到朱思明家里坐坐，他们一家人都很热情。他家在鼓浪屿升旗山下复兴路15号，离博爱楼不远。

新生院的教室在田尾。英语上大课，由周辨明院长授课，他讲英语用层层分解的方式，很认真。国文由戴焕文先生教，政治经济学由石绍棠先生教（中文系的国文由黄典诚教，政治经济学由郭大力教）。生物学由金德祥先生教，心理学由杨尔衢先生教，金、杨两位先生的课都讲得很好，各有特点。这两科还要到校本部的实验室上实验课，先要乘轮渡过海，再乘校车前往校本部，课后再返回。校车是敞篷卡车，大家都站在车上。

教育系有系会，每月活动一次，邹永贤、潘协和、陈启端、姜利富、林殷富、赖昌贵等同学积极组织，内容丰富，情真意挚，使我感到很温暖很融洽。

新生院女生宿舍慈勤楼(图3)附近，有个大德记海滨浴场，课余我有时去那里学游泳，只在浅水处游一二十米，不敢向水深处游去。我经常与同系的罗立民同学做伴。游完用井水(淡水)冲洗，冬天则在博爱楼下的洗澡间洗冷水澡。那时还没有塑料鞋，同学们在宿舍里穿木拖鞋。

图3　厦大新生院的慈勤楼(引自1948年7月1日《厦大特刊》)

新生院的老护士张韶英是长汀人，她只一个人在厦大，住在慈勤楼。1948年冬，过春节时，她叫我和她的内侄、银行系的张隆泉一起到她宿舍过年。她对我的关爱之情，我永远不忘。

在新生院，我和长汀中学同学杨振波住在一个小房间里，他在中文系。我俩认识了法律系的岑礼美，温州人。熟悉以后，他悄悄地送几张香港报纸和油印小册子，如《论联合政府》《新民主主义论》等给我俩。我俩于晚上关门阅览，白天藏在枕头里面。

1949年春，岑礼美同学介绍我和振波参加垦荒社，认识了万宏生、刘益泉、蒋九如、史习仁等同学，通过学习、唱游活动，交流思想，提高认识，使我的思想进了一步。

1949年8月福州解放后,10月16日解放军从集美和嵩屿两方面进攻厦门岛,战斗一直进行到晚上。那晚,我们留校的同学都躲到博爱楼下层,以防炮弹误炸。实际上没事,解放军的炮弹都落在厦鼓中间的海上,打击海上的敌舰。第二天,枪炮声平息,敌人逃往金门。上午10时传来消息,解放军从集美渡海进入厦门岛了。同学们兴高采烈,准备欢迎解放军进城。我们还到鼓浪屿对面的嵩屿帮助打扫战场。解放后,杨振波同学参加了解放军。

（本文摘自钟毅先生2013年6月遗稿《开林忆事》）

《采贝》拾遗

俞兆平

10年前，一天，远在美国的校友——中文系1979级朱碧森来电话，谈起厦大《采贝》诗社创立30周年之事，感慨不已。30年的时光转瞬即逝，我们在远隔万里的越洋电话中，回忆起当年的青春、幻想与真诚，回忆起那时的海风、阳光与沙滩。是啊，时光流逝，星移物换，当事者们如若再不把当年的人事物象记录下来的话，那一切很快就要湮灭于时间之流，因为我也已进入退休的行列了。

30年过去了，那10多期不起眼的油印小刊物《采贝》确实留世不多。作为《采贝》发起人之一的我，原也藏了一套，后为了充实中文系资料室，我把它与收藏的《鼓浪》一起奉献出去，但没料到再后来全校资料室撤销，估计我们这几本油印的小东西也被送进了废品收购站了。

没想到对诗钟爱的有心人还有人在，这说明诗的火种是不会熄灭的。他们是中文1979级的王中、林志民。王中手中保存了一套，已成为“老总”的林志民就让手下的文员把这纸质已经发黄发脆的12期的《采贝》打字录成电子文本，并转发给我。新的时空，新的媒体，让时光倒流了。我贪婪地读着30年前的文字，沉浸在对30年前的忆念之中。

20世纪70年代末，中国进入了新的历史时期。从精神文化的角度来看，按中文系老主任、我的导师郑朝宗先生的话：“中国开始了新的文艺复兴。”刚从“四人帮”高压的、恐怖的文化禁锢中解脱出来的知识分子，无不舒眉展眼，无不振奋抖擞。受前辈们情绪的感染，我们这些在恢复高考、恢复研究生招生制度后入学的中文系1977级、1978级、1979级本科及1979级研一的学子们，如山野间的春笋沐雨，或勃勃欲动，或露出嫩角，其中有代表性的，就是中文系的《鼓浪》复刊与《采贝》创刊。

《采贝》是本诗刊。当年诗的境遇决非现今这般落魄与孤寂。与中国经济和体制的转轨同步,在文艺界域打破坚冰、冲破禁区的尖兵就是新诗。在新时期之前,诗的定义是拜伦手中的长剑,是马雅可夫斯基口中的"炸弹",她完全成为政治斗争的工具,而艺术的审美之维却被严重地"窒息"了。

这在郑朝宗先生为祝《采贝》创刊,而录旧作为贺的《戊午春月登武夷》一诗中也有呈现:

风光虽好鸟声瘖,
万象沉冥直到今。
我愿众灵齐引亢,
闽中山水要新音。

"百鸟齐瘖""万象沉冥",这就是郑老先生当时对国内精神界域状态的描述。如何使"众灵引亢",如何使八闽大地发出"新音",一种神圣的历史使命感,落在我们肩上,沉在我们心中。志同而道合,诗神缪斯把我们召唤到一起来了。

为筹备《采贝》,大的聚会约有两次。第一次是在南普陀寺后山转逢人师墓后那块题有"法性长留"的大石上。是夜,淡月溶溶,松风习习,一群学子为诗而聚于古刹禅寺,为诗而畅发情怀心性,此情此境,是何等风雅,值得"采贝人"一生重温。

第二次是在上弦场的沙坑边上,比较务实,选出编委会,定下刊名。刊名的定夺是个难产的过程,我记得众诗友提出不下于10个,但在激烈的争论中被一一否决了。眼看着星移斗转,夜色已深,我焦急地从脚下沙坑里抓起一把沙粒下意识地搓着,忽然灵光一闪,一个念头突现:"名曰'采贝'如何?"顿时,众位诗友默然无声,而后不知是周俊翔,还是付卓洋爆出一声:"好!"众人随之纷纷赞同。但我也不敢掠他人之美为己功,我说:"'采贝'此名,已有人用过。闽省著名小说家曾毓秋主编的闽东地区文艺刊物,即以此为名。"大家为此议论纷纷,最后的结论是:"'采贝'极为符合与海为临的厦门大学的特色,也富有诗情画意,尤其重要的是,可与系刊《鼓浪》配套,可用。闽东那一刊物是综合性的,与我们诗刊不会冲突。像上海《文汇报》副刊《笔会》,到处都有人在沿用。"那时的人们,品牌意识没有现今这么强烈,而后曾毓秋也没就此找过我麻烦。这次聚会同时还定下第一届编委会成员，由我(7901研)、周俊翔(7801)、温再兴(7701)、朱碧森(7901)、付卓洋(7801)5位组成。

于是，在1979年底《采贝》诞生了！

会上也定下由我来撰写发刊词：

我们是赶海的孩子，在沙滩上苦苦寻觅……

贝壳，有玉髓般的洁白，有丹枫般的红艳，有古瓷般的素朴，有翡翠般的玲珑，有暮云般的凝重，有蝉翼般的透明。

贝壳，有丽日以热诚之火赐予的色彩，也有寒夜用凄冷之光刻镂的纹理；有星辰闪光的斑点，也有风浪肆虐扑打的伤痕。

大海是慷慨的，大海又是神秘的。五光十色、千姿百态的贝壳是在浪潮后留下的，是在沙砾中混杂的。它要你有同懦弱僵化的灵魂决裂的勇气，要你有捕捉美神奥秘目光的灵感，要你有不畏劳苦搜奇探宝的毅力，才能有真正的采集与获取。

来赶海吧，来采贝吧，年轻的朋友们！

我们在辽阔的海滩上苦苦寻觅……

虽然还有些稚气乳味，但毕竟留下了那一时代青年人对美的渴求，以及为艺术而奉献的真诚。

而后，如有诗友所归结的："起初《采贝》是油印报纸型的，印刷出版了第一和第二期。1980年12月10日出版的第三期改为32开的油印本，有了杂志或书的感觉，于是编委会一不做二不休在1981年2月10日将一、二期合刊重印成册，由此这部油印的《采贝》便开始了它一期一册的征程。"

30年后，它变成了林志民制作的电子文本重现在我的眼前，正如也是当年女诗人之一王玫(白草)读后的感慨："恍若隔世！"但它留下了"采贝人"诗心的音响，"采贝人"青春的印迹，而且还留下了一些珍贵的历史资料。

如第四期刊登的郑朝宗先生《偶得》一诗：

擘海擎天岂敢期，
文章得失许心知。
尘羹土饭宁为古？

掠影空花未是奇。
语可惊人非泛设，
笔能摇岳有新思。
老成少作分拘放，
两样风神一味痴。

在先生的纪念文集中尚未见收入。

如第二期，还登有黄拔荆先生的《望海潮·登太姆山》、余纲先生的《题画二首》等，估计他们都不一定留有底稿。特别是余纲先生："古瓶绿竹胜纷华，／守口虚心意有加，／一奠根基浩劫后，／石榴累累灿红霞"一诗，真是熬过"文化大革命"，劫后余生的老知识分子心态的出色写照。

还值得一提的是，《采贝》与广东省作协刊物《作品》的一场论争。厦大《采贝》虽是一份不起眼的油印小刊物，但在1979年的国内各大学校园里，却是一枝早放的鲜花，属于凤毛麟角，因此它一出世，就引起了各方面的关注。诗歌批评家朱安不知从哪里弄到了《采贝》，就写了一篇题为《应当高尚、美丽》的文章，批评朱碧森诗作《请不要爱我》，该文登在《作品》1981年第1期上。当年的《作品》，有写过《三家巷》的著名作家欧阳山等撑持，声名显赫，如此庞然大物居然向小不点的《采贝》发难，让大家目瞪口呆，也给朱碧森同学施以不小的压力。

出于义愤，我站了出来，写了一篇《应光明正大》小文回应。文中我是这样反驳之："《请不要爱我》一诗，共有七个小节，作者采用第一人称写法，在前六个小节中以六个丑恶的形象比喻我们这从封建社会脱胎、从十年浩劫复苏的社会生活中种种龌龊的'历史遗毒'，最后一个小节，作者明确地点题：'请不要爱我，我罪恶的颈脖已套上绞索／挣扎着，却止不住死亡的哆嗦'，预示了美战胜丑，高尚战胜邪恶的前程。朱安在仅有数百字的短评中不厌其烦地引述了诗的四个小节，唯独不引点题的最后一个小节，以至该文给读者造成与原诗原意截然相反的印象。这难道是偶然的疏忽吗？不，这是拙笨的阉割，别有用心的曲解。"当时年轻气盛，火气稍微大了一点。但发出之后，朱安不吭声了。其实，朱碧森这篇诗无非是仿闻一多的《死水》而作，现在读来一点也不出格。

现今学界，在提倡搜寻、保藏民间语文史料，它之所以值得珍贵，就在于可

真实地恢复当时的环境与氛围，恢复当时的历史语境。我想，《采贝》文本与记忆的再现，在这一旨意上，也应作如是观。

（2016年1月11日，从美国费城传来噩耗，朱碧森老弟走了，享年65岁，悲哉！亦以此文为念）

三家村摄影组和60周年校庆

刘裕明
（化学系1977级）

在芙蓉一和芙蓉二连接转弯的三角地，坐落着几间小平房，叫三家村。还是在大三下学期时，经1977级经济系计统专业邱毅勇棋友介绍，我进了厦大学生摄影组（图1）。开始只是帮助洗相片，不久由我担任摄影组组长并搬到三家村住了半年多。

图1　摄影组同学在三家村合影

笔者在前排右一，前排右三和右八分别为1977级无机化学的同班同学黄金荣和黄文伟

三家村共有三套房，左边一套为校团委用房，右边一套给校学生会用，时任学生会会长历史系1977级的孙亚夫住在那里，中文系1977级的朱守道同学也住学生会。中间一套归我们摄影组用，有两间屋子，较大的一间为营业室和活动室，

较小的一间是我的办公室和卧室，还有暗室水房和储藏室，使用面积有40多平方米，很是方便。

当时摄影组有40多人，我们有几架照相机并对同学们出租，每天下午开放为同学们服务，主要是洗相片业务，收些费用。每天安排几个同学负责洗相片，就像是校园里的一个小小洗印服务社。摄影组由时任校学生会副会长物理系1978级的林涛同学分管，发票经他签字后才可以入账。还请了经济系财会专业1977级的两位同学担任出纳和会计。也请了中文系1977级的郑英厦同学为摄影组技术指导，为摄影组讲摄影技巧。我还常常组织摄影组校园摄影活动，并且举办了多次摄影展。

学校大会堂艺术团的节目，游泳池、操场、白城沙滩以及美丽的校园都是摄影组同学们常去的地方，用照相机留住了大家美好的时光。

我负责摄影组期间，正好赶上1981年学校60周年校庆（图2和图3），校庆前学校要拍画册，请来了专职摄影师，由我帮助组织一些场景，请来同学助力。我们的几架相机也派上了用场。当时摄影师用的是反转片，我们以黑白胶片为主，一起记录着母校的美景和美人（图4）。我还帮助摄影师冲洗彩色胶卷，第一次看到冲洗出来的正像的彩色底片，与电影胶片相似。

图2　厦门大学60周年校庆纪念大会主席台（引自厦门大学65周年校庆特刊）

图3　摄影组和艺术团一起为校庆60周年庆典合作后的合影(李世雄供图)

图4　厦大艺术团同学在纪念60周年校庆晚会上表演舞蹈《追鱼》

校庆期间，我们忙了几天，抓拍了不少难忘的瞬间，有些照片经过同班章慧同学的解读成了宝贝。1981年4月6日校庆当天，卢嘉锡学长和陈景润学长是我们主要的追光者。在大会堂上弦场的千人合影之后，我特别请到我们的老系主任卢嘉锡先生(图5左)，为他拍了几张相片。

那一日为卢嘉锡先生拍照时还引出一段佳话，我帮卢先生和他多年未见的老友陈梦韶先生拍了一张合影(图5右)。照片中两位握着手的长者，就是厦大原副校长、化学系原系主任卢嘉锡和厦大中文系老教授陈梦韶。根据陈梦韶先生儿子陈元熙的回忆，陈梦韶先生于1981年9月25日在该照片背面追记："一九八一年四月六日，厦门大学召开六十周年纪念大会。会后摄影毕，与科学院院长卢嘉锡君，立谈别后情况。背后站在桌上女生，笑看前面要求丁玲签名留念的群众。"陈梦韶本名陈敦仁，是厦大教育系1926年第一届毕业生，他亲耳聆听过鲁迅先生的教诲，曾经将中国古典名著《红楼梦》改编为现代话剧《绛洞花主》，送交鲁迅先生求教。

图5　厦门大学60周年校庆纪念大会后的上弦场留影

左：卢嘉锡先生；右：卢嘉锡和陈梦韶先生喜相逢

在黄文伟同学的帮助下，长达1.8米的纪念大会合影照片(图6)，经我们两人之手按照学校要求洗了30多张，其中有2张的质量较差，我和文伟同学各留一张做纪念。文伟同学持有的那张，上光时不小心撕了个口子，稍作修补还行；而我留着的那张，边上个别人影不清有些模糊。2019年回厦门做招生宣传，与化学系1977级无机化学专业十几个同学聚会，文伟特地从漳州赶来，我问起他长相片是否还在，他回答说还珍藏着呢。那时同班黄金荣同学也来摄影组帮忙。现任北京市委书记蔡奇的弟弟蔡铭是我们摄影组同事,他比我晚半年分配来北京工作,后来不幸英年早逝。

图6　厦门大学60周年校庆纪念大会来宾校友和师生合影片段

在60周年校庆当日下午,母校举办了为期两天半的校运会。数学系廖谊虹在学生男子跳高比赛中,以1.94米的成绩打破省高校1.93米的纪录;物理系林心瑜在女子手榴弹比赛中,以43.24米的成绩,打破省高校42.56米的纪录;经济系申勤华在女子五项全能比赛中,以2069分的成绩打破1810分的校纪录;物理系郑世平在学生男子400米栏比赛中,以1′0″6的成绩打破了1′1″的校纪录。我的摄影组介绍人邱毅勇同学为这4位破纪录的运动员留下了难忘的合影(图7),刊登在校报上。

毕业之后,与摄影组不少同学失去联系。幸亏当时托我们1977级无机班的张福山同学帮助加工了50个杯子,打上厦大摄影组字样并编号,多年来我用01号当刷牙杯,锈了,现在藏起来留作纪念(图8)。虽然在摄影组花费了不少课余时间,但是为学校留下一些珍贵史料是非常值得的。

图7　在60周年校庆期间举行的校运会上破纪录的4位运动员
左起：廖谊虹、郑世平、申勤华、林心瑜

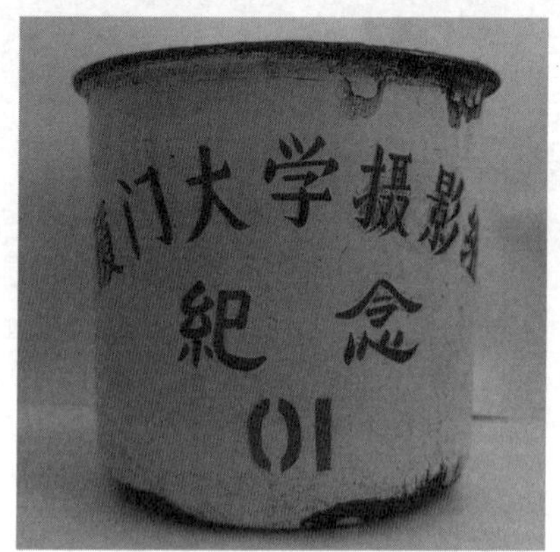

图8　笔者保留的厦门大学摄影组搪瓷杯01号

2008年元旦，厦大1977级和1978级1000多名同学返校纪念恢复高考30周年和入学30周年，看到了吸引眼球的被放大的老照片，在明培体育馆、大会堂和芙蓉餐厅等纪念场所轰轰烈烈地展示，大多数都是由有心人章慧同学保存并提供的。我很高兴，又想起了当时按快门的美好瞬间！

我和一九七八

高　宏
（数学系1978级）

共和国历史上，1978年是个值得铭记的年份。经过10年“文革”的中国人民，1976年10月迎来久违的希望。这一年有许多大事发生：《实践是检验真理的唯一标准》一文发表，安徽小岗村18位农民立生死状包产到户，中美关系改善，对越战争即将开打。而1977级、1978级两届大学生分别在2月和9月入学，举国瞩目，牵动千家万户。十多年积蓄在社会上的待业青年和应届毕业生一起涌向考场，千军万马过独木桥，考生年龄跨度几近一代。虽然一再扩招，1977级、1978级的录取率仍仅5%上下。40年过去，1977级、1978级已成社会中坚。对于我个人而言，生命中有为数不多的拐点，但1978年绝对是其中之一。往事如烟，许多记忆已经模糊，但1978年高考和四年大学的往事历历在目。

童年少年

我出生于1954年末，父母都是中华人民共和国成立前受革命理想感召，参军入伍的青年学生，1954年从省直机关调入厦大，成为大学管理人员。15岁前的日子，我都在校园里度过，人称厦大“土著”。面朝大海、春暖花开的厦大校园，留给我并不全是美好的记忆。母亲在1957年错划为“右派”，虽然几年后摘帽，但仍属“另册”难以翻身。当年父母们极为繁忙，我们这拨孩子多在厦大幼儿园六日全托，童年无忧无虑。1960年前后饥荒，校长王亚南说“再饿不能饿孩子”，拿出个人稿费补贴厦大幼儿园，百米个孩子得以在饥年衣食无忧。之后上东澳小学（今演武小学前身，昔日位于南普陀寺左侧，即今天的闽南佛学院所在地，别名和尚小学)，依旧受到良好的启蒙教育。图1为我到厦大后的留影。

图1　笔者到厦大后的留影

上排：初到厦大(1955)；大南5号(1956)；三家村(1959)

下排：群贤一(“文革”前)；日光岩(“文革”中)；从军(1976)；上大学(1978)

复员高考

“文革”前，父母煞费苦心地为子女营造良好的成长环境，但“文革”铺天盖地的大字报暴露了所有家庭的“问题”和隐私，我一夜之间成了“可以教育好的子女”。那个年头“地富反坏右”处于社会的最底层，屈辱和痛苦刻骨铭心。1970年初我随全家下放闽北山区光泽司前，这是个名副其实的穷乡僻壤，居住地没有公路亦没有高中。虽然当时“读书无用”甚嚣尘上，父母还是认为知识是立身之本，让15岁的我独自到县城上高中。不到两年的高中，半年到县农械厂学工,半年在校办农场种地学农。乡下的中学毕业早,当地“文革”期间的第一届高中1972年初毕业,我下乡插队。“文革”后期社会生活极度枯燥,军队首先搞起文体娱乐,宣传队和篮球队是那时的时髦。凭借在中学打篮球的特长,我在农村劳动一年后被征召入伍。五年多的军旅生涯艰苦但充实,也结交了一拨生死与共的战友。1977年底恢复高考的消息传来,我打了退伍报告。

工农兵推荐上大学的模式实行了多年,弊病一目了然。邓小平同志高瞻远瞩一锤定音恢复高考,推翻1977级原定的工农兵学员招生计划,凭考分入学。当年国民经济极为困难,连印高考试卷纸都没有。由于时间紧迫,1977级由各省分别命题考试,推迟到1978年2月入学,1978级起,开始全国统考统招。1978年4月我从部队复员,在等待分配工作的3个多月里,夜以继日复习备考。长久以来政治上的挫折令人沮丧,避文趋理是许多出身有问题考生的选择。我的中学几乎空白,当年物理课名曰工业基础知识,化学课为农业基础知识,只学过接电灯、施化肥。凭借在部队吃苦耐劳的锻炼和改变命运愿望的激励,每天十几小时苦读,再加“文革”前福建是全国的高考红旗,老师们的速成复习资料高质量,补习立竿见影。高考伴着高温在厦门八中进行,考生们汗湿考卷。靠两门课的高分:化学99分(1978年高考化学试卷容易)和语文86分(当年语文许多人不及格),5门总分426,搭上末班车进了大学。到了1979级,我们数学系清一色应届生,往届生已无力和应届少年竞争,时代留给我们这代人的窗口刚好2年。

“误入歧途”

作家徐迟1978年1月在《人民文学》上发表报告文学《哥德巴赫猜想》,陈景润就读过的厦大数学系声名鹊起。1977级、1978级两年高考,厦大数学系炙手可热,居然有450多分高分考生弃北大清华来读厦大数学系。1977级、1978级数学系两届都招了三班,两班纯数学一班控制理论专业,在全国高校中绝无仅有。其他高校数学如招两班,只有一班纯数学,其他班则是计算数学或力学专业。那时大学校门初开,信息不对称,社会上也推崇“学好数理化,走遍天下都不怕”,由于中学数学成绩好而报数学系的同学不在少数,殊不知初等数学和高等数学有天壤之别。我的各科成绩以数学最低(78分),读纯数学皆因高考后的体检查出色弱,于是纯数学专业成了理科的唯一选择。本来工科还有两个专业可读,但要出省,离家8年刚回来,不愿再度漂泊,加上高考成功信心爆棚,自信努力之下学什么都没有问题,就随大流报了厦大数学系。恢复高考之初,体检极为严格,入学不久后体检复查,还有海洋系的两位同学由于查出色盲、色弱被迫转入数学专业。

1977级、1978级大学扩招导致校舍极度紧张,厦门入学的本地学生被要求住家走读。与家住厦门市区和鼓浪屿的同学比,家在校园生活还算方便,但走读的弊端也很突出。功课繁重加上三餐在家,走读生与住校生的交流十分有限,大学四年,跟有的同学甚至没说过话。没有集体生活,读书单干,遇到学习上的死结往往求助无门。入学头两年课业的学习方法与复习高考无大异,拼尽全力成绩也还不错。但从三年级进入现代数学,抽象思维的特殊性即开始显现。对抽象的逻辑和证明,一些人凭直觉即可驾轻就熟,一些人则需绞尽脑汁。数专两个班里有10来个厦大子弟,大多也焦头烂额。记得一位老师在一次下课之前声色俱厉地教训我们:别以为爹妈在厦大就可以不好好读书,不及格照样淘汰!让一众厦大孩子灰头土脸。学业上不堪重负的我,还被指定为班干部(图2),只好找系里反映自己基础差、年纪大应以学业为重,但最后还

图2　数学系1977级、1978级、1979级班干部(摄于1981年)

笔者前排右一

是成了班干部直至毕业。意识到自己没有数学天分，大四就去经济学院计划统计专业修课，毕业实践也选了数理统计方向。毕业时报考经济学院计划统计专业的研究生，但这回考试的好运不再，专业课过了，英语差了三分而落榜。许多同学都意识到需要转系转科，到自己感兴趣的领域发展。但那个年代，转系转专业比登天还难。回头看我们数专两班80多人，还在数学专业领域耕耘的已屈指可数。

蜡炬成灰

“春蚕到死丝方尽，蜡炬成灰泪始干”，可以用来形容我们大学年代的老师们。厦大数学系虽有很长的历史，有过姜立夫、杨武之这样的名师并培养出陈景润这样的一流人才，但也有一段时间师资力量不但和北大复旦相比有差别，即使与同一梯队的武大、南大、中大和吉大相比也有差距。中华人民共和国成立之初，一批海归如李文清先生等来到厦大。1952年院系调整，把大学的英美体系改造成苏联体系。厦大拆除工科、法律，浙大拆除理科，数学、物理二系从浙大得到一批出类拔萃的教师。数学系师资队伍一时人才济济。到了1957年，张鸣镛先生错划为“右派”，林振声（何翔健同学在福大的研究生导师）也错划为“右派”。后来的厉则治先生由于历史问题遭罪更大，被铐进监狱。从此数学系一蹶不振。1960年卢嘉锡创办福州大学，带走数理化三系一批“右派”教师，林振声亦在其中。这批人在福大被卢嘉锡重用，但“文革”一来，卢先生自身难保，于是一起落难。“文革”10年折腾，知识分子“臭老九”的帽子刚刚摘去，老师们的物质生活相当贫困，许多老师可以用家徒四壁来形容。

二年级时北大来的辜建德老师做我们甲班的“线性代数”辅导老师，辜老师课上得极好，但论资排辈只能做辅导老师。教“实变函数”的厉则治老师学问等身，重上讲台后全力投入教学科研工作，但他的一口浙江话实在难懂，两小时的课只能抄黑板回家消化。厉先生还嫌我们学得不够深，自编讲义直接教N维测度。可怜许多人连一维测度都还未搞定，遑论N维？那些在数学方面有灵性的同学或许在厉先生的课堂里收获颇丰，对我则是十分煎熬。但实分析、拓扑、抽象代数和概率论的数学训练，的确比其他学科只学微积分上了大大一个台阶。

记得大学课上得好的老师还有陈奕培、林鸿庆等。据说张鸣镛老师科研教学俱佳，但我没有机会一睹风采，叶娟娟倒是跟张先生做了毕业设计。大学四年，对我帮助最大的是蔡晖、林叔荣老师夫妇。大二下学期的“多元微积分”课程渐渐繁重，蔡老师是我们甲班的辅导老师，实在难懂的时候我会去蔡老师家中请教，蔡老师永远是和蔼可亲、诲人不倦。到了大四下学期选了林老师统计方向的毕业设计，统计在厦大数学系是边缘，林老师依旧认真地为我们几个学生介绍数理统计理论和研究前沿。我们当年在拼搏，老师们也在赶路。现在人们给1977级、1978级喝彩，不要忘记我们师长的辛劳付出。

一点反思

回顾大学本科四年读纯数学的得失，有所感悟。首先感谢师长的教导，受到了基本的数学逻辑训练；但收获和付出不成比例，也就是性价比不高。从社会的角度看，对数学人才没有这么多的需求；从个人得失看，精力放到其他方向会有更好的产出。

厦大数学系在数学史方面的培养尤弱，造成知其然而不知其所以然，而没有兴趣的学习是不容易持久的。如数学分析极限概念的ε-N定量化证明，与其他专业教微积分定性为“无限接近”有何本质区别？我是到陈景润来校讲座时才茅塞顿开的。原以为陈会谈他的科研和哥德巴赫猜想“$1+2$”，结果用了许多时间谈微积分基础。陈用中国古代庄子的“一尺之棰，日取其半，万世不竭”来阐述无穷小量ε-N的证明，解释定性证明和定量证明的区别，形象地比喻ε为观测尺度、N为分割的次数，从而到达定量证明，令人耳目一新。另外，那些抽象的证明构造到底要做什么，经常是迷迷糊糊，却又纠结于证明细节。而数学的发展的核心往往是延拓，如勒贝格积分是黎曼积分的延拓，可以处理不连续函数，但落到连续函数就兼容黎曼积分，我是在课程结束后读复旦夏道行教授的《实变函数》一书才读懂。还有统计推断的基本原理是小概率事件在一次抽样中不应该发生等。读懂原理，证明反而不是最重要的，尤其对不把数学作为终身职业的多数人。

大学的另一个缺憾是当年基本没有学术讲座，读书不能结合科研，这和老师们与世隔绝多年学术上落后有关。学习数学的好处是养成逻辑分析的习惯和对科学原理的兴趣，虽然不做数学研究了，但我对数论密码学以及时下方兴未艾的机器学习原理等，都有兴致阅读理解和欣赏。读书不为功利，只为兴趣，不亦乐乎？

大学花絮

大学四年苦读，极少娱乐活动，有的同学甚至没看过一场电影，但也有一些趣事。我在校篮球队4年，周六经常训练，有时还要到外地比赛。我们数学系1978级在体育方面也是藏龙卧虎，尤其是跑步项目。记得校田径队里有刘端平、周海峰、戴再平、廖昀等，羽毛球有专业水准的金建明，体育给繁重的学习带来许多快乐。

上完大一，1978级各系到学校集美农场一周双抢收水稻，而且每个系都有定额。不料才两天就发生食物中毒，许多同学包括带队的老师都上吐下泻，弄得厦大医院人满为患。但学校说定额一定要完成，于是我和几个班干部继续带余下同学劳动。记得数控班的战斗力很强，虽然辛苦，但还是按时完成了收割任务。

另外，三年级数学系发起的“罢吃风波”也让我印象深刻。入学头两年学校食堂的伙食差，去晚了像样点的菜都没有，上课到了第四节末往往是军心动摇，骚动频频，铃声未响就开始收拾书包准备冲向食堂。数学系1977级有不少来自农村工厂部队有社会经验的学生，判断伙食差主要缘于管理机制，而且数学物理食堂（今芙蓉餐厅）特别糟糕。学生们在向校方提意见无果后策划了“罢吃行动”。罢吃组织十分周密隐蔽，数学、物理二系的同学找他系同学借饭菜票，到其他食堂用餐，那一天数学物理食堂忽然门可罗雀，让学校后勤大吃一惊。好在学校从善如流，引入竞争机制，各食堂对全体学生和教工开放，食堂员工的奖金和业绩挂钩。很快厦大学生食堂就大为改观，当年据说是全国最佳大学食堂，连教育部都来总结推广。厦大食堂至今出色，后来的学子应该饮水思源。

毕业留校

1977级是“文革”后的首届大学毕业生,全社会求才若渴,中央国家机关、各省市和大学科研机构纷纷抢人,因此1977级的分配方案极佳。我们1978级和1977级仅隔半年,一级机关学校刚吸纳了1977级,1978级的方案大多给了二级大学和单位。记得不少同学分配出省,并不令人满意。我由于在入学前由复退军人办分配到厦大武装部,靠5年工龄以上分配回原单位的政策得以留校,叶娟娟则分配到经济学院计划统计系。但从后来的发展看,分配不好的同学多有更宽的阅历,也多有大的进步和发展。多年后在海外见到的李世群、王雄、关庄丹等同学,个个变化都很大,令人刮目相看。

1978年我们入学时,全国大学只有个别设有计算机系。我们临毕业前,厦大以数控专业为主建立了计算机系,1978级数控同学作为厦大第一届计算机专业毕业,非常抢手。毕业时厦大计算中心组建,我和物理系的孙洪、郭宇宁以及一批大专班毕业留校同学分在计算中心,接收世界银行贷款引进的日本富士通公司的仿IBM 360主机。在计算中心的4年里我还和数控陈海山共事,一起给经济系开过算法语言课。1985年选拔第三梯队,校党委找我谈话,让我选择到数学系或计算机系做总支副书记,我婉拒了。然后是学英语考托福,在一波留学浪潮里漂泊海外。

好好活着

和我们同时代的作家余华据说是多年的诺贝尔文学奖候选人,他的著名小说《活着》被张艺谋拍了同名电影(个人以为是张最好的电影),电影里的经典台词是主角葛优一直念叨着的“好好活着”。40年岁月匆匆,已经有2位同窗离我们而去。2004年夏天,我们到漳浦天福茶庄参加洪颐组织的同学聚会,见到了许多福厦漳泉的老同学,聚会中惊闻有同学生病,两年后离世了。10年之后的2014年，我回厦门省亲，又得悉有同学患病，不久也走完了人生最后的时光。我不禁感叹生命脆弱，人生无常。现在同学们逐步进入退休阶段，记住善待自己，好好活着！

大国岛民

我们夫妻二人分别于1986年、1984年留学加拿大。岁月如梭，在海外的日子已经超过我们在国内生活的年头。1990年前，我们在加拿大最东部的哈利法克斯（Halifax）读书，1990—1992年分别在蒙特利尔（Montreal）做博士后和McGill大学工作（和苏育才同学在此有一年的交集）。1992年叶娟娟进入维多利亚大学任教，全家遂定居此地。维多利亚（Victoria）位于太平洋沿岸温哥华岛的最南端（大陆城市温哥华在对面的北美大陆上），温哥华岛面积几乎与台湾相同，维多利亚是一个类似于厦门的海滨城市。到访过维多利亚的师长有陈奕陪、辜建德、李茂青，数专同学中有叶向阳、吴天开、李世群、苏育才、何翔健、王继跃。留学海外这些年，我们和中国崛起失之交臂，但依旧关注和亲历国家的发展，我参加过国内黄河小浪底大坝的电站调度及其他水电项目，叶娟娟在最优化领域也学有所成，迄今她培养的10多名博士生和博士后大多来自中国，绝大多数学成归国，成就突出。

犹记得1978年8月末新生入学注册，走上数学楼和大会堂之间的台阶时和陈若茵、叶娟娟擦肩而过，同楼报到的还有物理系1978级新生。当时心生一念：她们会是今后4年的同窗吗？世事难料，我和叶娟娟从大学走到一起已经40年了。今天我们生活得平静充实，心中充满感恩。人生是一棵大树，大学4年是金色的年轮。岁月悠悠，今天我们霜染双鬓，而生命里难忘的4年依然清晰隽永。

时值入学40年聚会，不能亲往，可以遥祝。祝同学们身体健康，平安快乐！

（写于2018年8月）

20世纪80—90年代的厦门大学男排

郑海涛
（物理系1979级）

如果你于1976—1990年期间在厦门大学就读或工作，你应该知道厦门大学拥有一支非常活跃的男排队伍。在教练吴博厚的带领下，厦大男排驰骋福建高校，并在中国高校男排中占有一席之地。我是1979年从福建漳州一中考入厦门大学的。在我入校之前，厦门大学男排已经非常活跃，水平也很高。在1978年三明农学院进行的省高校排球赛中，厦大男排学生队仅负于拥有体育系参赛的福建师大队，获得第二名，厦大男排教工队获第三。当时厦大男排队员有胡刚(历史系1976级)，陈志伟(物理系1976级)，吴晓旭(物理系1977级)，张大光(物理系1978级)，余航、刘生福、吴立平(3人均来自中文系1977级)，郑德茂(中文系1978级)，陶烃(化学系1977级)，李维建(化学系1978级)，海洋系的庄峙厦、陈进顺，此外还有厦大仪器厂曾经是福建省二队的陈诗兴，中文系教师北京体院毕业的郑通涛等(图1)。

图1　1978年的厦大排球队

前排左起：郑德茂、胡刚、郑通涛、庄峙厦、陈进顺

后排左起：陈诗兴、吴晓旭、黄俊瑜、陶烃、余航、刘生福、吴博厚

1979年，和我一起进入厦大的排球队员还有来自福建龙海一中的化学系洪国涌，来自厦门的海洋系邵志文，来自上海的物理系邓一强，再加上原有的1977级和1978级的队员，学生队整体实力得到很大加强。在1980年福建省高校排球比赛中，在吴博厚和王传茂老师的带领下，先后战胜了漳州师范学院、福州大学，最后又以3:1战胜福建师大，报了1978年负于对手的一箭之仇，以全胜战绩夺得冠军，获得了代表福建省高校参加全国“三好杯”的资格。参加这次比赛的队员如图2所示。

图2　1980年，厦大男排荣获福建省大学生“三好杯”排球赛冠军

前排左起：陶烃、邵志文、吴博厚、王传茂、洪国涌、郑海涛

后排左起：邓一强、李维建、张大光、陈小钢、吴晓旭、余航、陈晓山

1980年全国大学生“三好杯”预赛在大连海运学院举行，参加这次比赛的有领队黄渭铭，主教练吴博厚，教练陈诗兴、王传茂。队员有邓一强、李维建、张大光、陈小钢、吴晓旭、余航、陈晓山、陶烃、邵志文、洪国涌、郑海涛。我们在比赛中战胜许多代表各省高校最高水平的各路好手，最后仅以2:3负于中山大学队，获得小组第二，并取得在青岛山东海洋学院参加决赛的资格。最后获得全国第八名的好成绩，从此开启了厦大男排的黄金时代！

随着男排成绩的提高，学校开始重视招收高水平的男排运动员。1980年，招入了来自漳州的蒋开方，福州的黄端、林滨，四川成都的吴自强。1981年，又招入了来自漳州的王建平、陈志勇，三明的陈永春，莆田的张俊强，福州的许敏松等，厦大男排弥补了一些1977级、1978级队员离校的影响，继续保持强劲的实力。此外，随着北京体院毕业的原福建省青年队主力二传手杨建艺、福建师大体育系排球专业柯玉坤和另一位北京体院毕业的刘俊勇的到来，教练队伍也得到加强（图3），厦大男排整体水平又有很大提高，球队的技术战术意识也提高到一个新的层次。

图3　1983年的厦大男排成员

前排左起：黄端、洪国涌、吴自强、邵志文、郑海涛、张俊强

后排左起：陈永春、陈志勇、蒋开方、杨建艺、吴博厚、胡刚、林滨、李新辰

在1983年龙海石码举行的全省排球联赛中，厦大教工和学生联队代表省高校同全省各地市代表队进行比赛。这是一次高水平的比赛，各地市代表队有不少是省队退下来的队员，有体育学院和体育系的排球专业毕业的选手。我们不畏强手，在吴博厚教练和杨建艺教练兼队员的指导和带领下，力克各路好手，最后仅负于有两位原福建省队队员挂帅的漳州队获得亚军。参加这次比赛的队员有杨书农（化学系1983级研究生）、黄端（经济系1980级）、吴自强（计算机系1980级）、林滨（外贸系1980级）、李新辰（财金系1981级）、蒋开方（海

洋系1980级)、郑海涛(科仪系1983级研究生)、陈永春(化学系1981级)、陶烃(化学系老师)、胡刚(经济研究所老师)、杨建艺(教练兼队员)、吴博厚(主教练)、柯玉坤(体育室老师)(图4)。

图4 1983年厦大男排荣获福建省排球联赛亚军

前排左起:胡刚、杨建艺、吴博厚、柯玉坤

中排左起:李新辰、蒋开方、郑海涛、陈永春、陶烃

后排左起:杨书农、黄端、吴自强、林滨

1984年,厦大男排再次代表福建省高校参加在上海复旦大学举行的全国"兴华杯"排球比赛。在领队黄渭铭、教练吴博厚和杨建艺的指导下,战胜了南开大学等各路好手。可惜的是,主力副攻手吴自强在关键时刻生病不能上场,影响了球队的实力。但队员们还是克服困难,发挥了应有的水平,获得了第七名的好成绩。参加这次比赛的队员有吴自强、杨书农、蒋开方、林滨、郑海涛、陈永春、陈志勇、张俊强、黄端、许敏松、李新辰、陈斌和胡晓光。

1985年,香港九龙(简称港九)排联主席原厦大校友石振达邀请厦大男排到香港参加与香港大学、香港中文大学和香港理工大学的"四角"排球赛。这是厦门大学运动队首次到香港参加比赛,得到了厦大领导的极大重视,临行前,时任厦大代理党委书记未力工和副校长干洛林、外办主任高扬都来为我们送行(图5)。学校把按照当时出国标准为我们定制的全套西装(图6)赠送给全

图5　1985年，厦大校领导欢送校男排代表队赴香港比赛

前排左起：吴博厚、罗经龙、高扬、王洛林、未力工、梁敬生、陈金铭、何德馨

后排左起：陶烃、杨书农、黄恒旭、郑海涛、陈瑞明、刘俊勇、陈俊海、柯玉坤、胡刚

图6　1985年，即将赴香港参赛的厦大男排队员和领队老师

前排左起：陶烃、何德馨、罗经龙、梁敬生、陈金铭、吴博厚、胡刚

后排左起：柯玉珅、黄恒旭、郑海涛、陈瑞明、刘俊勇、陈俊海、杨书农

体队员，堪称不菲的礼物。大部分队员和我都是平生第一次穿西装，甚至连领带都不会系！王洛林副校长亲自一遍遍地教大家如何系领带。在时任厦大宣传部部长梁敬生和体育室何德馨老师的领队下，厦大男排"全副武装"到达香港，体育界老前辈陈金铭教授和罗经龙老师也应石振达特别邀请前往。

比赛在香港中文大学举行，最后我们以三个3:0力克香港大学、香港中文大学和香港理工大学，获得冠军，为学校争得荣誉。比赛后，我们还和在香港的厦大校友联欢。参加这次比赛的教练和运动员有陶烇（化学系老师）、柯玉坤（体育室老师）、刘俊勇（体育室老师）、陈瑞明（计算机系1984级）、陈俊海（化学系1984级）、胡刚（经济学院老师）、杨书农（化学系1983级研究生）、杨建艺（体育室老师，教练兼队员）、郑海涛（科仪系1983级研究生）、黄恒旭（外贸系1984级）、吴博厚（主教练）（图7）。

图7　1985年，赴香港参加"四角"排球赛的教练和运动员

前排左起：杨书农、杨建艺、郑海涛、黄恒旭、吴博厚

后排左起：陶烇、柯玉坤、刘俊勇、陈瑞明、陈俊海、胡刚

尽管厦大男排已经达到一个新的高水平，但吴博厚老师和杨建艺老师知道随着学生们的毕业，要继续保持高水平必须补充新鲜血液，必须不断地培养新人。1986年在漳州举行的省高校排球联赛中，厦大男排上场队员以新人为主，仍然以全胜的战绩夺得冠军。参加这次比赛的运动员和教练员有吴博厚，刘钊（法律系1985级），陈斌（海洋系1983级），陈瑞明（计算机系1984级），郑海

涛，刘俊勇(教练)，黄恒旭(外贸系1984级)，黄河(财金系1984级)，陈俊海(化学系1984级)，杨书农和陶烃(图8)。

图8　1986年在漳州举行的省高校排球联赛

前排左起：黄恒旭、黄河、陈俊海、杨书农、陶烃

后排左起：吴博厚、刘钊、陈斌、陈瑞明、郑海涛、刘俊勇

在1986年和1987年之间，男排又招入许多新人，有刘述江(海洋系1986级、会计系1987级)、庄晓明(计算机系1986级)、董维星(财金系1986级)等以弥补1980级和1981级队员离校的影响，厦大男排继续保持强劲的实力。

除了本科生队和教工队，厦门大学的研究生队水平也很高。从1983年到1986年，厦大男排的6名主力队员中，有3名是研究生，他们分别是化学系1983级研究生杨书农(副攻)，化学系1984级研究生陶烃(二传手)，和科仪系1983级研究生郑海涛(主攻)。在当时的校际排球比赛中，厦大研究生队独立组队的比赛从未失手，总是能获得冠军。1986年，厦大研究生队参加了在成都电讯工程学院举行的全国研究生排球比赛(图9)，吴博厚老师亲自带队。最后我们战胜众多高校研究生，获得第四名。如果不是因为我生病不能打最后几场比赛，我们的名次应该可以靠前些。

图9　1986年，厦大研究生男排参加在成都电讯工程学院举行的全国研究生排球比赛
前排左起：任明川、杨书农、郑海涛、黄苏明、刘向成
后排左起：吴博厚、张继明、陶烃、刘东、林贻影

为了更好地准备1988年全国大学生运动会，在学校领导的支持下，厦大男排开始向优秀的专业队员和少体校队招生。1987年，经严格选拔，林培明、赵卫东、陈志坚(3人均是南京军区队)，朱忠(福建省青年队)，张绍伟、邱威宇、肖志强(漳州少体校)，和占瑞贤(莆田)等被厦门大学录取。再加上林璟斌(厦门双十，计算机系1988级)，陈榕(会计系1988级)，老队员杨书农、陶烃、郑海涛以及杨建艺老师，厦大排球达到20世纪80—90年代期间的最巅峰时期！

此时具备如此强大实力的厦大男排已经不满足于拿福建省高校冠军了，而且当时的福建体院和福建师大体育系也不是厦大的对手。我们开始寻找更强的对手来更有效地锻炼自己的队伍。1988年，我们前往漳州排球训练基地，和在那里训练的尼泊尔国家队进行比赛，我们以3:1拿下他们！大约过了一个月，尼泊尔队回访厦大。时隔一个月，尼泊尔队在中国名教练的训练下技战术水平有了很大的提高。比赛在厦大风雨球场进行，吸引众多观众，许多学校领导也前来观看。比赛中，双方战术体系都发挥到极致，比赛异常激烈，比分咬得很紧，从1:0、1:1、2:1、2:2，决胜局打到14:14！最后，厦大男排以2:3惜败。图10是比赛中的一个精彩镜头。

图10　1988年，在厦大风雨球场进行的厦大男排与尼泊尔国家队的比赛
从左到右：邱威宇、张绍伟、郑海涛、林培明、杨建艺、赵卫东

还有一场值得一提的比赛是，与中国青年男排集训队在漳州女排训练基地的教学比赛。第一局国青派二组来与厦大比赛，厦大男排战胜他们，以1∶0领先。国青教练见势不妙，马上换上一组的主力队员，才最后战胜厦大。当时厦大男排个子不算高，但基本功和意识都很好，战术配合默契。

1988年暑期，全国大学生运动会排球预赛在天津南开大学举行。郑学檬副校长和何德馨老师亲自出马担任领队，吴博厚任总教练，刘俊勇、杨建艺任教练兼队员。队员有邱威宇、张绍伟、郑海涛、林培明、赵卫东、杨书农、肖志强、朱忠、陈志坚、占瑞贤等。天津赛区有河南大学队、东道主南开大学队、中山大学等强队，他们都有许多专业队的球员加盟。我们先以3∶0战胜中山大学队，后来又以一个3∶0战胜以天津青年队为主体的南开大学队，最后以2∶3负于有原省队队员参加的河南大学队，以分区比赛第二名获得参加南京大运会排球决赛资格，并最终获得全国第六。要知道，前四名基本上都是专业队主打的，有这样的成绩已经很不错了。

1990年省高校联赛在泉州华侨大学举行，当时的厦门大学男排主队太强，组委会要求厦大不要派一队参加，只能派二队。另外，吴博厚老师是组委会成员（还有黄诚宗和王传茂）。于是厦大派出了法律系1987级林培明为主教练，领队为财金系老师叶鹏飞，用全新的阵容迎战各省高校好手。在击败各路好手后，最后同呼声最高的福州大学进行决赛。在林培明教练的指导下，在先失一局的不利情况下，连胜三局，以3:1击败了福州大学队，获得冠军(图11)。

图11　1990年厦大男排二队在泉州华侨大学举行的省高校联赛中获得冠军
前排左起：王传茂、江隆隆、陈榕、林璟斌、王舸、林培明、叶鹏飞
后排左起：吴博厚、黄欣、丁译、庄晓明、邱国龙、黄诚宗

1992年，又是一个大运会年，这次参加大运会由原来的老厦大男排队员、时任校办主任陈志伟领队，吴博厚和杨建艺为教练，林培明、赵卫东、邱威宇、张绍伟、肖志强、郑海涛等上届大运会的原班人马，再加上新从漳州一中招入的1991级的吕中伟，1988—1990级的林璟斌、陈榕、王舸、江隆隆等，厦门大学男排仍然强劲如往。在南京大学的预赛中以3:1打败从未赢过的复旦大学队等众多强手，再次挺进在武汉的大运会决赛，最终再次获得第六名。

行文至此，意犹未尽。看到吴博厚老师的来信(文末)，回顾40年前在母校打球比赛的经历，感慨万千。我们曾一起在厦大球场上洒下过淋漓的汗水，在赛场上流下过激动的眼泪。毕业后大家各奔东西，聚少离多！期盼着不久的将来我们能再次相聚。

致厦大男排老队员们

各位厦大男排老队员，你们好！

在当年，你们的努力和奉献精神，创造了整个八十年代厦门大学男子排球的辉煌，你们先后参加了全国“三好杯”“兴华杯”排球赛，省甲级联赛，省第九届运动会，全国第三、四届大学生运动会，94年全国高校排球赛，以及去香港比赛，均取得了优异成绩；在校内先后与武警男排、尼泊尔国家男排举行了精彩的友谊赛，并与福建女排进行了一场别开生面的性别大赛，由于你们精湛的球艺与奋斗精神，吸引了全校师生的热切关注和赞扬，引发了系级联赛热潮。你们的身影，在整个1980—1990年代厦大师生心目中留下永不磨灭的印象，很值得怀念。

现在你们离校已三四十年，我很怀念与你们相处的日子。在厦大百年校庆即将来临之际，望你们能争取返校参加活动，我们将热情接待。目前，我正在整理和编辑百年校庆文献之《20世纪80年代的厦大男排》(暂名)体育画册，现向各位男排老队员们征集当年比赛和有关排球活动的老照片，以及目前每个队员的彩色近照。请将电子相片或老照片扫描发送至邮箱uigan@163.com，最好清晰一些，并把相片名称设为姓名。

祝你们事业有成，幸福美满！

此致

吴博厚

2019年5月1日

附：各年级队员名单

教工：杨建艺、刘俊勇、柯玉坤、庄峙厦

1976级：胡刚、陈志伟、陈海宁

1977级：吴晓旭、陶烴、余航、吴立平、刘生福、陈晓山、陈小钢

1978级：张大光、李维健、郑德茂

1979级：郑海涛、邵志文、洪国涌、邓一强、杨书农

1980级：黄端、蒋开方、吴自强、林滨

1981级：李新辰、陈永春、陈志勇、许敏松、王建平、胡哲民、张俊强

1982级：胡晓光

1983级：陈斌、万励

1984级：陈俊海、陈瑞明、黄恒旭、黄河、杨小东

1985级：刘钊、侯克增、史彝坤、白洋

1986级：庄晓明、刘述江、董维星

1987级：林培明、赵卫东、邱威宇、朱忠、陈志坚、肖志强、占瑞贤、张绍伟、黄欣、丁译

1988级：林璟斌、陈榕、邱国龙

1989级：王舸

1990级：江隆隆

1991级：吕中伟

1992级：何国盛、陈志锋

1993级：吴军乐、刘若凡、杨震林

文武双全的厦大男排队员

林宝卿

20世纪80年代的厦大人，对当时的厦大男排并不陌生，每当晨曦初露或西边的那一抹晚霞映天时，他们个个生气勃勃、龙腾虎跃地在运动场上训练或比赛。有时赛场上里三层外三层地站满球迷，为精彩的球艺响起热烈的掌声和喝彩声。这支男排运动员有傲骨、无傲气，谦虚谨慎，待人谦和，给当时的排球粉丝留下美好的印象；这支男排文武双全、球艺高超、敢拼敢打，创下不少战绩，为厦大增光添彩，证明厦大在体育运动方面也是南方之强！

学习比赛两不误　为校争光更突出

男排运动员和大家一样是学生，有的还是硕士生、博士生，有繁重的学习任务，时间特别宝贵，他们分秒必争，在有限的时间里提高学习效率。这支八闽排坛劲旅，不仅多次蝉联省高校排球赛冠军，在全国高校排球赛中也硕果累累，做到学习比赛两不误，不断为厦大争光！请看以下战绩：

1980年6月荣获福建省大学生“三好杯”排球赛冠军，取得参加全国高校“三好杯”排球赛的入场券。

1980年8月在全国高校“三好杯”排球赛中获得第八名。

1983年在龙海举行福建省甲级排球联赛(包括高校、全省各县市代表队)，厦大排球队仅次于漳州市代表队，荣获亚军。厦大运动员行为文明高尚，业余时间看书学习而获得运动员和观众的好评，荣获“体育道德风尚球队”奖旗。

1984年在第二届全国大学生“兴华杯”邀请赛中荣获第七名。

1985年港厦“四角”排球比赛夺得冠军。

1986年全国“研究生杯”排球赛荣获第四名。

1987年9月26日厦大男排与来校访问比赛的尼泊尔国家男排进行国际男子排球友谊赛。这场比赛轰动全校乃至全市，也引起台湾《联合报》记者的关注，拍下精彩的海报和热烈的场面。风雨球场人山人海，挤得水泄不通，比赛精彩激烈，双方旗鼓相当，势均力敌，胜败难分，厦大男排最后第五局以16:14惜败。

1988年获全国第三届大学生运动会排球赛第六名，荣获全国体育道德风尚奖。

值得一提的是，1985年6月28日，厦大男排一行15人应厦大校友、亚洲排球协会副主席、港九排球联合会会长石振达的邀请赴香港访问，同香港大学、香港中文大学及香港理工大学的排球队进行友谊比赛。这次赴香港的厦大男子排球队组成如下：

领　队：梁敬生

顾　问：陈金铭

副领队：何德馨、罗经龙

教　练：吴博厚

队　长：杨建艺

队　员：柯玉坤、刘俊勇、胡刚、郑海涛、杨书农、陶烃、陈俊海
陈瑞明、黄恒旭

运动员们基本功扎实，技术全面，身高大多在1.80米以上，最高达1.86米。在香港“四角”排球赛中，以三战三胜夺得冠军。他们不仅与香港排坛交流球艺，增进与香港各高等院校相互了解和友谊，而且为厦门大学争光！

1985年8月30日，时任厦大男排教练吴博厚以《赴港参加“友谊杯”排球赛，我校男排勇战夺魁》为题在《厦门大学报》报道：

> 应我校老校友、港九排球联合会会长石振达先生邀请，我校男排于7月上旬到香港，与香港3所大学一起参加了由港九排联主办的“港厦大专‘友谊杯’”排球赛。经过激烈角逐，我校男排以三战三捷的战绩荣获冠军(图1)，香港理工学院居次，香港中文大学得第三。
>
> 比赛于7月2日晚在香港中文大学联合书院体育馆揭幕。在开幕仪

式上,石振达会长和我校男排领队梁敬生分别致词祝贺,并互赠礼品。

我校男排在这次进行的三场比赛中,网前高度优势,充分显示了快攻多变、重扣轻吊、拦网严密等特点,特别是在最后同香港中文大学男排争夺冠军的比赛中,我校男排在先失一局之后,不但加强拦网,减少失误,沉着应战,同时施展猛烈的攻势。队长杨建艺巧妙传球,主攻手郑海涛、刘俊勇轮番大力扣杀结合轻吊,屡屡奏效,中大招架不住,我队轻易地以15:6、15:0、15:1,连下三局,终于以3:1反败为胜,夺得冠军,并给观众留下深刻印象。

图1　厦大男排在香港“四角”排球赛中,以三战三胜夺得冠军

左起:陶烃、黄恒旭、杨书农、郑海涛、刘俊勇、杨建艺、吴博厚、陈瑞明、陈俊海、柯玉坤、胡刚

赛后,港九排联会长石振达先生主持颁奖,并同全体运动员、教练员和领队一起合影。7月5日晚,我校香港校友会还在九龙弥敦酒店设宴招待我校男排及有关人士。石振达会长、庄启程理事长和杨大钧副理事长等出席酒宴,并同大家一起畅谈,合影留念(图2)。

我校男排是学校首次派往香港的体育代表队,对加深我校同香港学校之间的互相了解增进友谊,扩大我校在香港地区的影响,作出了贡献。

图2　厦大香港校友会在九龙弥敦酒店设宴招待厦大男排及有关人士

前排左起：梁敬生、庄启程（时任厦大香港校友会理事长）、石振达（时任亚洲排球协会副主席、港九排球联合会会长）、陈金铭、罗经龙、杨大钧（时任厦大香港校友会副理事长）

后排左起：陈俊海、黄恒旭、刘俊勇、杨建艺、吴博厚、何德馨、郑海涛、柯玉坤、陶烃、胡刚、杨书农、陈瑞明

在全国大学生运动会排球赛中，厦大男排显现出高超技艺和勇猛精神。例如，第三届全国大学生运动会天津赛区，在厦大和中山大学男排比赛中，除厦大队员身高占优势外，队长杨建艺足智多谋，拦网判断准确，特别是他与主攻手郑海涛配合默契，4号位进攻犹如板上钉钉，最后以3∶0取胜。在与南开大学比赛中，厦大男排作风顽强，如主攻手郑海涛为扑救一险球，撞碎眼镜仍带伤比赛，使全队备受鼓舞，直落3局，以3∶0战胜南开大学。

文武双全好人才　厦大精神放光彩

有人认为运动员四肢发达、头脑简单，可厦大男排的队员们却是德智体全面发展。看了他们的比赛，行家们无不称赞这支男排队员水平高、素养好。就拿其中3名主力队员来说吧，他们都以高分被厦大本科录取。特别是郑海涛，他从小热爱排球，小学时代表漳州西桥小学参加全省小学生排球赛荣获亚军；

中学时代表漳州一中参加全国中学生排球赛，也名列前茅。1979年高考结束后，好多高校体育教师亲临大连盖县比赛现场观看、选才，郑海涛因球艺突出引起北航、浙大体育教师的刮目相看，他们亲自到漳州、厦门和他见面，欢迎他填报北航、浙大的志愿。但郑海涛和他的父母更喜欢厦大，因此报考厦大物理系无线电专业。郑海涛和化学系杨书农在大二时都被评为校级三好学生（图3），1985年郑海涛在科仪系攻读研究生时当选校研究生首届委员会委员（图4）。

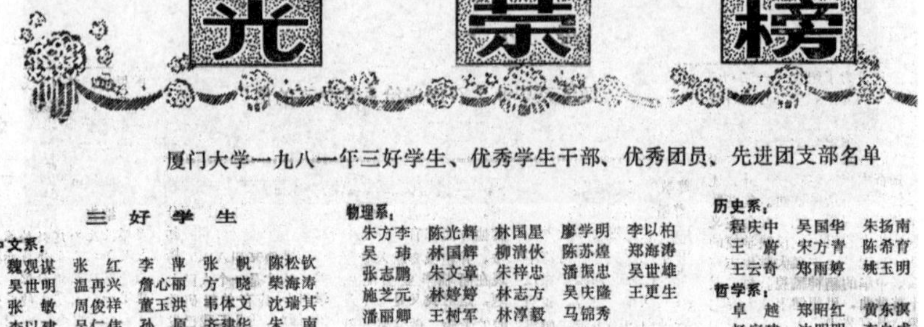

光荣榜

厦门大学一九八一年三好学生、优秀学生干部、优秀团员、先进团支部名单

三 好 学 生

中文系：
魏观谋 张 红 李 萍 张 帆 陈松钦
吴世明 温再兴 詹心丽 方 晓 柴海涛
张 敏 周俊祥 董玉洪 韦体文 沈瑞其
李以建 吴仁伟 孙 原 齐建华 朱 南
曲北林 王大荣 纪华强 范丽青 朱碧生
黄星民 朱 二 吴端凌 王建民 朱学群
巫汉祥 顾兆农 辜芳昭 郑惊鸿 赖燕平

历史系：
孙亚夫 郑力人 廖益新 罗 健 刘文森
罗左岭 黄顺力 陆勤毅 林宗光 吴锦生
游龙波 粟建安 何其颖 曾华群 陈 动
傅 朗 吴晨潮 董希如 王胜明 王希玲
颜亚玉 陈雪根 李泽彧 徐永强 臧小伟
陈卫平 陈振环 李少詠

哲学系：
苏兰风 刘嘉水 白锡能 周五一 高 峰

物理系：
朱方李 陈光辉 林国星 廖学明 李以柏
吴 玮 林国辉 柳清伙 陈苏煌 郑海涛
张志鹏 朱文章 朱梓忠 潘振忠 吴世雄
施芝元 林婷婷 林志方 吴庆隆 王更生
潘丽卿 王树军 林淳毅 马锦秀

化学系：
顾桂松 卜 跃 洪 亮 沈培康 田中群
成榕榕 郭祥群 袁东星 张家驹 游泽民
张福山 黄金英 沈雁飞 林 旭 陈 晨
曾华淳 陈 光 柯明哲 李维建 林参天
王鸿辉 蔡宗苇 张向友 黄培强 邱小刚
黄锡才 林庆扬 江妙瑞 许荣达 游文玮
李竹吟 叶建辉 蔡乐真 周朝晖 陈树勇
张育明 林丽春 陈俊欣 郭景东 杨书农
胡金山 蔡葵花 黄正清 王振中 林志坚
唐春霖 黄坤荣 伍海英 赖碧颖 朱智伟
吴成德 江云宝 苏晨醒 龚立新 陈雁玲

历史系：
程庆中 吴国华 朱扬南
王 蔚 宋方青 陈希育
王云奇 郑雨婷 姚玉明

哲学系：
卓 越 郑昭红 黄东渓
杨宗建 沈明明 李自成

经济系：
张哲强 陈建华 谢东红
丛 真 黄 端 徐金珍
陈家声 房德钦 李伦锡
陆学健 何其芳 黄美珠
林汉生 魏小东 周跃东
陶以平 杨 兵 陈浪南
陈 越 朱晓平 郑树如

外文系：
钟兴国 林孟夏 翟南宾
黄 甸 徐 斌 张志豪

图3　1981年三好学生、优秀学生干部、优秀团员、先进团支部光荣榜（片段）
（《厦门大学报》1981年12月15日）

校艺术团：
陆 工 叶 莉
校艺术团合唱队获省第二届"学校音乐周"活动合唱一等奖

（上接第一版）为成为全国、世界第一流的专家学者而奋斗；再次，要培养自己具有崇高的情操。

汪德耀教授代表研究生导师在会上发表热情洋溢的讲话。他把对研究生的三点希望和建议归纳为："三心"（爱国心、事业心、进取心）、"三自"（自信、自强、自攻）、"二科"（科学态度、科学精神）。他的讲话饱含着科学界前辈对年青一代的殷切期望。

大会审批并通过了厦门大学研究生会章程和厦门大学首届研究生会筹备小组的工作报告。报告指出，开创研究生会工作的新局面，必须本着"求是，创新"的精神，在开展研究生会工作中，充分认识和顾及研究生的特点，以组织学术活动为中心，通过各种形式和不同层次的学术活动和社会实践活动的开展，为研究生创造性的知识结构、思维结构和智能结构的培养创造条件。研究生会的工作要推陈出新，富有特色。

大会选举产生了厦大首届研究生委员会，有十三位同学当选为委员，化学系83级研究生陈树勇任主席，财金系83级研究生郑元明、经济研究所83级研究生陈甬军、数学系83级研究生蔡恒伍任副主席。（本刊记者）

校研究生首届委员会委员

丛杭青 李 清 李若山 连 鹏 陈甬军
陈其林 陈树勇 吴 伟 郑元明 郑海涛
徐 平 桑青湘 蔡恒伍

图4　校研究生首届委员会委员名单（《厦门大学报》1985年1月25日）

《厦门大学报》1986年11月24日的文章《文武双全的人》这样描写男排里的3名研究生队员杨书农、郑海涛、陶烃(图5):

> 杨书农,他身材匀称,脸庞白净。别看他是个化学博士研究生,可在运动场上却生龙活虎。其实刚进校时他连排球ABC都不懂,后来,是良好的校风使他明白了学习和锻炼的辩证关系。在排球教练和各科老师的帮助下,他专业学习和排球锻炼齐头并进。他说:"打球促进我的学业。"可不是,今年他考上博士研究生。
>
> 站在眼前的科学仪器系研究生郑海涛,身高1.84米,是对手们重点研究的主攻手。他虽然戴着眼镜,看上去文质彬彬,可那凶狠刁钻的大力扣球却时常叫人防不胜防,他多次代表校队参加全国性排球比赛。此次赛前集训,他边准备论文答辩边参加训练,学习、训练两不误。他精神抖擞地告诉笔者说:"学习和锻炼都是一种拼搏和享受。"
>
> 化学系研究生陶烃,一瞧他那机灵敏捷的谈吐举止,就知道是个二传手的角色。今年他作为场上的核心,在全国"研究生杯"的排球赛中,能传善扣,组织扑救,为厦大排球队夺得第四名立下汗马功劳。

图5 厦大男排里的3位研究生队员(《厦门大学报》1986年11月24日)
左起:郑海涛、杨书农、陶烃

20世纪80年代末90年代初,他们3位相继出国留学,毕业后留在美国工作。在美国,他们利用业余时间参加排球运动。厦大校友郑海涛、陶烃、唐亮、张勇及华侨大学校友潘东风等组成福建队参加丹佛华人"科工杯"排球赛,他们连续10年蝉联排球赛冠军，为福建争光！他们顽强拼搏的精神和高超的球艺不减当年，获得当地社会的好评。

20世纪80年代的厦大男排队员大都已过了不惑之年，直奔知天命，在国内外工作的运动员们仍不忘母校和家乡的恩泽，以球会友，不断增加与华人社团、学校的感情交流。他们希望厦大排球爱好者能继承当年师兄们热爱排球、勇夺先锋的刻苦奋斗精神，打出水平，打出成绩，为厦大争光！

（林宝卿，闽南语研究专家，厦门大学人文学院教授。主要著作有《普通话教程》《闽南人学习普通话手册》《闽南话教程》《闽南话口语》《闽南方言与古汉同源词典》等。）

湖畔少年

谢　军

（化学系1984级）

曾经
雁字南来　金风徐徐
飘然如鸿　与你
不期而遇
湖畔少年
秋月　春华　夏归去

曾经
雨落平湖　层层涟漪
无处不在　与你
情深几许
湖畔少年
秋月　春华　夏归去

曾经
上弦喧哗　石井沉寂
日复一日　与你
相视无语
湖畔少年
秋月　春华　夏归去

曾经
汽笛声催　时不我与
欲语还休　与你
只剩别离
湖畔少年
秋月　春华　夏归去

千百回晚风晨钟
印存　青春记忆
似水流年
往事历历
清音画颜
光彩熠熠

夜深若海
思如潮起
梦见　一个更好的我
湖畔
再一次相遇
至善至美的你

——写于厦大同窗欢聚　2018年11月17日

厦大记忆

曾泳春

2013年暑假回厦门，与一个自称我的粉丝的厦门大学教授度过了很惬意的一天。话说有些人自称我的粉丝，而当我一见他们，发现只有我做粉丝的份儿——他们都比我强太多了。这位教授应该算鼓浪屿家族的人，但她现在已经很不喜欢回到那个岛上，因为外来的人口太多了，那个有着破败奢华、悠悠巷陌、墙头枯草的独一无二的岛屿，已经失去了往日的宁静。而厦门大学，也开始发出入卡了，不然会被旅游的人群裹挟，不再是一座安静的校园。好在我家与这所大学有着深厚的渊源，因此我可以假冒厦大的人员自由出入校园，所以暑假那天我就与那位教授仔仔细细地游览了一遍厦门大学。

关于厦大的文字，我写过不止一篇，皆因我的死党包括我的弟弟都在那里上大学。死党们当年报了厦大，而我很傲气地把它作为第三志愿，把纺大和华南理工作为第一、二志愿，并且报了很快成为中国夕阳产业的纺织和制糖专业——这也是书呆子才能干得出来的。但我对厦大有着深深的依恋，除了因为当年我们那个班有1/3的同学上了这所大学，更因为一直有亲戚在这儿任教，所以我对厦大的认识，是一直传承下来的。而那天我和那位教授在校园里慢慢地游走，我几乎对那位教授膜拜了。她真是少有的，从幼儿园开始就在厦大长大、学习，直到成为教授的人。夕阳照耀下的厦大校园，美得有些不食人间烟火，在最古老的几座建筑之间，都有美丽的回廊连接着。教授指着一座建筑后面的一棵椰子树说：小时候放学回来找妈妈，因为这些楼都长得太像了，就一直认准那棵椰子树，妈妈就在那棵椰子树下的房子里(图1)。这是多么美好纯真的回忆啊，感谢那棵椰子树，伴随着一个从幼儿园开始进入厦大的小女孩，一直到她作为这所大学的教授退休。

图1　厦大那几座古老的楼，楼与楼之间有美丽的回廊，还有那棵椰子树

我在1987年没有顺理成章地去上厦门大学，应该是我抗争的结果——在家门口上大学，多没意思啊！于是我终于没有去厦大，虽然我把厦大微生物专业当成了我的第三志愿。虽然我没上厦大，但我的很多同学都上了厦大，而两年后的1989年，我弟弟也上了厦大生物化学专业。所以我几乎每年都会去厦大玩，通常是在暑假。可以说，厦大在我的青春年少时光里，也书写了浓重的一笔。

厦大的男生住在芙蓉，女生住在石井，研究生住在凌云(图2)。据说芙蓉是陈嘉庚女儿的名字，石井是女婿的名字，我没有考究，也可能记忆有误。我上大学第一年暑假回乡，就迫不及待地跑到厦大找同学玩。高中有个男生是厦大计统系计统专业的(我至今不明白为什么不是统计系统计专业)，住在离正校门最近的那个芙蓉楼，应该是芙蓉二，我去那里找他玩。

图2　芙蓉、石井和凌云

我弟弟本科时住在芙蓉九，那可是一夫当关万夫莫开的重要地段，因为所有的女生都要经过芙蓉九去石井的女生宿舍。于是我弟弟他们经常趴在宿舍走廊的栏杆上，欣赏每个经过的女生，看到心仪的女生，就有人期期艾艾地唱一句郑智化的闽南语歌：卡想嘛得不到你（怎么想也得不到你）！女生们都知道这群男生的厉害，经过芙蓉九的时候坚决不抬头，头也不回地走向石井。石井宿舍楼在山上，山下有个铁门，铁门一关，女生们就安全了！

我最常去的其实是石井，高中时的死党当时在厦大电子工程系，住在石井四。石井四几乎是全校最高的宿舍楼了，从芙蓉九到石井的铁门，已经是一段上坡路，从铁门走到石井四，还要上两个好多级的台阶，再爬到5层宿舍楼，真是累坏了。1980年代中后期，电子工程系的女生还比较少，一个系的女生还住不满一间宿舍，因而她们的宿舍还有一个外系的女生。这个外系是建筑系，1987年成立的新系，当年只招到一个女生，就是这个女生，于是她成了建筑系的女皇。当时每个系的楼里分男、女厕所，而这个系的女厕所只有这个女生在用，简直是专门为她开设的女厕所。

我在高中时和死党最要好，到现在依然是每年回去都要碰面，可见女人的友谊是十分长久的。这次回乡，我跟她聊天，说起了很多往事。她说那时我和她通信真是疯狂，几乎隔天一封，有时甚至一天一封，最少也是一星期两封。要知道，当年从上海到厦门的信，要走四五天。这样热烈的通信程度，照今天的少男少女看来，几乎就是同性恋的热烈程度了。而我这样热烈地给死党写信，得到的惩罚就是我没给我的男朋友写过一封信，更别说情书了，因为我和男朋友自恋爱以来，就天天在一起，中国纺织大学的校园太小了，我们之间根本不需要写信。

说回厦大。那时厦大的学生还有一绝，就是每天看一下日历（农历），掐指一算，就拿起泳衣去海边游泳。这个掐指一算算的是平潮的时间，到海里游泳必须在涨潮到平潮这个时间段，如果是退潮的时候去游泳，那就危险了。农历日期乘以0.8，就是平潮的时间，比如今天是农历二十，那么下午4点就是可以游泳的时间了。说到游泳，我真是十分汗颜。我每年暑假都会去游泳，去厦大就去海里游，在老家就在九龙江里游，每年暑假泡在水里晒得跟炭一样黑，这么多年下来我居然没有学会游泳，我都不知我泡在水里干什么了。而我弟弟是和我一起开始学游泳的，他很快就会游了，到了厦大以后，在海里游泳的技艺更加纯熟。有次厦大一群男生去鼓浪屿游泳，上了鼓浪屿每人先吃了一碗鱼丸汤热身，就跳进海里，有人起哄说看能不能从鼓浪屿游到厦门本岛，于是一个男生很热烈地游起来，还真游到了厦门本岛。他得意得不行，但很快就得意不起来了，因为他只能穿着一条游泳裤，穿过大半个城市回到厦大。

厦大的食堂很多，我已经记不太清了，但记得每个食堂边都有几个大大的泔水桶，让大家扔剩饭菜。厦大当年的电影院很大，有年暑假我和死党去看了一次录像，看的时候还要在脚边点上蚊香，不然会被蚊子叮。厦大当年似乎洗热水澡的浴室少得可怜，所以我弟弟他们那些男生都是洗冷水澡过来的。冬天洗冷水澡，即使在亚热带的厦门，也是要有相当的勇气的。弟弟说他们那时一边唱着谭咏麟的《水中花》，一边奋不顾身地冲到水龙头下，继续颤抖地唱着《水中花》：这个深夜里没法可以安睡，我看星空洒泪，让晚风吹……

关于厦大的记忆，还有上弦场、芙蓉湖、情人谷，都留下了我们青春的足印。被热带和亚热带植物覆盖得郁郁葱葱的厦大校园，每个角落都透着神秘，从三家村到芙蓉湖到情人谷到上弦场，一批批的人在这个校园里走过他们的青春。

（曾泳春，漳州人，现供职于东华大学纺织学院，教授。）

1921–2021

厦大故事

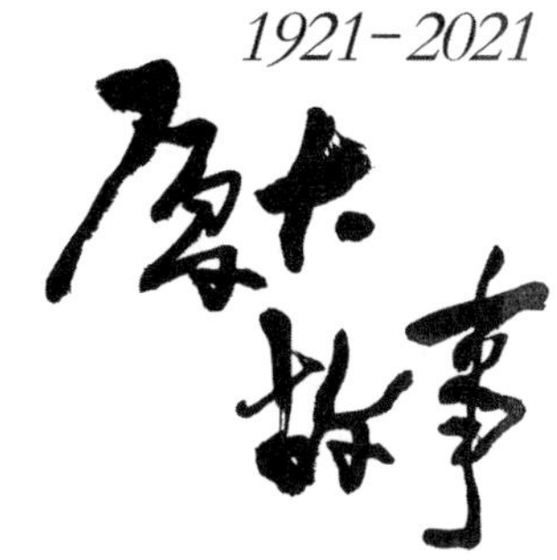

Stories of Xiamen University

优雅笃行

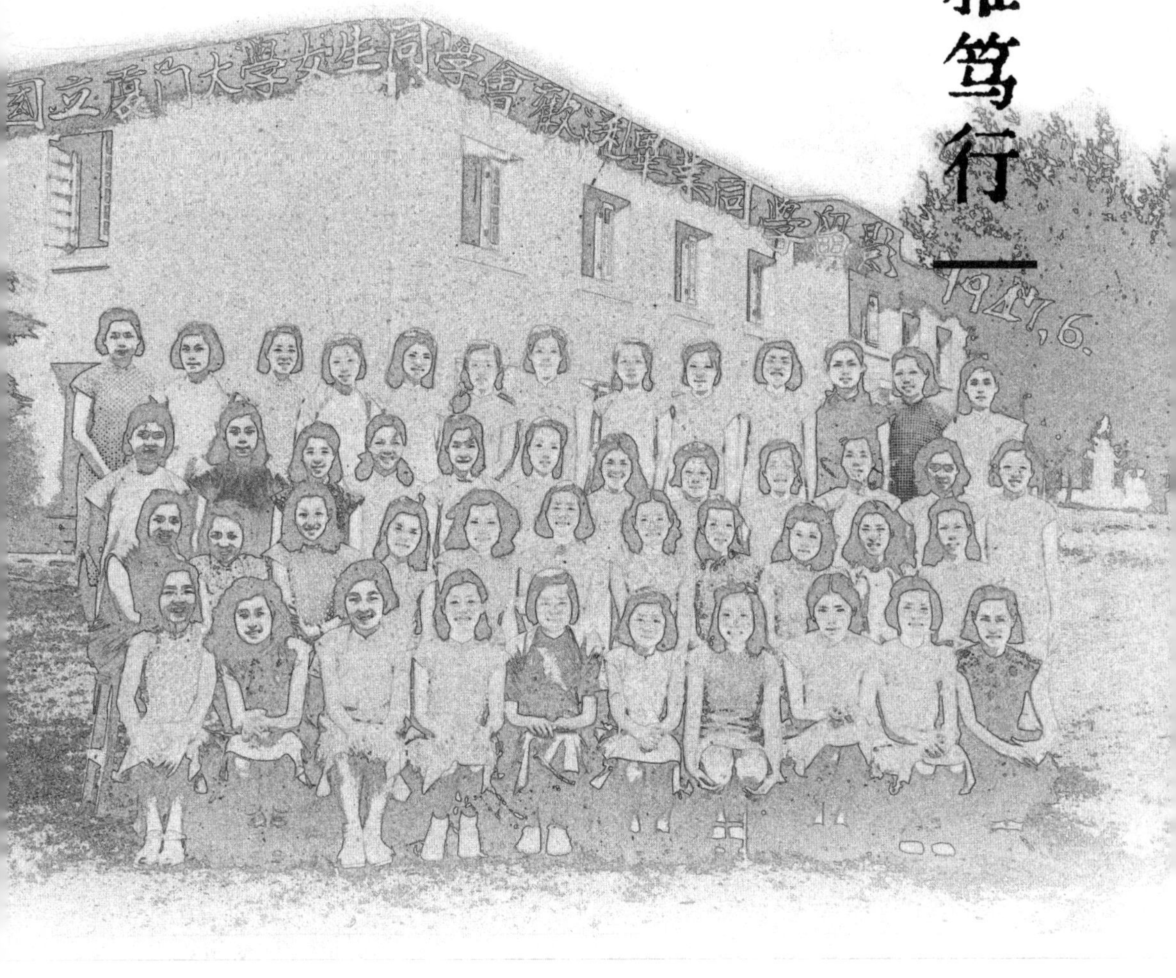

厦门大学女生宿舍楼的故事

叶频青　章　慧

在厦门大学建校百年时光里，有这样的建筑，她承载着不同时代厦大人的记忆，见证了厦门大学从简陋走向辉煌；她用无敌的青春之魂示人，更是一代代男生们为之好奇的神秘“禁区”和“圣殿”；她与女生们曾经的故事，向世人演绎了近代中国女性社会地位提升与发展过程的历史。她，就是厦门大学女生的宿舍。

厦门大学老校园内最早建的女生宿舍是笃行楼。陈嘉庚创办私立厦门大学初期的建筑，除了群贤、同安、集美、囊萤、映雪五栋主楼群，还有博学楼（即现在的人类历史博物馆）、兼爱楼和笃行楼（图1至图3），以及化学院和生物院等。

图1　1921年建的厦门大学笃行楼（引自庄景辉著《厦门大学嘉庚建筑》）

从图1和图2照片中建筑的风格，可以轻易找出早年的笃行楼与群贤楼群（图3）有同门同宗的感觉。然而，在厦门大学的历史老照片中，有一张摄于

1947年的照片(图4),同样标为笃行楼。此楼虽然亦为两层,但与1921年的照片对照来看,却有较多差别,比如外饰面,这栋楼明显要简单些。难道,图4所示照片是从图1那栋笃行楼后面拍照的？或者是存在另外一栋笃行楼？

图2　女生宿舍笃行楼(右)和职员宿舍兼爱楼(左)(引自厦门大学校史展览馆)

图3　厦门大学群贤楼群(引自《厦门大学校史》)

图4　1947年的笃行楼

有一位抗战胜利后来到厦门大学工作的女职工，名叫郑莲（人称阿莲）；她照过一张照片，标注是在女生宿舍笃行楼前（图5）。

图5　郑莲摄于笃行楼前（戎可供图）

从阿莲身着的服饰看，很能说明拍照的年代，但更让人感兴趣的，是这张照片背景。根据照片标注，她站的位置是在笃行楼前。仔细观察可以发现，她身后这栋楼的墙面，并不像彼笃行楼前的砖砌墙面。这么来看，老厦门大学真的还存在另一栋笃行楼？

关于这栋笃行楼和阿莲，1949届校友周纯端在回忆文章《师恩难忘　校友情深》中这样谈及："笃行楼是女生宿舍，原址就是现在的克立楼，是一栋二层楼的简单建筑，共有32个房间。学生4人或3人一房，助教则是一个人一间，舍监是许碧霞女士，饭店和洗手间在后面的平房。女工阿莲帮我们打扫，烧饭的是大嫂，二人每天轮流去厦门港买菜。"她还写下了一次女生的越野跑比赛："从笃行楼，经过大生里、思明南路，转入中山路，跑向码头，然后由厦门港回来，长约5公里，跑了2个多小时，才回到笃行楼。"她说的越野跑发生于1948年，是在厦门大学体育老师庄文潮先生提议下，厦门大学女生参加的环城跑，而她作为八名参赛者之一参加了赛事。

值得关注的是，与周纯端同期的厦门大学女生同学会，曾于1947年6月在周文中提到的这栋笃行楼前照过一张集体照（图6）；如果将此楼的房顶、门窗与彼笃行楼对比，可以得出结论，1947年确实存在另外一栋与1921年那栋同名的建筑，而这栋风格迥然不同的女生宿舍楼，也同样被称为笃行楼，阿莲照片的标注没错。

图6　厦门大学女生同学会1947年6月在战后新建笃行楼前留影

（林铭玉供图　吴伯僖提供名单）

一排左起：谢雪如、廖翔贞、朱沅、罗撷芳、李毓华、金惠媛、何婉瑜、郑文惠、蔡碧娥(蔡悦诗)

二排左起：①刘藻琴、②张永巽、⑤劭建贞、⑨林铭玉

三排左起：杨位捷、金珍君、黄艳英、蔡纯瑜、徐秀桂、黄淑芳、林仪贞、刘藻文、黄淑慎、刘慕昭，周纯端(右一)

四排左起：①力伯珍、③苏柑、④黄金铿、⑤林秀瑜、⑩王曼云、⑪郑肖钊、⑫李玉璇、⑬叶顺贞

问题出现了：老厦门大学曾经有过两栋楼均名为笃行，同作为女生宿舍，并且还不以一、二分列？

另外，在厦门大学校友提供的资料中，有一张简绘的《厦门大学校园图(长汀)》(图7)，图中“膳厅”右上方有一栋建筑标注为“笃行斋”。这里又一次出现的建筑名为“笃行”，与前面两栋“笃行”又有何关联？

其实，这三栋“笃行”的建筑，展现的正是厦门大学成长的坎坷经历。

1921年，校主陈嘉庚建成“私立厦门大学”，此时的厦门大学女生宿舍楼是第一个“笃行”(图1和图2)。

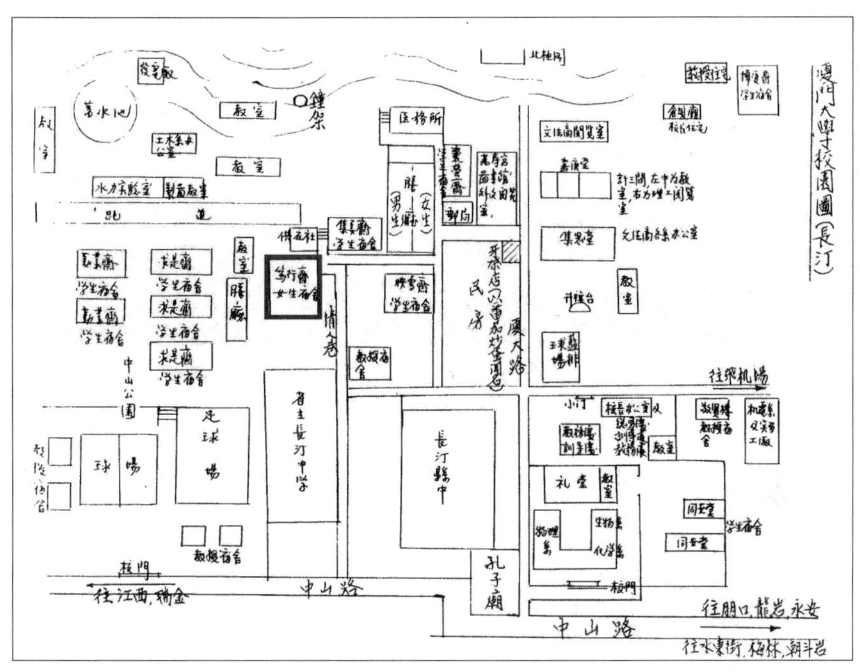

图7　20世纪40年代《厦门大学校园图(长汀)》
(原载厦大旅美校友会《校友通讯》第3期)

厦门大学由校主陈嘉庚无偿捐献给国家后,1937年7月1日更名为“国立厦门大学”;7月6日,清华大学原教授萨本栋博士被任命为国立厦门大学校长。次日,七七卢沟桥事变爆发。当年9月3日,日舰在空军掩护下炮轰厦门,厦门的胡里山、磐石和白石等炮台还击;炮战中,厦门大学生物院遭日军炮火击中。1938年5月10—11日,日军进攻并占领厦门,其时向厦门大学投下了多枚炸弹,生物院、化学院遭炸毁,博学、映雪两栋楼受损。从1938年5月至1945年8月,厦门大学校园成为日寇军营,多处校舍受到破坏,笃行楼、兼爱楼和白城教授住宅完全被毁。

在校史纪念馆中,图2所示照片标注为“被毁前的笃行楼、兼爱楼”。被毁前美丽的厦门大学校园只能从幸存照片(图8)中去寻找了。

为了躲避战火,厦门大学300多名师生于1937年底迁往长汀。由于时间仓促,学校迁到长汀后只能暂以文庙为办公场所,各系实验室安置于旧监狱署,并先后租用公私民房充作宿舍和图书馆,女生宿舍则搬入基督教英国伦敦公会出借的中诚楼(伦敦公会在长汀办有“亚盛顿医馆”“亚盛顿女子初中”);

图8　战前厦门大学全景，右近处白色建筑是笃行楼和兼爱楼的背面（引自庄景辉著《厦门大学嘉庚建筑》）

后来学校建起一批简易的竹筋土墙校舍，并改造了当地旧祠堂，这时有了女生宿舍的“笃行斋”。

这便是厦门大学的第二个“笃行”。

1948届校友谢雪如在一篇《忆朱沅》的文章里描述了当时女生宿舍的简陋：“……我们初识和逐渐走近是在笃行斋，我住在祠堂改建的宿舍，她的房间在大门口会客室的背后。那是两房加一小厅的结构，朱沅住靠西边的一间。又小又暗……共用的便桶就放在厅里，厅后面隔着一层木板还住着别的人……”1947届校友李雪卿则对笃行斋的“臭虫灾难”心有余悸：“初到笃行斋，生活上最不习惯的是臭虫肆虐，睡不安宁。一个星期日上午，笃行斋的姐妹们都在忙着大扫除，有的生小木炭炉，放上脸盆烧开水烫床板，忽听一声尖叫，是薛秀英学姐不小心将一盆开水弄翻，她的脚背被烫伤了。大家七手八脚地赶上去帮忙，把她送到医务室住下来治疗。”周纯端回忆说，“当时的厦大校园、宿舍、教室，虽然十分简陋，可是学术风气十分浓厚，师生共同的目标是‘读书救国’！我听到学长们提起‘长汀精神’，日子久了我也能了解与欣赏”。

那时，搬迁至长汀的厦门大学，条件虽然艰苦，但校园里始终充盈团结协力、纯朴务实的优良学风，并为当地带来了新文化风尚。据陈国珍先生等厦门大学前辈回忆：厦门大学初迁长汀，校庆17周年纪念日举行的体育运动大会上，男女生比赛、表演了“棍棒操”和“扫帚操”，同学们穿起运动衣裤到运动场上活动的时候，经过的长汀当地人，都认为是奇装异服，摇头叹息。但经过一段时间，长汀社会风气发生了截然不同的变化，如体育运动方面，连一向深锁家屋的乡间女子，也参加了越野赛跑。1946届校友胡师杜的《厦大在长汀》一文中记录了厦门大学带给长汀的变化:“许多农村青年因为有就近升大学的机会,莫不激励奋发努力求学,希望到母校钻研学问……”“自母校迁到长汀以后,闽粤赣边区的女子升中学升大学的渐渐多起来。”

艰苦条件反而促进了学校生活的活跃,同学们学会了在艰苦中寻找乐趣。李雪卿在《笃行仕女趣事多多》一文提到过一次越野跑:“在大三那年春季,学校开运动会,有个项目,要求全体女生都参加越野赛跑,当时女生只有几十人,长跑的路线是从操场向西跑经一段旧城墙,然后转到大街上,由学校的大门跑进操场……我们这些‘准运动员’就这样嘻嘻哈哈地起步,边跑边说笑,十分有趣……到了大街上,我知道离校门不远了,咬着牙更加劲地快跑,结果我居然遥遥领先到达终点……又一口气跑回笃行斋去休息。长跑冠军的奖品是一只大公鸡,还是彭立德替我领回来的。”

更难能可贵的是师生一致,同甘共苦。萨校长的夫人黄淑慎毕业于北京师范大学,擅长打网球、投标枪,堪称全能体育健将,曾担任过北京师范大学体育教师。为了节省开支,她被列为厦门大学编外义务体育教师,还协助校长处理各种杂务,成了校长的义务秘书。工作不轻,但一点报酬也不拿。尽管如此,她上体育课依然非常认真,且十分关心女生的健康和生活。李雪卿在《笃行斋琐忆》中还原了当时情景:“1942年秋季开学不久的一个周末下午,我们几个新生在一间房里聊天,忽听见一阵人声,有人说女生指导员陪萨校长夫人到笃行斋来了。我们都好奇地走出房门,萨夫人微笑着向我们走过来,问了我们的姓名,来自何处?打算学哪一系?她听我们回答后,很随和地走进房里,在一张床边坐下,再亲切地问我们学校生活还习惯吗,想不想家?我们将来毕业后想干什么?当时大家的情绪已经不那么紧张了,就你一言我一语地说出各自的理想。留给我最深的印象是,萨夫人很认真地说,希望我们将来到社会上工作,要脚踏实地做人、做事。她又说,有些女性只会打扮得花枝招展,坐在办公室里当‘花瓶’,那就太没有意义了。我牢牢地记住这段话,把它作为座右铭。”

长汀8年的厦门大学,由淳朴务实和坚韧意志淬炼而成“长汀精神”,带来的是规模、声誉渐隆;在1940年、1941年全国专科以上学业竞试中,厦门大学连续两年蝉联第一,成为名副其实的“南方之强”,甚至被誉为“加尔各答以东最著名的高等学府”。

抗战结束,厦门大学回迁,校本部鉴于原笃行楼等大部分建筑被毁,随即开展了重建工作，建起了一批全新的学生宿舍，1947年拍照的新笃行楼（图4）就是建于此时。

据1946年11月30日《厦大校刊》第1卷第7期载《本校建筑及修缮工程概况》称："女生宿舍'笃行楼'……亦将完工，新年前定可落成，该楼仍命名'笃行楼'，取其名之有历史意义云。"这就是厦门大学第三栋"笃行"的来由。

说到笃行楼的重建，再来关注一下那位在笃行楼前留影的厦门大学老一辈女职工。阿莲是苦出身，虽然书读不多，但识字，甚者还会写诗。她在笔记本中，写过一首首小诗，读起来耐人寻味。在一篇《莲忆幼年》的小诗（图9）中，这样写道："父亲渡洋去，误入迷境地。家中无米炊，辍学为奴隶。"她诗中的"奴隶"，涉及中国近代史中在厦门发生的一桩重要事件。

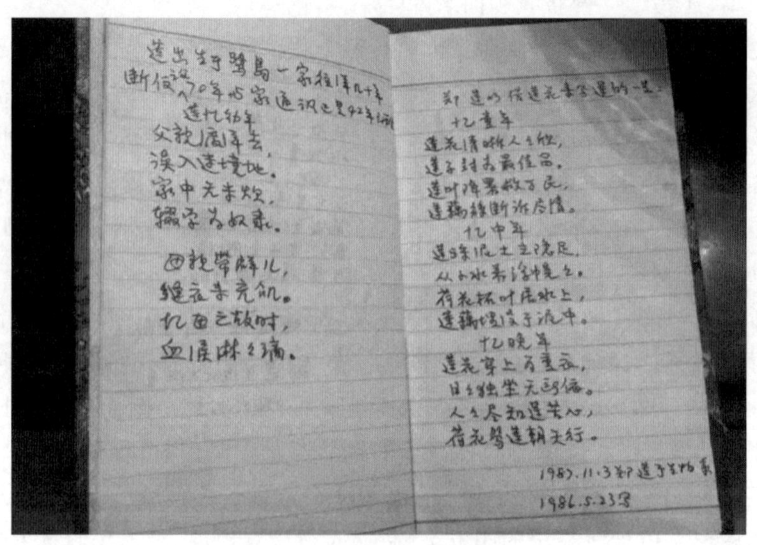

图9　阿莲写的诗（戎可供图）

20世纪20年代，闽南地区一些财主、富绅家将封建社会最为悠久的蓄养婢女恶习带到鼓浪屿公共租界。有的主人将婢女当成奴隶役使，社会上不断传出她们被虐致死和不堪欺凌自尽的消息。1929年，辛亥先驱许春草先生在鼓浪屿成立了中国婢女救拔团，要求养婢人家立即解放婢女；他还设立了婢女收容院，送"院生"上学，或任其自由择偶。中国婢女救拔团在成立不到10年期间，先后救助收容婢女300余人。当年，这场举世瞩目的妇女解放运动震惊了世界，国际联盟曾专门派人访问过这一组织。1941年太平洋战争爆发后，中国婢女救拔团及婢女收容院被占领鼓浪屿的日军强行解散了。

据厦门大学老教授吴伯僖回忆,阿莲有进入救拔团并在那里学习的经历。抗战胜利后,她由在笃行斋任舍监的许春草先生女儿许碧霞介绍,进入厦门大学笃行斋做女工;由于她聪明好学,做事麻利,深得女生们好评,并与她结为好友;当年许多女生,包括校友蔡悦诗、吴伯僖教授的太太郑美丽,都与她交往至老;她们之间的友谊,也许正是早年厦大人那种谦和恭让、一视同仁的关系写照。阿莲后来到生物系工作,一直延续着乐于帮助同学们的做法,以至于一届届厦门大学生物系学生大都熟识这位标本室“阿嬷”,有时甚至还会央求她帮忙“购买好座位的电影票”!她是为厦门大学勤恳工作终身的老职工之一。

当然,厦门大学女生宿舍并不只有“笃行”,女生们也不只限甘与苦的生活,她们还有着青春的热情和追求。

彼时在长汀求学的女生中,没有因为简陋和艰苦环境停滞她们在厦门大学的求学意志;女生中人才辈出,如谢希德、朱沅、姚慈心、阮宝治、朱昭仪、庄昭顺、陈兆璋和林铭玉等都是其中的佼佼者。

长汀女生同学会合影(图10)中,3位女生的名字可以在现存厦门大学1944

图10　1944年5月厦门大学女生同学会欢送萨本栋校长夫人黄淑慎女士随夫赴美留影(引自美洲《校友通讯》第14期)

其中蹲者左一陈兆璋;坐者第一排右一、右八和右九分别为姚慈心、黄淑慎和女生指导员;坐者第二排右一庄昭顺、右六阮宝治;后排站者左一范筱兰、左六谢希德、左七李雪卿、右七朱昭仪

届校友的名录中找到(图11),她们分别是中文学系的姚慈心、历史学系的朱昭仪和化学系的阮宝治(图12)。阮宝治和朱昭仪都出生在厦门鼓浪屿的普通家庭,她们为了完成求学心愿,从毓德女中毕业,工作两年后,攒足了学费再考入厦门大学学习;姚慈心来自福建邵武的富裕家族,她为了求学选择抛离富裕生活条件,在校度过艰苦的学生生涯。由此可见,进入厦门大学学习对她们的吸引力有多大。阮宝治、朱昭仪、姚慈心3位后来都成了新中国的教师,分别在福建师范学院(后改名福建师范大学)化学系、厦门第二中学和厦门大学中文系任教。

第十九届(1944)139人

【中文学系】	胡国纶	丘述尧	姚慈心	刘淑如	马祖熙		
【历史学系】	李延龄	杨文生	王化成	黄长椿	朱昭仪	周国钧	
【教育学系】	黄请益	陈弈尚	席金城	周佩玱	丘晋芳	陈本铭	曾七贤
	孙一尘	孙维亨	林素端	沈瑶珍			
【数理学系】	周蕴华	汪聚瑛					
【化学系】	阮宝治	洪守彦	林立坦	黄宗珠			
【生物学系】	郑执中	郑兆銮	曾亚卿				
【土木工程学系】		梁兆云	刘惠溥	林中桎	何孝治		
【机电工程学系】		何宜慈	石清镇	林国樑	欧阳谧	符　达	陈中柱
【法律学系】	何　谦	翁国樑	钟如松	谢国棠	林克群	袁德诚	
【政治学系】	廖纪栢	官本忠	王悉荆	郑秉镕	华启球	叶元琥	刘宗祺
	林象威	陈风翔	陈国章	徐德纶	胡品三	陈茂铨	戚　信
	柴人杰	卢茂松	陈禹鼎	张文元	陈健舟	孙维梓	
【经济学系】	廖从云	胡孝绳	郭中健	郑文景	杨坊山	杨洪谟	黄文瑛

图11　厦门大学《历届毕业校友名录第1集》中的部分1944届校友名单

阮宝治是1944届化学系的4名毕业生之一,自幼勤奋好学;大学期间经时任厦门大学化学系主任刘椽教授悉心指导,于战时极其艰苦的环境和简陋的实验室条件下,坚持开展与重大的"桐油计划"相关的实验,完成了本科毕业论文(图12)。第二次世界大战前,中国桐油占全世界总产量的90%,彼时桐油作为一种重要的战略物资,国际市场需求巨大;"桐油计划"是指中国抗战期间,经由金融家陈光楷和时任驻美大使胡适代表中国政府与美国政府达成秘密协议,美方同意以中方出售具有高品质的桐油作为抵押,获得美国进出口银行向中方公司贷款,从而落实抗战急需的军事援助重要方式。此方式被普遍认为是美国援华和战时中美合作的开端,而后的滇锡借款、钨砂借款、金属借款亦仿照此例,解决了中国抗战物资的燃眉之急。阮宝治的毕业论文实验,为获取高品质桐油提供了重要数据。

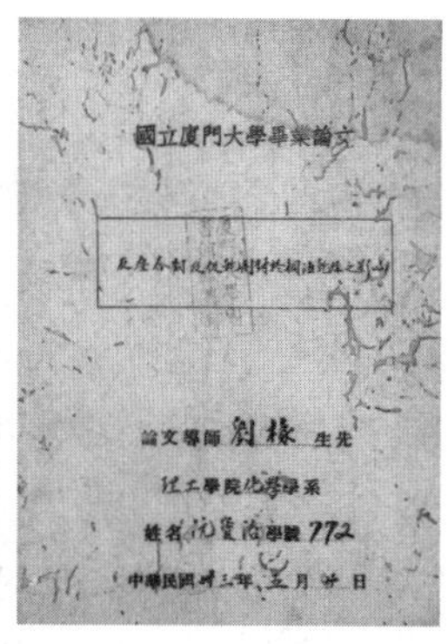

图12　厦门大学化学系1944届毕业生阮宝治和她的毕业论文封面
（周曦、图书馆特藏部刘心舜供图）

朱沅（图13）是厦门大学化学系1948届毕业生。她在校时即受到时任化学系教授兼系主任卢嘉锡的指导和器重，毕业后赴美留学，最后成为美国加州理工学院研究员，被誉为“走在世界前列的蛋白质结晶学家”。在1948届毕业45周年纪念活动时，她当年的亲密室友谢雪如发表一文《朱沅，你在哪？》。谢雪如写道：“说起朱沅，当时的学生几乎没有不知道她的。这也难怪，她不但人品出众，而且才智卓群……”短短数句文字，足以说明这位出类拔萃的朱沅，在当年校友中多么让人萦怀。遗憾的是，由于新中国成立后接近冰点的中美之间关系影响了与她的联络，甚至当卢嘉锡教授为了新课题召集团队时，都无法找到她。直至中美关系恢复后，众同学才辗转得知她已在异乡英年早逝，令人扼腕叹息。

图13　朱沅［引自厦门大学1948级（23届）毕业50周年特刊］

谢希德（图14）是1946届厦门大学数理学系5名毕业生之一，其才智过人，是厦门大学培育的杰出女生。她毕业后，于1951年获美国麻省理工学院物理学博士学位，并留校做博士后研究；1952年，毅然选择了回到百废待兴的新中国参加建设。她主要从事半导体物理、固体能谱和表面物理等方面的研究与教学，是中国半导体物理学科和表面物理学科的开创者与奠基人，也是新中国成立后的第一位大学女校长，担任过复旦大学和上海杉达大学校长，先后获得美国、英国、加拿大、日本等12所学校的名誉科学博士学位。1980年她当选为中国科学院学部委员(后改称院士)，1988年当选为第三世界科学院院士，1990年当选为美国文理科学院外国院士。她始终关注、紧跟国内外物理学研究的动态，在半导体表面和界面、短周期超晶格的声子谱等方面研究均取得重要成果，是这些领域科学研究的主要倡导者和组织者之一，有人称她为中国半导体之母。

图14　1947年在沪江大学任教的谢希德(引自王增藩著《谢希德》)

在人们的想象里，可能会认为图10照片中那些长汀厦门大学女生同学会的女生，是只会埋头读书的“乖乖女”，殊不知，她们还为妇女解放运动做过一件轰动全中国的大事。1939年10月，时任国民党福建省主席陈仪，在《改进》半月刊上发表《我的理想国》，极力鼓吹妇女回家，并正式在福建省内通令各机关禁用、限用女职员。1940年初，厦门大学女生同学会开展了大规模的抗议活动。她们发动女生，不仅利用长汀的集会发传单贴标语，当面与替陈仪辩护的大小官员辩论，还把传单标语寄给全省的各大中学女生同学会，号召女生们一起抗议。1940年9月，陈仪在答厦门大学女同学函中，继续为其停用女职员观点辩解，并于1941年2月在《中国妇女的工作问题》中又为自己声辩；然而，他的行为引起了女生们更激烈的抗议，她们的行动得到了社会进步力量和各民主党派热烈响应，周恩来专门在重庆《新华日报》发表《论“贤妻良母”与母职》，以历史唯物主义的观点和支持妇女解放的立场，批判了男权社会以各种理由对妇女束缚。在社会舆论的压力下，后来接任的福建省主席刘建绪不得不收回了禁用女职员的通令。

在当年，妇女解放的意义不单是从理念上争取社会地位的提高，更是需要女生们去身体力行。那些参加抗争的女生们毕业后，大都参加了工作，自食其力，靠自己的努力堂堂正正做人。图6的照片珍藏者林铭玉(图15)，是厦门大学数理学系1947年毕业的6名学生之一，她自小聪颖用功，家境虽然贫寒，但学习一直名列前茅，以莆田哲理中学毕业前三名成绩保送进入厦门大学学习；入学之初，她依靠当飞行员的大哥资助；后来大哥在抗战中牺牲，她便以做家教来维持学业和生活。毕业后她工作多次变更：早先是进入厦门一中任教，而后回到厦门大学担任基础课教学，“文革”中下放至中学，任教数年又被调回厦门大学参加新教材的编写，最后于数学系工作至退休。她作为厦门大学解放前为数不多的数理学系女毕业生，没有因才自恃，不愿意只图虚名，无论顺境或逆境，始终坚持做到自尊自强，努力工作，在平凡中尽显不平凡的坚毅。

70

國立厦門大學畢業論文

恒温器

論文導師：陳[illegible] 先生

理工學院 數理 學系

姓名 林銘玉 學號 二一七八

中華民國 卅六年 六 月 日

图15　厦门大学数理学系1947届毕业生林铭玉和她的毕业论文封面
(刘光朝、图书馆特藏部刘心舜供图)

再回到女生宿舍楼的话题。厦门大学回迁时，仅余下的群贤楼群，却由于成为日军俘虏营无法使师生全部迁入，于是，校方决定二至四年级学生仍留在长汀待一年，招收的一年级新生先在鼓浪屿新生院上课。经校方与鼓浪屿的英华中学协商借用了部分教室，又借到毓德女中部分校舍，并征用了日本总领事馆、日本博爱医院、八卦楼和日本小学等处;这样,鼓浪屿毓德女中宿舍成为厦门大学新生院的女生宿舍。

1989年,厦门大学1949届级友毕业40年欢聚,重新回到了当年新生院的女生宿舍(图16)和博爱医院的男生宿舍,以及八卦楼新生院旧址、英华中学校舍等地,大家边走边看边聊,回忆了当年那些互为男女生禁地的许多秘闻趣事。1949届校友蔡悦诗在一篇回忆文章《当我们年轻时》中写道:"初到鼓浪屿之时,常听说八卦楼闹鬼,甚至绘声绘色举例说明:据说有位男同学的睡床原来床背靠壁,第二天醒来却变成床沿向墙。现在想来,男生宿舍既在博爱医院,怎有男同学到八卦楼与鬼为伍?必是静极思动的同学散布谣言耸人听闻,为枯燥寂寞的'新鲜人'增添一点生活情趣……只记得毓德女生宿舍里,每四人一房……"往日同学间以苦为乐的趣景,鲜活再现。

图16　1949届女生在鼓浪屿新生院女生宿舍前留影(1949届校友供图)
左一蔡悦诗

厦门大学经济系1948届校友袁梁在《校园禁区忆旧》中对女生宿舍的描述与蔡悦诗的调侃相映成趣:"笃行斋女生宿舍是禁区,长汀年代我没有进去过。回厦岛笃行楼是洋楼,我们博学楼也是洋楼;所不同的,她们已是三人一间,睡的钢丝小铁床,而我们是木质上下双层铺;她们可自由出入我们的住楼;而笃行楼仍是禁区。平时走进楼大门劈面就是四个大字:'男宾止步。'凡是去找'相知'的,胆大的可在楼窗底下高声喊她出来,也有的用口哨心照不宣地约她相见;规规矩矩的只好进楼门向女生管理员报名约见某某某。但不得登堂入室。”

女生宿舍当年还不止这些楼。在留存下来的女生集体照中,可以见到厦门大学老校园内同期还有另一栋女生宿舍:红楼。这栋被蔡悦诗校友称为“粉红色”的楼,即大南9号,也就是后来作为厦门大学幼儿园和托儿所的建筑(图17)。

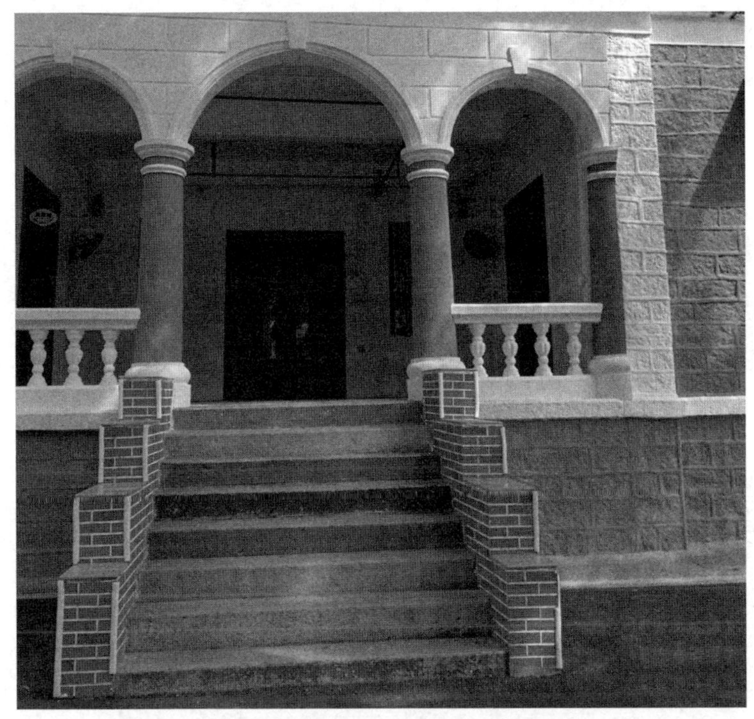

图17 当年的“粉红色”女生宿舍,现在是厦大托儿所

然而,问题再次出现:厦门大学当时并没有那么多的女生,既然已经再建了笃行楼,怎么还用红楼作为女生宿舍?另外还有新生院的女生宿舍?

原来,厦门大学从长汀复员返厦后,由于建设新校舍需费时日,便先后启用不同地方的楼作为女生宿舍。从校友们的回忆文章可知,那段时期女生宿舍使用顺序为:一年级新生院女生在毓德女中宿舍楼,其他高年级女生尚未回迁;二年级女生与长汀复员返厦的其他年级女生回到厦门大学本部,住大南9号红楼;新笃行楼建成之后,各年级女生一起入住该楼。

厦门大学初期办学之艰辛,由此可见一斑。

新中国成立后的20世纪50年代，厦门大学步入新发展，原校舍日显拥挤，校主陈嘉庚再次为厦门大学倾囊建设校舍；老校园内建起丰庭楼群，共建有三栋，并将重新修整的笃行楼改作教工宿舍(图18)。此时，作为女生宿舍的是丰庭一(图19)。

图18　图中四方围是丰庭一、二、三和笃行楼、教工食堂，左下角是卧云山舍

图19　1951年建设中的丰庭一(引自庄景辉著《厦门大学嘉庚建筑》)

当年的丰庭一，由于女生入住，自然给人们留得端淑印象；不过在“文革”时期，丰庭一经历了一些“不寻常”之后又回到作为女生宿舍的单一角色。

时光流转，笃行楼的故事并未结束；高校恢复高考后，厦门大学迎来了新一代女生。不经意的凑巧，往往又如宿命般重演：周纯端校友描述的笃行楼前女生越野跑，相隔30年后在原地再次出现(图20)。

那是厦门大学化学系专门为女生举办的一次越野跑比赛，是一项象征由新时代女生向前辈致敬的活动，选择在笃行楼附近作为出发起点。不过，留存

图20　1980年12月26日化学系女生参加长跑比赛，右后方背景是笃行楼前平房，原址已建逸夫楼（罗凡供图）

的照片却记录下了这件大事的一个有趣时刻：发令枪响后，一位携鹰少年漫不经心地出现在了起跑队伍之前；骤然降临的意外，使一位女生受阻，瞬间全场关注点集中到了她的身上；受到聚焦的女生，正是后来成为厦门大学化学化工学院教授的章慧（图21）；在恢复高考的厦门大学第一批学生里，有幸进入化学

图21　厦门大学化学系1977级无机化学专业女生

前排左起：黄金英、杨勇、章慧、何丹若

后排左起：林筱华、陈翔娜、蔡彬、林立

系1977级无机化学专业共有8名女生，章慧是其中之一，毕业后留校任教，继续着厦门大学女生的故事；其他几位新时代女生，后来均成为国内外科研、教学发展的中坚力量，用智慧的成果续写当年芳华。

女生宿舍楼的故事还在延续。

随着校园里女生数量的日渐增多，石井楼成了新的女生宿舍（图22）。

在此之前，由校主投建的厦门大学女生宿舍楼名称皆有因由典故，那么，非校主投建的石井楼，其名缘何而来？

当年在建筑的布局上，丰庭一、二、三与笃行楼后的教工食堂，围成了一片方形场地，恰似天井（图22）。后来的厦大女生宿舍楼起名为石井，虽然据说石井之称源于所在地石井山，但仍可作猜想，大概有隐含或延续校主所赐予女生独享的、那个由石砖砌建的天井之意吧。

中国古代哲人老子对三的解释是：一生二，二生三，三生万物。现在的丰庭楼已不止三栋，石井楼也至七栋被称为“园区”；厦门大学本部的女生宿舍楼

图22　20世纪80年代末期的厦门大学校园图（框标记处分别为丰庭楼和石井楼）（原载厦大旅美校友会《校友通讯》第3期，本文略有修改）

还扩延到了新芙蓉楼和海滨、海韵等园区。

如果再加上翔安、漳州校区和马来西亚分校等地的女生宿舍，恰如繁花盛景，整一个大海边的“女儿国”（图23）。

图23　厦门大学新旧丰庭楼、石井和海韵园区，翔安校区笃行楼和马来校区等女生宿舍楼（章慧供图）

随着宿舍楼的增多，女生入住数量也日益见长，并且不再仅限于中国的国籍。“女儿国”里，女生们的故事比之前辈更加丰富，不断有新的演绎，或淡然飘香，或火热激昂。

不过总的来看，那里存在的只是改变与不变两种故事：不断改变的是女生们，她们变化的不仅是青涩的容颜，而且是由内到外的成熟；至于不变的，那就是女生宿舍一如既往的管理大法，现今那些片区仍然是非“女儿国”者止步的“禁区”。

当“女儿国”里的她们毕业离去后，那些相伴青春岁月的宿舍楼倩影，可能如一柄小钥匙——只要出现，便随时可以开启曾经的厦大女生心内锁闸，放出当年的细碎回忆，然后，使她们止不住地启荡思绪涟漪。

蔡悦诗校友后来成为泰国商界达人（图24），她于毕业50年之后，以其父名义为厦门大学捐赠了“建文楼”，又以自己夫妇之名捐赠了“颂恩楼”。

图24　学生时代的蔡悦诗

根据1949届校友蔡纯瑜回忆：1989年8月8日，来自海内外的1949届109位同学，举办了一次非常难忘的聚会："昔日同室、同窗，三五成群，在群贤、映雪、囊萤、博学、笃行……楼的前前后后，踯躅，留影，流连，寻梦。在凤凰木下徜徉，相思树旁徘徊，芳草地上忆旧话今，尽享人间乐趣。悦诗对40多年前的旧信箱恋情未断，一再抚摸后，心有所感，写了一张风趣的小纸条投给新主人并在信箱前留影。"（图25）

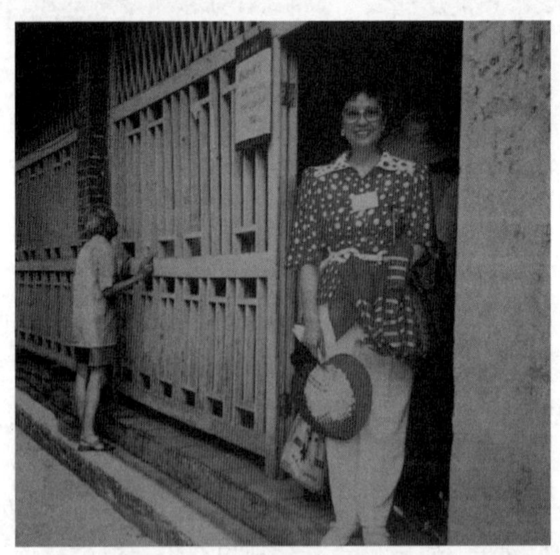

图25　蔡悦诗对40多年前的旧信箱恋情未断，兴冲冲留下倩影

母校不起眼的青瓦平房中小小信箱，对当年青春韶华的女生而言，承载的是满满甜蜜的爱情。周纯端回忆："教室和宿舍离开不远，要经过稻田当中的

一条小路，大约10分钟可到。信箱在校舍和宿舍当中的一块小空地上，每天都要到信箱看，要是收到男朋友的信就很高兴。”

1945年保送厦门大学化学系，后转至外文系就读，曾任新加坡厦门大学校友会会长的周纯端（图26），是蔡悦诗一生的挚友。她曾一往情深地对母校生活留下这样的文字：“童年‘轻春’的回忆让我永远觉得快乐，生活充满希望。笃行楼前少女美梦、大德记眺望的孤帆远影、优美南普陀寺的暮鼓晨钟、胡里山炮台遥望金门岛、田尾路两旁的琴声、九龙江口的夕照、梅林的芳香、难忘的信箱、美丽的校园、敬佩的老师、一群好友——这些均是让我一生难忘的厦大生活。我必须自强不息，止于至善，来回报母校的栽培及给我生存的力量。”

图26　周纯端

难忘厦大并看到厦大倩影便激荡起思绪涟漪的，不仅仅是在这里学习过的女生，只要是到过厦门大学的人，都会留下深刻印象，都会由衷赞叹：厦门大学真美！

的确，厦门大学值得这样的赞美，她美如东南海滨之珍玉！倘若人们知道了厦门大学女生宿舍的故事，则更如识得一颗颗可人的贝珠！在过往岁月里，这些贝珠纯美洁柔的色泽，与丽人优雅相伴后，已渐渐湮没在时光的尘埃中；但是，如果有心将她们寻出，细细拭去尘埃串起，便不难发现，串起的虽然已经属于过往，却依然靓丽夺目——她们留有近一个世纪以来，中国女性崛起的历史印迹。

校主铭刻于女生宿舍楼上、来自《礼记·中庸》的“笃行”一词，本意是指为学的最后阶段，让学习者为所学认真实践，做到“知行合一”，以学致用，贡献社会。厦门大学的前辈、萨校长夫人黄淑慎女士留给女生们的挚言："将来到社会上工作，要脚踏实地做人、做事"，则是进一步希望每位进入厦门大学学习的女生，知而践履，努力为社会实现自己的价值。早年厦门大学女生宿舍楼的故事虽然已渐行渐远，但她们自强不息的精神尚在；从新女生宿舍楼里走出的新一代女生，在接受了厦门大学校风的熏陶之后，想必定会同样传承"笃行"精神，自尊自立自强，以自己的方式续写出厦门大学女生故事的浓墨章节。

朱沉和我

谢雪如
（教育系1948届）

我是1944年考入厦大的，赴校报到注册时，搭的是省中央银行由永安开往长汀的便车。同车还有10多位厦大同学，其中有1943级机电工程学系的孙祥钰，新生有我和朱沉等。汽车开到离县城还有30多里的地方就抛锚了，这时天已黄昏，我们只好步行去长汀。朱沉和我相伴而行，没想到这30多里路竟成为我们由初识到深交的里程碑。

一路上孙祥钰就和我打趣，贬我为冒牌大学生，要说是高中生，别人倒可能相信。走着，走着，他反倒不如我走得快了。这时轮到我向他反攻了，我说他是“强弩之末”，他才不敢再小看我。这便是我最先结识的一位厦大老同学。

汀州剧运

开学不久，一天孙祥钰和另一位男同学来笃行斋邀我参加《清宫外史》的演出。这实在令我“受宠若惊”，因为我除了说一口比较地道的国语(现在叫“普通话”)，对于表演，简直一窍不通，而且根本就缺少戏剧艺术细胞，所以不得不“严辞”谢绝。苏仁骊提到《清宫外史》一剧的服装如何美轮美奂，我要补充一点：朱沉还有功于兹呢！抗战期间，后方大学生生活艰苦，衣着寒碜，而朱沉刚从上海来，箱子里有几件漂亮大方的旗袍，于是就被选中作戏装了，如瑾妃身上穿的，就是朱沉的旗袍。

1944年底至1945年初，赣州吃紧。厦大紧急疏散，一部分教职员和眷属迁往上杭。凡有家的同学大都走了，我因无家可归，就随高梦熊老先生一家避往上杭。约两个月后，长汀无事，同学纷纷回校上课。一天，我被莫名其妙地从宿舍里叫出来，又不容分说被人连推带拉地拽到集思堂一间教室里去排练话剧《金玉满堂》。这就是我身不由己地参加“汀州剧运”的开端，其后又在《万世师表》《女伶外史》中跑过龙套。打着鸭子上架，其表现拙劣可想而知。于是我就下定决心，洗手不干了。一则是自己不愿意再在大庭广众之下献丑，二则演戏实在太影响学业和生活(因我需赖课外兼职)。郑朝宗先生排演他的剧作《意中人》时，先派同学来叫我，不应，后又请戴锡樟先生做我的工作，但还是没有说通；最后他老人家(那时的郑先生一点不老)竟屈尊亲驾笃行斋找我，而我居然胆大包天，不识抬举，不惜开罪于郑先生，硬着头皮，顽顶到底。没想到事后戴先生还当面称许我“有骨气”。回想当年像郑先生、戴先生等老师的胸怀是何等宽广仁厚，对每一个学生又是多么体贴爱护。

同学们想必记得，那时在大礼堂(图1)还演出几出英文话剧，李庆云先生是当然的导演，吴厚沂、殷韵微、吴纫芳都曾扮演过主要角色。金惠媛因身材娇小，还演过吴厚沂的孙女呢！

图1　长汀文庙大礼堂

长汀笃行斋

1946届庄昭顺姐号召长汀时代的女同学多提供有关笃行斋的故事。如果大家都来写，肯定是洋洋大观。笃行斋的主人有谁会忘记那座以古老的祠堂改建的宿舍呢！从笃行斋通往图书馆、教室、饭厅的几条小路上，不但留下了我们每个女生一串串的足迹，它的每一块石子上更留下了我们青春时代一串串无比美好的幻想。还有那位长汀大(应读作“太”)嫂和她的女儿。大嫂的日常职务之一就是传呼——“某某某，有人找！”又有谁计算过，同学中多少对美满姻缘就是借着大嫂的喊声缔结成功的？

笃行斋里随处可见女同学自备的风炉，闲时改善生活：栗子烧鸭、葱烧鲫鱼，香味四溢，令路过的男同学垂涎三尺。而最令人头痛的是臭虫横行，寝室中的双层木床几乎成了臭虫的王国。开水烫，辣椒水浇，都无济于事。我们特别怕臭虫的只好把床搬出去，扔在天井里，自己另外去买来竹床架，再支上铺板，才得安眠。一天早上，朱沅对我描述她昨晚的奇遇，原来睡到半夜，她的床架突然倒塌了一边，成了头低脚高的架势，迷迷糊糊中，她还照睡不误，早上起来，越想越可笑。朱沅给人的印象是比较文静的，可是她经常也会开怀大笑，把别人逗得前仰后合。想不到，这样乐观开朗的朱沅，竟然英年早逝，痛哉！

回忆我在厦大四年的日子可以称为知交的，只有朱沅。这么说别人或以为是我自作多情或不知自量，因为我同朱沅之间的差别太大了。的确，朱沅和谢希德一样，公认是当年最优秀的女同学。从她各方面条件看，可说是得天独厚，不但天赋异禀，人品出众(图2)，而且心地善良，豁达乐观，这些都是我所欠缺的。我们由初识而逐渐走近是在长汀笃行斋，我住在祠堂改建的宿舍，她的房间在大门口会客室的背后，那是两房夹一小厅的结构，朱沅住靠西边的一间，又小又暗，公用的便桶就放在厅里，厅后面隔着一层木板还住着别的人，前面的人如厕，想必后面也清晰可闻。有一次她谈起这件事，只当作笑话：“The situation is very bad”，难得这位一向养尊处优的小姐对战时艰苦困难的物质条件竟坦然处之。

朱沅的英文根底深，人所共知，但她从不显露自己。记得在长汀时代，李庆云教授指导排演一出英语话剧，听说原来属意由朱沅扮演剧中女主角——一位坐轮椅的老妇人，但她婉辞了，才请吴纫芳担任。她的专业是化学(图3)，可她的中文也很强，这同她的出身背景有关。

图2　朱沅摄于1946年春，在长汀中山公园

图3　长汀时期的朱沅与恩师及同学合影(周跃供图)

前排左起：陈国珍、刘椽、蔡启瑞

后排左起：朱沅、张永巽、刘藻琴、廖翔贞

笃行楼室友

1947年初,女同学由厦大校园内的大南路"红楼"(图4)搬进新建成的笃行楼。在厦大的最后三学期,我和朱沅、罗撷芳成为室友,相处的机会多了,我发现朱沅更多的长处。由于过去生活背景的关系,她远比我见多识广,她的兴趣和爱好也很广泛。比如,以前不知道原来她很会唱歌,当时刚好有人送我一本英文的101首歌,原先我仅熟悉其中不多的几首,而朱沅在上海允中女中上学时,早就学会了许多首,而且会背下来。我随便挑一首,几乎她都会,我跟着她唱,自然就上口了。有时她还会加上幽默的插曲,如歌本第22首*Last Night*,第二节的歌词原来是这样的:"I think of you in the daytime, I dream of you by night……"她故意把它反过来唱成" I dream of you in the daytime, l think of you by night……"并风趣地说,真这样的话岂不糟糕透了。

图4　朱沅在红楼天台,摄于1946年初秋

朱沅学习成绩优异,屡获嘉庚奖。在其他方面,我从她那里也学到很多书本上学不到的东西,帮助我开阔了眼界。

在生活上我们彼此关照,女生宿舍有位潮州大嫂,每天去厦门港给食堂买菜,个人也可以请大嫂代买。我和朱沅合伙,有时单独开小灶加菜(白饭由食堂供应),菜买来后,一般由我掌厨,一起享用。平时她的课业较重,在实验室的时间多，我又一直半工半读，各忙各的，难得有轻松闲聊的时候，但这不妨碍我们的交流，甚至论及当时动荡的时局，彼此也有共同的观点，这恐怕是局外人想不到的。所以后来风闻有关朱沅为人的流言，我绝不轻易听信。

论到未来的去向，她明确表示一定要出国深造。临近毕业时，任卢嘉锡先生助教一事已成定局，这是为她将来深造做准备。校方分配给她一个单独的房间，就在笃行楼楼下，放暑假她先回家，我尚未离校，朱沅让我住在她的房间，我离开时，顺便将房间整理了一下，并留下详细交代的字条。我刚到北京就收到她的信，说她回来看到，念及我以往待她的“好处”，竟大哭了一场。我和朱沅仅有四年交往，四年，在人的一生不过是短暂的一瞬，但在我心中刻下难以磨灭的印象。回顾她对我的帮助和潜移默化的影响，仍使我感念不已。

朱沅最后一封来信，是1950—1951年之间收到的，内附一张照片，背后写“沅于美南”，此后即音讯断绝。后来听说她在赴美途中遇见了后来成为她的伴侣的梁君，又曾耳闻朱沅已不在人世，但无从印证。1980年代，在厦门见到李联欢学长，他的第一句话就是：“朱沅死了！”我没有继续问下去，还能说什么呢？凡认识朱沅的人无不表示惋惜。某日，在厦大校园偶遇1949届外文系的陈世民同学，他说：“都说坏人短命好人长寿，像朱沅这么好的人怎么会这么短命呢？”

1990年初，我曾写过一篇《笃行斋记趣》，刊于《美洲校友通讯》，文中提到朱沅爽朗的笑声。吴厚沂学长有感，特在同期通讯的前言中简述朱沅后来的情况，据说她“很早”（大概20世纪50年代中期）就因癌症去世，身后遗有一子。

按规定，应届毕业生都要交戴方帽子的照片，朱沅同我一起去找那位经常为厦大人拍照的“摄影师”，我们分别拍完毕业照，又加拍了一张合影，这是我们俩唯一的也是最后一张合影（图5）。

图5　朱沅与谢雪如摄于毕业前夕（1948年春）

朱沅，你在哪里

1948届毕业45周年纪念活动即将举行，我和所有未能到会的级友一样深感遗憾。但更令人痛心的是有些级友永远不可能和大家相聚了，其中就有本级最优秀的学生之一的朱沅。

说起朱沅，当时的学生几乎没有不知道她的。这也难怪，她不但人品出众，而且才智卓群。可惜人们却不一定熟知她敦厚温良、谦虚好学的一面。

当年，学生的期终成绩均由教务处予以公布，虽将姓名盖住，只能看到学号，而学号并非秘密，其实等于是公开的。大一那年朱沅各科成绩均名列前茅，其中包括大多数理科新生不得不下一番苦功的微积分。曾有人羡慕朱沅微积分学得这么好，她总是谦虚地回答："我以前学过的。"（按：朱沅在进厦大以前曾在上海交大念过一段时间）

无论过去或现在，也无论在哪一级学校，重理轻文的倾向都是普遍存在的。尽管朱沅是学化学的，成就又如此令人瞩目，但自从我们初识，直至后来成为室友，她一向都是那么温文和蔼，慷慨大度，和她相处，我很坦然，从未有过学文的低人一等的自卑感。

朱沅对人对事都是非常认真的，她的字本来就写得不错，但是她一有空就临帖习书法。到了写毕业论文的时候（卢嘉锡先生是她的论文导师），因为论文是用英文写的，朱沅必须尽快掌握打字技能。只见她双手的手指上写满了字母和符号，回到宿舍里还指指点点地练个不停，不几天她就运用自如了。朱沅原籍江苏武进，在上海长大，有着一般上海姑娘心灵手巧的特点，她可以一边编织毛线，一边阅读原版专业书。图5这张照片我身上的毛衣就是在她的指点下织成的。

有一件小事特别使人难忘，1947年的暑假，她回家之前问我要带什么，我随口说了一句："很久没吃到福州的甜腐乳了。"她是乘飞机回厦门的，当时的小飞机哪能同今天的相比，可她竟然为我带来了一个小瓦罐，里面装的是甜腐乳！

后记：自1989年以来，我曾经为"1948级级友通讯"提供了不少文字资料。现经章慧同学精心收集并编辑成以《朱沅和我》为题的文稿，文中所有文字均摘自我的原始文稿，对此，我表示衷心感谢。

谢雪如谨记

2020年10月25日

文中照片除图3由周跃提供外，其他均引自级友纪念册《厦门大学第23届同学毕业45周年纪念册》和《厦门大学第23届1948级同学毕业70周年特刊》。

本文原载于如下资料：

《厦门大学留美校友会校友通讯》第8期，1989年12月，pp.11-12.

厦门大学1948级厦门编辑组编印：《厦大1948级级友简讯》第2期，2007年12月5日，pp.9-10.

《厦门大学第23届同学毕业45周年纪念册》，1993年10月31日，p.88.

依然香如故

——从蔡悦诗《当我们年轻时》中读到的

叶频青

从厦门大学的大南校门进门数步，就能见到一栋“建文楼”（图1左），“厦门大学教职工活动中心”就设在这里。此楼是捐赠者蔡悦诗以她父亲——蔡建文先生的名字命名的。

蔡悦诗是厦门大学教育系1949年毕业生。她在毕业50年后，向厦门大学捐献了两栋楼，一栋是建文楼，另一栋以丁政曾和蔡悦诗夫妇之名捐赠，名为“颂恩楼”（图1右）。蔡悦诗忆及韶华岁月时，曾撰有《当我们年轻时》一文，与众人分享了她在厦门大学就读时的趣事。

图1　厦门大学建文楼（左）和颂恩楼（右）

1945年，蔡悦诗（那时她的名字是“蔡碧娥”）考入厦门大学。一年级在鼓浪屿新生院，二年级后迁入校本部，直到毕业（图2）。那时她正值活泼欢快、处处皆可拾趣的年龄；《当我们年轻时》一文呈现在读者面前的真是非常令人好奇的一段回忆，满满都是趣。

在鼓浪屿新生院，男生住博爱医院，女生住毓德女中。那时盛传鼓浪屿有一栋八卦楼闹鬼，有人就把这事嫁接到男生身上。蔡悦诗对同级男生有这样的描述："据说有位男同学的睡床原来床背靠壁，第二天醒来却变成床沿向墙。现在想来，男生宿舍既在博爱医院，怎有男同学到八卦楼与鬼为伍？必是静极思动的同学散布谣言耸人听闻，为枯燥寂寞的'新鲜人'增添一点生活情趣。"完全是一种整蛊逗乐的心思。

图2　1947年的蔡悦诗(中)(刘光朝供图)

迁入校本部后，蔡悦诗与化学系同级女生蔡纯瑜等同室居住，亲密无间。校园与南普陀寺相邻，景色秀丽。对于同为花样年华的女生，她又是这样一番描述：

> 南普陀寺附近有一片梅林，入冬梅花盛开芳香扑鼻，纯瑜和我喜欢在黄昏时分漫步其间，陶醉在诗情画意的夕阳美景中，既温馨又从容。
>
> 我们房里除了纯瑜和我之外，还有一位复学的退伍青年军金珍君，一位来自上海的寄读生戴淑明。珍君温文娴静，从不高声谈论影响他人作息。在我心目中，她身材修长，面目姣好，颇具世姐风范。
>
> 宿舍盥洗室设在地窖里，我们每天总有几次要到那里打转。而在那里最常碰见的就是饶君宝，她是江西同学，生得十分细致，长发披肩，眼大睫长，脸色白里透红，很是讨人喜欢。

还有一位教育系1943级的学姐张儒为。“张儒为的令尊大人每次来信都在信封上写着‘张儒为女儿收’，所以邮差每到必定大声喊叫‘张儒为女儿’。她立刻高兴地连声应道：‘来了！来了！’1997年在她们毕业50周年联欢会上见到她，少不得尊称她一声‘张儒为女儿’，她也欣然回应‘有！’其情其景仿佛我们依旧比邻而居。”

心地纯美之人，落眼所在自然处处景美人美；少女间无隙无杂念地相处，多少年后仍然令人怀想。

在这花园般的校园里，在蔡悦诗心中，对温馨的女生宿舍留有更多美好的回忆。

她在文中有一段写道：“我们那个时代，女生宿舍门庭森严，每年仅在新年期间开放一天，让男生随意参观。纯瑜和我深明待客之道，特地跑到梅林采折松树编成圆圈，插上墙外红和松果，再系上一个丝带蝴蝶结把它挂在门上，增加喜庆气氛。桌上用梅花排成图案放些糖果零食，欢迎嘉宾莅临赐教。我们则离室他去，好让男同学自由发挥‘评弹’（批评挑剔）之技，满足他们好奇之心。”

花环一般采用针叶树枝条来制作，通常有松柏枝、槲寄生等，然后再用松果、蝴蝶结、圣诞彩球等各类材料来装点。传说，按照圣诞节传统习俗，凡是女子站在槲寄生下面，任何人都可以亲吻她。顽皮的男孩子，常故意把女孩子引到槲寄生下面，目光炯炯地、理直气壮地吻她。

当年做花环这件事，是在蔡悦诗所说的“红楼”，即厦大的大南九号。那时，红楼女生宿舍通道里贴着“男宾止步”的告示。受到“门庭森严”管理的女生们（图3），是否也会怀有一种对春天的萌思，在“新年期间开放一天”的日子里，企盼有位目光炯炯的“白马王子”到来呢？人非草木，这应该属于不能说的树洞秘密。

1946年秋，蔡悦诗所在1945级学生从鼓浪屿新生院迁入校本部，正好与长汀厦大复员迁回厦门的老生们在校园里相会合。

在她的文中有一段是这样写的：“我们和长汀复员归来的三、四年级同学集中在校本部，校园之内人丁兴旺，显得生气蓬勃喜气洋洋。”

可是那时，大多数学长给蔡学姐（那时还是活泼的蔡学妹）留下的印象却是十分古板：“厦大同学多数经过战火磨炼，体验饥寒交迫，深知世道艰难，非要充实自己打下稳固基础不能面对竞争。所以四年寒窗埋头苦读，简直到了目不斜视的地步。”

图3　1947年住红楼里的厦门大学女生，二排左二为蔡悦诗
（引自《1948级(23届)毕业50周年特刊》）

据学长们回忆，参加合影的女生，自第一排左起至右，依排向后递延为：①叶顺贞、②谢雪如、③金惠媛、④罗撷芳、⑤张永巽、⑥林秀瑜、⑦蔡碧娥(蔡悦诗)、⑧王婉、⑭蔡纯瑜、⑮林仪贞、⑯金珍君、⑰杨位捷、⑱朱沅、⑲郑文惠、⑳力伯珍、㉑黄金铿、㉒周纯端、㉔刘藻文、㉗黄淑慎、㉚李毓华、㉛刘藻琴、㉟苏柑、㊱廖翔贞、㊴黄淑芳、㊵劭建贞、㊸谢锦龄、㊹郑长为、㊺陈少韵、㊻吴清云、㊽王曼云、㊾萧慧真、㊿刘慕昭、㉛李玉璇

"一位学长说他当时在校只知道三位女生的姓名，其中一位还是中学同班，其他一概不知。还有一位在工作上颇有成就的学长，他说大学四年他未曾和任何女同学说过一句话，只瞪着眼睛无声地欣赏。根据我的民意调查，只有极少数的男同学胆敢鼓起勇气向女同学暗示情意，可惜他们大都效法程咬金，三斧头过后就落荒而逃，结果当然是功亏一篑少有收获。""只瞪着眼睛！"多少年后，想起那些未及"交手"就落荒而逃的学长们，今天依旧让蔡学姐乐不可支。

不过有不少男生还是对女生宿舍抱有好奇之心。经济系1948年毕业生袁梁，回忆了当年一些男生在新年开放日去女生宿舍参观之事。他是这样写的："总之有那么一天开禁日，让我们进去造访参观她们的整洁内务……开禁那天，有的大方女同学留在室内，设小玩意儿，最漂亮、鲜艳的床上用品，喷香的化妆品，罗列尽至，有的还备有糖果来接待我们造访者。但有的乃人去室空，她们躲到图书馆去了。当然房间内也整理得一干二净。造访时，选中目标可以‘顺手牵羊’。在有人接待的室内，乘人不备，在没人接待的室内，择其易藏的如枕巾、枕套、袜子、雪花膏，甚至鞋子，‘牵’了回来；然后，大大方方贴出告示，指名道姓，限期携带食品来赎。开禁日，调皮造访者所为，乃惯例‘公法’，不犯校规。哗然走出禁区时，还要将准备好的一‘划’贴在通道上挂的‘止’字上端。”

顺手“牵”了人家的“羊”，竟然还敢大摇大摆“哗然走出”，并告知天下，活脱一个个“顽皮小童”！

更有个别不请自到、直接大胆上门的男生：“55年前，男同学到女生宿舍站岗的还不多，唯有徐立根学长可称为先进工作者，只要天不下雨，他总会按时报到，和肖爱兰排排坐在右边石阶顶级款款深谈。10多年前我在北京向爱兰提及此事，她立刻春风拂面，甜在心头。”

大学时代的蔡悦诗青春美丽、落落大方。同时，神在她心目中具有至高无上的地位。蔡悦诗笃信基督教，“我生长在基督教家庭，就读于基督教中学”。她自称“深明待客之道”，应该与从小熟知的基督教习俗相关。圣诞节是基督教一年中最盛大的节日，人们会在圣诞前夕采集冬季常青枝叶编成花环，挂在大门上，这样既可营造一个精致的关注点，也充满了节日的喜气，更以花环的常青及环形，象征永恒的希望和不朽的生命。

对于生长在基督教世家、明快大方的蔡悦诗而言，只有具有共通的美德，而且有机会深聊的对象，才有可能与她达到心灵相通。而在当年的厦门大学就有这么一个地方可以使她有机会深切了解对方的心灵美德。在蔡悦诗的文中如此描述：“当时校园里还有一所青年会学生公社，建在博学楼南面左侧的小山坡上，公社每逢周日举行崇拜，欢迎自由参加。”

她说的是基督教学生公社。早在1938年，国立厦门大学在长汀的时候，为了救助流亡学生，就成立了由中华基督教男、女青年会全国协会主持的学生救济委员会，正式开启了基督教在厦大校园内的活动，时任厦大文学院院长周辨明教授兼任委员会首任干事。

厦大从长汀回迁厦门后，基督教青年会先在鼓浪屿新生院继续开展活动，之后于1946年10月4日在厦大校园内成立了“厦门大学基督教学生公社”，将活动范围扩大到全校；学生公社帮助贫寒学生“工作自助”，也就是现在说的勤工俭学，并在信教同学中定期开展交流，举办各类活动。当年厦门大学基督教学生公社的参与者中，有的后来成为国内外知名的专家、教授、企业家。

厦门大学基督教学生公社成立十分隆重，在博学楼(现厦门大学人类博物馆)101室举行了成立仪式。后来，学生公社又在厦门大学校内编号为4区段655号的地盘(原青年会地基)，于1947年2月底自己筹建了一座可容200人的简易小教堂，亦称“学生公社”(图4)。为了方便进出，还在通向那里的小木桥端头，立起了一块上书“学生公社”的木制标牌(图5)。

学生公社深得信仰基督教、追求灵性长进的同学们的喜爱，常在那里开展各种各样的活动。据一位资深学长回忆，有位1948届校友还在那里举办了婚礼。

正是在那里，蔡悦诗有机会与有共同信仰的学长们相识沟通。她写道：“长汀转来的学长带来他们在长汀就已成立的基督教学生团契活动。团契的宗旨在于效法基督的服务精神。”

凡事都有偶然的凑巧，结果却又如宿命的必然。

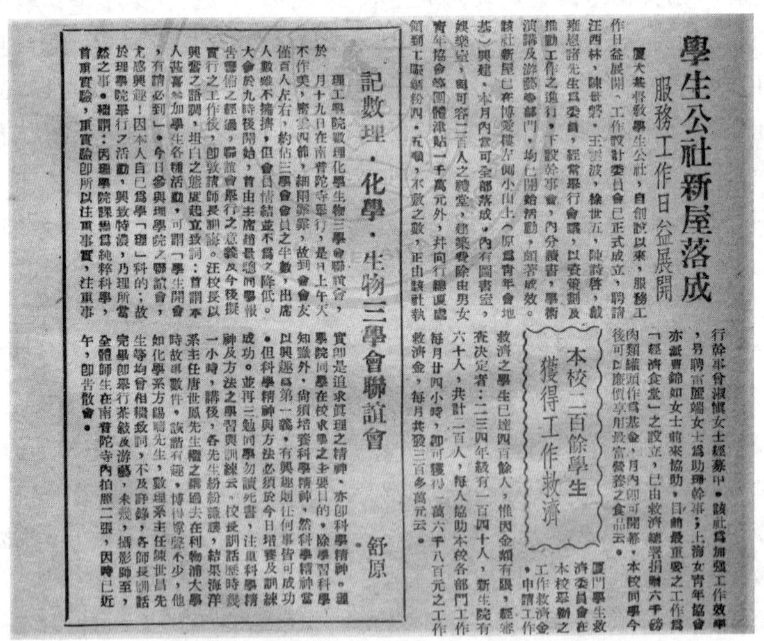

學生公社新屋落成

服務工作日益展開

厦大基督教學生公社，自創設以來，服務工作日益展開，工作設計委員會已正式成立，聘請汪西林，陳世磐，王雲波，徐世五，陳詩啓，啟雍恩諸先生爲委員，經常舉行會議，以資策劃及推動工作之進行，下設幹事會，內分讀書，學術演講及游藝等部門，均已開始活動，頗著成效。該社新屋已在博愛樓左側小山上（原爲青年會地基）興建，本月內當可全部落成，內有圖書室，娛樂室，與可容二百人之禮堂，建築費除由男女青年協會等團體津貼一千萬元外，幷向行總閩處領到工賑麵粉四．五噸，不敷之數，正由該社執行幹事曾淑懷女士經募中。該社爲加強工作效率，另聘雷麗端女士爲助理幹事；上海女青年協會亦派曹錦如女士前來協助，目前最重要之工作爲「經濟食堂」之設立，已由救濟總署捐贈六千磅肉類罐頭作爲基金，月內即可開幕，本校同學今後可以廉價享用最富營養之食品云。

本校二百餘學生獲得工作救濟

厦門學生救濟委員會在本校舉辦之工作救濟金，申請工作救濟之學生已達四百餘人，惟因金額有限，經審查決定者：二三四年級有一百四十人，新生院有六十人，共計二百人，每人協助本校各部門工作每月廿四小時，即可獲得一萬六千八百元之工作救濟金，每月共發三百多萬元云。

記數理．化學．生物三學會聯誼會

舒原

理工學院數理化學生物三學會聯誼會，於 月十九日在南普陀寺舉行，是日上午天不作美，密雲四佈，細雨霏霏，故到會會友僅百人左右，約佔三學會會員之半數，出席人數雖不擁擠，但會員情緒並不爲之降低。大會於九時後開始，首由主席趙君恩同學報告籌備之經過，聯誼會舉行之意義及今後擬實行之工作後，即敦請師長訓誨。汪校長以興奮之語調，坦白之態度起立致詞：首謂本人甚喜參加學生各種活動，可謂「學生開會，有請必到」。今日參與理學院之聯誼會，尤感興趣！因本人自己爲學「理」科的；故於理學院舉行之活動，興致特濃，乃理所當然之事。繼謂：因理學院課程爲純粹科學，首重實驗，重實驗即所以注重事實，注重事實即是追求眞理之精神、亦即科學精神。理學院同學在校求學之主要目的，除學習科學知識外，尙須培養科學精神，然科學精神當以興趣爲第一義，有興趣則任何事皆可成功。但科學精神與方法必須於今日培養及訓練成功。並再三勉同學勿讀死書，注重科學精神及方法之學習與訓練云。校長訓話歷時幾一小時，講後，各先生紛紛講演，結果海洋系主任唐世鳳先生繼之講過去在利物浦大學時故事數件，詼諧有趣，博得掌聲不少，他如化學系方錫疇先生，數理系主任陳世昌先生等均曾相繼致詞，不及詳錄，各師長訓話完畢即舉行茶敍及游藝，未幾，攝影師至，全體師生在南普陀寺內拍照二張，因時已近午，即告散會。

图4　厦大校刊关于学生公社新屋落成的报道

(引自1947年2月28日《厦大校刊》第2卷第1期)

图5　通往学生公社的小木桥，照片左上角是木制标牌

（引自厦门大学管理学院、学院新闻、《厦门大学会计系往事（三）2016-05-24》）

经常参加这些基督教团契活动的，有一位来自江苏扬州的男生，身材颀长，在人群中显得潇洒倜傥。他名叫丁政曾，是会计系学生，比蔡悦诗早入学一年，那时刚随着厦大从长汀归来。他对于“团契没有任何政治色彩”“基督教和团契的活动着重于人性的改造，清除罪恶，培养各种美德，裨能造福人群”，持有与蔡悦诗共同的认识。丁政曾在长汀时参加过厦大的募款义演活动，大概属于现在人们说的“文艺青年”，多才多艺。

身材苗条、有一对大眼睛的学妹蔡悦诗，喜欢笑喜欢唱歌，常常吃不下饭时就“以歌佐饭”，也非常热心各项活动：“团契的成员有100多名，多数是基督徒，也有心中慕道的同学。我们把100多人分为9个小组，每组10多人，各自利用晚上时间分组聚会。会中我们一起唱诗、祈祷、研读《圣经》、分享读经心得，也谈些日常琐事，互相勉励。若有多余时间还会做点游戏调剂身心。除了每周一次的例常聚会之外，我们通常趁着假日将聚会地点改在郊外（图6），例如胡里山、曾厝垵、叶家花园或五老峰上的太平岩、虎溪岩、万石岩、白鹿洞等天然胜地，追求灵性长进之余，同时享受上苍所赐的美丽世界舒畅心怀。”

更关键的是，通过在一起活动，共同的信仰、共同的爱好，她发现了自己的挚爱：“由于上述两种聚会促使契友们坦诚相处，彼此了解，离校之后或多或少都能保持联系，成为知己朋友。”既然发现了，就会有交往。于是，初萌的相思，心扉为之敞开，以致达到终身的陪伴。

有爱之人知恩，知恩于心、感恩于行。弹指间，50年过去了（图7）。

图6　一起参加团契活动的蔡悦诗和丁政曾

（引自厦门大学台湾校友会编《厦门大学70周年校庆特刊》）

前排左起：刘幕昭、金世添、蔡碧娥（蔡悦诗）、罗旭升、丁政曾、邵建寅、吴子平

后排左起：萧慧真、周纯端、蔡纯瑜、陈振苍、陈宗良、程文显、严家骙、黄华光

图7　蔡悦诗和丁政曾伉俪（引自《1948级（23届）毕业50周年特刊》）

蔡悦诗在1997年10月9日嘉庚楼群开工典礼上，深情地讲了这样一段话："政曾和我笃信基督教，在人生的路程中无论崎岖平坦，忧患喜乐，总有神的恩惠慈爱伴随我们。过去四年里，政曾病痛缠身，我们对神的眷顾与扶持，体验尤深，内心常怀感恩之念，今日为表心愿，特以'颂恩'命名，将此楼献于母校，以报神恩、师泽于万一，希望这朵小小心焰，融入伟大的时代火炬，光照人群，永无止息。"

掩卷回味，欲罢还休。《当我们年轻时》一文中，临近结尾时蔡悦诗如此表露："倘若时光真能倒流，我愿意旧事重演，再次选读厦门大学。因为我爱我的母校，那里有我所熟悉亲切可爱的师友，还有萦纡脑际诉说不尽的赏心乐事。"

回望红楼(图8)，当年的宿舍门上，系着丝带蝴蝶结的花环仿佛仍在，那些绿油油的松针、松果，艳艳的小红果，依旧被沁人心脾的绿植清香簇拥；门口的每一级台阶，每一根立柱，似乎还在叙说着，多年前，这里，有过女孩对春天的期待，还有过那些寄予未来的希望。

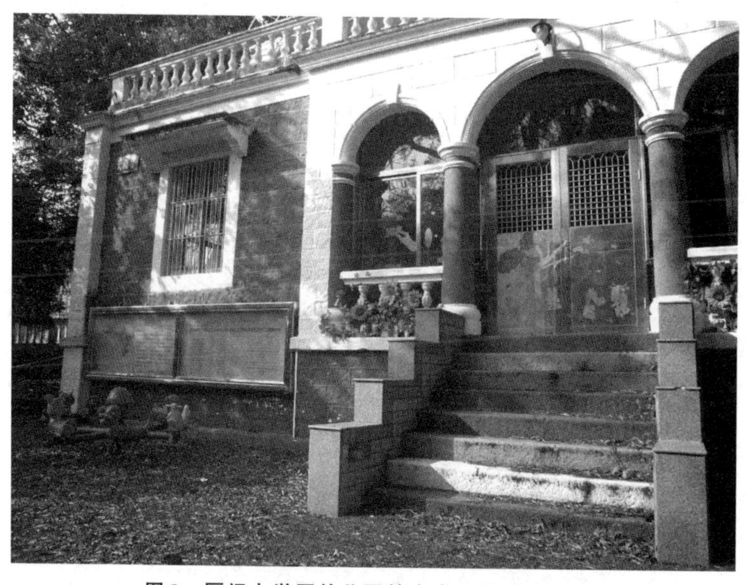

图8　厦门大学原幼儿园的大南九号，旧称红楼

其实，厦门大学的每一栋建筑，都留有令人难忘的故事；只要细细去寻，就能找到在那里度过青春年华、对母校持有深情眷念的人们，留在那里的爱意足迹。正是这些源远流长的爱，使百年厦大青春常驻，生生不息。

蔡悦诗《当我们年轻时》一文的最后，引用了当年厦门大学林文庆校长秘书、曾任校会计课主任及中文系讲师的邵庆元先生所译世界名曲*Auld Lang Syne*（《友谊地久天长》）中的一段歌词，作为文章的结尾。本文亦取这段情真意切的词句开端两句，借作为向前辈厦大人致敬：

宁有故人，可以相忘，曾不中心卷藏？

宁有故人，可以相忘，曾不眷怀畴曩？

蛋白质晶体学研究领域的一颗学术之星——朱沅

章　慧

20世纪50年代，新中国和西方的关系恶化，正常的学术交流受到阻碍，国内的学术研究处于一种封闭状态。1957年12月17日，时任厦门大学校长助理的卢嘉锡教授访问苏联，对当时缺乏国际交流感触良多，在1949年2月被中断通讯的8年后，致信（图1）给他的恩师，著名化学家、1954年诺贝尔化学奖得主、美国加州理工学院的莱纳斯·卡尔·鲍林（Linus Carl Pauling）教授，信中写道：

> 紧随着第二次世界大战的打击之后，我们国家不幸又经历了另一场四年的内乱，到1949年底，中国已经衰败到成为一个除极度贫穷和病态的贪污腐败以外什么都没有的国家。我们走过了饥饿、令人难以忍受（确实是令人无法忍受！）的年代；但是从那以后情况完全改变了。
>
> 唐有祺现在是北京大学教授，同时正在与中国科学院化学研究所开展合作研究，现在他有一个装备相当好的晶体学X射线实验室，我在厦门很快也要建起这样一个实验室。我们有了为数不多的荷兰制造的魏森堡照相机和一台伯曼-德龙照相机，已经得到一台英国制造的光学衍射仪。我们正在自己的仪器车间里制造照相机和光学角度计，但是由于缺乏经验、精密的工具和测量仪器，我们无法生产梦寐以求的更高精度的仪器。不过无论如何我们已经有了一个良好的开端。
>
> 不需要很长时间，我们就可以加入到世界其他部分的晶体学家的队伍中，再次从事成熟的研究工作。我们急需训练有素的科学工作者——毫无疑义，在将于明年开始的我国第二个五年计划期间，我们的科学技术将会有突飞猛进的发展。因此，我们恳切地请求您转告朱沅（梁夫人）毫不犹豫地立即回国，加入到我们的研究工作中来。

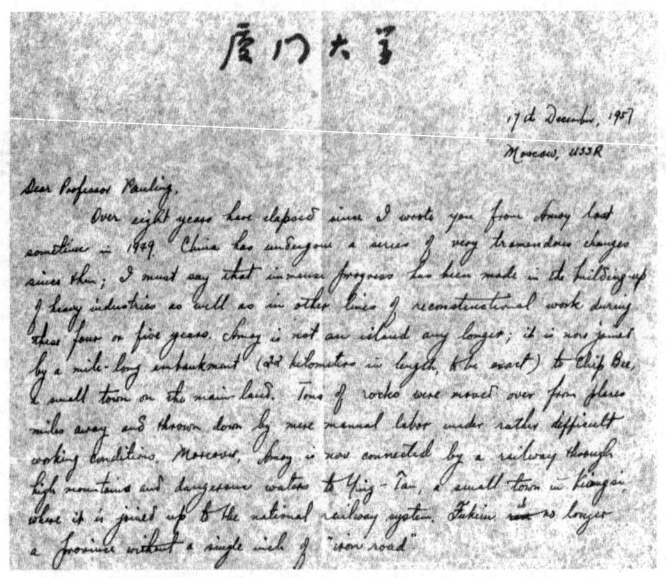
厦门大学

17th December, 1957
Moscow, USSR

Dear Professor Pauling,

Over eight years have elapsed since I wrote you from Amoy last sometime in 1949. China has undergone a series of very tremendous changes since then; I must say that immense progress has been made in the building-up of heavy industries as well as in other lines of reconstructional work during these four or five years. Amoy is not an island any longer; it is now joined by a mile-long embankment (22 kilometers in length, to be exact) to Chip Bee, a small town on the main land. Tons of rocks were moved over from places miles away and thrown down by mere manual labor under rather difficult working conditions. Moreover, Amoy is now connected by a railway through high mountains and dangerous waters to Ying-Tan, a small town in Kiangsi, where it is joined up to the national railway system. Fukien is no longer a province without a single inch of "iron road".

图1　1957年12月17日卢嘉锡写给恩师鲍林的信的首页

朱沅是谁？为何卢嘉锡先生如此器重她？为何认识她的同学都对她赞不绝口，念念不忘？当年她是否立即响应来自母校的导师遥远的召唤，回到祖国投身于建设新中国的科教事业？又为何在2002年，朱沅的化学系同学、美国校友吴师摩先生专门委托物理系吴伯僖教授，为纪念朱沅，在厦门大学化学化工学院化学系设立朱沅奖学金(每年奖励化学系本科生2名)？

我们仅仅知道，因品学兼优在1948年毕业留校担任化学系助教(图2)的朱沅，经卢嘉锡先生大力推荐，于1949年秋前往美国留学(图3)，但此后音讯全无。

朱沅到底去了哪里？她后来的学业如何？她在美国究竟从事哪个领域的研究工作？迄今她的老师、同学和后辈能获得的相关信息，极少！感谢朱沅的级友，曾经是朱沅室友的厦大教育系1948届谢雪如前辈，为我们刻画了待人爽朗大方而举止端庄、学习聪慧灵动却不失勤奋的朱沅当年在长汀校区以及复员回厦大后的校园生活，使我们有幸见识朱沅留在母校的音容笑貌和了解她的一些经历。

朱沅祖籍江苏武进，1926年8月10日出生于上海，自幼在上海读书。1943年高中毕业于上海允中女子中学，其后曾在上海交大短期就读，1944年

（5）　廈大校刊　第二期

辭宏教學及研究效能。再兼有職務之教授，既負行政上之責任，亦應規定時間辦公，督促所屬職員工作，除分電外，合行電仰遵照，並轉知遵照」云。

卅七學年度新聘教員資歷介紹續誌

宋蕊昌：航空工程學系相當於教授之講席。國立中央大學航空工程系工學士。曾任中央大學助教及講師。民國卅四年考取教育部第一屆留英公費生，在英國倫敦帝國學院研究院畢業，獲得英國倫敦大學博士。專門研究：內燃機，飛機發動機，空氣增壓器，及噴氣引擎等部門。

史家麒：法律學系教授。國立北京大學法律系畢業，高等考試司法官考試初試再試及格，法官訓練所畢業。曾任北平地方法院、開封地方法院及河南高等法院推事，國立東北大學及私立朝陽學院法律系教授等職。

孟　侃：電機系副教授。國立交通大學工學士。民國卅三年考取經濟部工礦出國實習人員，赴美實習。曾任資委會桂林及昆明無線電廠工務員，資委會桂林無線電廠助理工程師，資委會華亭電瓷廠副工程師，美國 Stromberg-Carlson Telephone Co. 工程師，資委會南京無線電公司副工程師。

賁德誠：法律學系兼任講師。本大學法學士。曾任福建省立長汀中學教員，本大學助教。現任廈門地方法院推事。

陳文侃：化學系助教。本大學理學士。

朱　沅：化學系助教。本大學理學士。

林堅冰：數理學系助教。本大學理學士。

吳伯僖：數理學系助教。本大學理學士。

蕭樹旭：生物學系助教。本大學理學士。曾任國立中正醫學院助教及廈門雙十中學生物教員等職。

丘書院：海洋學系助教。本大學理學士。

翁邦瑞：土木工程學系助教。本大學工學士。

劉鴻文：土木工程學系助教。曾經總務處工程設計室工作。本大學工學

图2 《厦大校刊》1948年第4卷第2期朱沅留校任化学系助教消息

（四）程炳耀朱沅二學長赴美深造

程炳耀、朱沅二位學長，本秋先後獲得美國大學獎學金，渡美深造。程學長進 University of Oregon，攻無機化學；朱學長進Rice Institute，攻理論化學

图3 《厦大通讯》1949年第9卷第4期朱沅和程炳耀赴美深造消息

考入内迁长汀的厦门大学化学系。在学期间，因为学业优秀，她多次获奖。例如，她曾经荣获1947—1948年度的嘉庚奖学金(图4)。

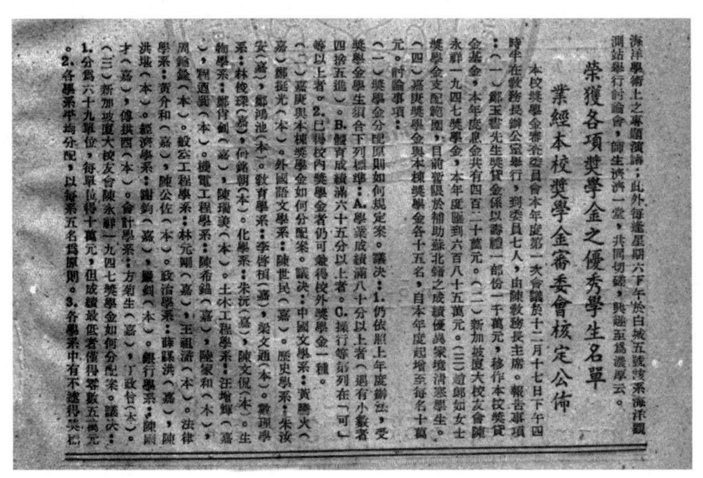

海洋學術上之專題演講；此外每逢星期六下午於白城五號該系海洋觀測站舉行討論會，師生濟濟一堂，共同切磋，興趣至爲濃厚云。

榮獲各項獎學金之優秀學生名單
業經本校獎學金審委會核定公佈

本校獎學金審委委員會本年度第一次會議於十二月十七日下午四時半在教務長辦公室舉行，到委員七人，由陳教務長主席。報告事項：（一）鄭玉書先生獎貸金係以壽禮一部份一千萬元，移作本校獎貸金基金，本年度息金共有四百二十萬元。（二）新加坡廈大校友會陳永鮮一九四七獎學金，本年度匯到六百八十五萬元。（三）趙郎如女士獎學金支配範圍，目前暫限於補助蘇北籍之成績優異家境清寒學生。（四）嘉庚獎學金與本校獎學金各十五名，自本年度起增至每名十萬元。討論事項：（一）獎學金分配原則如何規定案。議決：1.仍依照上年度辦法，受獎學金學生須合下列標準：A.學業成績滿八十分以上者（遇有小數者四捨五進）。B.體育成績滿六十五分以上者。C.操行等第列在「可」等以上者。2.已得校內獎學金者仍可兼得校外獎學金一種。（二）嘉庚與本校獎學金如何分配案。議決：中國文學系：黃騰火（嘉）鄭挺光（本）。外國語文學系：陳世民（嘉）。歷史學系：朱汝安（嘉），鄭鴻池（本）。教育學系：李啓楨（嘉），梁文通（本）。數理學系：林俊琛（嘉），何銘朝（本）。化學系：朱沅（嘉），陳文侃（本）。生物學系：鄭肖劍（嘉），陳瑞美（本）。土木工程學系：汪增輝（嘉），程適賢（本）。機電工程學系：陳希錨（嘉），陳家和（本），周錦鎰（本）。航空工程學系：林元卿（嘉），王祖潛（本）。法律學系：黃介和（嘉），陳公佐（本）。政治學系：薛縣洪（嘉），陳洪壎（本）。經濟學系：謝鈞（嘉），嚴鈞（本）。銀行學系：陳國才（嘉），傅拱西（本）。會計學系：方菊生（嘉），丁政台（本）。（三）新加坡廈大校友會陳永鮮一九四七獎學金如何分配案。議決：1.分爲六十九單位，每單位得十萬元，但成績最低者僅得零數五萬元。2.各學系平均分配，以每系五名爲原則。3.各學系中有不遂得獎者

图4 《厦大校刊》1948年第3卷第3期朱沅获嘉庚奖学金的报道

笔者曾采访过长汀时期的几位老学长，他们生动地勾勒出朱沅在厦大的倩影和出类拔萃的学业：

“我想起一件趣事，1944年新生入学时，朱沅引起男生的轰动，福州籍男生都在传说‘状元’，那是朱沅的福州话谐音，意即美女第一名，校花。”

“朱沅在母校同学的心目中，就是女神一般的存在，大家都很欣赏她。”

“不管哪一次，学校要颁奖的项目，凡是与朱沅有关的，她一定会得奖。”

“一定会得奖”，这该有多么霸气！果然，在校刊上我们看到了朱沅屡屡获奖的信息（图5）。

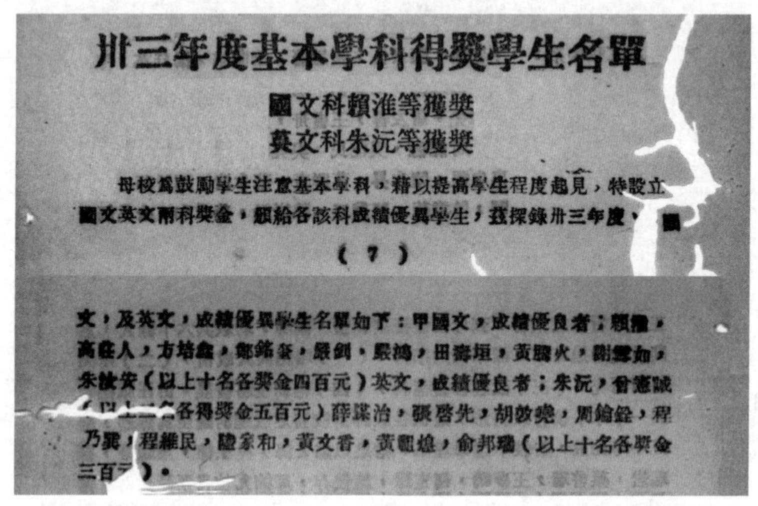

卅三年度基本學科得獎學生名單

國文科賴淮等獲獎

英文科朱沅等獲獎

母校為鼓勵學生注意基本學科，藉以提高學生程度起見，特設立國文英文兩科獎金，頒給各該科成績優異學生，茲探錄卅三年度，國

（ 7 ）

文，及英文，成績優異學生名單如下：甲國文，成績優良者；賴淮，高莊人，方培鑫，鄭銘[illegible]，嚴劍，嚴鴻，田壽垣，黃賜火，謝雪如，朱[illegible]安（以上十名各獎金四百元）英文，成績優良者；朱沅，曾憲誠（以上二名各得獎金五百元）薛謀治，張啓先，胡敦堯，周[illegible]銓，程乃巽，程維民，陸家和，黃文香，黃[illegible]，俞邦瑞（以上十名各獎金三百元）。

图5　朱沅获得1945年度厦大基本学科的英文奖（1945年9月20日刊于《厦大通讯》第7卷第1期）

1944年，家世不凡、英文功底深厚的朱沅从沦陷的上海来到相对安定的后方福建长汀山城求学。根据谢雪如回忆：“大一那年朱沅各科成绩均名列前茅，其中包括大多数理科新生不得不下一番苦功的微积分。”面对同学们羡慕的眼光，她只是淡淡地说：“我以前学过的。”虽然她颇有几件漂亮的旗袍，但她平时总以朴素大方示人，把更多功夫花在课业上，甚至婉拒了外文系李庆云教授意属她扮演一出英语话剧女主角的邀请。但她从不缺席女生会的活动，巧笑嫣然地出现在欢送毕业女生或与同学合影的各种场合，无论在1946年长汀时期欢送谢希德等毕业生的女生会合影，或复员回厦大后的1947年红楼和笃行楼（图6）欢送毕业生合影中，都能看到她甜美纯真的笑容。

图6　朱沅与她的室友和同学一起欢送1947届毕业同学

前排左起：谢雪如、廖翔贞、朱沅、罗撷芳、李毓华

课余时间，朱沅并不拒绝声情并茂的中英文朗诵。1946年5月18日在长汀校区举办的中国文学会吟诵会上，她用中文朗诵茅盾的《子夜》。毕业前夕，她受邀参加了1948年元旦由英文学会在群贤楼大阅览厅主办的各国语文朗诵会，与几位同学一起朗诵英文诗(图7)。

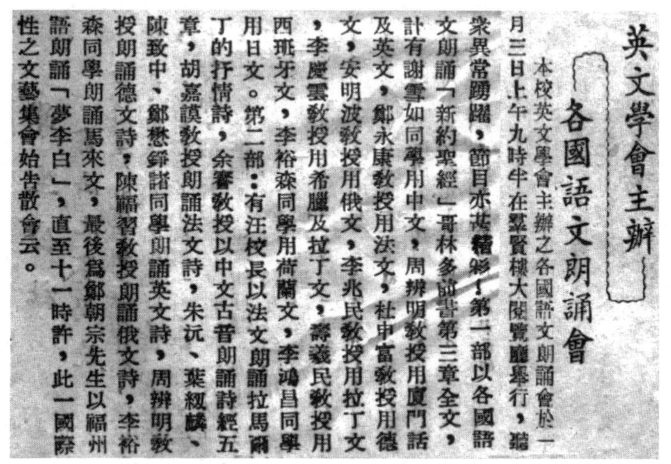

英文學會主辦

各國語文朗誦會

本校英文學會主辦之各國語文朗誦會於一月三日上午九時半在羣賢樓大閱覽廳舉行，聽衆異常踴躍，節目亦甚精彩！第一部以各國語文朗誦「新約聖經」哥林多前書第三章全文，計有謝雪如同學用中文，周辨明教授用廈門話及英文，鄭永康教授用法文，杜中富教授用德文，安明波教授用俄文，李兆民教授用拉丁文，李慶雲教授用希臘及拉丁文，壽羲民教授用西班牙文，李裕森同學用荷蘭文，李鴻昌同學用日文。第二部：有汪校長以法文朗誦拉馬爾丁的抒情詩，余謇教授以中文古音朗誦詩經五章，胡嘉謨教授朗誦法文詩，朱沅、葉緞麟、陳致中、鄭懋鋅諸同學朗誦英文詩，周辨明教授朗誦德文詩，陳福習教授朗誦俄文詩，李裕森同學朗誦馬來文，最後爲鄭朝宗先生以福州語朗誦「夢李白」，直至十一時許，此一國際性之文藝集會始告散會云。

图7　据《厦大校刊》1948年第3卷第4期报道，朱沅在群贤楼主楼阅览厅举行的各国语文朗诵会上朗诵英文诗

1947年初，在校女生由校园内的大南路"红楼"搬进新建成的笃行楼。在厦大的最后三学期，朱沅和谢雪如、罗撷芳成为室友，同宿舍的3位姑娘在学业上一起精进，都获得了校级奖学金。

经过战乱的中国，百孔千疮、伤痕累累，大学师资严重匮乏，厦大也难逃厄运。1938年5月10日，侵华日军集结军舰和飞机对厦门前沿进行轮番轰击；5月11日，日寇占领了厦大校园；5月13日，厦门全岛沦陷。位于校园演武场东南角小山岗上的生物院和岗下东面的化学院以及兼爱楼、笃行楼和白城教授楼等建筑被摧毁，厦大校舍遭敌人拆毁达3/5，损失惨重。抗战胜利，幸存的囊萤楼（图8）、群贤楼建筑群等校舍又被军事当局利用作日俘海陆军集中营和日侨收容所，至1946年3月初才正式收回，迫使1946届、1947届、1948届三届同学只好再留山城一年。这样，朱沅和1948届同学一起在长汀度过了两年的大学生活，直到1946年秋季才得以返回厦门本部上学。

图8　战后曾用作日俘集中营的囊萤楼在复员后改为科学馆，情形之迫促简陋拥挤，可想而知

"计划中的新建筑"虽列有恢复生物院和化学院，终因未获得建筑费而无法付诸实施。原为学生宿舍的囊萤楼被日寇蹂躏得残破不堪，经修整改做科学馆，理学院的一切设备都只有局促在这栋楼里。化学系只分得大实验室4间（图9），小实验室3间，办公室和教员预备室6间，所用实验桌除了从长汀运回，略有添补，几乎不具备开展先进物理化学研究的实验条件。1945年底，卢嘉锡先生结束了长达8年负笈欧美的海外生活，离开美国加州理工学院辗转回到祖国。没有科研条件，回国后的卢嘉锡只能先把全部精力投入教学中。从1946年春天起，为科学救国奋战在第一线的卢嘉锡先生，同时还兼任浙江大学化学系主任，在厦大和浙大两校三地（包括未来得及搬迁高年级学生的厦大长汀校区）奔走。尽管工作繁重，卢嘉锡没有失去信心，因为他已聘到胡嘉谟、吴思敏、方锡畴、方乘等教授,爱徒蔡启瑞、陈国珍、李法西、周绍民、程炳耀和江培萱等已经成为他的得力助手,当时在厦大化学系就学的一批后起之秀也很快脱颖而出,包括张永巽、朱沅、田昭武和潘容华等,足以使他欣慰。

图9 1948年,化学系学生在囊萤楼做实验(潘容华供图)

百废待兴、从长计议,最要紧的是人才培养。卢嘉锡积极联系,推荐青年教师出国深造,期望他们能够得到研究生阶段物理化学的全方位训练,学成归来后能组建中国自己的物理化学研究团队。1948年11月21日卢嘉锡在给鲍林的信中写道:

> 可能您也知道,中国十分缺乏物理化学工作者。我被国立厦门大学——我的母校——“粘住不得脱身”后,我不得不一手承担所有的无机和物理化学课程。我十分清楚,这对于我自己的工作十分不利,所以我尽力安排一些年轻同事出国接受进一步的训练。蔡启瑞先生接受了美国留美奖学金,已经于去年3月份赴美留学,他现在在俄亥俄州立大学在聚合反应方面做得很好。今年夏天又有两个人出国了:陈国珍先生接受英国文化委员会奖学金前往伦敦,在布里斯克教授指导下从事无机化学领域的研究;而李法西先生现在俄勒冈大学在罗伯特·迪恩手下研究胶体。今年夏天我成功邀请到钱人元先生(他曾在加州理工学院待过一个学期,研究免疫化学)加入到我们的队伍中。我们期望在今后两三年内能有由三四个物理化学工作者组成的一个团队一起工作。

在当时,蔡启瑞、陈国珍和李法西这些青年教师可都是人中龙凤、卢嘉锡的左膀右臂,如果他们离开,必定增加留下来的教师特别是自己的教学负担。为了给祖国的未来塑造科教界的栋梁之材,卢嘉锡还是想方设法推荐他们出国(图10)。几年后他们先后学成归来,都成为各自领域独当一面的领军人才。

年仅30出头的卢嘉锡肩挑沉甸甸的担子,对教学工作一如既往地认真细致,对国家科技发展的大致方针自有真知灼见。他抽空分别在鼓浪屿新生院(1946年1月18日和1947年6月9日)、长汀校区(1946年3月31日)等地做了多场有关原子弹的科学普及报告,讲述原子弹的基本原理和简单构造,展望中国如何自力更生利用原子能的未来,广受听众欢迎。

图10　1948年6月1日厦大化学会欢送陈国珍先生赴英留学暨毕业会友在理学院(囊萤楼)前意气风发地留影(潘容华供图)

台阶上站立者左起:胡嘉谟、卢嘉锡、方锡畴、陈国珍
前排,左一潘容华、左四田昭武,右一朱沅、右二廖翔贞
台阶上女生李毓华手持锦旗,上写"乘风破浪"

1947年6月9日卢嘉锡在鼓浪屿新生院周会上发表以《原子时代里我们中国人应做和不应做的梦》为题的演讲,最后他说:"我们中国人是被拖入原子时代了,但是,我们绝不能应用世界上其他各国的原子能,提早完成我们中国的原子能计划。我竭诚地希望,诸位同学有一部分是我们中国发展原子能的中坚分子!我更竭诚地希望,我们中国的计划,能够顺利地完成!"

有哪一位听众,不会被这一场场自强不息的激情演讲触发得热血沸腾?更何况已经有远大抱负的朱沅。还在长汀校区的朱沅,自然听过卢嘉锡先生在1946年3月31日的那一场精彩科普讲座。1946年4月1日在长汀编印的厦大化学会会刊《化学通讯》第7期，刊载了卢嘉锡教授这场《原子弹的研究和制造》讲座的演讲稿全文，诙谐幽默，引人入胜(图11)。

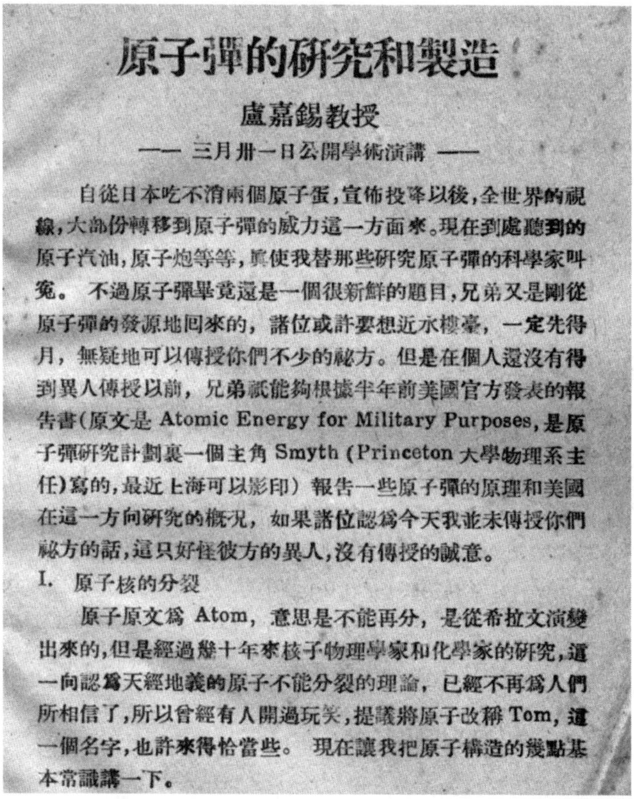

原子彈的研究和製造

盧嘉錫教授

——三月卅一日公開學術演講——

自從日本吃不消兩個原子蛋，宣佈投降以後，全世界的視線，大部份轉移到原子彈的威力這一方面來。現在到處聽到的原子汽油，原子炮等等，眞使我替那些研究原子彈的科學家叫寃。不過原子彈畢竟還是一個很新鮮的題目，兄弟又是剛從原子彈的發源地回來的，諸位或許要想近水樓臺，一定先得月，無疑地可以傳授你們不少的祕方。但是在個人還沒有得到異人傳授以前，兄弟祇能夠根據半年前美國官方發表的報告書(原文是 Atomic Energy for Military Purposes，是原子彈研究計劃裏一個主角 Smyth (Princeton 大學物理系主任)寫的，最近上海可以影印）報告一些原子彈的原理和美國在這一方向研究的概況，如果諸位認為今天我並未傳授你們祕方的話，這只好怪彼方的異人，沒有傳授的誠意。

I. 原子核的分裂

原子原文爲 Atom，意思是不能再分，是從希拉文演變出來的，但是經過幾十年來核子物理學家和化學家的研究，這一向認爲天經地義的原子不能分裂的理論，已經不再爲人們所相信了，所以曾經有人開過玩笑，提議將原子改稱 Tom，這一個名字，也許來得恰當些。現在讓我把原子構造的幾點基本常識講一下。

图11　厦大化学会会刊《化学通讯》1946年第7期全文刊登卢嘉锡的演讲稿

在卢嘉锡先生的感召下，朱沅成为化学会的中坚成员。这期《化学通讯》登载有为化学会捐款的信息(图12)，她是14位捐款人中唯一的本科学生。学有余力的朱沅由此踏上漫漫科研之旅。

1947年9月，朱沅从长汀回到校本部才一年，刚刚成为大四学生时，就与导师卢嘉锡一起在《科学世界》发表了一篇科普论文(图13)。要知道，当时应邀在这期《原子核专号》特刊上发表文章的作者，大都是名声显赫的物理学家，如李国鼎、吴有训、王淦昌、施士元、卢鹤绂等啊！

捐款芳名錄

盧嘉錫先生	國幣 10,000 元
黃蘭孫先生	10,000 元
陳允敦先生	10,000 元
蔡啓瑞先生	5,000 元
陳國珍先生	5,000 元
石阿會先生	5,000 元
張其昕先生	5,000 元
高興械先生	5,000 元
李法西先生	5,000 元
莊漢卿先生	5,000 元
林立炽先生	1,000 元
黃保欣先生	500 元
周紹民先生	500 元
朱　沅會友	500 元
計　共	國幣 67,500 元

图12　1946年化学系师生为厦大化学会捐款，朱沅名列其中

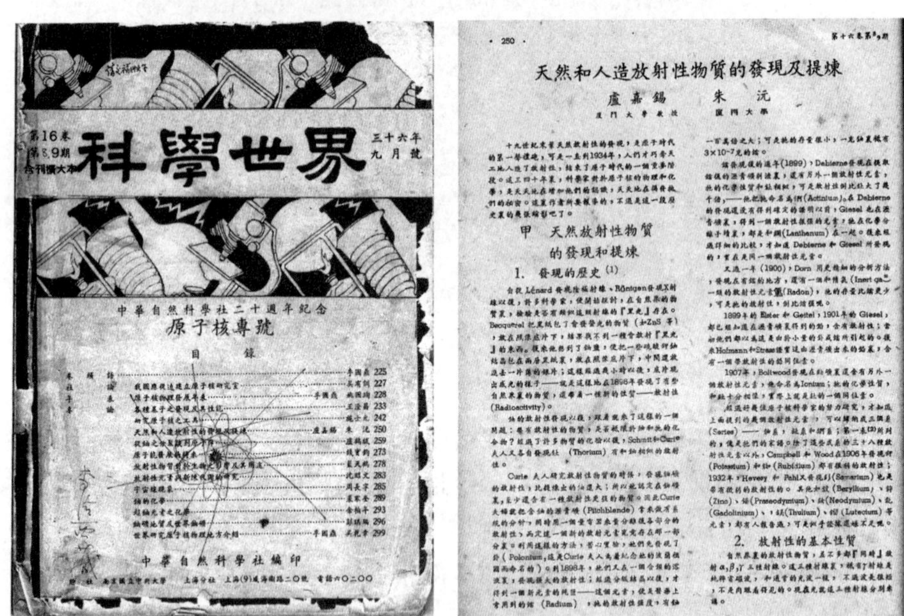

图13　卢嘉锡与朱沅在中华自然科学社出版的《科学世界》1947年第8、9期合刊《原子核专号》上合作发表的论文《天然和人造放射性物质的发现及提炼》（李法西供图）

根据谢雪如的回忆，“平时她的课业较重，在实验室的时间多”。“临近毕业时，任卢嘉锡先生助教一事已成定局，这是为朱沅将来深造做准备……到了写毕业论文的时候(卢嘉锡先生是她的论文导师),因为论文是用英文写的,朱沅必须尽快掌握打字技能。只见她双手的手指上写满了字母和符号,回到宿舍里还指指点点地练个不停,不几天她就运用自如了。”

曾经见过这样一句话:“哪有那么多天赋异禀,优秀的人都是在翻山越岭。”

在厦大本部校区两年紧张的学习生活倏忽而过。1948年夏,聪颖勤奋的朱沅从化学系毕业后留校当助教,实现了青黄接班。这年冬天卢嘉锡先生就推荐她出国深造(图14),在1948年11月21日写给鲍林的推荐信中对朱沅赞许有加:

APPLICANTS FOR GRADUATE ASSISTANTSHIPS FROM ASSISTANTS IN THE DEPARTMENT OF CHEMISTRY, NATIONAL AMOY UNIVERSITY, AMOY, CHINA

NAME { ENGLISH	SHAO-MIN CHOU	PING-YAO CHENG	PEI-SHIUN KIANG	YUEN CHU
CHINESE	周绍民	程炳耀	江培萱	朱沅
SEX	M	M	M	F
BIRTH { PLACE	TSIN-KIANG, FUKIEN, CHINA	HWEI-AN, FUKIEN, CHINA	HAITING, FUKIEN, CHINA	SHANGHAI, CHINA
DATE	NOVEMBER 18, 1921	SEPTEMBER 15, 1921	APRIL 1, 1922	AUGUST 10, 1926
MARRIAGE STATUS	MARRIED	SINGLE	MARRIED	SINGLE
EDUCATION				
SECONDARY SCHOOLS	ANGLO-CHINESE MIDDLE SCHOOL, AMOY (1933-37) WESTMINSTER MIDDLE SCHOOL, TSIN-KIANG (1938-41)	HWEI-AN JUNIOR MIDDLE SCHOOL, HWEI-AN (1933-36) PROVINCIAL AMOY MIDDLE SCHOOL, AMOY (1936-38) WESTMINSTER MIDDLE SCHOOL, TSIN-KIANG (1940-41)	PROVINCIAL AMOY MIDDLE SCHOOL, AMOY (1936-37) CHIP-BEE MIDDLE SCHOOL, CHIP-BEE, AMOY (1937-42)	YUK-GIUNG GIRLS' MIDDLE SCHOOL, SHANGHAI (1938-43)
COLLEGE	NATIONAL AMOY UNIVERSITY, AMOY (1941-45), B.Sc. (CHEMISTRY)	NATIONAL AMOY UNIVERSITY, AMOY (1941-45), B.Sc. (CHEMISTRY)	NATIONAL AMOY UNIVERSITY, AMOY (1942-46), B.Sc. (CHEMISTRY)	NATIONAL AMOY UNIVERSITY, AMOY (1944-48), B.Sc. (CHEMISTRY)
EXPERIENCE	TEACHING, WESTMINSTER MIDDLE SCHOOL, TSIN-KIANG (1945-46) ASSISTANT, NATIONAL AMOY UNIVERSITY, AMOY (1946-DATE)	TEACHING, CHIP-BEE MIDDLE SCHOOL, CHIP-BEE, AMOY (1945-46) ASSISTANT, NATIONAL AMOY UNIVERSITY, AMOY (1946-DATE)	TEACHING, CHIP-BEE MIDDLE SCHOOL, CHIP-BEE, AMOY (1946-46) ASSISTANT, NATIONAL AMOY UNIVERSITY, AMOY (1947-DATE)	ASSISTANT, NATIONAL AMOY UNIVERSITY, AMOY (1948-DATE)
PROPOSED FIELD OF STUDY	STATISTICAL MECHANICS; LOW TEMPERATURE TECHNIQUE	NUCLEAR CHEMISTRY; CHEMICAL KINETICS	PHYSICAL ORGANIC CHEMISTRY; PHYSICAL METHODS IN ORGANIC CHEMISTRY	CRYSTAL STRUCTURE
UNDERGRADUATE SCHOLASTIC RECORD				
COURSES	MARK PERCENTAGES (UNITS)	MARK PERCENTAGES (UNITS)	MARK PERCENTAGES (UNITS)	MARK PERCENTAGES (UNITS)
CHINESE	73; 67 (6)	73; 76 (6)	77; 79 (6)	70; 71 (6)
ENGLISH	69; 61 (8)	67; 80 (8)	85; 79 (8)	92; 93 (8)

图14　卢嘉锡先生1948年11月21日亲自为朱沅等8位青年教师出国深造制作和寄出的英文学历与(部分)成绩单

现在我把最大的希望寄托我在过去几年中已经十分熟悉的大有希望的青年化学工作者(主要是物理化学工作者)身上。我今天写信是为他们做一个总体的推荐。我对他们每个人都非常了解,深知如果他们有机会在相应领域得到进一步的训练,将能取得成功。您一向十分关注中国,如果您能接收他们中间的几位获得加州理工学院的研究生奖学金,或者推荐他们去其他适合去的学院,您就是为我们做了一件大好事。我将很高兴向您提供您希望得到的其他信息。我还要补充说,他们所有的人都具有良好的英语阅读能力和不错的写作能力,特别是赵先生和朱小姐英文写得很好,朱小姐还能以流利的英语演说。

1949年2月3日，卢嘉锡在致鲍林的便信中写道：

> 关于我代八位青年教师请求您安排他们前往美国深造的问题，不知你们是否已经研究过相应的可能性。我对他们每个人都非常了解，因此毫不犹豫地推荐他们中的任何一个人到加州理工学院工作——当然，除了朱沅小姐之外。她是我至今最好的学生，特别是她的英语写作、口语能力极强。如果让她前往芝加哥大学在扎卡里亚森指导下工作或者到布林莫尔学院在帕特森指导下工作可能会更好。我也想过给他们写信，但昂贵的邮资让我望而却步。如果能够对这八个有希望的青年化学工作者中某几个——即使不是全部——做出成功的安排，我都将十分感谢。

爱生心切，卢嘉锡先生特别在信中对得意弟子朱沅做出细致的安排。在卢嘉锡当时推荐的8位青年教师中，朱沅是唯一的女性，也是最年轻的一位，在图14列出的英文成绩中，她的确是最好的。

卢嘉锡先生后来才知道，在他1957年12月中旬写信给鲍林时，朱沅已身患癌症，不到一年(1958年11月11日)，朱沅就去世了。他对此十分痛惜，多次对人说，以朱沅已经取得的成就，如果不是突然去世，再多做一段工作，很可能会成为第一个获得诺贝尔化学奖的中国旅美科学家。

如今，化学大师鲍林和卢嘉锡都已经离我们远去。我们只能从网络上搜来的加州理工学院一则简短的讣告(图15)中获知朱沅在美国的一些信息："加州理工学院化学高级研究员梁朱沅于11月11日在帕萨迪纳逝世。她自1953年以来一直在学院工作，当时她与莱纳斯·鲍林博士和罗伯特·科里博士共同研究蛋白质的一般问题。梁博士1926年生于中国上海。她毕业于国立厦门大学，曾是加州理工学院前研究员卢嘉锡博士的学生。1949年，她来到得克萨斯州莱斯学院，1951年获得硕士学位，1953年获得博士学位，是现加州理工学院化学教授尤尔格·沃塞尔(Jürg Waser)博士的学生。在过去的两年里，梁博士领导的小组对蛋白质晶体的最终结构进行了长时间的研究。她与理查德·马什(Richard E. Marsh)博士一起确定了迄今为止结构最复杂的蛋白质片段中所有原子的位置。"

尽管已时隔60多年，但见到讣告上这两段冷冰冰的文字，心中涌起的仍是强烈的“不忍”：这位文静乐观、堪称学霸的优秀学姐，怎么可以在事业刚刚开始的32岁盛年，说没就没了？

从导师卢嘉锡先生的推荐信、朱沅的硕博士毕业论文、她在美国和导师沃塞尔一起发表的文章、加州理工学院的简短讣告，以及这些资料信息中涉及的相关科学家的经历和成就，可以追寻朱沅在美国深造和研究的轨迹，感知她的不凡工作。

In his 27 years at Caltech, Dr. Campbell has been both a distinguished teacher and administrator. From 1950-52 he served as acting chairman of the geology division and since 1952 has been executive officer. A member of the Caltech Faculty Board since 1950, he was appointed vice-chairman in 1951 and chairman in 1952.

Beside serving in both world wars, Dr. Campbell has taken on a multitude of off-campus duties with professional groups, a local draft board (he has been chairman since 1948), a wartime rationing board and Boy Scout Council – to name just a few.

Yuen Chu Leung

Yuen Chu Leung, senior research fellow in chemistry at Caltech, died on November 11 in Pasadena. She had been at the Institute since 1953 when she became a member of a group working with Dr. Linus Pauling and Dr. Robert P. Corey on the general problem of the structure of proteins.

Dr. Leung was born in Shanghai, China, in 1926. She was a graduate of the National University of Amoy where she was a student of Dr. Chai-Si Lu, a former research fellow at Caltech. In 1949 she came to the Rice Institute in Texas where she received her MS in 1951 and her PhD in 1953 as a student of Dr. Jürg Waser, now professor of chemistry at Caltech. During the past two years, Dr. Leung headed a group which has made prolonged studies on the ultimate structure of crystalline proteins. With Dr. Richard E. Marsh, she determined the positions of all of the atoms in the most complex protein fragment whose structure has been completely determined to date. Dr. Leung is survived by her husband, Pui Lo Leung, a mechanical engineer, and a 16-month-old son, Michael Leung.

Civilian JPL

Caltech's Jet Propulsion Laboratory was transferred this month from Army to civilian control. By order of President Eisenhower, the Laboratory's facilities have been made available to the National Aeronautics and Space Administration, an organization devoted to research in interplanetary communications and a peaceful conquest of space.

JPL will continue to be operated by Caltech, under the direction of William H. Pickering. Army projects already underway at the Laboratory will continue until they are completed sometime in 1959. For over a year, JPL has been occupied on the Sergeant program, a development of operational ballistic guided

continued on page 40

图15　1958年加州理工学院*The Month at Caltech*登载的朱沅讣告

1949年秋，朱沅告别母校和恩师，只身前往美国留学。直到1958年冬季去世，她在美国仅仅度过不到10年的时间，可大致分为两个阶段：先在莱斯学院（Rice Institute，1960年更名为莱斯大学）攻读硕博士研究生，从事金属络合物和无机小分子的晶体结构研究；博士毕业后前往加州理工学院进行蛋白质的晶体结构研究。

当年朱沅为什么没有直接到鲍林所在的加州理工学院深造，而是去了莱斯学院跟随沃塞尔攻读研究生？卢嘉锡在1949年2月3日给鲍林的信中为什么没有考虑把朱沅推荐到加州理工学习，而是做出如下建议：“我毫不犹豫地推荐他们（编者注：指厦大和浙大的几位青年教师）中的任何一个人到加州理工学院工作——当然，除了朱沅小姐之外……如果让她前往芝加哥大学在扎卡里亚森（William H. Zachariasen）指导下工作，或者到布林莫尔学院在帕特森

(Arthur Lindo Patterson)指导下工作可能会更好。”随之而来的疑问是，为什么朱沅也没有去卢嘉锡老师竭力推荐的芝加哥大学或布林莫尔学院深造？

欲解上述疑问，需要了解朱沅留学的学术背景。在卢嘉锡推荐信和加州理工讣告中出现了一串熠熠闪光的名字(图16)：扎卡里亚森(1906—1979)、帕特森(1902—1966)、沃塞尔(1916—2002)、鲍林(1901—1994)、科里(1897—1971)和马什(1922—2017)，他们都是晶体学界的顶尖科学家。其中，帕特森、沃塞尔、马什先后担任过美国晶体学会主席。扎卡里亚森是曼哈顿项目期间芝加哥大学冶金实验室的物理学家和顾问，他对曼哈顿计划和科学的主要贡献在X射线晶体学领域；20世纪50年代，扎卡里亚森在洛斯阿拉莫斯基地担任暑期顾问；扎卡里亚森还是马什的“师祖”——马什的恩师穆尼(Rose C. L. Mooney-Slater)早年在他的指导下获得博士学位。帕特森则因为1935年在麻省理工学院伯特伦·尤金·沃伦(Bertram Eugene Warren)实验室做访问研究员时提出帕特森函数而享有盛名，帕特森函数可用于解决X射线晶体学中的相位问题，然而，直到电子计算机出现，帕特森函数的全部威力才得以实现。

图16 美国杰出晶体科学家

左上：扎卡里亚森、帕特森、沃塞尔

左下：鲍林、科里、马什

罗伯特·布雷纳德·科里(Robert Brainard Corey)的经历甚为传奇,他本科在匹兹堡大学就读,1924年博士毕业于康奈尔大学,后来在洛克菲勒研究所拉尔夫·怀科夫(Ralph Wyckoff)的实验室工作,他和怀科夫采用X射线衍射对蛋白质等生物大分子的结构进行了一些初步研究,是美国为数不多的精通蛋白质晶体衍射的科学家之一。1937年,怀科夫的实验室被解散,科里立即写信给鲍林申请加州理工学院的职位,声称他获得了一年的奖学金,"可以在任何机构使用,有利于继续我的晶体结构研究",还获得了"一笔充足的实验室费用津贴,以及我一直在使用的大部分设备"。1937年5月8日科里接受了鲍林提供的无津贴研究人员的任命,并于当年9月自带奖学金、研究经费和魏森堡(Weissenberg)照相机等仪器设备到达帕萨迪纳。作为在20世纪30年代中期在洛克菲勒基金支持下围绕蛋白质精确的结构展开联合科研活动的三个研究中心(分别为约翰·伯纳尔领衔的英国剑桥大学团队、英国利兹的威廉·阿斯特伯里团队和美国加州理工学院的鲍林团队)之一,鲍林也有兴趣将结构化学的概念应用到生物分子的研究中,两人一拍即合。科里在1938年晋升为化学高级研究员,1946年晋升为研究助理,1949年晋升为结构化学教授。1964年,科里被母校匹兹堡大学授予荣誉科学博士学位;1970年,他当选为美国国家科学院院士。

1937年标志着鲍林-科里合作的开始。合作伊始,鲍林就发现科里对X射线晶体学了如指掌。科里告诉鲍林,他已经开始对甘氨酸结构做第一步研究。鲍林后来回忆道:"他和我共同决定将研究确定某些氨基酸晶体和简单缩氨酸的结构。"接着鲍林更正了自己的说法:"说是他和我共同做出这一决定并不正确。有可能他早已下定了决心,只不过他巧妙地让我同意了他的观点,让我觉得这是我们共同的决定。后来我了解到他精于此道。"两人从此将开始一段长期卓有成效的合作,一直到1964年鲍林离开加州理工学院。

1998年11月,卢嘉锡为《鲍林》译著作序,其中提及:"1939年秋,我从伦敦到加州帕萨迪纳,进入新建的克莱林实验室。当时,在鲍林的主持下,实验室的研究方向主要分两方面:一是在洛克菲勒基金的支持下,从事蛋白质的精细结构研究;二是开展为二战服务的研究,我开始搞的课题是关于火箭助推剂和炸药的研究。实验室具体负责人是科里博士,但鲍林对许多重大学术问题都亲自参与。当时,凡是海军从德国和日本得到的炸药都拿到我们实验室,进行光谱成分分析,同时研究新的火箭助推剂和炸药。我也参加蛋白质的结构化学研究工作，当时鲍林特别感兴趣的课题是碳原子的三维成键理论，这也是蛋白质精细结构的关键所在。”

在克莱林实验室(图17)，卢嘉锡常常揣摩导师的治学与研究的思维方法，探究他那非凡想象力的根基与奥秘。卢嘉锡后来总结出“毛估比不估好”，以此告诫学生和科研人员更好地把握研究方向。的确，鲍林将自己在量子力学、已知晶体结构和化学规则方面的知识天才地综合起来，在其学术生涯中练就了“独特的化学直观能力”。作为结构化学和氢键专家，鲍林解决蛋白质结构问题的方法是由下至上，首先是完全、精确地确定氨基酸、小肽分子和与蛋白质相关的其他简单物质的晶体结构，以便获得原子间的距离、键角和其他构型参数，然后在此基础上再预测出多肽链的合理模型。

图17　早年的加州理工学院克莱林实验室

在这种准确预测实验最终结果的学术思想指导下，科里的首要任务是收集所有关于氨基酸和多肽详细结构的现有知识(大部分是基于他自己战前的工作)，并进行该领域的进一步研究。至1948年，科里领导的加州理工团队已经用X射线衍射确定了12个氨基酸和简单肽的结构，并揭示了肽基的刚性平面性质。鲍林和科里把这些信息用于构造多肽链的两种氢键螺旋构型。1951年鲍林和科里发表了一系列论文，详细描述他们发现的各种蛋白质分子结构，为多肽链的折叠提出了限制性条件和预测蛋白质结构的理论基础。英国剑桥的佩鲁兹在看了这些论文后，对他们提出的α-螺旋模型进行了实验验证。到了1952年11月下旬，鲍林感到，他对α-螺旋的信念已得到完全的证实，α-螺旋已被证明是血红蛋白、血清白蛋白、胰岛素、胃蛋白酶、溶菌酶和10多种其他球蛋白结构的主要形态。

虽然鲍林认定的α-螺旋为蛋白质结构的主要形态已经获得确认，但是在获取精准的蛋白质晶体结构数据方面又开始了一轮剧烈的竞争。直到1960年，剑桥卡文迪许实验室的肯德鲁和佩鲁茨相继在《自然》杂志上发文，用X射线衍射证实在肌红蛋白和血红蛋白中，α-螺旋是一个主要的结构重复基元。至此，构建蛋白质大分子结构模型长达24年(1937—1960)的漫长历程终于画上了一个圆满的句号。佩鲁茨与肯德鲁因此而分享了1962年的诺贝尔化学奖。

在帕萨迪纳的克莱林实验室，鲍林除了与科里、马什和休斯(1904—1987)等晶体学家开展密切合作，也把用X射线解析蛋白质晶体结构的重任交给了两位来自中国的优秀学者——唐有祺和朱沅。唐有祺和朱沅因此成为国际上首批接触蛋白质晶体学及分子生物学的少数中国学者之一。

1950年7月唐有祺顺利获得加州理工的博士学位，以博士后的身份继续留在鲍林组里从事蛋白质研究工作。当年6月25日，朝鲜战争爆发，祖国召唤海外留学生火速回国，投身新中国的建设事业。唐有祺果断决定中断进展顺利的蛋白质晶体研究，设法于1951年8月回到上海。

作为探测蛋白质结构密不可分的前期基础研究工作，唐有祺的师兄卢嘉锡不但在氨基酸晶体结构研究上成果显著，在实验方法和技术上也颇有建树。1942年，卢嘉锡即着手开展了鲍林所期望的氨基酸晶体结构测定的工作，初步得到了*DL*-丝氨酸的晶体结构数据。同年，他在《自然》杂志上撰文，对中国晶体学家余瑞璜提出的修正的帕特森函数方法给出了不同的意见。

说回朱沅。毫无疑问，1949年2月3日卢嘉锡先生为朱沅推荐的两位导师，扎卡里亚森和帕特森，皆身怀绝技。时隔70多年，我们终于可以回答为什么朱沅的研究生阶段既不是在加州理工，也不是在芝加哥大学和布林莫尔学院完成，而是去了莱斯学院。

至于为什么朱沅没有直接去加州理工深造，或许可以从朱沅后来的合作者马什的自传中找到一些线索。马什的导师穆尼于1929年获得杜兰大学的物理学硕士学位，接着她以R.C.L.穆尼的身份申请加州理工学院的研究生。

马什讲述了当时的情况："穆尼被加州理工学院(我的本科学校)的研究生院录取。但是当穆尼来到加州理工学院时，双方都很惊讶，加州理工学院发现穆尼是个女生，而穆尼并不知道该校当时不接收女学生(注：加州理工学院授予第一位女性的博士学位是在1955年，1970年首次招收本科女生)。怎么办呢？我的理解是，鲍林临时任命她为研究助理，并帮助安排她转到芝加哥大学，成为扎卡里亚森的学生，她在那里获得了博士学位。"显然，在加州理工学院工作了6年的卢嘉锡，知道这所学校对女生不宜，并且他可能也知晓穆尼在鲍林安排下的转学，所以径直推荐朱沅去晶体结构权威的扎卡里亚森或帕特森团队深造。

然而，很不巧，扎卡里亚森1949年1月和5月两度心脏病发作，之后他主动辞去芝加哥大学物理系主任的职务，减缓了工作速度；而帕特森则在那一年离开了布林莫尔学院，在费城的布林莫尔癌症研究所成立了一个X射线结构分析小组，此后一直在那里工作。因此，朱沅到莱斯学院沃塞尔教授的实验室学习晶体结构分析，也就顺理成章。

朱沅来到休斯敦读书的另一个重要原因可能是，她的夫君、本科毕业于中山大学的梁佩璐也在莱斯学院学习，攻读机械工程硕士学位。梁佩璐先生于1952年完成题为《氮气、二氧化碳和氮气-二氧化碳混合物在中压和温度下的超声测量》(*The ultrasonic measurement in nitrogen, carbon dioxide and nitrogen-carbon dioxide mixtures at medium pressure and temperatures*)的硕士毕业论文后，在1953年受聘于美国柏克德公司洛杉矶分部，随朱沅一起来到加州。

沃塞尔比朱沅年长10岁。他于1916年出生于苏黎世，就读于苏黎世大学。1939年，他到加州理工学院参加为期一年的研究生交流项目，但由于第二次世界大战，他留在了加州理工学院，并于1944年在鲍林的指导下获得化学博士学位。毕业后他继续在加州理工学院担任数学导师和化学研究员，直到1948年，他才回到苏黎世大学。不久，他回到美国，在休斯敦的莱斯学院担任化学教授。1958年回到帕萨迪纳，在加州理工学院担任化学教授，直到1975年退休。

1939—1945年，沃塞尔和卢嘉锡先生在盖茨和克莱林实验室有长达6年时间的交集，也有很好的合作，他们通过X射线方法测定出联苯烯分子的晶体结构，证实了洛斯罗普根据合成化学反应提出的有关化学结构(图18)，鲍林非常推崇这一研究成果。

[Contribution No. 975 from the Gates and Crellin Laboratories of Chemistry, California Institute of Technology]

The Crystal Structure of Biphenylene

By Jurg Waser and Chia-Sí Lu

In an earlier paper,[1] which reported on the electron diffraction of biphenylene molecules, $C_{12}H_8$, the configuration of the carbon atoms in these molecules, as suggested by Lothrop's synthesis,[2] was confirmed, and values for various interatomic distances were assigned. In addition resonance energy and bond strengths were calculated. The present investigation deals with the crystal structure of biphenylene, and provides further proof that the compound investigated is indeed dibenzcyclobutadiene.

Unit Cell and Space Group

It was found that sublimation of biphenylene under controlled conditions resulted in sharp needles, which were, however, much too thin for X-ray work. Recrystallization from *n*-propyl alcohol gave satisfactory crystals. They were prisms, 0.25–0.5 mm. thick and 2–3 mm. long, with side faces belonging predominantly to the forms {110}, {310}, {100} and {010}. The straw-colored crystals had no distinct cleavage and showed no abnormal birefringence. Due to their appre- solution of potassium iodide gave ρ = 1.24 g./cc. Hence there are six molecules per unit cell, the calculated density being ρ = 1.25 g./cc.

Intensities of ($hk0$) and ($h0l$) reflections were estimated from Weissenberg photographs taken with unfiltered Cu K radiation, using the multiple film technique.[3] The specimens chosen for diffraction work were small enough to make absorption corrections unnecessary. It was very difficult to obtain satisfactory visual intensity correlations between different ($h0l$) reflections due to their varying sizes, as for these reflections the axis of rotation of the crystal was perpendicular to the needle axis. It was not possible to cut a crystal sufficiently short so that its length would approximate its thickness Since there is no similar difficulty for ($hk0$) reflections, the intensity values obtained for them should be much more reliable than the ones for ($h0l$) reflections. No quantitative intensity data for ($0kl$) reflections were collected, since a Fourier projection along the a axis was not expected to show any resolution.

图 18 沃塞尔和卢嘉锡在美国化学会志(JACS，1944，66，1113-1114)上发表联苯烯晶体结构的研究论文

沃塞尔是一位好老师，他后来在加州理工学院的大部分时间都在从事教学工作，编撰了两本化学教材，借助X射线衍射的实验方法以及对数学的透彻了解，他在结构化学领域进行了广泛研究。朱沅在他的悉心指导下，于莱斯学院(图19)圆满完成了她的硕士(1951年)和博士(1953年)学位论文。

图 19 莱斯大学校门(左)和长汀厦大的中山公园校门(右)有几分相似，没有围墙，门虽设而常开

朱沅的硕士和博士毕业论文主要涉及无机化合物的晶体结构，题目分别是《一些钴络合物的晶体结构》(*The crystal structure of some cobalt complexes*)和《二碘化磷和三硫化四磷的晶体结构》(*The crystal structures of phosphorus diiodide and phosphorus sesquisulfide*)。

朱沅很快就完成了硕士论文工作，她的毕业论文署名为"Yuen Chu Leung"(图20)，说明那时她已经成为梁佩璐的妻子。她采用X射线衍射法研究了通式为$Me[Co^{III}Y]_2 \cdot 9H_2O$（$Me=Ca^{2+}$、$Sr^{2+}$、$Ba^{2+}$，$Y^{4-}$＝乙二胺四乙酸根）的钴(Ⅲ)络合物的晶体结构，利用这些络合物的钡、钙、锶盐的单晶获得衍射图样，并以此为基础进行结构分析。

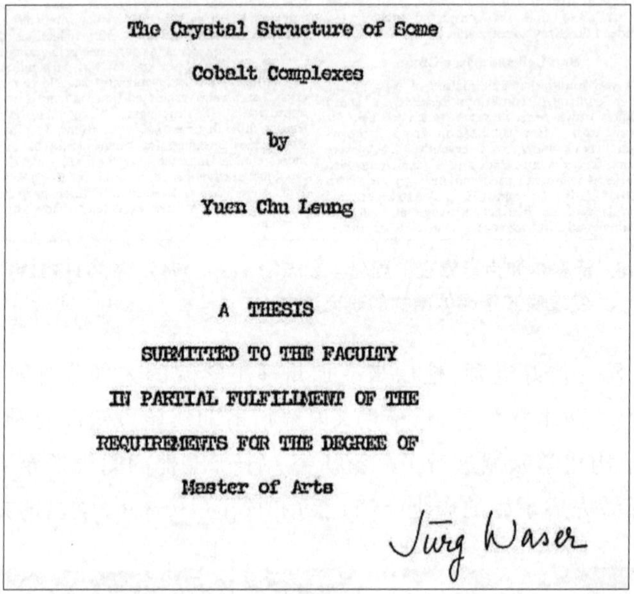

The Crystal Structure of Some
Cobalt Complexes

by

Yuen Chu Leung

A THESIS
SUBMITTED TO THE FACULTY
IN PARTIAL FULFILLMENT OF THE
REQUIREMENTS FOR THE DEGREE OF
Master of Arts

Jürg Waser

图20　朱沅硕士论文的标题和导师尤尔格·沃塞尔（Jürg Waser）的签名

由于所涉及化合物的分子量较大、实验条件有限且无法借助计算机，朱沅只是初步获得了这几种钴络合物的晶体结构分析数据，没有发表相关文章。然而，她的研究在今天看来仍旧是超前的，而且很有意义。朱沅完全理解钴(Ⅲ)络合物的八面体结构，并且牢牢掌握了厦大和加州理工导师卢嘉锡和鲍林的科学建模方法，和导师沃塞尔一起，在获取的钴(Ⅲ)络合物的四个晶体结构(注：笔者所做的文献调研证明，其中所分析的三个单晶的空间群正确无误)中，发现了同质多晶和自发拆分现象。对于后者，朱沅在论文中精辟地分析：采用鲍林的价键理论，以理论上的键距和键角构建理想的$[Co^{III}Y]^-$络合物模型，并根据Sckwsrzenhach的观点，将钴离子配位八面体看成由配体上的两个氮和四个氧原子环绕配位。研究发现，基本上只能构造出两种八面体模型，一种是另一种的镜像。

$[Co^{III}Y]^-$络合物的一对对映体(图21),不仅由于自发拆分在朱沅晶体结构分析的晶胞中出现了,而且后来实现了化学拆分。笔者在1995年底完成的题为《某些Co(Ⅲ)络合物的合成、拆分和$[Co(edta)]^-$的外界电子转移反应立体选择性研究》的硕士论文工作,以及将其写入厦门大学化学系综合化学实验教材的相关内容,均涉及获取手性$[Co^{III}Y]^-$络合物及其电子转移反应等性质研究。

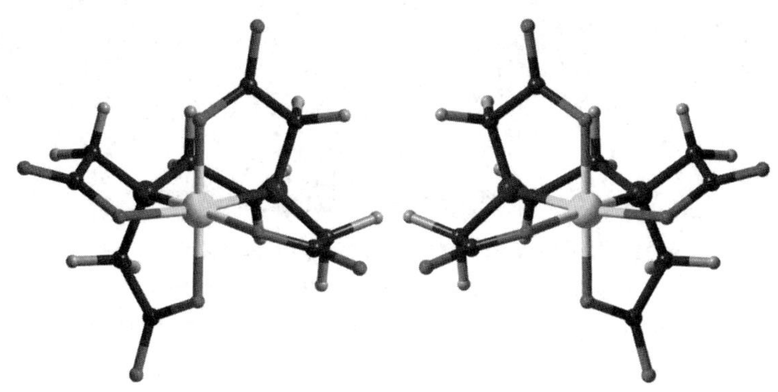

图21 朱沅硕士论文研究的$Ca[Co^{III}Y]_2 \cdot 9H_2O$中$[Co^{III}Y]^-$的一对对映体(南子昂供图)

这一遥隔44年的研究不仅仅是一种巧合,分明是配位化学、结构化学和物理化学的传承!

曾经于2017—2018年留学莱斯大学的厦大建筑与土木工程学院建筑系张燕来副教授在《东成西就:中美大学校园设计中的历史与文化因素——以厦门大学、莱斯大学为例》一文中比较了始建于20世纪初的中美两所私立大学的建筑风格:“陈嘉庚主持的厦门大学校园规划设计,以三组‘一主四从’建筑线形展开,依山傍海、就势而建,与莱斯大学相似的一字形单廊建筑(图22)充分考虑了厦门的亚热带气候特征。”“与莱斯大学自由、理想、浪漫的世外桃源不同,厦门大学的校园设计体现为一种深刻的现实主义。”1946年9月,经历过抗战时期长汀校区的艰苦生活和实验室简陋的朱沅,复员回到厦门校区,与其他师生以及刚从美国回来的导师卢嘉锡一起,局促在破败狼藉的囊萤楼化学系的几间实验室,仪器设备、图书资料等,一如既往地匮乏,与她本科毕业后来到莱斯学院深造,形成了巨大的反差。

图22　20世纪20年代建成的私立厦门大学群贤楼群(上)
与始建于1912年的私立莱斯学院行政大楼(下)
两楼(群)有相似的一字形单廊建筑,上图左起第一栋建筑即为囊萤楼
(上图引自《厦大10周年特刊》,下图来自网络)

然而,“艰难的抗战中,厦大仍然保持着极高的教学水准,硕彦咸集、鸿才迭起,朴实严谨的学风更是闻名全国”(陈仲鸣《华侨最高学府东南文化引擎》),使得朱沅在本科期间就打下优良的基础。这就是朱沅的现实主义:在动荡的环境中,她安之若素于粗茶淡饭、衣着简朴,全身心沉浸于学业,不断取得优异的学习成绩。而且,来自厦大—加州理工—莱斯的学术思想的沿袭是一脉相承的——莱斯的导师沃塞尔是鲍林的弟子、卢嘉锡的师弟。朱沅在莱斯如鱼得水,迅速接轨了那里的研究生学习。取得硕士学位之后,她的博士研究仍然是无机化合物的晶体结构分析,但她的选题转向了无机小分子P_2I_4和P_4S_3的晶体结构(图23),她于1953年完成博士毕业论文,之后和导师合作发表了两篇文章(图24和图25),这时她已经开始应用计算机进行晶体结构修正的最小二乘法计算。

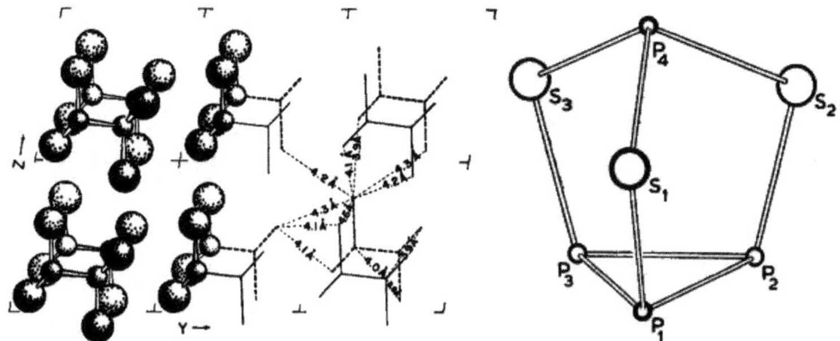

图23　无机小分子P_2I_4(左)和笼状P_4S_3(右)的晶体结构

THE CRYSTAL STRUCTURE OF PHOSPHORUS DIIODIDE, P_2I_4

BY YUEN CHU LEUNG AND JÜRG WASER

Contribution from the Chemistry Department, The Rice Institute, Houston, Texas

Received April 4, 1956

X-Ray examination reveals crystals of P_2I_4 to be triclinic, space group $P\text{-}\bar{1}$, with one molecule per unit cell. The two P atoms are linked together at a distance of 2.21 Å. with a standard deviation of 0.06 Å. while each P atom is linked to two I-atoms at an average distance of 2.475 Å. with a s.d. of 0.028 Å. The molecular symmetry is $2/m$.

Of the two known iodides of phosphorus, PI_3 and P_2I_4, the former has been studied by electron diffraction[1-3] while little work has been reported concerning the structure of the latter. The molecular unit in the gas phase is reported to be P_2I_4,[4] and we found this to hold in the crystalline phase also. The substance thus provides a good object to study the P–P bond under conditions of little or no strain. In addition, the bonding angles of phosphorus, the P–I distances, as well as the molecular symmetry of P_2I_4 are of interest.

(1) A. H. Gregg, G. C. Hampson, G. I. Jenkins, P. L. Jones and L. E. Sutton, *Trans. Faraday Soc.*, **33**, 852 (1937).
(2) O. Hassel and A. Sandbo, *Z. physik. Chem.*, **B41**, 75 (1938).
(3) S. M. Swingle, reported by P. W. Allen and L. E. Sutton, *Acta Cryst.*, **3**, 46 (1950).
(4) L. Troost, *Compt. rend.*, **95**, 293 (1882).

图24　朱沅发表于物理化学杂志(J. Phys. Chem., 1956, 60, 539-543)的论文,标题为《P_2I_4的晶体结构》

574

Acta Cryst. (1957). **10**, 574

The Crystal Structure of P_4S_3

BY YUEN CHU LEUNG AND JÜRG WASER

Chemistry Department, The Rice Institute, Houston, Texas, U.S.A.

AND S. VAN HOUTEN, AAFJE VOS, G. A. WIEGERS AND E. H. WIEBENGA

Laboratorium voor Anorganische en Fysische Chemie, Rijksuniversiteit, Groningen, The Netherlands

(*Received* 3 *October* 1956 *and in revised form* 14 *January* 1957)

The crystal structure of P_4S_3 has been determined by X-ray diffraction. Space group *Pmnb*, 8 molecules per unit cell. Two independent structure determinations are described; one by the application of inequalities and two-dimensional least-squares refinement and another by means of a three-dimensional Patterson synthesis and refinement by successive two-dimensional Fourier syntheses. The final coordinates were obtained by three-dimensional least-squares refinement. The crystal consists of P_4S_3 molecules having the same structure as that derived by Hassel & Pettersen in an electron-diffraction study of gaseous P_4S_3. The average P–S and P–P distances are 2·090 and 2·235 Å respectively.

1. Introduction

Of the various sulfides of phosphorus described in the literature (Stock, 1910*a*, *b*, *c*), the existence of P_4S_{10}, P_4S_7, P_4S_5 and P_4S_3 is well established. The crystal structures of P_4S_{10} and P_4S_7 are described by Vos & Wiebenga (1955), and that of P_4S_5 has been

In the present paper the results of the two preliminary structure determinations are compared, and a three-dimensional least-squares refinement is described which was carried out by Waser and Leung using van Houten's intensity data.

图25　朱沅发表于晶体学报(Acta Crys. 1957, 10, 574-582)的论文,标题为《P_4S_3的晶体结构》

在厦大化学系打下坚实的本科化学基础，以及在莱斯学院硕博士阶段的进一步磨炼，朱沅终于圆满完成导师交给她的深造任务。博士毕业后，朱沅随即沿着恩师卢嘉锡的足迹来到加州理工学院加盟鲍林的团队，很快崭露头角，她与科里和马什合作，领导一个课题组进行蛋白质的晶体结构研究，成为国际知名的结构化学家。

中科院福建物质结构研究所原所长梁敬魁院士和福州大学校长黄金陵教授在《祝贺卢嘉锡教授从事化学工作五十年》一文中提及："卢先生还有一些在国外的学生也已成为著名的学者了，例如，朱沅女士，在美国莱斯学院得到化学博士学位后，就在加州理工学院当研究员，不到几年就升任高级研究员，从事蛋白质晶体结构研究工作，是一位造诣很高的X射线结晶学家。该校著名结构化学家E.W. Hughes教授在给卢先生的信中极为赞赏他的这位女学生，说她是走在世界前列的蛋白质结晶学家，十分不幸的是癌症夺走了她的性命，这是非常令人惋惜的事。"

回望20世纪50年代蛋白质晶体学研究这一场异常激烈的学术竞争，我们的女状元不幸牺牲在科学鏖战的烽火硝烟中。那时全世界研究生物大分子的女晶体学家，大概一只手就能数得过来。1958年，就在揭示重要生物大分子晶体结构的马拉松长跑最后冲刺的关键时刻，国际晶体学界却痛失研究DNA和蛋白质晶体结构的两位杰出女晶体学家——英国伦敦大学的罗莎琳德·埃尔西·富兰克林（Rosalind Elsie Franklin）和朱沅。1958年4月16日，在DNA纤维X射线衍射方面取得关键数据的富兰克林，因患癌症不到38岁就英年早逝；同年11月11日，年仅32岁的朱沅也因癌症谢世。

这两位女科学家的工作性质类似，她们罹患癌症的原因，可能与X射线或是家族遗传有关。

富兰克林的贡献在她去世后得到广泛承认：她所拍摄的DNA晶体衍射图"照片51号"，以及相关实验数据，是詹姆斯·沃森与佛朗西斯·克里克解出DNA双螺旋结构，从而获得1962年诺贝尔生理学或医学奖的关键线索。此后她领导了关于烟草花叶病毒与小儿麻痹病毒的高水平研究。2003年，伦敦大学国王学院将一栋新大楼命名为"罗莎琳德-威尔金斯馆"以纪念她与同事莫里斯·威尔金斯的贡献；2019年，欧-俄联合研制的一台火星车也以"罗莎琳德·富兰克林"命名。

遗憾的是，由于朱沅的过早离世，她对蛋白质晶体结构研究的贡献几乎没有在科学史上留下雪泥鸿爪，只是在加州理工的讣告上有寥寥数语的记载："在过去的两年里，梁博士领导的小组对蛋白质晶体的最终结构进行了长时间的研究。她与马什博士一起确定了迄今为止结构最复杂的蛋白质片段中所有原子的位置。"

为了解读和还原朱沅的工作，我们只能根据近期科技界对蛋白质立体结构的最新深入研究，以及与她合作或同期进行蛋白质晶体结构研究的几位名人的回忆中获取一些重要信息。

揭示蛋白质结构的研究有多重要

为了从分子水平上了解蛋白质的作用机制，常常需要测定和解析蛋白质的三维结构，有助于研究人员了解蛋白质的生理和病理机制，开发出副作用更少、效果更好的药物。由研究蛋白质结构而发展起来的结构生物学，采用了包括X射线晶体学、核磁共振、冷冻电镜等技术来解析蛋白质结构。例如，2014年，清华大学颜宁教授率领的团队在世界上首次解析了人源葡萄糖转运蛋白GLUT1的三维晶体结构，从而清晰揭示了葡萄糖跨膜转运这一基本细胞过程的分子基础。又如，上海科技大学杨海涛教授的联合团队在新冠肺炎暴发的2020年2月，率先在国际上解析了新冠病毒蛋白质及其复合物的高清晶体结构，为抗新冠病毒抑制剂设计和开发奠定了基础。此外，解析光合细菌中氢化酶的蛋白质晶体结构，可以阐明其温和高效放出氢气的机制，为构建人工模拟氢化酶提供思路。

蛋白质晶体结构的获取有多艰难

破解DNA结构之谜的克里克，1949年来到剑桥原本是跟随佩鲁茨进行蛋白质晶体研究，他的博士论文题目为《X射线晶体学：肽及蛋白质》，而沃森到剑桥来的初衷是帮助肯德鲁结晶肌红蛋白。克里克在他的自传《狂热的追求》中说道："蛋白质是一类很重要的生物大分子，每一个蛋白质分子如何起作用依赖于它精确的空间结构。因此，通过实验弄清这些结构是非常重要的。当时，已由X射线衍射确定的最大的有机分子比典型的蛋白质分子小两个数量级。确定蛋白质的三维结构对大多数晶体学家来说如果不是不可能的，至少也是相当遥远的事。"克里克还说："用帕特森法计算马血红蛋白晶体的工作是极其困难和繁重的，因为以现在的标准看来，当时无论是X射线数据的收集还是傅里叶变换的计算方法都非常原始。需要安装许多晶体(因为每一颗晶体在接受一定剂量X射线之后就会损坏),拍摄许多X射线照片,交叉标定后再用眼睛测定并进行修正。计算工作是用IBM打孔式计算机完成的,而不是今天这种计算机。一名工作人员要用三个月才能完成这些工作,而且很辛苦。”但留在这个领域的乐观者终究有回报:蛋白质分子结构的揭示,作为分子生物学结构学派的代表性成果,与DNA双螺旋分子结构遥相呼应,构成了分子生物学灿烂星空中一对耀眼的双子星座。为此,也就有了1962年斯德哥尔摩诺贝尔奖颁奖仪式上,佩鲁茨与肯德鲁获诺贝尔化学奖,而沃森(肯德鲁的博士后)与克里克(佩鲁茨的研究生)获医学或生理学奖这组师生兼同事同台领奖的景观。

在美国哈佛大学医学院利用结构技术研究先天免疫的中国学者吴皓认为:“从衍射到结构并没有直接的路径”“结构分析就像是一个侦探故事”,必须培养广泛的技能,从晶体生长到计算分析。

揭示蛋白质结构的竞争有多剧烈

从20世纪30年代开始,全球建立了三个蛋白质研究中心:其一是布拉格领导的历史悠久的卡文迪什实验室,拥有一大批杰出的晶体学家和先进的实验设备,是当时世界上最先进的X射线晶体学研究中心,在对胰岛素、血红蛋白结构的X射线衍射分析上,取得了一批重要的成果;其二为阿斯特伯里领导的利兹大学纺织物理实验室,始建于20年代末,最早拍摄了角蛋白的X射线照片,并建立了角蛋白的模型;其三是鲍林领导的加州理工学院化学实验室,他们起动最晚,始建于30年代中叶,仪器设备陈旧落后。具有强烈竞争意识的鲍林,一心奋力争先。1948年5月,正在拜访卡文迪什实验室的鲍林写信给科里,“我担心我们会输给英国对手”。科里回复:“我急不可待地希望立即投入蛋白质研究,我想跟英国人好好地比一比。”后来,鲍林虽然遗憾地输掉了对DNA结构的预测,仍不认输,他曾经与博士后亚历山大·里奇(最终解析出DNA晶体结构之人)开玩笑,问起课题的新进展,最后加上一句:“亚历山大,在这个课题上,你定要加油,因为我希望大多数重要的发现都是在帕萨迪纳做出的。”可想而知,为了在帕萨迪纳赶超英国对手,早日确定“迄今为止结构最复杂的蛋白质”的晶体结构,朱沅及其领导的研究小组承受着多么巨大的压力。由此感慨:

哪有什么女神/只不过是一位女生/着一袭实验服/学着晶体学家的

样子/在实验室艰苦攻关/如绚丽烟花绽放/去挥洒一春芳芬。

蛋白质晶体结构及其相关理论的确立，是众人拾柴火焰高的创新过程。而始于1937年的佩鲁茨由上至下的血红蛋白晶体结构测试分析，以及鲍林自下而上的蛋白质氢键模型的假设，相互印证、殊途同归，是最初的星星之火和当今炙手可热的结构生物学雏形。如今，分子生物学已燎原全球，但包括朱沅在内的多位晶体学家及他们所在团队早年的创新性研究仍然是一盏耀眼的明灯，指引着人们去探索更多的生命之谜，向医药健康、环境等领域进军。

百感交集忆回国60周年

黄丁兰

我是旅居印尼的第五代华侨，祖籍福建南安。20世纪30年代出生在印尼西爪哇井里汶芝日洛镇。家庭经营布业生意，经济温实，自给自足(图1)。家父黄良珍是镇上热心华文教育的侨领，曾多次出席欢迎中国领导人访问印尼的座谈会，还应邀回国到北京参加中华人民共和国成立10周年庆典活动，登上了天安门观礼台。

图1　黄丁兰回国前在芝日洛的照片

前排左起：母亲、父亲、姨妈

后排左起：二弟、丁兰、三弟、大姐、姐夫抱儿子

我的童年启蒙教育是寄宿在万隆姑妈家附近的荷兰语学校，自幼接受荷兰语言文化教育。1958年，我考取印尼万隆一所国立重点大学Pajajaran大学，但因为我是中国籍，竟被学校拒收。无奈之下，我只能改读天主教勃良安大学（印尼文校名是Universitas Katolik Parahiangan）的经济学专业。由于这所学校授课语言是荷兰语与英语，我在校期间便掌握了几门不同的语言，成为后来一生受用的基本工作技能。

也就是这一年，厄运突然降临。印尼总统苏加诺颁布《总统第10号法令》，印尼全国上下随即掀起排华恶浪，大批旅居印尼的华侨顿时陷入困境之中。祖国政府及时伸出援救之手，1960年3月，我乘上祖国的接侨船离开印尼，从广东湛江踏上祖国大地，后辗转抵达上海，寓居早年从印尼回国求学的二哥家里。

回到祖国，一时没有工作。正当我为前途犯愁时，喜从天降，经上海市侨联引荐，中侨委派两位司长考核我的外文水平。第二天，我由他们陪同，南下直奔厦门大学，被安排在中侨委属下的南洋研究所做翻译工作。由于我当时的汉语水平几乎是零起点，我的工作主要是将荷兰文译成印尼文，再由同仁译成中文，并为从事编写《印尼华侨史》的研究人员提供大量资料。这一段时间，领导要我一边做翻译，一边“扫盲”学中文。经单独授课和语言环境的耳濡目染，我较快地提高了中文的听说能力。

我今生与厦大的大小白城结下了不解之缘。从上海落户厦大伊始，我作息于小白城甫建新楼，环境十分优雅：眺望五老峰如簇，鹭江白鹭低空盘旋，穿梭海上的轮船汽笛声悠扬。中文系虞愚教授曾经为南普陀寺题写过一副对联：“喜瞻佛刹连黉舍，饱听天风拍海涛”，如果将其中的“佛刹”改成“学府”，那正是我当时生活环境的写照。结婚之初，我筑巢于小白城办公大楼一楼宿舍，简陋的木板床、书柜寒酸实用。生孩子之后，我乔迁大白城七号，开始“归园田居”的陶式生活。卧室旁小小的“自留地”种植蔬菜、桃树、无花果；篱笆筑笼养鸡养兔。家国共克时艰，抱负自强不息、止于至善的理念，生活勤朴惬意。翻开白城片段履历，深巷闻犬吠、桑树听鸡鸣的田园风情，至今难以忘却。

不久，“文革”开始。当年的腥风血雨、无序争斗，虽不堪回首，但深藏记忆中，难以忘怀。犹记得令人忐忑不安的1968年，中央军委发布“九五号”命令，责令红卫兵上缴抢夺军队的枪械。我的丈夫林事恒在风雨球场千人大会上疾呼交枪停止武斗，正确处理两派人民内部矛盾。次日，众多的红卫兵上街游行，高喊“缴枪就是交头，打倒交头派”。当天，有知情友人密告，让我们刻不容缓地离开厦门，以避开武斗者的追杀。我们招呼两位同事连夜赶到厦港，租一叶小舟，带着我们的两个儿子，一行六人由船夫逆流划到漳州市郭坑上岸，赶上开往上海的列车。偏安上海一年后，我们回校参加两派大联合。丈夫意外地应邀参加在厦门宾馆两派代表的联合谈判。他在会上极力主张两派应无条件大联合，得到三十一军首长的肯定。

当时厦大大批教师被下放到农村，我们也已捆好行李准备走，临行前却意外收到通知不必下放，留了下来。是时我怀孕临产，按预定生子名叫敬农，生女叫思农。三儿敬农呱呱坠地，时来运转，成为佳话。后来我被派参加“社教运动”，在南安县丰洲镇和农民“三共同”接受再教育，还曾先后参加曾厝垵、集美厦大农场务农，饿筋骨，炼心志，感受改变人生轨迹的甜酸苦辣。

1973年至1974年，领导派我到北京大学国际政治系进修。回校后，除了原有的翻译工作，还从事研究印尼的工作，参与编写东南亚系列丛书《印尼》一书，撰写了《印尼和中国粮食增长的启示》等多篇论文。荷兰文是稀有语种，人才奇缺。厦门市政府和涉外、涉密部门所需的荷兰文译件，非我莫属，深感责任重大。

1982年，我参加南洋研究所与荷兰莱顿大学签订合作交流协议(图2)，这是我所首次与国外高校合作。1989年至1990年我幸运地赴荷兰阿姆斯特丹

图2　1982年，笔者(右三)参加南洋研究所与荷兰莱顿大学签订合作交流协议

大学进行学术交流。除此以外,我还校订了庄国士教授所译荷兰文《荷兰华人的社会地位》一书的第二章、第三章。近年来,我还多次接待荷兰籍来华寻根的华裔,帮助他们将先人的各种文件和信件由荷兰文翻译成中文,无偿提供给有关人员。我能在祖国的识才启用和栽培下,以一技之长、尽绵薄之力,为南洋历史研究工作做出应有的贡献,深感欣慰。

人生如梦,回国一晃就送别了60个春夏秋冬。退休后,我担任厦门市印尼归侨联谊会厦大联络组组长,任劳任怨,配合印联会根据厦大小组的特色组织联谊活动;克服自身年迈体弱、组员居住分散等许多困难,尽力和组员相互关爱,探访慰问住院组员并致送慰问款,转达市侨联和印联会组织的温暖。

而今我步入了耄耋之年,子孙满堂(图3),国家为我提供优质的生活条件,享受无忧无虑的温馨生活,深得海外亲人的羡慕和祝福。昔日往事至今历历在目,可谓百感交集:印尼排华是祸,投奔祖国走上造福之路,因祸得福!真切地感恩我们的党。回首共和国崛起誉满天下的自豪,尤其是值得大书特书的"抗疫"壮举:党和政府举全党全国之力战胜疫灾,凸显伟大的社会主义制度的优越性,震撼世界,惊天地泣鬼神!

图3　笔者全家福

值此纪念回国60周年之际，我深感没有虚度此生，庆幸自己叶落归根(图4)，愿来世继续播种在华夏。衷心祝愿：社会主义祖国青春永驻！

图4 笔者(二排左一)于2006年9月厦大南洋研究院50周年院庆与全体同仁合影

（写于2020年7月）

书香留美

——记任伟光老师

林丹娅

（中文系1979级）

在厦大图书馆的书架间巡游，有时会遇到一本不到300页的小32开书（图1），是厦门大学出版社1989年出版的。此书装帧极为清丽素朴，原色铜版纸的封面上，依稀可见几枝浅蓝紫的花儿，令人想起“毋忘我”，它们烘托出中央“现代闽籍作家散论”八个竖排行楷墨字，淋漓酣畅，恰如作者本人，清俊脱俗又素朴端丽，几近呼之欲出。作者“任伟光”，一个没有丝毫脂粉气的名字。不认识任伟光的人，也许不太会想到这是一个女性，更不会想到这还是个异常美丽的女性。

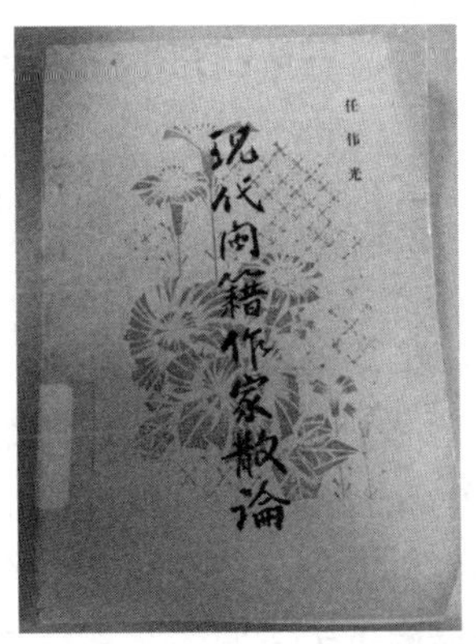

图1　任伟光著《现代闽籍作家散论》

不能推理她是如何让人产生如此美感的。因为她并没有飘逸如丝的长发、苗条有致的身材、细腻白皙的皮肤，她也从来不穿时装，更不沾任何化妆品。我常欣赏这世上众多的美女，但我也清楚地知道这更是一些假相美女。假相美女的漂亮需要年轻，需要时尚，需要涂脂抹粉，需要扭捏作态等多方相助才显得出来；但她不要，不管何时何地，何情何景，她都在显示着美的真身。在看到她的第一时间里，她是美的；在看到她以后的无数时间里，她依然是美的，她的美袒露着，从来素面朝天，自然而然，却摄魂夺魄，令人一顾再顾，不能不回头。

她是厦门大学中文系现当代文学教研室的老师。她没有给我上过课，但我听上过她课的1977级、1978级那批才子才女的学长们说，那时她还是个小助教，偶尔来给学生上辅导课，善逃课的学长们不仅是来得齐整，而且一改抢坐后位的习惯，尽往前挤。1983年刚刚大学毕业的我，就被系里安排给刚进校的1983级学生当班主任，而搭档就是任伟光老师。虽说是搭档，准确地说应该是让任伟光老师来带我如何做班主任，因为她担待与承担，才让我“大树底下好乘凉”，较为轻松地在工作中快乐成长。20世纪90年代后，她给我又一次担任班主任的班级上过课，印象深刻的是最野性的学生也服她的劝导，最懒散的学生也齐刷刷地来上她的课。他们像多年前的学长那样挤坐在前排，目不转睛地看着她，听着她用十分纯正悦耳的语音讲授现代文学。曾经听同学们私下里自嘲道：一任障目，耳盲心瞽。说的是光顾看她，可忘了听课。但我留心看同学这门课的作业与考试，却是出奇地认真与出色，大约没有一位同学愿意在任老师面前表现自己学业的劣等。

在她最后给学生上课的那一学期，折磨她多年的癌细胞已扩散至她腰椎内，她连站立都倍感困难。她的生命之火其实已快被病魔吞噬尽了，无法想象她是如何忍受这样的病痛的。而她的美丽又恰好掩盖了她肉体机能的衰竭。因为众所周知病人几乎是没有条件美丽的，不是有人曾专文论证过作为病人的林黛玉是丑女吗？但是，现实生活中的病人任伟光有着无与伦比的美，而且，还有着无与伦比的勇气。她自律之严远超常人，坚持读书、教书与写书，表现出即使是须眉男子恐也难以做到的镇定、自如与豁达。

1991年12月，江泽民总书记到厦门参加特区10周年庆典，谁也没料到他会在排得满满的庆典活动中，突然提议要来厦大看望师生们并瞻仰鲁迅在厦大的故居。谁来担任鲁迅故居的讲解人呢？一个电话打给了任老师。很快地，她出现在鲁迅纪念馆里的中央领导们身边。每当想起此事，我不禁深为我们厦门大学中文系能提供出这么一位学识功底扎实且又如此大方美丽的尖子讲解员感到骄傲，她无疑为素有“南方之强”的美丽厦大争了光。

现在我们所能读到的这本书，字字句句，正是她用生命一分一厘的消损作为代价换来的。在这本书中，她独到地论及了15位闽籍现代作家，包括冰心、郑振铎、庐隐、许地山、林语堂、梁遇春、胡也频、杨骚、马宁、林徽因、林庚、林林、司马文森、郭风和林默涵,其中有的作家已彪炳文学史,有的是文学史上颇有争议的或为人少提及的作家。而关于她自己的文字,全书却只占用了三个小四号宋体的篇幅。这本书没有别的书常见的作者附照与介绍,如此,读者真的要对这本书的作者一无所知了。好在本书有序,序出北大著名学者王瑶先生之手。王瑶在对本书做了非常认真的专业推荐之外,涉及作者的内容有:王先生在1976年10月间来厦大参加"纪念鲁迅逝世40周年及在厦大任教50周年学术研讨会",他在难免还显千篇一律的会议论文中发现一篇颇有新意、写得不错的论文,署名是陌生的"任伟光"三个字,经人指点,方知是位年轻的姑娘。两年后,学校派任伟光上北大进修,王先生对她的评价是:"很用功,学习刻苦,思想敏锐,在讨论问题时多有新见,成绩很突出……她发表的论文,颇引起同行的重视。"1987年王先生因参加"海外华文文学国际研讨会"又来厦大,见任伟光"言谈间仍然保持着她一贯的谦虚朴实的作风"。及至读了这本书稿,王瑶先生认为:"如此大的时间跨度,如此广的研究范围,如此繁复的文学现象,如此风格各异的研究对象,给研究工作带来的难度是可想而知的,但正是在这些地方显示了作者的功力与成就。""至于资料翔实,文笔晓畅,论述平实谨严,则是她一贯的作风。"王瑶先生在这篇序里没有提到任伟光非凡的美丽与她的抱病写作,前者可能是因为与学术无关,后者可能是因为远在北京的王瑶先生更不知她当时的身体状况,但在我的私心里,觉得正是这两个因素,使这本凝结了她学术生命结晶的书,有着无以复加的美丽、厚重、实在与动人的内涵。

1994年冬天,我最后一次见到任老师。那时,她刚又被送进医院,因癌细胞扩散至脑而昏迷不醒。我凝视着躺在病床上垂目屏息的她,我知道生命正在离开依然美丽异常的她。但在她离开多年后的今天,我依然在图书馆的藏书中看到她异常的美丽。

相　遇

陈莹莹
（化学系1977级）

那一年，我们是厦门大学化学系新生。报到后不久，在宿舍走廊上意外看到了一张似曾相识的脸。我们似乎都愣了下，笑笑算打了招呼，似乎都没说啥。后来我知道，她叫章慧，在无机班。

我想她不记得我了，但我记得她。就在一年多前，她参加了最后一场工农兵学员入学考试，在厦门郊区集美考区。我当时刚从农村被招工回城，在当时叫郊委教育科的单位工作。我是监考。

可以感觉教室里的考生大部分文化程度不高。考试中有在那埋头思考的，有看来看去的，有抓头摸脸的，有不断看表的。我事先不知道考题，但在巡回时偷瞄了几眼，感觉应不难，但有不少人的卷面一直空着。快到点了，我迎面路过一位女生旁，她抬头和我对视着，一脸的无瑕和两眼的清澈。我以为她有事要帮忙就停了下来。她没事。我下意识看了下她面前的卷子，都完成了，干干净净。不禁笑了笑，赶紧走开。

监考后不久，领导找我谈话。

“你和章慧是什么关系？”

“谁是章慧？”

“你不认识她？”

“不认识。有事吗？”

“那天你当监考，在你的教室有个考生叫章慧。有人举报你和她有关系。你想想看你们有没有交流过什么。”

“天啊！我一不认识她，二不知题目，三不知答案，四没有做任何事，只是路过以为她需要帮忙停了下。”我仔细回忆后回答。

大概我在领导眼里一直是个诚实可信的好员工，大概这位朴实的南下老革命领导秉公办事，大概也实在没证据，这事于我不了了之。但是，我知道这次招生章慧没被录取。对此我没上心，毕竟在那个年代，知青能参加考试已经很幸运了。我插队时的大队领导就曾很坦白地说：你们知青有招工回城的机会，我一定都说好话让你们走。但是推荐上大学的名额我只会留给当地的孩子，因为这是他们离开农村的唯一机会。

尽管我也很想上大学，但很能理解这番话。谁能想到，不久的后来会有那么一场“文革”后恢复的高考。我们竟通过同一场考试走到了同一个大教室。

毕业后我当了高校老师。无数次地考学生，我常想起那第一次监考。

毕业后近40年过去，我和章慧在微信里重逢。她发给我这么一条信息：“回想起来，我与你还是很有缘分，那一年在郊区参加1976级工农兵学员入学考试，你是我的监考，据说那一次我考的成绩不错(不知道哪里可以查找这份考卷)，但最后上大学名额被公社干部的孩子顶掉了，让我郁闷了很长一段时间。这也许就是我的命，不然后来也不可能成为史无前例的1977级，与你在同一个教室上课了。”

原来，她也一直没忘(图1)。

图1　笔者(左)和章慧的大学毕业照

我在厦大做中医

朱丽冰

2017年的夏天，我正式加入厦大医学院的教师队伍，成为一名新厦大人。我很热爱中医，也很热爱厦大，所以初来厦大时，我觉得自己可幸福了，能在自己喜欢的地方做自己最喜欢的事。可是，没有过多久，现实就把我的“幸福感”摧残得体无完肤。在厦大这样的综合性大学里，中医这个学科显得太过于弱小了，有些老师甚至根本不知道厦大还有中医系的存在。

入职厦大后，系里安排我做的第一件事是去厦大医院出门诊。我既兴奋又忐忑。可是在门诊坐了3个小时也没有一个病人来就诊。快要下班时，终于迎来了一个患者，我正要打起十二分精神准备给患者看病时，患者的一句话让我像泄了气的皮球：“你是刚来的医生吗？麻烦你帮我照着这个处方开下药。”于是我的初次门诊惨淡收场了。一连几次的门诊都只有一两个患者，让我的沮丧感不禁而生，难道我积累的10年所学没有用武之地吗？

后来我把厦大医院逐层走了一遍，我发现每个诊室里的病人都很少，一个下午只有一两个病人那是常有的事。原来厦大医院只是做的比较大的校医院呀，看来冷板凳要被我坐穿了。可是即便嘴上抱怨着，每次一到门诊时间我还是莫名其妙地激动，早早就去做准备。既然无力改变校医院的现实，那我就改变自己，我要走出去，让更多的人知道厦大医院新来了个看病还不错的年轻中医。于是我积极参与举办一些公益健康科普讲座，听众小到三四岁、大到八九十岁。每次讲座结束反响都很热烈，每场讲座有一半以上的听众在讲座结束后成为我的患者。听众成为我的患者，那是我的讲座吸引了他，患者是否能信任我，却取决于我的疗效和服务！

接着我在厦大医院六楼的针灸一号诊室打造了一个只属于我和病人的“家”，在这里病人可以将所有的伤痛留下，将健康带回家。寒来暑往，曾经的病人们又带着自己的家人、朋友、同事来我们的“家”找健康，患者越来越多，多到这个诊室已经装不下这么多患者同时回“家”。我只能延长门诊时间，从上午的8点看到下午的2点多，从下午的2点多看到晚上八九点，从一周两次门诊增加到三次门诊，但依然解决不了饱和的就诊人数。为了能让每个患者都能有充裕的时间把话说完，舒心地把病看完，患者自发组成了志愿者队伍，来协助我进行门诊的预约限号工作。每周秒光的预约号，每个迟归的黑夜，患者带来的点心，无疑给了我最大的肯定(图1)。

图1　国画大家余永红根据朱丽冰医生出诊场景创作的《杏林春满图》

来厦大的第二年，我一整年都在“夏天”的暑热中，因为从2018年1月我就被外派到泰国和马来西亚，一直到年底才回到厦门。在这一年，我在国外正式开启教学生涯，独自承担教学课程。第一次上课是给外国的学生讲“方剂学”，可我一点也不紧张，相反，我很享受上课的时光，因为每周两次门诊已经为我积累了大量的教学素材。我将临床的一幕幕搬上了教学舞台，同学们听得津津有味，学习的积极性也很高，没上几次课，我已经成了同学们的家庭医生。越来越多的学生，拖家带口、一车一车地拉着自己的家人来找我看病，在我的办公室、在教室里、在路上、在饭堂、在我的家里，甚至其他年级、其他学院、其他学校的学生也来找我寻医问药。我上课分享了很多学生亲身经历过的案例，及治疗的思路和方法，这样真实的案例教学法赢得了学生的认可，在给教师的评价中不管是泰国还是马来西亚的学生都给予我颇高的肯定。

身在异地他乡，人生地不熟，我想我只要把课上好就可以了，可怎知一个学生善意的举动，让我有了更多的机会将中医科普知识分享给更多有需要的人们。因为学生的牵线搭桥，马来西亚诗巫的华人社团联合会特地邀请我飞往东马为他们做一场中医健康讲座，讲座座无虚席，反响十分热烈，马来西亚《星洲日报》还特地报道了讲座事宜。即便后来我回到中国，这些曾经的外国学生在遇到棘手的病情时还是会第一时间想到他们的这位来自厦大的中医老师！

为了科普中医知识，回国后我在厦大开设了一门校选课"中医养生"，被学生称为厦大最抢手的校选课之一，选课系统显示一分钟内同时抢这门课的学生数约700人。有位学生跟我说，他每天上完我的课都要给远在河南的父亲打电话，将我上课的内容和分享的门诊故事讲给自己的父亲听。他觉得这门课的实用性很强、很贴近生活，远在家乡的父亲非常需要。我没想到，自己的校选课竟然可以成为孩子与父母之间沟通的温情桥梁。

我将中医课堂变成了移动诊室，将中医的专业知识变成了日常科普，非中医专业的同学们学起中医来热情高涨，不但自己学，还带着爷爷奶奶、姥姥姥爷、爸爸妈妈搬着板凳一起在电脑前跟着学。绝大部分上过"中医养生"这门校选课的同学都对中医改变了看法，很多同学也成了我的小病号。而我来到厦大收到的第一份教师节贺卡就是来自校选课的学生病人。

厦大医学院以科研为主，考核也以论文和基金定高下，所以即便教学、门诊、外派已经让我的生活排得满满当当了，我依然要海绵里挤出时间来做我的科研。我的主攻方向是过敏性疾病，比如鼻炎、湿疹、荨麻疹等。可能有人会有疑惑，中医不是讲究"辨证论治"，因人而异，把每个人都当作独立的个体来看待吗？那么你的临床经验怎么可能像西医一样推广和复制呢？不能复制何谈科研？确实如此，我的临床经验难以复制，人也有个体差异性，但不要忘记，中医还讲"异病同治"，不同的疾病，不同的个体，只要你的疾病规律是相同的，一样可以用标准化的诊疗思路。就好比仙人掌虽然有高矮扁圆的差异，但都叫仙人掌，都喜欢阳光和干燥，因此一个好医生成熟的诊疗思路是完全可以推广和复制的。

有一次，有一个朋友带来一个过敏性鼻炎的小孩来门诊找我，小孩的父亲对中医可以治好过敏性鼻炎表示不相信，他的眼神充满了怀疑，好像在说，得了吧，中医也能治好过敏性鼻炎？西医都只能控制症状而已，快别吹牛了！但他依然愿意让我试一试。第一周中药吃完后，小孩子的鼻炎症状完全没有缓解，小孩子的父亲洋洋得意："你看吧！我没说错，中医就是不可能治好这病的。"到了第二周，小孩子的鼻炎症状也只缓解一两分而已，如同隔靴搔痒。到了第三周,突然间小孩子的鼻炎症状缓解了一半,小孩父亲的积极性一下子被调动了起来,连去香港旅游,都要中药煎好随身携带。到了第四周,小孩子鼻炎的症状只剩下一两分。到了第五周鼻炎的症状完全消失。到了第六周,再吃一周巩固一下,彻底停掉中药。到现在一年多过去了,小孩的鼻炎也没有再犯过。朋友和小孩父亲呢,从“中医黑”,转成了“中医粉”。

小孩父亲的第一个问题就是:中医是怎么治疗过敏性鼻炎的?我反问他,西医是怎么治疗过敏性鼻炎的,是不是整体的抗过敏药加上鼻腔局部用药,比如氯雷他定片加上鼻腔减充血剂?就我个人而言,中医治疗过敏性鼻炎考虑得还要更全面,过敏性鼻炎是鼻黏膜局部的变态反应性疾病。虽然它的症状在局部,但根本的原因在于人的体质“过敏”了,你的免疫系统变态了,不分青红皂白,见人就打,见“物”就打,时刻地引发着你的鼻腔局部的变态反应性疾病。我的这张处方虽然很简单,只是由几味中药组成,但体现了整体、系统和局部的观点,整体在于调理你的过敏体质,系统在你的呼吸系统,靶点在你的鼻腔局部。对症下药,有整体,有系统,有局部,你觉得我的考虑不规范不科学吗?我觉得一样很科学。可以推广、复制吗?当然可以,只要你的诊疗思路正确,我相信不管哪个中医开出这张过敏性鼻炎的处方,对绝大部分鼻炎患者都有效。

作为厦大的一名老师,我还是厦大医院的一名医生,也是一位临床科研工作者,我的临床、教学、科研都与中医息息相关,我热爱我的三重身份,临床可以反哺我的教学,科研可以推动我的临床。中医已然成为我与这个世界沟通的一种方式,我愿意用自己一生的光阴,用我的医术去传递一份中医的力量。在传承和发扬中医的路上,相信一定会有我们厦大中医人浓墨重彩的一笔。

(朱丽冰,医学博士,主治医师,厦门大学医学院助理教授,福建省高层次人才,美国执业中医师,香港执业中医师,TEDx演讲人,畅销书《汤方话人间》作者。2012年获福建中医药大学医学学士学位,2014年获香港大学硕士学位,2017年获北京中医药大学博士学位,师从国医大师王琦院士。长期从事过敏性疾病的中医药防治,尤其擅长根治过敏性鼻炎、荨麻疹、湿疹等,2020年、2021年连续两年入围“互联网+”中医医疗百强榜TOP100医生。)

夏江平:中国生物基质行业的领头人

莫少昆

可能连夏江平本人都没想到,她的人生事业起点和初心是与“基质”——这个20世纪国外发达国家广泛应用于农业的“人工土壤”息息相关。

“我是厦大的”

在2017年出版的《厦门大学EMBA同学访谈录》导言中有这样一段话:“从夏江平身上,我们可以领略到她那种基于企业家责任感的热火朝天、全力以赴、勇往直前的干劲;也可以体会年轻的她对农业、农村、农民的热情和热爱,以及对专家、专业、专艺的敬畏和尊重。当然,我们更惊讶于她对生物基质和土壤改造的理解及在这两个方面所投入的精力和时间。”

而止步于此远远不够,只有不断地学习与付出,才能把事情做得更好。“通过在厦大的充电学习,不仅学到了管理上的经验,同时也拓开了我的格局和眼界。”夏江平说。也正是通过厦大的这个学习平台,机缘巧合之下慢慢接触并走入资本市场,带领江平生物于2015年成功在新三板挂牌上市,这让企业的发展也迈上了一个新台阶。

在厦大EMBA的学习过程中,夏江平深有感触:“角色定位好了,人就会很舒服,否则你的心态不好,就会很痛苦。我到厦大去读书,面对老师,我就是一个学生;面对班级的其他人,我就是一个同学;作为我们班的班委之一,就全心全意地为同学服务。我爱我的同学们,我就愿意为他们付出。”因此,夏江平在厦大EMBA的同学中人缘极好,“我跟好多同学都成了至交,我很珍惜我们的同窗生活”。也正是夏江平在厦大的虚心学习与突出表现，她荣获了厦门大学EMBA119班优秀学生奖，并于2019年担任厦门大学EMBA2013级厦门校友会第一届理事会秘书长(图1)。

图1　夏江平于2019年担任厦门大学EMBA2013级厦门校友会第一届理事会秘书长

对于夏江平来说，学习不仅是从学校、老师和同学身上获取知识与经验，更要懂得感恩回报，奉献社会。夏江平学习之余，与厦大的同学们共同成立慈善基金会，捐资希望小学，在各项公益助学行动中慷慨解囊、爱心捐赠，并献礼厦大100周年庆……在不断学习与向上攀登的过程中，夏江平也不断在向学校和社会奉献自己的微薄之力。

拥有不断学习的能力是她宝贵的财富之一，更陪伴着她走过艰苦但坚定的创业之路。“我觉得来厦门大学读EMBA真是来对了，这里为我带来了诸多的收获和改变。”

“我是厦大的！”夏江平总是如此骄傲地介绍自己是厦门大学EMBA班就读的学生，而她的母校厦门大学也同样为有这样一位优秀的学生而感到骄傲。

不走寻常路的“奇女子”

接下来，让我们一起探寻夏江平走向创业之路的更多“奥秘”。

俗话说：性格决定命运。夏江平是典型的“湖南妹子”性格，热情大方，敢于挑战，不因循守旧的她从小立志做一个不一般的女子。因此，学校毕业后的夏江平并没有像父母希望的那样走进国企从事稳定的工作，而是选择一条充满挑战和艰辛的创业之路。

2003年夏江平创立属于自己的贸易公司，在与国外企业进行贸易来往时，她发现了一个令人痛心的现象，我国农业种植当时急需的林木、花卉、种苗及培育基质等均依赖国外高价进口，国内基质需求量大，这导致外国基质产品逐步渗透占领我国农业市场。

夏江平的初心由此开始萌芽。国与企向来是不可分割的，大环境如此，小企业又怎能长期立足？贸易型企业始终依靠国外产品与技术，无法拥有自主研发的产品与技术。因此，她决心打破中国生物基质受国外技术制约的现状，带领企业开始走自主研发之路，并立下“让土壤重回活力”的志向，成为中国生物基质行业第一人，立志打造中国第一家生物基质生产企业，打造民族品牌，用恒心守初心，让企业如绿水青山一样百年长青。

创业不易，没有人随随便便就能成功。创业初期，夏江平不仅要经历对上百种配方的筛选、实验、基质化处理等过程，还要经历残酷的市场检验。但她不怕困难，喜欢接受有挑战性的事物。“从一开始办这个企业的时候，我就定位要做一个现代化企业、做百年企业、做一个有社会责任感的企业。”

夏江平是这么说的，更是这么做的。十几年来，她从不畏惧困难，带领公司研发团队与国内外多家科研院校机构合作，不断攻破一个又一个难题，从而打破西方国家的技术封锁。现已研发出三大系列业务，广泛应用于林木、花卉、果蔬、水稻、食用菌、烟草育苗与栽培，家庭园艺种植，园林、屋顶及室内立体绿化，园林废弃物、农业废弃物、生活污泥、厨余垃圾处理，裸露坡体生态环境修复，病土、贫瘠土壤改良，沙漠土壤化，海绵城市建设等领域。

“时至今日，我们已经根据中国的特点，实现了所有的基质原料本土化。

在基质市场,我们能提供老百姓用得起的产品。”夏江平骄傲地说。仅仅是基质研发,夏江平历年来获得32项授权专利。可想而知,这些成果与荣誉的背后,是夏江平18年来沉甸甸的积累与坚持。说她是中国基质行业的领头人,这并不为过。

有情怀的女企业家

进军海拔3600多米的西藏高原,夏江平又做了一件平常女子难以想象的事。

而这也是个偶然事件。在一次与湖南籍援藏干部老乡的谈话中,夏江平了解到西藏虽然有充足的阳光、高原无污染的水资源,但山南地区土地贫瘠、当地的藏民生活艰难……这再次激起了夏江平的情怀,尽管西藏地理气候条件恶劣,但身为厦门市江平生物基质技术股份有限公司董事长的她,还是义无反顾地踏上西藏高原,助力当地扶贫攻坚,谱写了一曲产业扶贫、精准扶贫的感人乐章。

心中有大爱,前行有方向。2016年,夏江平亲自率领公司团队前往西藏山南地区考察调研。偏远的地理环境、恶劣的气候条件、语言的沟通障碍、文化环境的差异,都给项目带来困难与挑战。“初来西藏,高原反应是免不了的。再加上不适应当地的气候环境,整个人十分疲劳”,但夏江平不畏困难,带头攻坚克难,主动融入当地环境与文化,积极与西藏政府领导沟通交流,与当地人民交朋友。

实践出真知。夏江平通过实地走访调查发现,山南市位于雅鲁藏布江沿岸,农耕地广阔、水资源相对充足、光照丰富。最终,她根据山南市的区位优势,通过在西藏成立两家全资子公司——西藏江平农业有限责任公司与西藏江雅生物科技有限公司,与扎囊县人民政府就中国烟草扶贫项目达成合作,承接该扶贫项目中奶牛养殖示范基地、现代农业示范基地等项目,形成产业链,着力打造具有地方特色的环保和科技型产业,真正做到因地制宜因人施策,将产业扶贫落到实处。

“开展产业扶贫更要深入开展技术扶贫,为贫困地区提供强大的技术支撑!”这句话常挂在她的嘴边。这么多年来,她在坚持产业扶贫的同时不忘技术扶贫。2018年，江平生物与中国农业大学、西藏自治区山南市扎囊县人民政府三方共建成立扎囊县教授工作站，这也是中国农业大学在西藏自治区设立的唯一一个教授工作站。它为当地脱贫攻坚战，建设现代农牧业、生态农业示范基地提供技术支撑与技术指导，为学校相关专业学生提供实践基地(图2)。

图2　设在西藏自治区山南市扎囊县的现代农业示范基地

截至目前，她在扎囊县累计投资近亿元，现已解决28名大学生就业，每年还提供30名实习生岗位，解决当地老百姓就业600余人、近3万工时，带动老百姓增收500多万元。除此之外，经济果园繁育项目首次将菌草引入高原种植，多个项目将滴灌技术、土壤改良技术引入传统农业领域，对当地的种植模式、养殖模式带来革命性的转变，为西藏的经济提供了一条可持续的、绿色的发展道路。

“扶贫并不是我们一个单独拿出来的课题，我们企业在这边发展的过程就是在做这件事情，把企业做好了，扶贫就扶到了，这是一个双赢。”她激动地说。

回顾这18年，夏江平所创立的江平生物(图3)，潜心研究生物基质在各行业领域的运用，以及上下游产业链的紧密结合。她在这条路上越走越坚定，而事实也告诉她，这是一条正确的道路。

图3　湖南省第九批援藏干部在江平生物西藏基地考察、参观和慰问

不断学习的攀登者夏江平，不走寻常路的"奇女子"夏江平，有情怀的女企业家夏江平，未来等待她的又将是什么？让我们共同期待吧！

（作者为厦门大学管理学院EMBA中心客座教授）

1921—2021

厦大故事

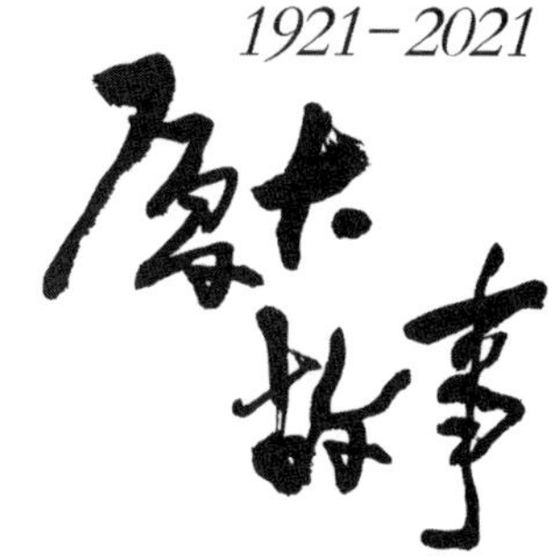

Stories of Xiamen University

往事钩沉

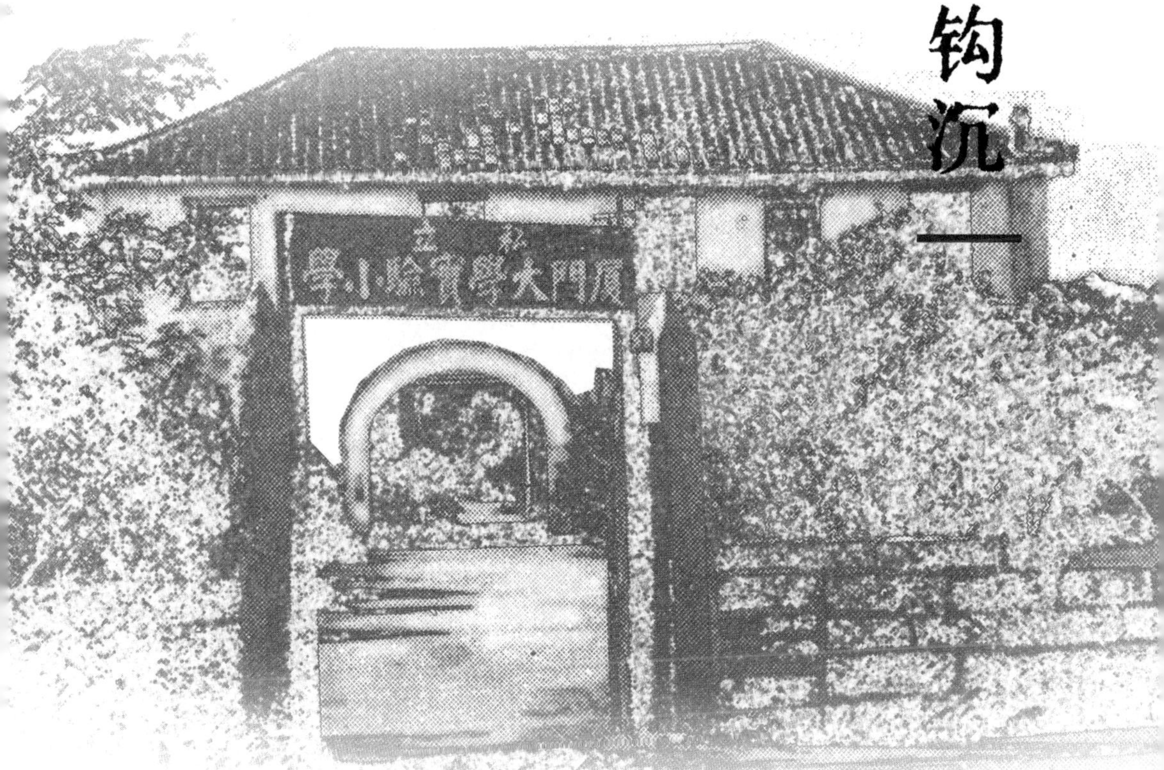

家父何励生与林文庆先生的交往

何吉利

我从父亲遗留下来的老照片中，看到数张有关他与厦大林文庆先生的照片，勾起了我的回忆。

家父何励生1928年到厦大任编译处编译员，1929年调任厦大秘书襄理，直至1958年从厦大校长办公室秘书岗位上退休，经历了四任校长，其中1929年至1937年与林文庆校长(1869.10.18—1957.1.1)共事最长，与他关系密切。林文庆先生赠送家父数张个人照片，并在背后签名题字(图1)。

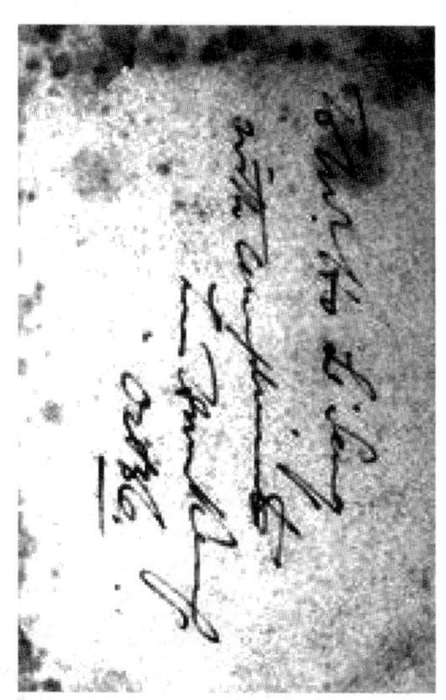

图1　林文庆先生1936年10月赠送何励生的个人照

家父是浙江人，只会讲国语(普通话)，听不懂英语、闽南话、粤语，他与林校长之间交流是用国语。家父1932年参与组织成立厦大中国艺术社，被选为干事，经常举办书画展。林校长喜欢收藏中国书法和国画作品，1935年厦大中国艺术社书画展上展出他收藏的吴让之莲花画。家父说林校长的钢琴弹得相当好，他家里还有一架上等的钢琴。

20世纪30年代，家父经常在公务活动中随同林文庆校长出席活动。1935年，教育部派督学戴夏、专员孙国封来厦大视察，戴夏是家父温州同乡，林文庆校长叫家父一起接待他们(图2)。

图2　教育部官员来厦大视察合影

前排左起孙国封、林文庆、戴夏；后右二何励生

林文庆校长经常在校庆或学生毕业时参加师生合影，家父也会随同参加。如1931年4月厦大10周年校庆和1933年12月厦大学生将毕业时，林文庆校长与厦大师生合影家父都参加了(图3和图4)。

图3　1931年4月9日厦大10周年校庆纪念及毕业生合影，地点在生物院大楼的天台

左十三林文庆，右三何励生

图4　1933年12月24日厦大秋季毕业生和教职员合影

前排坐者左起：张庆祯（法学院教授）、曾天宇（法学院院长）、詹汝嘉（大学秘书兼图书馆主任）、徐声金（文学院院长）、傅文楷（法律学系主任）、林文庆（厦大校长）、孙贵定（教育学院院长）、陈德恒（商学院院长）、何励生（校长秘书襄理）、陈定谟（训育主任兼哲学系主任）、陈子英（理学院院长）

后排站立者：左五薛永黍（历史系主任）、左七杜佐周（教育系主.任）、左八钟鲁斋（教育系教授）、左十周辨明（外文系主任）

1937年7月，经陈嘉庚先生申请，南京国民政府批准厦大由私立改为国立，教育部派萨本栋先生来任新校长。7月下旬，萨校长到任与林文庆校长交接，家父也参加了（图5）。

图5　1937年7月26日新老校长交接合影

前排左三萨本栋、左四林文庆、左六刘椽、右一何励生

我小时候和父母一起与林校长合影，在我的记忆中尚有一点印象。那是1934年冬，为了庆贺大妹大智（重庆）满月，家父邀请林校长和同事吃满月酒，宴后我们全家与宾客们一起共30人在南普陀寺大悲殿前合影（照片见《名师荟萃》一文）。

林校长住在鼓浪屿笔架山上自己的私人别墅（后捐赠给厦大，现为笔山路5号）。1937年11月，林文庆校长卸任后不久邀请我们全家去他家做客。何故邀请？原来那年一天上午上班不久，他慌慌张张走进办公室，在地板上到处寻找，家父见了便说："林校长，您是丢东西了吧！今天我上班开门进来，在地板上捡到您的银行存折，现在交给您。"原来他的存折金额很大，前一天下班时匆匆忙忙穿上外衣，不慎将衣袋中的存折失落地上，次日早上才发现存折遗失，到处寻找，一直找到办公室。见到存折失而复得，他喜出望外，连声感谢。为了致谢，他专门邀请我们一家去他家做客。当我们走进大厅时，他特意敲响大钟，以示欢迎。他真是一位重情厚义、知恩图报的人。当天我们全家还在林先生家的花园留影（图6）。

图6　1937年11月在厦门鼓浪屿笔架山林文庆别墅花园留影

左起：大弟何大仁、我、母亲叶月瑚（手抱二弟何大公）、妹何大智、父亲何励生

老校友趣事

陈孔立

我自长汀厦大时期起就住在厦大校区，有幸结识不同时期多位母校教师学生。20世纪八九十年代我在厦大校友总会工作期间更有缘与诸多海内外新老校友密切往来。这里仅谈谈两位海外老校友的几则趣事。

德高望重、平易近人的"吴大哥"

"吴大哥"吴厚沂(教育系1942级)

吴厚沂老学长德高望重、平易近人，大家都叫他"吴大哥"。他是厦大美洲校友会创会会长，热心推动校友工作，积极促进校友与母校的联系。

要说吴大哥，我还得从他的夫人陈梅卿(会计系1942级)说起。当年吴大哥曾经表示："阅尽人间春色，唯梅是爱；遴选终身伴侣，舍卿其谁？"陈梅卿家原来住在福州仓前山天安寺佛寺巷50号，我曾经是她的邻居。那时她的二姐陈梅溆(会计系1940级)已进厦大，她正读高中，而我和她的弟弟则是小学同学。所以当时我就叫她"梅卿姐"。据说后来吴大哥在追求梅卿姐时，还曾得到先父陈贵生的帮助(图1)。

抗战胜利以后，吴大哥当了厦门双十中学的校长，当时我的同学何吉利、彭安那等都从长汀转学到厦门，当上吴大哥的学生。可是我却转学到福州，无缘成为他的学生。

后来他夫妻俩出国了。直到1985年，厦大旅港校友会邀请校友总会理事长周绍民学长(化学系1941级)和我(副理事长兼秘书长,历史系1948级)赴港,那时有机会见到从美国来的吴大哥和梅卿姐,拍下了这张照片(图2)。

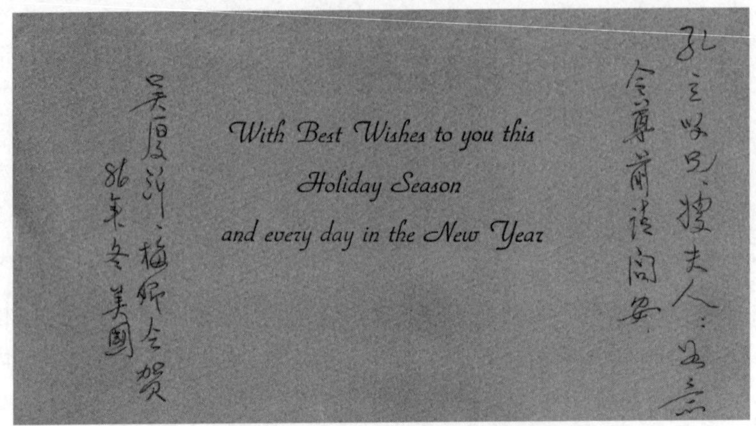

图1　吴厚沂伉俪寄来的贺卡

图2　1985年笔者与吴厚沂伉俪以及香港校友在港聚会

前排左二起:周绍民(总会理事长)、吴厚沂、陈梅卿、陈孔立
后排右一陈可焜

同年同月同日生

卢嘉锡(1934年化学系毕业),吴厚沂(1946年教育系毕业),他们二位毕业年份相差12年,怎么可能是同年同月同日(1915年10月26日)生的呢?

原来卢先生从小就经常“跨班跳级”，1928年不到13岁就进入厦大预科，两年后升入本科，1934年毕业当上化学系助教。而吴大哥1934年厦门同文中学毕业后留校当化学老师，并通过考取厦大化学系的高中同学陈国珍认识了卢先生。8年之后(1942年)他才考入厦大，比卢先生整整晚了12年。

什么时候才发现他们同一天生日呢？那是1985年的事。

当年10月，卢先生以中国科学院院长的身份应邀率团访美。26日吴大哥派车接卢先生去纽约华侨酒家晚宴(图3)。卢先生回忆当时的情景：“进到大厅，只见来宾不少，多位校友前来握手问好。坐定后，看见厅壁上挂着大红寿字，心想厚沂怎会知道我生日，又何必如此铺张庆祝。直到开席后，看见有些亲友先后来向厚沂祝寿，才知道是厚沂的子女婿媳为他70双寿而宴亲友，我才说出自己也是这天生日。”结缘半个世纪，如今海外相聚，到这天在吴厚沂70寿宴上经大家一起盘算，才知道两人竟然是同年同月同日生！吴大哥大喜过望，当场嘱咐酒家再上一份生日蛋糕。两位老人在众多亲友的祝福下，同切生日蛋糕。

图3　1985年10月26日吴厚沂(右)与卢嘉锡在纽约同庆70大寿

幽默风趣

每次校友联欢，凡是有吴大哥在的场合，大家一定会请他表演节目，讲笑话是他的拿手好戏。

有一次他说了“外国人学成语”。

中国人请一个外国朋友吃饭。以下是一段外国人学用汉语成语的对话：

中：我们正在装修房子，很乱。

外：装修一番，我都不认识了，“面目全非”。

中：请进屋坐吧。

外：好，我就“登堂入室”了。

中：干杯。

外：同归于尽。

中：你在做什么研究？

外：太冷僻了，对你们讲好像“对牛弹琴”。

中：你夫人怎么没有来？

外：她很忙，常常不在家，“不安于室”。

中：饭后吃一些水果吧。

外：大家都吃，“自食其果”。

还有一次他讲了“中国人学英语”。

“明天见” see you tomorrow，福州话“豉油都毛了”

“谢谢你” thank you very much，普通话“生油喂你妈吃”

“马马虎虎” horse horse tiger tiger

“不三不四” no three no four

有个流氓说：“给你颜色看看” give you color see see

又说：“吃你，睡你，给我钱花花” eat you, sleep you, give me money flower flower

吴大哥诙谐风趣的叙说，不断引起哄堂大笑，呈现一片欢乐景象。

巾帼不让须眉的“蔡大姐”

“蔡大姐”蔡悦诗（蔡碧娥，教育系1945级）

早年厦大有一所“学生公社”，坐落在博学楼（人类博物馆）南边，现在的大会堂背后。那是基督教青年会做团契的地方。1949年春，有一天，我看到一些参加团契的同学在一起拍照，那里就有蔡碧娥、蔡厚示（中文系1945级）等人。

改革开放以后，蔡大姐多次返回母校。校园里的"颂恩楼"和"建文楼"就是由她和她的先生丁政曾（会计系1944级）捐资兴建的。

1990年代蔡大姐返校时，分别由葛家澍学长（会计系1941级）、吴伯僖学长（数理系1944级）和我接待。1999年我参加海协专家组访问东南亚，到了泰国，和泰国校友会相聚，从而留下了几张照片（图4和图5）。

图4　1999年与蔡悦诗在泰国聚会

左起：张翼、蔡悦诗、陈孔立、吴伯僖

图5　1999年1月，厦门大学校友总会理事长陈孔立莅临泰国与泰国校友会理事合影

前排左起：许瑜、陈炳辉、陈孔立、蔡悦诗、陈汉洲（涛）

后排左起：曾心、王闻标、翁宗立、孙振荣、黄丽生、冯丰巨、张永青

“四菜一汤”

有一次校友聚会，蔡大姐即席发言，她说今天在场的有“四菜一汤”。她指的是蔡启瑞老师（化学系1933级）、蔡纯瑜（化学系1945级）、蔡厚示和她自己，一共“四菜（蔡）”；“一汤”是汤维强（化学系1945级）。

A和B，C和D

在一次校庆典礼上，蔡大姐演讲时，说了这样一段话。她说有一位美国耶鲁大学校长说过：“你们不要忘记成绩A和B的学生，他们将来可能回到母校当教授。你们也不要小看成绩C和D的学生，他们日后会回来给学校盖大楼。”她说，厦大现任的校长、书记还有好几位院士都回到母校任教，或是在全国各地为母校争光。至于那些C和D的学生，由于精力充沛，活动力强，在商场上较占优势。他们没有智慧成果可夸耀，只能献上金钱供学校改善教学环境和增添先进设施。一所大学正如一部电脑，A和B级的学生是软件，C和D级的学生是硬件，硬件跟软件互相结合，就能够发挥作用。当然并不是所有捐献大厦的人，都是C和D级的学生，他们中间也有A和B级的学生，既献出了硬件，又献出了软件。

撰写武侠小说

你相信吗？蔡大姐写过武侠小说。她写的是1998年举行的“厦门大学第23届同学毕业50周年庆祝及机电系系友返校重聚联欢大会”时，应邀登台演讲的事（图6）。当她得知将有美洲、菲律宾、泰国，以及我国台湾地区校友会负责人和校友总会负责人先后发言时，她把这件事说成是“武林高手，鹭江论剑”，事先预估各路对手的实力，做好应对较量的准备。她写道：

> 大师兄丁世权（经济系1941级），出道之后掌理镖局，数十年来从未失误，深得“黄白二道”赞许。加上其本身练就一派“纯阳正气童子功”，功力精湛，所向无敌。如今金盘洗手归隐台北，风光体面，无人堪与比拟。
>
> 二师兄吴厚沂（教育系1942级），天生领袖之才，曾任厦门双十中学校长，春风化雨，桃李盈门。移居美国之后，加入商场论战，扬威异邦。继而开坛立万，创设“厦门大学美洲分坛”，众望所归荣任坛主。首创“美洲校友论坛”，为母校联系各地校友，促进情谊，激发爱校之心，影响深远，

图6 厦大1948级同学毕业50周年及机电系系友重聚大会（1998年10月8日）

主席台上左起：校友总会陈孔立理事长、泰国校友会蔡悦诗主席、美洲校友会吴厚沂理事长、林祖赓校长、汪德耀前校长、台湾校友会丁世权秘书长、菲律宾校友会邵建寅理事长、两会联合开幕式主持人苏林华

功不可没。属下高手不下半千，二师兄登台较技时，一众好汉定将发功助阵，施展“隔山（洋）打牛”绝技，声势凌厉，难以匹敌。

三师兄邵建寅（机电系1943级），系出名门，一家两代8位教授、10位校长。从小效法书蠹，喝下八斗蓝黑墨汁。执掌菲律宾中正学院期间，经常应邀演讲，练成一把不锈金口，满腹经纶冲口而出，内容充实文采斐然。邵夫子以“三从四得”为处世之宝。三从者：太太出门要跟从，太太命令要服从，太太主张要盲从。四得者：太太生日要记得，太太化妆要等得，太太胡闹要忍得，太太花钱要舍得。这套崇内哲学深得妇女界的赞赏，每逢登台演讲，众多信女成群结队鼓掌助威，人气之旺，锐不可当。

四师兄苏林华（机电系1944级），自幼聪颖过人，又能发奋图强，日夜背诵古今中外诗词歌赋名人语录千百万篇。为了追求梦中情人，勤练口才，每日清晨闻鸡上山，权将林中小鸟当小妞，深情款款细诉衷肠。他口才流利内涵丰富的表达技巧对他的事业成就也起了重要作用。一次他奉派前往巴拿马竞标，单枪匹马腾云驾雾，越洋远征，经过20天拳脚比画，战胜多国好手，夺得合同。巴国大报头版报道，图文并茂，光彩骄人，能不令人慑服？

五帅弟陈孔立（历史系1948级），慧根大生，资质过人，一身练武细胞，深得师父宠爱刻意栽培。出道以来未曾闯荡江湖，常随师尊左右，承受衣钵真传。十八般武艺无不精通熟练，休看他年纪较轻入门较晚，排名却在四位师兄之上。孔师弟登台致辞，号召全球五万校友总动员，齐心协力兴建嘉庚广场，倡议书一下，四位师兄连同各地堂主，无不悉心以赴，共襄盛举，其内功法力之雄厚，使人心悦诚服。

各位看官听我粗略剖解，当前局势已是了如指掌，定会劝我明哲保身，远离擂台，以免身败名裂，贻笑大方。但未过招却认输非我的本色。我下决心给五位师兄弟一个机会，让他们把我给"拼"了。本人自量功力不足，既然参加比赛，就得避重就轻，设法智取不宜强夺。苦思三天三夜，搜尽枯肠，终于决定采用孙子兵法外四计。第一计：自我吹嘘，虚张声势；第二计：乱套交情，乱拉关系；第三计：装病假死，骗取同情；第四计：礼品攻势，贿买人心。

届时蔡大姐果然怀着锦囊妙计，登台比试。又能临场随机应变，施展"延时战术"，按规定每人演讲5分钟，而她却讲了15分钟，博得阵阵掌声。蔡大姐巾帼不让须眉，最终打败各位师兄弟，胜利而归。

一个爱国华侨的时空错位

陈　抗

（数学系1977级）

从1991年到现在，我在新加坡已经居住了整整30年。而在新加坡听到的最令我吃惊和难忘的厦大故事，就是母校创校校长林文庆先生。

在这以前，我对林校长的印象仅仅局限于鲁迅笔下的描述：一个“英国籍的中国人，开口闭口，不离孔子”，“总觉得他不像中国人，像英国人”。看到这样的评价，很容易把他当成鲁迅所鄙夷的“假洋鬼子”。可是，我这个第一印象与现实中的林校长，真是谬以千里！

来到新加坡才知道，林文庆先生是一位备受尊敬的传奇式人物（图1）。他是新马获得英女皇奖学金第一人，23岁获颁爱丁堡大学一等荣誉医学学士学

图1　新加坡国家博物馆收藏的林文庆校长画像

位。24岁回新加坡开诊所，治好了清政府驻新加坡领事黄遵宪的肺病，获其赠匾“功追元化”而一举成名。26岁成为新加坡立法会议员，连任15年直到1921年去厦大当校长。他在立法会关注和倡导改善住房和公共卫生、扶贫、限制赌博和鸦片贸易等议题，领导对新加坡贫困原因的调查。28岁与律师宋旺相一起，创办了新加坡第一份华文杂志《海峡华人杂志》，倡导华人剪辫子、戒鸦片。30岁与宋旺相和华商邱菽园合办新加坡中华女子学校，并且亲自担任校长(现在的新加坡女子学校)，提倡推广女子教育，在20世纪初开风气之先。

林文庆不仅是一位活跃于新加坡政界和教育界的名医，也是一位成功的企业家。他发明了治疗“香港脚”的药水，与人合资成立新加坡本地第一家保险公司“华侨保险”，并且参与创办和丰银行、华商银行以及华侨银行。他在南洋引入种植巴西橡胶，开办马来亚第一家橡胶种植园，获得巨大收益。据说陈嘉庚先生就是在他的影响下投资橡胶园，获得了成功。

林文庆还是一位爱国华侨，积极支持中国的维新变法和孙中山领导的辛亥革命，是早期的同盟会会员。1912年，他担任民国临时政府内务部卫生司司长，并兼任孙中山临时大总统秘书和保健医生。1921年，林文庆同时收到两封电报：一是时值孙中山在广州成立中华民国政府，邀请他前去担任外交部顾问；二是陈嘉庚邀请他出任厦门大学校长。他最后决定去厦门，为厦大的创建和发展辛勤耕耘了16年。

林文庆晚年回到新加坡，在日据时期受日军胁迫，被迫出任“华侨协会”会长，为日军筹款。虽然他也利用会长的身份营救了一些爱国华侨，但这段经历对他的名誉还是造成了损害。然而，新加坡民众并没有忘记这位先贤。新加坡的历史教科书里有他的记载，新加坡还有以他名字命名的文庆路、文庆路上段，以及文庆地铁站(图2)。李光耀先生在2004年的一次讲话中还强调，新加坡需要更多像华社先贤和教育家林文庆那样学贯中西的双语人才，加深和发展同中国的联系。

图2　新加坡的文庆地铁站标示牌

林文庆在厦大1921年4月正式成立两个月后到任，成为厦大的创校校长。诚如潘懋元教授所说，林校长在主持厦门大学的16年间"苦心经营，鞠躬尽瘁；广邀各门学科第一流学者，群贤毕至；培养数以千计俊彦，英才辈出，使一所私立大学，成为南方之强。对于一位大学校长来说，这就是最高的荣誉"。

除了吸引师资和学科建设，林校长面临的最大挑战就是为厦大筹款。从1929年起，世界经济进入大萧条，校主陈嘉庚的企业开始走下坡路，最后在1934年不得不全面收盘。林校长不仅捐出全年工资，还专门回东南亚为厦大募捐。1934年这一年，他几乎有半年时间在海内外为厦大奔波，挨家挨户筹措经费。

陈育崧在《林文庆传》中有这样的评价："在这16年中，他为大学的安全和军阀苦斗；1929年的世界经济不景，大学濒于倒闭，他毅然和陈嘉庚分忧，只身南渡，筹募经费。每当一个苦难来临，他总挺身面对，绝不退缩，他的奋斗精神，更足为青年人的楷模。"林校长对厦大感情至深，临终前还决定把鼓浪屿的别墅和3/5的遗产捐给了厦大。

然而，这位为厦大奠基业、立功勋的创校校长，竟然被久久地遗忘。我这个厦大毕业生，也需要到新加坡来，才能对林校长的事迹有所了解。历史欠林校长一个公道。我的同事李元瑾教授是研究东南亚华人的新加坡历史学者，她于1995年在《联合早报》发表了《为林文庆向历史讨公道》的文章。在其后长达10年的时间里，元瑾像一位女侠客一样，利用一切机会为林文庆抱不平、讨公道，直到2005年厦大为林校长立了塑像、建了纪念亭。

如今的厦大学子都可以从文庆亭的《亭序》中了解到，林校长"倾其睿智才学，运筹操劳"，使"学校事业蒸蒸日上，硕彦咸集，鸿才叠起，声名远播海内外，与公办名校并驾前驱"的功绩。然而，我对这位"英国籍的中国人"为什么会"开口闭口不离孔子"仍然感到疑惑，直到最近阅读了研究海外华人历史的学者颜清湟教授发表于1976年的一篇文章才有了醒悟。

颜教授在《1899年至1911年间新马儒教复兴运动》一文中指出，在19世纪末20世纪初，儒教在新加坡和马来亚复兴具有其有利的社会文化环境。因为那段时期华人移民迅速增长，形成了一定规模的华人社区，也带来社区的中国化。与此同时，华人办报成风，先后创办了《叻报》《星报》《天南日报》《日新报》等中文报纸，及时报道中国新闻，加强了新马华人对祖国的关切和民族认同意识。

新马华人社区的变化促使清政府放弃对海外华人的敌视政策，并且于1877年在新加坡设立了第一个领事馆。领事馆的建立又加强了华人社区的爱国主义热情，爱国的具体体现就是支持政府。在1884年中法战争中，新马华人坚决支持清朝政府，华商郑景贵带头捐款白银10万两。1890年北洋水师提督丁汝昌率舰队到访新加坡时，受到当地华人的欢迎和招待。每逢清朝皇帝或皇太后生日，新马华人也会庆祝。

身份认同产生强烈的爱国情怀，不仅促使政治认同，也催生文化认同。为了体现对西方文化的抵制和扬弃，新马华人响应康有为以复兴儒教来抵御西方帝国主义的号召，也通过复兴中华传统道德和价值观来表现华人社区的中国性。他们建孔庙、纪念孔子诞辰，建立如会贤社、图南社、好学社等社团，倡导学习儒家思想。一些华文报纸也积极推动儒教复兴运动，以此表达新马华人的文化民族主义。

当年宣传弘扬儒家思想的一家主要报纸是《新报》，而这家报纸的主编就是林文庆先生的岳父黄乃裳。黄先生是晚清举人，深谙儒学，也曾积极支持戊戌维新和康有为倡导的儒教复兴运动，变法失败后移居新加坡。后来参加同盟会，参与策划黄冈起义，成为辛亥革命的坚定支持者。颜教授认为，林文庆先生是在黄乃裳的影响下，走上同样的道路。

林文庆就读的莱佛士书院是新加坡最有名的英校，早年的英文教育将他深深浸濡于英国文学和英国历史之中。他在苏格兰读大学时受洗，成为当时海峡华人中为数不多的基督教徒。可是，在英国读书期间，他突然发现，尽管自己是海峡英殖民地的属民，衣着举止都类似英国绅士，却仍然不受英国人认同，被认为是西化的中国人。另外，因为自己不懂华文，平常无法与中国留学生沟通，老师要他翻译中文手稿他也做不到，他为自己对中国文化知之甚少而感到尴尬。这段经历使林文庆对自己的身份认同产生危机感。

从英国大学毕业回新加坡后，林文庆开始学习华文和广东话。结婚后，在岳父黄乃裳的影响下，他在身份认同上更加明显地表现出中国性，对中国文化、宗教、历史产生浓厚的兴趣。1899年，林文庆在《日新报》上撰文，评论和比较儒、释、道、天主、耶稣、回教，认为“数教之中，惟孔子教大中至正，亘千古而不可易”。颜教授认为，林先生从那时开始放弃基督教信仰，皈依儒教。

在新马儒教复兴主义者眼里，复兴儒教能够强化中华民族，康有为的现代新儒学能够促进民族复兴和现代化。百日维新失败后，新马华人很容易就能接受和响应孙中山“驱逐鞑虏，恢复中华”的号召。民国政府成立后，1913年国民议会通过议案，在《宪法》第19条中加入“儒家原则应该在国民教育中成为德育的基础”的字句，1914年袁世凯决定恢复祭天、祭孔，这些事件都进一步坚定了新马华人的信念，推动了南洋的尊孔运动。然而，南洋爱国华侨的祖国此时正处于动荡之中，变化太快了。袁世凯称帝以及随后的新文化运动，让新马儒教复兴主义者转不过弯来，很难拥抱“打倒孔家店”的口号。

林文庆就是在这个时候从南洋到厦门走马上任，成为厦大的林校长。这位在青年时期形成坚定信念的爱国华侨，认为西方思想过于自由放任，极端的拜金主义对物质的占有欲太强，这些东西对中国人来说都是不适宜和不应当接受的。他在厦大大力推广儒家思想，正好遇上鞭笞“礼教吃人”的五四青年。时空错位，使他站到了新文化运动的对立面。

爱国华侨的这种时空错位，或者是受侨居地情势的影响太深，或者是跟不上祖国的变化，在后来还经常发生。随着东南亚的去殖民化和塑造国家认同，华侨群体已经凋零。林校长式的时空错位，以后应该也不会再有了。

（陈抗教授1982年自厦门大学毕业后留学美国，获得马里兰大学博士学位。曾经任职于世界银行社会主义经济改革研究小组以及新加坡国立大学和南洋理工大学；现任新加坡国立大学李光耀公共政策学院教授以及高级公共行政与管理硕士项目主任。曾任新加坡厦大校友会副会长）

战后校景巡礼

林惠祥
（社会学系1926届）

我这次回校所见的校景引起我无穷的感慨，现在约略说说，当作向远地同学的报告。

当我走到母校附近，最先给我深刻的印象者，便是群贤楼群的宫殿式的屋顶（图1）。这屋顶是用绿色琉璃瓦盖的，两头且有飞甍，原是容易破损的东西；不意经过一场大劫后，却还能健在。远远望去，便看见屋顶映着太阳，发射出黄绿色交杂的强烈光线，一片光芒中还露着两头飞甍上的蛟龙，似乎也在飞舞。我一见了便知道旧校舍所保存者还是不少。行到近处果然见五座大楼还是列队矗立在演武场中。更远处透过成荫的树木，还隐约看见博学楼雄姿的一角。进入群贤楼下，瞥见两边的布告还是民国十年（1921年）的旧物，却是保存如新。

图1　1937年前的厦大校园，群贤楼群和生物院（庄景辉供图）

现在这五座大楼的用处，是群贤楼作办公室和图书馆，同安、集美两楼作教室，映雪楼作学生宿舍，囊萤楼作实验室等。博学楼也作学生宿舍。两翼的平屋减少了一个西膳厅，余照旧存在。

可惜演武场东南角小山岗上的生物院（图1左后方高处白墙红瓦建筑）和岗下东面的化学院（图2）都已不见。我曾有一次特到那边凭吊，只见蔓草成丛，中间横着几条基石（图3）。这两院之间原有校园，其中且有玻璃花房，现在也只见荒凉一片，再也没有当年的万紫千红了。闻沦陷时敌兵先烧毁这两座建筑物，后来再将石料拆起运往台湾（根据《厦门大学嘉庚建筑》记载：梁木墙石被日军运作防御工事之材料，两楼的工字铁梯栏窗柱等钢材甚至被拆运到台湾），所以连四壁都没有了。幸而复员后在这小岗之南的海边建了一所工学院（图4），也相当大，包括一座大洋楼做教室，以及凹字形的平房做工厂，在旁边还有正在进程中的两座较小建筑物，不久便可落成。

图2　战前的厦大化学院（黄桂玉供图）

图3　战后厦大化学院废墟（黄桂玉供图）

图4 复员后新落成的工学馆（机电系1948届曾宪诚摄影）

演武场校舍前面照旧有一片广大的运动场，后面便大大不同了。以前三姑的旧式屋子已不见，代之而起的是数座排成一长列的平房，为邮局、合作商店、理发室、贮藏室等。群贤楼群后面战后加建一层方形平顶的大厅（图5），与原屋相连，合为书库。

图5 战后在群贤楼后面加建了一层平顶的大厅（倪伟供图）

这五座大楼的后面现在热闹胜过战前，因为有了上述一列平屋，时时有人到那里取信寄信、买物和理发，而且后面墙外添筑两条大路通到大南新村的宿舍去。这里开了一个后门（图6），由这后门出入的人络绎不绝，这后门反比前门热闹。五座大楼的后面既然热闹，近来更将那片空地开成花圃，大约到了明年春天便有无边春色了。

图6　1954年位于群贤楼群后面的校门(叶频青供图)

步出后门,由新开的车路可通到以前的笃行楼和兼爱楼,不幸这两座也于战时被敌人毁了。复员后在这里重建两座长方形洋楼,一座仍名为笃行楼(图7),仍是女生的宿舍,一座名为敬贤楼(图8),为单身男教员的宿舍。体积虽不如前的大,但式样也很美观。两楼之后都有平房一列,为厨房等。此外还有两座较小的建筑物在工作中,据说一座要做医院。

图7　1949年厦大女生摄于新建笃行楼前[引自厦门大学第24届(1949届)同学毕业40周年纪念册]

图8　新建成的单身男教员宿舍——敬贤楼（引自1948年7月1日《厦大特刊》）

战前白城内外的教员宿舍也都被毁(图9左),战后着手重建,至今已有七八座落成(图9右),数座在进程中。

图9　被日寇摧毁的白城教授楼废墟（左）和重建中的战后白城教员宿舍（右）

原笃行楼与兼爱楼后面,战前原有华侨数人建设西式住宅数座,其地便称为大南新村(图10)。战时住户逃走,战后便由大学代为修葺,租作教员住眷宿舍。由此到南普陀寺很近。南普陀寺内也有大学租一列房子为职员宿舍。南普陀寺之西的顶澳仔社大屋数座现在也都为大学教职员所租住了。

由顶澳仔沿车路走回来,到演武场西面校墙中段,这里有一石坊,在战前便是边门,通下澳仔社,现在塞住了,因为下澳仔的民房几乎被敌人焚尽,只剩一片瓦砾,已经没有小店子,故也不是到厦门市区的通路了。下澳仔战前原有两三个老"北兵"所开的点心店,房子还在,但是老北兵的桃花人面已经随锅贴馒头而不见,凭吊"香"踪,真不胜其沧桑之感焉。

由下澳仔向海边而去,母校附设的实验小学战后仍旧开张着,最近且大兴土木,添建校舍,颇有生意兴隆之象。左边的芳邻在战前原是磐石炮台,已于战时被毁,成为空营废垒,只剩了古色古香的破墙一角,映着残照,以待怀古之士的赏识。

图10　战后校园全景，红楼(大南9号)是复员后的女生宿舍，新建的笃行楼和敬贤楼在照片中部(黄桂玉供图)

实小门前有新辟的车路经厦港新填地到虎头山下的同文路。这里有店屋两列全由母校租来修理，作为教员住眷的宿舍。建筑很好，战前原是果子行，店面已改为住宅式。但教授们如有意开一个宝号，倒是一个现成的好店面(敝人想当时在南洋若能有此，也可以不必摆地摊了)。虎头山下还有住宅数座，也被母校租为教员宿舍。

同文路再去不远便到中山路头的轮渡码头。渡江到鼓浪屿，这里战前的日本领事馆、博爱医院、日本小学和八卦楼(图11)现在都拨归母校应用。母校便设新生院于此，凡一年生都在此上课及住宿。这些都是大建筑物，散布数处，因此在鼓浪屿也到处都看见母校的招牌和学生了。巡礼到此，想到战前的魔窟今竟成被侵略者的胜利品，这尤其令人有不胜今昔之感。

总之战后母校虽失了数座旧建筑物，然而拓土开疆，增加也不少。将来如果日本产业永归母校，租用宿舍慷慨相送，则厦鼓之间的一衣带水可成为母校的游泳池，将来“校哥校弟”回来探亲可以在这游泳池内玩一趟，然后到演武场图书馆借一本书，爬到鼓浪屿日光岩上，一面看书一面赏玩校景，其乐岂非无穷乎哉?!

图11　用作新生院的鼓浪屿八卦楼(引自1948年7月1日《厦大特刊》)

(报告人因才到不久,目迷五色,不辨东西,如有报告失实、感想太奇之处,全由本人负责,与学校无关)

(原载于《厦大通讯》1948年第8卷第1期,第27-30页。照片为编者所添加)

我在厦大附小读过书

何吉利

1936年9月，我满6岁了，父亲就送我到厦门大学附属实验小学上一年级。

我父亲何励生当时在厦门大学担任文书课主任兼半月刊总编辑、校闻总编，母亲叶月瑚是家庭妇女。我家住在厦大白城(镇北关)山上的教职员宿舍(图1)，家里还有4岁的弟弟大仁和2岁的妹妹大智。

图1　1936年我们全家在厦大白城宿舍合影

根据厦大校史资料，厦门大学早在1925年8月就开办了附设模范小学，1929年秋改名为厦门大学实验小学，附属于厦大教育系（教育学院）。著名物理学家杨振宁的父亲杨武之（当时名杨克纯）1928年秋携眷到厦大算学系任教授，杨振宁因此也在厦大附设模范小学读了一年多的书。到我入学前的十几年间，附小校长先后由孙贵定、张祖荫、黄傍桂、茅乐楠担任。我入学时校长是茅乐楠，他是厦大教育系助教；全校有10余位教职员工，共有学生252人，其中男生182人，女生70人。记得一年级给我启蒙的一位女老师名叫李淑美。当时厦大非常重视附属中小学教育，幼教们还有研究任务，李老师曾做过低年级唱游设计的专题研究。

彼时厦大校门在现在厦大医院十字路口的东侧马路口，实验小学的校址在现在厦大医院的地皮上，有两座建筑（图2和图3）。从我家住的白城去上学，要走两里路。我中午不回家，在学校吃午饭，母亲做了饭菜，叫小保姆送到学校给我吃。饭后我常在学校前面的海滩上玩沙子，挖沙坑，搭树枝屋。

图2　当时厦大附属实验小学校门

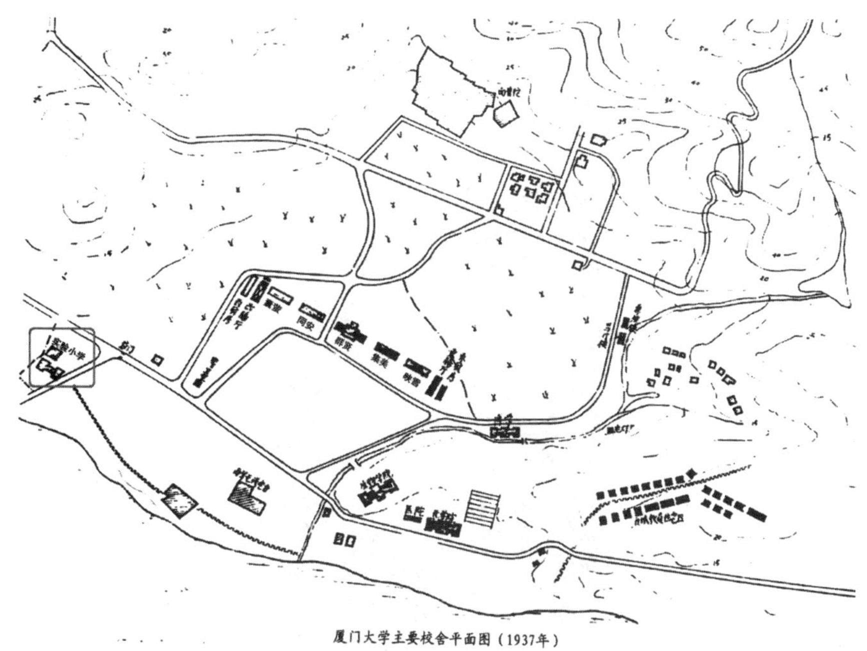

图3　1937年厦大主要校舍平面图(图中左侧方框所示为实验小学)

我在附小(图4)读了一年书,1937年7月放暑假后,日寇侵华战事扩大,

图4　1931年春厦大实验小学全体师生在小学教学楼前合影,
左边的梁柱上依稀可见"厦门大学实验……"字样

厦门形势很紧张。当时厦大刚由私立改为国立，萨本栋校长临危受命。9月新学期厦大实验小学也不上课了，我随父母弟妹从厦大白城搬到鼓浪屿内厝澳鸡母山，租房临时居住(图5)，我暂时不能继续读书了。

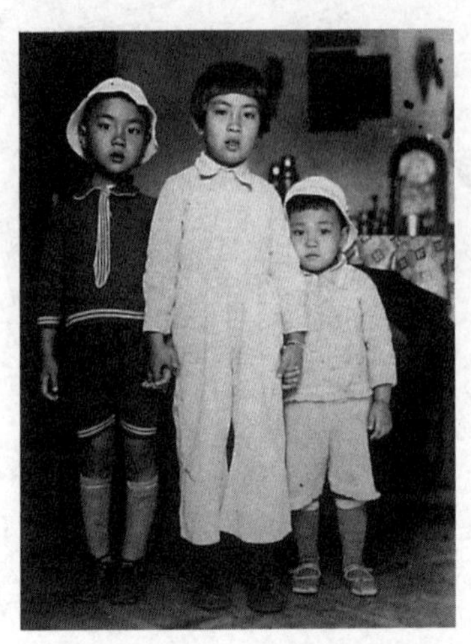

图5　1937年10月我与大仁弟、大智妹在鼓浪屿内厝澳家中合影

1937年12月下旬，我们全家随厦大迁往长汀，次年3月我才进入长汀新俊小学读二年级，重新开始了学习。

入读厦大附小的快乐时光

卢嵩岳

爸爸回来了

1937年夏天，我爸爸卢嘉锡考取第五届中英庚款公费生出国留学。那时我还不到半岁。第二年，日本占领了厦门岛。妈妈带着我先住鼓浪屿，后来又在福建内地四处漂泊。爸爸在英国获得博士学位后，转赴美国继续深造。他的科研工作深得美国导师鲍林教授的赞赏，庚款公费期满后又多次挽留，回国时间一再延后。

那时妈妈带着我留在国内，主要靠爸爸寄回他留学奖学金的节余维持生活。可是战争期间国外汇款往往不能按时寄达，甚至半路丢失。妈妈还要自己设法谋生。她当过电话接线生、教过小学，还曾经带着我去挖过野菜。1944年秋天，妈妈在漳州石码镇马江小学教书，我跟她在那里上学。妈妈有位同事的儿子跟我同班，我们关系很好，学习上经常相互帮助。1945年春节，这位同学还邀请我去他家过年。这年夏天，日本投降了！妈妈急匆匆地辞去马江小学的教职，带着我坐着一条小帆船回厦门。那条船很小，我坐在船边上手都可以摸到海水。回厦门后，我转入思明小学读四年级。可是妈妈一时找不到工作，家里生活仍然十分艰难。

转眼到了年底。这天，妈妈兴奋地告诉我：爸爸从美国回来了！他准备去浙江大学教书，要我们赶去上海会合，然后一起去杭州。

但那时福建不通火车，从厦门到上海陆路要反复换乘车、船，在路上颠簸好多天，山区道路狭窄、崎岖不平，还不时有土匪出没；虽然可以乘飞机，但带不了大件行李，更不说机票很贵，我们买不起。唯一可行的是走海路，可是那时大轮船航班很少，我们一时买不到船票。爸爸等待不及，他办完回国手续，便搭乘一艘客货混装的小轮船，匆匆赶回厦门。

我至今仍然清楚地记得，那是1946年1月4日，我懂事后第一次真正见到爸爸。那天爸爸一到家，顾不上休息，就和妈妈一起来到思明小学。我正在上课，爸爸在教室窗外站了好久，等待我放学。我下课刚走出教室，母亲就跟我说：快喊爸！还没等我喊出口，爸爸就把我抱了起来。爸爸妈妈带着我去买了一件新外衣。接着，我们一起去照了第一张"全家福"（图1）。

图1　1946年1月，爸爸返回厦门后全家三口的第一张合影

厦大附小的点滴回忆

爸爸本来是想全家团圆后就带着妈妈和我一起去杭州浙江大学的。可是没想到，到厦门后厦大坚持挽留爸爸，他一时走、留两难。最后厦大与浙大达成协议，爸爸常驻厦门，每两年在厦大三个学期、在浙大一个学期。于是，我们回到鼓浪屿，继续租住在泉州路70号宁远楼三楼。爸爸在厦大新生院给一年级学生讲授"普通化学"，我转到鼓浪屿英华小学读书。

春季开学没多久，爸爸又离家去厦大长汀校区给化学系高年级学生开讲“物理化学”等课程，一直到暑假厦大长汀校区复员迁回厦门。接着，他就忙着化学系迁回厦门后的整理安顿事务。秋季开学后爸爸又去杭州给浙大学生讲课，第二年寒假前才回到厦门。

厦门大学在私立时期曾有附设实验小学(初称模范小学)，抗战时期因长汀校区周边有几所小学，就没有再办附小。1946年暑期厦大复员迁回厦门后，经国民政府教育部批准，重新开办附小，称“国立厦门大学附属小学”。经短暂筹备，1947年春季正式开学，教育系助教潘懋元老师担任重新开办的厦大附小首任校长。于是，我从鼓浪屿的英华小学转到厦大附小读五年级下学期。现在的化学化工学院西边那时有一排小平房，附小就用它当临时校舍在那里上课。我们班有16名同学，现在还记得名字的有许朝忠、陈双承、虞志强、陈怡怡、唐乐嘉、王洛冰等。同在附小的，林华山比我高一班，比我低一班的则有王洛冰的弟弟王洛林、蔡俊修等。

那一段时间，我每天跟爸爸从鼓浪屿坐轮船到厦门轮渡码头换校车去厦大。有一件事我至今难忘。战后厦门驻有美军。这天，爸爸带着我从轮渡出来，突然听到妇女的惊叫声，一看，是几个美国大兵竟在光天化日下企图侮辱中国妇女。爸爸怒不可遏，不顾一切冲过去，用英语痛骂这几个美国兵。我一下惊呆了。同行的几位厦大青年教员担心爸爸会吃亏，纷纷打算上前保护，现场气氛一时剑拔弩张。所幸美国兵看到这边中国人人多势众，而且都是有身份的人，他们恐怕触犯众怒，不敢过分造次，最终悻悻离去。我这才松了一口气。在场的人都为我爸爸的正义行为所感动，也为他捏了一把汗。几十年后谈起这段往事，爸爸告诉我们，这些英语骂人的话并非来自课堂讲授，是他当年在美国时周末去酒吧，在那里跟普通民众交谈时听到并记住的。

不久，我家从鼓浪屿搬到厦门同文路13号厦大教工宿舍(图2，当时是两排三层楼，现已改造为厦门太古旅游码头)。住同文路的厦大附小同学有林华山、林华明、方钟铭、蔡俊修等。开始我们都坐厦大校车去学校，那辆校车是用大卡车改的，车厢里面只有两排长条硬板凳，马路又不平坦，坐上面跑一趟颠得屁股痛。但当时孩子们能坐上汽车，已经是高级享受了。后来路熟了，我们都是沿海边经厦门港光着脚丫子跑20多分钟去学校。

图2 1947年我们家刚搬到同文路厦大教工宿舍，妈妈抱着二弟，我们全家在楼顶平台上留影

1948年春季厦大附小迁到海边（即现在厦大校医院处）新盖的两排平房新校舍，条件好多了。当年的潘懋元校长才20多岁，身体很好，他经常教导学生：不但要学好文化课，还要注意锻炼身体，要健康成长。学校离海边不远，没有大的操场，也没有多少健身器材，课余大家就跑到沙滩上去玩。但学校有两张乒乓球桌，每学期都会举行乒乓球赛，潘校长还亲自给我们当裁判。我从小喜欢打乒乓球，所以每次比赛均能取得好的名次。学校还举行象棋比赛，我的水平就不行了，顶多进入第二轮。记得当时课外作业不多，学生有较多的课余活动时间（图3）。许朝忠在班里是老大哥，放学后他经常带我们到厦大校园操场（即现在陈嘉庚塑像前面的活动场）去踢足球。我和林华山还利用假期做了几只玩具飞机，当时只有用橡皮筋做发动机，又没有轴承，所以飞不了几米，不过能飞起来就很高兴了。陈双承住顶澳仔，他家里有园地，离附小又近，我们几次期末考试前都集体到他家园林树下的石桌旁复习功课，互相帮助。全班同学很和睦友好，学校生活很愉快。

图3　1948年5月，国立厦大附属小学师生远足留影(演武小学供图)
右立长者为潘懋元，第二排右一笔者、右二许朝忠

1948年夏(图4)，我从厦大附小毕业，考入厦门双十中学。同班同学有的考入厦中(即现在的五中、一中)，也有的随家长离开厦门。从此16位同学各奔东西。1951年春，厦大理、工学院迁龙岩办学，我跟着爸爸到龙岩白土，转入溪兜中学(后改称东肖中学)。夏天初中毕业时，我响应党中央“参军参干”(参加人民解放军、参加军事干部学校)的号召参军入伍，离开了福建。参军后，我只是回家探亲时见过个别小学同学。直到1984年，我奉命返回厦门工作，才有机会见到更多的老同学，和许朝忠、陈双承、林华山、林华明、王洛林等多位同学相聚，共同回忆少年时期在厦大附小建立的友谊。

很巧的是，多年后，潘懋元老师又成为我夫人李凌的博士生导师。去年我们夫妻二人一起参加了厦门大学为潘懋元老师百岁寿辰举行的祝寿会。我们二人作为潘老师不同时代的学生，向他送上一束鲜花，祝他寿比南山、福如东海。光阴似箭，回顾70多年前的小学生涯，是我一生中最美好的回忆。

图4　1948年6月28日，国立厦大附小第二届毕业生与老师合影（演武小学供图）

前排中潘懋元

二排左二起陈双承、许朝忠、韩××、王洛冰

后排左二为笔者

新中国建立初期厦大政治思想教育的点滴回忆

何吉利

我于1948年考入厦门大学化学系学习。1949年大一结束放暑假后，遇到解放厦门战事，新学期推迟到12月开学。大二开学，我即转到教育系就读，直至1952年夏毕业。新中国建立初期这三年，党和国家非常关心重视我们这些大学生，在生活上有很长一段时间每日三餐的伙食全由国家出钱，个人不用负担，家庭困难者还可申请助学金；在思想上采取多种形式加强对我们的思想教育改造，使我们在党的领导下，自觉地投身新中国的建设事业。

厦门一解放，厦门市军管会就派出军代表吴强、肖枫接管厦大。在厦大党组织领导下，我们首先开展了马列主义理论的学习。初期厦大还没有教授马列主义的教师，这项学习是在党组织与军代表领导下，学生会配合组织，以学生政治学习小组为单位自学讨论的方式进行的，主要是学习讨论《唯物辩证法》《大众哲学》《联共党史》和毛泽东著作《新民主主义论》《为人民服务》等单行本，使我们对马列主义有了初步理解和掌握。同时学校教务处安排教师给我们上公共必修课“中国近代史”等课程，要记学分。潘懋元老师给理学院、工学院学生上“新民主主义论”课程。

1950年9月，厦大专门成立了大课教学工作委员会，由副教务长熊德基担任主任，负责组织全校的政治学习，下设社会发展史教学工作组、政治经济学教学工作组和中心工作组。大课教学由本校教师主讲，讲得最多的是王亚南校长，也请厦门市领导来讲课，梁灵光市长、林修德副书记、团市委书记胡辛人等都讲过课，紧密联系实际进行政治教育，使我们获益匪浅。例如，胡辛人同志讲的是“目前的新形势与我们的任务”，他介绍了抗美援朝的形势和意义，对我们做好海防前哨的拥军支前、防空、反特等工作提出了要求。课后，我们各系学生都展开时事学习讨论，积极开展防空设施修筑，参加支前专业队伍。

校内积极发展学生加入新民主主义青年团组织，我在1950年也加入了新民主主义青年团，并参加团组织的许多活动，如参加文艺宣传队（图1）唱革命歌曲、打腰鼓、扭秧歌等。与我同一届的电机系张劲华同学是女子腰鼓队的教练，教我们打腰鼓，她大一念教育系，大二转到电机系。

图1　1950年1月厦大文艺宣传队同学合影

前排女同学右二张劲华，左三何吉利

1950年美国发动了侵略朝鲜战争，唇亡齿寒，党中央毛主席发动全国人民抗美援朝，保家卫国。厦大师生经过政治学习，专门致电毛主席，拥护抗美援朝，纷纷报名参军，有41人获得批准，厦大开大会热烈欢送，给他们戴大红花，其中有我早就认识的生物系一年级学生叶雪音（图2）。原来她是共产党员，在高中时就加入地下党。后来她不畏艰险，到西藏工作多年。她的父亲是厦大教授叶国庆，也是厦大教育系第一届的毕业生，与我父亲何励生很熟悉，经常一起赋诗吟唱，抗战期间与我家一样，全家随厦大迁到长汀。

为了理论联系实际，学校组织学生参加社会实践，深入联系工农群众，改造非无产阶级思想。1950年，我业余参加了厦大职工学校（夜校，图3）和厦门港渔民夜校教学工作，经常给厦大职工和附近的农民、渔民扫盲补习。夜校有一位学生名叫林秀治，住在东边社，后来成为厦大职工，30多年后她遇到我很高兴，还认得我，说我在厦大职工夜校教过她，她是我的学生。

图2　1951年1月14日厦大党支部欢送叶雪音同学(二排左五)参军合影
(引自叶雪音《"三家村"思绪》)

图3　1950年夏在厦大职工学校任教的厦大教育系师生12人合影

前排左起：①杨尔衢(教师)、③赖昌贵(大四)、⑤庄怡谋(大三)、⑥陈汝惠(教师)

后排左起：①詹顺泰(大三)、③陈公渊(大三)、④何吉利(大三)、⑥陈善圣(大三)

1951年秋冬，按照华东军政委员会教育部的部署，厦大组织文法学院二、三、四年级全体师生到泉州专区农村参加土地改革工作2个多月，这也是对师生进行思想教育改造和锻炼的重要内容。当时文法学院各系共去270名师生，分别到安溪县、惠安县参加土改，10月中旬初出发，临行前召开了誓师大会。我们教育系师生是到安溪县第二区的农村，我到山美乡（现为龙门镇的山美村），钟毅同学（后来与我结婚）到赤岭乡（现为官桥镇赤岭村）。

安溪土改工作队由晋江县派出的干部、解放军、厦大师生三部分人组成。例如，我们第二区山美乡工作队有一位解放军长江支队的南下干部李三旺，他是河北磁县人；厦大学生有我和周弄玉，周是教育系二年级学生，惠安人，会讲闽南话。赤岭乡工作队长是一位部队连指导员，苏北人，队员包括连长、文书和几位战士，几位晋江干部，三个厦大学生。解放军负责掌握政策和安全保卫工作，会讲闽南话的干部和学生下去做群众工作，钟毅协助文书工作。厦大团委干部赖昌贵是我们教育系上一届同学，当年毕业后留校工作，也参加土改，开始安排在区里协助搞文字工作，不久他要求下乡（村）做基层工作，让钟毅到区里代替他的工作。

农村的工作环境艰苦，村落分散，交通不便。我们自己背行李到农村，在农民家里住宿，自己烧水做饭，步行到各个自然村开展工作。工作队曾集中到县城开会，在县文庙大厅里，由南下干部、县委书记讲解形势和政策。从乡下到城里，我们都是背着行李，步行数十里路前往的。

安溪县山多地少，地主剥削，群众贫穷。我们在工作队长领导下访贫问苦，发动群众，参加群众大会，审判地主恶霸。工作任务重，政策要求高，我们没有经验，只能边干边学，多请示多学习多交流，同时在紧张艰苦的工作中经受锻炼，改变脱离实际、脱离群众的问题。例如，当时晋江县县长许集美在安溪第二区领导土改工作，有一天钟毅同学拟了一张工作进度统计表请他过目，就被他批评了，他说："下面土改工作很紧张，农村干部文化不高，要统计数字你自己下去收集。"钟毅同学受到教育，印象很深。

11月中旬，我们参加安溪县第二区山美乡的土改工作队（图4和图5）胜利完成任务后，到安溪县城开会总结，全体同志专门合影以作纪念，我特地借了解放军的手枪背在身上参加合影。总结后，我们完成任务的部分师生就先回校了，还有一些参加土改的厦大师生到12月底才完成任务回校。

图4　1951年11月13日参加安溪县第二区山美乡土改工作队的全体同志25人在县城合影

笔者在前排右二，二排右三是周弄玉

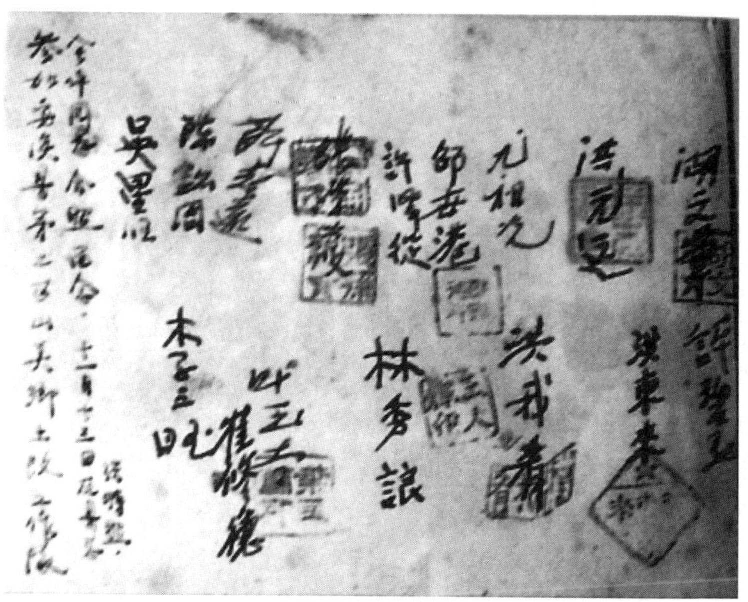

图5　1951年11月13日参加安溪县第二区山美乡土改工作队全体同志合影照片背面的标注与部分同志的签名与印章

就在我们在安溪参加土改的时候，团中央组织了中国学生访苏代表团参加十月革命34周年庆典，要求福建选派一名青年学生（非团员）代表，省里和厦大选派我大弟何大仁参加，他是厦大海洋系大四学生。他们在苏联参观访问49天，在红场庆典上还见到了斯大林。回国后，大仁弟在省内各地汇报访苏见闻和体会，也在厦大东膳厅给厦大师生做了一场汇报，我也参加听报告。记得他在会上介绍了苏联社会主义制度与建设的见闻，电气化机械化程度高，人民生活“楼上楼下，电灯电话”，农业多使用拖拉机，苏联人对中国人态度热情友好，形容中国人像热水瓶，感情不易显露，表面不热心里热。他还在校刊《新厦大》上发表了访苏见闻文章。听了他的介绍，我们增强了对社会主义社会的认识，坚定了建设新中国的信心。

1952年毕业前夕，新来的厦大党委书记张玉麟同志在西膳厅给我们作毕业分配动员报告。他说：“你们从小学到大学都是劳动人民供养的，劳动人民向国家交纳税收，国家办学校、请教师培养你们，你们每个学生要四五十个劳动者的劳动成果供养。国家即将实施第一个五年计划，现在是你们报答人民的时候了！哪里的人民需要，哪里的工作需要，你们就到哪里去！”大家感到，服务人民非常光荣！不服从组织分配十分落后、十分可耻！张书记还说：“如果分配到东北和华北地区，是会冻掉鼻子耳朵的！你们要做好艰苦的准备。”我们都决心为人民服务，积极参加第一个五年计划的建设，冻掉鼻子耳朵也不怕！

经过学校的各项政治教育活动，我们的政治思想觉悟有了很大提高。最后，厦大当年毕业生374人全部服从组织分配（图6），到祖国最需要的地方去工作，其中到东北84人，华北28人。厦大全体毕业生还给毛主席写信报告致敬。我和钟毅响应党的号召，从东南海防前哨的厦门到东北抗美援朝前线鸭绿江畔的安东（现称丹东）工作，感到非常光荣。

离校前我们开大会时，各系同学相互拉歌表决心：“团结就是力量！这力量是铁，这力量是钢，比铁还硬，比钢还强……”这种钢铁的意志和决心伴随着的歌声，至今还缭绕在我们的心中！

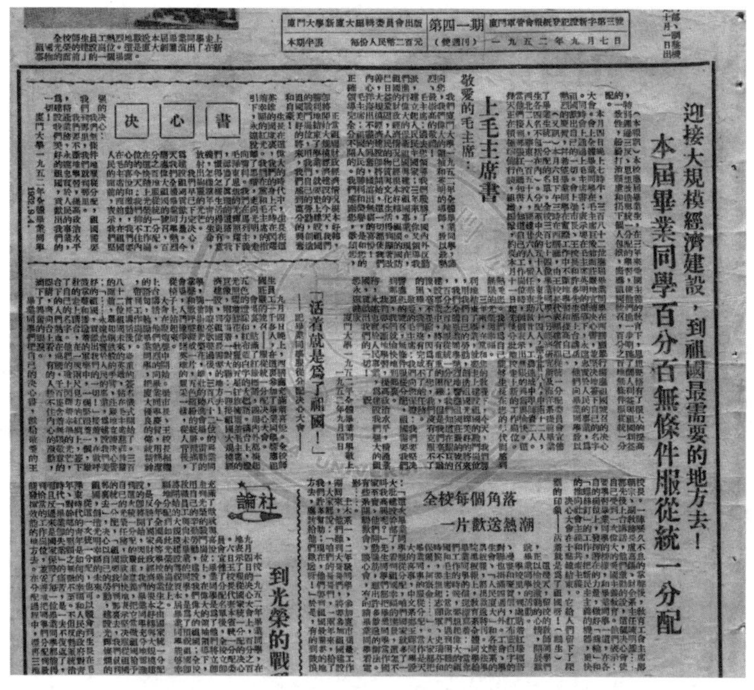

第四一期

迎接大規模經濟建設，到祖國最需要的地方去！

本屆畢業同學百分百無條件服從統一分配

上毛主席書

敬愛的毛主席：

決心書

「活着就是爲了祖國！」

全校每個角落 一片歡送熱潮

社論

到光榮的戰

图6　1952年9月7日校刊《新厦大》关于1952届毕业生全部服从分配和上书毛主席的报道（陈孔立供图）

（2020年10月6日作于福州）

《厦门大学战歌》是怎样写成的

谢应瑞
（历史系1958届）

2011年4月的厦门，春风送暖，百花盛开，我荣幸地以校友身份回国参加母校九秩华诞庆典，意外地得知我50多年前作词、著名作曲家李焕之先生谱曲的《厦门大学战歌》（图1）被搬上90周年校庆综艺晚会的舞台。歌声把我带回那段在厦门大学历史上的特殊时期，不由得令我感慨万千……

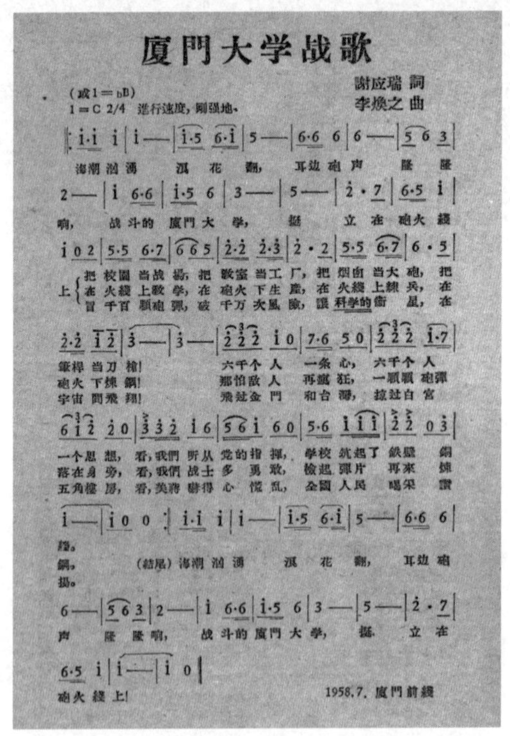

图1　刊载于1958年11月15日《新厦大》第3版的《厦门大学战歌》

《厦门大学战歌》(以下简称"战歌")是20世纪50年代的产物,那时,海峡两岸处于紧张的敌对状态,厦门及厦门大学正处于海防的最前线,随时随地都遭受到空袭及炮击的威胁,厦大校园极不平静,学校的正常教学秩序受到严重的干扰和破坏。

当时,厦大人响应中央的号召,学校实行"全民皆兵",成立了民兵师,各系各单位均按部队的编制进行军事化的训练。那又正是"大跃进"大炼钢铁的火红年代,全国人民立志赶超英国,甩掉钢铁生产的落后帽子,为夺取1070万吨钢的目标而日夜奋战。厦大人也投入到这股洪流之中。

我是1954年进校,1958年历史系毕业留校任教的。大学四年几乎都是在"炮声隆隆"的环境中度过。1954年刚进校,就赶上了"9·3"炮战;1958年毕业时又碰到了"8·23"炮战,这两场激烈的炮战都被我们这届同学赶上了,所以同学们都风趣地说:"礼炮欢迎我们进校,礼炮又欢送我们毕业离校。"这对当年的大学生来说,是考验,也是洗礼!

记得"8·23"那天傍晚,我们同学相约在中山路的"绿岛大酒家"举行毕业会餐,却不料警报突然拉响,炮火连天,有一半先走的同学已到达"绿岛大酒家"等候,另一半同学却被堵在校园内,赶进了防空洞出不来,结果我们的毕业会餐只得推迟了一个多小时才举行。

四年的大学生活,我们亲身体会到战争环境所带来的灾难与艰难,同时也感受到了厦大人在困难面前的勇气和决心,继"8·23"炮战之后,9月9日,对岸的炮弹又疯狂地向厦门大学发射,正在炉边争取多炼一炉耐火砖的化学系谢坚固同学的胸部和腿部都被弹片击伤。接着炮弹又落到芙蓉四楼前的广场上,南洋研究所的颜甘沛等几个学生及正在校园里的农民也被打伤了。

这一切的暴行吓不倒厦大人,一夜之间,所有的厦大人都变成民兵(图2),群情激昂,同仇敌忾,在坑道里发出民兵师庄严的誓言。每天,民兵迎着黎明的第一道曙光,在"演武亭"(民族英雄郑成功的练兵场)广场上操练救护伤员……在硝烟中,厦大的下放干部和农民一道坚持生产,在战斗第一线的厦大农场,被弹片打穿了许多洞的厨房,仍然不停地飘出缕缕炊烟……

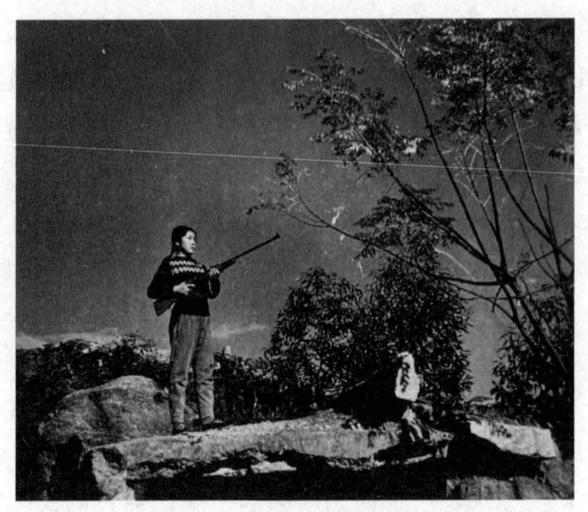

图2　女大学生民兵持枪照片

那时，依山面海、风景秀丽的校园，处处都有工厂：从国光楼的电机厂房到海滨果胶厂；从南普陀寺树荫下的铸铁厂到滨海楼的仪表厂和酒精厂；从五老峰下化学实验室的红楼到西村炼锰铁、炼钢工棚，处处都有在炮火中坚持生产劳动的厦大人。这一切正是我挥毫的墨缘，也才有我笔下这样的歌词：

“把校园当战场，把教室当工厂，把烟囱当大炮，把笔杆当刀枪”“在火线上教学，在炮火下生产，在火线上练兵，在炮火下炼钢”“看，我们战士多勇敢，捡起弹片再来炼钢”。即使在炮火纷飞的时候，厦大人始终没有中断过教学和科研。在疯狂的扫射和炮击下，我们不能在教室上课，就把教室搬到防空洞和坑道里继续上课，当时的南普陀寺十八洞就成了厦大师生上课的教室。

那时，当厦大师生被炮弹打伤的消息传出后，慰问电、慰问信像雪片一样迅速从全国各地和国外飞来。福建前线慰问团及全国各地慰问团纷至沓来。由田汉和梅兰芳为团长的首都文艺界慰问团赶来厦门和厦大进行专场的慰问演出，大大鼓舞了厦门人民和厦大师生的战斗情绪，指挥家、作曲家李焕之先生也随团前来慰问和采风，当他看到我写的“战歌”歌词之后，即欣然为之谱曲，很快地将谱成的“战歌”送到了学校宣传部。随后，《厦门大学战歌》被刊登在《新厦大》校刊上，并被收录到《海防前线的厦门大学——对敌斗争专辑》的封底上。在同一专辑里，还收录了笔者撰写的化学系学生怎样在炮火下坚持办酒精厂的文章。1959年秋，我离开厦大到北京在中国人民大学攻读研究生，据说，当时民兵在训练时都在传唱这首歌，以鼓舞士气。

时隔半个多世纪，在这样隆重、庄严的90周年校庆晚会上，以如此大的阵容和大合唱的形式演唱这首歌，那还是第一次。我感到十分意外和荣幸。意外的是，已经尘封多年的“战歌”是谁的慧眼把它从校史里发掘出来，重新排练搬上庆典的舞台？这是我始料未及的。荣幸的是，新一代大学生虽然没有经历过那段厦大历史上的非常时期，但他们满腔热情、慷慨激昂地演唱这首歌，现场观众报以热烈的掌声欢迎这首歌。在我有生之年还能听到新一代大学生演唱老一代大学生的“战歌”，真是一大幸事。

当年身处炮火纷飞、硝烟弥漫的校园，我们多么渴望有个和平宁静的环境，能安下心来从事学习、教学和科研，让我国科学的卫星能早日飞上天际……正如“战歌”中所写：“让科学的卫星，在宇宙间飞翔！飞过金门和台湾，掠过白宫、五角楼房”，以实现我们“强国富民”之梦。如今这个梦想已经实现了，我国已进入世界强国之林。两岸也已结束敌对状态，实现“三通”，两岸同胞相互往来、和平相处。厦大师生再也不必害怕被炮火击伤，能安下心来从事学习、教学和科研，我感到十分欣慰和鼓舞。我也希望两岸能早日实现和平统一，让昔日的“海防前线”真正成为和平的窗口，让昔日“战斗的厦门大学”真正成为科学的殿堂。

为了缅怀“战歌”的曲作者、著名音乐家李焕之先生，我特地偕同我的夫人陈馨娥(厦大化学系1961届校友，曾经是厦大艺术团团员，图3)漫步来到美丽的厦门海滨“音乐广场”，瞻仰他的塑像，在塑像前致意留影(图4)，以此聊表对先生的崇敬和怀念之情……

图3　笔者夫人陈馨娥学生时代照片

图4　笔者偕夫人陈馨娥瞻仰位于厦门海滨音乐广场的李焕之塑像

（谢应瑞退休之前为厦大哲学系教授，从事西方哲学史研究）

从恢复校歌的周折谈起

丁俊琪

（化学系1981级）

自强，自强，学海何洋洋，谁欤操钥把其藏？
鹭江深且长，致吾知于无央。
吁嗟乎！南方之强！吁嗟乎！南方之强！
……

这是大家熟悉的《厦门大学校歌》，每次校友聚会时，唱校歌已经成为必然议程。但作为厦门大学的毕业生，我在大学本科四年的学习中，却从没有听说过厦大有什么校歌，更没有听什么人唱过。

第一次听到学校有校歌是在1986年的母校65周年校庆大会上（图1），当时美洲校友会的李联欢学长代表美洲校友参加校庆，李学长作为嘉宾在庆祝大会上发言，只见老先生在主席台的一边支上一个白色的大纸板，在台上手舞足蹈的，我的座位离主席台挺远，老先生又远离话筒，建南大会堂又大，远处看去，真以为王景愚在表演吃鸡呢。后来知道李学长希望大家和他一起唱校歌，他怕大家不知道歌词，特地用大字报将歌词抄了出来，立在主席台上，可惜不管主席台上的还是主席台下的，好像没有人响应李学长的建议，最后只有李学长在台上唱独角戏。

但是李学长提议恢复校歌还是得到了老校友们的积极响应。校庆纪念大会次日上午，"来自美国、菲律宾、新加坡和香港地区的校友，欢聚在华侨大厦十楼会议厅，畅谈回到母校感想体会，对学校的发展规划提出宝贵意见。座谈会开始时，由美国校友李联欢博士提议，请大家一起唱校歌，立即得到与会校友的一致赞同。校友们由校歌而联系到母校光荣的历史"（图2）。

厦门大学

XIAMEN DAXUE　　第162期

一九八六年四月十八日　　共四版

图为我校建校六十五周年庆祝大会会场。　本刊记者　摄

三千多名师生代表及来宾、校友隆重集会

热烈庆祝厦门大学建校六十五周年

副省长陈明义讲了话、校长田昭武致词

〔本刊讯〕 四月六日下午，三千多名师生代表及来宾、校友隆重集会，热烈庆祝厦门大学建校六十五周年。

这天，厦大校园到处充满了节日的喜庆，洋溢着欢乐的气氛。下午三时，党委副书记、副校长吴宣恭宣布大会开始。校广播台向全校转播了大会实况。

在主席台前排就座的有：原国务院侨办副萨兆钤、新加坡厦大校友会负责人徐清水、菲律宾校友庄汉卿、佘明培，美国加拿大厦大校友代表李联欢以及中国新闻社香港分社总经理陈聪。

我校党委和行政领导未力工、田昭武、李维三、吴宣恭、王洛林、蔡联崑，顾问潘茂元以及离休干部司守行、谢白秋参加了大会。

校长田昭武首先在会上致词。他代表学校经蜚声中外，在不同的领域，为祖国的振兴和人类的文明作出杰出的贡献。他在讲话中展望第七个五年计划学校的发展前景，坚信厦大一定能办成一所面向特区、面向全国、面向东南亚，高水平、有特色、开放型的社会主义大学。

副省长陈明义代表省委、省政府向厦大六十五周年校庆表示祝为联系东南亚及港澳地区教育界、学术界的枢纽，成为沟通海峡两岸校友交流、为和平统一祖国作出贡献的桥梁。

厦门市四市长毛旖生、暨南大学副校长云冠平、新加坡厦大校友会负责人徐清水、美国加拿大厦大校友代表李联欢、江西厦大校友会秘书长勒公丁等先后在会上讲话。

会上，有关同志转

△为陈嘉庚和故校长萨本栋扫墓

校领导和部分师生及海内外校友

〔本刊讯〕 四月五日上午，我校副校长王洛林、校党委统战部副部长兼校友总会常务理事陈毅中和新加坡厦大集美校友会代表徐清水等，前往集美鳌园为校主陈嘉庚先生扫墓，敬献花圈，缅怀这位爱国老人的丰功伟绩。

同一天，我校部分机关干部、师生代表、厦大校友总会理事会以及前来参加65周年校庆活动的海内外校友，齐集于已故校长萨本栋墓地，举行悼念仪式，并敬献了花圈。学校顾问兼校友总会顾问潘茂元，校友总会顾问蔡启瑞、汪德耀，校友总会理事长周绍民，副理事长陈仁栋、吴伯僖、姚蕊心、陈孔立，海外和香港校友庄汉卿、萨兆钤，福州和江西校友会代表陈承志、勒公丁等，参加了悼念活动。（钟石）

图1　刊载于1986年4月18日的《厦门大学报》对建校65周年庆祝大会的报道

愿母校真正成为“南方之强”

——海外和香港校友座谈会侧记

四月七日上午，来自美国、菲律宾、新加坡和香港地区的校友，欢聚在华侨大厦十四楼会议厅，畅谈回到母校感想体会，对学校的发展规划提出宝贵意见。

座谈会开始时，由美国校友李联欢博士提议，请大家一起唱校歌，立即得到与会校友的一致赞同。校友们由校歌而联系到母校光荣的历史。旅港校友会理事长庄启程说，母校留给我们的是美好的记忆和优良的传统。一想到学生时代，就觉得越活越年轻。在社会上有贫富之分，贵贱之分，但一到了校友会，大家就觉得一种平等和友爱的感情油然而生。七十五岁高龄的1933届教育心理系毕业校友侯国光大姐说：“回到母校，看到学校的发展变化、美丽的校园，就引起无限的怀念。如果时光能倒流的话，我真想再到母校来当学生！”

校友们在座谈中，强调要把好传统好校风继续发扬光大，为国争光。菲律宾校友邵建寅说：“有好的校风，才能培养好的人才，长汀时期那种艰难困苦的环境，却培养出不少优秀人才。希望母校的师生继续发扬厦大历史的好的校风。”新加坡校友庄汉卿以切身的经历，回忆在长汀时期萨校长对学生学业的严格要求，形成一种刻苦向上的良好学风的生动事例。他说，“母校刚改为国立，搬迁到长汀时期，国内有些人总认为厦大不会有什么大名气的。但是经过1939年开始的二次全国大学生学业竞试后，厦大两次蝉连第一名，结果出了名，引起教育界的轰动。这跟萨校长的精心擘划、认真负责的精神是分不开的。”

对母校的“七五”计划和发展远景，校友们认为，教育要对外开放，引进新的科学技术和引进人才，主要当然靠执行政策的正确和学校师生的努力，但也要争取海内外校友的一些支持。美国校友李联欢介绍美国、加拿大校友为母校派出留学生筹集基金的情况。菲律宾、新加坡校友表示赞赏，并表示也要努力为母校筹集一些发展教育的基金。校友们一致要求，要加强母校校友总会的组织活动，办好《厦大通讯》，沟通与海外、香港及台湾地区校友会联系。

座谈会上，校友们还建议学校建立一个校董会组织机构，以协调和争取各方面热心教育事业的人士对母校事业的发展做一些有益的贡献。校友们满怀信心地说，把厦门大学办成高水平、有特色、开放型的大学，成为真正的“南方之强”，是大有希望的。

（黄宗实）

图2　黄宗实老师撰写的报道（刊载于1986年4月18日《厦门大学报》）

我再次接触到校歌是在当年夏天召开的校务委员会会议上。当时我作为学校研究生会主席第一次，也是唯一一次参加校务委员会会议。奇怪的是，那天，时任校长田昭武教授没有出席。会议由王洛林常务副校长主持，其中一项议程就是要讨论校歌的问题，但是参加会议的人并未拿到校歌的样本。那天所有参与会议的除了我和乃文（校学生会主席），其他成员都上了一些年纪，可能他们知道校歌的内容，所以会议召集者就没有把歌词印出来。其实讨论校歌的时间很少，只记得王洛林副校长开了个头，大致意思是：美洲校友会有校友要求学校恢复唱校歌，但校歌的“自强、自强”比较敏感，因为海对面的老蒋提出“庄敬自强”，我们的“自强”会让人家产生不必要的联想等。当时邹永贤教授提出反驳，邹永贤教授是我的老师邹友思的父亲，据说是个老革命，曾经担任学校党委宣传部部长，那时在哲学系当教授，开会之前对他的了解也就这么多。想象中这样的“老革命”大概挺古板的，不是“马列主义老太”就是“马列主义老头”。没想到，他的发言却出乎我的意料。他说：我们的“自强”比老蒋的“自强”不知早了多少年，老蒋抄我们的也说不定呢，为什么因为老蒋使用，我们就不能使用呢？

这次会议上，邹教授给我留下的印象还不止这些，他在讨论学校章程时的发言也使每个参与会议的人开怀大笑，为严肃的校务会议增加了一点色彩：会议有一项议程是讨论修订学校规章，本以为也是走走过场的，因为这些规章每次校务委员会都要问一下有没有什么要修改的，一般可能也没什么人去详细找问题，毕竟从拿到材料到开会只有那么一两天，除非某项条文在实践中出现问题，才会有人提出来修改，就像现在有的组织的bylaw一样。但没想到还是邹永贤教授率先向学生规章“开炮”，他谈到有些规章实在不合理，连过去国民党的规章都不如，有些条文又太不严谨，比如说有一条：“学生不得穿短裤、背心、拖鞋进入教室、图书馆、实验室等公共场合。”那时的学生大概都知道有这一条，记得有一次我穿着拖鞋去图书馆，都走进去了，还是硬生生地被看门的大爷追进去，赶出来，所以对这条规定恨得牙疼。没想到邹教授说，好在我们的学生不去抠字眼，不然来几个学生故意光着身子去这些公共场所，学校这样的规章又能拿他们怎么样？因为我们要求他们“不得穿短裤、背心、拖鞋进入教室、图书馆、实验室等公共场合”，他们裸体去应该不违反校规吧！与会的人无不哈哈大笑。现在想来我是大概没有勇气去故意试探这条校规，其他同学也没有胆量，不然学生裸奔的新闻也不会等到现在“80后”“90后”才有，那时裸奔还不违反学校规章呢！现在的“80后”“90后”同学要是裸奔被学校处分了，从我这篇文章中应该找到苦主了。因为邹教授的提醒，学校在“学生不得穿短裤、背心、拖鞋进入教室、图书馆、实验室等公共场合”的规定上加了一个字“仅”，从而堵住了这条规定的漏洞，也让学弟、学妹没有裸奔的自由了。

回到校歌的讨论，王洛林副校长建议不要讨论用不用校歌的问题了，反正这个时候不宜恢复校歌，还是看看怎样回复美洲校友吧。所以校歌的事也就这样过去了。

第一次看到校歌歌词的全文是在四年之后了。那时我已经留校任教，一天系里找到我，希望我和其他两位年轻的老师代表系里参加学校的校史知识竞赛，作为复习资料，我们收到了几本学校宣传部出版的学校校史(现在想起来那几本“白皮书”《校史》本是非正式出版物，说不定还应该划入“非法出版物”，因为封面上好像连书名都没有，更不要说书号了)，这是我第一次可以系统地了解学校历史，知道了为什么那么多的老校友那么怀念长汀岁月，那么怀念萨本栋校长，也第一次看到了校歌全文。当时离竞赛的时间很紧，组织者为了让大家有重点，不至于在那好几本书里迷失方向，就划了一个范围，校歌自然并不在竞赛组委会规定的范围内，因为当时学校还没有正式恢复校歌，能在这个“非法”出版物中让校歌重见天日就已经不错了。我很快就喜欢上了歌词，虽然不知道怎么唱，但很快就把歌词记住了，没想到这倒为我们夺取竞赛冠军而歪打了个正着。

竞赛是在映雪二教学楼的阶梯教室举行，有十几个系派出代表队参加，经过前几轮的必答、抢答部分，有几个队的分数不相上下，进入决赛阶段，分数还是分不开，因为这之前的问题都没超出“复习大纲”的范围，看过、记性还可以的应该不会弄错。关键的时候到了，最后一题是每个队必须回答的书面问题，要求每个队写出《厦门大学校歌》的全文，只听到好几个队抗议，说校歌并不在组委会的复习范围内，怎么能拿来考呢，而且还是决定胜负的大题，但抗议无济于事。我却好比瞌睡得了个枕头，求之不得，很快将校歌的全文写了出来，交了上去，所有参赛的队当中，只有我们队和另一个队答对了这道题，但由于另一队在前面的竞赛中落后太多，我们队最终以绝对的优势夺得了这次校史知识竞赛的冠军。

最近为了写这篇文章，也为了借鉴过去通讯的编辑方法，把扫描上传网上的几期早年美洲校友会《校友通讯》浏览了一下。虽然网上的过刊不全，但讨论恢复校歌的文章还是有几篇，比如第1期李联欢学长汇报回国参加65周年校庆的消息、第13期李联欢学长汇报回国参加70周年校庆的消息(图3)、第14期的学校回信等，都体现了美洲校友会的老前辈为了母校恢复校歌所做的不懈努力。

20

(十三) 七十校慶 懷念校歌

李聯歡

今年三月初承林祖膺校長誠意邀請返廈參加校慶，臨時決定于四月二日離美，這是第七次返國，順便赴福州、南京和蘭州等地講學。心中雖有許多寄望，主要是借此機會拜候師長和各地學長。

經過香港時，于四日參加香港校友會校慶慶祝晚會，開會初大家高唱校歌，一時振動心弦，無限感奮，希望"將來"他們能繼續唱校歌。

五日下午和許多校友乘港龍飛機抵廈門，母校招待我們下榻新建邵逸夫大樓。一進門我們便受贈塑膠袋乙个，外面印有校訓"止于至善"和校徽。我心中想，"This is a surprise change; it is about time." 因為我是唯一校友胸前掛有"國立廈門大學校章"，我特別感覺榮幸。

那一天晚上，特別興奮的是看到許多從台灣來的學長，卅多年沒有見過面，一時不知從何談起，大有團圓之感。

六日上午九時許在建南大會堂舉行隆重紀念會，各屆代表發表賀詞，可惜美中不足，節目中又沒有唱校歌。我心中想，"Not again." 許多校友全樣失望。但是快散會前，樂隊奏了瞬間的校歌主調，我五年前返校所發表祝詞和所提起的偉大的校歌可能尚有恢復的希望，但不知還要等多少年？（見廈大校友通訊第四期十八頁）

當夜母校在海濱餐廳，歡宴校友和來賓。在宴會中我照了幾張照片作為紀念，當時大表高興，暢談往事舊情。

21

次天晚上，校中座談會，我們公開提出校歌問題。由台灣來的陳樹勛學長坦白地說："我們作生日時吃蛋糕，國慶時唱國歌，校慶紀念應該可以唱校歌。"的確這是一个良好的機會，母校錯過了。校友們離開母校多年，所能記憶的不過是幾个象徵而已：校徽，校訓和校歌。真奇怪，現在的年青人連校歌都不唱，將來如何想起母校？

這次的紀念刊，到處都有登載校歌：台灣、香港、菲律賓。可惜母校美麗的校刊（一共128頁）沒有校歌。不過，想不到"廈门大學校刊"編輯留出版的特刊第十二版（1991年3月31日出版），有登出校歌如下：

這是失望之中，一线曙光。不過這些年青編輯不知道這校歌不但是廈大創办初期的校歌，也是我們唯一的校歌，我們唱了廿八年之久！

图3　刊载于美洲校友会《校友通讯》第13期李联欢学长汇报回国参加70周年校庆的消息

美洲校友会会员尤其是李联欢等学长应该感到高兴，经过多年的努力，学校终于正式同意恢复《厦门大学校歌》，现在嘹亮的校歌在学校各种场合唱响。

从校歌的恢复所经历的过程，也折射出当今中国的变化和厦门大学所处的特殊位置。厦门因为地处台湾海峡的西岸，金门岛近在咫尺，20世纪50—70年代的两岸严重对峙，不仅妨碍了福建的发展，也影响了厦门大学的发展；80年代虽说两岸的军事对峙有所缓和，但意识形态的对立还是十分严重，连"自强"一词，也因为对岸使用而变成恢复校歌的阻碍，现在看起来很难理解，但当时是一个不可逾越的障碍。现在随着台海紧张气氛的缓和，厦门变成海西经济圈的龙头，地处厦门的厦大自然迎来了新的机遇，虽然台海的不确定因素还很多，对厦大的未来发展也是一个不确定因素，但愿那种因为一个词而废了一首歌的情况不会再现。

粮　票

林华水

岁末，媒体上有关“舌尖上的……”东西多起来了。冬至早上，从微信朋友圈看到双重(中学及大学)校友杨锦麟转发的一篇《易中天：那年冬至吃饺子》，被易老师当年的豪气镇住了，四两炸酱面外加一斤饺子片刻就进了他的肚子，丝毫没让舌尖咂摸一下西北孙二娘手艺的机会。那时(1967年)易老师还不是名教授，更不是媒体名人，只是百万支边(新疆)青年中的一员，而且三天粒米未进。说实话，那时候中国人都饿，易老师那副小身板能装进四两炸酱面外加一斤饺子我一点都不怀疑。也就在他“风卷残云”(易老师原文)的那一年，我和同学正在新疆的冰天雪地里徒步串联(可能与面黄肌瘦、几近倒毙于回乡路的易知青擦肩而过)，我那位身材瘦削的同学一顿饭就能吞下石河子生产建设兵团八个大白面馒头。新疆面粉之好一点都名不虚传，如今盛名在外的厦大勤业餐厅馒头两个合起来还没它(而且越做越小)一个大。

易老师文中吸引我的是那张粮票，幸亏他当时有这些宝贝，因此能“牛了一把”，否则只能喝真正的西北风了。而我当年却因为这宝贝几乎沦为“票证贩子”或“投机倒把分子”。易老师说的没错，改革开放之后粮票(图1)就取消了。都说“全国一盘棋”，哪知道改革开放的大幕是由南而北慢慢拉开的，因此粮票由南而北的消失也要花点时间，而我恰恰就超前地来到东北。

那年深秋，我受田昭武院士指派，只身到大连化学物理研究所进行离子色谱电化学抑制器的后期实验工作。为何要千里迢迢到东北进行科研实验，也与改革开放有关。改革开放之初，国家百废待兴，科研经费短缺。如今连最小的环保部门都普遍使用的离子色谱仪，当时仅国内几家国家级研究所从国外购进了几台。厦门大学当时穷得叮当响，哪有钱购买昂贵的进口仪器供研究和对比分析？当时实验室连液相色谱仪配套的平流泵都没有，液体的驱动靠挂瓶，和

图1　粮票(友人的收藏品)

医生给病人输液一样,只不过溶液罐是挂到化学楼最高的6楼楼顶。即便如此,水柱压也无法驱动液体流过分离柱,不过有无分离柱对初期的工作并不重要,只要能流过研究对象——抑制柱就行了,虽然流速控制还是很不稳定。

这里稍加科普一下:离子色谱是利用不同离子与离子交换树脂的亲和力差异而进行分离检测的一种液相色谱方法。离子色谱目前主要用于环境样品的分析,包括地面水、饮用水、雨水、生活污水和工业废水、酸沉降物和大气颗粒物等样品中的阴、阳离子,与微电子工业有关的水和试剂中痕量杂质的分析,另外在食品、卫生、石油化工、水及地质等领域也有广泛的应用。

1975年斯莫尔(H. Small)等人首先介绍离子色谱双柱法,即用一根离子交换分离柱分离样品,后续一根抑制柱降低淋洗液中的背景电导并提高被测离子的电导。

离子色谱发展至今,分离测定常见的阴离子是它的专长,样品注入后在20分钟以内就可得到7个常见离子(F^-、Cl^-、Br^-、NO_2^-、PO_4^{3-}、NO_3^-、SO_4^{2-})及甲酸、乙酸、草酸的定性、定量测定结果,这是其他分析手段所无法达到的。

国外使用的离子色谱抑制柱经历一系列改进和发展。第一代是以离子交换树脂为填料的再生式抑制柱,第二代发展了离子扩散式的纤维膜管型(及后来的平面离子交换膜型)抑制柱(如美国DIONEX公司等的产品),第三代是美国专利4459357公开的狭缝式离子交换膜并带有正、负电极的抑制柱,这些类型的抑制柱都有它们特定的缺点,使用并不理想。

田昭武院士在国际上首创新型离子色谱抑制技术(田昭武、胡荣宗、林华水、吴金添，离子色谱抑制柱，中国发明专利，专利号：CN1003142)，并在权威的*Chromatography*同一期发表了两篇重要论文。配合抑制柱的研制，同时还研制出五电极电导检测系统和“YSI-1型离子色谱仪”性能样机。

以上成果1986年通过福建省高教厅召集的技术成果鉴定，以中国科学院卢佩章院士为主的鉴定小组鉴定意见认为：第一，该抑制技术在国际上首次将电化学原理应用于离子色谱抑制技术，创造性地研制出XYZ-1型离子色谱抑制柱，该柱设计思想先进，性能达到国内先进水平。它的柱压降小，可连续使用，无须再生且性能稳定，结构简单，操作方便。将该柱用于离子色谱系统省去了再生系统，简化了整机结构。第二，厦门大学化学系与中国科学院上海生物工程科学仪器厂采用XYZ-1型离子色谱抑制柱、五极电导检测系统与国内先进的分离柱等成功地研制出YSI-1型离子色谱仪样机(图2)，该仪器具有结构简单、灵敏度高、稳定性和重现性好等优点，其性能指标达到国内先进水平。

图2　1986年田昭武在校长任内仍关心自制的YSI-1型离子色谱仪研制进展

此后，厦门大学化学系与中国科学院上海生物工程科学仪器厂合作(由厦门大学提供离子色谱抑制柱)生产了数百台YSI-1型离子色谱仪供全国各地环保部门使用。同时，厦门大学提供大批离子色谱抑制柱供国内各种型号的离子色谱仪配套使用。

1989年到1990年间,“XYZ-1型离子色谱抑制柱”分别获得国家教委年度科技进步二等奖、国家发明三等奖(图3)、福建省发明一等奖。

为了表彰在科学技术现代化方面作出重大贡献的发明者,特颁发此证书,以资鼓励。

颁发给
获 叁 等国家发明奖项目
的第 壹 发明人 田昭武

项目名称:离子色谱抑制柱

项目编号:90—12—069

中华人民共和国
国家科学技术委员会
一九九0年十二月

图3 XYZ-1型离子色谱抑制柱获国家发明三等奖

特别值得一提的是,田昭武考虑到20世纪90年代以来国家环境保护的严峻形势及环境检测仪器的大量需求,为了打破国外仪器公司的垄断,该离子色谱抑制柱1989年获得中国发明专利后,2004年就主动终止专利权保护,对于此前国内企业私下仿制也不予追究。因此,使用该技术的国内离子色谱仪生产企业大量仿制,国产的离子色谱仪遍地开花。据不完全统计,到目前为止国内外众多厂商(有十几家)生产的离子色谱仪大都采用这项发明专利技术。电化学离子色谱抑制柱的研究成功,打破了国外仪器生产企业的垄断,为我国环境科学事业做出巨大的贡献。

科研问题不是本文的重点暂且按下不提,而且这些成果鉴定、获奖等事情都是本次出差之后的事。

对于本次出差,本着以工作为重的原则,先谈谈抑制柱实验的情况。

改革开放之初,有台进口仪器是件很牛的事,要专人维护专人使用,借给外人使用那是不可能的,更别说拆解、替换其中的零件,得打报告让主管部门层层审批。在许多人的意识中,人的身体开过一次刀就会元气大伤,进口仪器也一样,那是万万动不得的。而我此行目的,偏偏就是来拆解、更换别人进口仪器中的零件，替换上我们的东西。更何况当时这台德国进口的离子色谱仪使用的还是先进的离子扩散式的纤维膜管型抑制柱。

经过一番周折，总算可以上机实验了。也许头一次干这“大逆不道”的活，仪器的专人维护工程师颤抖着双手，终于从这台德国进口不久的离子色谱仪上拆下原装的抑制柱，轮到我轻车熟路地接上我们的抑制柱，在“家里”做实验每天不知要重复多少次这样的操作。为了好比较，实验条件都以主人的为准，这当时差点让我乐出声来，因为免去了我配淋洗液及各种试样溶液的“繁重劳动”。样品注进去了，开始我不免有点担心，万一……还没来得及看看其他人的表情，记录仪就发出刺耳的叫声，所有人也齐声叫起来，灵敏度档位调太高了，这个灵敏度是同实验条件原仪器适用的档位，头一个F^-峰就大大超标。接下来不必说了，反复多次实验结果，我们的电化学抑制柱各项性能指标比原仪器都有成倍提高。最后还提交了双方签署的实验结果报告，对实验给出极高的评价。不过对方惊异于电化学抑制柱的性能，非要留下来用，而我觉得再组装一个很简单，竟然没有请示报告自作主张就答应了，回“家”后挨批也是罪有应得的。

总之，出差的任务是圆满完成了，暂且放下抑制柱，话题还是回到粮票来。

记得当时飞大连的是螺旋桨小飞机。当飞机晃悠悠低空掠过渤海在大连落地时，已是掌灯时分。紧赶慢赶在研究所登记住下后，研究所里的食堂早已黑灯瞎火，只好上街“觅食”——如同一头饿狗在荒郊野地寻寻觅觅，所到之处也都是黑灯瞎火。按说研究所地处并不偏僻，不该如此萧条荒凉，但改革开放的春风还没吹绿的土地全都是这般光景。

终于看到一家门关了一半的小饭馆。“还有能吃的？”“就剩这几个冷饺子了，四两粮票！”听到“粮票”二字，我愣住了，厦门不使用粮票已久，出差前详细列出所有应带物品的清单，包括系、学校派出所证明，密封好的个人档案(当时还没有身份证，到有些国家保密部门要带个人档案)，资料及个人用品，唯独没想到这宝贝。我红着脸同服务员商量：“多收点钱行吗？”“不行，我们是国营饭店，账目每一笔都要清清楚楚！”也许我一脸沮丧且微露菜色打动了另一位年长的服务员，我前脚刚跨出店门，他就招呼道：“同志，同志，粮票免了，下次记得带。”改革开放前，人们都互称同志，比现今称呼“先生、太太、小姐”，不知哪样好听些。饺子冷到几乎冻结，张口下去，一股冲天羊膻味差点让我夺门而出，但我还是镇定地一个接一个吃着，人家特地留了一个人等关门，我不能对不起人家。实在太难咽，“有能喝的吗？”服务员立马从墙角纸箱里抽出一瓶青岛啤酒,还好不需要粮票。青岛啤酒早已有之,不能算是改革开放的成果,更要命的是比饺子还冰冷,每喝一口都像有千百根针扎入牙床。看我龇牙咧嘴吃喝的狼狈相,留守的服务员忍不住和我相对哈哈大笑起来。

其实完全可以找所里课题组的同志借点粮票,但一来因初来乍到,人头不熟,本人又不善交际,实在张不开口;二来使用人家昂贵的进口仪器做自己的研究项目,管理仪器的人心里本来就不爽,只因碍于田昭武院士的面子接纳我,更不敢去麻烦人家。于是第二天一早,我到研究所食堂告之以厦门不使用粮票的实情,工作人员并不通融,居然还建议我"到街上找老百姓买粮票去"。无奈之下只好上街干起收买粮票的勾当。

早些年在厦门从事这一行当大有人在,他们从粮票过剩的人家低价购得粮票再高价卖给缺粮户,不过总是鬼鬼祟祟、偷偷摸摸地干,被称为"票证贩子"或"投机倒把分子",属于专政对象,改革开放后这些家伙就消失了(据说都成了第一批老股民)。虽然我和他们目的不同且目标数量极少(10斤左右足矣),毕竟不光彩因而我的行动也就鬼鬼祟祟、偷偷摸摸起来。挨家挨户地问不是办法,思来想去后决定直奔粮店,那里才是粮票集散之地。可是红着脸问了几个老大爷、老大娘,都被回绝了。"口粮是定量供应的,哪能有多余的粮票?"得到的不仅是回绝,更多的是怀疑、警惕的目光,感觉那目光里我就是一个"票证贩子"或"投机倒把分子"。当时我很绝望,心想:"要是地上能捡到,我可不管是谁掉的。"后来有个老大娘背袋米走出粮店时突然一个趔趄,我及时扶了她一把,并扶她过了马路。她把米袋往路边一放,从口袋掏出一花花绿绿的小纸片,对我说:"小伙儿,我看你也不是坏人,我只有这整20斤的全国粮票,要就卖你。"北方老太太就是豪爽,我像见了观音菩萨似的千谢万谢,并给了她足足2倍的价。粮票的市价是研究所食堂那家伙告诉我的,多少现在我也不记得了。

结果在研究所食堂买饭票用去了10斤,找回的10斤全国粮票带回家,郑重地夹在一本纪念册里。几次搬家之后,纪念册已不知去向。

本该消失的东西就让它消失好了。

[原文写于2017年12月24日(冬至后一天)]

不再排队买米

俞兆平

新经济政策实施以来，对整日关在书斋的我来说，感受最深的一点就是不再排队买米了。

“民以食为天”，以摄取植物蛋白为主的中国人，一日三餐离不开米、面。闽人尤嗜大米，早上稀饭，中午干饭，晚上或焖或煮，均离不开此君。因此，米缸略一见底，心里便惶惶然，买米，成了教学、科研之外的第一要务。

常常是这样的场景：当我捧着《判断力批判》，跟着康老夫子在“无利害关系”的审美云空中超然、飘然；或是尾随宗白华先生作“美学散步”，去窥视魏晋名士裸袒其身的风流与倜傥，并渐入佳境，神思摇荡……此时，忽然“咚、咚、咚”的敲门声响，把我从澄怀观道的境域中唤回。“小俞，快！厦大粮店卖好米了，我先去排队！”我们的楼长，一位雷锋式的退休老先生气喘吁吁地站在门口。于是，我就急匆匆地抄起米袋，拿上粮证、粮票、钞票，骑着嘎嘎作响的自行车向粮站飞驰而去。

那时，粮食定点供应。我家的粮证可在三个店买。但大生里、厦港粮店距厦大较远，信息传导偏慢，往往等到我从书堆中闯出，赶到该店时，早已人散米光。也不是米店无米，有，但装模作样地摆在那里的是陈年旧米，估计在仓库里起码居住了两三年。洗时米质发黄、发脆；煮了，毫无黏性，也嗅不到米香。人们多是在迫不得已时，才去买它。好在厦门各个粮店每月都会供应一至两次好米，即新米。但供应时间不确定，使得那些居家老太婆、退休老先生，时时像侦察兵似的到粮店逡巡。

有能煮出香喷喷、黏糊糊的新米买，无疑是件好事。但于我来说，同时也是件苦不堪言的差事。你看厦大粮店前早已排起一字长蛇阵，有皓首穷经的老教授，也有刚从讲台上撤下、手上还沾着粉笔灰的少壮派。但不管你是谁，都得规规矩矩地在此排上一两个小时的队。当你随着队伍一寸一寸地蠕动时，人会感到时光正一寸一寸地流逝，而此时弗洛伊德或是钱锺书正在书案上等着你呢。无聊的等待最易引发感慨。不是吗？这些年来，你的生命、岁月，不就是一而再，再而三地在类似这种无聊的等待中，乃至种种无聊的纠葛中消耗殆尽吗？

现今好了，我居住的宿舍区对面的市场便有数家个体粮店。多家竞争便带来相互制约，米的质量自不必多言，价格虽有浮动亦在合理的限线内。为拉拢顾客，店主多是笑脸相迎，不但随到随买，甚而还会帮你把米提回家中。自此，我的家事操持中无形省却了一道牵缠羁绊。我们这些中年人虽然潇洒不了，但终于也轻松了那么一点点。

我是玩文学的书生，无法洞悉市场经济的奥秘，但关于人类生存的要义粗略知一二。儒家的告子曰："食、色，性也。"若从费尔巴哈的族类本质层次上去分析，"食"是维持人这一族类的个体生命，"色"是延续人这一族类的群体生命，二者构成人的最基本的生存形态。当然，这仅仅是从自然关系的角度着眼，进入社会关系之后，它便具有更深的社会、历史的内涵。马克思说过："对于一个忍饥挨饿的人来说，并不存在人的食物形式，而只有作为食物的抽象存在。"也就是说，处在饥饿贫困线上的人，他的摄食与动物无异，仅是填饱肚子，满足生理需求而已。至于食物的形式、质量等，如我们所说的，只有人才具有"美食"的追求，饮食文化的内涵等，统统顾不上了。但是，对于奔向小康的中国人来说，其饮食形式，以及饮食结构中的主食——大米、面粉的质量，制成品的形式等，不能不引起人们的关注，排队买米实则是一种本能形态下求质亦求"美"的表现。今天，市场经济所伴随的竞争，不但促使生产力自由运动与高速增长，而且也使我们摆脱了类似排队这种无聊的"竞争"。这不能不使我焚香祝拜，终于不再排队买米了！阿弥陀佛！

阿　莲

戎　可
（生物系1989级）

你一路走好
整个世界的雨都停了
我为你祈祷见到你过得好
不要再为爱受尽煎熬
——王强《天堂里没有电话号码》

当年的厦门大学生物系，独占上弦场西侧的两栋楼，都有文绉绉的名字，不好记，我们平时只称呼它们生物馆一和生物馆二。说起生物馆，怎么能不想起阿莲。阿莲已经不在了，但在很多年里，她都守在厦大生物馆一的门口（图1），是很多生物系孩子心中的一个永恒记忆。

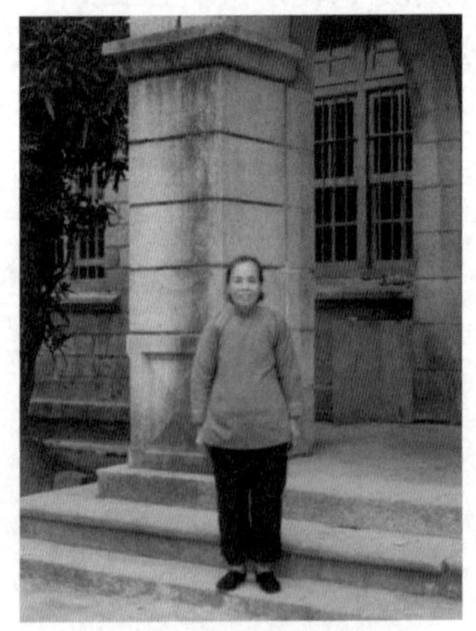

图1　阿莲守护老生物馆

初见阿莲，她是个瘦小精明的老太太，甚至觉得她很凶。凡是她看不过眼的事儿，都要管管，她才不管你是院士、教授还是主任、书记。似乎，她在系里的辈分很高。阿莲什么时候到的生物系连她自己也搞不清楚，多半是在20世纪四五十年代。阿莲没有任何的荣誉和待遇，只是在生物馆独享了一个一二十平方米的房间作为居室（图2），可以在生物馆的门廊里生火做饭。阿莲应该有工资，每天负责系里的邮件收发，馆一也就有了位永不休息的守夜人。

据说阿莲终身未嫁。

阿莲很喜欢孩子，每一届学生里总有一些同学和阿莲相处得很好，会用阿莲的炉灶煮东西吃，小女生们也会和阿莲说些无处可说的私房话。有次我们在实验室打死一条蛇，借阿莲的锅煮。阿莲坚持要我们把炉子搬到馆外，说蛇太美味，天棚上的蜘蛛会掉下来。记得那条蛇的胆被阿莲直接吞了，说是明目，谁想后面老人家的眼睛还是不好了。

图2　2005年阿莲在宿舍

代买电影票是阿莲的一个特殊业务。那时候建南大会堂每周都会放一两部电影。电影票分一、二等，一等票对应最佳观影的位置，比二等票要贵一两毛钱，也是有钱也不易买到的紧俏货。看电影想要有好座位，最好的办法就是找阿莲。不另收费，阿莲就是有办法弄来票。登记时的专注和发票时的兴奋透着老人家厦大元老级人物的骄傲。

有段时间我住在馆一118室，名义是守馆，实际是为了半夜偷翻标本（图3）。于是阿莲便成了我的邻居，她时不时地会给我点儿这样那样的吃食。实话说，老人家的手艺不怎样，所有的东西都是她煮的猫食味儿。几乎每次我们都是兴高采烈拿来，偷偷摸摸倒掉。下次，老人家还是照给不误。

图3　1987年阿莲晒标本。厦门潮湿，每年晾晒标本是我们当年的节日

阿莲爱猫。我们在校时，她的两只猫据说一只快30岁，另一只十八九岁，都比我岁数大。每天阿莲都早早出去买鱼回来煮猫食，基本上与猫卧同床食同锅，两只猫油光水滑肥硕无比，跟阿莲的清瘦如同世界两极。大三时我买了相机怕丢不敢放宿舍，就用红绸包了放阿莲那儿，每次取回来的时候都得小心检查上面是不是有跳蚤。老人家的住宿条件实在太差，据说后来老人家退休去了养老院。

老人家没啥大功绩（图4），陪着一代一代人走过了青春岁月而已。每次想起大学时光，都很想给阿莲打个电话。如今，电话依旧可以打过去，人已经不在了。

又到毕业季，很想念她老人家。回想起来，从来没有称呼过她“老师”，也没叫过奶奶，都是直呼其名。但其实，我不知道她的名字，只叫她阿莲。

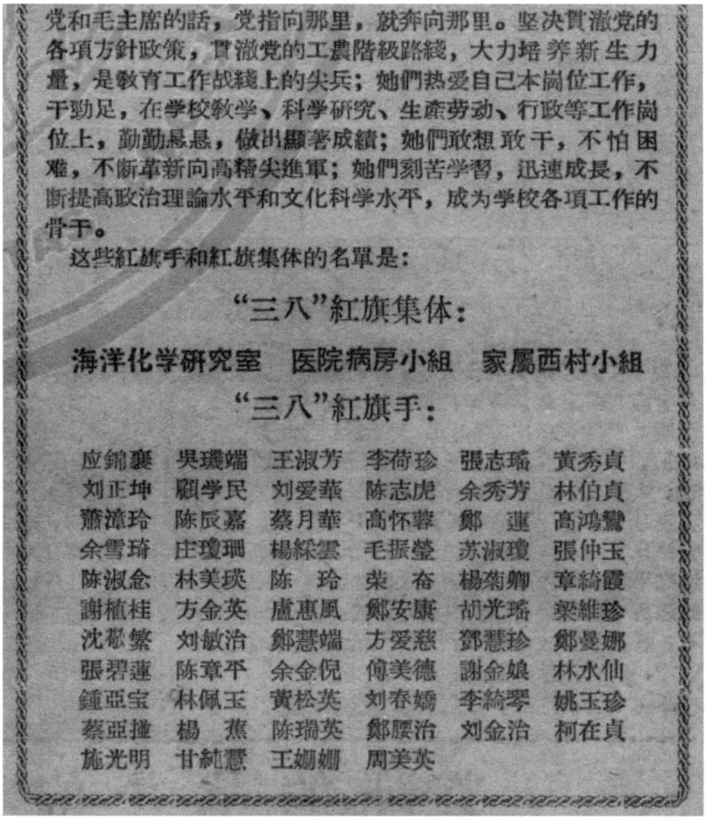

党和毛主席的話，党指向那里，就奔向那里。堅决貫澈党的各項方針政策，貫澈党的工農階級路綫，大力培养新生力量，是教育工作战綫上的尖兵；她們热爱自己本崗位工作，干勁足，在学校教学、科学研究、生產劳动、行政等工作崗位上，勤勤懇懇，做出顯著成績；她們敢想敢干，不怕困难，不断革新向高精尖進軍；她們刻苦学習，迅速成長，不断提高政治理論水平和文化科学水平，成为学校各項工作的骨干。

这些紅旗手和紅旗集体的名單是：

"三八"紅旗集体：

海洋化学研究室　医院病房小組　家屬西村小組

"三八"紅旗手：

应錦褒　吳璣端　王淑芳　李荷珍　張志瑶　黃秀貞
刘正坤　顧学民　刘爱華　陈志虎　余秀芳　林伯貞
蕭漳玲　陈辰嘉　蔡月華　高怀蓉　鄭　蓮　高鴻鸞
余雪琦　庄瓊珊　楊綵雲　毛振瑩　苏淑瓊　張仲玉
陈淑念　林美瑛　陈　玲　柴　奋　楊菊卿　章綺霞
謝植桂　方金英　盧惠風　鄭安康　胡光瑶　梁維珍
沈郁繁　刘敏治　鄭慧端　方爱慈　鄧慧珍　鄭曼娜
張碧蓮　陈章平　余金倪　傅美德　謝金娘　林水仙
鍾亞宝　林佩玉　黃松英　刘春嬌　李綺琴　姚玉珍
蔡亞擁　楊　蕉　陈瑞英　鄭腰治　刘金治　柯在貞
施光明　甘純慧　王姍姍　周美英

图4　刊载于1960年3月9日《新厦大》第1版的厦门大学"三八"红旗手名单

照片来自8808吴华程师兄曾经的博客。8808，我们是8908，这是当年的信箱号码。这样的号码，也是一种怀念吧。

东山湖记

俞兆平

“东山湖”之名，乃笔者初拟，即厦大水库，年轻学子另有一浪漫之称——情人谷。何以变易其名？因水库之称雷同，无甚个性，且偏于俗，实用功利气息太盛，故闽浙两省旅游胜地大金湖、千岛湖均由水库改称为湖；至于情人谷，则艳丽之意过浓，与此地之清幽素淡相去甚远，且谷又异于湖，谷为地，湖为水，二者不可混淆。那么，为何取名“东山湖”呢？因湖水聚于五老峰东侧山腰谷地，属“东边社”地界，湖边即有一清乾隆四十一年(1776年)石刻告示：此处属“厦门东边社土名岑内口”，且距湖畔厦大植物园不远，即沟通厦大东区的山洞口，故而取名“东山湖”较为贴切。诸君不妨再拟新名，优胜劣汰吧。

进厦大大南校门，至华侨之家，沿边上花岗岩石铺设的小路逶迤而上。石条的铺设在不经意间竟生出意蕴，一长二短一长的，成《易经》之离卦；二短一长二短的，成《易经》之坎卦。当然，修造者不会有此构想，全是我这闲散游人的飘忽意念罢了。路旁中段处有一废弃的碉堡，不知是国共两党对峙时修的，还是日本占据厦门时期倭寇所建。事过物留，时光已逝，碉堡壁顶几枝攀藤上的红叶在冬日斜阳下泛动，默默诉说着往事。

小路尽头与通往东区水泥公路交汇的拐角处，倒有一值得驻足之景观。那是状如闽省东山县“风动石”般的上下累石，摇摇欲坠，危如累卵，只是两石间隙有碎石块垫塞，“风动”不得，吾打趣曰：“此乃凝动石也。”上石题刻“棲云”两个大字，充溢诗情画意；下石有一清雍正三年(1725年)石刻，题为“高明宫绿地记”，倒也不乏文人雅趣，但内文多是地界划定、卖地葬坟、银两几何的俗话，不看也罢。只是别辜负了那累石上或缠绕，或盘结的古藤，它是时间用另一种形式写下的历史。

沿公路前行数十米，略加转弯，东山湖即在眼前。水库石坝不高，却拦出一湖碧水。坝前修整一新，有一圆形小广场，上列九块形态不一的天然石头，若九星拱月。旁立一圆石，上刻《厦门大学水库题记》，内文记述："水库始建于1921年""水域面积约2万平方米""在长达60多年的时间里，水库为厦大主要饮用水源，恩泽众多师生"。常言道：饮水思源，育我厦大师生90年之源，润泽厦大校园90年之水，就来自此湖。遥想当年，筹建人员翻山越岭，披荆斩棘，终在此山间寻及理想坝址，在建校的蓝图上勾勒出这浓浓的一笔，是何等不易。我亦想到，在爬山选址的行列中，定有陈校主拄着手杖蹒跚前行的身影。如此道来，笔者今倡言易名，岂不有数典忘祖之嫌？非也，在旅游之风盛行的今天，易名"东山湖"可引来更多仰慕之客，使此厦大渊源之水为更多人所知悉、所钟情。

东山湖悬于山峰之腰，远离尘世喧嚣，故自有一番独特的景致之美，即空寂清幽、淡雅自然。如果未修整前的水库还是一个天真未凿的山野村姑，那么，现在东山湖则是一位亭亭玉立的世外佳人。湖之入口处新铺设木栈道，虽仅绕湖约十分之一，却给人一派欣喜。脚踏于上，有咚咚微响，颤于水面，动于心律，颇有空谷足音之韵。道旁山上多长相思树，日光从树叶隙间穿漏而过，投下斑斑影迹，似随水波漾动。缓缓吸一口湖上谷间的空气，清新之味沁入心脾，再把胸间尘世污浊长长吐出，颇有羽化登仙之感，如回鸿蒙初辟之际。

进入此境，大自然原趣之美让你心神为之倾倒。鸟雀自在欢快的啁啾之声不绝于耳，时而有几只从林间腾起，掠过空间，留下一串银铃般的音响。山野原是生灵们的乐园，只是人类过于贪婪，不断蚕食它们的生存之地，现在该是到了偿还的时候。栈道过完是石径，石铺的小道绕湖而去，引你领略这清幽的湖光山色。道旁的山麓、水畔，间或会有枯木朽株，或斜卧，或兀立，或错乱交叉，再往水中一看，还有不少枯树没于湖边泥中，纯然一派不可多得的原生态景象。即使是一些人工设施，如石凳、木椅等，也多呈露材质的原色。这令人不由得感谢起造园者来，他脱俗的审美情趣给厦大留下了一个不可多得的自然空间。

虽说造此园以尊重自然原趣为主旨，但毕竟是造园，少不了人工痕迹。如何把人工的介入消淡于无，则要看设计师的技艺与修养了。群贤楼的碧瓦飞檐在这里当然显得突兀，芙蓉湖的鼎盛人气也不必纳入蓝图，它需要的只是素雅与幽静。沿湖延伸的小径，曲折有致，在湖的北端拐角处遇一小涧，于是江南园林常见的小桥流水的景致就显露人前。但幽美之处还在于小溪涧，错落的山石依次把它隔成参差不齐的多个小池，层叠而下，池旁绿树枝叶的倒影染出了一池碧色。水面上落叶依稀，山风拂过，轻轻漾动，柳宗元《至小丘西小石潭记》的“悄怆幽邃”之感涌生，“其境过清，不可久居，乃记之而去”。

过小桥前行，远远望去，有一亭阁（图1）突入湖中。此亭风貌别具一格，摒弃雕梁画栋，而以茅草覆顶，原木为柱，素朴淡雅到极致。亭后植有一片南国方有的椰林，“椰风草亭”与山青水绿的自然风情，不露痕迹地融为一体，自有一种情趣。伫立亭间，湖水在跟前铺展而去，夕阳衔山，晚照辉映，一湖金色鳞光，闪闪烁烁，犹如万千金鲤嬉戏于间，让人心神为之敞亮。由椰风草亭往前，为湖之东侧，景观与前大致类似。小路的终点，为厦大植物园，园内的花木盆景，盈盈翠绿，灼灼艳红，姿态各异，也值得一看。

图1　东山湖小亭

如此山湖，在国内各高校中，虽不能说绝无仅有，但也实属罕见。古有双璧争辉之说，今亦有双湖媲美之喜，芙蓉湖、东山湖，一风姿绰约，一素雅天然，同为厦大襟怀中一对碧玉也，愿厦大人惜之、爱之。

附注：此文写好后一个月，适逢厦大90周年校庆，听说校方已把“厦大水库”或曰“情人谷”，改名为“思源谷”。此文若随之更动，气韵定然尽无，只好留此存照罢了。

走进永远的厦大孩子

郭志超
(历史系1977级)

读思北小学时，我从未听说有东澳小学，到闽西下乡再转到闽北工作考入厦大后才风闻。后来注意到这所校名“内地仔”味、规模很小的小学，居然出了多位中科院院士和省市级领导，引起了我的好奇。

我以为，写作如同绘画，尤像素描，不细，难以成像。《永远的厦大孩子》一书，作者数十，却有细腻这一趋同的文风。这本800余页的大部头，让我走进当年厦大孩子们的天地，喜欢他们的“和尚小学”和“百草园”，也记起若干位的故事。

隐约附小与“和尚小学”

如果没有杨振宁先生回忆起童年上学，鲜有人知道厦大初期就有附属小学。20世纪20年代，杨振宁的父亲杨武之先后在美国斯坦福大学数学系获得学士、芝加哥大学数学系获得硕士及博士学位。1928年秋杨武之学成归来，到上海偕妻带子来厦大数学系任教授(图1)。6岁的杨振宁就读厦大附小，那时称作“厦门大学附设模范小学”，教室在博学楼(今人类博物馆)楼下。1937年厦大内迁长汀前，这所附小应还在。迁到长汀的厦门大学就设在孔庙及其附近，长汀县城中心的龙山小学本就在这里。这样，厦大就没有办附小的必要了。卢咸池学长告诉我：“抗战胜利后厦大回迁，正式创立厦大附小，潘懋元为校长(首任大概也是唯一一任)，位置就在校医院边上。我大哥(1948年毕业)、王亚南校长(当时还是法学院院长)的儿子王洛林(比我大哥低一年级)等都是该校的学生。”我想，这一附小应并入后来的东澳小学。

图1　杨振宁1929年与父亲杨武之、母亲罗孟华摄于厦门
（引自江才健著《规范与对称之美：杨振宁传》）

东澳小学(公办)成立于1952年,其前身是私立养正小学,校舍就设在南普陀寺正殿西侧弘一法师住过的养正院里,厦大孩子多就读于此。原是僧院的校舍,光线不好,设备也很简陋。让孩子们注意到的变化是建了个滑梯,还有厦大赠送一台旧的乒乓球桌。学校被戏称为"和尚小学",孩子们并不恼,他们感念南普陀寺的慷慨。早操就在天王殿前的大石埕,活动常在寺内大院(图2),毕业照多有殿堂背景。

图2　厦门市东澳小学参加1959年小学生歌咏比赛获得三等奖留影

师生心态旷然，像蓝天包容万物。旷达就不易偏狭，公平公正的意识便滋长在这种心态里。郑锡平的家从厦大迁居大生里，妹妹就近入读东向的一所小学，因家长“右派”受到歧视恶待，到东澳办转学，教导主任有些迟疑，首任并长期担任校长的林友梅说“我来担保”，这让郑氏姐妹感念一生。书中有帧照片，庄重的她宛若社会慈母，也似慈悲菩萨。初年级的徐学课堂不守纪律，对老师批评应以膝敲课桌下板，吴秀英老师平静地说，有人不愿上课，那我们到外面树下继续。捣蛋者也跟着出来。吴老师说，他愿意一起上课了，那我们回到教室吧。事后，她也没向家长告状，相信孩子也有自省能力。不必播人的话语，不必炫目的行止，春风无痕才是教育真谛。后来也任教的徐学感喟：“一所学校，重要的是……一批富有爱心的教师、一种宽松和谐的教学传统”“这样的学校是成功的，它的成功也许要在学生离校几十年后才会被发现，立竿见影的辉煌与它无缘”。

快乐的“百草园”

作业不多而课外活动多是东澳校友的集体记忆。厦大校园一带当时是郊区，为课外活动提供广阔的“百草园”。半圆池(图3)、小水渠可以垂钓小鱼小虾养在大瓶小缸里，龙眼林荫来一阵“警察抓小偷”，空地上要手弹玻璃珠的“高尔夫”、玩简易棒球的“捉田鸡”，山坡林草地采“虎莓”和野毛桃、采桑叶把“小黑点”养到“作茧自缚”，小宅院里养鸡鸭和兔子，在山坡垦荒种番薯。暑假里，田中群是捉蟋蟀的好手。他用须草从小洞里引出蟋蟀，能从尾尖分出雌雄，从羽翅颜色辨出斗性。他还试着捉蟋蟀崽来养成能战善斗的大蟋蟀。后来成为科学家的他，认为这些观察试验与实验室的科研没有本质的不同。从直接面对世界到用文字等符号来间接认识世界，是人类认识自然和社会手段的飞跃，而符号世界唯有依附于现实世界才有活性。个人积累的感性经验越多，通过文字获取和表达的信息就越丰富。好奇和好玩是儿童的天性，这种天性在课外活动中获得滋养，是成长的重要内容。尽管厦大一带的环境具有独特性，但其内蕴的道理却是普遍的。

图3　南普陀寺龙泉半圆池，当年并无石栏杆围住(章慧供图)

东澳小学凋零于1966年夏。尽管“文革”中这所小学改名为“七二七小学”而苟存(图4)，但东澳小学校友不堪阴霾岁月的回首，浩劫前的东澳才是他们魂牵梦绕的校园。校园及其延伸的小学生活已经远去，但她是留给孩子们美好的精神家园。这种陪伴终生的精神家园，其理想程度是由非短视而有远见

图4　“文革”中，东澳小学被更名为“七二七小学”，这是1972届毕业生与老师的合影(陈亚新供图)

的教育理念及其具体实践决定的。一声归雁(傅顺声)在海峡网的评论更贴切扼要:“东澳小学的特点就是学生在玩乐和探索中学习知识。成绩并非很好,但动手能力和视野却很强。”

若干作者印象

我读大三时,史学大师傅衣凌教我们“明清经济史”,他的福州腔很重,助教陈支平不时上台板书。他常引述一些典型的史料,让学生贴近历史,揭示何为由小见大的历史研究方法。我兼任这门课的科代表,上课是上午三四节,我常送傅先生回家,多了耳提面命的机会,还知道他和邓拓是同学,以及他有个和我同岁的儿子读海洋系,多年后才知道他就是傅顺声。南普陀寺正殿大门也可以说是东澳准校门,从厦大去上学,进了天王殿斜向西,在迦南侧殿旁的边门进去就是东澳小学了。傅顺声对佛像有兴趣,知道四大天王、韦陀帅哥等故事。十八罗汉原本多铁骨铮铮,鎏金偏铜而古朴,后来重塑的发福了,金光闪闪很土豪。这些变化,躲不过后来顺声的眼睛。一声归雁是顺声的网名,常读其文,知道他当年与我们分道扬镳,千里走单骑,下乡在明溪或清流。他养的黄狗被邻村知青吃了,我也很伤心。

郑兰荪步行串联到福州,同伴们拟继续北上,他打电话请示,家长不同意,听命返厦。兰荪读大学时已小有名气,我还知道他是独子。这样的乖乖虎,父母就是多养几个也很省心。田中群则静静调皮、偷闲着玩,连弹掷玻璃球也讲策略战术,赢了一盒玻璃球,后大度送还玩伴。政协活动时同中群聊过,知道他中学时当过语文科代表。他写百草园故事,笔细如豪,简直是科学考察札记。如今,成长中的少年若琢磨地看了其文,或许能悟出“见微知著”的微言大义。语言就是思想,文理相济。我曾两次听取他在厦大科研会议的发言。他说,科研有竞争又有协作,单纯的“比”要警惕其中的“匕首”。很早,他就以世界眼光展望生物科学在21世纪的前景,并预言厦大生物学最有可能取得长足突进。他是物理化学家,怎么论议起生物学?我的将信将疑终于在后来的事实面前转为赞叹。

当讲师时我就坐过陈亚保的车,一下子就记住这位爽快人。1972年从龙岩青草盂农业建设兵团调到邵武煤矿不到一个月，我就认识亚平，探亲回厦到过亚平在厦大敬贤的家。坐了亚保车的多年后，才知道他是我好友之弟。亚平的蝶泳像海豚，“文革”时师从八一队游泳教练王者诚。这次阅读才知道，亚保也是“水怪”。他的自由泳如“扒龙船”，得过厦大教工运动会两项冠军。亚保幽默率性，没想到他竟是写手，一下子出手7篇。

我和启平、启五是敬贤一的老邻居。很早就见过他们兄弟俩小时候在厦门喷水池和大南门的照片，哥谦谨随和，弟桀骜不驯。我学过麻衣相法，自信眼力。大约10年前，启五的学院民主选举院领导，投完票就要结束，启五竟然要求亮票，场面很尴尬。这要求没什么错，至少有追梦的情怀。我深信，这也是属于中国梦的范畴。梦不是“距离美”的遥不可及，而是在实践中逐步实现的。启五和我同为本校1977级，早就读其文、知其名，直至厦大任教后才得见庐山真面。我喜欢启五散文，像小叶桉树梢在风中歌舞，妙趣天然。我偷师一些，笔头少涩。听其演讲，好像山涧激流，偶尔来一两声雷公叫，让你心里怦怦跳。但书中的小启五比较可爱，能耐心为小伙伴讲故事。

潘世墨和我同下乡武平大禾公社，我在坪坑，他在邓坑，离公社同为12华里。我去上湖(翻过山就是启五插队的唐屋)经过邓坑，山径旁的松树硕大参天。我和他在群贤二梯形大教室一起上过“政治经济学”公共课。世墨任副校长，仍是布衣本色，待人真诚亲切，有乃父之风。其父潘懋元是泰斗人物，我的感觉却是亦师亦友。2000年夏到厦门宾馆参加“人类生存与发展”研讨会，我送他回家，他坚持车子停在校门口附近就好。车上谈到两岸关系，意赅的简言启发我，科研虽是巨细并蓄，但最后结论是结晶体。撰文讲课，也是漪心展涟，或涟归漪心。很多新老故事让我熟知潘世建，虽然至今未见面。多年前，某宫庙范围与市政拉锯，我是“智囊”。分管城建的他，打电话给我，条分缕析，有着不可抵挡的说服力量。我的讲课还不错，但论说比之有差。钦慕某人，情融理易晓。

我在大三听过南洋研究所何启拔先生的讲座，后来在芙蓉一的路上见到他，一路交谈，不觉就要到其敬贤住处，他客气请我进去坐坐，我怕扰人，便告辞了。那一刻，下午四五时的阳光透过桉树稀疏的树叶，照在那黄粉墙面，光灿明媚。近几年才知道何瑞苹是何老的女儿。瑞苹家原在天津，小学时才到厦大，在一片地瓜腔中，她字正腔圆，得过朗诵表演奖。在近年知青文化活动中，我有幸在诗朗诵与她有过合作，受到陶冶。小毛桃的故事，流露小女生坦诚明朗的性格，透露当时社会的古板和善良。

在厦大孩子群中，我最早见面的是周跃。那是1963年或1964年秋天，周跃才五六岁，瘦小苍白却美丽，身着素色连衣裙，坐在26寸自行车脊杠的小藤椅上。那天下午，我们班到厦大参观建南大会堂等建筑，回时经过大生里，看见周爸爸带小周跃要回附近的家。周跃的大姐周如文和我是初中同窗，如文内向文静，周跃小学高年级就是业余运动员，书上有她在建南楼群前撒欢的照片(图5)，猜想性格是夏日阳光，而二姐海文性格则介于二者之间。我读一中初中，周跃妈妈傅素文在同年段教语文，是优秀教师，所任班主任的四班也是优秀班。考高中时，其班的邱博学在一中考生中名列第一。在周跃悼念琨章的文章配照里，我看到老朋友曾琨章。其父曾沧江老师，正直乐助，与“右派”污名的郑家比邻友敬，用草药根治了启五的肾盂肾炎。琨章是出院翌日下班后在家门口瘫软于地的，就此西去。因周跃的图文，琨章在文集中仍和大家在一起。

有无数大大小小的群体认同，才有中华认同的根基。《永远的厦大孩子》富含着这种情感的力量。我也想念我的思北小学，想念老师和小伙伴。读小猫钓鱼的岁月，是一生最透亮美好的时光。

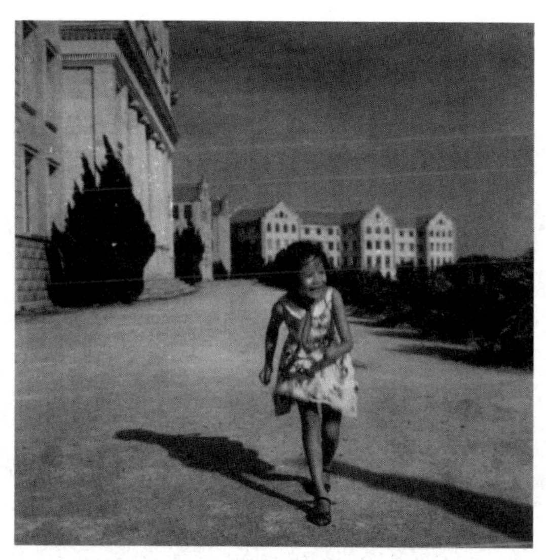

图5　在厦大建南大会堂前快乐奔跑的小周跃(周跃供图)

书生意气

——两代学霸的留日故事

郑锡平

“风月无情人暗换，旧游如梦空肠断”，随着黄昏岁月不断逼近，面对扑面而来、人去楼空的世事变幻，有些措手不及，落寞无助。

余扬政先生(图1)给我的最后一封邮件日期是2016年4月9月。

平安(这是余先生对我的昵称——锡平注)：邮件收到，谢谢了！看了感叹！祝吉祥如意！

余扬政

2016/04/09 2:04

图1　余扬政教授在为读者诠释有趣的物理引力现象(厦门海疆学术书店供图)

此后我们多用微信联系，先生对我发去的微信一定会评语回复，最后的微信回复是2016年5月14日13点21分。

就是这样，这么好好的一位先生，却在2016年5月15日的这一天，不打一声招呼地走了。当我在2016年5月16日接到物理系在美国的一位老师打来电话，告诉我说余先生走了的事，要约我和他一起送花圈时，面对突然传来的噩耗，震惊不已，先生怎么说走就走，匆匆忙忙，究竟发生了什么事？这样不辞而别，最让人于心不忍痛悔不及（我想起了我父亲也是说走就走，不打一声招呼）。

5月18日收到先生家属发来的电子邮件。

亲爱的朋友们：

我们有一个非常悲痛的消息要告知你，余扬政，原厦门大学理论物理学教授，你亲密的朋友，于2016年5月15日19:05去世了。

我们这些有幸认识余扬政并与他共事过的人，失去了一位真诚而睿智的朋友。

作为他的家属成员，我们都和你一样悲伤。感谢余先生与我们一起度过的时光，这一切将成为最珍贵的回忆，他将永远活在我们心中。

余扬政家属一同

2016年5月18日

我知道，从此以后不会再收到先生的微信和指教，先生的关心问候亦成绝响。不免心生悲凉，扼腕叹息。茫然之中，抬头看见父亲贴在老宅房间墙上的两首唐诗（图2），寓意深刻，暗藏哀思，不由感叹生命脆弱，人生无常。

时光易逝，往事难忘。记得和先生的来往之初，是10多年前的一次偶遇。那天我刚要走进厦门大学西村宿舍边上的光合作用书店，先生正好从书店里出来，高高瘦瘦的身影，似曾相识。就在先生开锁准备骑上自行车离去时，我忽然感到此人面熟很像父亲的学生，赶紧趋前问道：“是余先生吗？我是郑南金的女儿。”先生说：“嘿，哦，你是郑先生的女儿，你从日本回来了？好久不见，我们聊一下吧。”先生重新锁上自行车，带我走进书店，走到二楼的咖啡厅，找了位置坐下，叫了两杯咖啡。

先生满脸笑容，说怎么知道是我？别后无恙？家里一切都好吗？我还没回答，先生就情不自禁滔滔不绝地讲起他难忘的日本访问学者的留学生活，还

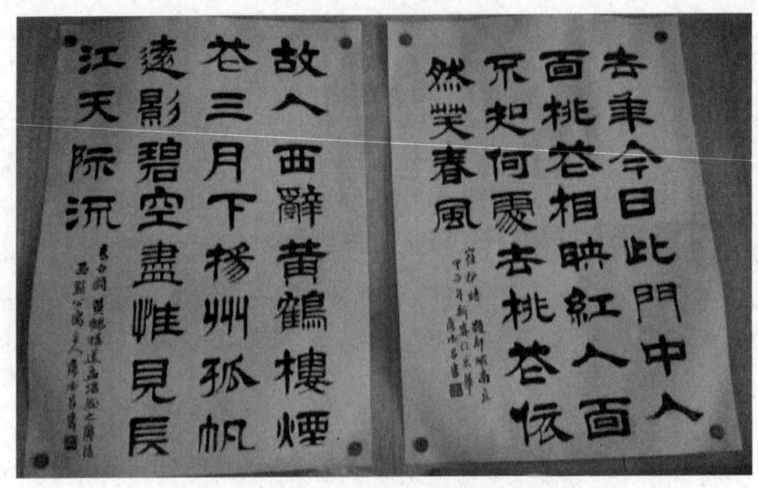

图2　父亲贴在老宅房间墙上的两首唐诗

有回来后如何报效国家，为学校为社会做的种种贡献。

20世纪80年代初，他们这一批访问学者赶上中国改革开放的浪潮出国留学，学成归来后又有机会把留学中学到看到的尽情发挥，为“文革”后的社会和教育重建贡献力量。他似乎很怀念那段留学时光，让他有机会看到外面真实的世界。先生问我，西岛先生还好吧？好久没和他联系了。西岛先生是余先生的留日保证人，当时先生因为得到奖学金，作为交换学者要来日本留学，父亲给他介绍了朝永振一郎先生(1965年诺贝尔物理学奖得主)的学生西岛和彦先生(曾被4次提名诺贝尔物理学奖)执教的东京大学。西岛教授作为他的导师和保证人之后，他如愿以偿，从厦门大学物理系来到日本东京大学留学3年。留学期间，西岛先生给他很多指导和帮助，令他念念不忘。他还当场借了我的电话拨通西岛先生的电话，问候请安，并欢迎西岛先生偕夫人来厦门游览畅叙。看着先生通完电话后的满足感，为之欣慰。

余先生是1957年从南航转来厦门大学物理系的学霸，学习成绩优秀(1962年1月12日《厦门日报》首版以“立下雄心壮志、踏踏实实读书”为大标题，并配“厦门大学物理系四年级学生余扬政勤奋读书，门门功课得五分，并自学了理工科大学的高等数学和五种外语”副标题写道：“厦门大学物理系四年级学生余扬政，进大学四年来，学习成绩一贯优异，每门学科考试都得五分，他还自学了理工科的高等数学和英、俄、日、德、法五门外语，其中英、俄二门能够笔译参考书和文献，其他三门可以阅读专业参考书”)，英文和日语纯熟，算是父亲的学生。自从父亲和他的两位学生被打成“右派”以后，父亲再也没有机会走上讲坛教书，但依然欣赏学习成绩优秀的学生。改革开放以后，父亲希望先生能跟上形势，一定要找机会出国看看，继续深造学习。

父亲曾经也是20世纪40年代留学日本京都大学物理系的学霸，千代小阿姨(我母亲的妹妹)曾经对我说过，父亲还在日本时，拿着汤川秀树先生(汤川是父亲20世纪40年代初留学京都大学的直接导师，1949年日本第一位获诺贝尔物理学奖的学者)从美国寄来的信给她看，说汤川先生要推荐父亲去德国继续深造学习。那时候，父亲刚和母亲结婚，不想离开日本，轻易回绝，而永远失去机会，后悔终生。父亲吃一堑长一智，当年自己没有远见的愚钝单纯，轻率地拒绝，失去继续深造的机会，不能再让后辈们有追悔莫及的遗憾。听说先生得到奖学金，可以来日本学习时，父亲很高兴地写信给西岛和彦先生，把先生推荐给他，让先生有机会来日本继续深造，看看外面的世界。先生一边滔滔不绝，一边很怀念地把在日本的所见所闻，亲身体验的一些记忆中的往事，还有和父亲的交往友情讲给我听，感叹时间过去得太快了。

先生在日本留学的那段日子里似乎过得很愉快很活跃，不但把日语学精通，专业日语尤其棒，记得大妹在接翻译工作中遇到专业日语，翻不下去，拜托先生翻译时，先生在很短的时间里完成，帮了大忙(这是后来的事)；先生还用英文和同学交谈，参加各个学校或者社会上的活动，努力融入日本社会，去学习去了解日本大学的教学课程和日本学校的教育体制。

还听哥哥说，那年，哥哥开车带父亲和余先生到富士山旅游时，听先生讲，除了珍惜机会，努力读书，还抽出时间，作为临时讲师，每周1～2次到东京都立大学(一流大学)为学生讲授物理课，借机会与日本学生交流沟通，总是自信满满，滔滔不绝。

也曾听小妹讲过，在小妹读书的外国语大学，也有不少来自中国的留学生，和余先生一样，都是住在善隣会馆(后改为日中友好会馆)，有一次小妹听留学生同学说，余先生说话声音很大，爱打抱不平，那带有浓重外国口音的日语，引人注目。他还参加学术方面的辩论，谈教育体制的不同如何影响人们的思路，锋芒毕露；谈改革开放拨乱反正后的中国，教育如何日新月异，蒸蒸日上，说像自己这年纪也能有机会作为交换学者出国留学，增进知识，除了感恩社会，还要珍惜交流机会；也力荐日本学生应该抓紧时机，去中国看看，交换意见，互相推动；等等，毫无顾忌，坦诚相对。学生们议论纷纷，说这位中国学者真是厉害，那么自信，可惜有些道理大了，学生说听不太懂。那是20世纪80年代的事，中日关系正处在蜜月期，作为政府经济开发援助项目（ODA），日本派出大批专业技术人员和翻译人员前往中国支援改革开放，建设公共设施等，从1978年到2018年整整40年，日本接待很多中国来的学者和留学人员学习培训，那时的先生满怀雄心大志，大显身手。

先生在日期间，还经常来家里或车站吃茶店与父亲聊天汇报学习和生活的情况。父亲为了他能多了解日本的学校，开阔眼界，还介绍他到自己曾经留学过的京都大学、筑波大学（以前的教育大学）去研修体验，更上一层楼。他不但和父亲介绍的老师们都能很好地交流、请教和学习，还把在各个学校的心得体会都记载下来，做了笔记，写了不少学术论文提交，还有很多报告、感想发表在留学生杂志上，勤奋努力，非同一般。

在他和父亲的汇报交流中，父亲常对他说有时光倒流的感觉，让自己在经历种种磨难后，重新吟味那段年青时代留学日本的往事，不免感叹时光不留情，同时，感恩老师和同学一如既往，对于后辈们，依旧那么热情，不吝指教。父亲希望他好好珍惜在日本的学习时光，将来回国为社会为教育好好服务，做出成绩和贡献。在日本留学期间，先生还爱上图书馆也爱逛书店，还特别欣赏日本的礼节文化，彬彬有礼，点头鞠躬，却不失尊严。

有一次，父亲带他来母亲和人合开的长城书店，母亲对他点头哈腰，他也很客气地彬彬回礼："一切都好吧。"他在书店里找了几本书，母亲替他付了钱，还请他吃了午饭"天妇罗"定食，他总记在心中，总会不厌其烦地和父亲讲话写信时都会不忘问候奥様好，在后来给我的邮件中也总是要问候母亲"向奥様问好，祝快乐健康！"（"奥様"，是日语中对他人妻子的称呼，相当于夫人），虽然是一句最简单的礼遇问候，却显得珍贵难得。先生的招呼问候，让人心生温暖，感受平等。在日本，不管是发自内心或者表面形式，礼尚往来温文尔雅的问候，带给人们的总是最坦诚的尊重和舒心的礼仪。

这是先生的一封回信：

平安：发来的邮件"与陌生人碰撞"收到！挺有意思！我现在就住在曾厝垵厦大海韵北区，这里慢慢变成另一个曾厝垵了，天天人来人往。向奥様问好！祝快乐健康！

余扬政

2016/03/25 09:22:17

先生尽情享受在日本的留学生活，两年多的光阴一晃而过。记得那天，他来家向父亲辞行，说要回去了，回厦门大学物理系教书，把在日本学到看到的，好好服务教育，开办新事业——“创办学校”。父亲虽然有些不舍，可惜时间不等人，国内已经不是当年的闭关锁国，而是改革开放的浪潮汹涌澎湃，势不可挡。先生正当年青，精力充沛，正是可以把学到的东西带回国后很好发挥的最佳时期，还有“创办学校”的雄心大志，让父亲也萌发了要为先生办教育事业、为社会做贡献的理想和抱负出资出力的想法。

先生牢记父亲千言万语的叮嘱，回国后，一直非常活跃在教学和科研岗位上(图3)。1992年10月在清华大学召开的“纪念中国物理学会成立60周年暨1992年凝聚态物理学术年会”上，确定“第19届国际统计物理会议”将于1995年暑期在厦门大学举办，时任中国科学院理论物理所所长郝柏林院士和欧阳钟灿院士(后任理论所所长)邀请先生一起参加筹备会议，并让他分工负责后勤工作。先生回厦门后与厦大同仁一起整整准备了3年。1995年7月31日至8月4日，“第19届国际统计物理会议”在厦门大学顺利召开，它是厦大首次承办的大型国际学术会议，对厦大后来组办国际会议影响深远。

图3　余扬政于1992年与杨振宁先生的合影(厦门海疆学术书店供图)

20世纪90年代先生退休后，把要“创办学校”一事暂时搁下，而是受邀到泉州仰恩大学担任副校长(该校由爱国华侨吴庆星先生及其家庭设立的“仰恩基金会”于1987年创建)，一边努力做贡献，一边为学校为中国的教育事业，尽责尽力。每次来信给父亲，都会说“此时已非彼时，现在的形势和当年您回国报效国家做贡献的时代不同了，形势造就机遇，托福了，我能很幸运地赶上好机会，去留学去打拼，很满足在大家的关照下，和自己的努力下，为社会为教育做出的成绩和贡献"，百忙当中，没有再提到要"创办学校"的事情。那时期的国内形势，正是拨开云雾见太阳，中国正全面努力追赶世界的脚步，开放国门，投资教育，先生的敬业和贡献，所作所为，让父亲感到无比欣慰，虽然没有投资办成学校，却也感慨无比"今非昔比，学有所用，中国的教育在他们这一代有希望了"。

先生还说回国以后，兢兢业业，忙教育事业，忙讲课，发表论文，一有空时，还经常到书店寻找新的书籍，不断吸收，不停脚步，直到退休了，还经常参加讲座，听自己学生的上课，提出建议，一边培养后辈，一边提高他们的水平，为教学为学生不辞劳苦，孜孜不倦，"给你父亲写信少了，多是在过年时寄贺年片问候"。

那时期的父亲，在日本也是接受翻译公司的委托，每天埋头忙于翻译面向中国的有关汽车机电方面文献(他是中国最早引进日本一流企业小松、日产、本田、丰田等技术资料的翻译者)，一边为帮助日本和中国之间的科学与技术交流做贡献，一边忙着赚外快，他们之间确实少了联系。和先生一边喝着咖啡，一边叙聊，先生很高兴也很感慨，似乎有说不完的话。当他知道家父已经不在时，很难过，问我怎么一回事？我回答说，可能是吃了中国天津栗子太硬了吧，没嚼细，造成肚痛肠穿孔，所以吃东西一定要小心细嚼慢咽。还有，恐怕就是日本医院按部就班的检查程序太多，没有及时输氧，造成的心力衰竭？先生听了感叹地说，深痛的教训也是一种警示，事后诸葛亮是来不及的，一定要接受教训，绝对不能重蹈覆辙，交代我转告母亲奥様，大家多保重。先生还后悔地说，人在人情在，以后没有机会聆听父亲的教诲，往事难忘啊，当初应该多联系多请安。我默默点头，心里想，难得先生对父亲的感情真切，想想他们之间除了师生的友情，那种少小离家在外奋斗的处境，意气相投，坦诚开放，那种家乡江浙口音的交谈也别有风趣，亲切感人吧。

我对先生说，父亲其实也常常念叨你们，念叨在困境中的好多好人。毕竟父亲没有选择石延汉先生(唯一获得东京大学金钟奖的留学生，曾任基隆市市长)推荐的台湾大学，没有选择回苏州老家，而是相信厦门大学王亚南校长(玉木英彦的力荐)为教育贡献力量的邀请，来厦门大学开办量子物理学。有名言说："陈嘉庚校主是毁家兴学，萨本栋校长是舍身办校，王亚南校长是广纳贤才。"父亲应该属于王亚南先生的广纳贤才，相信这是一所通情达理、前程无量的学校。对从日本回国后，一直在厦大和在长汀下放生活了27年的日子里遇到的好人们，总是念念不忘，感恩不已，那种感情是深厚的、纯洁的。我想，父亲的在天之灵,知道我和先生联系上,也一定会为之欣慰和高兴吧。

先生说正在写回忆录,“会把和你父亲的交往,还有到日本读书的很多往事都会记下写出来的,现在刚写到解放初期的土改,一步一步地写”,我听到“土改”两个字,忍不住悄悄插话,偷偷问了一句:“听说解放初期的土改打土豪是真的吗? 因为我那靠画画谋生的祖父,为了祖上传下来的几亩土地被评破落地主后,差一点出事”,先生听了不置可否,笑笑说,我写出来后会送你一本的,并嘱我今后多联系。

我在2001年接受日本老板的委托到厦门湖里区办制衣厂,怀揣父亲为了鼓励我,给我书写孟语“天将降大任于斯人,必先苦其心志,劳其筋骨,饿其体肤”的警世之语,雄心大志(书法可惜搬家时丢失),在政府工作的同学朋友帮助下,努力为厦门特区建设添砖加瓦凑热闹时,常有机会回厦门,工作之余,美其名曰“劳其筋骨”,经常幽游晃荡于厦门的老街小巷,一边锻炼身心,一边寻找熟悉的面孔和过去的记忆。

自从2006年和先生联系上以后,除了走街串巷“苦其心志”般地消耗时间,和先生的来往也随之增多,先生还把其他几位和父亲也有交往的退休老师聚集在一起,常邀我去聚会,在天南海北、海阔天空的畅谈中,一边感受厦门日新月异的变化,一边回味时代演变中的酸甜苦辣。

在聊天中,一位从上海来的老师告诉我,他曾和我父亲一起在八卦楼扫过地、在五金工厂劳动改造过。还说,我父亲1957年到北京陪同朝永先生(朝永振一郎是父亲在东京理研所工作时的指导老师,是1965年日本第二位获诺贝尔物理学奖的学者)率领的日本物理访华代表团时,只说了“上面好,下面不好”,结果遭人打了小报告,上纲上线,从北京回来不久,为了指标凑数就给戴上“右派帽子”。“您爸全部的‘罪行’就这一条。”当然这在今天恐怕难以想象。“于是系内仅有的三个主任,系主任,理论物理教研组主任(即您爸)和普通物理组主任三人全部落难。”余先生一边静静地听着,一边说,当时的社会环境,可谓“今天不知明天事,一旦无常万事休”,自己还好是1957年大鸣大放过后从南京航空学院转来厦大,否则还真不知会出什么事。

还有一位复员转业军人出身的老师,正气凛然,有着军人勤俭朴实、艰苦奋斗的优良品德,肩上的挎包是捡拾孩子不要的,他说,不要说我节俭,是现在的年轻人太浪费了,真是好了伤疤忘了过去。先生介绍说,这位军人老师最成功,赶上潮流,生意做得红红火火,还说他和自己的胞弟(先生曾送我一幅他的胞弟写的挂轴书法，图4是先生胞弟的几帧作品）一样，写得一手好书法。他听先生夸奖，很自信，遂说要送我书法纪念父亲，我说就送《般若心经》吧。军人老师比其他老师年轻，勤于助人为乐，每次一有聚会都会帮忙召集、电话联系，也曾邀约我们到他位于黄厝“一户建”的家里泡茶。

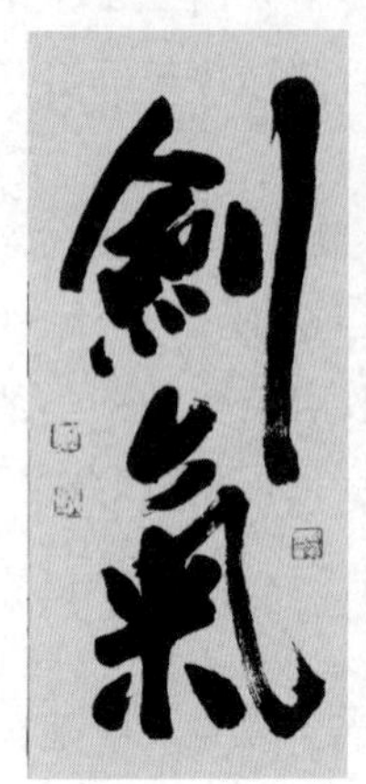

图4　余扬政教授胞弟余扬斌的书法作品（厦门海疆学术书店供图）

曾听父亲说过，就是这位军人老师，在“文革”中，总会故意给父亲的担子少装一点土怕压重了父亲，让父亲挑担时走得快一点，好早一点完成任务回去休息。父亲说他是有正义感的人。我代父亲向他感恩致谢时，他对我说，怎么可以对待一个没有犯什么错误的知识分子进行批斗强迫体力劳动改造呢。

我也记得父亲一直都念念不忘，说尽管政治氛围严苛，但人性是善良温暖的，总会交代我有机会回厦门找到他们时，一定代他好好感谢那些“曾经在暗中保护帮助，没有看不起我，也不做落井下石的好人们”。先生在一旁说世上好人是有的，就看有没有道德良心，就看怎么为人处世。老师们各抒己见，侃侃而谈，都在回忆往事，也谈自己在改革开放的浪潮下，如何在系办工厂、在实验室，兢兢业业，各尽所能，各尽其职，创造发明，发表论文，虽说有些事也许与本专业无大关系，但他们都乐在其中，为社会为学校，努力工作，发挥自己的知识和本领做贡献。听着老师们多有打抱不平正气凛然的交谈，和对时事不同的理解看法时，先生以为我会听不懂，时不时还热情地秀日语给我解释一些可能是我不理解或不便别人听、恐怕误解的话。和老师们渐渐熟悉以后，我也回请老师们，到狐尾山的民家、曾厝垵海边饭馆聚会泡茶聊天讲养生。老师们毫无顾忌天南海北高谈阔论，书生意气挥斥方遒。他们自信有力的声音，清新响亮，闪闪发光，在山上的空间回响，在海边的露天茶座飘荡。

渐渐地，老师们也都要过古稀之年了，考虑安全问题，上山泡茶的机会少了，在先生召集下改到饭馆里聚会的多了。看老师们聚在一起时，总是热闹调侃，精神焕发，我也为之高兴和欣慰。就这样，借来厦门的机会，替代父亲和老师们的交流一晃又过去几年了。

记得一次聚会吃饭以后，各自回家，我送先生走一段路，先生和我说，“要搬新家了，整理书籍，舍不得丢，有些是你父亲出国后留给我的，我捐到海疆学术书店老教授沙龙，让那些书继续发挥余热，书店老板陈社光给我开辟一个专栏书橱(图5)，我带你去看一看”。

图5　余扬政教授的专栏书橱

海疆学术书店位于鸿山寺脚下，店里摆放着很多学术书专柜，是老教授和专家们的沙龙聚会场所。应陈社光热心邀集，余扬政先生经常会来这里与志同道合的学生老师和专家们聚会开讲座（图6）。

图6　余扬政教授的讲座（厦门海疆学术书店供图）

先生一边给我介绍，一边顺手从书架上拿下一本书，对我说，你看，这也是你父亲送给我的。《量子力学》，好面熟好怀旧的一本书啊！这是朝永先生20世纪40年代末出版的物理学术丛书中的一册（图7和图8）。望着这本已经发

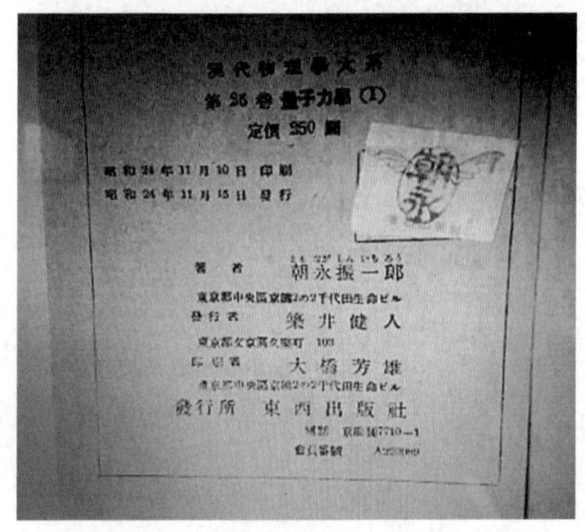

現代物理學大系
第26卷 量子力學（I）
定價 250 圓
昭和24年11月10日 印刷
昭和24年11月15日 發行
著者 朝永振一郎
發行者 柴井健人
印刷者 大橋芳雄
發行所 東西出版社

图7　日版《量子力学》照片一

图8　日版《量子力学》照片二

黄的旧版书，我记得父亲曾经对我说过，这是父亲1952年响应周恩来总理为建设新中国出力，接受王亚南校长为厦门大学物理系开办量子力学的邀请，而从日本带回来教书用的参考书。这套丛书逃过“反右”“文革”的抄家烧毁，一直到出国前都摆放在父亲书柜上很显眼的地方，父亲总是另眼看待，特别爱护。父亲还在日本东京板桥理研所(图9)时就在玉木英彦先生的指导下，把它翻译成中文，以便回国后用于教学。他还希望这套丛书有朝一日能在中国出版，但遗憾最终未能如愿。

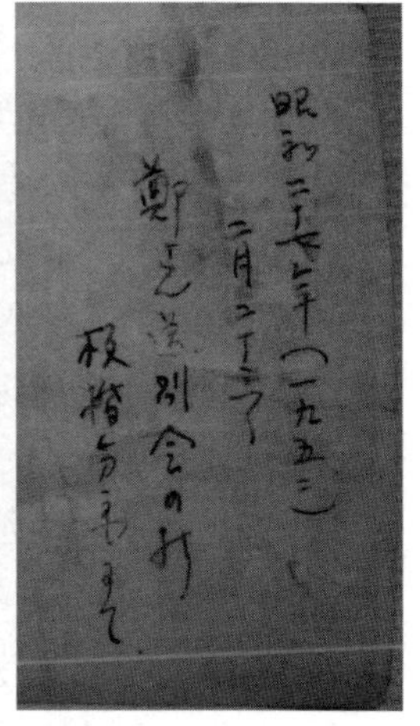

图9　板桥理研所欢送父亲回国照片(左)，背面写送别郑桑(右)
照片正中两手背后者为父亲

我这才知道，原来父亲把自己最喜爱的专业书，在出国前送给了先生，一定是希望先生能够接棒，继续用于教学参考吧。先生没有废弃，保管得那么好，时间跨越半个世纪以上，见证了走过来的岁月，风风雨雨，坎坎坷坷，让我欲语无言，为之动容。抚摸着书本，是汗水是泪水，情感交融，触动心灵，一边感叹世事无情、物是人非，一边感叹书本传承三代，依然熠熠发光，而人他去，却难追回。老一辈们为了教学、为了传承，不张扬、默默奉献，不浮夸、不求虚荣表面、脚踏实地的精神，让我自惭形秽，情何以堪。我对先生说，谢谢带我来书店，感恩先生的记忆力和对书本的保管，为了不能忘却的纪念，今后有时间，我一定要胸怀大志，少在街上晃荡，多来书店，看书学习，或寻找往事痕迹，缅怀过去。

先生继续说，从日本带回来的专业书籍，还有其他用于教学的参考书，不知买了多少。为了整理这些书，不得了，太多太辛苦了，把它们一叠一叠绑好搬到书店，很不容易，腰酸背痛。非常感谢陈社光的热情帮助，要不是社光给我开辟专柜，帮我搬书整理，我还真不知如何摆放这些书呢。

是的，搬一次家，辛苦一次，越搬越"穷荒"(在日本)。我真想对先生说，不要那么累吧，让年轻人帮忙，对于年轻人，他们有的是力气，对于我来说，我有时间也会来帮忙，还可以来书店翻书学习，倾听一些有意义的教导，弥补从小失学、教养不足的缺陷，也可回味体验父亲曾经在日本、在厦大物理系和老师学生们一起读书教学的美好时光。

先生没有正面回复我的提议，话不多，依旧在默默地整理，旧的东西丢的丢，搬的搬，先生做得很干脆，好像在整理自己的人生。整理完后，先生搬进新家，给我看了新家的照片，豪华的客厅、宽畅的住房，样样赶时髦超先进，就是没有看到先生介绍自己的书房，似有所失。先生还真的把书整理收拾得很干净，大概是准备以后要找书参考就去海疆学术书店老教授专柜找寻，或是那些专业学术知识早已印记在先生的头脑里了。

该舍去的舍去，该放下的放下，弃旧迎新，先生一定是准备在新宅，好好享受退休时光，好好享受和家人在一起的团圆生活。有话说"家是水手的港，倦鸟的巢"，先生辛苦一辈子，从此可以开始享受新宅的舒适惬意，生活的宽松，我从心里衷心祝愿先生，来日方长，好日子慢慢过，好生活慢慢享，好好享受一家祖孙三代的天伦之乐。

先生有了余裕，有一天对我说，现在的住房宽敞了，生活好了，退休工资也很高，和以前不能比，我可以经常请客吃饭了，所以这次聚会不要你出钱，让我出吧。这次聚会，先生还邀大家把家属也带来，热闹一番，也算是搬新家的祝贺吧。

那一天，老师们带着夫人都来了(图10)。我把数学系张鸣镛教授夫人曾僖也请来了，她见到先生，很高兴地对先生说好久不见，谢谢先生写稿，先生曾在张夫人的邀约下为张鸣镛教授的传记《〈数学王国〉，忘我的耕耘者》一书，写了纪念张先生的文章，他们可能很久没见面了。还有我的小叔叔也正好从西安来厦门旅游，我介绍给先生，他们大概是同时期的大学生，说话投机，在聊父亲、聊人生时，感叹世事沧桑、岁月无情，似有相见恨晚的感慨。

图10　笔者与老师们及其夫人聚会

先生看着大家聚在一起，欢天喜地，海阔天空，闽南话、上海话、福州话、江浙口音普通话，好不热闹，说，你看，大家多高兴，这不是很好嘛。大家一边吃饭，一边听先生聊家事。

时间过去得真快。一晃眼，“大任”还没有遂愿，我也将结束在厦门办厂近10年的时光，准备卷铺盖打道回府了。

那一天，我要回日本探亲，先生把要送我带回日本给师母的茶叶，骑着自行车送来我厦门家附近的公交车站，正好我的朋友从澳大利亚为我买来蜂胶，朋友说蜂胶是提高人体免疫力的保健品，要我长期服用，我除了感恩每天服用外，感到效果很好，也想推荐给先生。先生听了解释，很高兴地收下，说要试试。先生开始服用以后，在每次我去厦门时和老师们的聚会上，发现先生似乎有了自信，精神抖擞，一扫疲累体弱的样子。先生说，托福了，吃了你推荐的蜂胶，确实有效果，你看我精神不错吧，一有空还去打乒乓球、骑自行车锻炼，劳逸结合呢。我对先生说，蜂胶适合自己身体的话，一定要坚持喝，真正的保健药品，贵在坚持。不知先生有没有坚持喝下去，我也没有追踪。

现在想来，先生凡事在自己力所能及的范围内，能接受能解决的，绝不轻易向人开口，给人添麻烦或拜托或牢骚或埋怨。我想先生的品德很高尚，但是，事关自己的切身利益，不要高高挂起，不了了之。人皆有恻隐之心，说来，帮助人善待人，其实也是人之初性本善的表现，我常想客气有时耽误大事，只要能保护好身体，将来总有机会回报。

这一天终于来了，我处理完厦门的业务，要离开工作离开厦门回日本过退休生活了。和先生约好在光合作用书店见面，在这里相遇，在这里辞别。我对先生说，我也要退休了，多多保重吧，好生活才刚刚开始，人生漫漫，要好好地享受。

我印象很深，先生若有所思地顾左而言右，最近晚上睡的不太好，胃口也差，吃的比较随便，有时一锅饭菜吃一周也吃不完，我看先生消瘦略显疲惫的脸说，先生为什么还不看破？是因为长期以来的省吃俭用，造成不想随便浪费的习惯不好改，还是没有理解“该丢的丢，该吃的吃，该用的用，该舍的舍”的道理？所谓“断舍离”正是时下日本最新的时髦语，说得在理，我们都这把年纪了，不妨学得干脆一点吧。

我承认自己也经历过贫穷年代，也烙下不舍不愿浪费的“好”习惯，后来在不断提高物质生活水平的环境熏陶下，开始知道吃剩的东西过多，暗藏隐患，对身体的腐蚀破坏是潜移默化循序渐进的道理。本来省吃俭用的好品质，也要学会能省的省，不该省的不要省，也要改变观念，在支持市场消费的同时，懂得善待自己，留得“青山”在，不怕没得吃，只要有胃口，就有好身体，有了好身体就能过上质量好的日子，而好日子是要用来慢慢过的。先生听了，说道理我懂，性格难改，还是朝前看吧，你看我不是很好吗，放心吧，没事的。

不知先生听进去多少？最后先生又在交代我，记得回去后，代我向奥様问好，“保重身体，健康长寿，最重要”，说日子长着呢，以后我们多联系，有什么好消息用电脑或微信传给我看啦。我点点头，说，我每年都会争取回来一次，一定会联系，先生也多保重吧。这以后，我以日本为主要生活点，依然每年都会到厦门，在与原工厂的朋友和下乡的知青朋友，还有小学的同学相聚以外，也会继续与先生和各位老师们聚会聊天吃饭。

厦门大学的子女们在酝酿发起征稿3年后，于2016年1月集资出版了《永远的厦大孩子》一书，先生很支持，问我投稿了吗？我说写是写了，不知写得好不好，没有自信。先生教导我，多动笔多进步，自然就会有自信。我知道先生是学霸，读书好得不得了；而我们这辈人没有读到什么书就上山下乡，对有读书的先生辈们是望尘莫及，高山仰止，我用"云泥之差"的日语比喻，回答先生，说"连个脚指头都够不着"的人会有自信吗？

书送来的那天，我在日本，赶紧托朋友把分给我的20本书送到海疆学术书店，让社光分别送给先生和先生物理系的朋友们分享指教。"想必余先生也有看到，林经生阿姨说见他从双肩包掏出几本，不知他从哪里拿到的？"这是主编此书的教授朋友和我说的。我查先生来的微信，看到了先生的回复：

> 大作，《永远的厦大孩子》已经拿到，我已开始拜读。其他老师那里我会发的。
>
> 2016年2月1日19:23

真是"天有不测风云，人有旦夕祸福"，没想到，这一年的5月15日，先生说走就走了，没打一声招呼。

经历过苦难的人，生命似乎很脆弱。就在先生刚开始享受新宅舒适的环境不久，传来了不幸的消息。听说先生每晚必定看书看报后才休息，睡前有喝牛奶吃小零食的习惯，那一晚，可能是牛奶没有了，先生看见核桃坚果，拿来猛吃了几颗吧，半夜开始肚疼，自以为忍一忍就可过去了，也没让家属去叫120，一直忍受到早上，才让孩子开车接到医院排队挂号门诊，没有赶在黄金时间及时送医抢救，等到排队挂上号时，先生已经陷入昏迷状态。在观察室里，听说经历了一连串的检查、输血、吸氧、打针，耗尽一整天时间的急救。但是否因为晚一步就医，先生再没有醒来，很干脆地和这个世界告别。有听说过先生的胃口不太好，其他并没有什么大病，听老师们事后说，如果当时叫了120，可以不用排队挂号马上看病，争分夺秒，可能还有希望。可是先生的性格就是不想麻烦人，又恐救护车凄厉的尖叫声惊扰左邻右舍吧，宁愿忍受疼痛的折磨到天亮。其实，人命关天，事关重大，生死关头前，往往因不想麻烦人，错失良机，付出的代价造成的遗憾，终生追悔不及。这是我回日后发生的事，物理系的老师告诉我上述情况之后,震惊之余,惋惜悲痛,哀叹不已,先生竟然和家父走时如此相似。

人家说,身体再棒的人,也经不住什么B超、CT、MRI、DSA等各种检查的考验,更何况当务之急,争分夺秒,如何抓住重点及时对症下治,才是病人被送医抢救的目的,也是医院真正治病救人的义务。在没有抓紧时间没有抓住重点抢救治疗的场合下,最终导致错失最佳时机。

余先生啊余先生,世间万物,总是在不断地重演、不断地过去。真不要以为岁月漫漫,来日方长,要知道有些事情往往就是这样在无常中的一瞬间消失了,永远地消逝了,我们没有吸取教训,坚决果断抢时间、送医院,没有记住紧急关头不能犹豫,时间就是生命。冥冥之中,似乎一切皆由命中注定,在不会反思、没有反省的情形之下,如何忏悔也挽救不了命运。为了我们思维的单纯愚钝容易健忘,为了我们不想麻烦人自作主张,忘了时间就是生命的真理,忘了生命本身不堪一击的脆弱,在认为自己不会有错的想法下,忽视人之常情,付出的代价终成千古恨。

父亲曾经借韩愈的一句话对先生说:“业精于勤荒于嬉,行成于思毁于随。一个人,默默来到人世间,仰不愧天,俯不愧人,内不愧心地做人处世,足够了。”他铭记在心,努力勤奋,也教导过我,让我终生受益,引以为戒。世上好人很多,也有永远无法报答的恩情。

天地悠悠,过客匆匆,过去的已经过去。从今后,再也收不到先生的伊妹儿,也中断了先生给我的一份教诲,微信分享;还有先生的回忆录,不知写完出版了没有?难忘那句纯朴的问候——“问候奥様师母好”,依旧在我心里回响,依然给我们带来很多的温暖。

太阳落下,又升起,人生来来往往,又匆匆忙忙,活在当下,珍惜当下,知足感恩,平淡随缘。再见了,先生,一路走好,天堂里师生慢慢聚聊,总结人生经验吧。

(写于2016年秋分,改于2020年9月28日)

十八洞的故事

叶频青

在闽南方言流行的厦、泉、漳以及台湾地区，以前的歌仔戏和布袋木偶戏里，常常演出“平闽十八洞”故事；而在厦大附近，也有一处就被称作十八洞。

从紧邻厦大的南普陀寺早前的游览指南示意图上，可以看到一个图标，上面有“十八洞”的位置标识（图1）。

图1　南普陀寺游览指南示意图，圈内为十八洞位置示意图（图片由叶频青提供）

可能有人会以为这些洞就是“平闽十八洞”故事的发生地，或是与南普陀寺有关的山居。比如近年有人在网上介绍南普陀寺时，就将此十八洞说成是早年南普陀寺的僧人们为自己搭建的诵经修炼之处。

其实不对。这些洞实际上都是厦门大学在20世纪50年代修筑的。

这“十八洞”是个怎样的所在？如果感兴趣，可以自厦大出发，前往寻探那些洞。以前从厦大去十八洞的最短路线，是从厦大西北角的主校门过去（图2）。

图2　厦大原主校门，摄于1966年（林利民供图）

那个主校门，原位于现今大南校门和西校门之间的拐角处，后来被拆除，成了20世纪八九十年代厦大老饕们和爱逛一族提起便回味不尽的商业街——“厦大一条街”的主要地段。再后来，那条街又被改造，原主校门位置成为现在的地下停车场入口。前往十八洞仍然可以将那里作为出发地。

出发后沿着南普陀寺大路，从南普陀寺西门进入，寻般若池旁边山路蜿蜒而上，不多远便可以找到这些洞了；如果走正门，则可从南普陀寺的后面上山，经越转逢和尚墓塔，过塔下西侧的普照寺，再向西北择路行进，也可觅见。

当年厦大在那一带一共修建有十八个防空洞，所以后来就称那里为十八洞，现在能找到的只有十六个洞（图3）。

那些洞口现在虽然已满布青苔树筋，但依然能见到厦大当年留下的印记。每个洞的标号，每一道刀斧凿痕，每一面花岗石垒砌的坚固石墙，都诚实地记录

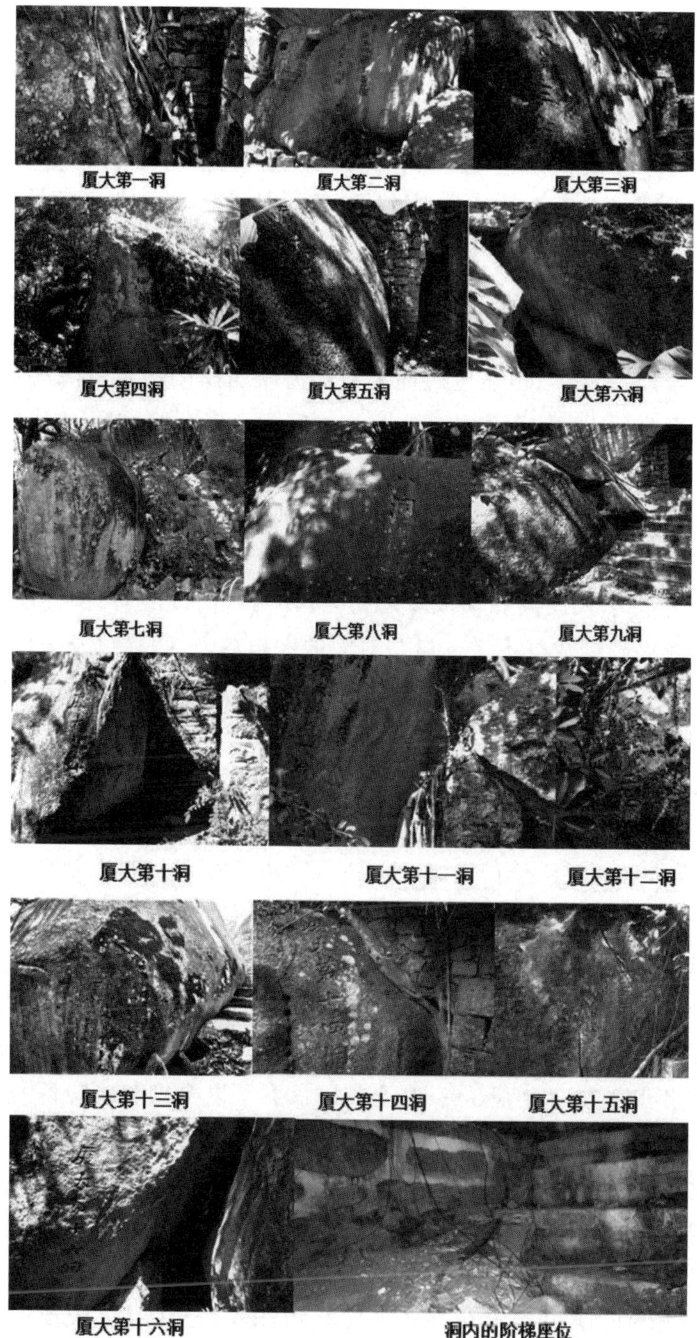

图3　厦大防空洞第一至十六洞（叶频青、刘端平、黄正明、庄旺等供图）

着与海峡两岸有关的一段特殊历史。在修建防空洞的那个时期，海峡两岸发生过一系列事件，还有与之相关的人和物，如电影《英雄小八路》所反映的当年炮战（该电影主题歌后来成为少先队队歌）；“单打双不打”的命令；厦门烈士陵园里安业民烈士的英灵；金门酿造的“八二三高粱酒”和号称用炮弹片锻造成的金门菜刀；等等。那是一段硝烟弥漫的战争岁月，现在看到那些洞口，似乎仍然能感受到防空警报撕心、炮弹裂空呼啸、人们急忙寻找隐蔽处时的紧张感觉。

在南普陀寺的山边，怎么会留有这种与厦大、与战争有关的遗迹？探究其因，要从两岸的战争状态说起。

大小金门、大担二担与厦门同为台湾海峡西岸的福建沿海岛屿，仅以一道数公里宽的金厦海峡隔海相望。它们之间相互依存的关系，史书早有记载。清道光年间任兴泉永道（统管闽南地区）的周凯在《〈金门志〉序》中即称：“金门与厦门相唇齿……于厦门为外捍，无金门则厦门不守。”他在《厦门志》中又称：“大担屿，在厦门东南海中，连小担屿、浯屿，为厦门海口。”

1949年中华人民共和国成立之初，海峡两岸高度敌对，闽浙所处的东南沿海岛屿战火硝烟久久不散。厦门对面的大担岛、二担岛以及大小金门岛成了国共两军当时的争夺重点，频频发生战事。退守台湾的国民党军高度重视这些岛屿布防，以扼制厦门与外通航，更作为布局大陆东南沿海的战略“要子”。1950年，解放军进攻大担、二担两岛未果之后，蒋经国视察大担岛，题写了“大胆挑大担，岛孤人不孤”，将大担岛改称为“大胆岛”，以此提振士气。1952年，蒋介石视察大金门岛时，又书写了“毋忘在莒”四字，刻在金门北太武山岩石上，以春秋战国时期古莒国的历史典故，借古喻今，嘉勉守军。人民解放军亦早有收复闽浙沿海岛屿的战略构思，虽然掣肘于短时内无法获得制空制海权，不能全面推进，但对夺取东南沿海岛屿的行动并不放松。此时厦门的战略重要性凸显，厦门周边的战事不断，从当年的部分战事记载便可知一二。

1952年1月28日凌晨3点，驻金门国民党军以全副美式装备的陆、海、空三军1700多人，攻占了厦门东北边的莆田湄洲岛。1952年10月11日晨，驻金门国民党军又以两个团计9000余人，分乘7艘登陆舰、2艘驱逐舰和10条登陆艇，在8架飞机掩护下，兵分三路，攻占厦门东北边的莆田南日岛。这两次国民党军袭扰得手后不敢久留，均主动撤出，但使两岛遭到严重损失。1953年7月16日拂晓，台湾当局以驻金门岛陆军及伞兵、海军陆战队1.3万余人，在海空军的配合下，在福建省第二大岛——厦门西南边的漳州东山岛登陆，一度攻占全岛大部；解放军紧急调集了厦门、漳州、汕头等多路部队反击，最终获胜，国民党军败退。1955年1月20日，国民党空军出动12架轰炸机，在福建省会福州市台江地区投下20多枚炸弹，炸死炸伤市民300多人，炸毁烧毁房屋4000多间，数万居民一时无家可归。

国民党军针对厦门两翼的地区攻击不成后，便直接对厦门加大施压，大规模开展隔海的炮战和海域、空域之战，厦门市频繁受到空袭和炮击。根据《厦门大学校史》引台湾军方不完全统计，仅于1954年9月，金门就向厦门地区发射炮弹38万余发，出动飞机轰炸1200多架次。

人民解放军对占领闽浙沿海岛屿的国民党军也进行了严厉打击。1954年9月3日，解放军猛烈炮击金门国民党军阵地，史称"第一次台海危机"；11月14日，人民海军鱼雷快艇中队在浙江海域击沉国民党海军"太平号"护卫驱逐舰。1955年初，人民解放军首次三军协同作战，攻占一江山岛，接着一鼓作气解放了全部浙江省沿海岛屿。此后两岸军事对抗集中在福建沿海，特别是金厦之间。

1958年7月，人民空军入闽，国民党军自此失去大陆沿海地区的制空权，炮击成为两岸军事对抗的主要形式。8月23日，解放军福建前线部队对金门国民党军指挥机构、炮兵阵地、仓库等重要军事目标首次实施大规模炮击，史称"第二次台海危机"就此开始。在此后持续了约一个月的大炮相互对射后，大小金门严重受创，海路被全面封锁。1958年10月25日，国防部长彭德怀发表《再告台湾同胞书》，宣布"以后逢单日打炮，双日不打炮"。然而，1959年1月3日，金门国民党军炮兵突然向厦门岛东北的大嶝岛开炮，炸死托儿所儿童若干，解放军福建前线部队再次向金门开展更大规模炮击。据统计，那段时间福建前线部队对大小金门、大担二担共进行过7次大规模炮击、数十次中小规模炮击。

此后两岸炮击断断续续，时有发生。厦大的地理位置处于厦门岛南部前端，与大担岛、二担岛隔海仅距4千米，距小金门岛约5千米，正处于对方炮火射程之内，自然承受着极大的战争压力。

其实，厦大及其周边，明清以来就一直承受着来自海上的战事。明朝时期，为了防御倭寇从海上入侵，明太祖派江夏侯周德兴，在现在厦大白城一带临海山坡构筑城墙，建镇北关。明末清初，郑成功在此屯兵防守并在演武场（厦大群贤楼前操场）练兵，随即从厦门、金门发兵渡海收复台湾。今天厦大建南楼群成智楼前有一石碑，碑额题字"建盖大小担山寨城记略"（图4），是清朝嘉庆八年(1803年)闽浙总督玉德所立,碑文记载了当年大小担岛被蔡牵海上武装集团攻袭后,为了加强厦门的通商水路防务,由厦门商人捐款,建盖大小担岛山寨城的情况。清道光年间鸦片战争期间,当时白城前筑有系列炮位,从白石炮台到磐石炮台,清军与海上英军进行过激烈的炮战,史称"石壁之战"。抗日战争期间,胡里山、磐石和白石等炮台与进攻厦门的日海军发生激战;镇北关附近的厦大化学院、生物院两栋楼被日本兵舰和军机炸毁。

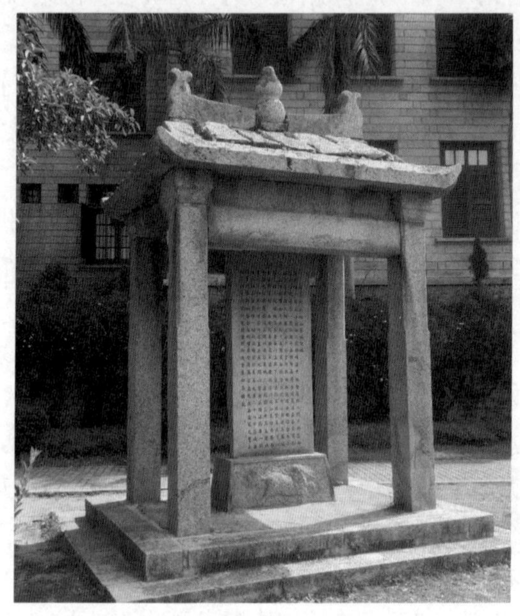

图4　厦大成智楼前的嘉庆八年(1803年)石碑

在那个时期,作为两岸临战战区中唯一一所高等教育学府,为中华人民共和国坚持前线办学,成为厦大的第一要务,得到中央政府的高度关切与大力支持。早在1951年2月,厦大从保障教学秩序、保障教职工和学生的安全出发,就已成立了防空指挥处,由校长王亚南亲任处长,厦大第一届教育工会主席叶国庆教授等3人任副处长,带领师生开始在厦大修建防空洞和防空壕。

叶国庆教授与十八洞有不解之缘。他是厦大第一届教育学系的毕业生,后来考入燕京大学读硕士,当时他的学位论文就有关十八洞,只不过那是另一个十八洞——《平闽十八洞》(图5)。

《平闽十八洞》是古代无名氏所作一部10万多字52回的章回小说故事,

在闽南语地区广为流传。主要内容为:北宋嘉祐年间,闽王蓝凤高拥兵自重,叛逆谋反;宋仁宗遂召杨家将的杨文广入闽平叛,历经10年苦战,杨文广将蓝凤高麾下的十八洞洞主一一击破,终于平定闽王叛乱。

图5 《平闽十八洞》插图

资料来源:http://qz.fjsen.com/2011-08/10/content_5543700.htm.

叶国庆教授对《平闽十八洞》的研究深受同为闽南人的林语堂先生影响。林语堂先生在厦大期间,任文科主任,当时文科设有国文、外国语言文字、哲学和历史社会学4个系。林先生是学界公认研究《平闽十八洞》的第一人,1926年他在《厦门大学国学研究院周刊》第2期上发表过《平闽十八洞所载古迹》文章,详尽介绍经他逐一考证的十八洞位置情况。叶国庆教授也对十八洞的历史颇感兴趣,并进行了更全面的研究;他于1935年回到厦大任教后,在《厦门大学学报》上发表了《平闽十八洞研究》;经他论证得出,《平闽十八洞》中所叙述的杨文广平定闽王蓝凤高叛乱之事,其实就是演义唐初陈政、陈元光父子及其部将李伯瑶、马仁等58姓部属入闽,平叛辟疆之事迹。时至今日,《平闽十八洞研究》中的主角陈元光在闽台地区被人尊为"境主公",奉作本境护境神,每逢正月初四和二月十五日摆供品祭祀。除此以外,陈元光的一些亲属和跟随陈元光入闽的有功将领,也被奉为神明,单独祭祀。

谁承想到,研究过《平闽十八洞》的叶国庆教授,若干年后被委任率众在炮火下修筑防空洞,而后来在南普陀寺旁边建成的厦大十八洞,在数字上正好巧合彼十八洞。

随着炮火袭扰愈加猛烈，厦大需要开展比前期更大规模的修筑防空洞和防空壕工作，急需加强领导力量。1952年10月，厦门大学党委正式成立，张玉麟任书记。此后，防空工作由校党委直接领导，张玉麟亲任防空总指挥（图6左）。至1954年底，在张玉麟书记亲自主持下，厦大修筑的防空壕已达万米以上，新旧防空洞共计有28个。五老峰山下的南普陀寺旁，周边山岩叠垒、岩石坚固，又是对岸大炮射击的死角，且距厦大较近，自然是防空防炮绝好的掩蔽处。南普陀寺旁的厦大十八洞便是那个时期修筑起来的。

有了防空洞，厦大于是就有了在防空洞内外上课的历史（图6右）。《厦门大学校史》记载了1954年底师生艰苦学习工作的状况："由于敌机空袭频繁，为避免人员的伤亡，学校首先实行第二方案，把师生的教学与生活安排在防空洞里，实行三部轮换、每部四节一贯制办法，即上午文史科，下午财经科，分配在防空洞上课；晚上理科，分散在靠洞的安全地带上课。每周上课时间限在24小时，教材力求精简，实验课、课堂讨论酌情减少，星期天作为补课时间，体育课采取分散、就近、分组的办法进行……教师不顾危险，坚持上课。自进洞上课后，为了让学生在简陋的课堂上较快地理解、吸收教学内容，减少学习上的困难，花了大量时间备课。许多教师苦心思索如何把课讲得简练、生动，如何在精简教材内容后不致降低教学质量，对讲稿一再修改、提炼。一些教师为了减少学生在洞内、壕边做笔记的辛苦，临时加写讲义发给大家。在敌机频繁的空袭中，不少教师还背着一大堆参考书进山洞备课。有的教师日夜加班，为不影响进度，准备了一个月左右的讲稿。有时在洞口上课，地上高低不平，老师

图6　厦大的防空工作照片（图片来自《厦门大学校史》和厦大档案馆）

在树杆上挂上黑板，顶着烈日，戴着竹笠上课。”

1958年“8·23”炮战对厦大师生是又一次严峻的考验。当时，对岸打来的炮弹多发落入厦大校园内农场，炸死炸伤农民和耕牛，还有一发炮弹落在距那块清嘉庆“建盖大小担山寨城记略”碑不远处的风雨操场前，化学系谢坚固同学受重伤。那个被炮弹炸出的弹坑以及上弦场被炸坏的栏杆瓷柱，后来曾多年保存原样，以警示后人。厦大师生没有因此被吓倒。9月8日，厦大民兵师在坑道里宣布成立，举行了庄严的宣誓和授旗、授枪仪式。师生们一面积极支前参战，一面在炮火中坚持工作和学习(图7)。当年厦大校园的广播里，常常播放《厦门大学战歌》:“海潮汹涌浪花翻，耳边炮声隆隆响，战斗的厦门大学，挺立在炮火线上。把校园当战场，把教室当工厂，把烟囱当大炮，把笔杆当刀枪！六千个人一条心，六千个人一个思想，看，我们听从党的指挥，学校筑起了铁壁铜墙。”

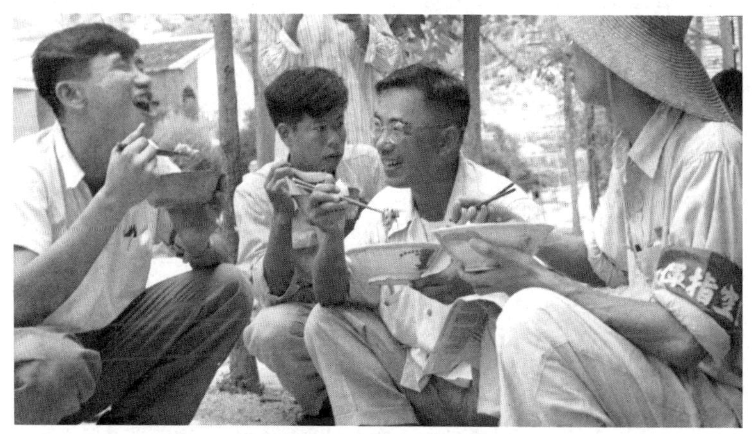

图7 “8·23”炮战期间，校长助理卢嘉锡教授在防空洞口与防空指挥部师生一起用餐(李开聪摄影)

厦大作为那时前线的唯一高校，“前线大学”的知名度空前高涨，常有国家领导人以及全国知名的团体、艺术家前来慰问。从最早到来的解放军总政文工团开始，先后到访演出慰问的，有以《国歌》词作者田汉为团长、梅兰芳为副团长的全国文艺界慰问团，有中国东方歌舞团，有袁雪芬、范瑞娟的越剧，新凤霞的评剧，红线女的粤剧，严凤英的黄梅戏，侯宝林的相声等，并不断得到国际友人和学界以及全国各行各业人们声势浩大的声援。

随着时间的推移，虽然两岸相互炮击的次数逐渐减少，发射的炮弹也由当初杀伤力巨大的实弹多换成宣传弹，但两岸间的军事对峙又持续了20年。一直到20世纪70年代后期，随着两岸敌对情绪的和缓，1979年1月1日，时任中华人民共和国国防部部长徐向前发表了《停止炮击大、小金门等岛屿的声明》，两岸间的陆基炮战最终画上句号。

厦大自此走出了炮火威胁的阴霾。星移斗转，随着两岸间炮火的硝烟散去，厦大十八洞原来的光环，就这样渐渐隐退不再，历史章页悄然翻篇了。然而，十八洞的故事并没有就此消失。现在，寻到那些婆娑树影下的洞口会发现，粗糙石墙和简朴石阶的构筑尚存，花岗岩上简单有力的刻字还在；虽然洞口刻字色泽已不鲜亮，但如果偶遇知晓当年的人聊起，仍会被他们讲述的防空洞里上课、跑防空演习等一个个鲜为世人所知的故事所吸引，也会为过去几十年间海峡两岸发生的一切感慨不已。

不过，更有意义的是，借以此处，还可以帮助人们解读厦大昔日的这所“前线大学”，在距今并不久远的那段时间里，曾经有过的、与其他高校所不同的经历，进而更深了解厦大文化的组成元素。

（文中部分照片来自网络和友人，权属归其所有）

厦大历史上的一朵奇葩

池　涵

百年厦大，曾因战火纷飞迁至福建长汀，也因“文革”内乱停课5年。但这些都没能阻止厦大的发展步伐；她越活越年轻，越来越壮实。若嘉庚老先生有灵在天，见今日厦大之繁荣景象，定乐得合不拢嘴。

百年厦大，还有过一朵小小的奇葩——厦门大学知青点。在厦大历史中她像天上的流星一划而过，渐被遗忘。

45年前，“文革”内乱，百业凋零；青年人上不了大学也就不了业；大规模的知识青年上山下乡由此而生。知青们戴红花，唱红歌，千里迢迢，奔赴广阔天地。他们像种子一样被撒入祖国大地的四面八方，却无人关照，苦不聊生。

1974年，全国开始推广“株洲经验，厂社挂钩”，催生了由知青父母工作单位集体安置上山下乡知青的新模式。

1975年，厦大知青点诞生。厦大在同安县洪塘公社的塘边大队[①]、苏厝大队和郭山大队的各个生产小队同时设立了近10个知青点。厦大还挑选了一位精明能干、曾在中文系和校总务处工作过的林老师，作为专职干部协调各生产队管理和帮助厦大知青点的知青。我们称他为“带队干部”。

那年9月9日，我与3位新厦大二代潘兄、谭兄、林兄被安排在塘边大队山仔后小队，成为这个厦大知青点的第一批成员。山仔后知青点的地理位置得天独厚，距公社所在地不到2公里，离家不到60公里。

我们暂住农民家中，等待国家和厦大专款为知青点修建的宿舍建成。

当地的村民鸡鸣而起，早饭前要先出早工两个小时，活动筋骨。傍晚收工

---

① 塘边大队（现为塘边村）于2022年初被同翔高新技术产业新城征收为工业用地、二类住宅及商业混合用地，全部拆迁。沧海桑田！

后，还要在自留地里继续劳作。几年前我随父母下放，见过闽西山区的农民。相比之下，闽南的农民更加勤劳。

我们每日早出晚归，一日三餐非常简单，大多是咸菜配地瓜稀饭，不一会就饥肠辘辘。

我们学得最快的是卷纸烟和抽烟。在田里干活累了，可以掏出烟袋，坐下用小纸片慢慢把烟丝卷起来，然后点燃吐出呛人的青烟。这算是田间休息，不抽烟就无法休息。幸好我未上瘾，离开知青点后不再碰烟。

晚上我们和村民泡茶聊天。有一次我喝酒逞能，甘蔗酒、地瓜烧，来者不拒，结果献出了我的人生第一醉。那晚我醉得回不了宿舍，在睡梦中吐得人家满床，真不好意思。

冬日我们在水井边冲冷水澡，说是锻炼体魄和毅力，看得村民目瞪口呆。

我们除了参加劳动，也希望以己之学贡献农村。我们倡议科学种田、激光育种。您没看错，是激光育种。这个以基层生产小队为单位的塘边大队山仔后激光育种小组的成立，应该是当时全国的唯一，不是之一。我们得到了厦大物理系周老师和小顾的帮助，用二氧化碳激光器、氮分子激光器和氦-氖激光器等不同波长的激光照射种子胚芽部分，希望触发种子变异，然后优选，提高粮食产量。我们还把氦-氖激光器搬到生产队，周老师和小顾也曾亲临指导。部分激光照射后的种子因保管不善，被耗子吃掉；为不误春种，我们晚上加班加点到深夜及时补救。这个科研项目，得到了厦门市科委的支持并立项，还调拨化肥奖励生产队。在当时化肥奇缺的情况下，厦门市科委运来的特供化肥曾让村民兴奋不已。两年后我们激光育种工作的初步成果，被刊登在有关刊物上。

谭兄是个英俊小伙子，常被村姑“非礼”。农田施肥是从村里粪池挑粪到田间，远近不一，接力传递。也就是说，每个人挑着两桶粪便，只挑一段路程，然后传给下一个人。传递时二人背靠背，一个人一边肩上是空桶，另一个人另一边肩上是满桶，互相交换。互换时为了避免粪便溅身，俩人要尽量背部紧贴然后互换肩上的扁担。遇到这样的工种，村姑们都争相与谭兄接力，然后乘机屁股一撅，开心地蹭谭兄一下，忙中取乐。

我最不喜欢的农活是在水稻田里施肥，挑到田边的粪便被泼到田里，然后大家排成一排弯腰行进，用手在水田里把它们搅匀，有时触到未完全化解的粪便，浑身冒起鸡皮疙瘩。

我们的知青点宿舍终于盖好了，坐落于村庄入口(图1)。宿舍前有一条小溪，平时干涸，雨季有溪水流过。左边小土坡上是几棵有年头的大龙眼树。右边20米开外是生产队的养猪场，随着风向变化，偶有特殊气味飘来。

图1　知青点遗址，部分房子还在，周边已变(笔者摄于2019年)

第一次评工分，大部分同龄村民得9分、10分；我们只得5分、6分，与放牛娃相同。

第一次"双抢"，我们在烈日下劳作，那时可没有防晒霜哦。双抢后回到厦大北村家中，母亲见我又黑又瘦，转过身子悄悄抹掉眼泪。

村里有很多很多的龙眼树，是生产队副业收入的来源。龙眼收获季节的某日，我们傍晚收工回到宿舍，来不及煮晚饭就跑到几里外的苏厝大队，观看厦大慰问知青的露天电影。看完电影回到宿舍，我们饥渴难耐，就爬上宿舍旁的龙眼树，惬意地坐在树干上，大快朵颐。第二天一早出早工，生产队长把我们叫住，带到龙眼树下指着四堆龙眼皮与核问道："这些是你们干的吧？"我们当然一口否认，因为我们知道，生产队有规定，偷吃一颗龙眼扣一个工分。我们劳动一天只能挣五六个工分；那四堆龙眼的残骸，我们一年的工分都不够扣。听到我们齐声否认，生产队长把插在后背的一把扇子拿出来说："这是刚才在树下捡到的。"扇子上写着林兄的名字，我们顿时哑口无言……真是"要想人不知，除非己莫为"！

生产队长最终还是网开一面，没有处罚我们。或许这是因为他的善良和宽容，或许其中也有厦大带队干部的周旋。但我还是想借此机会，感谢当年生产队长的不罚之恩。

次年9月，我们迎来了新厦大二代郑妹妹、韩妹妹、石妹妹、罗妹妹和黄妹妹；再次年我们又迎来了潘弟弟。五男五女，也许这是厦大有关部门的美意？

希望我们成双成对，比翼双飞？

来了五朵金花，我们的伙食有所改善，其中郑妹妹最会做饭。

来了五朵金花，晚上来知青点宿舍串门的人更多了，尤其是村里的年轻小伙子多了。

感谢改革开放，恢复高考。我们知青点的10位新厦大二代，有6位考上大学，后来还有5位去了美国和澳大利亚，在我们大队的三个厦大知青点中比例最高。唯一遗憾的是，我们知青点的五对俊男靓女没有结成一对良缘，辜负了有关部门的美意。

今日回忆厦大知青点的文字看似轻松，当年的实际境遇却是苦难重重……这段艰辛历程无法忘怀，是一段难得的社会经历。

相对而言，在新厦大二代的知青中，我们近百位在厦大知青点的知青是幸运的。我们没有被撒到福建闽西、闽北的偏远山区甚至更远的地方，我们在农村经受磨难时仍然得到厦大的关注和照顾，逢年过节还常搭乘学校的便车回厦大与家人团聚。

光阴似箭，厦大知青点已关闭40年有余。我们感恩厦大知青点，虽然她只是百年厦大的一朵小小奇葩。

（笔者于1978年从厦大知青点考入中国科技大学物理系，现侨居美国纽约州。）

东边社

俞　帆

（国际贸易系1990级）

东边社是现今厦大一处尚未开发的所在。其实，那原是一个颇有历史的村落。据说，今天的演武小学原名“东澳”，就源于东边社和顶澳仔、下澳仔的合称。后来厦大进入大发展时期，但因为产权问题未能解决，才形成了这个奇特的、与校园风格不很协调的校中村。这里多是些古老的房子，泥墙灰瓦，不过也有好些新近才盖的。由于空间不足，那些后来的房子看起来都像奇怪的植物，从旧屋与旧屋的缝隙中挤出来，有的又像从前日本人在华北平原上广筑的炮楼。这样畸形的房子密密匝匝地聚在山坡下，仿佛是个丢弃破屋穷楼的垃圾场。

厦大校方不喜欢东边社，因为住这里的人员成分太复杂了，曾经很是出了些治安事故，最终用一堵墙团团围住，隔而离之，只留下三处入口。但厦大的学生却是很喜欢进出东边社的，喜欢的程度可以从位于芙蓉二和芙蓉四之间的那个口子看出来。这个口子的左边有个不甚干净的厕所，厕所外边又是一个臭烘烘的垃圾堆，硕鼠出没其间。铁栅栏做成的门长年封住了这个口子，然而中间的两根两指粗的铁栅，却被人剪断了，再往外的两根也扭弯了，刚好弄出可容一人弯腰缩颈钻过去。这个小小的不雅的洞口，也不晓得被多少代厦大学生钻过，回想起来，很有点晏子使楚的味道。

这个口子有个雅称，叫“斜阳谷”。这里傍晚的斜阳倒是照得到，但甚有风雅的“谷”字却显得很是无厘头了，不过是夹在两座三四层高楼房之间的一处平地罢了。有考据说，这名字大概来源于仅与厕所一墙之隔的、一个叫“斜阳谷”的理发室。大家相约去东边社，多数会选在此处见面，于是斜阳谷斜阳谷地就叫开了。后来似乎还成了一处景点，因为我就曾经遇到过一个外地的小伙子，兴致勃勃地问路，打听厦大的斜阳谷，怎么走，漂亮吗？

东边社的蛇

小时候我在东边社住过两年，印象最深的就是那里的蛇很多。如今回想起来，那段时间可以说是我人生中与蛇发生近距离遭遇最多的时候了。

当时我们租住的是东边社最东北边角落上的一栋小平房，左右对称各有一间房，中间是大厅，屋前小院子里种了一棵龙眼树。屋后就紧挨着山石，有一条狭窄的绕屋小径。还有一个废弃的小洞，据说是早年领导号召挖防空洞的成果。小洞里积了雨水，偶尔可以看见青蛙或者癞蛤蟆在水里游动。这是一座山坡底下的小院落，面对着通向一排食堂的道路（那片区域很长时间都是厦大学生主要吃饭的地方，但是现在似乎没落了，以至于百度地图上连全景摄像头都看不到），那条柏油路通到山坡下，应该是现在综合楼的位置，然后就是上坡的山路。山路弯折着勉强连接到半坡上那个被称为东村的教工宿舍区。

我不知道现在还有多少人知道厦大曾经有个东村，因为现在已经无论是实地还是地图，都完全找不到这个地方的任何痕迹了。那个时候的我常常会向往地朝那里看，放学回家也总是更愿意从那里经过，哪怕因此多绕了很大一段路，就是为了能站在宿舍区的外围，远远地望望小区里的爆竹花、桑树、运动设施（这点我有些记不太清了，印象里似乎是有单双杠和沙坑之类的器材），望着那里的小孩撅着屁股在水泥地上拍香烟壳。

东村和我住的地方之间是一段山坡，山坡上开辟出了一块番薯田地，不过似乎也没什么人照料的样子。田地周边长着高而茂密的蒿草、有尖刺的龙舌兰、乱糟糟的竹子和三角梅。大约是因为南方的天气，那里的泥土总是湿漉漉的，无论什么时候坐下去，裤子很快就会沾染上水渍。

所以那里成为蛇类的乐园。

父母每每警告我不要走那个山坡，除了担心容易摔跤，最大的担忧就是很容易遭遇到蛇，而且很有可能是毒蛇。

那种担忧不是家长们的大惊小怪，而是来自真实的事例。在我们刚住进来的一个星期后——我记得那是个星期天中午，明艳的初夏阳光照在房前屋后，微风在吹，树叶在摇，周围都是植物的气息，除了更远一些的山里头的鸟的叫声,一片安静。

午饭后,母亲端着碗筷去屋旁涮洗。房东用一条水管从山上接了泉水下来,蓄在一口巨大黑色水缸里,为了节省自来水钱,洗碗就都用那里的水。

中午饱食后,我的睡意刚刚开始漂浮上来,就被母亲尖锐的惊叫给打破了。她仓皇地跑回来,在我的印象里,之前从未见她有过如此的惊恐,而之后也再没有见过。她的头发披散开,脸上是惊骇得变成僵硬的表情,脸色煞白,但是装着碗筷的盆,却仍然被她颤抖的双手紧紧抓住。

"那里有一条蛇!"

父亲马上跳起来,想都不想地随手抓了一把小凳子就朝那里冲过去,如今想起来,他那准备用凳子当武器的样子实在是可笑得很。我也兴奋地跟着冲过去,母亲双手还抓着盆,父亲根本就顾不上我,于是一个小屁孩就在鸡飞狗跳中一起过去凑热闹。

从父亲身体的一侧,我终于看到那条蛇,那大概是我这辈子见过的第一条活生生的蛇。它浑身青绿,就像新鲜的苔藓的颜色,有9岁小孩的手腕那么粗,懒洋洋地盘在水缸上。大约是感觉到我们,它抬起头,朝着我们的方向吐了吐红信子,然后慢悠悠地一圈圈地绕着水缸离开。

这个第一次接触的记忆是如此鲜明,所有的色彩都充满了饱和度和温度感。冰凉而黝黑粗陋的陶制大水缸,缠绕在上面的碧绿的胖蛇,红艳灵动的蛇信子,以及蛇离开时候的从容优雅,都深印在脑海中。不过我无法分辨出,这里头到底有多少成分是纯粹的、没有被文化所沾染和加工过的。

另一次接触是在一个傍晚,因为周围都是山地,所以盛夏的夜晚总有此起彼伏的虫鸣和蛙鸣,那天也不例外。但是正和我们坐一起聊天的房东,突然一跃而起,在杂货间里抓出一把捞鱼的网兜,直冲向屋后。

房东手握连着网兜的长竹竿,边跑边大声呵斥试图跟随在他后面的我和他的两个儿子:"不要过来,走开!"

我们只能远远地看见他将网兜戳进那个所谓的防空洞,快速地搅动两下,然后一下拉了出来,湿漉漉的水从晃动的漏网中撒下来。

"走开,走开!"他高高举着那个网兜,快步走回到小院里。"火钳,赶快拿火钳来!"他呼唤着他的妻子。

网兜最后放到地上,仍然罩着,这时候可以看见里面有一条黑色的蛇正在剧烈地扭动着,它的嘴里有一只被吞了一半的青蛙,两条后腿仍然在抽搐着。

我想被打扰了进食，而且是处于这种尴尬境地的它，一定非常恼火。

"小孩走开！"房东看清楚蛇的样子后，紧张地大叫，"这是眼镜蛇！"

母亲一下把我拉到后面，站到台阶上，接着又向后退了几步，站到更高的门槛上。

不过我们并没有看到那条眼镜蛇展示经典的站立姿势。房东非常有经验地用火钳夹住它的脑袋，然后用尼龙细绳紧紧捆住，再吊到龙眼树的枝干上。蛇甩动着身体，在被吊起来的时候，还用尾巴缠绕到房东粗壮有力的手臂上。

当吊好以后，一切就都结束了。房东用小刀横着割开蛇咽喉位置的皮肤，再竖着向下剖开，取出蛇胆，随便洗了洗张口就吞了下去。再往下就是将整层蛇皮撕下来，就像我们撕包裹在管子上破损的漆皮一样。蛇虽然死了，即使最后被切成一截一截的，却仍然在不断地扭动着。

那只青蛙最后仍然被紧紧地咬在蛇的嘴里，尽管我们连蛇肉都吃了，但是还是没有胆量去动那个孤零零的蛇脑袋，它的双眼也仍然亮闪闪地瞪着我们。

"我就听到后面青蛙叫的声音不对，"房东后来解释说，他熬的蛇汤非常清甜，"但是没有想到那会是条眼镜蛇，如果早知道的话，我也不敢去打它。"

关于房东一家和眼镜蛇的遭遇，在我们搬离那里以后，还听说过几次，其中最惊险的一次，据说是在房间里，他们只能站到桌子上，发出声音才将那只愤怒地站立而起的大家伙赶走。

那天以后，父母禁止我再从山坡上的番薯地里穿过，可是对处于好奇心最旺盛时期的顽童来说，禁令并没有太大的用处，我依旧从那个地方走，依旧到蛇可能出没的地方去玩耍，甚至期盼着能够再次遇到蛇。

我并不是不畏惧蛇，每次从那在风中摇摆的草丛中走过的时候，恐惧如同蛇一样缠绕着我，几乎每一步都是战战兢兢，就像踩在雷场之中，手里的竹竿来回地反复地扫荡。然而那种恐惧却又似乎带着难以言说的诱惑，刀锋一样刮在皮肤和神经上，发出细碎的响声，在头皮发麻和脊背发凉中，散发出令人略带晕眩的气息。我是幸运的，虽然后来的确遇到过几次蛇，但眼镜蛇或是其他毒蛇，却一次也没有遇到过。

很多年以后，当我看着那些站在高处自拍的视频，手心冒汗的同时，偶尔会想起当年从那个据说有三四个蛇窝的山坡上走下来的时候。那时的我，大概刚刚萌发了一点点对那种刀尖上跳舞的刺激的向往。可是后来不知道在什么时候，那种向往却悄悄地失去了，现在只剩下一个无趣的中年男人。不过我的意识中，那些蛇仍然在那里，它们或者悠然自得地缠绕在某个地方，或者摇摆着站立起来，愤怒地发出哧哧的低吼，或者紧紧地咬住猎物，冰冷的眼睛瞪着周围。

小馆子的怀想

到我考进厦大时，东边社开起了几家小馆子。

一进东边社，左手第一间的餐室，是每一个赖床的学生都晓得的吃早饭的去处。厦大食堂很早就关门，迟到的要想不饿着肚子上课，往往就要到这家餐室来喝粥。而且这里的粥味道似乎还不错，不像食堂的稀饭，不但有木桶的陈味，还像泡开的干饭一样粒粒可数。可惜这里的空间太小，只能容四五桌人，光线又不好，每天早上都是人满为患，一大堆人站在桌子旁边等座位。

有天早上我也在这里喝粥，运气不坏，占到一个位子。大概是昨晚酒喝多了，口里冒烟，腹中饥饿，一碗张口便喝光了。这时候进来几个女孩子，其中一个看我面前摆了个空碗，便直勾勾地盯着我的位子。偏偏我还觉得不够意思，又要了一碗，也不理会她的脸色，大大咧咧地喝得有滋有味，第二碗喝完，她已经有些不耐烦了，啪地将书撂在我的手肘边。可是昨晚着实喝得太多，又吐了个干净，肚子里空空荡荡。我厚着脸皮又拿了一碗，那女孩以为我故意跟她作对，神色不善，两条柳眉都飞了起来。第三碗底朝天时，我仍然意犹未尽，讪讪地拿来第四碗，有点心虚地抬眼看她，她也正盯着我。两人面面相觑，又同时看看桌上的三个空碗和那第四碗粥，起初都很严肃，板着脸，谁也不买谁的账，然而最后都撑不住微笑起来。事隔这么多年，我还能清楚地记得她那映着晨光的生动的笑容，那样可爱那样鲜明，犹如刚从水里捞出来的湿漉漉的花朵。

东边社最热闹的时候是在晚间，特别是在没有考试的季节，交错的巷子里到处都可以闻到煮炒的香味，这香味甚至在芙蓉十的六楼也能闻得到。这里的酒菜价格非常便宜，大约只有校外的一半，七八个人、三四十块钱，就能喝出个觥筹交错的架势来。

有几道菜是厦大学生最常点的，一样是海瓜子，那是一种个小壳薄的贝类，仅比瓜子略大，加酱油、蒜头一炒，上来就是满满的一大盘，鲜香诱人。这东西下酒最好，聊几句，吃它几个，像嗑瓜子一样，再干一杯，往往整桌的酒菜都被扫荡一空了，这道菜还是经久不衰。当初想出“海瓜子”这个名字的人也真是天才，形似神似，贴切非常。再一样就是炒田螺，这个也是下酒的佳配，东边社里所有酒馆都有这道菜，其中有一家做得尤其辣，反而最吸引人。一大堆人哈着嘴，呼呼吸气，又不甘落后地下筷乱抢，整个酒馆里头吸田螺的吱吱声，张嘴换气的丝丝声，辣得擤鼻涕打喷嚏的唏嘘声，此起彼伏，好不热闹。还有一道菜叫“泥鳅煲”，正规馆子里这道菜是鳝鱼煲，学生吃不起，权以泥鳅代之，有谣传说那些泥鳅，有很多就是从芙蓉二后的一条臭水沟里抓来的——当然我们也没少在那里抓过。泥鳅不能用刀杀，要活活摔死，据说这样才不会沾上刀的金属腥味。我们有时会溜到后边看杀泥鳅，那东西要是一下没摔死，满地乱跳，大家七手八脚地帮忙要捉它归案，偏偏这家伙不肯早早投生，滑溜得很，要是钻到外间，又遇到女生的话，一定是尖声四起，莺飞燕舞了。

酒菜备齐，众人落座。有女生在的话，大家还会装出几分斯文。若不然，一桌饕餮，风卷残云，转眼间盘中干净如洗。喝酒时往往也是厦大学生练嘴皮子的时候，天文地理、奇闻轶事、时事政治，无所不谈，妙语连珠，精彩纷呈。很多人对此很不以为然，以为虚耗光阴，靡费金钱，不利学习。然而这个世界要比想象的复杂，而我们，就在这种嬉耍中，一点一点地学习与人的交往，学习如何处世、如何生存和生活。更重要的是，许多一辈子的友情，就是在这个时节里，一点一点地凝铸起来的。

东边社的欢乐和冷落也随着季节周而复始，一如人世。一个学期结束，在考试后的两三天里，东边社的狂欢达到顶点，随后一下子静下来，几乎所有的小酒馆都在随后的两三天内关门，残存的几间也只冷冷清清地坐着两三个尚未归家的学生，都默默地想着心事。

有一年寒假，我也在那里喝酒吃炒花生，一边抬眼看看门外料峭的细雨，正是薄暮时分，益发的寒冷，两三杯酒下去也不顶用，心里更是空空落落。记得东边社另一头有间租书店还开着，就往那里去。打着伞，走在静悄悄的东边社的巷子里。霏微的雨被风吹着，细细绵绵，细得可以渗过外衣直透皮肤，一直冷到里面。这样飞灰似的雨弥散着，天地间只剩下一片凄清的铅色。我顺着坡往上走，水顺着坡往下流，脚下发出轻轻的如同踏破玻璃般的脆响。忽然有一种奇怪的感觉，以为这时候的东边社宛如一个红妆卸尽、疲惫苍白的女子，静静地躺卧在那里，连哀愁都没有。

远处有盏路灯亮了，细雨中蒙蒙地晕成一团黄色，我望着它，一边听着自己的足音，恍然间仿佛走在戴望舒的雨巷之中，心里也期冀着遇见一个丁香一样的姑娘，哀伤怅惘。

我这样一步步走着，一直走到现在，没有止境似的，而那东边社的欢声笑语，已渐渐地遥遥褪去，远到只剩下深巷里的些许动静。有时候梦里萦回，正要上前的时候，便醒了过来，人去楼空，几乎就像《聊斋》里头的荒野狐屋，才听到里头宾宴热闹，推门进去，却不过一片颓墙败瓦。

近来听说东边社最终还是要拆迁了，心中更是惘然。东村早已不存在，东边社，缓缓的山坡、窄窄的巷子、喧哗的小酒馆，已经或即将完全消失。对于厦大来说，也许是件好事，于我，却是又消失了一个年轻的证明，连那点回忆里的快乐，也像没有根一般浮起来，庶几将逝。东边社还在吗？愿厦大的朋友们有以教我。

（写于1996年，新加坡）

（俞帆，1994年毕业于厦门大学国际贸易系，2000年获加拿大约克大学工商管理硕士学位。高中时期发表处女作小说《阉猫纪事》。出版小说集《余温如诉》。现为某公司策划总监。）

1921-2021

厦大故事

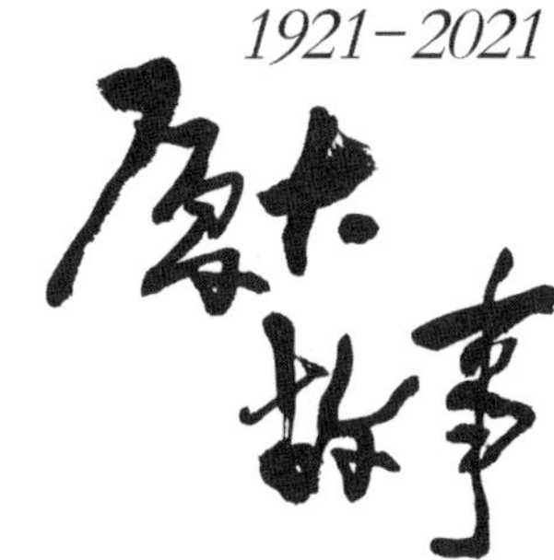

Stories of Xiamen University

故宅依稀

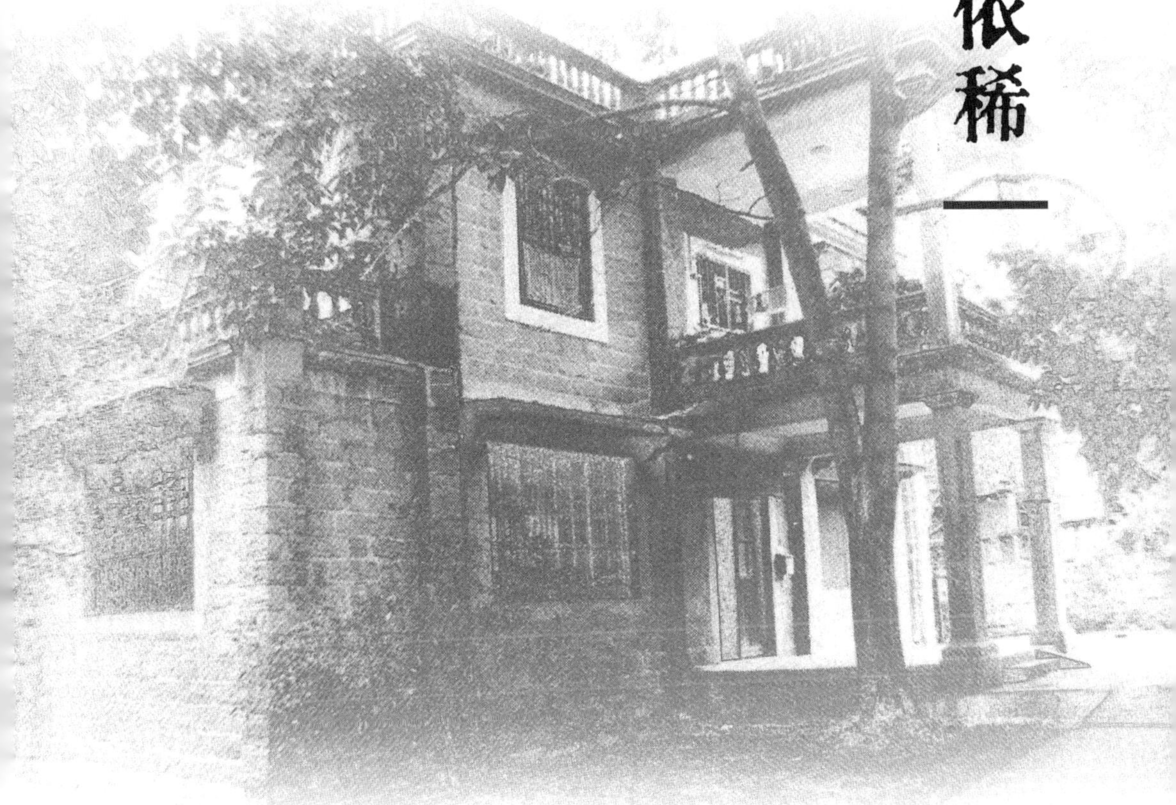

大南新村4号往事

——回忆与联想

卢咸池

住进大南新村4号

1952年春天，厦大理、工学院师生结束了在龙岩一年的办学返回厦门。那时父亲卢嘉锡刚任厦大副教务长不久，我5岁多、三弟象乾4岁多、大妹葛覃2岁多、五弟龙泉刚满月。大哥嵩岳1951年夏在龙岩东肖中学初中毕业就参军离家。父母亲带着我和弟妹们住进厦门大学大南新村4号(图1，以下简称大南4号)楼下。

图1　大南4号外景

大南新村是厦大创建后不久，海外华侨建的，共有10栋楼房。其中2～7号共6栋两层楼，2、4、6号在南，3、5、7号在北，分成两排自西向东整齐排列；1、8、9号和10号则隔开较远。

大南4号楼下共有东南、西南、东北、西北4个大房间（图2），还有饭厅、厨房以及卫生间、浴室。东南与西南房、东北与西北房之间是木板墙。刚入住时，东北房还不归我们家住；东南房是客厅兼父亲的书房；西南房是父母亲的卧室，大妹和五弟还小，跟父母亲睡一个房间；西北房两张大床拼在一起，我、三弟和姑婆以及两个保姆阿娇、阿婵住这个房间。

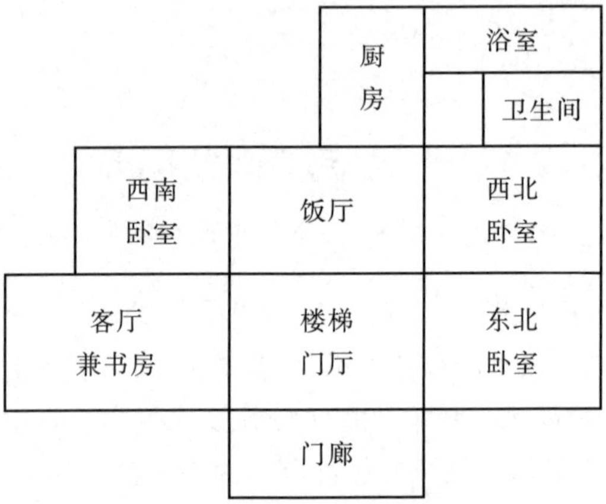

图2　大南4号楼下房间分布图

姑婆吴锦绸那时不到60岁，她是外公的五妹、妈妈的五姑，也就是我们的五外姑婆。她丈夫早年下南洋未归，女儿出嫁后自己孤身一人无依靠，父母亲就接她过来共同生活，后来还和我们家一起搬到福州。1965年她69岁，说老人“忌九”，一定要回厦门终老，父母亲只好随她，每月寄生活费一直到她1975年去世。阿娇是厦门本地人，个子矮小，但手脚很快，她在我们家干了好多年，直到我们迁福州前才离开。阿婵个子大，很肯干，家里重活粗活都靠她。她是汕头人，汕头话和厦门话虽同属闽南方言，但口音不同，所以我们听她说话总觉得“怪怪的”。听妈妈说，她是个青年寡妇，婆家要她改嫁，实际是想把她卖掉，于是她逃出来当保姆。几年后她当上厦门中山医院护理员，也算有了正式工作。

从1952年春住进大南4号（图3），到1960年春最后离开，虽然中间有过短暂搬离，但前后相加，我们家在这里住了7年多，是几处厦大宿舍中住的最久的。这里留下了我幼年时期的许多记忆。

图3 1952年刚入住大南4号时父母亲带着孩子们在书房合影，木板墙后面就是父母亲卧室

左起：象乾、父亲、葛覃、龙泉、母亲、咸池

父亲的书房

大南4号楼上东南房南侧有一个阳台，所以楼下东南房向南突出一截，是四个房间最大的一个，而且采光好，这里做了客厅兼父亲的书房。书房外的空地里，母亲种了一些花草，令人赏心悦目。不过由于父亲对花粉过敏，因此母亲只种那些不开花，或是香味不浓、花粉少的。

书房里有一张大书桌，父亲在家时总在这里看书写东西。几个大书柜里面都是他的大部头书，多是外文的。当时我们年纪小、不懂事，也不关心是些什么书，只知道其中几个大厚本是"字典"。后来父亲告诉我，那是英文辞典和英德、英法和英俄辞典。

父亲的英文很好，德文、法文也基本达到"四会"。解放初提倡"学习苏联”，所以他也学了俄文，可以阅读专业文献，只是偶尔还需要翻翻辞典，但口语不行，特别是发不了俄语特有的大舌颤音“p”。1957年父亲参加中国科技代表团去苏联参加十月革命40周年庆祝活动(图4)。回来后他说，在那里跟苏联科学家学术交流基本用英语，但宾馆里、大街上有人跟他讲俄语，他只会回答“Не знаю”(我不知道)。

图4　1957年11月9日父亲访苏期间参观列宁故居博物馆

前左起：王葆仁、卢嘉锡、薛厚生

后左起：杨先敏、胡亚东、杨石先

那时号召“向科学进军”，厦大举办了不少教工夜间班。父亲也想学学日语。他在厦大以讲课深入浅出、引人入胜著称。第一次走进日语教室，不少人以为他来讲课，纷纷起立鼓掌欢迎。没想到他找个位子坐下，和大家一起认真听起课来。“工作太忙，日语班只听了头几课，没能坚持下来”，后来父亲不无遗憾地对我们说。

经常有人来家找父亲，有学校的干部、教师，也有父亲的学生，还有慕名而来的校外陌生人。家里没有什么清规戒律，来人经常很随意地坐在书桌前与父亲交谈。来客离开时，父亲都要送到大门口（图5）。有时谈着谈着该开饭了，父亲就留客人与我们一起吃饭，饭桌上继续谈。

一天，历史系教授林惠祥伯伯来找父亲。听他们在说什么“眼睛”“玻璃”，我很好奇，就凑到跟前。半天才听明白，原来林伯伯正在筹建厦大人类博物馆，他想让博物馆里原始人的塑像更加逼真，特意来跟父亲商量，能否请化学系的玻璃工帮忙用玻璃烧制原始人的眼珠。后来我几次去人类博物馆，看到展室里原始人炯炯有神的大眼睛，就会回想起那次林伯伯与父亲交谈的情景。

图5　1950年代父亲在家与学生们交谈后在楼外合影

书房里还有一张小圆桌。来人多时，父亲就和他们围着小圆桌坐，边喝茶边聊。白天父亲不在时，放学后我们就在小圆桌前写作业。他回家后，我们就只能去饭厅做功课了。

父亲书房里桌上的东西和大书柜里的书是不许孩子们乱动的，但是还有一个又矮又小的书柜，里面除了一些无关紧要的文件，还摆着一些通俗读物，有苏联科普作家别莱利曼的《趣味物理学》《趣味天文学》《趣味代数学》《趣味几何学》,还有关于地球起源、生物进化、恐龙时代、天气气候常识的书籍,那是父亲专为孩子们买的,我们可以随意翻阅。课余时间和寒暑假,我总是一本本看得津津有味。记得《趣味物理学》中有一节"西瓜炸弹",说是两辆汽车疾驰对开时,从一辆车上扔出一个西瓜落到对面车上,其威力不亚于一颗炸弹。幼年的我自作聪明,以为是把炸药装西瓜里扔出去,跟父亲说起,他没有正面回答,只是让我再仔细读读书上所写。我重读一遍:没说西瓜里面装炸药呀!那时还不懂什么道理,只是记住了这段话。中学学了物理我才明白:所谓"西瓜炸弹"确实不需要装炸药,高速运动物体自身具有巨大的动能,这是一个能量相互转换的问题。《趣味天文学》中讲到月相,说:新月的月牙尖向左,残月的向右。还以两个词帮助记忆:一个词的头一个字母是"P",就像新月靠在旗杆上;另一个是"C",就像残月。后来学俄语知道那是两个俄语词"Растущая"(成长中的)和"Старшая"(老年的)。

小学高年级时,小书柜里又增添了《科学画报》《科学大众》《知识就是力量》等科普杂志。记得当时杂志上每期最后有一栏"本月星空",我就晚上带着杂志、拿着电筒,一个人在屋外对照星空图辨认星星。几个月下来,北斗星、北极星、牛郎织女星、猎户座都能认得了。父亲看我对星空感兴趣,又买了一副活动星图转盘给我。母亲也为我们订阅了《儿童时代》《小朋友》等少儿刊物。

书看多了,还想自己试试。小书柜里一本苏联科普读物中介绍有一些天气谚语,我就学着用它来预报天气,可是试了几次,总是失败。长大后学气象,知道天气谚语有很强的地域性,用高纬度大西洋东岸欧洲平原地区的天气谚语来预报太平洋西岸副热带福建丘陵地区的天气,怎么可能"灵验"呢!再有一次我照书上说的,用一片苹果插入一根铜线、一根钢丝,钻进床底下,接上电筒小电珠,发现黑暗中确能见到些许微弱亮光。出来时头上身上满是蛛网灰尘,被姑婆奚落了一通,可心里却乐滋滋的。还有一年发生日食,听说可以用透明赛璐珞片涂黑来观察,我就将家中一些旧底片用温水泡过,刮去上面的显影药膜,再涂上墨汁,高高兴兴地拿去观察日食了。那时还兴自制书签。可是用树叶做,树叶干了变脆,一碰就碎;用纸做,太薄太软;纸板呢,太厚太硬。我又拿了些旧照片裁好,穿上丝带,厚薄软硬正合适,十分得意。今天回想,不知有多少父亲珍贵的老照片就这样被我毁掉了,真是追悔莫及呀!

假期里,父亲还曾带我去化学馆他的办公室。书柜里不但有很多书,还摆着几副将一个个不同颜色的小圆球用细棍连接支撑起来的"骨架",听说那是父亲自制的晶体结构模型(图6)。办公桌上有一台英文打字机,那是爸爸早年从美国带回来的;还有一台手摇计算机,这可是当年罕见的先进计算工具。父亲为我演示用它运算加减乘除,让我眼界大开。正在这时,一个叔叔进来向父亲请教如何用计算机“开荒”。父亲和他边谈边操作。我在旁边犯嘀咕:“开荒”应该在野地开拖拉机呀,怎么能在屋里用计算机“开荒”?几年后才明白:闽南口音“方、荒”不分,结果“开方”就变成“开荒”了。

图6　父亲根据在美国加州理工学院工作的研究成果制作的脲–过氧化氢加合物晶体结构模型

1955年初夏我到国光楼同学家,第一次听见收音机播放中央台对少年儿童广播“星星火炬”。秋季开学后又去收听首都国庆阅兵实况转播,羡慕极了,回到家就问父亲:我们家为什么没有收音机?这话说到父亲心里。其实他在美国时是有收音机、电唱机的,但抗战胜利后为了尽快回国,也为了能多带回一些专业书籍和科研用品,他将这些当年的“高端电器”都处理掉了。回国后时局动荡,解放初先是迁龙岩办学,返回厦门不久又因1954年“九三”炮击金门厦大家属疏散,再加教学和学校、社会事务繁忙,一时顾不上这些。1956年,父亲终于买回一台二手的飞利浦多波段收音机,放在客厅里,还在4号和6号楼顶间拉了一根天线以增强信号。父亲每天工作之余用它听新闻、听音乐,调节一下思绪。我回家做完功课就收听“星星火炬”，通过它认识了“故事爷爷”孙敬修，还惊讶地知道：爱好的“好”读四声不读三声、正月的“正”读一声不读四声。很快我又迷上了“各地人民广播电台联播节目”、相声和“电影录音剪辑”。那时没有电视，隔一两个星期能看上一场电影就算一种享受。在家收听电台播放《上甘岭》《董存瑞》《英雄虎胆》的电影录音剪辑，闭着眼睛想象电影中的情节，有如置身影院。1960年这台收音机跟着我们到了福州，“文革”后期弟弟又带着它上山下乡。再后来半导体收音机逐步普及，这台飞利浦机也实在太老了，最终被淘汰。

1957年十月革命40周年前，父亲出国访苏不在家。母亲带我们去大会堂看电影。电影前放幻灯片，说下周将有“苏联各族青年代表团”来学校和师生们一起欢度节日，大家兴奋异常。又到周末，大会堂里师生们早早进场坐好，热切地等待苏联青年代表团到来，会堂里过道两边还专门为代表团留了座位。一声“苏联代表团入场”，全场掌声刚响起，瞬间变成哄堂大笑。我定睛一看，才发现所谓“苏联各族青年代表团”竟然是学校歌舞团的学生们穿上苏联民族服装扮的！有的歌舞团女生感到不好意思，自己抿着嘴咯咯笑，赶紧找到为他们留好的座位坐下。好一阵子电影才正常开映。

父亲访苏归来，带回一台有每分钟78、45和33三种转速的电唱机和一些唱片。有时他工作累了，就用电唱机轻声播放贝多芬、柴可夫斯基的名曲，坐在办公椅上闭目养神，不知是在静静欣赏优美的旋律，还是思绪已经回到科学探索之中。我不懂高雅音乐，专放一些歌曲唱片。小学音乐课刚学过一首苏联儿童歌曲《快乐的小队》，父亲带回的唱片正好有这首歌，我就经常拿它播放，虽然听不懂俄语，但还是痴痴地跟随旋律唱着中文歌词：“看少年先锋队打从大街上走过，可谁也不知道他们前去做什么……”

生活中有阳光、有彩虹，也有意外。楼下各房间有门相通，我和弟妹们经常在家里打闹嬉戏。一天我和三弟“跑跑追”。前面的我从父母亲卧室跑进客厅时绊到门，摔倒了。后面的三弟猛一下撞门上，哭了起来。母亲过来一看，给我一巴掌，抱起三弟就出门。我摔得挺疼，又挨了打，坐地上大哭。母亲好久才回来。原来早几天卧室进客厅的门栓坏了，钉了一个铁搭扣，三弟脑袋正好磕在搭扣上，头皮裂开、露出骨头，上医院缝了好几针。怪不得母亲那么着急。三弟脑门上从此留下一处伤疤(图7)。但他拆完线，我们又在“跑跑追”了。只是那以后家里所有门栓搭扣都移到孩子们够不着的高处。

图7 “哥俩好”——我和三弟在父亲书房合影，三弟左后方的小书柜里摆放了一些供孩子们阅读的科普读物

方先生公和方先生嬷

4号楼上住的是化学系方锡畴教授夫妇。方教授(图8)是父亲早年的老师，我们兄弟姐妹称他们“方先生公、方先生嬷”。

图8 1950年7月厦大化学系毕业合影(潘容华供图)

二排坐者左起吴思敏、李博达、陈允敦、方锡畴、卢嘉锡、陈文侃，左八田昭武

前排左七潘容华

三排左四张乾二，左五王文兴

我的印象中，方先生公个子不高，行走时拿着一支手杖，很威严的样子。其实当年他也不过50多岁，可是在小孩子眼中，觉得他已经很老了。有一次我傻傻地问父亲：方先生公这么老了，他还能做什么呢？“他实验技术好、解决问题能力很强！”父亲很郑重地说。后来我知道，方先生公是美国衣阿华州立大学博士，1934年初到厦门大学化学系任教，当时父亲读四年级，正在区嘉炜教授指导下做毕业论文。不久父亲毕业留校当助教，就在方先生公指导下带学生化学实验课，他们还合作编写了英文教材《普通化学实验教程》。后来父亲留学英国，刚到时导师让他学习吹制实验用的玻璃管，结果十分惊讶：“你学得这么快？我们一天只能吹出几根，你刚来一天就能吹出十多根！”其实父亲在厦大早经方先生公、刘椽教授等手把手传授学会了这门基本技术。

方先生嬷陈锦端与方先生公同庚。孩童时代的我只知道她是个每天在家抱着《圣经》诵读的老太太。多年后才知道，方先生嬷出自鼓浪屿名门，父亲陈天恩是著名归侨，一代名医，又是一位实业家，早年还资助过孙中山革命。陈家儿子女婿也都是各界名士，著名医学专家钟南山的舅舅就是方先生嬷的妹夫。方先生嬷年轻时活泼漂亮(图9)，曾是林语堂的初恋，但因家庭反对未果。后来她出国读书，回国后仍然独身，到30多岁才与方先生公结婚。方先生嬷平时很少下楼，不太参加集体活动，跟其他厦大家属往来也少。但她跟我母亲关系挺好，母亲空闲时经常上楼去，两人用闽南话聊天，有说有笑。方先生嬷有时说着说着还会“蹦”出几句我们听不懂的“洋话”——那是她在“飙英

图9　青年陈锦端(方先生嬷的侄孙陈宝宝供图)

语”呢。不过别看她不爱与人交流,其实心挺善的。1959年夏天她听说我喜好天文、晚上经常在庭院里看星星,特意送我一支长约一米的单筒望远镜,黄铜的筒身上刻着一些英文,据说是早年清朝水师军舰上用的。这支望远镜我用了好几年。后来时间长了,筒身伸缩不灵活。1968年夏天我想将它拆开清理一下,不慎将镜片打碎了。

方先生公有一对儿女(图10)。儿子钟铭与我大哥年龄相仿。他学习成绩不好,留过级。那时教育氛围比较宽松。学习成绩好,老师家长夸几句,但绝不会冠以“学霸”捧上天。学习跟不上,学校让留级,或家长主动提出让留级,同学也不会看不起。因身体、住处状况要求休学、复学、转学,也比较宽容。钟铭年龄正处青春叛逆期,在家不爱听老人叨叨。一次他又当面顶撞父母,气得方先生公下楼来找我父亲“诉苦”,说话时手直发抖。后来他初中一毕业就去了香港。不承想他在香港当船员,却干得风生水起,没几年就升了轮船大副。看来人各有所长,不能光看学习成绩、是否听话。女儿炜炜年纪跟我差不多。她为人老实,跟同学们关系都挺好,还喜欢和其他女生一起唱歌跳舞(图11)。后来她也去香港投奔哥哥了。

图10　方先生公一家(陈宝宝供图)
左起:方锡畴、方炜炜、陈锦端、方钟铭

方先生公不光留过学,国文功底也很深。解放初毛主席诗词开始流传。他曾摘了一些诗词名句当上联,自己尝试对下联,以此练习平仄、对仗。没想到政治运动一来，"篡改领袖诗词"成了他一大罪状。父亲不得不在会上帮他"打圆场"：方先生这么做不过是文学练笔，没有政治目的，对出的下联也没有不当政治内容。好容易才护他过了关。"文革"中方先生公再遭劫难。父亲自身刚得解脱，他到厦大首先就去探望仍处"牛鬼蛇神"之列的方先生公，还鼓动同属"另类"的早年学生也去探望："第一你要相信方老师是好人，第二你要相信你自己。有了这两个相信你就可以去看他。"方先生公逝世后，1988年父亲特撰联纪念："在厦大学习四年级，初承教诲，谆谆指导，重视实验基本功夫，仿佛言犹在耳；离鹭岛工作卅余载，缅怀师道，循循善诱，培养问题解决能力，铭感情出由衷。"对恩师的一片深情跃然纸上。

图11　1958年8月1日东澳小学师生参加声援阿拉伯人民斗争游行并在街头演出活报剧后演出人员合影(陈重昱同学供图)

前排左起：陈重昱、黄木妮老师、吴秀英老师、潘凯伦

后排左起：陈安琪、方炜炜，左五起：方金妹、黄亚缎

方先生公跟楼下我们家一样，也只住楼上东南、西南、西北三个房间。20世纪50年代前期，中苏关系正处于蜜月期，中国向苏联东欧国家派出了大批留学生。可是当时也有一批苏联学生来中国留学，知道的人恐怕就不多了。我家楼上的东北屋就曾住过两个苏联留学生。那时国内很少见到外国人，孩童时代的我对这两个蓝眼金发白皮肤的"苏联大哥哥"十分好奇，放学后回家

做完作业常跑上楼去找他们玩。记得一个留学生名叫瓦洛佳,见我进屋,他就放下手中的功课跟我聊天。另外一个留学生叫萨沙,可能口语较差,不太说话,总是坐在床边上微笑着看我们聊天。苏联留学生回国后,这里住进一位厦大工农速成中学的教师,以后还住过其他人,但时间都不长,我的印象就不深了。

阿虞叔和阿虞婶

我们家刚搬进大南时,东北屋住的是方虞田夫妇,我叫他们"阿虞叔、阿虞婶"。那时也不知为什么这么叫,以为跟称呼其他人"伯伯、叔叔、婶婶、阿姨"没什么区别。长大才知道,阿虞叔是父亲的表弟,他们是我的表叔表婶。

阿虞叔1941年厦大土木系毕业后留校任教,深得时任系主任朱家炘的器重。1952年高校院系调整,厦大工学院各系全部迁到省外,他本来也要随土木系调浙大。可是新中国建立之初,陈嘉庚先生振臂一呼,海外华侨纷纷捐款支援祖国建设,厦大基建任务十分繁重。阿虞叔服从学校安排,留下来当副总务长,主持设计了上弦场、建南大会堂等五大建筑,并担任工程总负责人。那时父亲是副教务长,负责学校理科教学科研;阿虞叔当副总务长,管学校基建。两人既是表兄弟,又是亲密同事,情同手足、配合默契。阿虞婶朱植梅就是朱家炘教授的女儿。她1946年毕业于厦大化学系,任教于厦门双十中学,后任副校长。

阿虞叔和阿虞婶很喜欢小孩。但他们成天忙于各自的工作,虽已结婚多年,却还没有自己的孩子。当时我母亲义务做厦大家属工作,常在外面奔忙,家里的保姆只管卫生和做饭,五弟龙泉年纪还很小,经常爬到阿虞叔床上随意翻滚,甚至拉屎拉尿,他们也不怪罪。有人看到这个情景,开玩笑说:你们没孩子,索性就把龙泉当干儿子吧。

1954年"九三"炮击金门,母亲带着我和弟妹们到梧桐埕姑婆家暂住,后又住到梧桐埕路口的"天一楼"。那时我很奇怪:家里不是有个姑婆吗,怎么这里还有个姑婆?后来才知道,家里的姑婆是母亲的姑姑,而梧桐埕姑婆是父亲的姑姑,也就是阿虞叔的母亲。父亲平时一个人住在大南新村,隔几天来一趟看看我们。1955年春我们回到大南新村,阿虞叔阿虞婶已搬到大南5号楼上东南屋，也有了自己的孩子——我的表妹方萱。但我们两家仍然往来密切。

解放初，国家掀起建设高潮。厦门大学建起了上弦体育场和五大建筑。厦门城市也不断发展，并借助侨资发展轻工业。1956年，鹰厦铁路穿峻岭、跨海峡修到厦门，这是福建沿海连接内地省份的第一条钢铁通道。阿虞叔作为土木建筑专家，为厦门大学、厦门市政和鹰厦铁路、厦门海堤建设日夜奔忙。我最近在福建为庆祝新中国成立70周年出版的《福建与新中国一起走过》一书中看到这样一句话：为修建中国第一条跨海长堤——厦门海堤，“厦门市组织有关工程技术人员……以及厦门大学土木工程系教授方虞田等人，深入基层搜集资料、实地勘探，对建堤可行性进行认真研究，一致认为建海堤很有价值，也切实可行”。由于对厦门市的贡献，他当选为市人民政府委员（图12）。而他父亲（我的姑丈公）方建农是位民主人士，大姐方蕙香（我叫她“阿凉姑”）是优秀街道干部（当时称“街长”），也分别当选为市政协委员、市人民代表。一个平民家庭出了3位人民代表、政协委员，这在当年的厦门可能难得找出第二家。

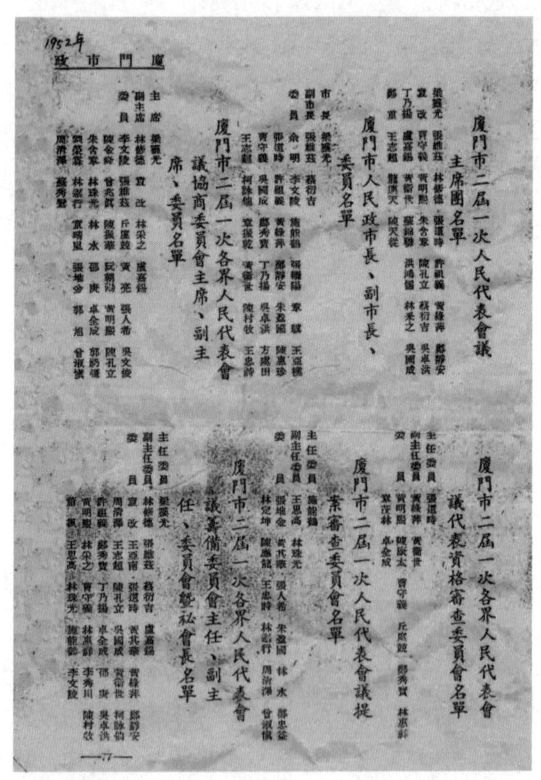
1952年
廈門市政

廈門市二屆一次人民代表會議
主席團名單

廈門市人民政府市長、副市長、委員名單

廈門市二屆一次各界人民代表會議協商委員會主席、副主席、委員名單

廈門市二屆一次各界人民代表會議代表資格審查委員會名單

廈門市二屆一次人民代表會議提案審查委員會名單

廈門市二屆一次各界人民代表會議籌備委員會主任、副主任、委員會暨秘書長名單

—77—

图12　据1952年《厦门市政》载，厦门市二届一次各界人民代表会议选举阿虞叔为市人民政府委员，父亲为市协商委员会副主席（陈孔立提供）

1958年初夏，“大跃进”高潮日起，不少地方都在试验沼气发电，厦大也不例外。5月下旬一天，因发生沼气爆燃事故，阿虞叔被严重烧伤。当时父亲正在上海开会，立即联系上海名医到厦门参加抢救。但医生全力救治，终未能留住伤者性命，6月2日阿虞叔不幸去世。那天我正生病卧床。回想头年一天在大会堂看一部记述军民协同克服千难万险修建厦门海堤的纪录片《移山填海》。银幕上，只见几个人在山前查看图纸。妈妈急促地叫了一声：“看！阿虞叔！”没等我反应过来，镜头已一晃而过。想到今后再也见不到阿虞叔，我蒙在被子里流眼泪。几天后父亲从上海回来，平时喜怒不露声色的他到阿虞叔家痛哭了一场。

阿虞叔追悼会上（图13），我痴痴地凝望着阿虞叔的遗像。阿虞婶衷心感谢前来参加追悼会的各界人士，并坚强地表示会将才3岁的女儿抚养长大。此后她一直没有再婚，“文革”后由双十中学调任厦门五中校长直至退休（图14），现已90多岁高龄，仍然健在，思维清楚，只是听力下降。女儿方萱一家陪伴着她。

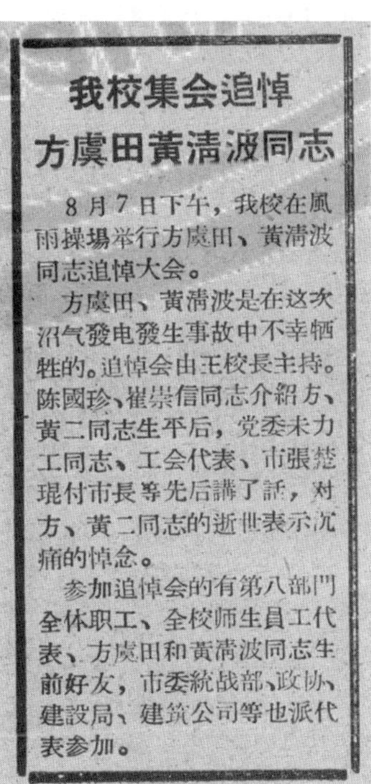

我校集会追悼
方虞田黄清波同志

8月7日下午，我校在風雨操場举行方虞田、黄清波同志追悼大会。

方虞田、黄清波是在这次沼气發电發生事故中不幸牺牲的。追悼会由王校長主持。陈國珍、崔崇信同志介紹方、黄二同志生平后，党委未力工同志、工会代表、市張楚琨付市長等先后講了話，对方、黄二同志的逝世表示沉痛的悼念。

参加追悼会的有第八部門全体职工、全校师生員工代表、方虞田和黄清波同志生前好友，市委統战部、政协、建設局、建筑公司等也派代表参加。

图13　1958年8月14日《新厦大》登载的方虞田追悼会消息

今天，阿虞叔墓坐落在厦大后山水库边上，与林惠祥教授墓相邻。他在那里默默地注视着厦门大学的发展变化。四方尖花岗岩的墓碑正面刻着“方虞田同志茔　妻朱植梅、女萱萱立石”，其余三面是我父亲撰文、我大伯卢雨亭书丹的墓表(图15)，特敬录如下。

图14　1996年父亲回厦门与亲友团聚

左二为阿凉姑，右一为阿虞婶

图15　阿虞叔墓碑和墓表(表妹方萱供图)

厦门大学方虞田副教授事略

方虞田副教授为吾姑家独子，生于公元一九一六年岁次丙辰十二月初五日。少善处贫，有大志。抗日战争前夕考入我校土木系，甚得师友器重。既卒业，留校教课，兼主基建工程。解放后，于厦市建设殊多贡献，被选为市人民委员。

院系调整时，我校工学院外并。当局以基建需人挽留之，畀以总务要职。数年来，依靠党、热爱社会主义，任劳任怨、敢想敢为、多方创造，具见崇高品质。在全国“大跃进”中，工作尤为积极。不幸因试验沼气发电，亲自下坑检查，被爆火灼伤全身。病中忍痛支持，犹关怀校内任务。历旬日，经专医疗救，以伤重不起，于一九五八年六月二日逝世。

呜呼痛哉！余向爱其才、嘉其志，尤钦佩其工作精神。今乃遭此意外，实堪悲悼。爰志其生平，俾垂不朽。

公元一九五八年秋，表兄卢嘉锡识于厦门大学

家属委员会活动室

阿虞叔阿虞婶搬走后，东北屋空出来。母亲吴逊玉当时任厦大家属委员会副主任，就将它辟作家委会活动室。

家委会经常组织厦大家属活动。婶婶阿姨们(图16)有时在活动室练唱歌。我印象中她们唱的最多的一首歌是：“……万物在春天里复生。全世界被压迫的妇女，在三八发出自由的吼声。从此，我们永远打出毁人的牢笼……”前两年我在网上查到，这是延安时期塞克作词、冼星海作曲的《三八妇女节歌》。

家委会还想做些其他事。当时兴养蚕种蓖麻，种蓖麻要有大片空地，而室内比较适合养蚕。说起蚕，人们都会想到它白胖娇嫩、人见人爱。那是桑蚕。当年我和其他小朋友都喜欢在家养蚕。桑蚕吃桑叶，而且随着蚕宝宝的长大，食量日增，桑叶十分紧缺。母亲和大家商量后决定另辟蹊径：养柞蚕！她们设法要来一些柞蚕卵，在活动室里支了几个多层的木架子，摆上一个个大笸箩。几天后小蚕破壳而出。柞蚕个头比桑蚕大得多，全身是浅绿色的，还长着许多肉刺，粗看起来像一条条大毛毛虫。其实它们性情像桑蚕一样温柔，却不像桑蚕那么娇嫩，食量很大，不过吃的是柞树叶。婶婶阿姨们每天在房间里忙着喂蚕、清蚕粪。我和同学们放学后往往顺路采一些柞树叶回来，顺便看看柞蚕又长大了多少。如果柞树叶不够，可以采蓖麻叶，柞蚕也吃。柞蚕跟桑蚕一样，一生也经历卵、虫、茧蛹、蛾几个阶段，只是周期要长些。婶婶阿姨们一直忙到天气转凉、养蚕期过去。

图16　1955年厦大部分家属、女教工欢迎教务长章振乾的岳母从印尼回国探亲(陈重昱提供)

左二起：吴兆莘夫人杜月茹、陈建东夫人、张玉麟母亲

左六起：章振乾岳母陈燕玉、卢嘉锡夫人吴逊玉、大南新村业主代表杨老太、洪文金夫人、陈国珍夫人赖家凤、章振乾夫人张瑞征、潘懋元夫人

家属中有位佘教授夫人，大家叫她"佘太太"。她是上海人，见识广、心灵手巧。养蚕期过后，她主动提出教姐妹们一些手艺。有几位家属将家里的缝纫机搬来，活动室变成了缝纫机室。佘太太热心地教大家如何量身，在布料上画线、剪裁，缝纫。她又拿来两块上面钉满一排弯钩的长条木板，在一块板的钩钩上缠好毛线，拿另一块板的钩钩对好，一翻转，就整排织出一层毛线，比用两根毛线针织毛衣快多了。那些日子我放学回到家里，就听见活动室里缝纫机嗒嗒响。看婶婶阿姨们都学得十分起劲，我心里痒痒，有时也过去在缝纫机上踩几脚，拿起毛线板在已经织成一半的毛衣上学着缠上毛线翻几板。可是我笨手笨脚，缝纫机针线走得歪歪扭扭甚至倒走，板上缠的毛线疏密不一，所织的地方有的成空洞有的又发皱，给大人们添了不少麻烦。

佘太太还搬来自家的烤箱，教大家如何烘烤蛋糕和面包。其他婶婶阿姨也纷纷献出自己的拿手本事。家委会借此组织了一次义卖，有自己做的包子花卷、烤的面包蛋糕和热腾腾的花生汤、红豆粥等，很便宜，不少学生、青年教师来捧场。事后结账，除去原料成本，还略有盈余。家属委员会准备把盈余交给校工会，工会说，就用它添作你们的活动经费吧！

厦大家属活动搞得有声有色，母亲被婶婶阿姨们推举，先后当选为思明区人民代表(图17)和福建省工代会职工家属代表(图18)。在家里，母亲照佘太太所教，为我和弟妹们缝制了几套衣服，还为我们烤过面包。后来实行票证制度，粮油、棉布定量供应，不好再随意烤面包、做衣服，但那时提倡“新三年、旧三年，缝缝补补又三年”，母亲还经常用缝纫机为我们缝补衣裳。

图17　1956年母亲手牵五弟龙泉，投票选举思明区人民代表

1953年六弟凤林出生，几年后家里又添了小妹紫莼。随着时间推移，孩子们一天天长大。同时，六叔家从城里迁往集美，他的女儿、我的六姐升入双十高中，父亲将她接到我们家同住并负担学费。家里住房显得太挤了。1956年，大南4号楼下全部交由我们一家居住，原来的家属活动室成为我们几个大孩子的卧室。不过屋里摆放的几张小竹凳，还不时发现竹管里有前一年残留下来的蚕茧，让我们回想起婶婶阿姨们在这里养柞蚕的情景。这年冬天，大哥参军后第一次回家探亲(图19)。在长途车上邻座与他攀谈几句后惊喜地自我介绍：我家姓佘，我是你妈妈的好朋友！一路上，佘太太向大哥介绍了我家的近况。下车时已是深夜，她知道大哥是第一次到大南新村，又热心地送大哥进家，自己才离开。

图18　1957年母亲(后排右一)当选为省工代会职工家属代表

图19　1956年底大哥第一次回家探亲，全家人在厦大教工之家前合影

1960年春,我们家从大南4号搬进新建成的敬贤三宿舍;不久又因父亲调福州大学工作,全家随迁,从此离开了厦大校园。60多年过去,当年的懵懂稚童如今已年逾古稀,但当年大南4号的件件往事仍时时浮现在我的眼前,引发我的串串联想。

附:感谢陈孔立教授、刘心舜老师、陈重昱同学和方先生嫝陈锦端的侄孙陈宝宝等提供了诸多珍贵史料和照片,弟妹们补充和校正了部分往事记述。

厦大西村的前天、昨天与今天

林梦海

1958年的8月23日是台海战役中值得纪念的日子。第二年的8月23日也是厦门人民不会忘记的日子，超强台风在厦门登陆。这一天也是我们家来到厦大的第一天。

1958年我父亲林疑今在复旦大学被补划为“右派”，不能上课，发配到图书馆工作。厦门大学领导听说后，张玉麟副校长亲自到上海，请我父亲来厦大外文系任教。当时我们家三个孩子，我刚考上初中，弟弟妹妹还在小学读书，家里还有七旬的老祖母。听说厦门还时有炮战，要跑防空洞，起先考虑父母亲去厦门，我们留在上海。但老的老、小的小，最后决定还是全家一起走。1959年夏天，我们一家将行李包装好托运，随父母乘火车离开上海，经鹰潭到厦门。

鹰厦线在崇山峻岭中延伸，火车行进的速度很慢。那时从上海到厦门没有直达车，要先坐十几个小时的车到鹰潭。过一夜后，才有从鹰潭到厦门的慢车，再坐二十几个小时才到厦门。路上时有暂停的建设工地。8月21日傍晚，火车停在厦门站，没有见到厦大接车的人。旅客下完后，火车站恢复平静，周围一片漆黑。我们坐三轮车来到中山路的“三友旅社”住下。第二天父亲到学校询问，可能是暑假，父亲发的电报没人处理。第三天8月23日，学校派车将我们接到厦大西村。

20世纪50年代末，厦大西村才刚盖好不久。六栋花岗岩石头盖的两层小楼，排列在学校校园的西侧。当时学校并没有围墙，从西村往北到蜂巢山、往东北到南普陀寺，都是一大片农田，大多种着高丽菜，中间有一个很大的演武池；往南到海边，有许家村的几户农舍、厦大炼钢厂的旧厂房，还有外文系的食堂西膳厅；从西村往西是大埔仔，再往西穿过一条小道，就来到厦门港沙坡尾，这里住着许多渔民，是渔船停泊的地方，有菜市场、商店。

西村房子是刚盖的，一楼地板是水泥地，二楼地上铺着厦门常见的砖红色地砖。屋内窗户、楼梯全是原木制作，刷的是清漆。楼下是一房一厅和厨房、卫生间。楼上是两间大房和一间小房。我们家托运的行李还未运到，屋里放着向学校借的木床和桌椅。

那天白天，气温三十四五度，且十分闷热。到了晚上，开始起风，风越来越大。到了半夜，可能是台风登陆了，狂风夹杂着暴雨，疯狂地卷进屋内。父母亲忙着关窗户，我和弟弟两个人合力才勉强将窗户关上。过了一会儿，大概是屋顶上的瓦片被掀开了，二楼屋顶开始漏水。房间有一扇窗的插销质量不过关，窗户被吹开，风雨灌进房间，我们几个人要轮流去按住这扇窗，过了一会儿就筋疲力尽。我祖母是出生在金门的，我就问祖母："厦门的风雨怎么这么大？"祖母回答我："厦门经常有台风。"我一听，太可怕了，厦门不只有炮火，竟然还有这么恐怖的台风。

好不容易，风雨逐渐小下去，天慢慢亮了。我们打开屋门向外张望，路上空无一人，台风将屋前的一排马尾松树刮得东倒西歪，沙土路上都是断枝残叶。父亲小时候在这儿待过，他去厦门港买回一些生活必需品和食物。

我家住在西村第六栋(就是现在的牛排馆"豪客来"中间)。一长栋房子住着三户人家，各有一个门出入。左边23号住的是烈士张逢明的遗孀刘鸿英、孩子张胜利和后来结合的胡福。中间24号是我们家。右边25号住的是厦大医院的陈克昌、刘淑娇医生，陈医生是负责X光检测的医生，刘医生是儿科医生，他们家有五个孩子，四朵金花是姐姐，最小的是弟弟。

不久就要开学了，我转学到双十中学，弟弟妹妹到大生里思明区第三中心小学上学。那时厦门公交车很少，厦大孩子进城上学都是步行。每天早上六点半，我吃完早饭就赶快走路去上学，中午在学校食堂吃饭。双十中学正在冲击高考红旗，每天晚上要在校晚自习到九点半。我和住东村的曹怀贞(福州大学化工系曹大为教授的女儿)一起回家。

怀贞刚从福州搬来，我从上海搬来，两人以前都住在城里，现在每天晚上要经过蜂巢山这么荒凉的山路。当时华侨博物馆还未盖，山上没有一栋房子，路灯若暗若明。路上也没有人行走，路边的荒坟发出闪闪的磷光。我们俩使劲快走，自己都听得见怦怦心跳的声音。走下蜂巢山，我就拐向南边走十来分钟沙土路到西村(即现在的演武路)。怀贞还要走过南普陀寺才能到大南新村有人住的地方。到了寒假，福州大学来的人都回福州了，怀贞也随家去福州了，以后我只能一个人走这段荒凉的路。

20世纪60年代开始，中国进入困难时期，既有天灾，更有人祸。刚开始，购买猪肉、鱼要用票券，然后豆干、鸡蛋也要用票，后来发展到连青菜都要配给。每个居民组要有一人负责蔬菜的分发。西村居民公推我母亲负责这项工作，从1号到25号，每天轮一户人家。母亲与轮值的那家人，拖着板车到厦港菜市场，买回分给西村组的蔬菜。拉回西村后，再一家一家分配到户。这是一件十分琐碎的工作，如今天买回105斤菜，其中白萝卜35斤、高丽菜30斤，还有豆角、西红柿各10斤，芹菜、蒜苗各10斤。各家人口不同，需求也不同。轮值的人家把菜称出来给各家，母亲记下账，晚上回家再细算各家的菜金，一礼拜结一次账。

西村头上第一栋(1～5号)，2号是数学系林老师家(他也是"右派")；3号是化学系老职工方明第居住；5号居住的是刘春征。

第二栋(6～9号)，6号居住的是老职工蔡秀标；7号是生物系老职工陈博英家；8号是工农干部朱宝梁家，他的女儿朱小妮后来在车队开车接送幼儿园小朋友。

第三栋(10～14号)，11号郑老师有一儿一女，女儿文佳；12号是南洋所干部黄选卿家；13号是财务处科长住；14号是老职工陈德宝家，他负责敲厦大大会堂的钟，每天晚上九点多钟能听到他的脚步声，正走向大会堂，去敲十点钟的最后熄灯钟。

第四栋16号是外文系书记李燕棠与萧丽娟家，他们家有一台上海牌四电子管收音机，经常传出古典音乐的美妙乐声。

第五栋(18～22号)，18号是长汀时期来校的老职工季启发家，他的女儿季秋英能歌善舞，一直活跃在文艺队；19号住的是体育老师田春澜，他的女儿是运动员，个子很高，是省排球队的；20号是学校小车司机韩广身家，他的孩子后来也在学校车队工作；21号是南洋所研究人员李老师家；22号是学校司机李金星家，他有四男三女，家里人多，十分热闹，他的儿子阿强、阿国后来也当司机，三个女儿丽蓉、丽辉、丽穗。

困难时期由于副食品供应紧张，西村家家户户都在后门外围起小屋来养鸡养兔。我母亲也在后门搭了个鸡窝，养了几只鸡。后来还喂了几只竹鼠。我妹妹每天放学回家后，要到后面菜地拔兔草，喂竹鼠。大家还利用房前屋后，开荒种地，大多是种地瓜。我也在25号屋子旁边，挖了两垄地，插上地瓜秧，可惜在大树底下，没有阳光，只长叶不结地瓜。而在路旁种的两垄高粱倒是长得茁壮。最后收获了一些高粱米，但家里人对高粱米的兴趣不大。

过了两年，学校在旧西村的南边盖起一栋三层的砖木结构楼房，外面刷上浅黄色的粉墙。排号为西村七，分配给各个系的中年骨干教师。楼房有五个门洞，每个门洞里有六家。从东边数过来第一门洞有六家，101室住的是经济系林祖光老师，201室是外文系陈开种老师家，他妻子万里贞是我高中俄语老师。“文革”中301室王亚南遗孀居住，302室经济系书记李维三居住。第二个门洞103室是外文系转业军人老黄家，203室是外文系苏恩卿老师家，海洋化学李少菁老师、海洋生物黄奕普老师也住在这门洞。靠西边第五个门洞，“文革”后109室住的是历史系老教授陈碧笙和金科长，他的大儿子明旦后来与我同一教研室工作，明旦有一对年纪很小的双胞胎弟弟阿矛、阿盾，反映陈先生晚年得子的复杂心情。110室是历史系黄焕宗老师家。310室住的是外文系连淑能老师，他妻子是演武小学蔡校长。

1965年，我考上厦大化学系，就搬到女生宿舍丰庭一居住。

校领导原来住在卧云山舍、敬贤楼等处。1966年夏“文革”开始，他们都被打成走资派。红卫兵成立后，找不到办公处，就把走资派赶出来，将卧云山舍占为“红卫兵独立团造反总部”，这里以后就称为“造反楼”，敬贤四也被“厦大红卫兵总部”占领。大南校门往东的一条街是大字报街，也是学校辩论的中心。

校产科的干部把这些被赶出来的学校领导安排在西村。未力工（校副书记）、刘正坤（化学系书记）一家安排在西村16号。刘正坤与保姆关系很好，她被红卫兵关在牛棚里，工资扣发，家里保姆被要求划清界限，但保姆不但未离去，还自愿留在家里，免费照顾未成年的子女。副校长张玉麟一家安排在西村七107室，张在抗战时期是太行山地区的军分区指挥。解放初期，他带领部分上海学生南下服务团成员参与接管福建高校。红卫兵的一些凶残分子，不仅在批斗大会上对张玉麟拳打脚踢，有的还穷凶极恶追来家里翻箱倒柜。208住着中文系老师许怀中，他还负责《厦门日报》副刊《海燕》编辑，“文革”后调到省宣传部任副部长。他有五个儿子，老大建群后来到化学系工作，与我是同事。

王亚南校长原来长期在上海著书，“文革”开始被揪回厦门批斗。挨斗时他心脏病复发，不幸去世。他的遗孀安排在301室，他儿子王洛林（后任厦大副书记）与儿媳也住在这里。副书记胡锦望当时还没有被打倒，但他也被红卫兵赶出来。看到一个脱帽“右派”还住在西村24号，他就叫我们家搬出来让他住。校产科职员知道我爷爷原来也是在厦大工作的，就对我父亲说，“西村七还有一套房空着，你快搬过去住吧”。我们家就赶快搬到对面西村七的206室。

西村七的房子是建筑面积60平方米的小三房规格。一进门是一个方形空间，我家就在这儿吃饭。朝南的两间大房间，各有十几平方米，朝北的小房间只有4平方米。厨房不小，卫生间里还有一个水泥砌的浴缸。我们中间这个门洞，楼下106室住的是经济系龙维一教授，他有三个子女仁俊、仁亮、仁映。老大数学特别好，后来在经济系任教，仁映后来成了女法官。105室住的是化学系总支副书记林仲柔。对门205室住的是数学系杨老师(以后换成图书馆李文桂书记)。楼上306室住的是数学系教授林坚冰(他曾是陈景润的班主任，据说留苏回来时，周总理主持了他的婚礼)。305室住的是外文系教授林纪熹(听说是林则徐的后代)和图书馆的阿刘及其子女。

那段时间，厦门自来水供应紧张，厦大位于厦门供水末端，常常缺水。后来自来水断供，每天早上定时供水，家家派人在户外水龙头排队接水。1978年，我从山东回厦门参加研究生复试，住在家里，早上也起来挑水，放在水泥砌的浴缸里，供一天洗涮，饮食用水则用搪瓷桶装。家里有大件东西要洗时，就拿到西村西头一棵大树下，取水井的水来清洗。

还记得有一次快到农历年时，我从山东工厂回家探亲，妹妹从闽西武平回家过年。西村的人多去农民许家，借用她家的大石磨。我和妹妹也去磨米浆，回家蒸咸年糕。

“文革”后，20世纪80年代初，厦大进入大发展时期，为了解决学校教师住房极度困难，旧西村北边建起12栋6层的家属宿舍大楼(西村11～22，图1)，

图1　20世纪80年代建起的家属宿舍新西村

这些楼就称为新西村。这时，从蜂巢山通往海边的沙土小路，扩展成演武路，铺上了柏油。原来在南普陀寺的东澳小学，搬到演武池旁，改称演武小学。

除了西村1～7号，在下澳仔片区还有一列小平房，称作西村8号(图2)，也是厦大宿舍，每套面积都很小，是所谓“竹竿”房，西边数过来第一户住着厦大杨司机一家。片区的西南方向，还有大桥头厦大宿舍。目前，西村8号尚存，但这列平房的门牌号变成了下澳仔14-1(图3)。

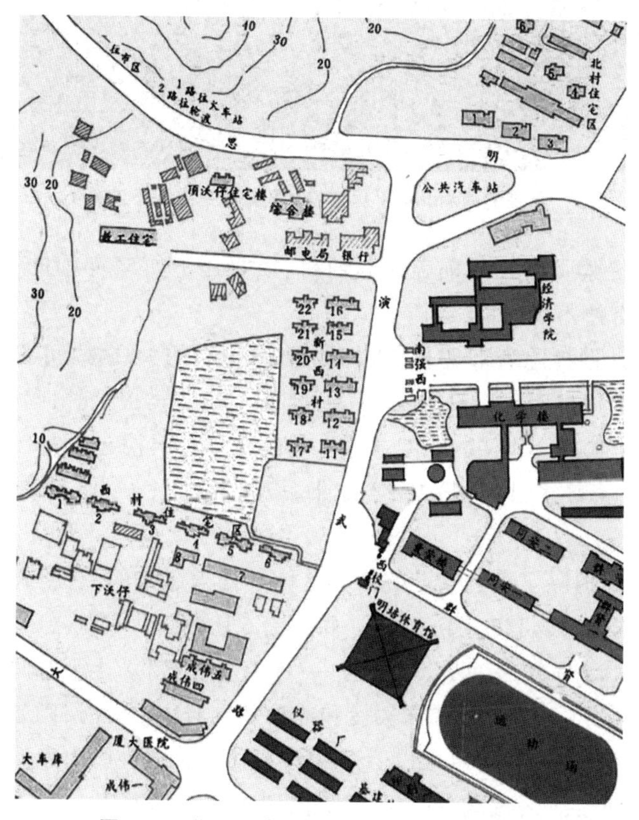

图2　20世纪90年代厦门大学西边建筑一览

快到世纪之交，西村这边又有了大变化。先是三层黄楼西村七拆掉，许多住户搬到白城、海滨，或东区。西村七与其南面靠演武路边的这块地一起卖给某地产开发商，当中经过一段波折，最终建起了大学城A、B、C三座大楼。

21世纪初，学校已从“文革”前的8个系，发展为十几个学院、四五十个系，校内教学楼建起与群贤楼群垂直的颂恩楼群。大量教学骨干引进，学校的教

图3　原来的西村8号平房还在，门牌号变成了下澳仔14-1

师宿舍变得更紧张。20年前盖的新西村，质量还不如50年前的旧西村，水泥天花板经常有掉落现象，已经属于危房。

厦大原计划拆除新旧西村，盖起四五栋30层的大高楼，可一次性解决学校教师的一些住房问题。没想到计划送到厦门市建委报批时，南普陀寺提出：在它附近100米以内，不得盖50米以上的高楼。一层楼起码2.8米，这样厦大西村的新房子，最多只能盖17层！结果，厦大西村11号、12号和13号楼只有17层。

15号楼是拆除了旧西村三、四、五3栋小楼盖起来的，它距离南普陀寺已经超过100米，所以可以盖到28层。每层有6套：两套大型房（140多平方米）、两套中型房（122平方米）、两套小型房（一百零几平方米），上下有两座电梯。20层以上主要是分配给院士、资深教授和前校领导居住，中间层则是分配给新引进人才、中青年骨干人才，9层以下分配给退休教授居住。由于对面是3栋20层的大学城，低层光线比较差。而大学城和西村15号楼几栋二十几层高楼集中在一起，形成一个风洞效应，夏天凉快，冬天则冷飕飕的。

现在厦大西村旁的演武路，成为厦门市最繁忙的街道，每天有二十几条公交线路在这里营运。不管是到中山路、火车站，还是到软件园（二期），或是到岛外海沧、同安、翔安，都有直达线路，47路与92路还以厦大西村为起点站，通往软件园二期。759路快线从这里出发，半个多小时可达厦大翔安校区。这里也是来厦门游客必到地点。靠五老峰的千年古刹南普陀寺，不仅免门票，还送你一炷香。接着是全国名校“厦门大学”，校内建筑是陈嘉庚风格，中国屋顶盖在西洋楼房上面。向东去，经过胡里山炮台，就是一望无际的环岛路海滨，海对面有大担岛、小担岛和小金门岛。

2009年秋天，我分配到西村15号楼宿舍。原住西村七的海洋学院李少菁、黄奕普教授，外文学院连淑能教授也回到西村居住。站在新房子往东看，远处是厦大美丽的校园，近处是未被拆除的旧西村六号楼。我去派出所办户口迁移，派出所工作人员一看，你原来就是1965年从西村迁出去的，40多年后又迁回来了！

旧西村六号楼后来被“豪客来”改造成牛排馆。我与弟、妹三家特地去新开业的牛排馆吃了一顿饭，顺便看看少年时代居住的地方(图4)。原来房子进深比较浅，“豪客来”将它加深一米多，原来屋顶是青灰色，现改成砖红色屋顶。看着今天的西村，我不由得回想起它的昨天和前天，感慨万千，追忆几十年的沧桑岁月，一件件往事和一家家老邻居的面容又浮现在眼前。

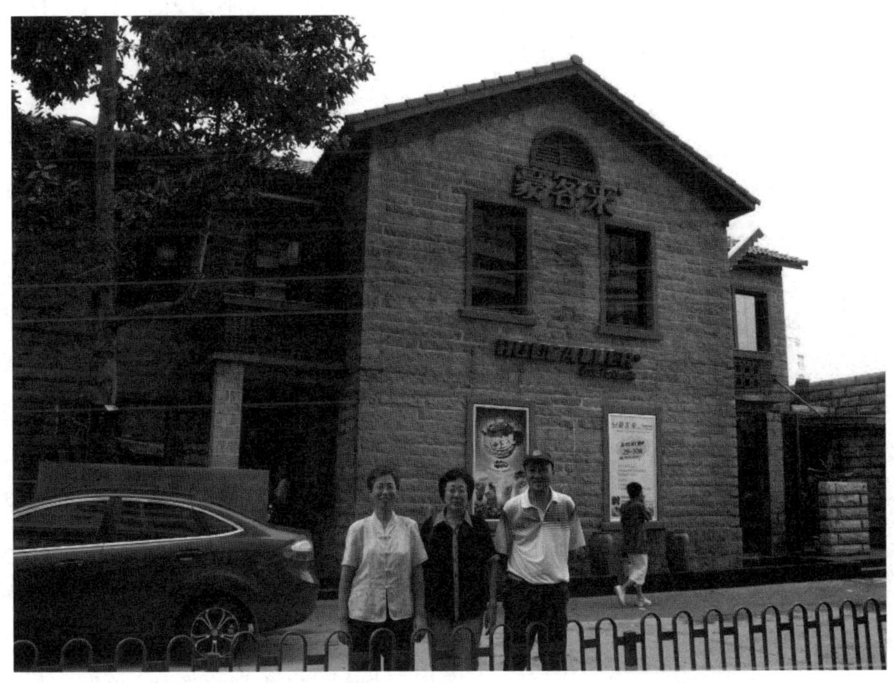

图4　我们姐弟三人在西村“豪客来”老屋前合影，左边门廊为24号，右边为25号

小蟋蟀老蟋蟀

林华水

立秋后仍酷暑逼人，晚上八九点之后，空气才渐渐凉爽，此时的环岛路是散步的最佳去处。阵阵海风向岸边吹送着淡淡白雾，使人有如出没仙境。那天和家人在栈道上徐徐走着，忽然听见岸上不远处一串喑哑的虫鸣，心中不由得一颤，儿时练就的“童子功”告诉我，那是一只老蟋蟀在向我问候呢。听那一声声时高时低的鸣叫，我判断这是一个“黑张飞”。我不忍去打扰这个自鸣得意的家伙，思绪却回到了半个世纪前。

图1　1956年的家庭照片
前排左起：笔者、弟华岩、妹华素
后排左起：姐华清、华明

1947年底（我刚出生还未满月）我们一家从新加坡返回厦大后，就一直住在同文路厦大教工宿舍（图1），直至1958年厦大宿舍靠海一边房子被海军征用才整体搬迁到大生里。卢嘉锡先生家的老二卢咸池兄在《童言无忌——我的童年回忆》一文中所言“父母亲经常一早就叫醒我们兄弟：‘快起来，你们看林伯伯在舞剑了。’”写的就是1950年代初同文路那一段，“林伯伯”正是我父亲。咸池兄的妈妈（卢嘉锡的夫人）吴逊玉女士则是我妈妈常常提到的恩人。1958年初我父亲突然脑出血去世，遗体被随意置于中山医院（现妇幼保健院）一破败、阴湿的“太平间”。我妈妈正为此痛不欲生，时任厦门大学家属委员会副主任、思明区人民代表的吴逊玉女士果断拍板，结果遗体抬回家放置在我家1楼(当时我们住1～3楼)，并布置成灵堂。

现在能记起来的邻居，都是有年龄相仿孩子的家庭。比如卢先生一家，老大卢嵩岳和我三哥华山是同学且是多年的朋友，那时华山他们一伙正处青春叛逆期，常常抓来葡萄藤上的大青虫开膛破肚、剥皮抽丝做钓鱼线，家里地板上一摊摊绿色的虫内脏几乎把父母吓出心脏病，嵩岳兄不知有无参与其中。虞愚先生一家，小女儿虞苗姐和我三姐华明是同学，在童稚的我眼中，她是这一带乃至整个校区的大美女。校产科老科长苏昌焕先生一家、厦大仪器厂老厂长刘潜然先生一家以及物理系老工程师叶志铭先生一家，这三家的孩子和我家兄弟姐妹年龄基本上都一一对应，因此既是同学又是玩伴(苏家老二克淼前几年和我搭档还获得厦门市老年乒乓球赛男双亚军)。陈贵生先生(陈孔立先生的父亲)与他的兄弟陈福生两家紧挨着，我三姐华明的同学陈孔琦就是陈福生先生的女儿。此外，还有张松踪先生一家，金德祥先生一家……陈国珍先生的小女儿陈重昱姐是我四姐华清至今仍往来频频的老同学、老闺密，他们是我家住大生里厦大宿舍时的邻居。

父亲还健在时，因高血压，学校特地为他配置一辆进口自行车上下班(1950年代初国内不但不会造汽车，连自行车质量都还不太过关)。东村教工宿舍(当时称作教授楼)刚盖好，说好了搬底下一排中的一套，我也屁颠屁颠地跟着去看新家，而且立刻就爱上东村后面的绿水青山。结果父亲说房子不如同文路的大，一大家子住不下，不要。于是童年的记忆就留在同文路了。

印象中，住在校区内的小孩都一本正经地说普通话，说起本地话大都吭吭哧哧的，很“孔子”(厦门土话，即比较循规蹈矩)样，而校外的孩子都野，一张口就是土话，个别人本地粗话还说得很顺溜，不过要背着家长才敢说。这怪不得孩子们，校区毕竟是“象牙塔”，而同文路西连水仙宫、后路头(地名)，东接福海宫、街仔内(地名)，是厦门最具海水味的闽南市井文化代表街区。有一阵子我们几个小伙伴热衷于斗蟋蟀，原因正是这几处地方一到夏天，许多卖蟋蟀的小贩就在市场巷口摆起摊子，一时间人声虫鸣此起彼伏，比现在的“宠物市场”还热闹。斗蟋蟀自然是身为大学教师的家长们所不齿的勾当，但那时孩子们的课余生活远不如现在丰富多彩，大人们也就懒得去管。

那时候蟋蟀并不贵，比不得现在北方某些地方，如山东、天津等地，动辄几千上万元。那种见了对手敢于龇牙咧嘴冲上去乱咬一阵属“愣头青”级别的，几分钱就能买一只，“将军”级别的顶多一毛多钱，不过“大王”级别的就要五毛以上，对此伙伴们都不免囊中羞涩。男孩的天性就是爱冒险，一个小伙伴提议：“我们自己去抓。”大伙儿摩拳擦掌立马行动起来。

提议的这位小伙伴大号叫柏青，正是叶志铭先生家的老五，说起他的妈妈，老厦大无人不知无人不晓，她是厦大医院的老护士长傅美德老妈妈。由于我们两家特别亲近，孩子们都将彼此的妈妈也当作自己的妈妈。1980年代初，为了二机部科研课题“高纯水中微量溶解氧的测定”，我与同事(即叶家老六柏龄)到北京办理去西北核基地做实验的介绍信等手续，还特地带上两位老妈在北京稍作游览，并拜访当年同文路、大生里的老邻居陈国珍先生(该项目的牵线人，厦大化学系原教授，1962年作为国家“两弹一星”选调专家调二机部，时任二机部生产局总工，后调任国家海洋局副局长)及虞愚先生(厦大哲学系原教授，后调任中国社科院研究员)两家人。老护士长的为人与她的名字契合度分毫不差，据说好长一段时间内厦大教职工的孩子起码有一半是她接生的。她生前几乎没有一刻空闲，一会儿这家生孩子，一会儿那家大人或孩子头疼脑热，常常忘了自家还有一群“嗷嗷待哺”的大人小孩，因此他们家的孩子独立性特别强而且见多识广。有段时间伙伴们这家添了个小弟弟，那家多了个小妹妹，“这些小东西是怎么冒出来的？”这一困惑大家的问题却难不倒柏青，他很自豪地告诉我们其中的奥秘，具体到“操作系统及操作方法”，听得我们一个个目瞪口呆、将信将疑，这些“知识”我们成人之后才弄明白。原来常常有人来找他妈妈咨询这方面的事情，一点都不避讳旁边一个小不点正竖着耳朵偷听。

在大学里待久了，见惯有些人对某个事物只知一鳞半爪便自诩为“某某学教授”，对比之下，柏青绝对称得上“蟋蟀学教授”了。有天半夜，因天热我们一伙人还在屋外纳凉，他忽然头一歪，听了一会儿便指着二三百米开外的山腰说：“那里有一只老蟋蟀。”众人跑过去果然就逮到一只色泽暗淡的黑大个，而且缺根触须还断了半截腿。从“蟋蟀学教授”口里我们了解到“蟋蟀地理学”的梗概，比如论勇猛程度，厦大白城附近的蟋蟀不如曾厝垵、黄厝(当时都还是荒郊野外)的，地瓜地的不如花生地的，花生地的不如坟坑墓穴里的，坟坑墓穴里的不如直接用嘴吹喇叭那样从死人腿骨里吹出来的，正所谓“一方水土养一方虫”。治学不精是我这一辈子最大的毛病，自然不会去刨根问底：蟋蟀王国竟只有固定户口而没有流动户口？难道它就不能悠闲地枕着死人腿骨又享受着地瓜的甜蜜、花生的香脆？而“蟋蟀分类学”就更玄乎了：一般田头地沟的大都是“菜蟀”，蟋蟀洞里有蜈蚣相伴的叫“蜈蚣蟀”，是将军级别的大虫，如果还有毒蛇守护的叫“蛇蟀”，那可是大王级别的了。蜈蚣和蛇我们倒是见过，就是没见过它们藏身的地方有蟋蟀，我怀疑蜈蚣和毒蛇把这些将军和大王当点心了。

尽管对“蟋蟀学教授”的学说半信半疑，曾厝垵、黄厝还是成了我们向往的地方。那里有连片的乱葬坟场，和市区的交通只有海边的牛车道(现在成了环岛路)。牛车道还不能过，民兵和部队在厦大白城设着关卡呢，因为白城以东是军事禁区，海对面不远一溜青灰色的岛屿就是敌占岛——大小金门岛、大担岛、二担岛……不时有国民党的“水鬼”潜上岸来。我们只能从厦大白城后的羊肠小道“偷渡”。这种偷偷摸摸的感觉让我们兴奋不已，尽管烈日当空，蚊虫叮咬，脸上、手脚被高粱叶、芒草叶割出道道血痕。可令人丧气的是，抓来的几乎是清一色的“菜蟀”。“蟋蟀学教授”说，大虫都要半夜才出来，我们得改晚上行动才行。大家立马否决了这项提议，倒不是怕潜游上岸的国民党特务或时下流行的盗墓小说“鬼吹灯”中的那伙盗墓贼，而是想到那种地方漆黑瘆人、流萤闪烁、阴气肃杀，除了蟋蟀，没准还有什么别的看不见的东西在游荡呢。

要不是一只小黑虫，我们斗蟋蟀的历史也许还会延续好几年。在田头地沟发现这个小家伙时，我们还为它到底是不是蟋蟀争执一番，因为它个头还没蟋蟀的一半大，关键是还没有能鼓翅鸣叫的翅膀。“蟋蟀学教授”说：“这是蟋蟀幼虫，我们可以把它养大。”回家后，找了一处废弃的水泥洗衣槽，把出水口塞住，上面用木板盖上，就成了小黑的家。作为它的口粮，我们在洗衣槽里放进一块拳头大的地瓜、几粒花生、猪骨头及几块小石头。“蟋蟀学教授”说，猪骨头是给小家伙增加钙质，而小石头是让它磨牙用的。之后我们就再也没人记起它，大约过了一个星期，我们踢足球经过水槽边，隐约听见里头有蟋蟀叫，打开一看，一只油黑发亮的蟋蟀伏在槽底，一见我们就更卖力地鼓起翅膀，发出我们从未听过的最美妙的音乐。

作为蟋蟀，仅仅会唱歌是不够的，接下来的几大战役证明小黑不愧是大王级斗士。头一仗遭遇的是厦门港福海宫、街仔内的头号大虫金翅大王，他的主人是第三中心小学我们的同班同学。小黑个头只有它的一半多点，但小家伙一点都不怵，两虫一见面，两对大牙就紧紧钳在一起。金翅大王毕竟身高体壮，几次把小黑举离地面。好个小黑，劣势之下仍紧咬不放。忽然，金翅大王放开小黑转身落荒而逃，众人正疑惑不解时，只见被小黑鼓翅追咬的金翅大王口里流出黄水，大牙竟被咬崩断了。

自此，“蟋蟀学教授”便天天带着小黑征战四方，所到之处群蟀纷纷丢盔弃甲，直到后来被一只第六市场的“菜蟀”咬断腿以致香消玉殒。第六市场是当时厦门久负盛名的蟋蟀市场，对蟋蟀们来说，无疑就是奥林匹克赛场了。那场惨烈的场面我没有看到，据说一开始，小黑依然威风八面，连续打败几只名虫，最后上来一只色泽暗淡、半死不活的家伙，虽然被咬得手忙脚乱还一个劲地死缠烂打。人都难免有骄傲自满的时候，何况蟋蟀乎？当小黑将那厮甩出几丈远(蟋蟀们的长度单位)，得意地鼓翅奏起得胜曲时，没料到那厮从背后偷袭，一钳将小黑大腿咬个齐根断。也许是因为疼痛难忍，断了腿的小黑展翅腾空飞起三层楼高，沿街直飞出几十米远。幸亏当时厦门公交车没超过三路，私家小车更无一辆，观战众人沿路一窝蜂追将过去，待小黑落地时，七手八脚中有人按住地面直叫：“抓住了！抓住了！”待移开手掌一看，小黑已经成了肉饼。此案最后定性为“谋杀”，有两个线索使该案当场告破。线索一，有人揭发说那只半死不活的家伙事先灌了辣椒水，因而抽风似的没头没脑逮谁咬谁。辣椒水竟有如此神效，没准体育界隐蔽最深的兴奋剂中就有它的影子，估计国际奥委会兴奋剂权威检测机构也未必查得出来。线索二，那个按住小黑的人就是刚被斗败的一只名虫的主人，论动机不是“蓄意”起码也是“过失”。结果众人一声叹息也就作罢，不像现如今屁大一点事就恶语相向、拳脚相加乃至于法庭相见。不过，当年人们都还不知法院为何物。

从那以后，我们就再也不抓蟋蟀斗蟋蟀了。

当年一起斗蟋蟀的小伙伴后来都各奔东西——考进了不同的中学，“文革”动乱中参加相同或对立的群众组织，接着插队山区天各一方……最后也都“殊途同归”——上学、工作、结婚生子、退休，有的仍出入各社区、社团，活力四射，有的则闭门不出，面壁修炼。总之，大家多年难得一见。真的很想他们，我的斗蟋蟀的小(老)伙伴们。

顺便提一提，“蟋蟀学教授”柏青，绰号也叫“小黑”。

(原文载于《厦门知青文学报》2007年10月，修改于2019年11月)

卧云山舍

张玮萍

说实在的，上小学前，我对“文革”前我们的家，厦大大南8号院(雅名“卧云山舍”，图1)还比较陌生。我出生后三个月就寄养在老阿嬷家，直到两岁半直接转入厦大幼儿园全托。我在厦大幼儿园全托的三年多可以说和其他孩子略有不同，大多时间是7天24小时待在幼儿园。虽然幼儿园和我家“卧云山舍”是前后院，我只能坐在幼儿园里天天想家、想只有两墙之隔的好妈妈(图2和图3)。因为爸爸忙，家中有病人，妈妈不能接我回去，周末由关玉英老师或陈美美老师、邓春秀老师等陪伴留在幼儿园，感恩这批敬业的阿姨老师们周末收留我。

图1　我们家曾经住在大南8号，雅名“卧云山舍”

图2　1958年，父母、奶奶和哥哥、我在卧云山舍院里的网球场合影，后左是来厦门探亲的婶婶，我们家住一楼（左）；2005年11月妈妈回厦门在卧云山舍外留影（右）

图3　为纪念和爸爸相识10周年，1960年妈妈在厦门拍照留念。妈妈在外受到政治压力，卧云山舍给了她平静和美好

当时厦大刚由国家接管不久，属于建设发展起步期，父母工作担子重，学习苏联做法，厦大孩子们部队式集中管理，成了幼儿园中同吃同住同玩儿的"三共同娃娃"，这种友谊长存至今。这群孩子们的父母大多是当时学校和各系干部，以及各系教学骨干力量。

我直到6岁上小学才回家住。班上同学大多是厦大校园内的孩子，厦大孩子大多是从小光脚上山下海的"乌干达娃娃"。孩子们大串门儿是每天放学后和假期中最忙碌的事儿。记得一放学就常有同学来问："玮萍，放学后可以去你家院子玩儿吗？”当然可以，我爸妈是如此开明的人，除了午休之外，其他时间都是开放的。我家大门儿从来不关。实际上有更多孩子不请就去的。孩子们来到“卧云山舍”，使得这个大院生机勃勃。楼下防空洞和一株火炬似的松柏，还有园中的石榴树、龙眼树、杧果树、三角梅……都是孩子们藏猫猫的隐蔽处。儿时觉得院子好大啊（图4）。网球场是我们“打田鸡”（类似美国的小型棒球运动）的理想场地。卧云山舍院子的树丛里经常藏着大大小小的孩子们，几乎成为儿童乐园。

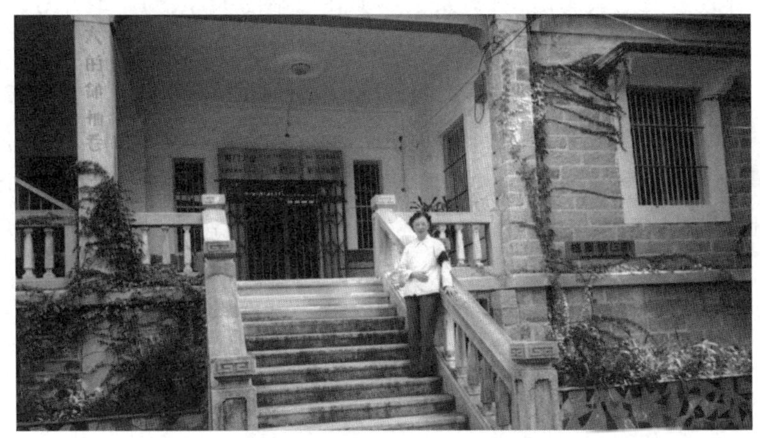

图4　2000年全家送爸爸的骨灰回厦门，妈妈来到卧云山舍前拍照

照片右边是爸妈睡房的窗户，中间是正对大厅和饭堂的大门，台阶左边下方是地下室防空洞。怎么现在看来一切都缩小了呢？孩子长大后视觉变化了

记得上小学后不想睡午觉，又不能像在幼儿园上下铺可以说悄悄话。看到其他同学午饭后都自由自在地早早跑出去一起玩，好羡慕。而妈妈要求我们必须睡午觉。我很无奈，交代章红、林麒、何茹等好朋友下午去学校前来找我，不能惊动爸妈，用暗号接头，在院子里用石头敲地面几下，直到我出来。事实是，我一次也没能提前出来，因为家中有阿姨看着，我怕她向妈妈告状。听着院子里石头砸地的声响，躺在床上不敢动——典型一个有心无胆的孩子。

大约是小学三年级的一个傍晚，台风就要来临，爸妈都出去安排防风工作。家中除了小脚的奶奶关在自己屋里，就剩我和哥哥在家。偌大的大厅和七八间屋子空荡荡，到处都是窗户和通道出口，怪吓人的。这时忽然听到有人喊我哥的名字，抬头看台阶上跑来的是他同学郑启五。他的到来，让我们觉得

似乎有三足鼎立之感，内心不再害怕。启五说：没事，没什么好怕的。在他和哥哥的策划下，我们把家中的米缸盖、菜刀、擀面杖、雨伞……都武装到客厅大门前的会议桌上。我们仨把沉重的大木门关上，插上了木头门闩，心里踏实了许多。不一会儿，风越刮越大，天也渐渐黑下来了，爸妈还没回来。启五突然想到一会儿如果大风雨来到，他就回不了国光三的家了。终于，他按捺不住，说了声："不行，我得回家了。"我们帮他拉开客厅大门。他壮着胆，手里挥舞着一根小棍儿，口中大声吼着"冲啊……"冲下了高高的台阶消失在院子门外。我和哥哥赶紧关上大木门，抖抖索索地坐在黑暗的大厅中，不敢开灯，直到爸妈回来。

在那个年代，我知道多少孩子羡慕我们家有这么一个大院子和厅堂；而我的内心是多么羡慕那些家住紧凑的敬贤楼、国光楼的孩子们。我觉得他们安全、热闹，楼上楼下、左邻右舍喊喊叫叫，多么亲切。我们经常出来参加国光楼伙伴们扛树枝、打赤脚的游击战；加入敬贤楼上山打蛇、捡柴火偷挖地瓜烤地瓜的战斗小分队。

我也常去后边的防空指挥部找两位电话总机接线员玩儿。她们都十分和蔼可亲，我叫她们"电话姑姑"，她们叫我"阿妹"，还塞给我吃的。那个年代，哪怕是一小块地瓜，也觉得真香真好吃！好亲好亲啊！有人有急事打电话到家中找爸爸，我都会拿起电话直接告诉电话姑姑：请帮忙找到我爸，某某要找他。很有效的工作方法，这就是当年最先进的通信联络。

卧云山舍坐落在五老峰脚下。楼西边是三栋国光楼，东边是五栋敬贤楼，前边是女生宿舍丰庭楼群，背后是厦大幼儿园，再后边是防空指挥部。我感觉那是个风水宝地。

自厦大被评为重点大学后，家中难得有两年的平静日子，卧云山舍的家格外亲切和睦。爸爸时常中午可以按时回家吃午饭。暑假天热，我们兄妹仨饭后可以在爸爸的书房地上和爸妈一起铺草席睡午觉，那是最幸福和美好的时光。午觉前，我们仨会和爸爸在地上打滚儿，爸爸年轻有活力，我们仨都斗不过他。有时可以听一段侯宝林大师的相声、欣赏一段粤剧红线女的唱段……

卧云山舍，儿时的我在这里见证了厦大的各个历史事件，包括：与金门互相炮击的年代；《英雄小八路》的电影使厦大小孩对敌斗争警惕性极高，自发跟踪各种可疑的特务嫌疑人；大炼钢铁时期跟着家长砸锅捡铁；三年困难时期跟着妈妈在院里开荒种菜（种的空心菜尽管收获多多，但用白水煮没有油难以下咽，过后三年都不敢吃）；见证从指挥部到大会堂的泥沙路升级为柏油路；反右运动时期的乌云密布；厦大被列为全国重点大学；大学校园的平静和美好浪漫生活；“文革”炮轰校党委……

母亲为20世纪50年代生活留下一段回忆，其中记载了在厦大卧云山舍前8年的生活：

> 防空防炮是厦大50年代的一件大事，教学、科研、生活几乎都与它密不可分，“前线大学”是厦大的一个特点。厦大整个校园里的防空壕沟四通八达，后山上挖了28个由错落的岩石自然天成的防空石洞。五老峰下又挖了数公里长的坑道，可以容纳几千人。这是一个十分庞大的基建工程，当时都是在玉麟同志这个防空总指挥的领导下进行和完成的。在局势紧张时，各系的课常常都在山洞里的梯形教室里上。玉麟同志常常上山去了解情况解决问题，这个时期，他要做报告也是在林间空地上做的。这样的大学，恐怕不仅是全中国唯一的，也是世界上绝无仅有的一所战争特色大学。厦大的防空指挥部夜晚就设在我们家（卧云山舍一楼——编者注）的大厅里，晚上有空袭，他立刻就上指挥岗。那时，他的身体已经很不好了，工作却夜以继日，他的担子太重太累啊！他常常晕倒，有时做报告，讲到一半，冷汗淋漓，休克，有时就晕倒在马路边。有一次学生从宿舍打电话来，说他倒在那里了，我马上通知车库赶紧派车，才把他接回家来。

艰苦的岁月过去，20世纪60年代初起，厦大迎来了平稳的发展；但不久震惊世界的“文革”硝烟滚滚而来，“卧云山舍”竟成了“牛鬼蛇神藏卧之舍”：因为一楼是我家，二楼是王亚南校长，三楼是陆维特书记的午间休息室和党委办公室主任白世林一家。

1966年6月的一天，校园里忽然间铺天盖地贴满了大字报，学生广播站响起了一阵阵“批判”“打倒”“把某某拉下马”的吼声。那时我还小，不知发生了什么，只听到其中最刺耳的是爸爸的名字。我悄悄溜到一条小路上，顺着看了几张大字报，天啊，上边说我的爸爸是叛徒、特务、修正主义、走资本主义道路的当权派……一时间我真不知世道怎么了？爸爸、妈妈却告诉我们：“相信党和国家，我们有错误需要改正。”

自那以后，“卧云山舍”就成了各路造反派轮番抄家的重点。从早到晚家中被扫荡。父母那时除了挂牌游街、挨斗挨打、写检查，已经顾不上我们了。后来才知道“文革”初起，省委讨论第一批抛出去让群众批判的重点，爸爸是厦大头号走资本主义道路的当权派。每天看着爸妈被残忍地拖向这、拖向那，挨批、挨揍、被凌辱，挂着各种牌子和物件、光着脚“游街”，满脚的血泡……我的心在流血。有天下午，我躲在楼梯后默默地念着：“毛主席，您什么时候能来救我们啊！”

三个月后，我们举家被赶出卧云山舍，到了临时栖息处——中灶食堂。用橱子简单隔出三间没有门的房间。来到这里，12岁的哥哥被造反派带走，要求他和父母划清界限，一个多月时间，我们在路上相遇不能相认。自那时起，我变成了家中唯一有行动自由的人。卧云山舍成了红卫兵独立团等造反派司令部。所有被传唤到那里的“牛鬼蛇神”都不知道自己的命运会是什么。最令人发指的是史晋叔叔就是在那里惨遭毫无人性的摧残而离开人世！卧云山舍，从此失去了居家的温馨。

又过了两个月后，我们再次被勒令搬到校门外的厦大新西村四号楼107室。记得与我们先后一起被赶到西村的还有校长、经济学家王亚南，厦大党委副书记未力工，经济系书记李维三等人家。只有两个房间，一家老小三代人挤在一起，心里反倒稍踏实些：毕竟有个家了。在那里，我们一直住到1980年爸爸被调到北京国家海洋局任职，房子退还厦大，我和哥哥住进校内集体宿舍。

备受煎熬的十年“文革”，我们全家一起艰难地度过了。但比起史晋、林莺叔叔家庭的破碎，我们是幸运的。在厦大的20多年生活经历，有多少美好，也留下儿时和青春的伤痛。我告诉自己：人生还是把记忆多留给美好的事物来回忆。1978年，我们兄妹仨经过努力，分别以1977级和1978级大学生的身份先后跨进大学校门：我和哥哥珞平考进厦大，弟弟子瑜考上南京大学(图5)。这是最让爸妈心中舒坦的一段日子，那是一段人生最美好的相聚时刻，别提心里有多么幸福。

谨以苏轼的《水调歌头》作为这一段儿时回忆的结尾：“人有悲欢离合，月有阴晴圆缺。此事古难全。”多么希望能和爸爸、妈妈一道重走人生，再次相守。卧云山舍是留在我们心中的一座云端小舍，它曾装有爸爸、妈妈、哥哥、我、弟弟、奶奶、阿姨等一大家子热闹的亲情。它是我们儿时厦大生活的聚焦缩影。

图5　1978年8月，全家送弟弟去南京大学上学前在大南校门合影

（张玮萍2021年1月26日改）

大生里是个符号

周　跃

大生里不是路名，是地名，但不知道为什么叫大生里？后来听说，早先那里种了不少一种叫“大杏”的树，所以这一带被称作“大杏里”，久而久之，“大杏里”就变成“大生里”了。从大生里往厦门大学方向再走一段路，是蜂巢山，当时是荒郊野外，山壁树林里都挂着蜂巢，因而命名蜂巢山。

大生里坐落于思明南路，门牌号是298号，这是我昨天才知道的。据《厦门大学校史》记载，1954年，厦门大学花了7万块钱，向厦门市房地产公司购买了一列三层楼(图1)，建筑面积9133平方米，再花了3万块钱大修缮后，改造为142户教职工眷属宿舍。大生里最大的优点是该地段处于厦大和市中心的中

图1　厦门大学大生里宿舍(左)及其后侧弄堂(右)

间部位，来往于厦大和市中心均很方便。对于一方在厦大工作、另一方在市里工作的双职工来说，可以双方都照顾到。尤其在20世纪50—70年代，厦门市内交通不发达的情况下，更适合一方在市里工作的双职工居住。估计当时我家的情况就是这样：爸爸为了在厦门第一中学任教的妈妈上班方便，所以住到了大生里。记得以前只要寄信人写上：厦门市大生里前列206号，信就可以寄到我家了，由此可见大生里的知名度。

60年前，刚满3岁的我，跟着爸妈、姐姐和保姆搬到厦大大生里宿舍前列206号(图2)。当时所有的印象都是模糊的。大生里是我记忆的起点。住进那里后，才是我记事的开始。

图2　厦大大生里宿舍前列206号门牌

大生里承载着我度过孩提幼稚、少儿青涩和年轻风华。

我入学第六幼儿园离家时的啼哭声仿佛还在耳边。爸爸用自行车载送我上学，连衣裙，齐耳短发，两条细长腿优哉游哉晃荡着，是大生里的一道风景线。因为当年的自行车应该是相当于现在的奔驰吧。

思明区第三中心小学刚读两年，“文革”就开始了，学校改名为朝红小学。当时保姆一手牵着我，一手端着牛奶，在校门口让我喝了，再自己走进校园走进教室。爸妈上班工作很忙，我是保姆一手带大的，被娇宠惯到无底线，是大生里众所周知，宠到“爬壁”的坏孩子。

第三中学、前线中学、华侨中学，其实是同一所学校，只是随着历史更迭需要，中学一直改名。而我因着身高腿长，被选进了厦门市青少年篮球队，是一个很值得骄傲的“市队”的4号队员。时常的集训、球赛，我成了学校的“编外”学生。到了初二，科任老师都没有见过我，只是因着我的名字“周跃”和“厦门市青少年篮球队”猜想我是个男孩。

当年，没有省一级达标学校、没有贵族学校，上学不需要凭考分、争名校，根据家庭住址的远近就读，甚至根据住房门牌号编班，所以同班同学都是住得最近的邻居。

奇特的大生里，有长长的前、后列两排楼房。后列202号住户需要过我家的门口，过前、后列的天桥（那可真的是真实意义的天桥，图1右）才能到达。那里住的是经济系的陈逸光老师，他女儿李屏屏跟我同龄，我们从小学到中学一直同班。从小她就瘦弱，胆小，是个顺从型的乖乖女，整天跟在我后面，看我呼风唤雨，看我捣鬼作乱，从不言语。有一次，我带她去对面的山上玩，竟然把工地施工用的水管接头摇脱落了。看着水哗哗地流着，施工的工人大声喊着、叫着、追赶着，我们都吓呆了，她的脸色煞白，泪珠挂在腮边。还好我很快冷静下来，牵着她的手，假装在边上采着野花，边自言自语，边快步离开，跟没事人一样。现在想起来，我们都还会会意地哈哈大笑，笑她的顺从配合，笑我的机智。若干年后，我们相互陪伴着，送走各自的父母，我们是最亲最亲的后天的亲人！

"文革"中后期，我们还住在大生里。那可是个战略要地，左边（镇海路方向）是"革联"，右边（蜂巢山方向）是"促联"。记得登峰造极的时候，可谓枪林弹雨，家里的老保姆冒死拿着木棍去楼下顶着楼梯门，防止"造反派"冲进来。

现在回想，"文革"中爸爸没有受到太大冲击，没有被抓去戴高帽、敲脸盆、游街什么的，除了他的"古意（老实）、小字（谨慎）"、低调、与世无争为众人所称赞，大概跟住在大生里，不是学校的争斗中心，远离群情激奋的学生有很大的关系吧。这么说来，大生里还真是我家的福地呢，让留苏归国的爸爸免除了陷进"苏修特务"泥淖的灾祸。

大生里记载了我原生家庭20年姐姐婚嫁繁衍变迁、见证了中国社会的风云变幻和厦门民政殡葬改革，把几十年的殡仪馆迁往岛外，让大生里不再是死人、殡葬的代名词，也是个历史重大变革……

从被喂喝牛奶到"市队"队员，从流鼻涕到喷香水，成长变化的是自己，不变的是大生里巍峨的身材、绵延的身姿、遮风挡雨的骑楼，它一定是厦门市一个有纪念意义、代表意义的历史建筑符号和厦门大学百年校史的分支里程碑。

经考证，大生里始建于1928年。近日，一张厦大加固改造旧楼的通知，激起了我心中的涟漪。受邻居发小之约，我鼓足勇气，60年后再次登门拜访大生里。虽然它早已是满目疮痍、遍体鳞伤，但那家事、国事，那历史的往事、记忆的符号，烙印在我的脑海中永远不敢忘却！

鼓浪屿厦大宿舍旧事

宋　达

（经济系1990级）

缘　起

2017年5月21日，老湿（笔者自称）参加了在鼓浪屿晓学堂虫洞书店举办的"鼓浪屿的文化足迹暨《三代东瀛物语》新书分享会"，见到了新书作者、前邻居、李文清教授的女儿——元山里子（李小婵）女士，还有久别重逢的多位鼓浪屿原厦大宿舍的邻居前辈，和他们一比，老湿就是大院里的"小字辈"了。

新书发布会上，詹朝霞女士的发言是促使老湿写下本文的主要原因。詹女士本非鼓浪屿"土著"，2007年她在撰写以鼓浪屿历史为题的硕士论文过程中，渐渐把这里当成了自己的第二故乡。她对鼓浪屿近一二十年来变迁有自己的见解：21世纪初，市政府把这里当成黄山、武夷山、庐山那样的旅游风景区进行开发，圈地卖门票的同时控制岛上人口，结果之一就是居民大量外迁，只给今天世人眼中留下一个商业化的印象鼓浪屿。然而鼓浪屿的真正魅力与灵魂，不仅在于风景，而且在于那一幢幢老房子背后的人文精神（图1）。提到人文就不能没有人——人走了文化就衰亡了。在铸就鼓浪屿人文精神的那一大群人中，詹女士特别提到，如果她能与早年住在岛上的李文清、韩国磐、方德植、李法西、陈诗启等厦大教授们做邻居，她是非常愿意享受那样的时光的。

听众席里的老湿听到这里，顿感自己当年很可能错过了什么。那种心情就像是当下某个微信群发了100万元红包，那边厢老湿却在另一个群中和其他同学争辩转基因是不是美帝阴谋、中医药算不算祖先的宝贵遗产，只顾争得面红耳赤而错失了致富机会；又像《大话西游》里的周星驰——曾经有一份真挚的爱情摆在他前面，他却心系某个更大的使命，而在戏里戏外都让朱茵跑了。

老湿当时就想，要实现詹女士长住鼓浪屿并与教授们为邻的梦想，捷径就是拎包入住当时的鼓浪屿厦大宿舍——老湿就曾手握这样的机会："70后"的老湿生在鼓浪屿厦门第二医院，从幼儿园到中学的青春年少时光都是在岛上度过的，即使后来上了大学，也是在一海之隔的厦大——老湿人生的头30年，进鼓浪屿厦大宿舍就是回老湿的家(图1)，只是到后来才和大家一样变成了访客的。

图1　鼓浪屿原厦大宿舍航拍图，正中是鹿礁路24号楼，右下是26号楼，右上是28号楼

然而当时老湿并没能意识到这一机会的可贵，一个原因是当年这些教授邻居的头上或身上，并没有闪耀着"我是大咖"之类的光环或标有类似印记。在多数时候，他们出现在老湿眼前时，和周遭的人们并没有什么不同——大部分时候是素色衬衫搭配深色西裤，天凉时分多加上一件蓝色或灰色中山装外套，天热时节也不外乎短裤加背心，最可能泄露身份的，就是上衣口袋里的那几支钢笔了。最主要的原因是，老湿那时就只顾着玩了，并没有向老先生们表示应有的尊敬并及时请为关门弟子，以至于现在只能望着教授们远去的背影哀叹：曾经有那么一群高级知识分子住在老湿家隔壁（图2），老湿却没有珍惜，等失去后才追悔莫及，尘世间最痛苦的事情莫过于此。如果上天再给老湿一次机会，老湿会对教授们说，给老湿讲课吧，如果非要给这堂课加上一个期限，老湿希望是……一万学时。

图2　从24号楼陈诗启教授家窗口望出去，对面是26号楼韩国磐、李文清教授的家，东南方向28号楼住着方德植、李法西教授（吴永奇摄于2020年11月）

话说回来，虽然没能在课堂上领受到教授们的教诲，但作为"小屁孩"的老湿毕竟曾在他们家里进进出出，见过他们在日常生活中的大家风范。这里仅尝试记录下老湿对鼓浪屿原厦大宿舍邻居们的印象——又因为老湿原先家住鹿礁路24号楼二楼（图3），所以记录范围也就仅限于老湿最最熟悉的同一年代同一楼层的邻居们。因年代久远，倘有记忆错讹，望读者中的前辈友邻不吝指正。

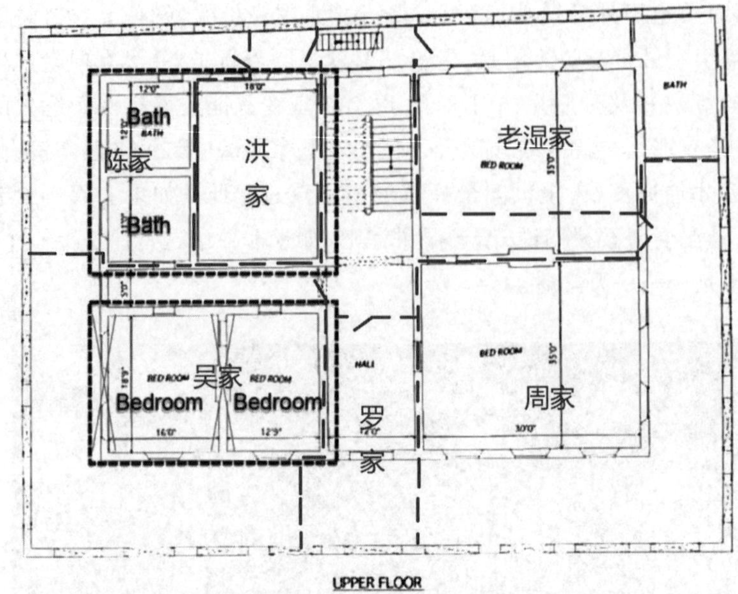

图3　20世纪80年代初的鹿礁路24号楼二楼住户布局，以原日本领事馆二层平面图为底稿粗略绘制，方位上西下东，原图可能有变形，分界线为大致参考

从“柴楼梯”和“铁楼梯”说起

鹿礁路24号楼的建筑风格是“殖民地外廊样式”，根据最初设计图可见，二楼主要功能是卧室（bedroom）和浴室（bathroom）。战后，日本领事馆被划归厦大的资产（大概是出于对战时轰炸厦大所造成损失的赔偿），并由学校安排教工入住。如此，领事馆原先的房间格局和功能就被各家各户再次进行分隔改造——原先没有门的地方安了门、没有墙的地方砌了墙或用木板作为各种临时性隔挡、栏杆的缝隙被堵上，还可能原来是墙的地方被开了洞变为门窗，等等，不一而足。如此改造之后，外廊就由原来的通道变成各家各户的内部走廊、客厅、厨房，甚至卫生间。经历各种政治经济动荡一路走来，也不知前后经历了多少户人家的迁进迁出，到老湿有了记忆以后，二楼就是由6户人家组成，按顺时针顺序从西北角算起，分别是老湿家、周家、罗家、吴家、陈家、洪家，下文也大致按此顺序介绍。

在开始介绍各家之前，有必要先说一下通往二楼的两个楼梯通道："柴楼梯"和"铁楼梯"。两个楼梯间的区分，简单来说就是二楼分别连通"厦门"和"鼓浪屿"两处世界的区分——鼓浪屿人往往会有意无意把这两个世界分得很清楚（虽然从行政区划上说二者明明是从属关系，即"鼓浪屿是厦门不可分割的一部分"），老湿也不例外。

如果二楼住户从大门口进入——那通常是他们下班或者走亲访友后刚从厦门本岛坐船回鼓浪屿，就会走"柴楼梯"，那是位于一楼深邃的门厅后方的木楼梯——从其被设计为折返式就可以看出，领事馆的建筑层高是不同于普通民居的。

如果住户走的是西侧小门，那通常就是他们在鼓浪屿岛上活动回来，可能性就更多了——可能是去街心公园西侧的"南永"百货店扯了几尺花布，或到菜市场北面那两间平房里的调味品店打来那种一斤3角6分钱的酱油，还可能是刚刚在三一堂做完礼拜，当然也可能就是去港仔后菽庄花园散步回来，那他们就会走"铁楼梯"（图4）——那是两段分开的、由领事馆西配楼屋顶（二楼住户们称为"砖坪"）衔接的、带着铁扶手的钢筋混凝土楼梯。

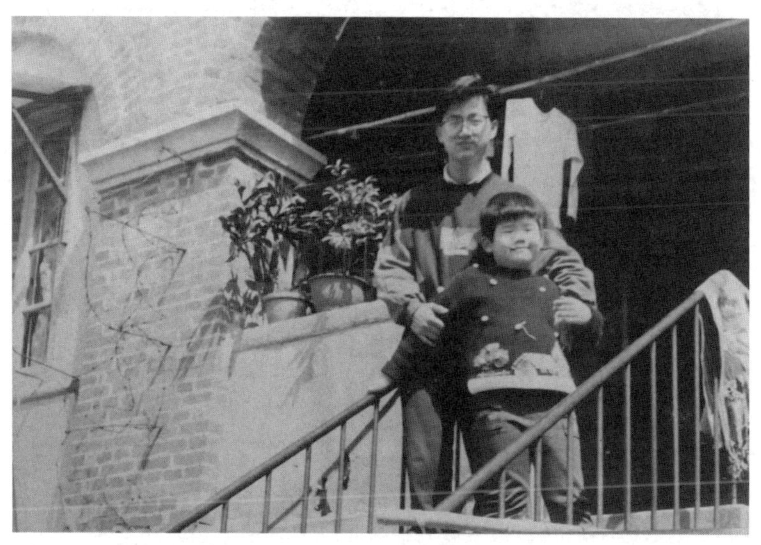

图4　老湿的司哥和陈教授孙于约坩于铁楼梯（摄于20世纪80年代末90年代初）

除了充当过道，这两处楼梯还提供晾衣功能。若是晴天，各家就会把晾衣杆架在铁楼梯的扶手与二楼屋檐之间；遇到雨天，晾衣杆则被移到室内柴楼梯的围栏上。

柴楼梯与铁楼梯对老湿的特别意义，还在于它们是回忆中两条通向过去世界的桥梁。窄窄的铁楼梯承载的是老湿在上面蹦蹦跳跳的童年——其中的回忆就包括老湿曾多少次和小伙伴们比试：能否脚踩在与二楼地面齐平的那级台阶，双臂分别撑住两边扶手，尽量前探身躯然后尝试一次性从二楼蹦到砖坪，但往往就差那么两三级台阶而功亏一篑。

还有一张老照片（图5），上面显示的是老湿一家在铁楼梯底下的合影，那时老湿一家据说就住在砖坪下面的西配楼平房内，搬到二楼和老湿出生都是后来的事情。

图5　老照片里是笔者爸爸、妈妈、堂姐、表哥，以及怀抱着哥哥的奶奶，地点为西附楼的下半段铁楼梯前，时间大约是1969年夏天

遗憾的是，在后来的领事馆维修改造工程(图6)中，这两段铁楼梯都被拆除了，只能在老照片里寻找它们曾经存在的痕迹。至于那宽宽的柴楼梯，则留下老湿的一段生死爱恨，容待下文述及。

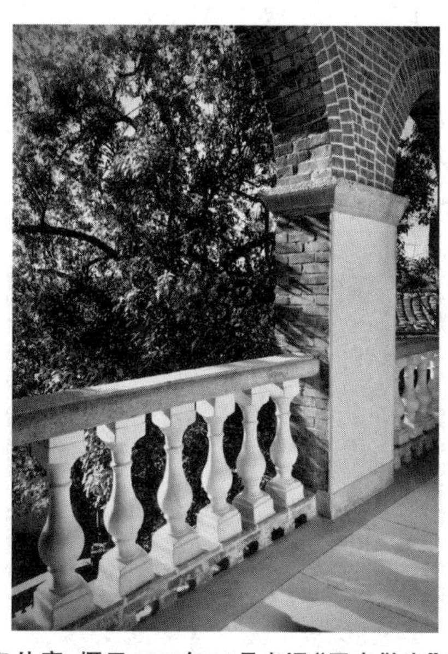

图6　二楼西北角外廊，摄于2020年11月老湿“回家做客”时(摄影：吴永奇)

二楼西北角老湿家

老湿家与第二医院院区隔着一条马路相望，再往更远处看，就是高高屹立的日光岩。因朝向正西，老湿家最不缺的就是午后的西晒，虽然庭前有棵老桑树能略为提供遮挡，仍不足以抵挡一年中近半年的骄阳肆虐。夏日午后如果待在走廊上，那种体验应该就和《西游记》里困在狮驼岭蒸笼里的唐僧师徒的处境差不多——小时候的老湿又黑又瘦，大概就是经年累月连蒸带烤的结果。

若要一件件细说老湿家旧事，一来脱离本文原意而喧宾夺主，二来陈芝麻烂谷子的事情实在是太多而不胜赘述，就留待老湿以后另寻时机在自己的公众号慢慢回忆，这里单说当年老湿家的“臭屁哥哥”搭建屋顶通道的经过。

本来，24号楼的二楼人家如果有事想上房顶(图7)，比如调整天线的方向、清理管道淤积或更换破损漏水的瓦片，一个途径是从陈家朝南的小阳台架设梯子，另一个渠道就是要经过周家位于北配楼的天窗。但每回都去打扰别家总是不太方便，何况对于好奇心与破坏欲均处于人生巅峰状态的小朋友们来说，还有其他各种理由都会催生登上房顶的需求——比如每年春节期间爬到屋脊高处看厦门本岛的璀璨焰火，或是居高临下往风行照相馆方向施放射炮"轰炸"龙头路(厦大宿舍熊孩子们热衷的节日恶作剧之一)。就算什么调皮捣蛋的事情都不做，眺望四周风景、吹吹从鹭江道方向刮来的海风，也是极好的。

图7　鹿礁路24号楼的房顶(摄影：吴永奇)

哥哥想到的解决上述需求的最初办法，就是把家里最长最结实的那张木头梯子，从饭厅窗口伸出去(图8)，斜架到对面北配楼屋顶，如此悬空作业虽然看着危险，却简便易行。换成是今天的家长们，无论如何都不会同意类似冒险举动的，但在当年此方案不知为何竟然能得以付诸实施(下文里将提到的周孔礽老师，每每和老涩说起来，也会感叹他那个年代的家长们就那么大胆地放任熊孩子们三五成群上树下海，野蛮而健康成长)。哥哥本人无疑就是从这一通道登顶的首位吃螃蟹者，而无论做什么都是跟在哥哥后头的老涩，也是从最初的战战兢兢如临深渊，到后来的步伐轻快如履平地。

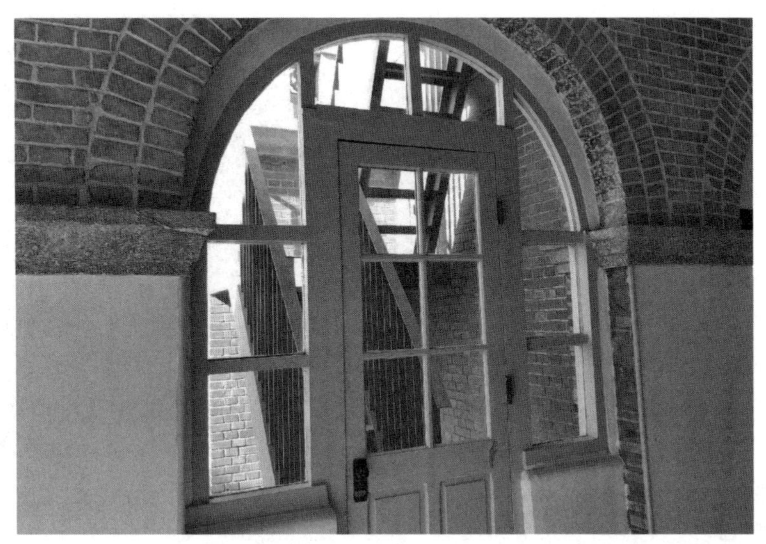

图 8　通往屋顶的楼梯，原来只是一扇窗，现在变成一道门（摄影：吴米纳）

这一通道自架设后，就经受了小朋友们的无数次鲁棒性（robustness）测试。哥哥又不断对其进行改良和加固——包括在这边窗户加装一个定滑轮，再找来一根粗一点的尼龙绳，一头连着木头梯子顶端，一头越过滑轮，系在窗户原先加高（意在防止熊孩子攀爬，现实中却助长了这种行为）了的木栅栏格子上。遇到夜间或风雨天，拉动绳子这头就能收放梯子。

就这样过了至少大半年到一年的时间，大人们终于意识到了如此举动并非长久之计。于是老爸就找来工人，把窗户扩充为边门，再在主楼和配楼间的凹进部位浇筑了一个小型钢筋水泥平台——平台上可以养花晾衣，更重要的是老湿家从此有了一条永久的、可靠的通往屋顶的通道（当然这一切都是在没有城管干预的年代完成的）。

在后来的领事馆修护工程中，老湿原以为遵循"修旧如旧"的原则，这个平台及通道会像其他许许多多的住户因生活需要而自行改建的项目那样，遭遇被拆除的命运。没想到的是虽然自建的晒台被拆除了，但楼梯的设想却得以保留——尽管楼梯已经不是当年的楼梯。如今，当你从墙外经过领事馆主楼西北角的时候，一抬头就能望见这段楼梯（图 9），诉说着从前住在这间房子里的某位男孩，出于对屋顶天空的向往而付诸行动改造身边世界，其努力终获"历史承认"的故事。

图9 从墙外路过鹿礁路24号楼西北角，抬头可见一段铁楼梯

二楼东北角周祖谟教授家

住二楼东北角和北配楼的是周祖谟教授一家。大家平常都用本地话称呼周教授为周先(闽南话"某先"就是"某先生"的缩略语，类似于日语中的"様"，是对有学问人士的尊称，不论性别)，称教授夫人吕淳瑜老师为吕先。周先身材高瘦清峻，浓眉大眼仪表堂堂，常让老湿联想起同样姓周的前国家总理。他是浙江台州人氏，曾担任厦大中文系主任，和陈寅恪、钱锺书等老湿所敬佩的文坛大家有师承渊源，惭愧的是老湿当时对此懵懂无知。

周家与老湿家的饭厅之间，原来只隔着一堵约一人半高的木板矮墙(图10)，搬个凳子垫脚就能攀上墙头互相探视。两家可说是鸡犬之声相闻。即使后来矮墙变为全隔断，只要说话或放音乐稍大声一点还是能互相听见。

有天老湿就听到了周先在家念诗(或是在教小孙女学诗)，其中有这么两句："日暮苍山远，天寒白屋贫"(唐刘长卿的《逢雪宿芙蓉山主人》)，老湿在中学语文课本上也学过，但教授念诗的语音语调完全不同——他在念"天寒白屋贫”的时候,“白”字读音极为短促,几乎只剩声母“b”的音。也许这就是叶嘉莹在《给国人的诗词课》上所说的吟诵——一种行将断绝的“读诗、欣赏诗和理解诗的重要法门”。如叶先生所说:“中国的好诗都有一种兴发感动的力量,这种感动的力量从何而来?无论对作者和读者,都是从吟诵得来。”周先当时一定就是在吟诵了,用古音古调复述原作中的情感,连隔壁的老湿都跟着感受到了。

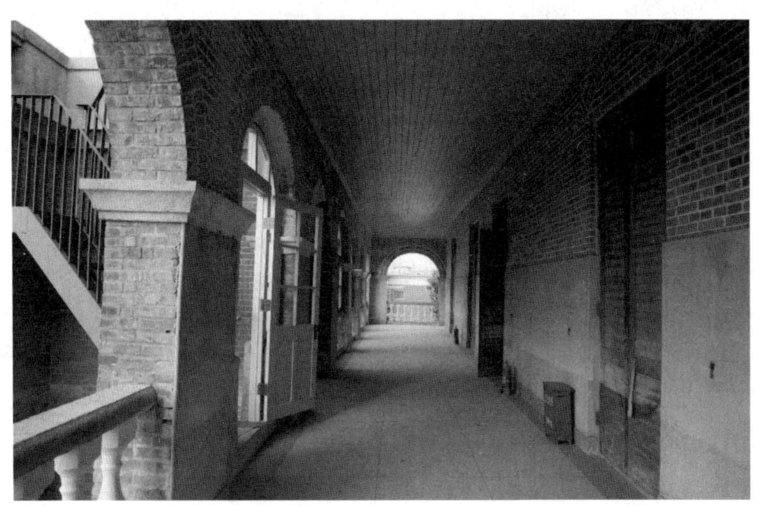

图10　二楼北侧外廊。周家与老湿家饭厅原来仅有一墙之隔,墙的位置大约在两个消防设置之间

据说周先年轻时喜欢打篮球,还是桥牌和围棋业余高手——正因为老湿也下围棋,这才得以成为周先的忘年棋友。

那年受聂卫平中日围棋擂台赛获胜的影响,全国上下掀起围棋热。同住二楼的吴家大女儿就乘着这股风潮,买来一副塑料围棋——她没怎么下,倒是老湿无心插柳,按照印在棋纸背面的说明书弄懂了基本规则,又读了一些入门棋书,很快在周围的小伙伴中找不到对手了。

正好得知周先是围棋高手,老湿就琢磨着怎么找他下一盘检验一下自己的棋力。主意既定,老湿就连着几天在砖坪上拿着武宫正树那本讲述他的“宇宙流”棋风的《围棋的宏大构思》作钻研状,果然引来从铁楼梯路过此间的周先的注意,他诧异道:“怎么你也会下棋?”然后就让老湿去他家里(图11)下两盘试试水平。

图11　从轮渡方向走近厦大宿舍,最先映入眼帘的就是位于二楼东北角的周家

一开始,老湿还在想着教授家的陶瓷棋子的手感果然比吴家塑料棋子高得不知到哪里去了,但很快就没有了这种做比较的闲情。自学棋以来,周先是老湿首次遇到的真正的“高手”——那天从对子棋一路被降级,降到被让四子还不够,一直到让六子以后方能稳住阵脚。后来老湿在学棋路上又陆续遇到了好几座和周教授一样一开始必须仰望的山峰,即实力差距足以碾压老湿的对手,但他们都没有最初周先给老湿产生的心理震撼大。

周先的棋风是一种典型的战斗棋风,中盘力量了得。一直按棋书指导下棋的老湿,突然遇到下法和书上教的大不一样的对手,第一感觉是既困惑又气恼:怎么还可以这么下,这不就是书上批评的“无理手”吗?于是就对对手的“无理”予以惩罚,没想到局面就此进入周先所擅长的步调。本来在布局和序盘阶段老湿可能还能守住些许优势,一到中盘接触就转入下风——如果那时候有AI技术实时辅助,旁观者一定会看到老湿的胜率在几招之后猛然从90%、80%急坠到0。心有不甘的老湿,每次输棋回家就会苦思破解方法,以便下次遇到同样局面时能改进应对招法。就这样屡战屡败屡败屡战,老湿的棋力不断受到锤炼——终于有一天不再需要被让子了。

那个暑期的下午,老湿看着家里饭厅的时钟大约过了四点,听着隔壁周家似乎有了动静,猜测周先应该已经午休完毕,就跑到两家之间那条黑洞洞的走道尽头敲门。如果他在家并正好有空(大部分情况下就是如此),一老一少就在朝东的外廊上摆开战场。这里没有夕阳只有树荫,从六九疗养院方向吹来的海风驱赶走暑热,大门口的蝉儿一整个下午都在那儿株龙眼树上放声高歌,这样的棋局会一直持续到暮色四沉,屋内亮起灯光才两下收兵。

老湿除了找周先下棋,也在周家的书橱里找书看。老湿的那一点外国文学修养,就建立在这里翻到的《简爱》《呼啸山庄》《傲慢与偏见》等名著中译本的基础上,虽然那时读这些书读得似懂非懂。借书时是和吕先说的,还书时被周教授撞见了,他诧异道:"你怎么也读这种女孩子读的书?"还有一回,周先不知何事经过老湿家(有可能是忘了带钥匙,要借前述屋顶通道回家),他似乎注意到了老湿摆在饭厅书柜中的那套《钱锺书论学文选》,眼里闪过一丝异样的神色,想开口说什么但又止住了——那套书自从老湿买回家以后,一直就摆在书架上生尘。

教授夫人吕先出身闽南的书香世家,和老湿妈妈是同事,都在二中担任语文老师。吕先梳着利落的齐肩短发,外表文弱朴素,调皮捣蛋的二中学生背地里给她取了"风吹吕"的外号,大概就是担心她太瘦了可能刮阵大风就会被吹跑。吕先待人行事一向和风细雨,不疾不徐、不愠不火,老湿从未看到她因高兴或者生气导致激动失态的情形。据说"文革"期间二中老师们也没少吃造反派学生的苦头,但是有两位老师因为平日里与学生为善的教学作风而较少被整,其中一位就是吕先。

周家有三位公子,多少都继承了父母的清秀外貌,也都从事和教学或科研相关的工作。

老大周孔祯,比老湿大了有近20岁,20世纪80年代初在鼓区小教进修学校上班。那时老湿在读鹿礁小学,高年级教数学的卢老师经常给班上学有余力的几位学生开小灶,把一些高级应用题(比如两车相遇或追赶的时间速度和距离问题,又如水池里一个水管进水一个水管出水的灌满问题)写在硬纸卡片上,在这些学生中流通。遇有不会做的题目,老湿常常就会去找周家大哥求助。周家大哥让老湿惊奇的一点是他也喜欢看"故册"("小人书"的闽南话),还订阅了《读者文摘》《奥秘》《飞碟探索》《连环画报》《富春江画报》《世界之窗》等一大堆那个年代的流行刊物。就在两家之间的那条黑黑窄窄的过道里,老湿接过周大哥从他家的木栅栏门缝里递过来的这些图书杂志,古今中外的奇妙世界随之在眼前展开。周家大哥后来去了澳洲,出国前,他把所有的小人书都送给了老湿。

老二周孔祎,大概是三兄弟中在学术道路上走得最远的,后来去了美国留学并在那边工作定居。大家都叫他"孔伟",也不知道是认字认半边,还是闽南话中就是"祎""伟"同音。孔祎并不经常回厦大宿舍，所以老湿与他接触不多，印象最深的就是他身上的那种书生气质(符合老湿头脑中的白白净净的知识分子形象)。

老三周孔礽，老湿从小只听见大家叫他"孔明"，就以为他与《三国演义》里面那位足智多谋的诸葛先生同名，其实很可能是把"礽"的闽南话发音"líng"听成"míng"了。"孔明"喜欢摆弄无线电和一台古董黑胶唱机，案头常备电烙铁焊锡丝之类的家什，印象中老湿的哥哥就找他借过电焊工具。《天鹅湖》《胡桃夹子》的旋律，也是在那时跨越两家饭厅之间的那道矮墙，飘进老湿的耳朵里——不得不承认老湿的古典音乐入门也来自周家。

再后来，老湿和"孔明"成为一个学院里的同事。他时常和其他同事津津乐道的是他所目睹的、在老湿两岁多的那个夏天，老湿的奶奶带着老湿家兄弟去教堂做礼拜，一不留神让老湿从上半段楼梯的栏杆缝隙中掉落的经历："我刚从覆鼎岩游泳回来，看见一团黑影从上面掉下来，咕咚一声，只差几步就能接住。"他用手比画道(图12)，老湿这时就会忍不住要去摸后脑壳上的那个坑。他又补充道："你妈当时伤心地对邻居们说，医生交代就看今夜了，如果过了今夜还醒不过来……"幸运的是，妈妈当时担心的事情并没有发生，所以大家今天还能看到这段文字。

图12　老湿就是从这段柴楼梯的这个位置掉下来的，又在这边的栏杆上反弹了一下(摄影吴米纳)

2020年11月回鼓浪屿老屋做客时，周孔礽再次描述了他所目睹的老湿跌落的经过

就在去年，嗓门洪亮、见多识广、兴趣多样、热爱生活的“孔明”老师退休了（图13）。如今他正在胡里山炮台边上某一处既能看到厦大又能看海的房子里，享受他幸福的退休生活。他把老湿和周教授当时下棋的棋盘送给了老湿，那是一块竹子做的棋盘，就像它曾经的主人一样，纹路清楚、方正劲节。

图13　2020年11月重访厦大宿舍，周孔礽老师在原来自家的壁炉前留影（摄影董航）

图中这扇门背后，就是老湿家。两家中间本来有条公共走道，改造后原来靠老湿家的那面墙被拆除了，走道也就消失了。这道门并不是两家出入的大门，夏天时两家人会打开各自房间的实心门，仅锁住各自的木栅栏门，以便让空气流通

二楼正东罗太家

从柴楼梯上楼，正对着楼梯口的就是罗家（图14）。罗家被夹在两户人家两堵墙之间，是在二楼中厅前部加了一堵墙而隔成（如今这堵墙已经被拆除），朝楼梯这边开了一扇门和窗用于出入和通风采光（图15）。罗家给老湿的印象就是光线不足，采光主要依靠东侧外廊，但为了充分利用空间，外廊的拱券与下部围栏也被木板、窗户和砖块封得严严实实，才形成厨房兼饭厅——经历过单位分配住房年代的人，对类似的住户改造想来不会陌生。

图14　二楼正中那个拱券下方就是罗家，左侧是吴家，右侧是周家

拱券上方原是一个代表日本皇室的菊花徽记

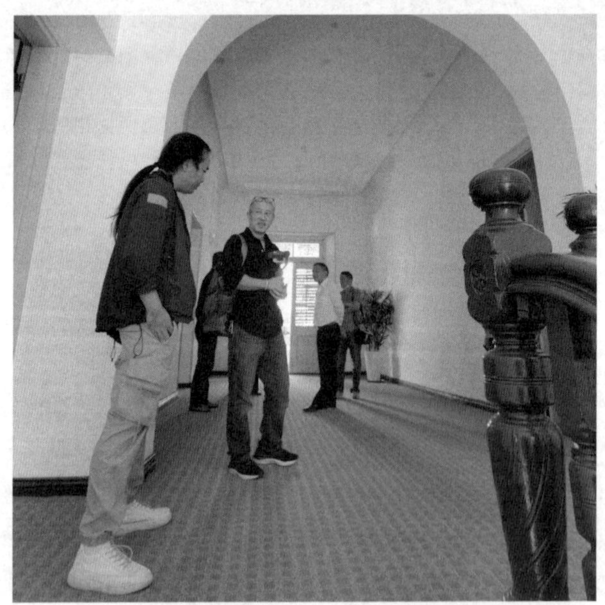

图15　罗家原来就在柴楼梯上来后的这个厅的前半部

（董航摄于2020年11月“回家做客”）

罗家老先生据说出自清华大学，而后在厦大任教，不幸英年早逝。借着昏暗的光线，老湿在罗家卧室墙上的相框里依稀瞻仰了罗老先生的严肃样貌，但对其生前事迹一无所知。

大家平日里称呼孀居的罗教授夫人为“罗太”。罗太的口头禅是“阎梦哦”，据说这三个字是梅州方言“冤枉我”，但老湿不懂这个，只知道她可能是在表达惊奇、委屈和担忧，大概相当于今天人们口中的“哦天呐天呐天呐”。印象中罗太的一只手总是挂在胸前，布满皱纹的脸上难得见到笑容。有时她会拿着《厦门日报》问老湿那天的天气预报如何，然后根据气温决定穿衣多寡。

罗家有三女——惠华、粤华和闽华。寒暑假时，嫁在外地的长女和次女一家就会携家带口前来探视。小女儿闽华则留在身边，后来成家了也是嫁在岛上而不曾远离。闽华虽然个子瘦小，但好像是当时二中校办厂负责人，光凭外貌你绝对看不出来她还是个发号施令的女领导。

罗太的长女在香港，长孙阿天(本名浪天，显然得自日光岩上那著名的“鼓浪洞天”题刻)年龄与老湿相仿。回厦探望外婆期间也就与楼上同龄的小朋友们玩在一起。有一年暑假，好几年未见的阿天给老湿家兄弟带来了两本港版书当礼物：一本是《图解星座手册》(图16)——他很可能是老哥组装那只巨型单筒望远镜的见证者，才想到要送这本书的(也可能是因为送这本书，才导致老哥去邮购的望远镜)。阿天在这本书的扉页上亲自题画，显示了他对友情的珍视。另一本则是讲述宇航员如何在太空工作生活的漫画书，内容包括怎样解决失重状态下的吃喝和便便难题，可惜这本书在后来小伙伴们的传阅过程中给传丢了，只剩《图解星座手册》至今还在老湿家里的书架上，以备心血来潮仰望星空的不时之需。

图16 《图解星座手册》封面及扉页上的阿天题画

罗家次女在武汉,家里的小朋友小名叫小刚刚。老湿已经是小学生了,小刚刚还只有三四岁,单眼皮眯缝眼,白白嫩嫩惹人爱,人们见了都会想在他脸上捏上一把。有一回老湿家蒸了螃蟹,兄弟二人正在家里啃螃蟹,恰逢小刚刚来串门,就分些蟹肉与他尝鲜。不料他吃了以后就讨个不停,我们兄弟俩剥壳速度赶不上他的进食速度,这样下去连自己都没得吃了。但是,要直接拒绝这么可爱的小朋友又是件很残忍的事情。老湿就想了个主意,给蟹肉涂抹了辣椒酱,才最终渡过了这一危机——只是忘了小刚刚那天是不是哭着回家的。

相比厦门本岛,鼓浪屿的小孩大都很早就学会游泳,却很晚才学会骑车。老湿是直到高中毕业那年的暑假,才在厦大宿舍大门外的那棵芭乐树下学的自行车。请来的指导教练就是小刚刚同学,这时他已经是个子和老湿不相上下的壮实少年了。小刚刚同学不计前嫌(或者他根本就不知道"前嫌",吃螃蟹事件属于本文首次独家披露),把他在武汉当中学生所积累的自行车老司机经验毫无保留地传授给了老湿,他教授的实用骑行技巧包括:上下车时如何单侧站立滑行并保持平衡、上坡费劲时如何借助屁股腾空左右扭动来获取动力,以及急转弯时利用单脚点地实现飘移效果等。

二楼东南角"勤安嬷"家

"勤安嬷"家也就是吴家,是老湿记忆里的"儿童乐园"。这家男主人平日住厦大校内,周末才回来,女主人瑞珍则在岛内某小学教书,也是周末才能见到。所以吴家大多数时候就是一老二小在家:一老,是人称"勤安嬷"或"阿勤姑"的奶奶徐勤治;二小,分别是比老湿大两岁属狗的阿红,以及属牛性格也像牛一般安静温顺的阿岚,两人后来都读的鼓浪屿岛上的英语中学。

顺便跑下题,院子里管各家小孩有两种叫法:一种是名前面加个"阿",一种是加上"小"。到底何人加"阿"、何人用"小",没有规律可循,很可能就是全凭习惯和顺口,比如吴家的"阿红阿岚"就比"小红小岚"嘴顺;洪家的"小群小强"则比"阿群阿强"悦耳;老湿家属于"阿"字辈。

勤安嬷大约70岁,身形瘦小精干,背微驼,还有点耳背。她人如其名,勤劳忙碌,家里收拾得一尘不染。她还有一个身份是大院里的街道事务联络人,经常会戴个红袖章到院内各个角落查看卫生和安全，给各家各户分发居委会最新的开展爱国卫生运动通知，以及蟑螂药蚂蚁药老鼠药等。和罗太时常愁容不展忧心忡忡相比，勤安嬷整天精神百倍忙里忙外。

勤安嬷虽然不识字，但勤快、认真和善良，使她得到邻居们的信任和尊重。有次不知道是什么原因需要填报各家人口信息，正在大门口木棉树下玩耍的老湿，刚好听到勤安嬷按照大院里的叫法，在老湿的姓和名之间加上“阿”，一本正经地向调查员汇报说，这家有位“宋阿达”。老湿赶紧替她纠正了这个错误。在意识到小名和本名的区别后，勤安嬷笑得满脸皱纹就像盛夏花瓣那样舒展。勤安嬷还经常用“一芭睨啊”（一瞬间）这个口头禅来形容时间过得很快，听起来和闽南话“一腹奶子”很像。老湿有次就故意问勤安嬷，到底什么是“一肚子咪咪”？勤安嬷以为老湿真的不懂，一边竭力避免笑岔气，一边尝试解释给老湿听。

吴家的大门是常开的，进门后那条长长的走道（图17），又与陈家及洪家各有一门相通，所以楼上各户的小朋友无论何时、从何处想进出吴家，几乎都是畅通无阻。

图17　吴家进门走道，左侧是“和室”，右侧与陈家和洪家连通

吴家能成为“儿童乐园”，还因为其特别的“和室”构造（图18）。“和室”的整体要比二楼地平面还高出三四十厘米。进出有木质推拉门，门的上半部分只剩木头格子和些许裱糊纸屑还粘在上面。和室内还有贮藏空间，中间有隔板，想来应该是早先日本人白天收藏铺盖所在，但在小朋友眼里这就像火车上下铺那样新奇有趣。朝东一侧还有个高出地面、与外廊相通的窗台，类似于“飘窗”——对于小朋友来说这是个多用空间：读书写字时既可以当桌子也可以当椅子，累了还可以当床；玩过家家时，窗台门一关，就是家中之“家”；玩追逐游戏时，则可以跳进蹿出，平添不少起伏和转折。

图18 正在施工改造中“和室”内部构造，右侧为与外廊连通的“飘窗”（摄于2018年4月“翻墙回家”）

也就是在这个窗台上，上初中的老湿或坐或躺，一口气读完了福建人民出版社1984年10月出版的、很可能是盗印的《射雕英雄传》，惊讶于这世界上竟然还有这么好看的小说。老湿还把阿红的藏书——什么弗洛伊德的《梦的解析》、卡耐基的《人性的弱点》——涉及文学、心理学、成功学等，不管看没看懂，也都翻出来乱看一气。老湿的那点文青情结，或许也能在吴家姐姐的私人藏书里找到源头。

阿红阿岚的外婆家在岛内蔡塘——本地话发音如同“扯肠”，听起来似乎是一个蛮荒的乡下所在（老湿原先臆测大概是在岛外同安的某个角落，直到很迟才知道原来就在岛内近中心位置）。她们周末有时会去那里度假、看台湾电视节目（大概那边收视信号比较好），回来后就哼唱那时热播的台剧插曲，什么“青山依旧在／几度夕阳红”，或者“绿草苍苍／白雾茫茫／有位佳人／在水一方”，一来二去，那些旋律老湿也跟着听熟了。

吴家朝向东南,如果在大夏天,与西北角的老湿家相比这里就是天堂。老湿高考那年,最后冲刺阶段有十天半月留给毕业生在家备考,老湿就在下午时段逃离了如蒸笼般的自家,跑到东南角吴家铺着瓷砖、凉快而明亮的饭厅,一边复习"要像爱护自己的眼睛那样爱惜来之不易的安定团结政治局面"的材料,一边努力拒绝走廊那头的电视机里传来《意大利之夏》乐曲的诱惑——后者能为老湿那年高考政治没考好提供充分的解释。勤安嬷做的红烧冬瓜、忧郁的巴乔、秃顶的斯基拉奇、灵活的矮胖子马拉多纳,一起编进了那个初夏的回忆。

二楼西南角陈诗启家

陈诗启教授(1915—2012)是中国海关史研究权威,他的成就无须老湿在此多言,感兴趣的读者朋友可自行搜寻。在老湿眼中,陈教授(陈先)就是一位胖胖的、不苟言笑的、前额有点谢顶的古怪老头。他的书房就设在与吴家一墙之隔的外廊里间(图19和图20),书房门经常是关着的,里面就是教授的一人世界。教授外孙小光,是老湿在与吴家和洪家同龄女孩玩过家家时既竞争又合作的小伙伴。我们被告知,活动范围仅限在书房以外,不能越界。

图19 仅一墙之隔的吴家与陈家,墙那边是吴家的餐厅、卧室、客厅(吴家自己在外廊上做的不完全隔断),墙这边就是陈教授原来的书房位置所在(吴永奇摄于2020年11月"回家做客")

图20　二楼西侧外廊，老湿家在这头，洪家和陈家在那头（摄于2018年4月“翻墙回家”）

陈家卧房里间的一部分，被屏风和布帘分隔成藏书兼储物间，这里有个后门通向吴家。老湿当年也对这个角落很感兴趣，那些配有黑森林背景黑白插画的《格林童话》以及好几卷配图精美不输给文字的姚雪垠的《李自成》，都是在这里淘到的。《李自成》全本据说一共有五卷十四册，陈家大概也没能收集完整，但仅有那几本对老湿已经够有吸引力了，老湿是借了又还，还了又借。

陈先的健身项目是游泳。无论过去或现在，岛上的大人小孩在夏天都会到鼓浪屿周边几处海水浴场戏水消暑。老湿有次在覆鼎岩——也就是郑成功雕像脚下的那块海边游泳，往外游到踩不到底的深水区，就碰上了伸展四肢漂在水面上的陈先——只见他闭目养神，身子随着波浪起伏，远看就像一座浮动的岛屿，有只从厦门渡海到鼓浪屿（当然也可能是反方向）的苍蝇，竟然把教授的肚皮当成中转站，在上面起起落落，陈先则丝毫不加理会。

教授夫人黄美德黄先（图21），清瘦和善，是原漳州师院的退休教师，老湿印象最深的是她鼻唇之间那道青筋。二楼谁家小孩若是有个头疼脑热、消化不良、蚊虫叮咬或破皮外伤，而家里又没有常备药，除了去找楼下的蔡护士（黄典诚教授夫人），就会去找黄先求助，总能得到及时响应。黄先还是位虔诚而热忱的基督徒，在她的引领下，勤安嬷、罗太常和她一起去三一堂做礼拜。老湿家不识字却会读罗马拼音闽南圣诗的奶奶还住鼓浪屿的时候，也是她们中的一员。

图21　老邻居合影(摄于1998年7月9日)

前排:陈诗启教授和夫人黄美德

后排左一和左三:瑞珍、老湿妈妈

陈家有两儿两女,邻居都叫他们:大妹、细妹、克宁、细弟。大妹当年把家安在闽西永定,想来就是当年被大手一挥而扎根农村的无数知青中的一员。大妹家长子小光,老湿已经多年没有消息。在《三代东瀛物语》新书分享会上,老湿从大妹那里得到了他的手机号码。电话接通的那一刻,小光说他就已经知道打来电话的是谁了——只有当年在厦大宿舍二楼的邻居,才会这么叫他。小光在闽西县城只读到高中毕业就外出闯荡,尝遍冷暖阅尽繁华最终还是回到厦门。这期间他凭着超强的自学能力,硬是从零基础到最终精通电脑制图设计,再到带领一帮人马、提携数不清的徒弟,如今在厦门装修业界也算是闯出了一条路——教授家的基因果然十分强大。

细妹克琴,性格达观爽直,婚姻家庭幸福让人称羡,其子约珥名字得自圣经里的某位天使。不幸的是细妹于前年罹病去世,细妹好友在朋友圈这样描述她在人生里程的最后安排:

今天参加克琴的告别仪式,送她最后一程。她3年前体检发现肺部有阴影但她不告诉任何人,直到去年8月份一直不适去医院检查是肺癌晚期,化疗两次觉得受不了就不治疗了,并不让老公和儿子告诉任何人,同学、朋友的聚会她照常参加。只是大家觉得她瘦了,脸色不好看且没有食欲。她对自己的后事都安排得井井有条：不治疗，不抢救，在家中平静地离去。她儿子发的那份告亲友书也是遵照克琴的意愿写的。连她今天穿的衣服也是她自己定的。她平时的同学、同事和朋友聚会大都是她牵头的，所以今天去的人也很多，鲜花、花圈摆满了整个告别厅。也没有教会的人参加。我觉得她以这样的方式离开，既简洁又高雅。值得借鉴。

克宁和细弟都微微发胖，大概遗传了教授的身材。老湿始终不懂大家为何不按规律出牌管克宁叫“大弟”，是因为吃克宁奶粉长大的原因吗？克宁平常都在漳州上班，得闲才返回鼓浪屿家中，他戴一副陈景润同款的眼镜，质朴憨厚的独特笑声老湿从没在别处听到过——听到这样的笑声，你就知道他是个对人不设防，而别人对他也不用设防的厚道人士。

细弟原先好像在鼓浪屿某家工厂上班，后来工厂搬迁或停工，就成为准下岗人士了。夏日夜晚，细弟和他的工友们会在砖坪(图22)上喝酒泡茶，说古道今，有时争论热烈，有时沉默不语，随后响起的是他那悠扬的口琴声。这时远处日光岩绿幽幽的夜景灯火已灭，近旁第二医院后门处路灯昏黄，老湿时常就伴着这口琴声进入梦乡。

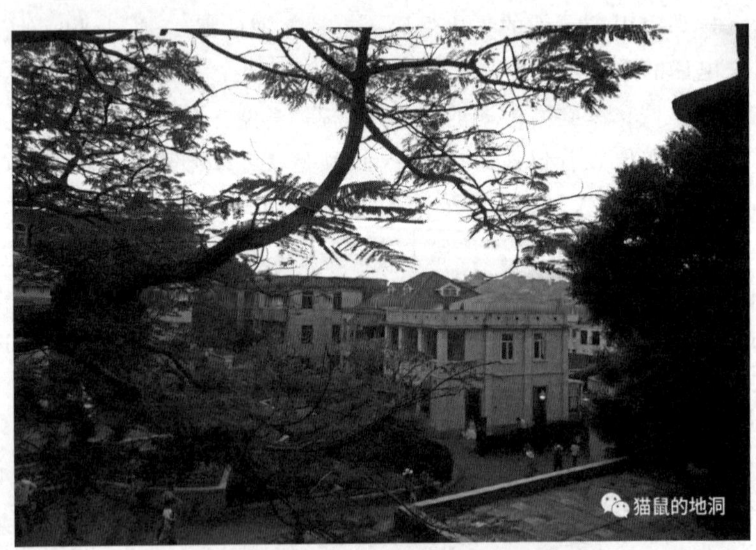

图22　从陈教授家外廊看砖坪与第二医院

后　记

题目中的鼓浪屿厦大宿舍，实际上包含了三座楼二三十户人家，暴露了老湿最初的野心，是想把能回忆起来的大院子里各家各户事无巨细都写进来——有点类似于统计学中的普查（census）。动笔以后才发现这是mission impossible（不可能的任务），最后实际进行的是抽样——只写24号楼二楼的五六户人。按照抽样理论，这看起来似乎是“整群抽样”（cluster sampling），其实只是“方便样本”（convenience sampling）——由老湿这个抽样人的主观喜好所确定的细节和材料串联而成。即便如此，写完后也发现实在太多了，感谢读者有耐心读完。

写完以后，老湿现在的感觉是，站在你们面前的老湿原来在成长过程中从邻居各家各户受益如此之多而又不知不觉——诚如缘起部分詹朝霞所说的，与厦大的教授们做邻居真好。

作者简介：宋达，1994年毕业于厦大经济学院经济系国际经济合作专业。现在厦门理工学院经济与管理学院金融系任教。

白城往事

林敬农
（会计系1988级）

从能记事起，老白城就是我的家。直到我上了厦大，我的家还是老白城。

白城，得名于明代抗倭沿海岸线建筑的白城关隘，清代郑成功曾在此操练水军。鸦片战争期间，厦门军民曾据此抗击南下英军，留下了可歌可泣的英雄故事。

从芙蓉六向上爬一个又长又陡的大坡，一幢白色花岗岩砌成的大楼——物理馆（图1）——矗立眼前。绕过物理馆，往东朝山上走是一片大平房，那便是老白城了。依山面海，两排错落有致的斜顶砖瓦房，一条高低不平的石子土渣路，游走在绿树林荫之间，这就是20世纪70年代白城的模样了。

图1　厦大物理馆

老白城(大白城)共有两排七幢平房,低处一排的是1～6号,共三幢,高处的是7～14号,有四幢。每幢楼看似一座炮台,居住四户人家(注:原设计是住两户),两前两后,从西到东一字排开。我家在7号前,西边紧挨着物理馆(图2),东边是8号前,共享一条土墙围成的阳台,似乎还有战时防御的功能,依稀仍有镇海守疆的英姿。

图2 笔者和父母在老白城阳台上合影,右边可隐约看到物理馆的花岗岩外墙,身后为大海

正如陈天明先生在他编著的《厦大校史资料》第8辑中所描述的,战后复建的大白城山教员眷属住宅。“平房建在海滨陡峭的山坡上,有高层大楼所没有的独特风格,它分上、下两排,下排屋面仅到上排基座,从海上眺望,每幢房子南正立面整体清晰可见,上下周围青山依在,非常自然,既为自然添光彩又保住了山海为邻的优美风光,达到建筑与园林艺术相统一之特色。”

出门见海,闭门听涛。白城老家离海边只有七八分钟的路程,是天然的海景房。站在阳台上眺望,正南方是南太武,东南方是大小金门,是国民党占领的白区。那时的白城,是厦大校园的边界,用一个词来形容,那就是满目荒凉!目之所至,除了山林、石头、海水,还有满山的墓地。

那时,从校园往南到海边是没有大路的,需先爬上物理馆的大坡,再穿过白城的石阶而下,经过一片茂密的相思林和一大片墓地,才能抵达海边。那时的白城海边，也是思明区的边界，戒备森严的海防前线，公交尚未开通，车辆稀少。在胡里山脚下，是曾厝垵的民兵哨卡，“军事禁区，闲人止步”的告示牌随处可见。

其实，白城宿舍也有高光闪耀的历史。在厦大建校之初，依山面海的白城就是风水宝地，被选作带家眷教授们的住宅区(图3)。这段历史已鲜为人知，只能从与厦大有缘的名人传记中略知一二。

图3　建校初期的厦大白城教授楼，后毁于抗战期间

1926年9月，大文豪林语堂应校长林文庆之邀，从北大南下，来到厦大任文科主任，正是住在当时的白城宿舍。林语堂祖籍漳州，少年时来到厦门鼓浪屿求学，也算是衣锦还乡。他登高一呼，把半个北大的大咖们招到了厦大，包括文学家鲁迅、国学家沈兼士、古史专家顾颉刚等人，使厦大文科从无到有，盛况空前，经久不衰。

1928年，杨武之从美国留学回国，应聘为厦大算学系教授，他6岁大的儿子便是少年杨振宁。一家人当时就住在白城宿舍，那是建筑在海边上的白色小洋房，设备齐全，有电灯、自来水、抽水马桶，还有宽敞的凉台。在回忆录里，杨振宁写道：“我们在厦门大学住的是教授住宅，很漂亮的一座座海边小楼。我常常在海滩上捡贝壳，我非常喜欢看大船从窗外的海边驶向厦门港去。”

每逢潮水退去，白城海滩上就会静静地留下形形色色、风格迥异的贝壳，小振宁尤其偏爱那些小巧玲珑、精致漂亮的小蚌壳和小螺壳(图4)。

这就是白城的魅力。大海、沙滩、贝壳和大船，给少年杨振宁留下了独特的回忆。离开厦门到清华园后，杨振宁将在海边收集的精致小贝壳与新朋友、后来的大书法家熊秉明分享。杨振宁70岁那年，和他一同在清华园长大的熊秉明，写了一幅书法立轴(图5)赠送他，上面写道：

> 我们7岁时，你从厦门来到清华园，给我看海边拾来的蚌和螺。今年我们70岁，你在另外的海滩拾得更奇异的蚌和螺。童话与预言，真实与象征，物理学和美。

图4　厦大海滩拾来的精致小蚌壳和小螺壳

图5　熊秉明为杨振宁70岁生日题写的书法立轴
(照片来自叶中敏著《人情物理杨振宁》)

尽管在厦大仅仅生活了一年，但杨振宁还是受益匪浅。他回忆在厦大时，接触到了20世纪的新鲜事物，如罐头、电灯、新式教材等；也是在厦大，他第一次吃到了香蕉和菠萝、喝上了牛奶。在那段美妙的岁月里，他看到了蓝天大海无穷无尽的变化，看到了浩瀚宇宙无边无际的奥妙，打开了他看世界的视野。

是的，对于天真的孩子们来说，谁能抵挡山和海的诱惑呢？一方水土养一方人。依山面海的白城，造就了当年一拨摸爬滚打的野孩子。野在何处呢？简而言之，就是上山、入地、下海！

上山，就是登上白城的后山，东至曾厝垵，北至东边社，都是白城娃的势力范围。特别要指出，当时地图上还未有石井楼，更没有海滨新村和东区等高层建筑。入地，就是在山上遍布的战壕里打野仗。当年，沿海的山上，到处都是地洞、战壕，还有废弃的碉堡(这可比如今主题公园里的道具真实好玩多了)。下海，自然就是在海边撒野玩耍，涨潮时，在风浪里搏击游水；退潮后，在滩涂上挖蟹拾贝。

毫不夸张地说，当年我和小伙伴的野性，并不逊色于今天在北美的童子军。值得一提的是，那时的我们，胸前也戴着红领巾。

当年，我们最爱看的电影是《南征北战》，最爱看的小人书是《英雄小八路》。至今仍记得，《英雄小八路》说的是在何厝前线的五名红领巾在厦金炮战中的英勇故事。他们站岗放哨抓特务，机智勇敢立战功，当解放军的电话线被炮弹炸断后，他们手拉手接起了电话线，让电流从身上穿过，保证了前线部队的通信线路。

那是一个神奇的年代，不是吗？电流能否从人体穿过并不重要，关键是以这个故事为原型的同名电影成为20世纪60年代的经典之作，其中的主题曲《我们是共产主义接班人》后来成为少先队队歌，人人传唱。这可算是厦门前线的历史贡献吧！

同样是前线，白城的红领巾也不甘落后。虽然没有电话线可以接，但站岗放哨还是力所能及的。学习英雄从我做起。我常和小伙伴们也手握“长枪”，像模像样地在路口设起了哨卡。有时，我们会埋伏在山上战壕的暗哨里，监视山下过往的行人。看到长得像“特务”的陌生人路过，我们就向他们(小朋友居多)投掷泥块，直到把“坏人”赶跑。

那是一个特殊的年代。两岸局势剑拔弩张，金厦海峡敌情复杂。入夜，白城海边就有民兵站岗巡逻,几束探照灯在海面上扫过,照得如白天一样,还常有枪声作响。一是怕金门的“水鬼”上岸偷袭,二是防厦门的坏人下海投敌。夜深人静的时候,对面的白区也没闲着。金门的高音喇叭就开始不紧不慢地广播着:“共军弟兄们,共军弟兄们……”还有对在大陆的台湾特务喊话的:“007,007,请注意,请注意……”

我一直觉得自己机敏过人,也是英雄小八路式的可造之才,抓特务的念头一直在小脑袋里挥之不去。我当年就一直怀疑隔壁8号邻居的金老伯就是台湾特务。他总是不苟言笑,戴着一副金丝眼镜,眉头紧锁。尤其可疑的是,一到晚上金门的敌台广播时,金老伯就从屋里出来,在阳台上摆弄花草,显然是在留心敌台的呼叫。有时,他还会拿着收音机,拉长了天线,独自在阳台上来回踱步。这时,我都会悄悄地躲在窗帘后面,监视窗外阳台一侧老伯的举动。夜深的时候,我总觉得隔壁有“嘀嘀,嘀嘀”像是发电报的声音……唉,直到上了中学,我才从英雄梦中苏醒过来,开始把抓特务的兴趣转移到了看武侠上。上了生物课学到文昌鱼时,我才知道,原来金老伯是生物系教授、我国文昌鱼研究的开拓者之一,他根本不是什么潜伏的国民党特务!而老白城的邻居中,像金老伯这样的大教授还有不少。

那是一个幼稚懵懂的年代。白城的岁月有惊无险,就像月光下的海面一样平静。直到20世纪80年代的某一天,一声炮响震惊了宁静的小城。这炮声不是来自金门,而是开山破路的工程队。学校决定开辟一条从芙蓉园到白城海边的大路,正好从白城和物理馆之间穿过。从此,厦大校园便开始了向东南方向拓展的进程。

随后,一幢幢高楼拔地而起,白城新村、教授楼、离休干部楼、海滨新村相继建成。厦门公交开通了轮渡到白城的2路,随后,终点站又延伸到胡里山炮台。政法学院、艺术学院及配套的公寓、教师楼又先后在东区落成。白城,不再是校区的边界,而是新老交接的枢纽中心。

终于,20世纪90年代初的某一天,老白城的平房退出了历史的舞台,成了废墟砖瓦,只有历经风雨的物理馆依然伫立至今。遗憾的是,白城平房的老照片难以寻觅,但白城往事依然历历在目,记忆犹新。

如今,每次从海外回到厦大探亲,路经老白城,我总要驻足流连,寻找童年的蛛丝马迹:在沙滩上漫步,寻找那些尚未拾起、日渐稀少的贝壳;远眺海里熟悉的礁石,致敬那仍在坚守、并肩搏浪的伙伴。

谁能想到,40年后,荒凉的山林变成了美丽的校园,环绕着宽敞的公路;谁能想到,40年后,草木皆兵的海防前线变成了人头攒动的度假胜地;而谁又能想到,40年后,“白区”的金门却成为厦门的友好城市、旅游热点呢?

正是:白城望海叹变迁,金厦沧桑忆流年。涛声依旧觅相思,芙蓉花开春满园。

大门口的元宵节

宋　达

引　子

2019年2月19日(农历正月十五)晚8时许,曾厝垵方向隐隐传来施放焰火的低沉声响,是金厦两岸的焰火联欢吗?老湿(笔者自称)走到阳台循声望去,只见厦大校园背后的那道山坡上罩着一道雾霭,上缘白汽蒸腾,下方红光涌动——老湿的思绪立刻飞到了叙利亚、伊拉克和阿富汗等国——那些在同一片天空下的民众,他们不也经常看见红光?但那是预示着死亡的炮火,而不是代表喜庆的烟花……(老湿你赶紧查下路由器,看看域名是否被劫持了,要不就是这一阵子以来环球网消息看多了)。老湿定了定神,抬头看了一下天空,并没望见月亮——又是一个没有月亮的元宵节。

回到屋内,手机上本地朋友圈里有张灯的,也有企图晒月亮的——那月亮要么隔着一层雾、要么蒙着一片云,只有小学时隔壁班的Ohmei同学,贴出了圆滚滚的菲律宾月亮。此时此刻,湿太在加班,SS同学去看电影,电视已好几天没打开,只剩听了老湿指令的智能音箱正在随机播放着曲目——这时传来的是木心那首《从前慢》:

记得早先少年时
大家诚诚恳恳
说一句是一句

清早上火车站
长街黑暗无行人
卖豆浆的小店冒着热气
从前的日色变得慢
车马邮件都慢
一生只够爱一个人
……

听着听着，鹿礁路大院（图1和图2）里一盏忽明忽暗的元宵灯，在老湿眼前渐渐清晰起来。

图1　抗战胜利后的日本领事馆，图为大门口所在区域，左侧隐约可见刷白漆的大旗杆

图2　寂寞的鹿礁路(摄于2018年4月)

时光倒流40年

20世纪80年代过元宵，与现在不尽相同。通常在这时小朋友们就已完成了开学报到，提交了寒假作业、领到了新的课本(包上了新书皮，但还没来得及在上面大规模涂涂画画)，至少已经上了两三天课。

然而日历页面上“农历正月十五”这行小字并不是无端就印上的，几千年以来人们所形成的过节习惯是如此强大，“不含元宵的春节不是完整的春节”的理念是如此固执，“凤箫声动，玉壶光转，一夜鱼龙舞”的景象又是那么让人意动神驰，从而到了这天，老师和家长们注定会网开一面——纵然在白天人人都要上班上学，但到了晚上小朋友们就会享有不受大人干涉的游乐权——扳起指头数看看一学期中小朋友们有此种待遇的日子能有几天？话又说回来，给小孩子们放假，其实也是在给大人自己放假。

每到这天，虽已开学但内心仍未收缰的小朋友们，就会盼着夜幕早些降临。到了那时，提着各色灯笼的小孩就会三三两两出现在街头，互相比较谁的灯笼更亮眼夺目。最常见的，是那种纸糊的、可以像手风琴风箱那样伸缩的纸灯笼——点亮蜡烛之前灯身是折叠而扁平的，在灯的硬纸板底座中心有块四瓣铁片，把蜡烛立在上面，再将铁片的四个瓣向上翻折就可以固定住蜡烛；蜡烛点燃之后，用一根细木棍提拉丝线，折叠的灯身就被拉长成灯罩，从四面围住那团温暖跳动的烛光。在灯笼下方，还垂有一绺丝穗随风摆荡。

这种灯笼的优点是简明大方，以及能屈能伸的灵活性和便利性；但也有一个最大的缺点，那就是点亮后如果蜡烛不小心倾倒，就可能引燃整个灯笼，招来看热闹的吃瓜群众——哲学书上说，有一种幸福就是源自别人的痛苦，成语“幸灾乐祸”大概就是在描述这种现象。没有几个人愿意让自己的悲剧成为他人眼中的喜剧，因此提灯人就要时刻想着保持灯座灯身稳定，避免剧烈晃动引发蜡烛倾倒，也就不得不放慢脚步。后来的元宵节，纸灯笼逐渐被塑料灯笼、蜡烛被灯泡和电池所代替，好处是灯笼造型款式更多、光源更稳定可靠，以及可以提着灯笼奔跑而不再有失火顾虑，但也让人感觉似乎失去了什么，技术进步和历史传承有时就是这么矛盾。

除了市面上可以买到的颜色、图案和造型不一的元宵灯，有心的家长还会自己动手。记得有一年，老湿的爸爸用粗铁线拗了一个轮船外廓，再蒙上一层蓝白相间的纸（家中裱糊某面木板墙所剩的纸张边角料），就是一盏DIY轮船灯。点上蜡烛后，老湿家兄弟俩提着这盏灯走动，看起来真的有几分像在粼粼波光中缓缓进港的巨轮——大概就是那天院子（图3）里最风光神气的元宵灯了。

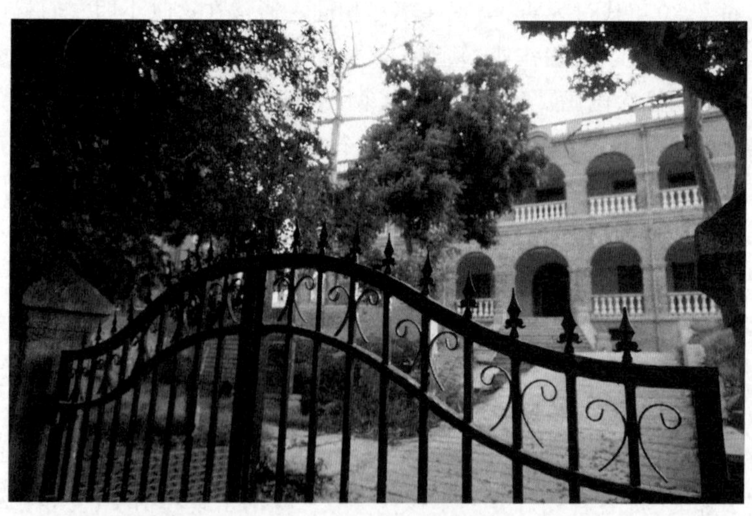

图3　鼓浪屿原厦大宿舍东大门，院内“领事馆旧址保护工程”进行中（摄于2018年4月）

鼓浪屿厦大宿舍大院的“躲猫猫”游戏可玩性分析

那些年，鼓浪屿厦大宿舍大院内有一二十位年龄相近、正在读小学或初中的少年家，男孩女孩都有。元宵节晚上吃过饭，他们就各自提着灯笼从家里走出，在鹿礁路24号、26号和28号这三幢楼之间的空地（图4和图5）上聚集。

这群小朋友声势不凡。他们通常会绕着厦大宿舍院内外各个角落照上一圈，平日里越黑灯瞎火、人迹罕至的角落，这时就越有理由前去送上温暖与光明。视察完自家势力范围，再把巡游路线延伸到福建路海天堂构、龙头路街心公园，或黄家渡鼓浪公园，从而来自岛上不同院落的小朋友们的灯流交汇在一起，一条条小溪淌水最终汇集成几路大河滔滔。

图4　三座楼之间的空地（摄于2018年4月老湿“翻墙回家”）

由于语文老师通常会不失时机（应作“大煞风景”）地提前布置一篇《难忘的一天——元宵观灯》主题作文，因此到各处看灯也是带着任务的——走马灯里跑的是什么马、“攻炮城”如何火爆、猜灯谜又如何烧脑、舞龙舞狮如何招来人山人海……等到终于积累了足够多的作文素材，灯笼就算没有在这个过程中失火，蜡烛也差不多燃尽了。接下来的问题是，就这样各自散伙，让一年一度的元宵夜就这样结束？

图5　从另一个角度看三座楼之间的空地（摄于2020年11月“回家做客”）（摄影吴米纳）

鼓浪屿厦大宿舍大院内的小朋友对这个问题的回答是否定的：天时已然具备，地利从来不是问题——他们有一个由三座楼和院墙围成的大院，拥有门洞、沟坎、楼梯、树木等全面复杂地形，能充分发挥这一优势的游戏项目是什么呢？必须是捉迷藏“躲猫猫”——院子大、屏障多，意味着有许多资源可供躲猫猫一方躲藏；院墙又限定了范围，要搜寻的地方不是漫无边际，从而不易导致捉猫猫一方灰心丧气中途放弃。躲猫猫和捉猫猫供需双方，在约束条件下达成帕累托最优，这就是“躲猫猫”游戏在元宵节的厦大宿舍院内的可玩性分析。

实际上小朋友们并不需要上述分析，他们天生知道如果想让游戏持续，什么时候该坚持、什么时候又该退让。如果遇到了某些可能导致游戏中断的难题，他们就会迅速调整游戏规则。比如，如果觉得躲藏范围——整个厦大宿舍院子——太大，那么他们就会约定，只限躲在“大门口”（图6）这片区域，也就是从东大门进来的这前半个院子、24号楼和28号楼前的这块地，因为它东南北三面均以院墙为界；往西的边界，在南边不能越过26号楼和28号楼分界处的那个台阶，在中间不能超出24号楼一楼那个黑洞洞的门厅(更不能上到二楼)，在北部则是以24号楼北配楼边上的公厕为界。正是游戏前定好了各种显规则潜规则，游戏过程中适时给规则漏洞打补丁，游戏也就得以顺利持续，小朋友们天生就有这样的协调能力，只是在成为大人以后，他们中的一些人才慢慢变得刻板无趣的。

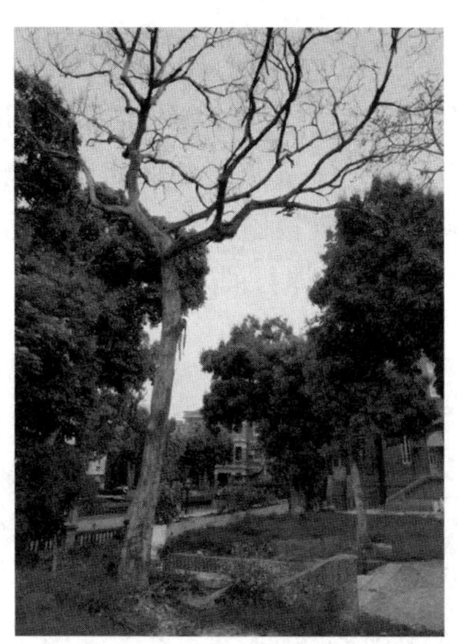

图6　芳草萋萋大门口(摄于2018年4月)

至于人和——在一个院子里能集中起十几位适龄小朋友、都对同一种游戏感兴趣、没有别的游戏选择来分他们的心，此种情形反正老湿以后再也没有遇见过。

总之，玩“躲猫猫”游戏的天时、地利，以及人和三要素，就这样在那几年鼓浪屿厦大宿舍大院里的元宵夜里得到满足。

那根大旗杆

1983年元宵节，院子里的小伙伴们照例不会错过这年春节的最后狂欢节目——年度元宵躲猫猫。这年，老湿读五年级。

“摒乌鸦摒白”（“翻手心手背”的闽南话发音）的结果，是两个女生捉猫猫，其他人躲猫猫。两个女孩子就趴在大门口那根大木头旗杆上执行30秒倒计时。

这根滚圆滑溜、下粗上细的巨型木头旗杆，底部直径将近一米，至少需要两个小朋友才能完成合抱。目测高度不低于20米，比周边名义上两层、实际至少三层楼（含地下室）的领事馆建筑还要超出老大一截。四根粗大的钢索，从东南、东北、西南、西北四个方向牵引住旗杆，钢索的一头系于旗杆上端约1/4处，另一端则钩挂在四个高出地面约半米的水泥圆墩基座上。

早前日本人用它来升旗——鼓浪屿厦大宿舍前身是日本驻厦门领事馆（图7）。抗战胜利后，领事馆建筑被国民政府划拨给厦大用于教工宿舍，大概是作为对日军在战争中轰炸厦大罪行的一种赔偿。

图7　老照片中挂着太阳旗的日本领事馆大旗杆

旗杆所用木材，最初可能是海峡对岸原始森林里一粒随飞鸟粪便排出的种子。它从腐殖层中顽强破土，躲过雷劈、扛过台风，还可能逃过森林大火，历经若干世纪终于长成参天巨木。直到有一天，突然出现的人类看中了它，将它砍伐放倒，再经过木匠斧锯刨凿修整成最终的形状，然后漂洋过海把它运到鼓浪屿岛上这块叫“六个礁”的陌生地方。它被支起来立在一块空地中央，再挂上一面太阳旗，睥睨厦鼓两岸几十年。又忽然一朝，人们似乎忘记了它的存在——除了大院内一茬又一茬先围着它玩捉迷藏,然后又长大离开的小朋友,以及不知从哪天起就在其中默默筑巢的白蚁们。

很可能还是在1983年夏天,这根旗杆倒掉了。那天一开始和往常并没有什么不同,院内小朋友们在24号楼东边的石阶(图8)附近玩耍,很自然地他们就会去抓离台阶最近的水泥圆墩上的那根钢索——挂在钢索上表演攀爬杂技,或者晃动它让旗杆顶部在风中摇摆,这些是院内小朋友们在大门口玩耍的例行节目。本文首次发在朋友圈时,大院前辈周孔礽老师留言:“固定旗杆的四条钢索也是我们这代人青少年时期比试臂力的器材,看谁徒手沿钢索爬得更高,我的成绩大概是爬到能看见二楼地板的高度吧,只是那时你还没出生,自然是看不到我们的竞技表演。”

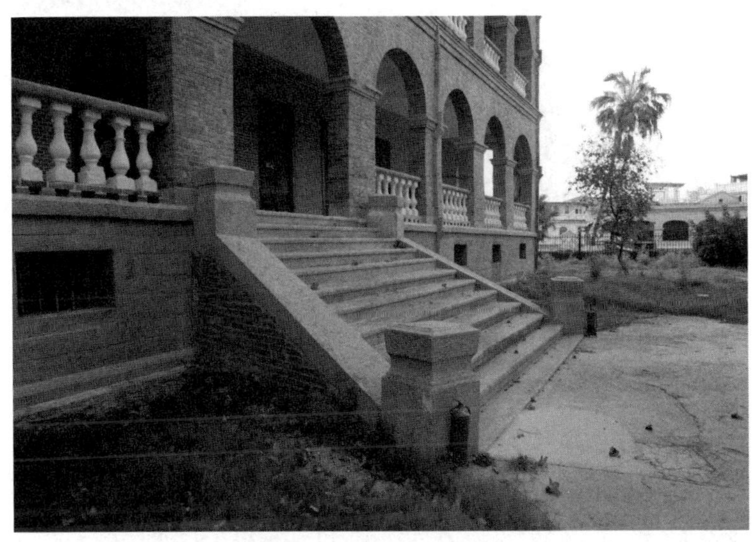

图8　石阶边的这个角落原来有个系着钢索的水泥墩(摄于2018年4月)

多少年来,这几根粗大的钢索都被认为很结实,除了可能会让衣服沾上令人讨厌的锈迹,再没有其他问题,看起来它们至少还能再坚持个十年八年的。没人意识到它们中的某一根,经历了大院内几茬小朋友们经年累月、前赴后继的考验之后,已经危机暗伏。

压垮骆驼的最后那根稻草,很可能就是经由老湿之手抛落的。一切都发生在电光火石之间,至今在老湿头脑中仍然是一片空白,只是后来据同在现场的小朋友指认,西北角这根钢索断掉的时候,正好就是老湿把手放在上面的时候。

老湿现在推测，底部被白蚁暗暗蛀空的旗杆，很可能由于受到摇晃从而从根部发生断裂，向一方倾倒的同时扯断了西北这根钢索；或者是西北这根钢索先断——断的部位就在它与旗杆连接的高处，而人们从未察觉——导致旗杆受力不均倒向一边。总之，由于老湿的瞬时做功和白蚁们的长久努力，二者共同作用，让旗杆和钢索在那一刹先后断掉。倒向一侧的旗杆被剩余的三根钢缆牵制，在空中来回画了几个弧线，最终悬停在半空，其顶端离24号二楼东南角"勤安嬷"家(图9)仅有数米距离——西北那条钢索已断，西南方钢索处于悬垂状态，只剩东南和东北两条绷直的钢索从背后紧紧拉住它，才让它不能继续砸向24号楼。

图9　旗杆如果倒下来，二楼东南角的勤安嬷家首当其冲(摄于2018年4月)

直到这时，小朋友们才纷纷回过神来：可了不得了！闯大祸了！他们四散奔逃，纷纷跑回家去报告大人们。大人们虽然紧张却一时无计可施，因为事情发生在暑期，要先报告给厦大校方，走完流程最快也只能等待隔天才会派人前来处理。老湿听着大人们对后果进行讨论：万一那两根受力的钢索其中之一支撑不住，旗杆倾倒是迟早的事，如果向西倒，就会砸塌勤安嬷家的屋角——只能祈祷那几株木棉树能先行抵挡一下；如果向南倒，那个方向毫无遮拦，28号楼门面必定受损，总之人员财产损失无法估算。

在24号楼西北角老湿家固然不受旗杆倒掉的直接威胁，但老湿幼小的内心却饱受煎熬。因为老湿是被指认的那条钢索的最后一位摆弄者，也就是击鼓传花游戏中，鼓声停止时最后抓到花朵的那位。老湿试图做出辩解，却又发现无论是当时或是现在要自证清白是如此困难，难度可比被抓进精神病院后证明自己不是疯子。首先弄到不在场证明是不可能了（也是违心的），其次如果当时老湿手里确实拽着那条钢索，是老湿的摇晃最终放倒了旗杆，那么在之前还晃过钢索的其他人呢，他们不也参与"作案"了吗？钢索断裂过程中势必产生巨大的力量，这一力量如何能把钢索从老湿手中抽走，却没有给周围小朋友包括老湿自己造成伤害……那一夜老湿就在种种前因和后果的算计中沉沉睡去。

隔天老湿醒来的第一件事，就是跑去大门口看看旗杆倒了没有，见到旗杆仍旧稳稳地停在半空，才稍感放心。很快学校后勤处来人了，工人们先是对旗杆采取了一些支撑和加固措施，几天后又把它放倒躺平——老湿一直悬着的心也跟着躺平了。再后来旗杆被锯成几截，先是堆在24号楼地下室，最后不知道运到哪里去了。

如果现在让老湿陪您去大门口瞻仰旗杆遗址，老湿会说：您真的没见过吗？那太可惜了！那是老湿这辈子见过的最高最大的木头旗杆了，足足有这么高那么粗！（老湿比画着）上好的采自爪哇国原始森林木料！遗憾的是老湿当年一不小心把它放倒了——一个日本鬼子早前侵犯中国主权的铁证就这么没了——一次近距离的嫌犯事后现场作案过程回忆（图10）。

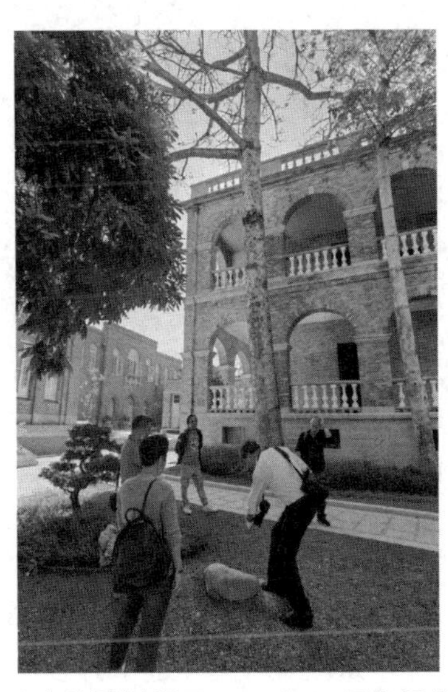

图10　"旗杆原来就在这个位置"（摄于2020年11月老湿"回家做客"）（摄影董航）

自从没有了那根大旗杆——世上最好的趴着倒计时的躲猫猫道具——以后，鼓浪屿厦大宿舍年度元宵节躲猫猫活动也就跟着停办了。该活动自创办以来，大概也就风光红火了那么两三期。从而老湿要接着记录的，很可能就是院内小朋友的最后一期元宵节躲猫猫活动。

“年度躲猫猫之王”

就在那两个女生趴在大旗杆上执行倒计时的时候，老湿和郑渊同学（老湿从小学四年级一直到初中的同班同学、家住26号楼李文清教授的楼下）（图11）紧张地商量，要躲在哪里才能让她们找不到。

图11　从24号楼看26号楼（右）和28号楼（左）（吴米纳摄于2020年11月）

我俩都是不满足于普通藏身处所的躲猫猫游戏高级玩家，并很快形成了默契——除却“Easy”和“Moderate”选项，只有28号楼后面的那条大沟（图12）才够得上是“Hard”模式——从规则上看，这里并没有超出事先约定的“大门口”躲藏范围。

图12　28号楼前的深沟,右下角有个门可通地下监狱西侧铁窗

鹿礁路28号楼原先是日本警察署,地下一层就是监狱所在。据说监狱的墙上至今还留有抗日志士受刑后写下的血书,但老湿在鼓浪屿厦大宿舍住了30年,从没进到地下监狱内部去见证这段岁月留痕,而顶多只是钻到28号楼西侧那条长着青苔的深沟里,透过那几个黑洞洞的监狱铁窗(图13)去想象里面曾发生过的惨剧。

图13　原警察署地下监狱的铁窗(吴米纳摄于2020年11月)

至于我俩打算藏身的28号楼背后那条大沟，是28号楼楼体和大院南侧院墙之间自然形成的窄巷，并不属于日常过道。即便没有地下监狱那些血腥恐怖的传说，这里在大白天也是阴森森的，更何况是在夜里。如果只是老湿一人，断然会忍痛舍弃这个选项。但在身边有同伴的情况下，以及对摘下躲藏时间最久、最难被找到的“大院年度元宵节躲猫猫总冠军头衔”的渴望，我俩忘却了恐惧。

我俩先是穿过26号和28号楼间的窄巷(图14左)，再跳下一道坎(图14右)，在黑暗中摸索前行，经历一番和头顶以及两壁厢蜘蛛丝、剥落墙土的缠斗，跨越若干被弃置此处的家具杂物，终于进到了沟内。

图14　26号与28号楼之间的巷子(左)，跳下这道坎(右)，就进入28号楼背后的大沟(摄于2018年4月)

但这还不是最理想的躲藏状态，一旦那两个女孩足够胆大，不需要下到沟里，只需在沟两头往里一探视，就能发现我俩的踪影。想避免这一点，还得爬到那凹进去的窗台(图15)上并收缩身形——除非女孩子们也进到沟里，否则就不会发现窗台内还藏着人，而爱干净的女孩子们，是断断不会为了赢得游戏而做出如此举动的。

我俩各自看中了一个窗台，窗台的大小也刚刚能容下一个侧身的小朋友。窗内隔着布帘透出温暖的黄光，向暗夜中的两个小朋友发出召唤。窗里边是一间卧室，主人并不在屋里，很可能是出门看灯去了。窗门紧闭，只要我俩不发出异响，屋里就算有人也不会察觉。

图15　28号楼后的深沟，以及有斜度的仅能勉强容身的窗台（摄于2018年4月）

我俩就这么蛰伏下来，不知过了多久，始终没有人来找我们或喊我们，这让我俩有些得意，也有些许不安。在这个正月十五夜里，月亮同样是躲在云层背后，空气中略微有些寒意，鹿礁路上路灯昏暗行人稀疏。又过了一会儿，一位年轻的母亲抱着婴儿进到屋里，她径直坐到床沿哄婴儿睡觉，并没有觉察到窗外的异样。

窗台上的我俩这会儿面临的问题是：此处空间窄小且有斜度，侧身状态下动作幅度稍大就容易跌落。无法动弹实在令人难受，也不知道是谁终于忍不住了想伸展一下躯体，于是就碰到了窗框——想象一下将近午夜时分、传说有冤魂游荡的前地下监狱附近、窗外传来异常响动。屋里的女士抬头望着我俩的方向，露出惊恐的眼神，发出战栗的质询："是谁？谁在那里！"

我俩同时从各自的窗台一跃而下，头也不回地狂奔，两团瘦小身影不一会儿就消失在大沟的尽头——如同在暗夜深潭里投下一颗石子，扑通一声过后，四周又归于沉寂。

回到大旗杆附近，玩躲猫猫的小伙伴都上哪去了？这是一次成功的躲猫猫，也是一次失败的躲猫猫。老湿到家时差不多已经是晚上10点了，在那个电视还没有普及，就算家里有电视也没有多少节目可选，更别提全世界都不知道互联网和智能手机为何物的年代，这个时点就算是深夜了。一年也就只有这个晚上，大人们才能容忍小朋友这么迟回家而不加过问。明早还得上学，老湿迅速洗洗睡了，也就没和任何人说起这件事。

再往后，老湿每次从院墙外经过28号楼（图16）后的那条沟，就会想起那个元宵节的躲猫猫经历，得意中还带有些许歉疚。

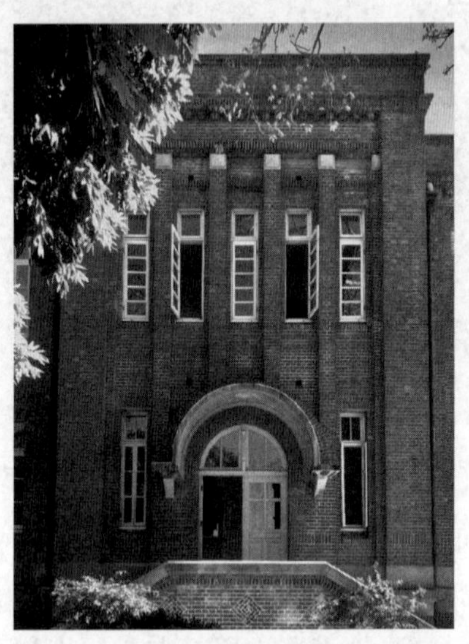

图16　28号楼的前脸，典型现代装饰建筑风格（吴永奇摄于2020年11月）

最后的啰唆

以上就是老湿对20世纪80年代初鼓浪屿厦大宿舍大院内小朋友们如何过元宵节的回忆，顺带对原日本领事馆那根大旗杆倒掉事件做了当事人独家揭秘，外加对某年元宵夜28号楼东侧地下监狱附近跳窗事件做了CCTV10《走近科学》式的释疑。

之前的和此后的大院小朋友，有在元宵节体验过20世纪80年代初那一代小朋友那样的大型躲猫猫游戏吗？老湿对此表示怀疑。如前所述，玩这项游戏需要天时、地利与人和。其中地利因素对几代小朋友来说都差不多——比如，能不能玩这项游戏实际上和上文所说的那根大旗杆的倒掉无关，小朋友们从来不缺玩躲猫猫时趴着倒计时的道具，一扇门、一堵墙、一棵树都可供替代。最主要的区别还在于天时——80年代之前的大院小朋友面临的可能是战天斗地任务（据说1967—1979年期间提倡过“革命化春节”，一些地方过年不放假），而不是聚众躲猫猫；电视、游戏机、个人电脑的普及，则让80年代之后的大院小朋友有更多的游戏选择，也更可能待在室内而不是去到户外吹风。更关键的还是因为人和——80年代之后大院里再也聚不齐那么多小朋友了（图17）。

话又说回来，不论元宵节玩不玩躲猫猫，大院里的每一代——不管是“40后”“50后”“60后”“70后”“80后”“90后”，还是“00后”，他们一样都有快乐的童年。

图17　大门口木棉花年年绽放（摄于2018年4月）

（2019年2月20日初稿，12月29日修改）

1921-2021

厦大故事

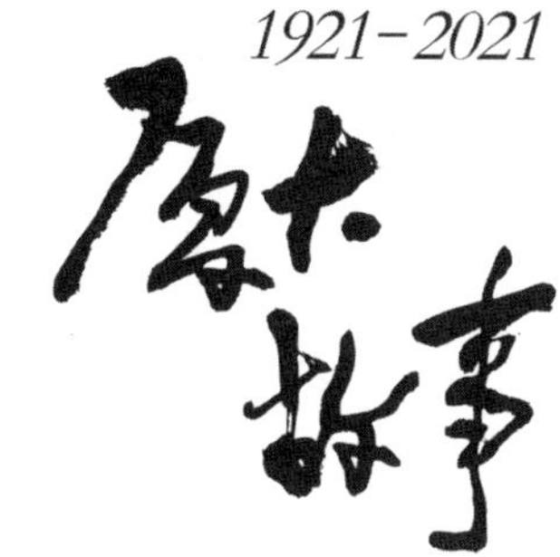

Stories of Xiamen University

家史感怀

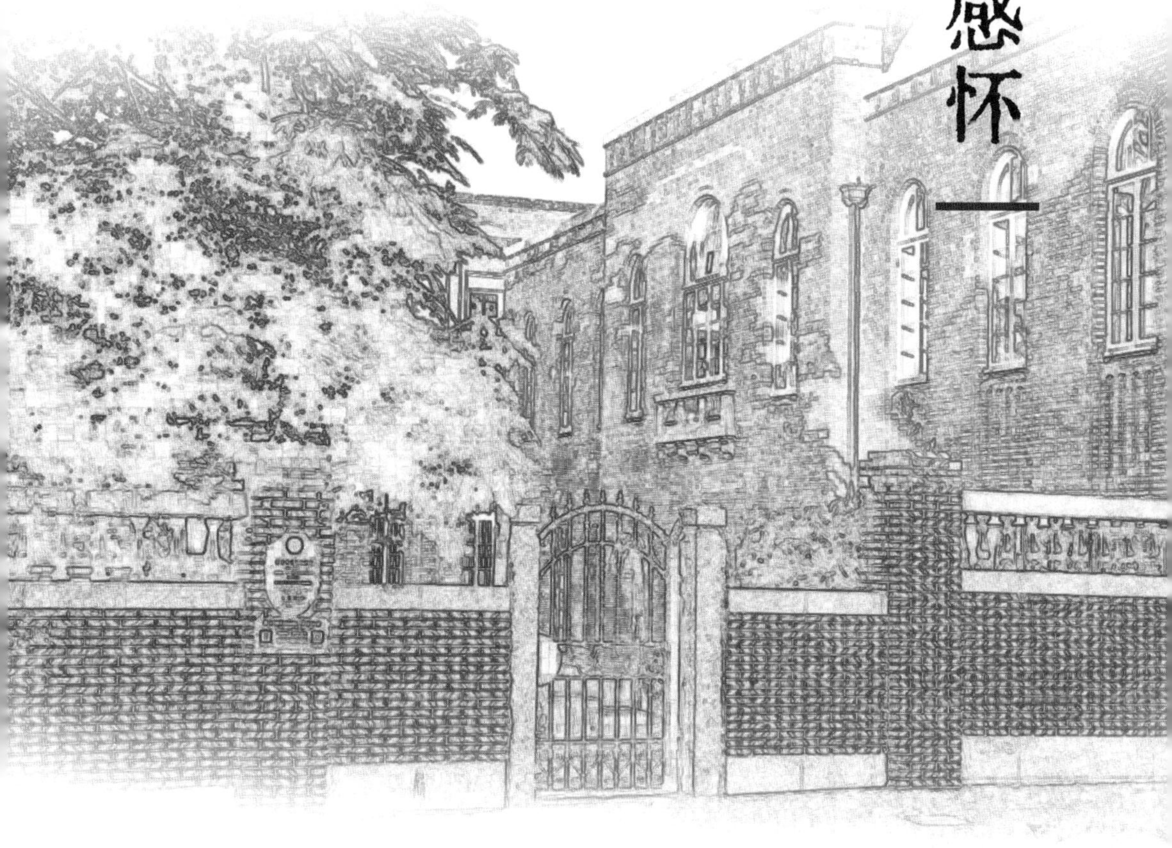

生命的波澜

张全东
（海洋系1977级）

轻轻地合上书，端放在眼前，可我心中的波澜却依然在起伏，久久不能平静。

怀着恭敬与神往之心，终于通读了《情澜》全书。能读到这部由厦门大学出版社出版发行、数量仅1000册的书本，是一个偶然的机缘，当然，也是我的幸运。8月15日，伟琪同学通过微信给我发了一首诗，题目为《秋日的思念》，副标题是《献给我的婆婆》，并告诉我，她婆婆朱红不幸因中风于本月初离开了他们。我注意到了写诗的时间：2020年8月15日晨。才写成的诗，当天就发给我，说明她愿意让我体会她彼时的感受与思情。从诗中，我知道了她婆婆生前写了一本传记，并且已经出版。我当时的关注点只在诗上，写了一段话表达自己读诗的感想。可过了两天，想读那本传记的愿望渐起，且愈来愈强。我把我的心愿告诉了伟琪，不料，很快就如愿以偿了。

方才读了不到一半，我就被书中主人公的经历与思想深深吸引。隐隐约约竟起了要记录下自己感动之心的念头。可此时，在动笔之前，我却有些迟疑、犹豫了，不为别的，只是不知如何称呼作者为妥。称名道姓显然失之恭敬；称作者、长者似乎又稍有疏远之感；称其生前职务、职称总感稍稍见俗；称伟琪的婆婆又略显拗口。我思忖着，作者在厦门大学教过书，而我又在厦大读过书，虽不同系，但叫她一声老师应该是在情理之中，那就称朱老师吧！

朱红老师以自然、流畅的笔触叙述着她从童年到老年的生活经历和思想情感，引人入胜，捧之难停。72个春秋对一个人而言无疑是条漫漫长路，可当我们沿着这条长路行走时，那两旁的景物开阔，你可以去细品，也可以去领略，它的宽度不是尺子可以丈量的。

朱老师好像是为真善美而生的，从她记事的少年时心里就装着真善美，她把这三个不朽的字当作自己的理想，用一生的时光去追寻、去拥抱、去捍卫。

说她是真善美的化身亦不为过。

我忍不住，回顾书中给我留下深刻印象的片段。

1958年，朱老师的妹妹被冤屈地划为“右派”，朱老师既惊异又愤慨，写长信给她妹妹所在单位的党组织为其申述，请求重新甄别审查。不料，结果是她自己所在的党组织要她写检查。如若不然，她将被开除党籍。是非颠倒不矫枉，自己还要痛悲交加地做检讨，尽管检讨是违背心愿的，但她异常的痛悲正体现了她的真。1972年，党小组会上，造反派逼其“退党”，她没有伤心，没有落泪，她坦言：“我是独立的，我是因为这个党要实现人类美好的理想共产主义，我才参加的，我不是为了名、位、利而参加这个党的。”如此尊重事实、尊重自己内心的感受，在我看来，这是最大的赤诚。

在对待夫君张玉麟早年的恋人纪前辈上，她从理解到惋惜，从惋惜到崇敬，直到那美丽、孤苦、坚忍的灵魂安息清华园，她尽其所能做了最大的努力。在这过程中，我完全有理由相信，她心中的情感已然升华，超越了人间常情，这种胸襟与情怀，在我看来已属大善。

那么美呢？朱老师读高中时，因病在家休养，她高中的班长不远百里来看望。“既无香茗细点可以佐谈，又无佳肴美酒可以留宾。”她竟想出带班长去离家两公里处的桃源洞游玩，以仙居县著名的名胜招待同学。读到此，我不禁想起一首山歌：“多谢了，多谢四方众乡亲，我今没有好茶饭，只有山歌敬亲人……”

可这世界充满了太多的假丑恶，追求真善美的道路就必然充满了艰险，从那密林中淌出的汩汩清泉汇成了溪流，在润泽大地的行程中遇到了高山、顽石，也正因如此，在迂回曲折、碰撞、激越中便有了生命的波澜。

在《情澜》中，我们能明显地感受到朱老师生命中的惊涛骇浪，那可谓狂澜。投身革命、穿越硝烟；恋爱波折、婚礼独特；“反右”申冤，屡遭整治；“文革”劫难，惊愤交加，经历过那段历史，或对那段历史有所了解的人是不难体会的。

与巨澜相比，生活中的微澜也许更绵长、更深沉。朱老师追求完美，年轻时梦想去建立一个乌托邦式农场，便与几个志同道合的学友去报考农学院，为建设未来的“农场”而做准备。可现实却一点点、一次次地筑起了堤坝，理想之清泉不能奔流、不能泽润。还有，在恋爱初期，当她了解了心上人的情感经历，心中竟生怜意，而此怜意却成了她爱情的催化剂。此后，她对纪前辈的情感，从怜惜直到把她当作亲人。悠悠岁月里，心中的梦想越来越遥远，而曾经陌生的人越来越亲近。在此过程中，她的内心一定会有隐隐的波澜起伏，它不一定汹涌、给人以深刻的印象，可我相信，此种微澜在人的情感生活中常常会出现，它在悄悄地改变着人们的认知、性情和境界，有时并不亚于曾经出现的巨澜对人生的影响。

人生百年，谁的生命没有几顷波澜？可朱老师的波澜不在池水里，不在平湖上，她的波澜在大江中，在大海上。岁月流逝，朱老师情感的波澜没有平息还在激荡，她波及了伟琪，《秋日的思念》便是很好的见证，又经过伟琪波及了我，也一定还会波及更多的"伟琪"和"我"。

书中的主人公经历了他们那个时代特有的艰难、困惑、忧愁，甚至伤痛，他们一边抚摸着伤口，一边前行。在我看来，他们皆是时代的骄子，是英雄。我自然知道，他们一定不会这样认为，他们认可的是，自己只是那个时代千千万万的普通人之一。即便如此，他们也是有涵养、有理想、有品位、有境界、有真善美情怀的普通人。而任何一个时代，都需要有这样的普通人，尤其是我们当今所处的时代，追名逐利已成为大多数人的人生目标和生活内容。

经历了跌宕、曲折、激越，朱老师没有因苦难而变得噤声不语，也没有因挫折而变得世故圆润，而是愈加坚定地走在追求真善美的道路上。罗曼·罗兰说过："世上有一种英雄主义，那就是在看清生活的真相后，依然热爱生活。"朱老师就是这样一种人，她身上体现了一个知识分子具有的品格。这不仅如伟琪所言，是留给子女们的宝贵财富，我想，更是留给这个世界的宝贵财富。她以及书中的主人公，他们的出现、他们的存在是这个世界美好的根源。

在那一拨又一拨的波澜的激荡和冲击下，我的心灵得到了洗礼。我重又想起了"人生的意义"，这个少年时就开始思考，至今仍无完整答案的问题。我仿佛看到了一条人间正道，"人人有尊严，社会有公正"，这个人类终极的目标有多少人为之奋斗。而我自己也再次有了坚定，有了向往。

此刻，我的眼前是一片茫茫的水域，暖风吹过，那水面上的微澜从眼前向着远方迭荡、延绵……

（张全东于2020年9月8日）

教与爱

叶频青

一个柳絮扬飘的日子,快递小哥送到了《三代东瀛物语》。此书自厦大章慧教授告知寄出后,我已盼了整整三天;急切拆开邮包,翻开书页,顿时屋内墨香四溢。

没有理由不立即阅读。

此书作者是厦大的孩子,她的父亲是中国人,母亲是日本人;她的中国名字为李小婵,日本名字为元山里子,现在是日籍女作家。

早有耳闻此书有异于当今一些家史之书,令人称奇:作者以自己家族的求学、生活缩影涵括了大时代的变迁;以简笔素描了百年纷争时空下,三代人睿智、执着的跋涉足迹以及透出的不言屈服的个性;以平和中显炽情的文风记述了作者父亲的义父、父亲和作者本人三代赴东瀛留学的经历,以一个个真实故事尽抒族人恪守忠孝、自尊自强、传承大爱的情操。

在阅读中,书中关于教育的内容,令我不断收获新感受。

比如,以前我对于"私塾"的概念,一直是停留在那些呆板教学方式的印象上。这次读到作者太爷爷带领爷爷去到村里私塾的描述,才知道,原来这个中国传统学堂启蒙开学时还有如此丰富的内容:"孩子进村塾第一天,叫'破蒙'。太爷爷按照当时的习惯,用榆树枝沾朱砂,在爷爷额头上点了一个红痣,表示脱愚开志('榆'与'愚'同音,'痣'与'智'同音)。'脱愚开志'之后是'破蒙描红',教书先生握住爷爷的小手,在一张白纸上描写一个'人'字,这就正式成为'学童'了。这张破蒙的'人'字幅,当时是很重要的东西,要保存一生。"看了这些,不仅颠覆了过去对私塾的陈旧印象,还对在启蒙之初要求将这"人"字一生收藏的中国传统做法,十分感慨,这是在教育人一生牢记如何做人!

通过对逝去的与新兴的教育方式对比,改变了我的一些认识,使我注意到了国学传统教育中,大有可圈可点之处:“以前在私塾读书的时候,先生在放学回家前,让每个学生到自己面前背书,如果背不出来,先生就会用一把竹尺,打学生的手心,那是非常痛的。”“来到新学堂,先生用新方式讲课,不强迫学生背书,就是考试成绩不好,也不会挨打。”“因为新学堂是按照班级教课的,有的学生聪明一些,有的学生笨一些;聪明的学生觉得老师讲得太慢无趣,笨的学生又觉得老师讲得太快跟不上,所以新学堂的老师,往往是顾了前头,顾不了后头。”“而私塾是按照‘一对一’教书的,老师根据每个人的程度不同,分别一一指教。所以从旧私塾出来的学生,各个中文功底都很扎实。”这种为了保证育人质量而采取的“一对一”教学,尽管督促学生学习的方法尚有争议,但其理念是不是也可为当今老师们教学借鉴?

作者父亲李文清教授,是在厦大任教的一位数学家,也是一位数学界睿达的教育家;他的美德,作者归结于受过良好的私塾教育。对于父亲通过私塾的教育获得的影响,作者写道:“这十年在私塾学习的‘孔孟之道’,对爸爸一生的影响非常大,造就了他非常正统的中国儒家价值观。即使爸爸年纪轻轻就出国留洋了,但他的思想深处,还是基本上保持着中国传统的儒家思想。所有儒家提倡的美德,在爸爸身上几乎都能看到。”

儒家提倡的美德“五伦”,即忠、孝、悌、忍、信,是中国传统社会基本的五种人伦关系,作者逐　展示了“五伦”在父亲身上的体现。例如,对厦大王亚南校长,对亲生父亲和资助他留洋、晚年落魄的义父,对自己同父异母的兄弟,对自己濡沫与共的日裔妻子,以及对自己的同事、自己的学生,均以与“五伦”相符的实例一一对应。

作者的父亲不仅自己做到,还以此美德教育晚辈。最好的例子是,在接受这些品德传承的学生、后人里,就有后来为攻克世界数学难题——“哥特巴赫猜想”做出杰出贡献的数学家陈景润:他不论在学术取得了多高的成绩,一直保持与自己的恩师书信往来,并在每篇论文发表后都要向恩师汇报,始终以敬师尊恩为上。

书中读来令人触动颇深的,还有诸多小故事所体现出的那种超越阶级、族群的大爱。

这既是作者家族三代人在接受教育或从事教育中,自己受到和施予他人的、没齿不忘的爱之故事,更是作者以精湛文笔表现出对中国传统之爱的不吝颂扬。

回想起来,在不是很久的以前,社会上有相当一部分人并没有受到这种爱的教育和影响，在后来风卷云涌的拜金大潮来袭时，又有许多人受物欲迷障，以自私自蔽了传统良知赋予的听觉、嗅觉和视觉；这样叠加的结果是，他们自觉不自觉地缺失了做人应有的道德，选择了冷漠待人，选择了以自我为中心，不知道与人相处时时事事都应该心存感激，不知道像笔者母亲的叮嘱"处处注意不要给别人添麻烦"也是在施爱，不知道如何无条件地相互关爱、帮助他人，甚至面对大爱还常怀疑是否伴生陷阱；由于爱的教育缺失，有些人竟完全不知道"仁者爱人，有礼者敬人""爱人者，人恒爱之；敬人者，人恒敬之"是中华民族应该传承的优秀传统。

《三代东瀛物语》读毕，掩卷之余，我的内心已被一个浅显的道理深深感动：没有教育就不知有大爱，而没有爱就不会有未来！

老子说，"大音希声，大象无形"，用现代的语言解释，就是：最美的声音就是听起来无声响，最美的形象就是看不见行迹；一个好的作品，情感热烈且深沉，不会矫揉造作邀宠讨好，语言隽永而明快，不靠口号呐喊锣鼓喧天；最美声音和最美形象是通过与精神融为一体的境界，让人去自我感受和相互感染；而只有智慧的作品，才能使读者了解到真正的人生价值，才能让读者体验到对人性爱与美的领悟。

作者生活的鼓浪屿鹿礁路厦大宿舍（图1），那里，对于我这个生长在五老

图1　鼓浪屿原厦大宿舍之一鹿礁路宿舍（李小婵供图）

峰下厦大校园区的厦大小孩来说，宛如世外；当年只知道鼓浪屿有属于厦大的多处房产，那里有虫喃和花香的幽深庭院，有深奥意涵饰纹的洋楼，有砖石混砌的多国风格建筑，甚至知道那里是只管接收海风、阳光和钢琴声，却远离汽车喧嚣和争斗声浪的优雅所在，但始终未曾去参观过。还要感谢作者以她青少年时期的生活写实，为我揭开了那里的神秘！我想，作者能写出《三代东瀛物语》这样好的作品，能对人性之爱有那种独到的诠释，除了所受到的教育，与鼓浪屿的美丽环境熏陶也是有关的吧。

土下乡和洋插队

章　慧

我终于在情人节这天网购到《三代东瀛物语》，晚上一口气读完了全书。虽然是家史，却娓娓道来，你可以与作者一起哭一起笑，这就是这本书的魅力。

我看第一章时，为元山里子的幽默爆笑好几次，特别是太爷爷到县城去的那一段，把两个留辫子的乡下人进城的诚惶诚恐，描写得惟妙惟肖，我不禁好奇，这些故事，是作者在什么时候、什么情况下记录下的呢？比如李文清（图1和图2）的爷爷带李文清去找外公拜师那一段故事。

图1　李文清（元山里子父亲）就读于燕京大学时的照片

还好，互联网时代，可以与作者对话呀，一问，禁不住想给大家看看元山里子的回答。她说："我父亲小时候的事情，都是我1972年（17岁）去父亲老家河北茨榆坨村旅行看望我爷爷时，我爷爷陆陆续续讲的。我爷爷一直没有管我爸爸，大概他想弥补这个遗憾，给我讲了很多我爸爸小时候的事情。其实，这些事情都是我爷爷听我太爷爷讲的。我1972年旅行探访茨榆坨时，太爷爷已经过世了。嗯，所谓家史，就是这样一代一代口头传下去的吧。不知道为什么，当时爷爷说我以后会成为作家，可能是因为爷爷讲我爸爸的故事时，我莫名其妙号啕大哭，太感性了吧。”这么说，可以理解这本家史是作者从17岁开始“写”的！

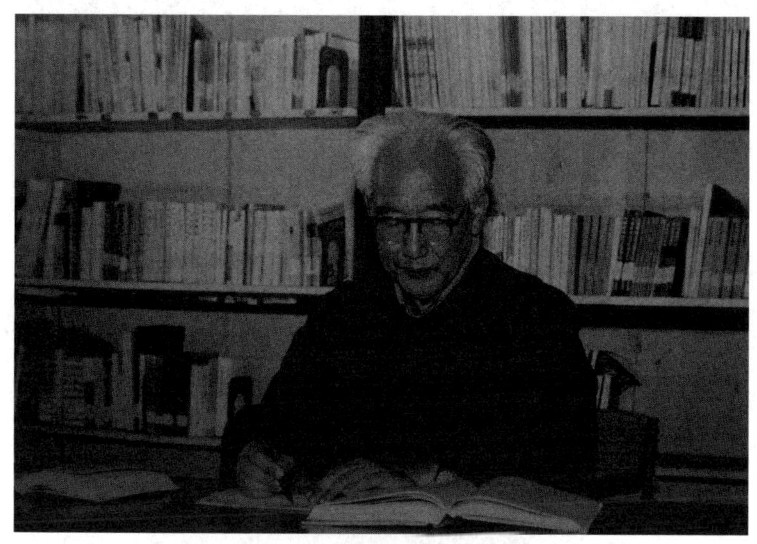

图2　李文清在厦大工作（潘万华摄）

自1977年恢复高考以来，中国掀起留学的热潮，一拨又一拨的中国留学生向往别开生面的留学生活，勇敢地走出国门，拥抱世界。

作者就是这其中的一员，但个中的酸甜苦辣，谁能知晓？尤其当时中国的经济发展很落后，留学生大多囊中羞涩，要靠打工来维持基本生活，自费留学生也就更苦了，所以人们经常用洋插队来形容这一批人的留学生活。

我是在1996年至1997年经过国家教委选拔，通过雅思考试获得英国文化委员会研究奖助金资助的访问学者，即所谓“公派生”。留英期间，我并没有打工经历，而身边留学生打工，多半也不是为生活所迫，所以经历三年半上山下乡“土插队”历练的我，对此感触并不深。

我翻阅了第五章，好奇作者过的是怎样的留学生活。看过之后，顿感心酸。你不会想到，一个留日女生、知名教授的女儿（图3），初到日本时，举目无亲，连一床被子都没有，只好自己去买棉花，缝缀成一条棉胎来御寒，简直比我们当

年上山下乡还苦，至少我们每人都有一床大棉被抵挡海埔知青农场的寒风，我们还有一群青春焕发、热情洋溢的同龄姑娘做伴，不致孤独（图4）。

图3　元山里子（前排中）“洋插队”在日本东京秋叶原万世屋端盘子

图4　作者章慧（第二排右一）“土下乡”与知青农场的战友们在拖拉机上

一家三代读《三代东瀛物语》

周　跃

2017年4月2日，我一早从花园上楼，97岁的爸爸周绍民好像有什么好事似的，扬扬手上的报纸(图1)，告诉我：今天的《厦门日报》又报道了李文清的女儿，她现在的名字叫元山里子。

文化周刊
阅读
厦门日报
2017年4月2日
星期日
她是陈景润恩师李文清之女，是"鼓浪屿的女儿"
她出版新书《三代东瀛物语》，讲述家族百年传奇
女作家元山里子：
把美好的传统文化
呈现给下一代
谈鼓浪屿
美丽风景和快乐生活
让心灵充满阳光

图1　2017年4月2日《厦门日报》访谈报道

我很奇怪的是爸爸能有这么好的记忆，还能一口顺溜地念出一个他从来没有见过面、从前的邻居女儿的日本名字。

这要追溯到我和元山里子都还没有出生的1953年，我家和元山里子的父辈是邻居，住在厦门大学国光一同一个门洞(图2)，爸爸说她家住1号，我家住

3号。那时没有她，更没有我。

2015年，我参与编辑文集《永远的厦大孩子》，为了文章的修改和定稿，与她在网络上，邮件联络来回多次，算是“认识”了元山里子小姐。

2017年，因着新书《三代东瀛物语》在厦门发布，我和元山里子小姐首次见面。我们的晚辈(第四代)，用当今时髦的词语，戏说我们叫：网友见面！

虽然我们是第一次见面，但是因为互相接触过彼此的文章，一见如故。真是应了那句文如其人。元山里子的散文随笔，流露出的温和体贴、细致谦卑，原封不动地出现在眼前。

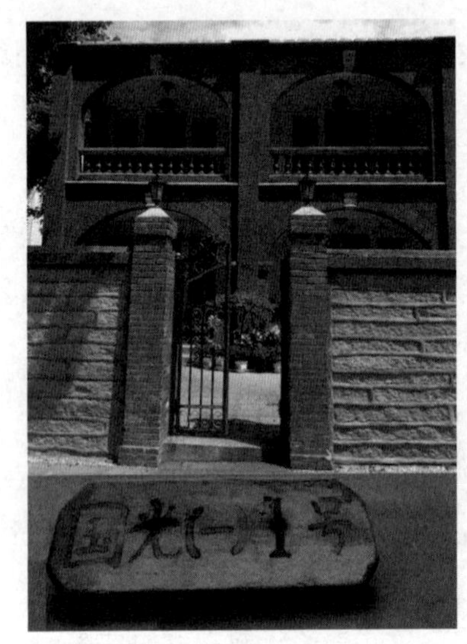

图2　国光(一)的第一个门洞和门牌号，1号即李文清、元山里子家的门牌

说来惭愧，《三代东瀛物语》是近30年来，我逐字逐句完整读完的一本书。开始读它，是因为友情。但是当我煮一杯香茗，捧着《三代东瀛物语》，穿梭在温婉的文字中时，很快就投入了自己的感情，最后完全被带进书中跌宕起伏的百年故事和与自己亲身经历相仿的情节里。

元山里子小姐在去日本之前，我与她的生活轨迹基本是重叠的。我们同样出生在厦门市，同样生活在厦大教授的家庭里，同样父亲是“海归”，同样住在厦大教工宿舍里，同样经历过中国历史长河中的风浪，头上同样顶着一个曾经是灾难后来又恢复名誉的帽子——“永远的厦大孩子”，身上同样涌动着厦大的血脉。

我在家庭里，也是从小耳濡目染了中国老一辈教育家对自己孩子温柔的关爱，"严苛"的呵护，对所带的学生的精心培育、热忱的帮助，对自己所从事的工作兢兢业业、一丝不苟、任劳任怨，感受到了老一辈人沉默寡言、忠厚老实、与世无争、善良可亲，体会到言传身教知恩图报、跪乳反哺的力量。

大多老教授都是规矩、迂腐、受命，胆小怕事，缺乏对政治的敏感性和远见卓识。我爸爸就是如此典型的一个人。爸爸毕业于1945年新中国成立前的厦门大学，随即留校任教(图3)，一直工作到84岁，腿脚不利索了，才没再去实验室和他的课题组。和李文清老先生一样，爸爸毕生都奉献给了厦门大学。

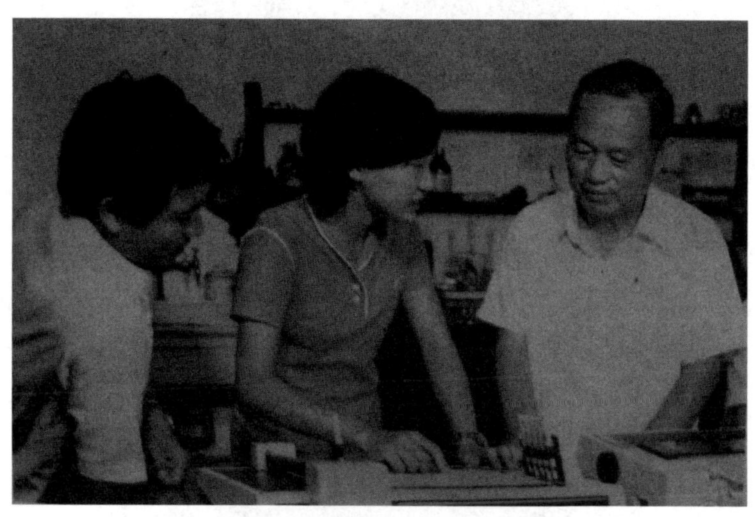

图3　笔者的父亲周绍民在实验室指导研究生

左起：陈子云、林寅、周绍民

可贵的是李文清老先生一生中的卓见，回国后先是选择了厦门大学，改写了自己和家庭的命运；后是选址住家远离校园风浪中心，保护妻儿老小在非常时期免受惊扰，让孩子有着一片属于自己自由的天空，实属罕见的聪睿和智慧！

元山里子小姐(图4)用女性特有的细腻的心绪，耗时三年，写下了家族百年历史，也是中日两国发展史和人的历史的缩影。读着《三代东瀛物语》勾起了对往事的回忆，对中国老一辈教育家的敬佩油然而起。沿着元山里子小姐的笔触，一幅幅生动活泼的画面，悠然跃入眼帘，仿若放电影般，一幕幕，一段段，情节起伏延绵，时而悲伤气愤，时而喜极而泣……

图4　笔者(站立者)与元山里子

我儿子李舟(图5)很好奇,说能有一本什么书,让外公和妈妈这么爱不释手,还时常交流？我刚读完,他就抢了过去。儿子是学电影导演的,我希望他不仅带着读者的眼光去阅读这本书,更希望他以一个导演的独特眼光去读《三代东瀛物语》。

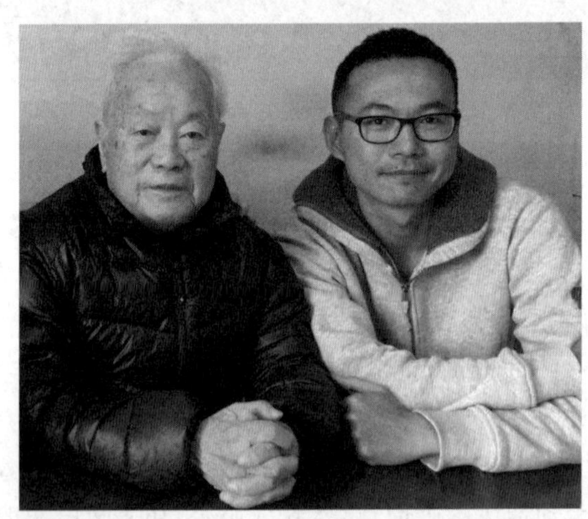

图5　笔者的父亲周绍民和笔者的儿子李舟,也在读《三代东瀛物语》

元山里子小姐,期待与您在下一部夫君家族史的书中再会!

千万别错过这本有趣的家史，因为它真的“很治愈”

郑亦丹

经历了一段时间的琐事缠身，终于有机会静下心来，读完了《三代东瀛物语》。如果要用三个字来形容它，那么一定是“很治愈”。

最初听说这本书，我并不是太感冒。毕竟现代社会的节奏越来越快，像我一样的年轻人都只对和自己有关的事情更感兴趣，无暇顾及其他。除非是哪位大富翁的“发家历程”、当红明星的“小道八卦”，以及电视选秀节目必备的“说出你的故事”煽情桥段，我想多数人都懒得特地花时间去了解别人家里发生了什么吧？

不过，看了书的简介，我还是有点好奇。为什么一个小山村里的孩子(图1)能得到去日本留学的机会，是谁发现了他与众不同的才能？为什么一个日本女

图1　李文清(左)留学京都大学期间(摄于1946年)

孩愿意在时局那么混乱的年代里，嫁给中国人？为什么一个中日混血儿大学要以日文为专业，轻松赢在起跑点会不会对其他同学太不公平？为什么作者家中只有两代人去过日本，书名却是三代东瀛物语？于是，在3月这么一个懒洋洋的阴天周末，我给自己的拖延症放了个假，翻开了这本书，并一口气读完了它。

也许你会和当初的我一样，被标题中的"三代"二字吓到，以为它是那种纵横四海、时间线冗长的情怀大作，可书的内容却是出乎意料的亲切又欢乐。故事从作者的太爷爷辈开始，讲述了李家几代人与日本的不解之缘。说是家史但一点儿也不刻板，就像是李家人在不同年代机缘下的一个个有趣小故事被串到了一起。而元山里子女士(图2)的语调轻松，描述生动，书中的每个人物都有着鲜活的个性。一边阅读，一边跟着在脑中构筑各式各样的情境，犹如身临其境。

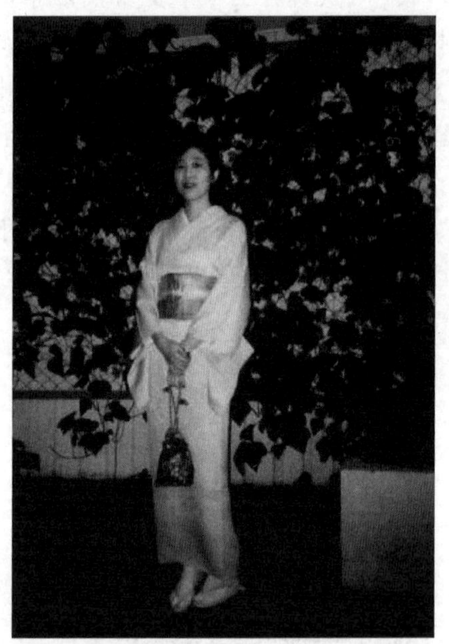

图2　穿和服的元山里子(摄于1988年)

同时，这些小故事里，也蕴含着修为与品格的重要性。书中的李爸爸，著名数学家李文清教授，在成长道路上幸运地得到了很多贵人的帮助，但他自身的不懈努力和人格魅力也不容忽视。无论是艰苦贫穷的求学路，还是身处战乱和动荡中，在那些无法预见未来的日日夜夜里，他始终没有忘记自己的理念和坚持。虽说不是每个积极向上、与人为善的人，都能在人生的岔路口做出正确的决策，还需要一些运气；但李老先生的故事和际遇，依旧非常鼓舞暖心，也让人想要好好反思：现在的我们，是否丢掉了前辈们身上那种不顾一切的钻研精神，忽视了人际交往中那种与利益无关的惺惺相惜和情谊？

故事到了作者这一代，不仅更浪漫也更生猛了。中日混血的元山里子因为想完成母亲的心愿，只身一人前往日本留学。童年幻想的日本犹如妈妈的宝石盒般闪闪发光，谁知一下飞机就障碍重重，不但不受表亲待见，更是在第二天就遭遇身无分文的窘境。换做是我，估计早就哭晕瘫倒在地……尽管如此，元山里子女士继承了父亲身上那种坚毅的品格，依旧用乐观的心态面对着这些惨烈的境遇。她犹如打怪般一次次过关斩将，最后还成功"创业"赚取生活费，堪称励志的典范。也许，想到就去做的积极行动力，是她战胜困难的关键。

即使书里提及的时代，我们这一代人无法经历体会；书中的动人细节，只是专属于李家人的温情回忆……但作者娓娓道来的笔触，让人觉得踏实、安稳又纯粹，把那些埋藏在岁月里的宝物，尤其是人性的美好，变得触手可及。

感谢可爱的元山里子女士与我们分享的这一切！（图3）

图3　花城出版社《三代东瀛物语》新书分享会（摄于2017年3月12日）

左起郑亦丹、章慧、元山里子

后 记

自强！自强！南方之强！

4月和煦的春风里，在响彻校园的《厦门大学校歌》声中，厦门大学迎来了建校100周年。在这个喜庆的日子里，《厦大故事》文稿也校稿完成，即将交付出版社编辑出版。

记得5年前，章慧教授作为主编之一，和一批年龄相仿、志同道合的厦大子弟共同编辑了《永远的厦大孩子》，出版后广受好评。受该书成功的激励，怀着对厦门大学深深的情感，并受到1948届陈华教授等老学长和在厦大工作的南下服务团老前辈及其后人的殷殷嘱托，她萌发了再编辑出版一部《厦大故事》的愿望。

章慧教授的提议得到了广泛的响应，短期之内，数十位作者欣然命笔，提交了90余篇文稿。他们之中，有已经年逾九旬的耄耋老人，包括三位厦门大学最高奖——南强杰出贡献奖获得者陈孔立、吴伯僖、周绍民教授，以及何吉利、钟毅、谢雪如等老学长；有中科院院士邓从豪先生的杰出弟子、山东大学的冯大诚教授，东华大学的曾泳春教授等外校知名学者兼业余作家；也有改革开放前后考入厦大、已成科教商界中坚的精英，包括厦大中文系俞兆平教授和俞帆这一对“父子作家”，以及厦大化学系吴辉煌、林梦海和林华水教授；还有风华正茂的新厦大三代，以及遍布海内外的厦大校友和厦大子弟。章慧教授是位有心人，为了更好地反映百年厦大的全貌，她又查寻到数位厦大先贤未正式出版的文稿，征得其后人和亲友同意，收入本书中。有了这么广大的写作阵容和这么广阔的文稿来源，使得这部《厦大故事》能以更宽的视野、更大的时间跨度来讲述厦大的百年故事，从而也更承载了历史的厚重。

本书文稿体裁多样、取材广泛，讲述了诸多的“厦大故事”：从私立时期的艰难创业，到抗战长汀年代的勉力坚持，经历了战后学校的艰辛重建，又经过解放之初的曲折前行，一直到改革开放以来的健步发展。有写人、纪事，也有写景、抒情;有的庄重深沉,也有的诙谐欢快。

书中记述了令人景仰的校主和多位校长,成就卓著的院士、名师,闻名遐迩的杰出校友,无私奉献的老教师、老干部,改革开放以来涌现的新一代骨干教师,也有生气勃勃的莘莘学子和几十年默默无闻的普通教工,还有支撑家庭、配合学校发展的学校家属和天真烂漫的幼年子弟。

书中展示了校园的美景,也回溯了她的变迁,讲述了多姿多彩的校园生活和不同人群的人生足迹。从内迁长汀征程的坎坷磨难到长汀厦大人集体生活的活泼温馨,从鼓浪屿新生院、鹿礁路厦大宿舍到本部思明校区,从白城到西村,从东边社到大南新村,从同文路到大生里宿舍,从东山湖到芙蓉湖,从群贤楼群、上弦场五大建筑到嘉庚楼群,从厦大附小到校友中学,从求知若渴的青年学生到学贯中西的理工文法商大师,从负笈美日欧苏的留学生到南洋归来的华侨青年,从跟随解放军南下福建的上海青年学生到参与厦大建设和管理的各级干部,从天赋异禀的学术之星到文武双全的厦大男排,从抗战岁月的《长汀颂》、警报红灯笼到炮战年代的《厦门大学战歌》、防空洞课堂,从往年女生宿舍的笃行楼到今天男生宿舍的芙蓉楼,还有一些被尘封或被遗忘多年的轶事,在书中都可以发现其踪影、见到其印迹。所讲述的人、物、事,既有长篇回忆,也有的寥寥数语,但让人读后都能感觉回味无穷。

还要强调的是,本书名为"故事",但在讲求可读性的同时,又不为博人眼球而搞"戏说"。作者、主编和编委们遵照"止于至善"的校训,秉持严谨的科学态度,对文稿中所涉及的重要史实和老照片注释做了反复查证,尽力做到确凿无误,力图使本书不但成为美丽厦大的一幅多维、多角度的全景时空画卷,而且能成为展现百年厦大筚路蓝缕、砥砺前行的一部经得起时间检验的"信史"。

我受本书主编章慧教授委托,在全书定稿之前认真阅看了全部文稿。在阅看过程中,我深受书中所讲述的百年厦大一件件事、一个个人、一处处景所感染,仿佛又回到六七十年前自己在厦大校园度过的孩童时光。章慧教授还邀我为全书写篇后记,盛情难却,所以写了以上文字,并在厦大百年校庆之际,衷心祝愿美丽的南强学府:

明天更美!明天更强!

卢咸池

2021年4月6日

写于北大燕园